U0129139

高麗史

（二）

高麗史第二目錄

表二卷

第二
年表二……………高麗史八十七 七三三

志卷第一　　高麗史四十七

正憲大夫工曹判書集賢殿大提學知經筵春秋館事兼成均大司成臣鄭麟趾奉

教修

天文一　日薄食　暈　珥及日變

自伏犧仰觀俯察黃帝迎日推策堯曆日月以授人時舜察璣衡以齊七政而觀天之道備矣易曰天垂象見吉凶聖人象之故孔子因魯史作春秋於日食星變悉存而不削所以愼之也高麗四百七十五年閒日食一百三十二月五星淩犯及諸星變亦多今採其見於史者作天文志

穆宗十二年二月己丑日色如張紅幕

顯宗元年十一月戊戌日暈如虹旁有珥色靑赤　三年八月丙申朔日食　四年十二月戊午朔日食　五年三月庚寅白虹貫日辛丑白氣貫日壬寅日旁赤氣相盪　六年正月丙申日旁有靑赤氣六月己酉朔日食上有白氣如虹良久乃滅十月甲午日旁有氣相背　八年三月丙午白氣貫日　九年三月庚申白氣貫日　十年三月壬午朔日食九月甲寅朔大史奏日食陰雲不見　十一年閏十二月戊申日重暈　十二年正月庚辰白氣貫日七月甲戌朔日食　十五年五月丁亥朔日當食不食十一月乙酉朔日當食不食　十六年三月己丑白氣貫日十一月己卯朔太史奏日當食不食　十七年二月乙丑白氣貫日十月癸酉朔日食　二十年八月丁亥朔日食

德宗元年九月癸亥朔日色如彗

靖宗二年十月戊申日傍有靑赤氣環繞　六年正月丙辰朔日食二月壬子日暈白虹貫暈十一月甲子日暈有兩珥　八年十二月乙巳日有四抱白虹貫日　九年五月丁卯朔日食　十一年三月戊辰日有背氣四月丁亥朔太史奏日當食陰雲不見　十二年三月辛巳朔日食王避殿素欄救食

文宗元年三月乙亥朔日食　二年十二月甲午晦日食　七年十月丙申朔日食　十二年閏十二月丙申晦日食　十三年十二月辛酉朔日食　十九年十月乙巳日重暈

赤氣貫日又有兩珥　二十年四月己丑日旁有氣如虹
二十二年正月甲戌朔日食　二十三年七月乙丑朔日食
二十七年四月甲戌朔日食　二十九年八月庚寅朔日
食　三十年二月丁亥朔日食　三十三年六月丁酉朔日
食　三十四年十一月己丑朔日食
宣宗八年五月己未朔日食　十一年正月丙子日冠左右
珥壬辰日傍東西有彗白虹衝日戊戌亦如之
獻宗元年正月戊戌日有暈兩傍有彗太史奏日有彗近臣
乱諸侯有欲反者
肅宗元年五月辛卯朔日暈三重　四年十月乙卯日有暈
兩珥　五年正月丁丑日旁有珥色白四月丁酉朔日食
六年正月己丑日暈四月辛卯朔日食　七年十月乙亥日
東北有青赤虹庚辰日有兩珥十二月乙亥赤虹貫日　八
年四月丁巳赤虹犯日　九年二月丙午日有暈　十年正
月庚寅日正中無光而重暈有珥
睿宗元年三月丙申日有重暈白虹貫之十一月甲午日有
暈十二月戊午朔日食　四年四月己卯日色赤而無光動
搖　五年三月乙卯日色如血無光　六年三月甲申日赤
無光十二月癸巳日有兩珥白氣貫于東西北有暈　七年
三月甲戌日有珥　八年三月壬子朔太史奏日當食密雲
不見十二月庚申日有左右珥　十年二月丁未日暈三重
有珥白虹貫之七月戊辰朔日食　十三年五月癸未朔日
食十二月戊子日珥己丑亦如之　十五年十月戊辰朔日
食　十六年正月戊午日有暈　十七年正月甲申日暈有
珥二月庚寅朔日食三月丁卯日有暈己巳日有珥四月丙
申日有重輪十二月己酉日有兩珥
仁宗元年八月辛巳朔日食十二月壬辰日有兩珥　二年
正月甲寅日有兩珥丙寅日有三珥閏三月甲申日赤無光
丙戌日色黃赤十二月丁巳日暈有兩珥　三年四月丁卯
日月同出東西相距五丈許　四年正月戊辰日有兩珥翼
日亦如之甲午白虹貫日重暈三月甲午日色如血十一月
戊子日珥閏月己酉日珥　六年三月戊申日色無光赤黃
己酉日色無光而赤黃　七年正月丁亥三日並出相連如
虹三月辛巳白虹貫日九月丙午朔日食十二月乙酉日東

西有背氣外有環暈戊子日有兩珥東有背氣上有半暈中貫青赤色　八年八月戊寅日三珥色青赤十一月壬午日南至日珥　九年二月辛巳白虹貫日　十一年十月己亥日有珥十一月戊寅兩日並出　十二年正月戊寅白虹貫日二月乙酉白氣貫日十月戊子白虹貫日日暈有珥　十三年正月乙巳朔日食密雲不見二月壬午日有暈白虹貫之　十五年八月丙申日有暈赤黃色十一月丁巳青赤暈貫日　十六年正月癸巳日暈有珥二月癸亥日有暈甲子日有暈十月乙亥日有暈內黑外赤　十七年正月庚寅日有暈色青白二月壬戌日有暈色青白　十九年四月丙戌白暈貫日十二月丁卯日有暈兩旁有珥白氣發珥東西衝貫長數十丈　二十一年正月己丑朔日食十二月癸未太史奏日當食不食　二十二年十一月庚戌日暈有珥　二十三年六月乙亥朔日食七月己未日暈十一月戊申日暈

毅宗元年十一月己卯日珥　二年三月戊辰日無光十二月己卯日暈色青黑　三年三月癸未朔日食十二月辛酉日珥　五年三月癸酉日有黑子大如雞卵癸未日中有黑子大如雞卵翌日亦如之　八年五月癸丑朔日食　九年五月丁未朔日食　十二年三月辛酉朔日食癸酉日無光五月己巳白虹貫日六月庚戌日無光　十三年正月丙辰日暈有珥色青赤白西北方有二背氣三重皆去日輪不數尺閭人望之皆謂三日並出　十四年正月己亥日中有怪氣三日八月丙午朔日食癸酉日中有黑子　十六年正月戊辰朔日食　十七年六月庚申朔日食　十八年正月庚子白虹貫日六月甲寅朔日食十一月甲午白虹闖日南西北各有珥如日相貫　十一年正月戊午日暈有珥上有戴氣庚申又日暈有珥東北有背氣三月癸亥白氣貫日四月戊辰朔日食　二十三年八月甲申朔日食　二十四年七月己卯朔日食

明宗元年九月辛卯日有黑子大如桃十月戊午日有黑子大如桃　三年五月壬辰朔日食　四年十一月甲申朔日食　五年十二月癸未日有左右珥南北暈　六年三月丙午朔日食七月丙寅日無光十二月甲戌日有兩珥　七年三月辛丑朔日無光己酉日月無光　八年正月庚申日有

南北珥十月壬辰日珥　九年正月癸未日抱三珥色靑白又赤二月丙辰日暈東有背氣內赤外黃四月癸巳日有珥又有抱氣長一丈內赤外黃五月丙寅日有三珥南北赤黑西方白又南西北有抱氣色白十二月甲辰日有兩珥　十年正月癸亥日珥四月丙戌日暈　十一年正月乙亥白虹逼日　十三年十一月壬戌朔日食己卯日有黑子二日十二月壬午日暈有珥　十四年四月己未朔日食　十五年正月甲午日有黑子大如梨二月戊寅日有黑子大如梨辛巳日無光三月庚子日有黑子辛丑亦如之十月庚戌朔日食庚午日有黑子十一月甲午日珥癸卯亦如之十二月壬戌日暈左右珥東有背氣　十七年三月乙卯日赤薄無光六月丙子日旁有背氣外赤內黃七月己巳晦日食太史奏此退食非災不足憂唯局救之　十九年二月辛酉朔日食十二月乙巳日有東西珥　二十三年正月丁酉日暈有珥二月辛酉日有珥南重暈　二十四年十二月戊午日珥　二十五年正月丙戌朔日食　二十六年二月己未日有背氣色靑赤　二十七年二月乙巳朔日食

神宗元年正月己亥朔日食　二年十一月癸卯日有珥艮方有背氣　三年正月戊戌日暈東西有珥北有背氣甲辰又暈珥八月癸巳日有黑子大如李　四年三月壬子日中有黑子大如李五月乙丑日暈八月乙巳日暈白氣貫日十一月戊申朔日食隱不見十二月庚辰日有兩珥北有背氣丙申日北有抱氣內赤外靑　五年八月丙子日中有黑子大如梨十二月甲申日北有朱暈如斷虹外有直氣東西有珥　七年正月乙丑朔日中有黑子大如李凡三日太史以晉咸康八年正月日中有黑子夏帝崩惡其徵不敢斥言但奏日者人君之象若有瑕必露其慝

熙宗元年二月丙申日暈北有抱東有直氣西有背　五年四月戊寅日有重暈東有兩背六月癸亥朔日食　六年二月庚辰日暈有兩珥北有白氣交暈貫日十二月乙卯朔日食

高宗元年九月壬戌朔日食　三年二月甲申朔日食　四年三月壬辰日赤無光四月庚戌日傍有赤氣大如車輪南北射氣如日七月丙子朔日食　五年六月辛亥虹霓環日

七月庚午朔日食九月乙亥日暈　六年十一月甲寅白虹貫日十二月癸亥日珥　七年二月戊辰白虹貫日　八年五月甲申朔日食　十年九月庚子朔日食十一月丙辰日珥庚申日暈有兩珥辛酉日珥　十三年二月乙巳日暈十四年正月癸亥日暈六月戊申朔日官奏日食雨不見十五年正月甲辰日暈如虹十二月庚子朔日食　十七年四月壬戌朔日食　二十一年八月丁卯日食密雲不見二十九年十二月乙丑日暈　三十年二月乙丑虹貫日三月丁丑朔日食十月甲午白虹貫日　三十二年七月癸巳朔日食旣　三十三年正月辛卯朔日食　三十六年四月朔日食　三十九年二月乙卯朔日食　四十年十月己未日暈有五色十二月壬子日珥癸丑日暈二重色如虹東北有背氣太史奏一背在內一背在外中人與外人同謀　四十一年正月庚寅日珥凡三日　四十三年四月庚寅日珥　四十四年正月戊子日珥十二月壬辰日暈有珥背氣四十五年二月壬辰日青無光三月丁卯日色赤如血八月癸巳日中黑子大如雞子翼日又如人形

元宗元年正月甲午日昏無光三月戊辰朔日食四月己亥日珥乙巳日有暈白虹貫日　二年正月癸亥日有珥　三年十一月甲申日暈　五年十月丙午日暈十一月丁酉日暈辛亥日暈丁巳日北有氣如虹色青赤長三十尺許癸亥日有珥　六年三月甲午日西有背暈色青赤長可十尺九年十月戊寅朔日食　十一年三月庚子朔日食　十二年八月壬辰朔日食　十三年二月壬寅日珥乙巳虹抱日八月丙戌朔日食十二月癸卯日珥　十四年正月乙卯朔日珥十一月乙酉日東西北有暈如虹　十五年十月戊午白氣貫日

忠烈王元年六月庚子朔日食八月甲辰日旁有氣如虹直立如柱　二年十二月庚午日暈如虹　三年十月丙辰朔日食　四年八月癸亥日中有黑子大如雞卵　七年二月乙亥白虹挾日　八年三月丙子日珥七月戊午朔日食　九年正月丙辰朔日官奏日當食停宴會　十二年五月丁卯朔日食　十三年十月戊午朔日食雨不見　十五年三月庚辰朔日食日官不奏有司劾罪之　十六年八月辛

未朔日食　十八年正月甲午朔日食　二十年六月庚辰朔日食　二十三年四月癸巳朔日食　二十四年十二月丁巳日旁有赤氣　二十五年八月己酉朔日食　二十七年十月丙戌五色虹圍日長三尺許日沒猶未滅　二十八年六月癸亥朔日食陰雨不見　二十九年閏五月戊午朔日食　三十年五月壬子朔日食　三十一年十一月辛未雙虹挾日　三十二年正月辛酉虹挾日五色交輝三月癸未朔日食十月丁未日有兩珥又北有輝

忠宣王四年六月乙丑朔日食

忠肅王二年二月己卯朔日有三珥四月戊寅朔日食五月壬戌白虹貫日　六年二月丁亥朔日食　七年正月辛巳朔元來告日當食故停賀正禮百官素服以待不食元史云是日日食帝齋居損膳輟朝賀　八年二月壬申白氣貫日四月辛未白虹貫日五月丁酉太白晝見犯日六月癸卯朔日食旣　九年十一月甲午朔日食　十六年三月丁卯虹貫日七月丙辰朔日食

忠惠王元年十一月壬申朔日食

忠肅王後六年七月癸卯白虹貫日八月辛亥日有重暈

忠惠王後元年二月甲午日赤　四年四月丙申朔日食五年九月丁亥朔日食

忠穆王二年二月庚戌朔日食　三年正月甲辰朔日食四年十二月辛未虹貫日

忠定王元年三月乙巳日有五色重輪相貫　二年十一月壬子朔日食

恭愍王元年四月癸卯朔元告日食不果食十月壬戌日暈　二年九月乙丑朔元告日食不果食四月戊申日無光　三年三月癸亥朔日食　五年正月甲午赤氣挾日長數尺餘其中皆有日輪人言三日並出三月甲申日無光中有黑子乙酉亦如之丙戌日濇無光直視不眩十二月戊午酉時日之左右有氣如日光　六年六月甲辰朔日食閏九月庚午日珥　七年正月庚子朔日暈六月戊辰朔日食十二月乙丑朔日食司天臺夏官正魏元鏡奏日當食會天陰不見御史臺言先時者殺無赦不及時者殺無赦今術者元鏡其術不明請罪之厥後全羅道人有見日食故得免　十年二

月辛卯日有黑子四日四月辛巳朔日食旣　十一年四月辛丑白虹貫日九月己未日有黑子　十二年四月甲辰日暈丁未甲寅乙卯丙辰癸亥丁卯戊辰亦如之　十三年正月丁丑白氣交日四月丁巳日暈戊午辛酉亦如之五月甲子日暈　十四年二月丙申日暈庚子辛丑癸卯亦如之三月丁卯日暈九月丁丑日暈十月己丑日暈　十五年七月辛巳朔日食旣　十六年正月庚寅日下有環如日白虹匝其外戊戌日暈兩珥如兩日二月己酉日有兩珥虹圍日十一月乙亥白虹貫日乙酉日暈珥十二月癸卯朔日食天陰不見丙午日重暈背珥　十七年二月甲辰日暈有珥戊申日暈甲寅日暈幷珥　十八年五月甲午朔日食　十九年十二月庚午日有黑子　二十年三月癸丑日暈閏三月丁卯白虹貫日九月癸巳日有黑子　二十一年四月壬午日有黑子　二十二年正月壬子日暈甲寅亦如之三月癸卯朔日食四月乙亥日有黑子二日十月乙亥日有黑子　二十三年二月丁酉朔日食四月戊戌日暈己亥日珥癸丑日暈乙卯亦如之十月辛亥日暈有珥庚申虹圍日日旁又有大小二日癸未日珥

辛禑元年二月戊申日有黑子己酉亦如之七月己未朔日食甲申日暈十一月甲戌日珥日背白虹貫日書雲觀奏曰近者日珥日背白虹貫日以本文考之宜釋女樂入賢良　二年三月癸亥日無光五月丁卯日珥七月癸亥日背有冠有珥甲子日背十二月壬子日有冠珥庚申日暈有珥有背南虛　三年十二月乙巳朔日食　五年正月庚寅日抱日背日冠日戴日珥有纓環之壬辰日珥乙未日暈丁酉亦如之二月乙卯日暈庚申甲子亦如之三月庚辰日暈壬辰丙申亦如之四月己亥日暈壬寅丙午丁未丁巳戊午亦如之五月丁卯朔白祲貫日辛巳日暈癸未丙戌甲午亦如之　六年二月丁亥日珥四月丁丑日暈甲申亦如之五月癸未日暈甲辰亦如之八月甲申有白虹貫日　七年二月戊午日珥癸未日有黑子三月甲午日暈壬子亦如之四月壬申日暈五月癸巳亦如之十月壬子朔日食　八年二月甲戌日有黑子大如雞卵凡三日丙子日暈十一月甲寅星入日中　九年六月丙申日暈有珥有抱有背己亥日傍西有半

暈八月壬辰日暈癸巳亦如之九月壬寅日暈　十年正月戊申日有暈壬子日重暈有珥壬戌日暈丁卯亦如之四月庚寅日暈十二月乙卯日珥　十一年正月甲申日珥三月己丑日暈　十二年正月丙寅日珥白虹貫日二月甲寅日珥四月戊戌日暈十二月癸未朔日食陰雲不見　十三年三月丁丑日有黑子　十四年五月甲戌朔日食

恭讓王二年四月戊戌白虹貫日九月庚寅朔日食既　三年三月戊子朔日食

月五星淩犯及星變

太祖十五年九月庚辰大星見東方俄變爲向氣　十七年九月丁巳老人星見

成宗八年九月甲午彗星見赦王責己修行養老弱恤孤寒進用勳舊褒賞孝子節婦放逋懸蠲欠負彗不爲灾　十一年十二月夜天門開

穆宗六年二月丁巳有流星光燭于地　九年彗星見　十二年三月庚午月食

顯宗元年閏二月甲子月食十二月庚申大流星隕于郭州　二年四月癸丑月犯鎭星熒惑無光七月丙戌月食十一月壬申太白犯鎭星十二月壬戌月入氐星　三年正月甲申月食七月庚辰月食十月庚戌月食十一月丁酉月犯太白十二月己卯月食　四年二月乙亥熒惑犯東井三月癸卯有大流星自東而西聲如雷四月丁卯熒惑掩積尸七月癸卯月犯歲星乙酉又犯軒轅九月癸巳大流星入于張翼閏乙巳月犯畢大星　五年正月癸巳流星入翼甲午月掩畢星壬子彗見于五車二月庚申彗入大陵五月辛卯太白晝見鎭星犯鍵閉七月辛亥鎭星犯鍵閉八月庚辰鎭星犯鍵閉十一月甲午太白入氐辛亥流星入氐　六年五月辛丑大流星隕于西南六月丙辰月入氐星八月癸未月犯鎭星壬寅流星入氐十月辛卯月食十一月乙丑月入大微　七年二月戊寅太白犯昴星又流星出軒轅入三台辛丑太白經天壬寅月犯歲星四月己丑月食既大流星自東抵西八月乙酉太白犯軒轅大星辛丑流星如雷其光照地見者驚譟九月壬子流星大如月出張星入明堂靈臺十月壬申朔太白犯上將庚子月犯太白十二月丁亥月犯熒惑己亥

熒惑犯軒轅大星　八年五月庚申飛星出河鼓南行聲如雷七月庚子月入大微犯上相十月壬申太白入南斗十一月己亥太白經天　九年六月丁酉流星出天市入北斗庚戌彗出北斗第二星光射文昌天牢長四丈餘七月丁卯月犯心後星辛未飛星出王良過壁聲如雷群犬驚吠十月庚寅朔熒惑入大微犯上將十一月丁丑月犯軒轅十二月丁巳彗見于天市垣宗正宗人市樓閒指西　十年正月戊寅月犯心星五月丙寅太白晝見自正月以來月行陽道至是犯左服次將星九月己卯月犯歲星是月歲星入大微犯右執法十一月壬戌太白入氐丙寅歲星犯左執法十二月辛亥彗見宗正宗人市樓閒　十一年正月庚午月犯左角三月乙丑月貫右角六月丁亥月犯左角十月壬午貫南斗魁十二月戊戌熒惑犯歲星閏月己巳月犯房左服　十二年三月甲申月犯軒轅大星四月壬戌妖星見於大微九月庚辰月貫哭泣己未又犯軒轅大星十一月戊戌月貫心後星　十三年正月癸巳月犯心後星三月戊子歲星犯房右驂四月丙辰月犯庶子六月庚戌月犯心後星七月丙子月犯心後星八月戊午歲星鉤已於房九月庚寅熒惑犯左執法十二月甲寅歲星犯房左驂上相　十四年正月丁卯熒惑犯房右驂上相戊子月貫心星五月戊辰熒惑退舍南斗魁中六月甲辰月犯心後星九月丁丑熒惑犯哭星己丑流星大如月入王良天策閒十月癸卯流星入天倉十一月己亥流星入攝提閒甲辰月食十二月癸未月犯心前星　十五年正月戊戌太白晝見二月壬戌月犯太白四月癸亥月犯心前星五月壬寅月食十一月天門開丁丑月犯心前星　十六年正月戊申月犯熒惑三月庚戌熒惑犯哭星六月甲辰大流星出角西行十月甲寅太白犯南斗魁第三星　十七年正月壬寅流星出大微入紫微三月丙午飛星大如缶色白出攝提入尾聲如雷四月辛酉月食太史不告命御史臺鞫之六月癸未大飛星入心尾閒九月戊午月食　十八年三月乙卯月食六月庚寅大星飛出牽牛入箕杵閒辛卯熒惑犯胃星十一月戊申月吞歲星　十九年正月丁巳月犯鉤鈴六月壬申白氣貫紫微北斗丁亥飛星出大角入氐七月己亥月入氐星大流星自北而南其光照地己未月入

畢星八月戊寅歲星犯井鉞　二十年五月丙子白氣貫北斗射室壁六月壬辰有飛星大如燈籠自外屏入土司空乙未月入氐星戊戌飛星出紫微宮入天市垣色赤七月甲子月犯鉤鈐八月丁亥晡時大流星指西南行　二十一年二月戊辰月當食不食四月乙酉教曰上年十二月宋曆以謂大盡而我國太史所進曆以爲小盡又今正月十五日奏大陰食而卒不食此必術家未精也御史臺推鞫以聞　二十二年二月辛巳歲星犯軒轅大星鎭星犯天關四月癸卯大流星入天市垣六月辛巳乾方有流星大如月七月庚申月食八月辛丑月犯軒轅大夫人九月庚申大星入輿鬼十月己亥月及歲星入大微十二月戊午月食

德宗元年正月乙酉月犯軒轅大星二月丁未太白晝見夜犯昴星三月丁酉流星出大微入軒轅五月辛酉歲星入大微六月乙丑月犯太白八月丁未月犯建星太白犯軒轅丁巳月犯畢大星甲子流星出王良入天紀乙丑出軒轅九月丙子流星出北斗入紫微宮太白犯大微右執法辛巳月犯坐星戊子犯鎭星十月癸丑天狗墮西方　二年五月庚辰月食　三年三月丁卯鎭星入輿鬼凡二十三日四月壬子歲星犯房右驂七月癸酉月入氐流星出五車入諸王甲午月犯房上相甲辰歲星犯鉤鈐十月乙亥月犯軒轅以夫人

靖宗元年四月丁巳月犯太白六月丙辰太白晝見八月癸亥太白晝見九月辛巳朔熒惑犯鎭星壬午流星出天倉乙巳月入大微丙午又犯上相十月丁卯月暈三重戊辰流星自坤至艮而行丙子月犯太白　二年正月丁酉流星出大微入軫八月戊辰流星出五車入諸王九月辛巳流星出天苑入羽林十月丁未流星出五車入內階癸丑太白犯南斗庚午太白犯氐星十一月庚辰熒惑歲星同舍甲辰流星出大角入女林　三年二月乙丑月入南斗癸酉彗星五出長各五六尺三月戊子月食四月丁巳流星出氐入大微壬申大流星出角入南門色赤七月乙巳月貫心星庚申辰星熒惑太白聚于張七月丁卯有三流星大如杯一出卷舌入五車一出天船入勾陳皆色赤一出八穀入勾陳色白十月丙子流星大如半月出翼入斗魁色赤戊寅熒惑犯進賢　四年二月乙酉月犯心星三月辛丑小星犯月七月辛丑太白

晝見八月癸酉流星大如杯出五諸侯入軒轅　六年三月乙亥月犯熒惑壬午太白犯五車四月戊申熒惑犯哭星六月戊戌月食七月戊午歲星臨東井癸亥月犯南斗八月戊申月犯軒轅夫人十月丙戌歲星留東井十三日又犯西轅北端十一月癸丑歲星犯鉞甲寅流星大如升尾長一丈餘出東井入軒轅庚申流星大如升尾長一丈出參星入闕丘十二月癸卯流星大如杯長十三尺許出織女入天市垣　七年八月彗星見東方長三十尺許二十餘日乃滅十月彗星長三十尺許出東方十餘日　八年七月丁未衆星流轉十一月甲申月食　九年二月乙卯熒惑太白並失度九月癸未月犯昴星　十一年四月辛丑月食

文宗二年二月癸酉流星出郎將東入大角攝提閒大如木瓜光芒照地　三年正月己酉月食七月丙午月食　四年六月壬午流星出牛入雞大如木瓜色赤九月乙酉黑氣經天衡乾巽方貫虛色歲星甲午月犯鎭星己酉犯熒惑十月庚午熒惑入大微十一月戊子熒惑犯大微上相庚寅月犯鎭星熒惑守端門癸卯月入大微犯謁者十二月辛卯月犯畢　五年五月乙丑月食十一月壬戌月食　六年二月辛巳月犯畢三月丙辰月入大微天庭又犯屛星五月甲寅月犯亢上星六月辛卯月入哭星己亥流星大如木瓜出大微入天市色赤十月丙申月入大微天庭犯謁者星十一月丁巳月食　七年正月癸卯熒惑入氐辛亥歲星入月丙辰太白晝見己未月犯角星二月乙亥彗出庫樓入翼長丈餘四月戊寅月犯大微西垣次相癸未又入氐星五月丙寅月犯太白七月壬子熒惑犯房甲寅流星出牽牛入天田色赤長丈餘八月乙巳熒惑犯南斗十二月丁未月犯北轅乙卯歲星犯鬼宿壬戌歲星犯中鑽　九年九月庚午月食　十年八月甲子月食　十二年正月丁亥月食閏十二月辛巳月食　十三年六月戊寅月食十二月乙亥月食　十四年十二月庚午月食　十五年正月戊子太白晝見辛丑晡時有流星大如木瓜向乾而滅　十七年五月庚戌有星出大角孛于氐七月乙丑有星尾長數尺出坎孛于氐大如斗九月己亥朔熒惑躔鬼西行而沒十月己巳有星出天市抵尾箕

大如斗甲申月食　十九年六月乙卯有客星大如燈八月戊子朔歲星熒惑失度設醮毬庭以禳之十月己丑流星出營室入天將軍大如木瓜十二月甲辰有星出奎過東壁入羽林大如木瓜色白　二十年二月庚子月食三月丁丑有星出乾方大如月俄變爲彗孛　二十一年七月辛巳流星出墓歷危疾行入織女分爲六七如紅纓貫白玉其前者大如木瓜後者如雞卵有聲如雷良久乃止癸巳太白晝見九月庚子月犯熒惑及大微屛星十二月癸丑月犯畢奕星　二十二年四月乙卯月行陰道躔左執法又犯軫星九月壬辰月犯軒轅　二十三年閏十一月戊申月食　二十四年正月丁酉月入天庭犯左執法熒惑犯房北右弼歲星行陰道守天江庚子星隕于大丘縣化爲石　二十五年十一月丙申月食不見　二十六年二月甲寅流星出亢入房大如月七月戊子熒惑入羽林閏七月庚申月犯熒惑九月丙午有星如火犯營室丙辰羽林入月　二十七年正月己酉流星出大角入北斗魁中癸酉流星出大陵入婁胃南二月甲午月犯南斗三月戊午月食七月丙午流星出王良入河鼓

辛亥月犯南斗魁丁巳入羽林八月丁丑太白晝見客星見于東壁星南九月庚戌夜天苑星南天裂廣可五六寸中有赤色辛亥月入羽林乙卯月食密雲不見己巳太白犯南斗魁第三星十月癸酉月入南斗魁甲戌有流星出柳入軒轅大如鉢十一月丙寅夜文昌西天裂長十五尺廣三尺色青赤　二十八年正月壬戌月入南斗魁癸亥又犯第二星二月戊寅流星出參西行大如木瓜乙酉月暈光芒如彗長三十餘尺七月庚申客星見東壁星南大如木瓜九月辛丑月犯南斗魁中第一星己酉月食十一月己亥流星出文昌抵西北而沒大如鉢十二月丁亥月入氐星　二十九年四月戊寅流星出角入井鬼閒七月癸酉流星出南斗疾行至尾而散長丈餘庚辰月犯昴九月辛巳流星入天樞大如木瓜壬午流星出天津入河鼓大如杯丁亥流星出下台東北入軒轅戊子流星入華盖大如燈十月癸巳流星出天南入軫大如木瓜丙申彗見于軫星長七尺餘　三十一年正月丙寅月食　三十二年正月庚申月食六月甲寅月食宋使救之國人不之覺以日官掣壺正崔士謙撰曆失於推步不以

聞奏有司請論如法宥之九月癸酉朔熒惑犯鬼十月壬子流星出大陵入天苑大如木瓜　三十三年八月壬寅月犯心星　三十四年正月丙戌月犯心前星二月壬寅太白晝見八月戊午太白犯軒轅十一月丁巳歲星入氐　三十五年四月辛未月食九月庚子太白食南斗第四星壬寅又入南斗魁中　三十六年四月丙寅月食密雲不見七月丁亥有星出紫微犯北辰十月庚申月食　三十七年三月庚寅月犯左角五月癸卯太白晝見

宣宗二年八月丙子月食密雲不見　三年五月丙子太白晝見六月辛卯流星出文昌貫危哭長十餘尺曲如環東缺色赤俄變爲白良久乃滅八月甲辰流星出婁抵王良大如木瓜　四年二月癸卯太白晝見六月乙未月食七月辛酉流星出天囷抵天苑大如木瓜八月戊戌流星出婁抵王良大如木瓜　五年二月戊戌太白犯昴星六月庚寅月食七月己巳流星出天津抵東壁大如木瓜八月己亥太白犯軒轅十二月丁亥月食　六年五月乙酉月隱食　七年九月甲戌流星如火出鬼入大微庚寅流星出上台犯中台下星大如日十月壬辰朔流星出軒轅入大微大如木瓜　八年三月壬午流星出織女抵天津四月庚寅熒惑入羽林辛卯亦如之丁巳流星或青或赤尾長十餘尺出房星入軒轅有聲如雷五月己未朔太白赤色搖光晝見經天至十七日乃滅　九年二月戊午流星出大微北抵七星南三月丙辰月犯歲星五月乙未熒惑無光芒六月戊午月犯歲星十一月庚子太白晝見經天犯壘壁陣太史奏曰太白晝見三年必有大喪十二月壬子月入羽林　十年二月戊辰月犯心大星三月庚寅流星出造父抵王良色赤大如木瓜尾長七尺許　十一年三月庚寅月犯心前星戊戌熒惑犯鬼質九月壬戌月犯鎭星十一月戊申月犯昴星丙辰犯鎭星辛酉又犯心星

獻宗元年二月庚午月入昴星三月戊午歲星犯牛四月壬申月犯鎭星六月乙酉流星大如木瓜色赤尾長九尺許出室西入南斗魁亦有衆小星南流己丑月犯五車

肅宗元年二月戊辰月犯五車癸酉又犯輿鬼辛巳太白入昴星乙酉又入昴光芒甚大己亥太白晝見癸卯又晝見夜

入昴星月犯心大星九月戊戌月犯歲星甲辰犯昴星丁未太白犯鎭星戊申月犯鬼星　二年正月癸巳飛星大如燭出鬼柳閒抵軒轅七月庚午熒惑犯輿鬼壬申月犯昴星八月癸未流星出織女抵王良丁未彗星見氐房閒光芒射天市垣九月丁卯月犯昴星　三年六月乙巳流星色赤前大後小出螣蛇抵營室十一月戊申流星色赤前大後小出南河抵天囷十二月丁丑太白熒惑會于危　四年四月丁亥月犯心大星八月壬辰太白歲星晝見十一月癸未流星色白前小後大出張星抵天廟大如梡乙未熒惑守氐　五年正月丁丑熒惑入氐四月庚申流星出翼長三尺許隕于西南方七月甲午夜天狗隕乾方聲如雷十月丁巳熒惑入壘壁陣壬戌流星出羽林入虛星長五尺許色靑赤甚有光芒聲如雷十一月己巳太白入羽林　六年四月甲辰月貫氐星五月乙酉太白歲星同舍七月甲申太白歲星同舍八月壬辰太白犯軒轅十二月甲午熒惑入氐星庚子鎭星犯鍵閉乙巳歲星犯軒轅大星　七年六月戊子太白犯歲星乙未月入房上相是月熒惑留守箕九月辛卯歲星入大微丁酉熒惑犯壘壁陣西星十月熒惑犯壘壁陣行羽林三十餘日十二月丁卯月暈素氣如輪貫北斗　八年八月辛亥流星一出北極入天津大如炬尾長三丈許一出內諸侯入上台大如梡尾長一丈許一出王良入文昌大如木瓜又小星百餘流行十月乙亥熒惑犯氐西南星十一月壬午月犯壘壁陣乙未太白犯羽林乙巳熒惑犯鉤鈐十二月庚戌月犯壘壁陣丙寅犯歲星　九年二月癸亥太白犯昴星十月乙丑太白歲星同舍于氐十一月壬辰太白歲星同舍于尾　十年正月壬辰歲星犯房上相六月庚午初夜流星出紫微垣中入郞位色赤圓徑五寸許尾長一丈二更出天津入天市色白尾長二丈五夜出河鼓入南斗魁色赤大如雞子九月庚子流星出五車入螣蛇大如梡長一丈許辛丑流星一出北斗魁入郞將色靑徑五寸許尾長一丈許一出中台入郞將色赤大如炬尾長一丈許一出北河入北極色赤大如炬尾長一丈半戊午夜太白下陽道行南斗度辛酉食南斗魁第四星壬戌入魁中　十二年十一月乙巳太白光芒大而赤至十餘日甲寅夜有流星出上台入北極大如炬長一

丈許十二月甲子歲星犯熒惑丁卯流星出翼東入大陵狀如雞子戊辰太白晝見經天月犯壘辛未月犯天囷癸酉月食畢大星乙亥月重暈靑赤無光戊寅月食月犯輿鬼鎭星犯氐

睿宗元年正月丁酉彗見于西南長十尺許月餘乃滅三月乙未月入畢星庚子月食丁未熒惑入羽林六月甲申流星出王良入營室長二丈許乙酉枉矢飛行見者皆驚譟流星出天津入宗人大如杯尾長二丈許又二流星出虛入九坎大如雞子又自昏至曉衆星流四方丁酉熒惑入天廩癸丑流星出王良入營室大如雞子長二丈許九月乙未月犯畢又有流星出上台入郎將大如雞子長二丈許己亥流星出豺狼入天苑丙午月入畢星十一月己巳彗星見癸未月入輿鬼丁亥流星出危入壘壁羽林大如梡　二年正月丁酉流星出宦者歷大微東入屛星大如雞子長二尺許辛丑歲星鎭星犯南斗五月乙巳月入羽林十月癸酉月犯輿鬼北星丙子犯大微內屛西南星丁丑入天庭出東華門貫大微庚辰又入氐星閏月己丑行羽林中又流星出井入軍市大如梡尾長五尺許壬辰太白守氐十一月丙寅月食十二月乙未月犯輿鬼壬寅流星出軒轅道中台入文昌大如雞子癸卯月入氐星丙午流星出華盖入天一大如雞子尾長一丈許　三年四月辛丑月入羽林己酉太史奏自三月以來歲星入行羽林內熒惑鎭星越舍乍在南行陽道十月戊寅月犯羽林乙酉月入羽林　四年三月丙寅月犯軒轅四月庚辰月入輿鬼辛巳衆星無光五月戊申月犯軒轅己酉流星出貫索入亢大如盃七月丙辰月犯羽林十月丙戌月食十一月乙巳月入羽林庚申犯軒轅夫人十二月戊子月犯軒轅夫人癸巳月入氐星　五年正月己酉流星出貫索入天市內宗人狀如雞子三月辛丑流星出梗河入天倉大如雞子丁卯流星犯天市垣內車肆入列肆大如杯長九尺許五月甲辰鎭星入守壘壁陣羽林己酉彗星入紫微乙卯夜二更彗星發天將軍閣道星閉至曉乃滅丁巳夜彗星發路策星戊午夜發于王良星西北己未夜發盖傳舍閒庚申夜發華盖中辛酉發華盖下六甲星北癸亥夜行女御宮星內丁卯太白犯軒轅夫人六月癸酉鎭星入壘壁陣羽林七月

戊午月犯歲星閏八月癸丑月犯歲星熒惑又犯輿鬼乙丑流星出東井入輿鬼大如杯九月庚午流星出文昌入天槍長二丈許大如雞子辛未月犯南斗魁第四星漸入魁星壬申流星出傳舍入天棓大如炬長四丈許光射于地庚辰月食丙戌月犯輿鬼丁亥犯熒惑十月甲辰太白晝見經天乙巳犯亢西南星丁未月食歲星乙卯月犯軒轅后妃丙辰犯大微西將星丁巳入大微庭犯行屏星太白入行氐嫡星閒己未月犯軒轅后妃十一月甲戌月犯歲星壬午月犯熒惑又犯軒轅夫人　六年正月甲子朔熒惑守輿鬼乙亥月犯熒惑二月丁酉熒惑流行自角入騎官三月壬午熒惑犯軒轅鎭星入羽林至四月乃退四月己亥流星自北極西行入宗人宗正閒月犯軒轅后妃辛丑入大微犯屏星五月辛巳月入羽林是月熒惑守大微至乙酉犯右執法六月丁酉月犯心星八月戊午衆小星分流四方十一月乙丑月入羽林丙申流星出軒轅入張星大如梡尾長六尺許　七年二月己亥月犯軒轅夫人丙午太白犯昴星丁未月犯心大星三月癸酉月入氐星六月癸丑流星出王良入危尾長一丈許七月甲子太白食東井北轅第二星月犯心大星甲申太白犯輿鬼是月太白歲星熒惑同舍八月甲午月入南斗口乙未熒惑犯輿鬼西北甲寅太白犯軒轅九月乙卯朔流星出五車西北入北河大如盂尾長七尺許丙辰流星出卷舌大如杯尾長五尺許丁巳流星出天船星房入五車西北大如盂尾長七尺許丙寅歲星守輿鬼西南星十餘日辛未又犯積屍甲戌熒惑犯軒轅女主丁丑流星出畢東入天苑大如盂月犯軒轅女主己卯流星出河鼓近天紀而滅大如杯壬午流星出軒轅入紫微大如盂尾長三尺許十月癸巳流星出中台入紫微西大如杯尾長十尺許丙申流星出卯入畢大如盂壬辰辰星見氐星度歲星守輿鬼三十日十一月庚申熒惑入大微月食鎭星戊寅流星出壘壁陣入羽大如杯尾長五尺許光照于地又流星出攝提東入亢大如盂長十尺許　八年二月丁酉太史奏月食密雲不見四月甲子月薄心星南相距二尺七月辛巳有星孛于營室八月甲寅流星出軒轅入小微大如杯長六尺許又流星出天囷入軍井長三尺許己巳流星出婁入營室大如杯癸酉月犯軒轅九

月庚子月犯歲星丙午太白掩行南斗魁第四星又流星出天囷入天倉大如椀長十五尺十月己酉流星出北落師門入八魁大如杯長二十尺許甲子月掩行軒轅十一月甲申流星出中台入大微大如杯長十五尺許十二月丁巳月犯五車壬戌犯軒轅又犯歲星　九年正月己丑月犯軒轅歲星二月丙辰流星出北斗紫微入王良大如椀三月庚子流星出鼓旗入天雞狗國辛亥月犯歲星入軒轅女主七月甲午月犯昴星九月庚寅月犯五車東南星癸巳犯輿鬼十月丙午月犯南斗魁中丙辰犯昴星壬戌月乘軒轅歲星熒惑近大微左執法　十年正月壬辰月犯心前星八月癸丑太白晝見　十一年正月甲寅月犯心左星己未流星出大微中入軫東北星三月庚戌流星出七公貫索星入天市大如雞子長三尺許九月戊戌流星出中台入大陽大如雞子十二月庚申歲星犯房上星戊辰熒惑守氐庚辰流星出亢入氐大如雞子　十二年正月甲午熒惑入守房上星及鉤鈐甲辰熒惑犯歲星四月甲子流星出招搖北入北斗魁中大如雞子長七尺許丙子熒惑守行心星度丁丑流星出爟星入外廚大如椀長五尺許辛巳流星出角星東北入器府大如雞子長十五尺許又流星出天市門入傳說魚星閉長七尺許五月癸巳流星出招搖入北斗魁中犯第四星七月丁未月犯昴星八月戊午黃昏流星如月落於巽方十月庚申流星出五車入天囷大如椀長十尺許己巳熒惑守壘壁陣　十三年二月甲戌月犯歲星四月乙丑枉矢出西北向東南行五月丙申月食九月丙戌天狗墜坤方流星出左旗北入天市東長十尺許庚子流星出奎星入天倉壬寅月犯輿鬼甲辰流星出北河入軒轅丙午鎮星犯天關十一月壬子太白犯西咸壬戌太白犯東咸辛未熒惑犯房上相十二月己卯流星出軒轅入大微長五尺許丙戌流星出紫微入索女林閉長三十尺許　十四年三月庚戌月犯鎮星五月丙午朔熒惑犯壘壁陣七月壬戌月犯天關九月甲辰朔鎮星守井丁巳熒惑犯羽林十一月己未鎮星犯東井十二月甲戌辰星犯歲　十五年七月丁未月犯氐星壬戌犯東井丙寅歲星犯羽林八月壬午月食戊子壽星見九月壬子月食
十六年六月己亥流星一出織女北入紫微一出紫微入

勾陳一出奎星入雷電辛丑流星出天津入天弁七月甲辰流星出河鼓入南斗八月甲午鎭星入輿鬼十月太白晝見經天三十餘日丁巳月入氐星十一月壬申月有暈十二月丙申月犯歲星戊申流星出閣道入天將長七尺許　十七年二月丙申流星出北斗中入天廚傳舍閒又出北斗第一星分爲二乃滅甲辰月食五月癸酉初更月有兩珥靑黃交色二更末變白而滅七月乙亥天狗出艮方抵坤方八月丁亥朔流星出天市東垣入尾前大後小尾長二尺許壬辰月食十一月己卯月入氐星十二月戊子流星出軒轅入輿鬼尾長四尺許乙未月犯畢大星戊申犯罰星及東咸太白入林

仁宗元年二月壬寅西京留守奏老人星見六月戊申太白晝見七月壬戌亦如之己巳有星孛于北斗十一月庚午月犯軒轅前大星　二年正月癸亥月食三月庚戌熒惑食東井四月辛酉月暈有珥六月戊午流星出紫微入攝提尾長三十尺許八月丙午歲星犯輿鬼流星出文昌入北斗辛酉天狗自東北發回翔都城內外所過人皆鼓譟無幾向西南墜地聲如雷乙丑流星出大陵入紫微九月甲午太白晝見經天六日乙未月犯軒轅又有流星大如炬己亥月犯大微壬寅流星出東北大如炬十月甲寅月南北有角乙卯流星出文昌入紫微貫北極滅于大微東藩癸酉流星出參右脚入軍印十一月乙亥流星出五車入天苑又出北斗魁中入紫微壬辰月食大微十二月戊午月食旣王素服出殿庭救食庚申月犯大微右執法流星出庫樓入鉤陳辛酉月犯大微東藩上相　四年三月丙子月犯軒轅大星又犯歲星戊寅入大微犯內諸侯壬午熒惑犯輿鬼入積尸壬辰流星出天市入心星四月丙辰天狗墮地有聲人駭譟六月壬寅太白歲星並行犯右執法入大微九月癸未月犯井星甲申流星出營室入紫微長七尺許丙戌流星出紫微入東藩庚寅月入大微犯屛星太白歲星鎭星合行翼度歲星入大微犯謁者太白晝見經天十月甲午流星出天將軍入句陳大如木瓜長十尺許庚子流星出天將軍入紫微又流星入大微五帝座辛丑歲星犯大微鎭星犯上相壬寅月犯羽林十一月丁亥流星出水位入張聲如雷大如椀長一丈許辛卯歲

星犯大微閏月癸巳流星出大微入帝座大如燈丁酉流星出北斗中台大如木瓜己酉月犯軒轅庚戌犯小微壬子犯大微十二月己卯月入大微壬午入氐星丙戌流星出庫樓入大微　五年正月庚戌歲星入大微左掖鎭星犯大微東藩上相二月甲子流星出建入房大如木瓜戊辰歲星犯大微左執法戊子流星出大角入市垣中宦者三月甲午流星出建入房大如木瓜長十五尺許四月甲戌月食密雲不見五月乙未月犯大微內屛四星六月庚申流星出營室入危大如木瓜七月庚寅流星出婁入五車色黃大如木瓜八月戊午朔熒惑犯輿鬼又犯積尸終月乃沒九月癸卯流星出東壁入羽林大如椀辛亥月犯大微壬子流星出五車入北斗十月戊午流星出東壁入羽林己未月犯太白十一月庚戌熒惑入大微十二月戊午流星出庫樓入大微大如雞子辛未月犯輿鬼　六年正月丁亥熒惑犯軒轅自丁未年十二月太白晝見經天光芒日大熒惑犯小微星至于是月二月丙辰熒惑犯軒轅夫人乙亥月入羽林三月戊申月色無光赤黃四月辛酉月犯大微西藩次相星又犯屛星乙丑月犯鎭星甲戌太白晝見經天月入羽林中辛巳流星出牽牛入天田大如木瓜五月甲申朔自四月下旬至今月太白晝見經天丁亥流星出天津入營室大如木瓜色赤辛亥流星出天津入營室六月丁丑流星大如缶色白有光出紫微宮長十尺許疾行入離宮星又流星大如鉢出天市星色赤長五尺許疾行入氐星又流星大如燈盞出軫星色赤長七尺許疾行入左角星四更流星大如鉢出天津星色如火長三尺許疾行入河鼓星五更流星大如燈盞出壘壁陣色白入羽林又流星大如燈盞長十尺許入昴星八月自六月至是月太白晝見經天丙寅太白犯軒轅大星九月癸未流星出畢入王良移入營室甲申太白犯大微西藩上將星己丑犯右執法辛卯犯大微端門丙午月犯大微次將星流星出奎入營室丁未月犯大微庭十月己未流星大如炬色赤出翼入角星甲子黑氣如布四竟天犯天津天船五車文昌三台星中乙丑月食旣戊辰流星出翼入左角大如炬庚午流星出星大星入翼星中己卯太白犯歲星十一月己亥歲星犯房辛丑月犯大微屛星壬寅入大微三公星歲星犯房星甲

辰流星出天市垣入翼乙巳歲星犯鉤鈐丁未流星出天囷入參大如炬己酉流星出五車入參大如木瓜十二月戊辰夜赤氣起自艮方經斗杓入紫微宮　七年三月甲午月犯亢星己亥鎭星犯亢五月己亥歲星犯房甲辰歲星犯鉤鈐乙巳亦如之六月自五月己亥歲星犯旁右驂星至是月守而不出七月丁丑朔太白晝見經天凡十五日乃滅八月丙辰月犯南斗熒惑犯輿鬼戊辰流星出奎大如椀尾長五尺許閭巷驚譟又流星出胃入天廩大如炬閏月戊寅流星出婁入天倉大如椀乙巳流星大如木瓜出畢星入天囷又流星大如燈盞出畢星入參星九月丁未流星大如木瓜出畢入天囷辛亥流星大如木瓜出室入危尾長八尺許又有流星大如雞子出參箕入狗星丙辰赤氣自乾艮方交發衝射紫微宮是月熒惑入大微四旬乃滅十月丙子朔流星出大微入天狗大如椀長十尺許己丑月犯諸王辛卯犯五諸侯星壬辰犯輿鬼十一月辛亥熒惑犯大微壬申流星出翼入中台尾長七尺許十二月丁丑流星自坤方指東北墜地聲如雷大如盆長六尺許乙酉月暈己丑黃赤氣貫月長六尺許月犯軒轅星　八年正月戊午月暈大微二月癸未熒惑犯大微丙戌月入大微甲午入南斗辛丑熒惑犯大微三月癸丑月入大微四月己卯流星出宗星入市樓戊子月犯箕北星六月戊寅月犯熒惑辛巳犯心星流星出紫微西藩入河鼓長五尺許有聲如雷丙戌流星出天市垣入河鼓己丑流星出危入牛七月丁未流星大如雞子出天廩入羽林八月丁丑流星大如杯出五車入東井九月乙巳流星出奎入危大如雞子尾長九尺許丁未流星出觜入水位大如雞子尾長五尺許十月乙亥流星出畢入天囷大如椀長十尺許丙子月有背氣左右有珥色白庚辰流星大如雞子出北斗入大微帝座己丑月入軒轅辛卯犯小微癸巳犯大微執法十一月壬戌流星大如雞子出內階入鉤陳丁卯五車八穀星閒有氣如彗長六尺許十二月乙酉月犯小微　九年正月辛亥月犯軒轅三月丙午月犯軒轅夫人五月乙丑太白晝見經天百餘日六月辛卯流星出河鼓入南斗大如炬長十尺許甲午流星出天紀入箕又流星出室離宮入河鼓七月乙未流星大如雞子出天紀入箕又流星大如杯出室離

宮入箕己未流星出危入牛大如炬長十餘尺太白經天八月辛未月犯心庶子星己卯月食密雲不見癸未月食行昴星丙戌流星出畢入觜大如椀長十尺許戊子月犯輿鬼九月戊戌太白晝見月犯心前星一尺許太白犯軒轅小民又流星大如杯出北極入郎將辛丑月犯南斗戊申太白隔熒惑星南辛亥火星犯大微上將星壬子月犯五車乙卯犯輿鬼己未犯太白太白入大微右掖門辛酉月犯左角癸亥太白犯大微左執法十月甲申月犯軒轅夫星乙酉流星大如雞子出天囷入天倉十一月丁酉太白入氐壬子行陰道犯房上相北隔七寸許乙卯犯鎭星十二月癸未月犯左角甲申天狗墜坤方聲如雷　十年正月乙未熒惑入氐暈庚子月食昴星辛丑月暈戊申月犯大微右執法庚戌月暈有珥流星出七公入亢又熒惑自是月初三日入亢星中丙辰流星出大微入軫長十尺許月犯箕星丁巳流星出大微入北斗長十尺許月入南斗二月丙子月食旣四月丁丑月珥自是月初熒惑逆行至入氐中閏月丙午月犯南斗五月辛未月犯心星八月癸巳月犯心星又流星出天將軍入五車丙申月犯南斗壬子彗星見入穀指東南甲寅指西北長三尺九月戊寅太白犯南斗十月壬寅流星出郎位入攝提大如椀長三十尺許丁巳流星出北斗入鉤陳十一月壬午熒惑犯大歲十二月己酉月食心後星　十一年正月己卯月犯南斗三月辛未月犯心星甲戌食南斗辛巳流星出氐亢間入騎官星長五尺許四月辛卯月犯軒轅五月丙寅月食心星丁丑流星大如木瓜出營室抵天市帝座尾長二十尺許六月丙申月入南斗壬寅天狗星流下甲辰流星出天津入天市垣尾長七尺許丁未流星出轉舍入織女七月癸亥月入南斗流星出天紀入天市戊辰月食甲戌月入昴星丁丑亦如之八月丙戌月犯熒惑戊子食心星乙巳犯五諸侯丙午犯輿鬼己酉流星出五車入營室九月乙卯熒惑犯大微丙辰月犯尾星庚午犯五車壬申又犯五諸侯癸酉犯輿鬼十月壬寅月犯軒轅女御星十一月戊寅月入氐星十二月辛卯月食昴星己亥月暈大微流星出南北河中犯參左肩大如木瓜尾長五尺又流星出南河中入狼星如中物破碎狼星搖動庚子熒惑犯房第一星辛丑流星出東井入弧星

尾長十尺許月行角亢南犯折威星壬寅熒惑犯鉤鈐甲辰月食心星　十二年正月丙辰月暈白氣從暈中發竟天庚申月暈昴畢觜參辛酉月暈五車井星北河東西白氣指月衡射壬戌月食五諸侯二月壬辰月食軒轅丙申歲與太白隔一尺許行婁星度熒惑與鎭星隔一尺許行箕星度月失度行角亢之南戊戌月食房三月己未流星墜地大如斗是月星再晝隕於太初門營造處其時上在西京駕幸永明寺次晝隕亦一時也四月甲申流星出王良入南斗五月甲寅流星出王良入南斗大如炬尾長五尺許辛酉月犯心大星壬戌月暈房心尾箕六月辛巳太白晝見經天營星犯狗國辛丑流星出螣蛇入河鼓大如木瓜長十尺許壬寅流星出王良入閣道大如燈甲辰流星出營室入北斗大如缶七月壬子流星出北斗柄入攝提又流星出危入牛又流星出營室入壘壁八月癸未月犯心星九月己酉天狗墜于京城東北庚戌月犯心星乙卯流星出婁貫天倉南隕丁巳流星出軒轅入下台星十月庚子流星出參箕南隕十一月自十月至是月太白晝見經天　十三年閏二月丁未流星出天市西垣入攝提庚午流星出角入軫癸酉流星出南斗越房心入左角大如木瓜長四十尺許三月丁丑天狗墜西京四月癸丑月行左角南隔三尺許軫星犯西建星隔一寸許丙辰月行心西星隔一尺五寸許五月戊寅流星出壁入危六月戊申流星出河鼓入牽牛癸亥流星出天弁入南斗七月戊戌流星出天關入五車東北星月犯軒轅太后宗星隔五寸許行十一月乙酉月食十二月庚戌月犯昴星丙辰熒惑犯房星太白晝見經天　十四年三月戊辰朔衆星自東北流西南丙戌月犯南斗五月壬午月食六月己未太白晝見經天七月庚寅流星出華蓋入文昌辛卯流星出津星入箕大如椀長七尺又流星出河鼓入南斗大如椀長二十尺許八月辛丑歲星入輿鬼癸卯月犯鎭星九月庚午太白犯大微十一月己卯月食戊子歲星守輿鬼十二月丁巳歲星食輿鬼流星出攝提入氐大如炬長二丈許　十五年正月庚午天狗墮北方乙酉流星出張入天廟二月甲辰熒惑犯天街三月丁丑月犯左角七月癸酉月犯牽牛丁亥流星出天囷抵婁長十五尺許八月丙申月犯房星十一月丁未流星出

軫抵庫樓甲寅流星出天將軍入羽林丁巳太白晝見經天
十六年二月甲申歲星犯軒轅流星出氐入軫八月甲寅
朔流星一出婁入天倉一出參入天狗十月己未流星出軍
市入參又角星動搖十二月丙寅月犯左角流星一出王良
入婁一出天市入南斗　十七年三月辛巳朔熒惑犯東井
十八年七月戊申鎭星守天軍十七日壬戌月犯畢庚午
心星動搖八月辛巳月犯牽牛九月戊申流星出五車入北
斗癸亥月犯軒轅　十九年三月丙午熒惑入輿鬼五月庚
戌流星出河鼓入南斗十月庚午流星出南河入軍市大如
木瓜尾長三尺辛未流星出星入翼大如木瓜尾長二丈
二十年四月戊子太白動搖六月丙戌月犯畢星七月壬辰
朔流星出天街入畢丙午月食八月丁丑月犯鎭星九月丙
申熒惑入輿鬼犯積尸戊申月犯畢星十二月癸亥流星入
攝提長十尺許　二十一年正月癸卯月食既閏四月丁未
流星出勾陳入帝座又出招搖入北斗六月庚子月食既七
月庚辰流星出南斗入天田又出奎入天船八月丁未月犯
歲星己酉食軒轅九月壬戌月犯哭星庚午天狗墜地聲如
雷戊寅月食建星己卯流星出參入軍市十月己丑月犯歲
星十二月甲辰月食氐星　二十二年三月辛酉月犯軒轅
次妃星壬戌犯大微西蕃上將星四月庚戌流星出天市入
東咸大如木瓜尾長五尺許五月乙丑流星出大角入天棓
大如木瓜長十尺許六月甲午月食辛丑流星出箕入尾大
如木瓜長五尺許丙午月犯太白七月辛酉流星出東壁向
北行大如鉢長五尺許八月庚辰朔熒惑犯輿鬼積尸流星
出天將癸巳月犯羽林流星出王良入天船己亥月犯畢十
月丙戌月犯羽林十一月壬子辰星犯太白星　二十三年
二月戊戌流星出大角入氐大如木瓜長五尺許三月己巳
熒惑犯大微四月壬辰流星出翼入天廟長十五尺許丙申
彗星見乾方十五日長丈餘癸卯熒惑犯大微五月己未月
食己巳流星出攝提入軫六月戊戌流星出攝提入軫大如
木瓜九月辛亥太白犯心星　二十四年四月甲寅月食既
十一月丁丑月犯歲星十二月甲辰月犯歲星己酉白氣貫
月及天市垣紫微宮

志卷第一

志卷第二　高麗史四十八

正憲大夫工曹判書集賢殿大提學知 經筵春秋館事兼成均大司成臣鄭麟趾奉
敎修

天文二 月五星凌犯及星變

毅宗元年六月丙辰流星出河鼓入須女七月太史奏太白自六月望後晨見經天今又連日晝見八月戊戌太白晝見己未歲星犯東井九月戊寅月暈昴畢鎭星庚辰太白犯大微右執法甲申太白經天二日己丑流星出抵弧矢　二年二月庚子流星出虛入危七月己未流星出奎入羽林八月辛卯軫星犯東井閏月辛巳流星出八穀入閣道十一月甲辰白氣貫月長丈餘是月熒惑入氐星十餘日十二月癸酉熒惑犯房上相乙亥月食氐東南星　三年正月庚寅流星似天狗自東指西庚戌飛星出天一大一入大微中五帝座北大如鉢尾長二尺許二月己未流星出紫微入尾辛未月犯心星三月丁未流星出軒轅入北河尾長七尺許四月庚午流星出張入庫樓大如杯太史奏邇來熒惑失度守箕光芒盛大六月甲戌流星自西而東大如缶有二小星隨之滅後有聲如雷九月辛巳流星出五車入天倉又有流星出畢入天囷大如杯尾長丈許乙酉流星出狼入弧星辛丑流星出弧入軍市大如木瓜尾長六尺許十月乙丑歲星守大微西蕃上將五日丙寅白虹貫月庚午月犯大微壬申流星出婁入天棓大如鉢尾長丈許聲如雷丙子流星出觜入天苑又流星出北斗入紫微東蕃十二月丙辰歲星犯大微西蕃上將五日壬申月犯心星是月鎭星蝕東井　四年正月壬辰月犯歲星甲辰流星出天市入南斗九月丁丑太白晝見經天二日乙未月犯北河南星十月癸丑太白犯歲星熒惑失次縮行十一月丙戌熒惑太白入氐十二月癸丑月蝕昴星甲寅熒惑犯房上相　五年正月丙申歲星犯進賢戊戌歲星蝕進賢二日二月乙巳有流星都人驚譟四月甲辰流星出虛危入室壁庚申熒惑犯哭星五月癸丑流星出亢入房大如木瓜甲寅熒惑犯羽林二十日六月丁丑月犯房星七月乙巳月犯心星八月戊辰朔流星出紫微東蕃入勾陳

癸巳流星出角亢間經大微中下台文昌天船大陵八穀天將軍抵奎婁間大如杯尾長七尺許十一月甲寅月蝕軒轅

六年八月丁卯太白鎭星同舍十一月甲寅熒惑犯歲星丙辰月犯房星　七年十二月庚午月食　八年十一月甲子月食　十年三月戊午月犯房星四月丁丑月犯房星五月丙寅流星出下台入中台大如鉢七月癸卯流星出紫微入七公大如木瓜辛酉流星自南入尾大如木瓜長三尺許丙寅彗見東方八月丁丑以彗星未滅赦二罪以下流者量移辛卯流星出五諸侯大如木瓜十月甲申月食日官不報春州道按察使朴育和驛聞有司請論日官從之　十一年三月辛巳月食王素服率近臣救之五月乙酉流星犯帝座北大如木瓜長十尺許九月戊寅月食　十二年二月丙辰歲星入月穿道三月乙亥月食七月己未太白晝見辛酉亦如之九月壬申月食　十三年正月丙子鎭星犯月二月己丑流星出中台入紫微東蕃大如鉢尾長三尺許十一月乙未天狗星流行　十四年正月甲午月食七月辛卯月食　十五年四月甲辰鎭星犯鍵閉七月壬申流星出鉤陳入北斗又出營室入牛癸巳月犯畢星八月戊辰太白經天九月壬申鎭星犯鍵閉甲戌熒惑犯軒轅大星丙子太白犯心前星己卯犯心大星甲午月犯軒轅左角乙未犯大微上將丙申又食大微執法己亥歲星犯大微西蕃上將十月丁未熒惑食大微西垣上將己酉又犯歲星己未入天庭辛酉月犯軒轅大星十一月癸酉太白鎭星聚尾甲戌太白晝見經天丙申流星出天廩入羽林十二月戊申熒惑犯大微左執法丁巳月犯歲星　十六年正月丁丑月犯畢星癸未犯軒轅大星二月戊戌朔歲星犯大微上將乙巳又犯西垣上將閏月壬申畢星犯月己卯月食歲星七月癸丑熒惑犯房三星九月戊戌熒惑入南斗辛丑流星出王良入天苑十一月丙申熒惑犯月丙辰流星出五車入大陵辛酉又出危歷軒轅大微帝座入紫微東蕃十二月癸亥朔太白經天四日辛巳熒惑太白並入羽林　十七年正月壬寅熒惑守東壁四月戊寅流星自西北向東南行七月戊戌客星犯月十月庚申熒惑犯大微左執法癸未太白與歲星同度十一月壬寅月食十二月癸酉星隕聲如雷　十八年正月癸丑熒惑犯房

上相四月己卯熒惑犯房第二星八月甲寅朔熒惑犯天江十月丁巳太白晝見十一月丙辰月食旣十二月癸未太白守羽林壬寅流星出東井入軍市　十九年四月甲午月食八月戊戌月犯諸侯南第一星　二十一年八月庚戌月食　二十二年二月丁未月食密雲不見十二月丁未月犯角星　二十三年正月丁丑月食角大星二月辛丑月食五月壬戌流星出翼入河鼓大星大如炬尾長五尺許　二十四年二月甲申狼星見于南極西海道按察使朴純嘏以爲老人星馳驛以聞四月甲申忠州牧副使崔光鈞奏前月二十八日祭老人星于竹杖寺其夕壽星見至三獻乃沒王大喜百官稱賀

明宗元年十月丙辰歲星犯天樽　二年六月癸丑月食十月丁巳太白經天庚申亦如之　三年七月辛丑月犯建南第二星流星出河鼓入天棓八月丙子月暈九月癸卯歲星入大微右掖門乙巳月犯昴星庚戌鎭星逆行入天溷丁巳流星出河入柳　四年四月壬申月食十月戊辰月食　五年四月丙寅月食七月丙戌流星出虛入建九月己亥月犯東井閏月庚戌流星出天苑入羽林己巳太白犯南斗第五星壬申流星出奎入離宮癸酉流星出狼入奎十月辛卯月掩畢赤星丙申流星出軒轅大星入大微五帝十二月癸未太白晝見經天乙未流星出稷五星南入天際　六年正月癸亥月犯角星己巳流星出亢池入西咸大如木瓜長三尺許二月癸巳月犯歲星乙未流星出大微入明堂三月丙午夜有星見于東方色如血四月丁亥月犯氐星己丑流星出天津入天倉六月乙亥流星出帝座入宦者丙子流星出須女入泣大如木瓜庚子流星出壘壁入蓊蒿大如缶尾長十尺許七月己酉月犯氐左星太白熒惑同舍東井乙丑流星出騰蛇入虛南星八月癸酉流星一出壘壁入羽林大如木瓜一出天囷入大陰尾長三尺許丙子太白犯軒轅辛巳太白犯軒轅壬午歲星守氐九月癸卯熒惑犯軒轅戊辰流星出畢入天囷尾長四尺許十月丙子熒惑犯大微西蕃上將癸巳鎭星犯畢右股十一月庚戌歲與熒惑同舍于尾甲寅月犯畢星甲子犯亢星丙寅熒惑犯大微東蕃上將十二月丁酉流星出三公入紫微大如缶尾長十五尺許　七年正

月癸亥流星出三公入七公大如缶尾長十尺許丙寅熒惑逆行入大微庚午流星出軒轅入張大如梨尾長三尺許二月丙子月入畢左右股閒又流星出房入天門尾長二尺許三月戊申流星出右角入北斗杓危星大如梨是月太史奏熒惑自正月二十五日從大微東大陽門入逆行於屛星南右執法臣等以爲熒惑常以十月十一月朝大微天庭受制而出行列宿司無道之國罰失禮之臣又其常度當行於翼軫北文三尺許今失度入大微留四十五日又從二月十二日至三月九日霧氣昏濁日月無光考諸舊占譴告不細固非祈禳小數所能消去當遵聖祖遺訓側身修德然後灾變可弭四月庚辰月犯左角丁亥流星出東咸入天江辛卯流星出大微入軫大如梨尾長三尺許五月庚子朔熒惑入大微出端門六月鎭星守天關七月戊申流星出八穀入紫微大如梨尾長五尺許戊午流星出羽林入危大如梨尾長六尺許八月丁丑太史奏太白自七月五日至是常見壬午歲與熒惑同舍于尾累旬九月辛丑太白失道行心星南甲辰太白犯尾乙巳月犯牽牛大星丙午熒惑犯天江丁未移入箕度甲寅歲與熒惑同舍于尾月犯畢西星癸亥流星出天廩入天苑尾長三尺許十月辛巳鎭星犯天關十一月己亥流星出畢入羽林大如缶尾長一丈許甲寅流星一出天倉入羽林大如梨尾長三尺許一出柱入北極大如木瓜　八年正月丙辰太白歲星聚斗二月己卯月食七月壬戌朔鎭星入東井甲申流星出五車入參大如梨尾長三尺許八月癸巳熒惑入軒轅乙未流星一出奎星入土司空大如木瓜一出內平入軒轅尾長一丈許一出星七星入張大如木瓜尾長七尺許一出闕五星入弧尾長五尺許一出相入常陳大如木瓜尾長十五尺許一出東井入五諸侯大如木瓜尾長五丈許一出翼指南入天際尾長一丈許又衆星流于四方不可勝數九月丁卯月犯牽牛中星癸酉熒惑入大微戊子熒惑犯大微左執法十月流星出卷舌入參尾長一丈十一月甲子太白與歲星行牛星度太史奏云金木合於一舍有蝗明年東西北面果蝗壬申月食畢星丁丑流星出胃入天囷大如木瓜月犯軒轅右角癸未流星出天矢西南入天際大如缶鎭星失道自七月入東井至丙戌犯南轅西第一

星十二月己亥月犯畢星庚戌太史奏太白失度火星入氐鎭星自十一月掩行東井南轅漸至越星占云火入氐臣子乱又云火失度有兵喪宜修德消變　九年正月丁卯流星出翼入器府大如梧尾長四尺許甲戌月食既二月辛卯鎭星犯東井甲午月食畢大星丙申流星出尾入龜大如梨丁酉月犯井三月丁卯小星百餘自東流西四月己亥太白犯五諸侯丁巳流星出尾入積卒大如梧五月乙丑流星出天市西垣入尾大如梧尾長十尺許癸未流星出天倉入八魁大如梧尾長七尺許乙酉流星出天將軍入胃大如木瓜尾長三尺許六月戊戌熒惑犯氐庚戌歳星犯壘壁陣月犯畢左股太白入行東井壬子流星出天囷入天廩大如木瓜癸丑月隔太白三尺許七月甲子流星出羽林入敗臼大如梨甲戌太白經天六日己卯流星出天紀入紫微東蕃大如梧壬午月犯太白太史奏避正殿設仁王道塲于明仁殿十日以禳灾變八月庚寅熒惑犯天江九月丙辰朔流星出天倉入天庾大如木瓜尾長九尺許壬戌流星出參旗入參左肩大如梧尾長五尺許丙寅流星出五車入文昌大如梧色赤尾長六尺許丁卯太白犯大微左執法丙子流星出羽林入北落大如梧尾長三尺戊寅月犯軒轅左角己卯流星出相入大角庚辰月入大微犯右執法辛巳犯大微東蕃上相太史請光岩寺大觀殿內殿三處設消灾道塲以禳之十月丁酉月食畢大星十一月辛未熒惑犯歳星十二月丁亥月食歳星　十年四月壬辰月入大微右掖門己酉流星出氐入翼大如木瓜尾長七尺五月庚申月入大微七月癸酉月犯畢大星八月壬寅月食東井西轅第二星丙午又犯軒轅大星鎭星犯鬼九月癸丑熒惑犯大微乙卯太白犯房第二星月犯南斗第六星癸亥熒惑入大微流星出九游入天狗大如梧尾長七尺許十月乙未月犯畢星流星出營室入壘壁陣十一月丙辰鎭星犯輿鬼甲子月犯東井丙寅流星一出天狗入軍市大如缶尾長十尺許一出天囷入天倉大如梧尾長十五尺甲戌太白晝見十二月癸未又晝見經天甲申熒惑入氐星己丑月犯畢大星壬辰犯東井北轅東二星丁酉入大微　十一年正月癸丑熒惑犯房星二月辛卯月犯軒轅大星壬辰又犯大微右執法乙未流星出大微西藩

入翼大如木瓜尾長一尺許四月丙辰太白與歲星同舍己巳鎭星入輿鬼壬申熒惑犯南斗乙亥亦如之六月戊申流星出天倉入羽林大如梧尾長七尺許戊辰月入畢星犯左股七月丁丑熒惑入南斗己卯熒惑鎭二星同舍己亥太白犯辰星甲辰又同舍八月乙巳朔流星出天田入南斗大如梨尾長三尺許丙午流星出河鼓入東壁大如梨尾長七尺許九月丙子流星一出天船入紫微大如缶尾長二尺許一出王良入天津大如木瓜尾長十五尺許庚寅月入畢星乙未流星出天囷入天倉大如梧熒惑犯壘壁陣西端星十月丙午流星出軒轅入大微大如木瓜尾長七尺許丁未流星出危入天津大如木瓜長六尺許戊申流星出大微西垣上將入五諸侯十一月丁亥月食癸巳月入大微流星出亢入氐大如木瓜尾長三尺許辛丑月犯辰星十二月丁巳月犯鎭星辛酉又入大微　十二年正月己亥歲星與熒惑入胃二月庚申太白與歲星同舍于胃三月戊寅太白歲星相犯五月丙子太白與鎭星同舍于柳丁亥太白晝見六月壬戌流星出南斗入尾大如梨尾長五尺許乙丑流星出天津入河鼓大如梨八月甲辰月犯房上相九月辛卯流星出軒轅入張大如梨尾長五尺許占曰女主有害有使來癸卯年太后崩甲辰年大金使來十月戊申流星從北向南行大如缶尾長五尺許辛亥月入大微辛酉入大微中甲子太白疾行犯亢星十一月己巳熒惑犯氐星壬午月食戊子月入大微屏星壬辰又入氐十二月戊戌熒惑犯房上相辛丑月入羽林　十三年二月丁未月入大微三月丁丑月入大微四月乙未流星入王良向南行大如缶尾長十尺許五月乙亥熒惑入壘壁陣己卯月食流星出壘壁入羽林大如木瓜七月戊辰流星出天梧入天津大如梧丁亥流星出螣蛇入河鼓大如木瓜尾長十尺許八月己亥流星出河鼓入天壘大如梨尾長七尺許乙卯熒惑入壘壁陣東端門九月己巳月犯南斗戊子又入大微庚寅流星出天津入河鼓大如梧尾長十尺許十月辛亥太白犯南斗丙辰月入大微十一月辛未流星出星七星入軒轅大如缶尾長十尺許又流星入天市中大如木瓜尾長六尺許己酉月入大微壬子太白入羽林甲寅月入氐丙辰入大微丁巳太白經天鎭星犯紫微西藩

上將十二月壬戌流星出昴入張大如缶長七尺許　十四年正月甲午太白經天甲辰月入大微己酉入氐星二月辛未月入大微西藩太白自去年十月常晝見三月壬辰流星出危入羽林大如木瓜尾長七尺許色白疾行甲午流星出大微入庫樓大如缶尾長七尺許丙午熒惑入東井北垣四月丁卯月入大微五月辛卯朔流星從壘壁入羽林大如木瓜六月辛酉太白犯天關癸酉流星出天津入天市垣七月庚戌太白歲星相犯八月戊午太白犯軒轅癸酉太白犯大微西藩上將己卯流星出五車入參大如梨又太白入大微右掖門庚辰犯右執法又犯鎭星九月己亥流星犯軒轅戊申流星出大陵入王良癸丑流星出天節入天苑乙卯熒惑與太白同舍十月甲子流星出文昌入北斗魁大如梨丁卯流星出狠入張戊辰流星一出天津入河鼓一出王良入閣道壬申熒惑犯太白戊寅月入大微十一月己丑流星出婁入天倉大如木瓜尾長三尺許乙巳月與鎭星入大微辛亥歲星犯軒轅十二月壬戌流星出左角入庫樓癸酉月入大微丙子犯氐星　十五年正月庚子月入大微甲辰流星出翼入參三月乙酉太白犯月五月壬辰歲星犯軒轅六月癸酉太白入大微右掖門流星出胃入畢大如梨七月丙戌月入大微八月丙辰太白經天戊午熒惑犯天街丙子太白犯房星九月乙未月食甲辰月食軒轅第一星鎭星犯大微東藩丙午月犯大微東藩又與鎭星同舍歲星入大微西藩右掖門十月辛亥歲星犯大微右執法壬申月入大微犯屛星十一月辛丑月犯鎭星　十六年正月戊子歲星犯右執法己亥月有冠兩珥二月丁丑太史奏歲星自乙巳十月守大微至十二月十五日退行至今年二月丁巳犯右執法實爲咎徵請修德銷變三月丁亥鎭星犯大微東藩上相四月己未月赤如血丁卯流星出郎位入大微五月己卯熒惑入輿鬼六月辛亥月入大微七月己卯月犯歲星甲申又犯心前星閏月丙午朔流星出昴入參八月辛巳月犯箕東北星九月辛酉鎭星犯歲太史奏恐有內亂請於光嵒捴持兩寺設佛頂消灾道塲又於明仁殿講仁王經以禳之十月乙未月犯大微端門壬寅流星出天囷入天倉十一月乙卯月犯昴星壬申流星一出大陵入胃一出西咸入房十二月乙酉月

犯昴星乙未又食心大星　十七年三月癸丑月食角左星五月乙卯流星出大陵入胃戊辰流星犯大微入端門六月癸巳月食昴星丙申流星出騰蛇入營室七月壬戌月犯五車西南星甲子熒惑犯司恠南第二星丁卯太白晝見經天八月甲戌流星出參入東井乙亥熒惑入東井癸巳月珥九月癸卯月犯箕西北星甲辰入南斗魁中又犯箕星流星自乾向巽疾行尾長二十尺許俄而無雲而雷國人皆謂天狗墮己酉太白犯大微乙卯月食昴星癸亥流星出羽林入鈇鑕乙丑月犯左角十月辛未流星出東井入參戊寅流星出軒轅星入北河星庚寅月入大微太白入氐癸巳太白與歲星同舍十一月己未流星出紫微入北極壬戌月犯心星癸亥貫心而行十二月庚午太白與辰星合癸酉月犯角左星己卯犯五車又犯箕東北星庚辰又犯五車丁亥犯角左星　十八年正月丙辰木星犯房上相丁巳月食房星二月癸酉流星出庫樓入騎官戊子流星出尾入南斗三月辛丑月犯五車壬子犯房南第二星丁巳鎮星犯亢西南乙丑熒惑犯輿鬼積尸四月庚辰月犯心星辛巳又食心後星七月乙未流星自東抵西行尾長十五尺許壬寅月食心後星癸丑太白犯熒惑甲寅亦如之八月辛未月犯箕星九月己亥月犯南斗魁庚子歲星犯房上相乙巳月入羽林庚戌流星出危入河鼓左旗十月辛未太白犯南斗辛卯太白晝見十一月庚子太白晝見十二月戊辰流星出入北斗第六星壬申月犯昴又食昴鎮星守氐凡四十餘日　十九年五月乙巳太白犯熒惑七月丁卯月入南斗魁癸卯又犯昴星八月甲辰熒惑入輿鬼乙巳月犯昴壬子犯積尸甲寅流星大如甕自乾向巽光芒照地丁巳流星出羽林九月庚申流星出南斗魁入箕星十月丁亥朔流星出北斗入北極辛卯流星出軍市丁未熒惑入軒轅戊申辰星出房東北十二月己丑月入羽林　二十年正月辛酉流星出天苑丁卯月犯輿鬼二月乙未流星出天津入瓠瓜大如缶八月癸未流星大如梨出奎入天將軍癸卯月犯東井九月丁巳月犯南斗魁第四星丁卯月食昴星戊寅太白晝見二日丙戌月犯歲星十一月壬子流星出王良入騰蛇壬戌月犯昴東北星十二月己丑月犯昴星甲辰犯心大星乙巳太白犯鎮星　二十一年

六月乙酉鎮星犯罰壬辰月食己酉流星出王良入螣蛇庚戌歲星犯壘壁辛亥流星出東壁入壘壁八月乙酉月犯南斗戊子熒惑犯輿鬼九月庚申月犯昴星己巳熒惑犯軒轅十月戊寅流星出參入軍市大如木瓜又出闕丘入外廚大如栢庚辰流星出軍市入文人大如缶乙巳流星出星入翼十一月己酉熒惑入大微西藩上相丁巳月食昴星十二月乙亥熒惑守大微西藩上將乙酉流星出軒轅入郎將大如栢己丑太白犯歲星　二十二年正月乙巳朔熒惑入大微西藩上將自上年十一月至是守而不退二月己卯熒惑犯大微屛西南星壬午月食東井北轅西北第二星三月丁丑月犯東井北轅第二星丙申熒惑犯大微上將四月丁巳月食密雲不見己未熒惑掩大微右執法庚申月犯牽牛南星戊辰熒惑入大微行端門凡十日八月甲辰流星出南斗乙卯太白犯西藩上將辛酉流星出婁入危尾長十尺許壬戌太白經天乙丑月入東井丁卯流星一出九斿向坤入天際一出壘壁陣向羽林一出五車入昴戊辰太白犯大微左執法九月癸酉流星出狼入柳甲戌月與熒惑鎮星同行尾北丁丑月犯牽牛癸未流星出五諸侯入軒轅戊子月犯東井北轅第二星十月癸卯流星出軒轅入張乙卯月入東井掩北轅東第二星　二十三年正月乙酉流星出角入房壬辰月犯亙星三月丁丑太白掩辰星四月庚戌太白入東井流星出庫樓入尾癸丑月犯鎮星五月甲戌流星出天紀入漸臺大如木瓜七月壬申流星出南斗入天際是月太白晝見經天八月丙申流星出參入東井戊戌流星出五車入天囷辛酉太白犯房南第二星九月壬午流星出坤入艮大如缶癸未月犯東井北轅第二星己丑熒惑犯大微西藩上將十月庚子熒惑入大微右掖門戊申月食十一月庚午熒惑犯大微自右掖門出左掖門癸未流星出天廟入弧矢丁亥流星出天廟入弧矢色赤如火十二月戊戌流星出紫微西藩大如木瓜壬寅太白晝見經天乙巳月犯東井乙卯流星出四瀆入弧矢　二十四年正月壬申流星出貫索入天市垣尾長三尺許三月丁卯月犯東井五月庚午流星從危入建大如栢尾長三尺壬申月去心星僅三尺有暈八月壬寅熒惑犯房第二星九月辛巳熒惑犯南斗第五星十月壬辰

月犯南斗第六星十一月丙午熒惑犯壘壁東第六星十二月戊午太白與熒惑入羽林己未流星出紫微西藩分爲二貫紫微宮又侵北極至紫微東藩　二十五年三月辛卯流星出南斗入九坎乙未月犯房星六月辛巳流星出房大如缶八月丁巳月犯房北第一星甲戌月入東井九月戊子太白與熒惑犯大微右掖門己亥流星出上台壬寅流星入羽林甲辰熒惑犯大微左執法太史奏云熒惑自是月初七日入大微右掖門留十日又犯左執法此兵象也將有兵起切宜愼之十月戊午流星出北河入昴壬申太白犯氐星十一月乙酉太白犯房第一星及鉤鈐戊申太白與熒惑犯箕十二月甲寅熒惑入氐星乙卯流星出攝提入天市垣戊辰太史奏云熒惑自甲寅入氐守十九日東出當有臣叛者　二十六年正月丁亥熒惑犯房北第一星五月甲午熒惑守心戊申飛星出坤滅於艮尾長十尺六月己酉朔有星流下城中呼譟乙亥流星出東壁入羽林七月癸未天狗墜地甲申月入氐星八月壬戌月食太史不奏御史臺劾之丙寅流星出危入羽林丁卯月犯畢星戊辰熒惑犯南斗魁辛未流星出北斗魁入弧九月己卯歲星犯軒轅甲午月犯畢右股第三星丁酉犯東井北轅第一星辛丑熒惑鎭星同舍十一月壬辰熒惑犯壘壁東南第六星己巳流星一出弧入天社一出紫微西藩入王良　二十七年二月己未月食四月癸酉歲星守軒轅大星閏六月己卯月入氐流星出東壁入羽林丁酉月入東井七月丙寅月食八月壬午流星出紫微入文昌熒惑入大微右掖門犯右執法甲午歲星犯右執法西入大微熒惑犯左執法乙未月犯軒轅右角己亥歲星犯大微右執法十月戊寅月暈東北有背氣內靑外赤庚辰月暈南北有珥甲申月掩畢大星乙酉歲星犯大微左執法庚寅流星騰蛇入河大星壬辰月犯大微右執法丁酉熒惑犯氐星十一月癸卯熒惑犯氐星辛亥月掩畢星乙卯月暈內靑外赤四方有赤白氣如杵長十尺許西南方有珥庚申月犯大微左掖癸亥入氐星乙丑熒惑犯房上相丙寅犯鉤鈐十二月辛巳月犯東井壬午流星入天際大如缶聲如鼓丁亥月犯左執法庚寅歲星犯大微左執法月入氐

神宗元年正月甲寅月食又月犯大微右執法乙丑流星入

文昌二月丙子月犯東井己丑月犯建星流星入積卒庚寅流星出大角入氐三月己酉月犯大微右掖門乙卯流星出軒轅入北河壬戌流星出河鼓入天棓四月辛未月入東井己卯熒惑入壘壁陣西端自三月至是月歲星入大微五月辛丑流星出天市入大微戊申熒惑入羽林己酉太白入軒轅大星次紀星閒六月丁卯朔太白晝見辛未月犯大微右執法壬申又犯大微東藩上相乙酉流星出天津入天市七月庚戌月食八月壬午太白經天丁亥月入東井九月己未太白犯大微左執法月入大微十月癸酉太白經天二日

二年二月戊子流星出北斗入太一三月戊申月入氐星四月乙酉與鎭星相犯鄭通元云六月下旬當有女主喪至六月癸未壽安公主卒果驗六月乙亥月食丁亥月犯東井七月庚戌流星出五車入天節甲寅月入東井乙卯流星出虛入九坎戊午太白晝見流星出胃入天際庚申流星出天倉入天際八月甲子月犯亢第二星乙丑入氐星丙寅流星出五諸侯壬申月入壘壁陣西端第五星己卯又掩畢星流星出五諸侯入柳九月庚寅朔歲星與太白同舍于亢流星出騰蛇入奎丙申月入建星己亥入壘壁陣羽林閒辛丑流星出南河入天苑丙午月犯畢右股丁未流星出天市垣入天際戊申流星一出天紀入宗人一出天囷入天苑己酉月入東井辛亥犯輿鬼西南星癸丑犯軒轅大星丙辰流星一出坐旗入東井一出參旗入參十月壬戌流星出軒轅入大微丁卯月入羽林流星出軒轅入大微甲戌月犯畢大星太白犯南斗第二星壬午月入大微西藩上將流星出左角入天際丁亥熒惑犯氐十一月己丑朔流星一出天際入天苑一出左旗入內平乙未月入羽林十二月壬戌太白經天庚午與鎭星同舍于危甲戌犯壘壁陣第五星丁丑月入大微庚辰歲星守房凡六十餘日

三年正月甲辰月暈有珥色黃白二月甲子太白經天己卯月犯南斗閏月乙未月犯輿鬼丁酉犯軒轅大星己亥入大微右執法癸卯入氐星三月壬戌歲星犯房北第一星丙寅月入大微戊寅太白經天二日五月丁巳流星出紫微入騰蛇大如缶己巳太白犯東井北轅第二星庚午月入羽林甲戌亦如之七月己卯流星出紫微入天際大如木瓜尾長十尺許八月甲申朔歲星犯房鉤

鈴流星入輿鬼丙申月犯羽林九月丁丑月入大微十月庚寅宿羽林丙申犯畢戊戌犯東井鉞甲辰入大微十一月戊午又宿羽林壬戌入天囷丙子入大微端門十二月癸巳月入東井己亥入大微丁未犯歲星　四年正月丁巳熒惑犯天街戊午月犯畢右股第二星庚申犯東井鉞又犯南轅西第一星辛未月犯氐星二月甲午入大微壬寅犯歲星甲辰太白晝見三月甲寅月犯天關乙卯入東井流星出小微入翼庚申熒惑犯東井北轅西第一星辛酉入大微四月癸未月入東井歲星守南斗戊子月入大微辛卯太白犯東井二日癸巳月入氐星辛丑入羽林五月壬子月犯輿鬼又犯太白甲寅太白犯輿鬼丁巳月入大微庚申太白熒惑同舍月入氐星六月丁酉月入羽林丙午流星出奎入羽林大如栝尾長十尺許七月辛亥太白晝見癸亥月入羽林辛未月食東井壬申犯天樽八月己卯流星出天市垣入心大如栝庚寅月入羽林辛丑犯輿鬼東北星癸卯太白犯房星乙巳月入大微端門九月辛亥月犯玄閉壬子流星出天倉入芻蕘大如木瓜乙未月入羽林戊辰流星出壘壁陣入胃大如梨月犯輿鬼壬申犯大微屏星丙子流星出奎入天津大如缶尾長十尺許十月乙酉月犯羽林癸巳犯東井鉞丁酉犯軒轅大星己亥入大微甲辰入氐星十一月己酉流星出天囷入天倉辛亥太白晝見五日壬子月入壘壁陣西第五星庚申月暈三重辛酉月食丙寅月入大微十二月丁丑朔流星出南河入天狗大如杯戊寅太白犯東咸北第一星庚辰月犯羽林丙戌犯畢右股第二星己丑歲與熒惑同舍于斗壬辰月犯軒轅北第一星乙未入大微右掖丁酉又入大微癸卯月與太白同舍于斗　五年正月甲子歲星與熒惑太白同舍于南斗二月壬寅熒惑太白入羽林四月癸未月入大微五月辛亥熒惑鎮星同舍于奎七月丙午月入大微八月甲午月食東井北轅西第一星九月乙巳熒惑犯司怪南第二星十月甲午月入大微庚子流星出北河指北入天際大如缶尾長七尺許十一月戊申月入羽林十二月庚寅太白入羽林月犯大微東藩上相閏月甲辰太白晝見月入羽林　六年正月癸酉月與太白鎮星同舍于奎戊寅與熒惑同舍于參二月癸卯月與太白同舍于昴丙午月與熒惑同

舍于井三月己卯月入大微端門辛卯熒惑入輿鬼歲星與月同入羽林癸巳熒惑入輿鬼犯積尸四月辛丑月食太白于井丁未太白晝見月犯大微五月乙亥月入大微壬午入南斗六月癸丑太白晝見丙寅入東井七月辛巳太白晝見八月戊申月入羽林太白犯軒轅大星甲寅太白犯軒轅左角九月庚午太白入大微右掖辛未又入大微天庭犯左執法丙子月入羽林與歲星同舍戊寅太白犯左執法辛卯月與太白同舍于軫十月丁巳月入大微端門十一月庚午月犯壘壁西端十二月辛亥月入大微　七年五月丙子熒惑鎭星同舍于胃六月丁巳流星出王良入危大如木瓜尾長十尺許七月乙酉熒惑入東井與月同舍九月庚辰熒惑入輿鬼

熙宗三年四月乙亥流星出北斗入文昌大如缶尾長十尺許其尾化爲白氣如龍形須臾滅　四年二月乙卯太白晝見經天四月戊辰歲星入輿鬼十二月辛巳月食密雲不見　五年正月丙辰月犯心大星又犯心後星二月癸未熒惑犯大微東藩上相四月戊寅月掩心大星十月乙丑天狗墮地月食熒惑十二月甲戌月犯輿鬼　六年十一月己亥月食　七年二月癸亥月犯東井鉞星又犯南轅

康宗元年十月戊子月食　二年八月癸酉日暮有星大如日見於乾方俄而墮地

高宗元年四月壬子月犯牽牛大星七月甲戌月掩牽牛　二年七月戊辰月掩主星壬午入井八月丙午月犯畢己酉入東井九月丁卯月與歲星同舍于危己巳與熒惑同舍于奎丁丑犯東井十二月戊申月犯氐星　三年二月癸巳月入東井戊戌熒惑入天衢閏七月乙未月食司天官不奏　四年三月庚辰月犯畢星壬午天狗隕于五軍營中丁亥白紅貫北斗第五星辛卯月與鎭星同舍壬辰月赤黃無光犯氐星四月庚申月犯氐星甲子太白犯東井又犯北轅戊辰月犯羽林六月庚戌月與太白同舍于張戊辰有星疾流北斗武曲入攝提閉大如木瓜尾長一丈許月與歲星同舍于畢庚午入東井南轅第二星辛未犯東井南轅第二星七月壬午太白犯左角熒惑歲星同舍于昴乙未月犯畢星丙申犯畢與熒惑同舍己亥入東井十二月戊午月食　五年二

月癸卯朔月入東井庚申與鎭星同舍于亢三月甲戌熒惑犯東井第一星乙亥月犯畢大星甲申犯大微左執法丁亥與鎭星同舍于亢戊子入氐七月癸酉歲星犯東井鉞甲申月入壘壁陣西端第二星乙酉歲星犯東井癸巳月與歲星同舍東井八月甲辰月與鎭星同舍于亢乙巳入氐戊申掩南斗己酉犯津星壬子入羽林戊午犯畢岐辛酉犯東井又與歲星同舍有流星出五車入紫微大如缶癸亥月犯輿鬼九月丙子月犯建星辛巳入羽林丙戌流星出羽林入壘壁大如木瓜月入畢星戊子掩東井又與歲星同舍庚寅犯輿鬼壬辰入軒轅甲午入大微十月丁未月入羽林壘壁丙辰與歲星同舍東井十一月丙子鎭星入氐辛巳月入畢星十二月壬子月食　六年五月辛丑月入大微左執法庚戌月食六月乙丑太白晝見經天十四日乃滅壬申月入氐星又與鎭星同舍戊寅太白入東井七月戊申歲星犯輿鬼辛亥月入畢癸丑歲星入積屍己未月入歲星八月己丑流星出艮曆箕斗貫南斗而墮大如牛長三百尺許九月癸巳太白入大微辛丑犯左執法壬子月犯熒惑日官奏貴人死崔忠獻果死十月丁卯太白入亢丙子月入畢己卯太白犯房上相十一月丁未月食　七年正月壬辰彗出鉤星尾指西北長三尺許庚子月掩東井與熒惑同舍丁未入大微二月丙子熒惑犯五諸侯有星孛于軒轅三月癸卯月與熒惑犯輿鬼六月辛酉太白晝見經天戊寅太白晝見經天八月甲子亦如之己卯天狗墜於市街十月己未熒惑太白犯南斗十一月辛卯太白晝見經天十二月有星孛于北斗　八年六月乙卯太白晝見經天九月丙戌熒惑犯輿鬼己丑掩積屍甲辰月與熒惑同舍于柳星歲守大微端門丁未月與歲星犯大微左執法十月甲戌月犯大微右執法乙亥又與歲星同舍于軫十一月辛巳朔熒惑與軒轅大星同舍辛丑月入大微壬寅與熒惑同舍十二月甲子月與東井同舍己巳入大微與左執法同舍庚辰流星出閣道入營室大如缶尾長五尺許閏月戊子熒惑犯軒轅大星丁酉月入大微犯東藩上相　九年二月壬辰月入大微與歲星同舍又掩東藩上相乙未犯氐東南星丙申又犯房第二星三月壬戌月犯氐星癸亥月食丙寅歲星入大微犯右執法四月辛巳歲星與

熒惑守左執法甲午月犯南斗五月辛亥月與太白同舍于星七星甲寅月犯大微東藩上將七月辛未月犯軒轅壬申彗星出三台中尾指西長三尺許甲戌流星出虛入羽林大如缶長三尺許乙亥彗星見西北長三尺許八月丁丑見乾方長二十尺許戊寅晝見又太白晝見經天庚辰月犯房乙巳太白晝見九月乙丑月犯五諸侯太白犯左執法己巳流星出營室大如缶尾長三尺許月犯大微次將壬申流星出危入奎大如木瓜尾長三尺許月掩歲星十二月丙戌太白鎭星同舍南斗丁亥又相犯辛卯月犯大微西藩上將　十年正月乙卯月掩五諸侯己未犯大微壬戌犯心星三月丁巳月食四月辛巳月入大微犯西藩上將歲星入亢犯東南星六人丁酉歲星犯亢南第一星七月辛亥月入南斗魁第二星八月丙子熒惑入魁鬼丙戌歲星犯氐西南第一星月暈四重內赤外靑癸巳月犯五諸侯丁酉歲星犯氐西南星己亥太白歲星同舍九月壬寅月與太白同舍于氐癸卯掩心前星丙午熒惑犯軒轅大星壬子戊午亦如之乙丑月入大微戊辰太白歲星同舍于氐十月癸酉月入南斗魁己卯太白犯南斗第五星又太白鎭星同舍于斗壬辰月與熒惑入大微癸巳犯大微左執法戊戌辰星與歲星同舍于氐十一月壬寅月與太白同舍牽牛己酉歲星犯房上相甲寅歲星犯鉤鈐丁巳太白犯壘壁陣第二星庚申月與熒惑入大微端門癸亥太白犯壘壁陣丁卯辰星與歲星同舍于氐十二月己巳朔太白掩行壘壁陣壬申月入羽林與太白同舍丁亥入大微戊子與熒惑同舍于軫　十一年正月庚戌月掩五諸侯第二星乙卯與軫星熒惑同舍乙丑太白晝見二月甲戌太白晝見庚辰月犯軒轅壬午大微右執法入翼與熒惑同舍己丑月入南斗魁三月己酉月入大微又犯熒惑甲寅犯心前星四月丁丑月犯大微右執法癸未犯箕西北星甲申犯南斗魁壬辰入婁與太白同舍癸巳太白晝見熒惑犯大微右執法五月甲辰月入大微與熒惑同舍丁未熒惑入大微出端門七月丁酉太白晝見丁巳月犯昴星乙丑太白犯輿鬼八月甲申月犯昴星丙戌犯五車太白犯軒轅大星閏月戊戌月犯房南第二星又與熒惑同舍于房庚子熒惑入心星與歲星同舍丁未太白入大微右執法庚申月

掩大微西藩上將九月甲戌太白入角與辰星同舍丁丑熒
惑犯南斗第五星己卯月掩昴星戊子犯大微右執法辛卯
熒惑入南斗與鎭星同舍　十二年正月丁丑月食己卯月
犯左角大星甲申歲星犯建三月辛未流星出積卒入尾大
如木瓜尾長三尺許丁丑月犯心星四月辛卯朔鎭星犯牽
牛南星甲辰月犯房南第二星六月丁巳太白經天七月癸
酉月食辛巳月犯五車八月丙申月犯心大星及後星辛丑
熒惑入軒轅壬子熒惑犯軒轅左角癸丑月犯鬼星九月乙
丑熒惑犯長垣南第二星甲戌犯大微西藩上將己卯月犯
五諸侯南第二星及北河庚辰熒惑犯大微右掖十月辛丑
熒惑犯大微左執法壬寅月犯昴星庚戌犯軒轅大角壬子
熒惑犯大微東藩上相十一月壬戌流星出紫微入北極大
如缶丙寅熒惑犯進賢甲戌月犯輿鬼辛巳太白經天十二
月辛丑月犯五諸侯南第一星　十三年正月庚申太白犯
建辛未月犯軒轅左角戊寅犯心後星庚子太白歲星鎭星
與須女同舍二月丙戌朔歲星犯鎭三月甲戌熒惑犯亢五
月乙丑月入角與熒惑同舍丁卯犯房星巳巳犯箕星壬申

與歲星同舍六月癸巳熒惑犯亢乙未月犯火星七月甲寅
朔熒惑犯角甲戌歲星與須女同舍乙亥熒惑犯房八月癸
卯熒惑犯天江月犯五車九月己亥月犯南斗辛酉月與鎭
星歲星同舍癸亥熒惑犯南斗癸酉月掩五諸侯甲戌掩輿
鬼犯積尸丙子犯軒轅大星十一月丙辰月與鎭星歲星熒
惑同舍辛酉熒惑與歲星同舍于女十二月甲申月犯歲星
乙未犯輿鬼　十四年二月癸卯月掩南斗三月乙亥月與
歲星同舍四月丁亥月犯軒轅右角五月辛亥月入東井與
太白同舍壬戌犯房南第二星乙丑犯南斗壬申入虛星與
鎭同舍閏月庚寅月掩心星丙午太白晝見六月丁巳月犯
房南星七月壬寅太白經天累旬乃滅甲辰流星出織女大
如木瓜尾長五尺許八月壬子月犯房星甲寅太白入軒轅
大星乙卯月入南斗丁巳入須女與歲星同舍壬戌熒惑犯
大微西藩上將己巳熒惑犯天江甲戌熒惑犯大微右執法
丙子太白入大微右執法與熒惑同舍九月丁丑朔犯大微
右執法癸未太白犯大微左執法戊子熒惑犯大微左執法
辛卯月犯昴星甲午掩東井丙申又犯輿鬼十月己酉熒惑

犯進賢十一月丙申熒惑犯氐流星出大微帝座抵紫微勾陳大如木瓜尾長十餘尺辛丑月犯心前星　十五年二月戊申月犯昴星癸丑入輿鬼掩積屍乙丑掩南斗第五星三月庚寅月犯心星四月丙午月入東井丁未熒惑犯南斗戊申亦如之七月壬午月犯南斗庚寅犯婁星己亥熒惑犯南斗第四星八月壬戌月犯東井土星犯壘壁陣九月己亥月與太白同舍十月辛丑太白掩南斗甲辰月犯南斗甲寅掩昴星戊午鎭星犯壘壁陣庚申月犯軒轅右角乙丑熒惑犯鎭星己巳太白晝見經天十一月甲戌月與太白同舍牽牛甲申月食十二月壬寅月與太白同舍己酉掩昴星癸卯掩心星　十六年正月甲戌天狗墜地聲如雷丙子月犯昴星己卯犯東井辛卯犯輿鬼壬午犯軒轅丙戌熒惑鎭星同舍于婁三月乙酉月犯心前星辛卯流星出天紀入河鼓大如缶四月辛丑月入東井五月戊辰朔流星出營室入婁大如木瓜長七尺許壬午太史奏月食密雲不見七月庚寅流星出奎大如缶月入東井八月丁酉太白辰星相犯丁巳月犯東井九月甲申月犯東井十月乙卯月犯軒轅右角己未流星犯紫微西藩又犯勾陳帝座十一月己卯月食既　十七年三月己酉太白犯東井四月甲戌太白犯輿鬼東北星丙子月食既六月辛巳天狗墮地　十八年十二月辛酉天狗墮地聲如雷　十九年三月乙未月食六月丙寅太白鎭星相克丁卯天狗墮地聲如雷　二十一年正月辛丑太白入氐甲寅月犯軒轅女御二月乙亥太白與熒惑同舍于虛七月甲辰月入氐星　二十二年正月丁酉月犯太白九月乙丑太白犯左執法庚午月赤無光乙亥月犯畢星十一月丁丑掩軒轅左角戊寅掩大微西藩上將十二月甲辰月犯軒轅女御　二十三年十五月戊戌月食　二十九年八月癸未月犯心前星丙戌熒惑犯鎭星丁酉鎭星犯大微西藩上將庚子月犯五諸侯十月丙辰熒惑犯大微左執法十二月戊午月犯昴星乙丑犯軒轅大星己巳太白犯羽林　三十年二月辛亥太白晝見乙丑虹貫月甲戌流星出尾入天際大如木瓜尾長三尺許閏八月丁丑太白犯軒轅　三十一年正月丁巳月食七月癸丑月食庚申月犯五車南星　三十二年正月丁未歲星犯大微西藩上將辛亥月食二月庚

午月犯昴星甲戌入五諸侯東第二星戊寅犯軒轅大星三月辛亥天狗墮松嶽北甲寅土星犯大微東藩上相六月甲戌月犯房第二星丁丑入南斗魁中七月戊申月食八月丙戌月犯輿鬼東北星九月己亥月犯南斗魁第四星壬寅流星自西抵東大如缶尾長十餘尺十月丁卯流星自西抵東大如木瓜　三十三年閏四月丁酉流星出巽向南入天際大如缶壬寅月犯心大星　三十七年六月甲辰月犯房星丁巳歲星犯壘壁陣七月庚午流星出紫微西藩入天際己丑月入東井八月辛亥月犯東井北轅十月乙巳流星入東方其下有聲十一月乙亥月犯畢星十二月庚子太白歲星相犯壬子月犯亢角癸丑太白入羽林甲寅月犯氐星乙卯犯房上相　三十八年二月丁酉月犯畢第二星庚子入東井三月丙寅月入東井乙亥月食丁亥流星出庫樓入亢四月癸丑月犯歲星六月癸卯太白晝見經天七月丙寅月入氐星丁卯犯東井戊辰太白入東井庚午月與鎭星同舍壬午與熒惑同舍癸未宿于東井甲申與太白同舍癸卯與歲星同舍戊申入畢星　三十九年二月庚午月食七月乙未流星自北抵南光芒如電八月丙寅月食既　四十年二月丁卯月入氐星三月甲申犯東井南轅東端第二星五月己丑月入氐星鎭星犯氐甲午太白熒惑同舍于畢己亥流星出天紀北入紫微大如梨辛丑熒惑犯畢七月甲申月入氐星熒惑入井庚子月入東井八月戊午月入東井熒惑入輿鬼癸亥流星出天船北入五車大如梨乙丑月犯畢星丙寅與歲星同舍于畢戊辰入東井東端火星入輿鬼東南星辛未月與歲星同舍于畢熒惑入輿鬼積屍甲戌月與辰星同舍于翼九月辛巳流星出參入天苑大如木瓜尾長五尺許戊子流星出畢入東井十月庚戌月入建星與鎭星同舍熒惑入軒轅大星庚申月入畢大星壬戌入東井甲戌流星出天囷入天倉十一月丁丑與太白同舍于危壬午熒惑犯長垣丁亥月入畢星庚寅犯輿鬼丙申入大微端門右執法丁酉犯大微東藩上相庚子入氐星十二月丁巳月入東井己未犯輿鬼又犯天屍甲子犯大微東藩左執法　四十一年正月丙子月犯太白壬午掩畢星甲申入東井辛卯掩大微左執法閏六月丙戌月食七月壬子月掩牽牛辛酉掩畢

星癸亥太白晝見經天甲子太白晝見八月辛未朔太白晝見甲戌月犯氐星乙未與太白同舍于張丙申太白與月同舍丁酉月掩大微九月乙巳太白犯大微左執法丙午月與鎭星同舍甲寅太白犯大微左執法丙辰月入畢星戊午入東井甲子入大微乙丑太白犯月十月癸酉流星出柳入星大如木瓜甲戌月犯牽牛庚辰太白犯亢星庚寅月掩大微西藩上將甲午入大微端門太白入氐戊戌月與太白同舍于氐十一月甲辰月入壘壁陣壬子入東井戊午入大微十二月癸未月食密雲不見乙酉月入大微丁酉太白辰星同舍須女　四十二年六月庚辰月掩食鎭星八月辛巳熒惑歲星同舍乙酉月食歲星九月壬寅月食歲星十一月丁酉月犯鎭星　四十三年正月庚子月犯赤星甲辰犯輿鬼乙巳犯歲星丙午太白晝見經天丁未月入大微戊申與熒惑犯軫己未與鎭星同舍二月戊辰熒惑入大微犯東藩上將庚午又入大微壬申月與歲星同舍三月丁酉月入東井己亥與歲星同舍于柳癸卯入大微癸丑太白晝見經天甲寅月與鎭星同舍于壁四月丁卯月與歲星同舍戊辰入軒轅癸未熒惑出大微端門五月辛亥月與太白同舍于昴六月壬戌太白犯畢右角是月熒惑入氐三十餘日八月壬申太白犯軒轅大星甲戌熒惑入房次相甲申月入軒轅大星太白犯歲星九月甲午太白犯大微左執法戊戌月與鎭星同舍須女辛丑太白犯天江癸卯月入大微與歲星同舍十月壬戌月與熒惑同舍于斗辛未掩畢第三星癸酉入東井癸未辰星入氐十一月丁酉流星出大微犯右執法丁未歲星犯右執法十二月庚午月入東井　四十四年三月癸巳歲星逆行入大微丙申月入軒轅大星四月癸亥月入軒轅大星五月丁巳月與太白同舍己未犯大微西藩上將辛酉入大微六月戊子太白歲星同舍大微右掖門壬辰月犯建閉七月戊辰月入羽林丙子入井八月丁亥流星或出柳或出井俱入弧矢癸卯月犯井星十月癸未熒惑犯大微左執法丁亥流星出土司空入天際大如缶尾長十尺許癸巳熒惑入大微十一月丙辰月入羽林戊午歲星與熒惑相犯庚申亦如之己巳月入軒轅大星丙子與太白同舍丁丑與太白犯氐十二月辛卯月犯畢星庚子與歲星同舍丁未熒惑

入氐西南星　四十五年二月丁酉月掩熒惑三月庚申月入大微右執法熒惑犯氐癸亥月與歲星同舍于軫甲子與熒惑犯氐丁卯月色赤如血六月甲申月與歲星同舍鎭星入羽林丁亥月犯房次相八月癸未月犯熒惑乙巳熒惑掩南斗九月壬申月入大微端門流星一貫諸王入畢昴閒一出文昌入天牢十月甲申月入羽林辛卯月食既乙巳歲星入氐十一月丁卯月犯大微東藩上相辛未鎭星與熒惑同舍十二月壬辰太白鎭星相犯戊戌月犯房上相流星出翼西北第三星大如梨尾長二尺而黃　四十六年正月癸丑太白熒惑相犯戊午月有黃暈甲子流星出天節人天園月犯氐星乙丑與歲星同舍三月丁未歲星入氐癸亥太白犯五車四月甲申月入氐星與歲星同舍丁亥與歲星入氐戊子月食因雨不見六月乙亥太白晝見己卯流星出室入東壁七月丁未月犯大微上相乙卯太白犯東井戊辰鎭星犯羽林己巳太白晝見經天八月庚子太白犯軒轅九月壬寅朔月與歲星同舍于氐流星出北極入鉤陳乙巳流星二出北河分入東井與鬼丙午太白犯軒轅左角癸丑月入羽林與鎭星同舍癸亥太白犯大微右執法丁卯月入大微太白熒惑入大微端門太白又犯左執法戊辰太白熒惑相犯十月辛未太白熒惑犯大微左執法庚辰月入羽林與鎭星同舍流星出天關入參星乙酉月食密雲不見丁酉月與太白同舍于亢十一月癸卯太白犯氐癸丑月犯昴星丁巳太白犯房上相乙丑月犯氐星丙寅太白歲星犯心丁卯月犯尾星與歲同舍閏月丁丑月入氐星癸巳又入氐星與熒惑同舍十二月丙午熒惑犯房上相戊申犯鉤鈐

元宗元年正月辛巳月犯軒轅大星癸未犯大微西藩次將甲申入大微丁亥犯氐星戊子犯房次相太史奏云前日月犯房星又火星將犯木星太孫憂懼赦殺人强盜已下壬辰歲星與熒惑相犯于箕二月癸亥流星出三台入北斗魁中四月甲辰月犯軒轅丙午犯大微東藩上相戊午歲星犯天江星五月甲戌月犯大微左執法庚辰熒惑犯南斗辛巳月與熒惑同舍南斗魁中甲申月入羽林丁亥入奎星與鎭同舍乙未熒惑守南斗六月戊申月犯熒惑於南斗壬子入羽林己未流星出七公入攝提乙丑流星出亢氐閒南入天際

熒惑還入南斗魁中七月己巳月入軫星與太白同舍癸酉掩心前星丁丑熒惑見南斗庚辰太白晝見壬午月入壁星與鎭同舍八月己酉月入奎掩鎭星壬子太白犯房星庚申月犯軒轅九月庚午月入南斗魁中己卯又入壁犯鎭星丁亥太白犯南斗熒惑犯壘壁陣己丑太白犯南斗庚寅月犯大微西藩上相十月戊戌月入南斗與太白同舍乙卯入軒轅大星己未犯大微東藩上相辛酉流星出北斗魁入紫微中大如木瓜十一月丁丑月犯五車西南星癸未流星入天苑中乙酉流星出張入天際大如木瓜十二月乙未熒惑入壁與鎭星同舍戊戌月在壁與鎭星同舍辛丑辰星歲星行箕斗閒　二年正月丁丑月入軒轅己卯又入大微右執法甲申掩心前星二月己亥月犯五車天狗墮太廟前癸卯流星出平道入庫樓戊申月食甲寅月犯南斗三月己卯月入心大星四月己亥月入軒轅己酉掩房星五月甲戌月犯心大星又犯後星丙子入南斗六月戊戌月犯角大星八月甲辰月食　三年七月壬戌流星一出天津入離珠一出天棓入天紀甲子月掩心後星乙丑流星出畢入觜戊寅流星出五屏入天倉丁亥流星出匏瓜入建星八月庚寅月犯心大星丁酉與歲星同舍己亥與鎭星同舍于奎己酉入軒轅九月辛酉月入南斗魁熒惑逆行入羽林甲子月與歲星同舍于危己卯與太白犯翼庚辰太白犯月晝見閏九月乙酉流星出諸侯入輿鬼一出積水文昌入輿鬼丁亥太白犯大微己丑流星出卷舌入婁十月己未月與歲星同舍壬申犯軒轅大星太白入氐十一月庚寅月與熒惑同舍甲午犯五車辛丑掩軒轅左角乙巳流星出北河入狼丁未月掩房星己酉犯南斗十二月癸酉辰星歲星同舍于虛乙亥月掩心後星　四年正月丁亥月掩昴星辛卯掩五諸侯甲午犯軒轅大星丙申月食壬寅犯天街南星二月戊辰月犯房星三月丁酉月犯心星己亥熒惑入東井四月丙辰月入軒轅五月甲申月犯軒轅甲午入南斗六月辛酉月掩箕星七月己丑月入南斗魁癸巳月食乙未月與歲星同舍戊戌犯昴星壬寅犯五諸侯乙巳犯軒轅八月甲寅月犯心星丁卯犯五車九月癸巳月掩昴十月辛亥月與太白同舍丁卯掩軒轅十一月己卯流星出參入天垣辛巳月與太白同舍于虛壬

午熒惑犯房戊子月掩昴星乙未太白晝見經天壬寅月犯房星十二月己酉太白犯壘壁丁巳月犯五車庚午掩心星

五年正月甲申月犯五車二月乙卯流星出張入西方丁巳月犯軒轅左角甲子掩房次將丁卯掩南斗魁三月庚辰月犯東井辛巳又犯五諸侯癸未流星出柳入參辛丑月與太白同舍四月戊辰太白晝見經天月與熒惑同舍于奎五月戊寅太白熒惑同舍于婁己卯月犯軒轅丙戌流星出奎入胃六月丙午流星出天津紫微宮入北極丙寅太白犯東井庚午歲星與熒惑同舍于胃太白入東井七月甲戌彗星始見于艮方尾長七八尺漸分爲五向西北方丙申熒惑犯鎭星太白犯軒轅丁酉月犯昴星八月壬寅彗星光芒復合爲一而漸長壬戌彗星光芒益熾竟天流星出參貫中央正星癸亥流星出東方大如椀尾長十五尺許九月壬午太白掩大微左執法乙酉彗星滅自七月至是凡七十二日十月乙巳流星出王良入紫微辰星見于東方與太白犯行鎭星熒惑同舍逆行昴畢閒丙午月掩食南斗魁又與熒惑同舍丁卯流星出天囷入水府十一月丙戌月掩東井己丑掩軒轅十二月辛亥月犯昴星乙卯月食丁巳月犯軒轅甲子犯房次將　六年三月乙亥月犯熒惑丙戌太白歲星同舍于婁五月辛未熒惑入輿鬼犯積屍閏月庚子太白熒惑相犯辛酉歲星鎭星入畢六月癸酉出北斗入角丙子月犯熒惑

七年十一月甲辰月食　九年十月庚寅熒惑入軒轅流星入角十一月己未流星出軫貫樓庫入天際大如缶　十年正月庚戌流星出大微犯東藩次將抵郎位犯大角丁巳月入東井飛星出大微入軫星大如木瓜壬戌木星犯右執法太白犯牽牛丙寅月入氐星二月乙酉月犯東井丁亥流星出大微犯右執法入軫四月己卯月入東井甲申熒惑入軒轅壬寅太白晝見經天與月同舍五月癸酉熒惑犯大微流星掩心大星入氐六月丁丑月犯大微右執法丙戌犯房上相又犯鉤鈐七月乙丑月犯畢左股戊辰入東井八月乙未飛星出奎入東方天際大如缶九月己酉月犯建星十二月乙未月犯房上星　十一年二月癸酉月與太白同舍三月乙卯月食五月壬子太白犯鎭星九月丙寅熒惑鎭星犯軒轅十月戊寅太白入大微左執法流星出郎位入大微上

相己丑太白歲星入氐十一月丁酉朔太白犯亢壬寅熒惑犯大微右藩上相己未歲星與太白同舍又太白入大微閭月戊辰太星犯房庚寅月與歲星同舍十二月甲辰月入畢星　十二年九月戊辰熒惑犯尾乙亥月入東井庚辰入五諸侯丁亥熒惑犯南斗太白熒惑同舍十月癸巳流星出王良入織女　十三年四月甲寅太白經天與月同舍六月丙申月犯房星十月丁酉鎭星入大微右執法熒惑入大微與鎭相犯　十四年正月壬午彗星見于東方八月戊辰流星出織女入天市垣癸酉流星出河鼓入天市垣甲戌熒惑犯南斗九月辛丑月犯軒轅左角戊申歲星與熒惑相犯十月己酉朔流星出上台入下台癸丑太白晝見甲寅牛星與熒惑歲星同舍庚午月掩軒轅大星甲戌與太白同舍于氐十一月庚寅月犯畢星壬辰入東井丁酉犯大微西藩上將壬寅犯氐星十二月甲寅流星出房犯天市垣西藩乙卯熒惑犯羽林癸亥月食乙丑月入大微

志卷第二

志卷第三　　高麗史四十九

正憲大夫工曹判書集賢殿大提學知經筵春秋館事兼成均大司成臣鄭麟趾奉敎修

天文三 月五星凌犯及星變

忠烈王元年二月辛酉太白犯昴七月丁酉流星大如缶自東至西而墮光芒照地十一月癸巳月犯太白　二年六月壬申流星大如盆墮路寢庭七月甲午流星自西而東大如椀甲寅流星出天弁入天江八月庚辰月暈內赤中黃又與歲星同舍九月丁未月與歲星同舍壬子太白犯南斗癸丑月犯輿鬼丙辰犯大微內屛星己未熒惑入角月與辰星鎭星同舍十月甲子月犯南斗魁第二星乙丑太白晝見夜又與月同舍辛未辰星入氐甲戌月犯歲星丁丑熒惑犯亢第一星戊寅月掩東井北轅第一星己卯掩五諸侯丙戌入氐星十一月辛卯朔熒惑鎭星同舍于氐癸丑月與熒惑同舍甲寅熒惑犯房上相星丙辰熒惑犯鉤鈐十二月癸酉月與

歲星同舍甲申與熒惑同舍　三年正月乙巳太白犯牽牛二月甲子月犯歲星熒惑犯建星庚辰月犯南斗丙戌蚩尤旗見三月丙申月犯五諸侯壬寅犯大微丁巳流星出危入羽林四月丙寅白氣如虹貫北斗月犯軒轅戊辰入大微癸酉日官奏月當食雨不見庚辰太白晝見丙戌亦如之五月庚戌太白歲星犯畢六月丙寅月犯氐星庚午犯南斗甲戌流星出亢入騎官月與熒惑入羽林壬午流星出危入虛七月癸巳月與鎭星同舍于亢丁酉入南斗己亥流星出天市入房大如木瓜辛亥月與歲星同舍于畢戊寅與歲星同舍甲申入大微屏星九月己丑月入南斗甲寅與鎭星同舍于亢十月戊辰月與鎭星同舍丁丑月入軒轅庚辰入大微東藩十二月癸亥流星出五車入七公甲子流星一出五車入北河一出翼入七公大如鉢戊辰月入大微　四年正月甲午月與歲星同舍于參甲辰入氐星二月己未熒惑犯月戊辰月入大微三月丁亥太白晝見夜又犯月戊子熒惑犯月己丑歲星犯月丁酉流星出紫微抵天將軍四月丁巳太白犯月丁卯月入氐星五月庚寅月入大微西藩上將六月甲

寅太白掩軒轅丁巳太白晝見經天戊午月入大微七月丙午月掩東井丁未掩五諸侯八月壬戌月入羽林又犯熒惑壬申與歲星同舍丙子流星出文昌入北極大如梨色赤有光尾長五尺許戊寅月入大微內屏星九月丁亥月入南斗十月壬申月犯軒轅乙亥入大微丙子太白犯月戊寅太白犯月又晝見經天十一月丙申月犯五諸侯又太白入氐閏月辛亥太白鎭星同舍于房戊寅流星自南抵西大如木瓜十二月甲申太白入南斗魁庚子月犯氐星辛丑犯房次相星　五年正月癸亥流星出大微入氐星二月癸巳月食三月甲寅流星出匏瓜入天市垣帝座庚午月與熒惑同舍于危四月癸未月與歲星同舍軒轅乙酉入大微丙戌熒惑入羽林五月辛酉月犯心大星癸亥掩南斗九月丁卯月掩軒轅壬申太白犯南斗十月辛卯月犯五諸侯流星出乾抵坤乙未月與歲星同舍軒轅十一月戊申太白犯哭泣癸丑熒惑食月十二月己丑月與歲星入軒轅　六年正月己酉月掩昴星又與熒惑同舍二月乙亥月犯五車戊寅與熒惑同舍于參又入五車己丑掩角星辛卯掩房星甲午入南斗魁

乙未流星出羽林入敗臼長七尺許三月辛亥月入軒轅甲寅熒惑入東井五月辛丑歲星犯軒轅丙辰月入南斗六月辛卯太白入東井七月丙寅月與太白同舍于柳八月丙子太白犯軒轅大星甲申月食己丑月入五車乙未太白歲星同舍于翼九月丙午月犯箕星十月辛卯月犯大微西藩上將壬辰與歲星同舍于大微歲星自七月至八月守大微自九月至是月守端門十一月甲寅歲星犯左執法乙卯月入輿鬼十二月丙戌月與歲星同舍　七年正月甲寅月與歲星同舍二月癸未月掩左角丁亥掩心星三月甲辰月犯軒轅大星四月辛未歲星守右執法癸酉月入軒轅大星乙亥入大微辛卯流星出箕入天狗甲午流星犯天狗六月庚寅太白入大微七月乙未太白犯右執法閏八月辛丑熒惑入東井月入南斗魁九月辛未月入南斗熒惑入東井甲申月犯軒轅己丑與太白同舍十月乙巳太白入氐丁未月與熒惑同舍東井戊申掩輿鬼十一月甲戌犯五車　八年正月己巳月與熒惑同舍于畢壬申犯輿鬼辛巳犯房第二星二月丙申熒惑犯東井月與熒惑同舍辛丑掩軒轅大星己酉犯心大星辛亥犯箕星三月乙酉熒惑犯輿鬼四月乙未月與熒惑同舍輿鬼癸卯犯房星丙午犯南斗第四星己未流星出箕入天狗五月壬戌月犯軒轅丙寅犯心大星八月甲午犯箕星乙未犯南斗箕丁酉又犯南斗戊申犯五車己酉又入輿鬼積屍癸丑犯軒轅女御九月壬戌犯南斗癸亥流星出天屏入天市垣宗人十月壬寅歲星熒惑同舍于氐十一月己巳月掩五車太白房星相犯庚午月犯鍵星甲戌犯昴　九年三月壬戌犯輿鬼甲子歲星犯房　十年三月己巳月犯南斗四月戊戌犯鎭星十月己酉又犯鎭星十一月丙戌掩昴星　十一年五月丙戌月食八月壬戌月入東井九月丁丑犯牽牛十月癸亥鎭星犯歲星　十二年四月辛亥月食五月丙戌熒惑掩右執法三日八月乙卯太白犯軒轅右角星十月辛亥月犯東井　十三年正月甲戌月犯東井乙酉犯房星二月辛丑犯東井三月丙申又犯東井九月辛亥熒惑入大微犯西藩上將十一月壬子太白鎭星相犯十二月丙寅太白晝見　十四年二月戊午流星晝見入天市八月己未太白犯軒轅辛未月與歲星同舍十一月甲申

月犯牽牛　十五年正月癸未月犯熒惑辛卯犯東井二月戊午又犯東井四月乙巳亦如之六月壬申犯畢星七月壬午太白晝見癸未亦如之夜流星出大角入庫樓大如梨長一尺許又流星出房星入庫樓大如木瓜長二尺許庚寅月犯立星乙未犯土星丁酉流星出河鼓入北極勾陳八月己巳月入東井熒惑入軒轅九月庚辰月與鎭星同舍十月甲子月入東井閏月辛丑太白入氐十一月壬戌月犯軒轅右角　十七年五月辛亥月食甲子長庚犯月八月癸未歲星犯軒轅乙酉月掩畢大星丙戌亦如之丁亥太白歲星犯軒轅又流星入軒轅大如木瓜尾長五尺許九月戊午歲星與月同舍十月壬午月犯東井十一月丁未入畢己酉犯東井癸丑掩歲星張星　十八年正月己未熒惑犯房乙亥月掩軒轅大星三月丁未歲星犯軒轅五月丁酉月掩歲星六月丁卯入大微犯東藩上將戊子太白犯木閏月辛丑月犯南斗乙巳月食七月乙丑月入氐星丙寅掩房上相乙亥入氐星八月己亥太白犯房上將甲辰歲星犯大微右執法乙巳月入大微犯右執法又與鎭星同舍丙午亦如之戊申犯畢星乙卯入大微犯東藩上相丙辰入大微九月壬戌熒惑犯哭星庚午太白掩南斗第三星乙亥月入畢星丁丑太白掩南斗第三星十月丙申月與熒惑同舍十一月壬戌月犯哭星戊辰犯鎭星庚午犯畢壬申犯東井　十九年正月乙丑月入畢星戊辰入東井己巳入大微癸酉又入大微丙子入氐星庚辰歲星犯大微左執法二月庚子月入大微庭中三月庚申流星出七星北貫翼軫入角南平二星乙丑月犯軒轅丁卯入大微又與歲星同舍四月甲午月入大微壬寅太白歲星相犯壬子太白鎭星同舍于昴五月庚申流星出織女入北斗六月壬辰歲星出大微端門犯左執法七月丁巳月入大微東藩上相八月己酉晝有星流于西北隅十月甲辰彗見東方戊申彗星見于大微左掖門長尺五寸許熒惑犯氐左星十一月丁卯歲星入亢留守乙亥熒惑犯上相丙子彗星犯紫微又犯北斗　二十年三月丁巳月入東井四月丙戌白虹貫月壬辰月與歲星同舍于亢五月甲寅太白晝見翼日亦如之庚申又晝見甲子月食六月己亥月與歲星同舍丙午犯東井北垣七月壬子入大微八月己亥月與

歲星同舍甲辰太白入軒轅月犯軒轅乙巳太白晝見九月壬戌月食壬申月入大微丙子鎭星入月七月丁酉月入東井壬寅入大微十一月庚申犯畢星十二月乙酉歲星犯房北第一星癸卯月與熒惑同舍　二十一年正月乙卯月犯畢鎭二星二月庚辰入大微庚寅又入大微乙未犯歲星三月庚戌犯鎭星四月辛巳熒惑入東井月入大微閏月戊申月與太白同舍歲星逆行犯房星及鉤鈐癸丑月入大微丙辰犯氐星五月戊寅入軒轅六月戊申入大微甲寅犯南斗七月戊寅入房星己丑歲星犯鉤鈐乙未月犯鎭星八月己酉犯南斗癸亥入東井己巳入大微九月癸酉太白歲星同舍戊寅月入南斗乙未入軒轅丁酉入大微十月甲辰犯太白丙辰月食十一月乙亥鎭星犯天官太白犯哭泣辛巳月入大微丁酉與熒惑同舍于箕十二月辛亥又與鎭星同舍于參甲寅太白晝見三日　二十二年正月乙酉太白晝見己丑月犯氐星二月癸丑入大微庚申犯南斗三月庚辰入大微四月癸丑月食五月甲戌月入軒轅癸未白虹貫北斗六月丙辰太白鎭星入東井己未月犯熒惑庚申太白鎭星

入東井癸亥月入東井翼日亦如之八月甲子月犯太白九月甲申犯熒惑十一月甲申入軒轅　二十三年正月壬申月犯畢星二月丙午犯軒轅辛亥彗見東井六日乃滅三月甲子彗見東井四月癸卯月入大微七月乙丑太白晝見癸酉月入南斗丙戌太白熒惑同舍己丑太白犯熒惑十月乙巳太白晝見經天甲寅月入大微十二月丙午入軒轅甲寅犯心星　二十四年二月辛酉太白歲星相犯乙丑月犯五諸侯南第二星丙子掩心星四月癸亥入軒轅六月戊辰犯南斗辛巳犯五諸侯八月己巳月食既十月丙辰流星出參入畢壬戌月入羽林與歲星同舍戊寅流星出輿鬼入紫微辛巳流星出翼入大微十一月癸卯月入大微甲辰熒惑犯五諸侯十二月丁巳月犯歲星甲戌彗見南方　二十五年正月丙戌太白貫月壬辰晝見　二十七年八月戊寅彗星見于北斗紫微壬午見于北斗乙未見于上台入天市垣九月壬寅月入南斗癸卯彗星見于天市垣天狗墮地十二月庚辰月食　二十八年七月庚子月犯太白　二十九年二月戊辰月入東井庚午與歲星同舍又與歲星光芒相射乙

亥熒惑鎭星逆行入大微端門中熒惑犯鎭星四月癸酉月犯心星七月乙亥歲星入軒轅八月丙戌朔熒惑入房己亥太白入氐己酉月犯房星九月乙亥太白犯南斗十月戊戌月犯昴星十一月甲寅朔太白犯哭己未太白晝見十二月癸巳月犯昴星丙申入東井癸卯太白晝見庚戌彗見西方

三十年正月甲寅彗見于奎乙丑月暈井鬼四月癸未太白晝見鎭星犯大微丙戌月入東井五月壬戌流星出紫微入虛危閒七月戊辰太白熒惑同舍十月丙申熒惑犯左執法十一月癸亥月犯鉞星又犯東井南轅第二星乙亥彗見虛危閒十二月戊寅彗星犯虛庚辰貫虛辛巳入危　三十一年正月癸亥熒惑入氐甲戌歲星逆行犯東藩上相二月乙酉月犯鉞星癸卯歲星入大微左掖門三月甲子又犯左執法四月戊寅熒惑犯亢庚辰又犯東井辛卯月食五月辛酉歲星犯左執法六月甲申月與熒惑同舍十月壬午太白掩角左星辛丑太白晝見　三十二年閏正月癸酉太白犯牽牛三月丙戌月食四月庚子歲星犯亢辛亥月犯左角星庚申鎭星入亢六月辛亥月犯南斗七月癸酉又犯軒轅左角乙亥犯氐丙子又犯房上相八月乙巳歲星犯氐辰星犯右執法乙酉又犯左執法乙卯熒惑犯西藩上將九月庚午又犯右執法壬午月食熒惑犯右執法十月乙巳熒惑犯進賢鎭星入氐癸丑月犯東井南轅丙辰月暈井鬼柳星壬戌月與熒惑同舍十一月庚午歲星入房上相十二月戊申鎭星舍氐　三十三年二月戊戌太白晝見癸卯月入東井太白犯昴癸丑月入氐與鎭星同舍六月己酉白虹貫紫微北斗戊午月與太白同舍己未又入東井壬戌太白入東井七月庚午月入氐翌日又入房上相皆與鎭星同舍戊子彗星見于尾庚寅熒惑入南斗太白犯輿鬼八月丙申熒惑入南斗庚戌太白犯軒轅九月丙寅太白犯西藩上將辛巳月入東井十月己亥熒惑犯哭星十一月乙丑月犯牽牛壬申歲星與太白同舍于心丙戌月犯氐星丁亥與鎭星犯房己丑太白歲星同舍又犯辰星十二月辛丑月犯畢癸卯又犯東井鎭星犯房　三十四年正月乙丑月犯熒惑二月甲辰歲犯立星八月壬寅月食十一月乙亥熒惑氐星相犯鎭星與辰星同舍閏月壬辰熒惑犯上相行戊申月入氐星行庚戌

心星度月與鎭星同舍十二月己未心星與熒惑鎭星同舍甲子月犯熒惑

忠宣王元年正月甲辰太白歲星同舍庚戌月與太白同舍庚辰歲星犯危三月戊子月入東井六月丙申月食壬寅月入畢癸卯流星出南斗入房七月癸卯流星出南斗入房色赤十一月甲申月與歲星同舍戊子與熒惑同舍于壁十一月流星隕于西南明如晝戊午太白歲星同舍于虛　二年正月癸巳月食八月己未太白晝見十月戊辰月犯大微東藩上相十二月辛酉太白熒惑同舍　三年正月乙酉鎭星犯南斗第六星二月辛亥月暈乙卯月貫軒轅右角壬戌月暈甲子月犯鎭星丁卯又與熒惑同舍　三年五月丙戌月與熒惑同舍六月癸丑月與鎭星同舍壬戌又與熒惑同舍歲星犯熒惑閏七月戊申月與鎭星同舍庚申與熒惑同舍十月戊寅月有珥丙申太白犯哭星十一月辛丑月犯哭星己未太白晝見經天　四年正月丙辰月入氐星二月壬申月入畢星甲戌入東井戊寅入軒轅三月丁未月入大微四月庚午月與熒惑同舍壬午又犯鎭星五月壬寅月入大微己酉月食癸酉鎭星犯建己卯太白入東井甲申月犯東井北垣七月庚子月入氐歲星犯畢乙卯月與歲星同舍丁巳月有珥癸亥太白犯軒轅八月癸酉月犯歲星丁丑太白犯大微上將辰星犯右執法甲申月犯天關甲辰與歲星同舍乙巳犯畢辛亥犯東井及越星十一月丁未月食　五年正月乙未辰星鎭星同舍二月戊辰月犯天關乙亥月入大微三月丁未有星孛于東井己酉太白歲星同舍四月壬戌月與歲星同舍癸亥與太白同舍戊辰入軒轅己巳入大微五月癸巳太白入月八月甲申月犯軒轅第二星己丑熒惑入東井與歲星同舍十一月壬子月入東井與歲星熒惑同舍　七年十一月辛丑月犯心星

忠肅王元年正月丙申月與歲星熒惑同舍東井二月甲子月入東井與歲星熒惑同舍戊辰犯軒轅第二星三月丁酉月入大微己亥白虹貫月閏月癸未天狗墜地四月庚戌熒惑犯軒轅大星五月戊午月與熒惑同舍庚申又入大微六月戊子月犯大微東藩上相壬辰歲星入輿鬼留二十日八月癸卯月犯五諸侯乙巳與歲星同舍戊申又犯大微十月

辛丑月掩軒轅大星癸卯又入大微十一月癸丑太白鎭星同舍須女十二月癸未月入羽林己丑太白晝見　二年正月壬子歲星入輿鬼犯積屍凡二十餘日乙丑月入大微己巳掩氐星二月辛卯太白入昴　三年三月戊午月食五月太白熒惑相犯　四年八月己酉月食　五年二月辛丑月犯魁南北河柳星四月丁未熒惑犯大微西藩上將五月甲子月犯太白六月丙子月與鎭星同舍八月甲寅太白犯女御月犯軒轅　六年正月辛未月食七月戊辰月食密雲不見十二月乙卯太白犯月　七年七月乙巳太白犯軒轅大星八月己酉流星大如缶色赤入閣道丙寅熒惑犯天江星九月丙戌熒惑犯南斗壬寅流星出斗南長丈餘癸卯歲星熒惑同舍南斗十一月辛丑月犯心十二月庚申月食　八年正月庚子熒惑犯房北第二星二月乙卯太白熒惑同舍于奎丙辰太白熒惑鎭星同舍于婁己未太白鎭星相犯于婁五月戊戌太白入軒轅大星己巳歲星犯哭星二日八月丁未太白晝見五日癸丑熒惑入軒轅大星九月癸未熒惑犯大微西藩上將辛卯月犯東井北轅丙申熒惑犯大微右掖門戊戌月與太白同舍十月丁未月與歲星同舍戊午太白入角熒惑犯大微左執法十一月甲戌太白犯亢第二星庚寅又入氐十二月庚子熒惑犯亢第三星乙巳白虹自西貫月有二庚戌月犯昴星　九年正月辛卯月犯心大星甲午熒惑犯房上相戊申月犯心星七月丁酉熒惑犯天江八月甲戌月犯牽牛南星十月己卯月食密雲不見十一月戊申月犯東井北垣　十年正月庚子太白熒惑同舍戊申太白晝見經天二月壬申太白昴星相犯六月丙戌月與太白同舍七月庚子月掩南斗癸卯鎭星犯畢辛亥月與鎭星同舍于畢癸丑又犯東井南垣八月癸酉太白犯軒轅大星九月丁酉又犯大微右執法十月癸酉月食既十一月辛丑熒惑犯氐西南星甲寅月犯房星十二月辛未月與東井北垣同舍壬申熒惑犯鉤鈐　十一年正月丁酉月與鎭星同舍於畢二月丁巳朔熒惑犯南斗丙子月犯房星四月辛未月食五月乙未熒惑犯哭星丙午月犯歲星七月丙午月犯歲星丁未犯鎭星八月癸酉月犯畢星鎭星犯天關九月乙酉熒惑犯哭星丙戌太白犯房次相庚寅又犯大微右執法辛

卯犯心星癸巳鎭星犯天關丁酉熒惑犯哭壬寅太白犯天
江丙寅太白犯南斗魁丁卯月食己巳月犯鎭星辛未又犯
東井南垣十二月癸亥月犯畢星甲子又犯天關壬申太白
晝見己卯月犯太白　十二年正月丁亥月與熒惑同舍于
輿鬼庚寅又與歲星同舍于畢二日六月壬寅鎭星犯東井十
二月癸亥月犯畢甲子犯天關壬申太白晝見己卯月與太
白同舍于南斗　十四年二月庚辰月與歲星同舍辛巳犯
軒轅與歲星同舍丁亥犯氐星四月壬午熒惑鎭星同舍于
井歲星犯鬼星月犯亢氐癸未熒惑鎭星同舍于井　十五
年二月辛丑月暈東井壬寅月與鎭星同舍于井庚戌又入
氐星三月壬申月犯軒轅左角丁丑入氐星己丑與太白同
舍四月己亥月犯軒轅辛丑又犯紫微左執法壬寅太白犯
東井月入大微犯東藩上相又與歲星同舍五月癸酉太白
鎭星同舍六月戊午月與太白同舍于井七月甲戌太白鎭
星同舍于柳辛巳太白犯軒轅大星八月癸巳太白犯軒轅
辛亥月與熒惑同舍丙辰太白歲星相犯九月丁丑月犯畢
星庚辰犯輿鬼流星入於越分壬午又犯軒轅女御癸未又

犯軒轅左角及左執法甲申又入大微右掖乙酉月入大微
左掖門十月壬子月犯大微左執法十一月辛未犯畢星丁
丑月犯軒轅女御星己卯犯大微右執法十二月丁丑月犯
軒轅女御己亥犯畢星甲辰與鎭星同舍丙午又犯大微上
相戊申又與歲星同舍　十六年正月己巳月入井星壬申
犯軒轅女御入大微端門甲戌入大微丁丑犯氐星二月丙
申月犯東井戊戌掩輿鬼庚子掩軒轅左角入大微右執法
己酉犯東井北垣與熒惑相犯熒惑又犯西頭第一星辛亥
熒惑犯東井三月辛酉枉矢墜于西北丙寅月與鎭星同舍
丁卯犯軒轅大星戊辰入大微中己巳入大微左掖門庚午
又與歲星同舍熒惑犯五諸侯四月丙申太白犯東井月入
大微又與歲星同舍丁酉太白犯東井南垣月入大微犯東
藩上相與歲星同舍戊戌犯大微東藩上相壬寅太白入東
井丁未熒惑鎭星同舍丙辰熒惑鎭星相犯五月戊午熒惑
鎭星同舍己未晡時星隕艮方狀如火癸亥太白犯鬼月犯
大微西藩次將星丁卯入氐中太白鎭星同舍庚午太白鎭
星同舍己卯熒惑犯軒轅大星太白與熒惑同舍庚辰太白

熒惑同舍與軒轅大星如鼎足熒惑與大星西北相對六月丁亥太白晝見庚戌太白犯右執法七月丙辰太白晝見己未月入大微中犯東藩上相壬戌犯氐星丁丑掩畢八月庚寅月掩房乙巳犯畢丁未犯東井南垣第一星庚戌鎭星犯軒轅大星九月辛酉月犯東北第二星壬申犯畢戊寅犯軒轅大星又與鎭星同舍流星出紫微入大微中庚辰月犯右執法十月己亥月入畢壬寅犯東井北垣十一月丁卯月犯畢大星太白歲星相對辛未太白入氐癸酉月掩軒轅左角甲戌入大微右掖門十二月甲午月掩畢戊戌月蝕　十七年正月庚申月入東井戊辰入大微中辛未犯氐二月己丑月入東井四月庚子流星入大微犯亢五月癸丑流星出心星落地丁巳鎭星貫月　後四年五月壬午熒惑犯左執法甲申亦如之乙未月暈丁酉又犯大微上相六月戊午月犯熒惑　六年五月丙寅彗見長丈餘自天船北至王良閣道六月庚午朔彗見艮方癸酉又見紫微西藩華盖勾陳北極七月癸巳又見紫微東藩丁酉又犯貫星八月庚子彗見天市垣四十日乃滅乙巳月入南斗二日甲子月犯角星與太白同舍十月癸酉月與熒惑同舍于牛十一月壬寅月犯哭星十二月辛未月與熒惑同舍于危歲星犯天罇癸未月犯軒轅女御　七年七月乙未鎭星犯建壬寅月犯心星八月辛巳流星出天市垣入心星　八年六月壬辰熒惑犯南斗留七日丁未熒惑入南斗魁壬子月犯鎭星七月己未熒惑犯南斗壬戌亦如之丁卯月犯南斗

忠惠王後元年二月庚戌彗見東方入大微甲寅又見東方　二年正月乙丑月暈丁卯太白入建辛未月犯心大星癸酉犯南斗四月庚辰鎭星犯建壬戌月食六月辛酉月在危南暈如虹七月乙酉月犯斗八月辛亥犯天綱甲寅又犯牽牛十月己未歲星入氐　四年四月丁丑月犯房星八月庚子月犯房次相十月戊午月犯角星　五年正月庚辰月貫左角星

忠穆王元年二月乙丑歲星鎭星同舍于虛庚午月食戊寅歲星鎭星相犯四月庚申太白犯東井鉞星七月甲申彗見紫微垣丁亥太白晝見彗見北河北八月丁卯月食既　二年二月丙辰月犯畢星四月庚戌熒惑犯輿鬼積尸六月壬

子月犯大微左執法乙亥熒惑犯大微右掖門七月辛巳又犯大微右執法入大微端門乙未月與歲星同舍八月辛酉月食壬戌月與歲星同舍歲星犯壁九月丁亥月與危星同舍己丑犯歲星甲午天犯畢十月庚戌月犯建星閏月甲申月與歲星同舍十一月庚戌太白犯哭十二月戊寅月與太白同舍己卯月與歲同舍庚寅天狗墮康安殿西　三年正月庚申太白晝見二月辛巳太白犯昴壬午太白與昴同舍乙酉月犯大微端門三月戊申月犯東井南轅五月丙午月犯軒轅右角丁卯月與奎星犯畢月暈六月乙亥月犯大微左掖門丙申亦如之太白犯井熒惑犯東井鉞丁酉月入東井七月丁卯月與太白同舍八月癸未月犯鎭星　四年十月庚辰月與歲星同舍辛巳太白犯南斗丙戌月入大微犯屛星十一月丙午月犯畢星十二月戊寅月食壬午月入大微犯屛星

忠定王元年正月壬辰朔流星出奎南大如缶壬寅月犯畢星己酉犯大微右掖門庚戌犯大微左掖門三月壬寅月入軒轅四月己亥月犯大微右執法七月辛卯熒惑入東井庚戌熒惑犯歲癸丑月犯天關甲寅入東井乙卯又與熒惑同舍丙辰犯熒惑　二年三月乙丑月暈軒轅入大微丙寅月與熒惑同舍又入大微五月己巳月食七月丁丑有星晝見戊寅亦如之十一月丙寅月食　三年正月丙寅月犯大微丙子又犯房星四月己丑月犯大微二日六月甲申月犯大微庚子月犯鎭星八月戊戌月犯井星九月乙卯熒惑犯大微軒轅十月丁亥太白犯南斗己丑熒惑入大微右掖門犯歲星歲星熒惑近大微右執法十一月丁巳月犯鎭星丁卯入大微與鎭星同舍戊辰又入大微犯上相壬申入氐星十二月乙酉鎭星犯大微端門庚寅亦如之丙申月犯大微左掖門丁酉犯熒惑

恭愍王元年正月戊申熒惑犯亢南第二星辛酉月入大微乙丑與熒惑同舍丙寅歲星逆行犯大微右執法月入氐星丁卯犯房星庚午入南斗甲戌歲星犯右執法二月己卯月犯鎭星己丑犯大微與歲星同舍八月己酉又入南斗熒惑犯天江九月乙酉月食丙戌與鎭星同舍十月辛酉入大微西藩大陽門壬戌入大微甲子與歲星同舍十一月癸巳犯

氐西南星　二年正月辛巳太白犯畢月暈角軫度癸未犯
大微西藩次將星二月辛亥犯大微太白熒惑同舍于婁二
日三月乙亥月在鬼北暈北河軒轅右角戊寅犯大微次將
己卯犯大微東藩內暈木角度辛巳太白犯畢四月辛丑太
白犯東井月犯五諸侯丙午太白犯東井月犯大微戊申又
與歲星同舍于角五月辛未太白在柳歲星在角月犯軒轅
天屛乙亥歲在角西月在歲西丙子太白犯軒轅右角北丙
戌太白犯軒轅六月辛丑太白犯大微西月在左執法北丙
午太白犯大微右掖門己酉月犯南斗魁七月己巳月犯大
微東藩上相次相閒太白犯上相東辛未太白晝見甲戌月
犯心大星庚寅犯五諸侯八月己亥熒惑犯軒轅甲辰月在
南斗魁九月丁卯熒惑犯大微上將戊寅熒惑犯大微右執
法庚辰月食庚寅犯大微左執法十月丙辰月犯大微次將
丁巳又入大微端門十一月辛巳太白歲星犯氐甲申月犯
大微右執法十二月辛亥入大微西藩壬子犯大微左執法
丙辰與歲星熒惑同舍于氐丁巳掩心前星　三年正月乙
丑歲星熒惑相犯戊辰亦如之甲戌熒惑犯房右驂三月乙

亥月犯左執法五月己巳月犯大微右掖門甲戌犯心大星
乙亥與熒惑同舍于尾六月乙未犯大微西藩上將歲星犯
氐庚子月與歲星同舍于氐壬寅與歲星熒惑同舍七月癸
亥犯大微右掖門中甲子犯大微左掖門上相星乙丑犯角
星八月壬辰月犯大微東熒惑犯箕流星出王良墜于艮方
大如缶丁酉鎭星犯井鉞乙巳熒惑犯南斗丁未戊申己酉
亦如之月暈于昴辛亥犯五車癸丑熒惑犯南斗甲寅亦如
之九月庚辰月犯五車十一月戊午熒惑犯泣星北己卯月
犯大微左掖門庚辰又犯左執法乙酉犯心後星十二月庚
寅太白犯哭星壬辰亦如之甲午月犯熒惑太白犯哭星
四年正月壬辰太白晝見癸亥熒惑犯月五月丙申月掩房
星六月癸酉太白鎭星犯東井七月己亥月食十一月丙戌
熒惑犯氐戊子鎭星犯井熒惑犯氐西南十二月壬子朔鎭
星犯東井南垣癸丑熒惑犯房　五年正月丙申月食二月
己卯熒惑犯南斗四月癸丑客星犯月乙卯月犯東井北垣
熒惑犯哭庚申月在左掖門南暈辛未月在虛星南與熒惑
相犯太白犯五車月犯虛星五月辛巳鎭星犯井甲午月犯

南斗七月癸巳月食　六年正月辛卯月食七月己亥月犯井星八月乙巳流星出昴入參乙卯月與歲星同舍庚申犯婁鎭星犯魁辛酉月犯胃鎭星犯魁九月乙未月犯輿鬼閏月乙巳月犯南斗壬戌亦如之　七年二月丙申鎭星犯輿鬼五月戊戌朔太白鎭星相犯歲星熒惑入羽林七月己亥太白晝見凡三日八月壬申月犯心星九月庚戌太白犯大微右執法庚申又犯左執法十月癸巳太白入氐十一月辛酉月掩心大星　八年正月辛丑月犯昴星五月丁未月食九月甲辰流星出東市東光如鏡十一月甲辰月食　十年四月丙申月食五月甲戌太白熒惑相犯六月甲申太白晝見二日　十一年三月癸酉鎭星犯大微右掖門凡三日四月乙未鎭星犯大微右掖門丁酉鎭星犯大微端門己亥亦如之辛丑鎭又犯大微端門凡三日六月辛巳彗見紫微垣華盖下長尺許凡三日庚子鎭星犯大微左執法七月丙午熒惑犯畢戊辰熒惑犯東井辛未亦如之八月辛巳熒惑犯東井九月癸卯朔熒惑犯五諸侯歲星犯軒轅太白夕見西方戊午月食乙丑歲星犯軒轅己巳熒惑犯輿鬼積尸十一月丙午歲星犯軒轅鎭星犯大微東藩　十二年正月己酉熒惑犯鬼三月丁未月犯東井太白犯昴閏月己卯月暈庚辰月犯軫星辛巳月暈戊子亦如之甲午歲星犯軒轅乙未鎭星犯大微丙申鎭星犯上相四月辛丑歲星犯軒轅癸卯歲星熒惑相犯庚戌熒惑犯軒轅甲寅月暈壬戌歲星犯軒轅丙寅太白晝見經天二日客七星並見三小星相鬬六月甲子太白晝見二日八月癸丑月食　十三年二月己酉月食辛酉彗見一在大微南一在大角邊一在北斗東北一在氐北色赤長尺餘三月乙丑朔歲星犯大微右掖門鎭星犯角丁卯太白辰星會于西方丁丑月暈四月癸卯月暈丁巳亦如之五月庚午月冠歲星守大微七月乙丑月犯大微端門又與太白歲星同舍　十四年二月丙申月暈庚子辛丑亦如之丙午月犯鎭星三月丁卯暈四月丁酉月暈辛丑亦如之五月乙丑熒惑犯大微上將癸未熒惑犯右執法六月甲午月暈己亥亦如之七月丁卯熒惑歲星犯角鎭星犯亢丙子歲星熒惑相犯八月乙巳月暈九月乙丑亦如之甲戌月犯畢星乙亥月暈丙子月入東井南垣己卯月暈十月乙

未癸卯亦如之癸丑流星向東北隅閏月壬戌歲星鎭星入氐二日丙寅歲星鎭星犯氐十一月壬辰太白熒惑相犯丙申歲星鎭星犯氐月犯畢星時歲星日近房星十二月丙辰月犯太白　十五年三月己未月暈庚申亦如之辛酉月在大微暈五月壬午朔月暈己丑亦如之庚寅月在大微暈甲辰亦如之六月己未月暈氐歲鎭星乙丑月食七月戊子月暈氐鎭歲星八月壬子太白熒惑同舍于柳丙辰太白晝見經天至于九月癸酉太白熒惑犯軒轅月在井南暈乙亥月犯軒轅大星丙子亦如之己卯熒惑犯軒轅大星九月辛巳西方流星晝隕庚寅月暈壬辰熒惑犯大微右執法入天庭辛丑有星孛于房虛上星壬寅又見于南方十月壬戌月暈乙丑丙寅丁卯庚午亦如之戊寅熒惑犯大微左執法太白犯氐十一月甲午月暈十二月甲子月食　十六年二月癸亥熒惑犯月甲子月色如血三月丙戌月暈八月辛亥熒惑犯房壬子歲星犯月九月丁酉熒惑犯南斗庚子月入大微壬申太白熒惑相犯十一月甲午月入大微屛星十二月丙午日冠赤黑氣戊午月食密雲不見　十七年二月庚戌月暈己未彗見于西方長丈餘三月甲申見西方庚寅出大陵積屍閒辛卯出大陵卷舌閒射天船九星丙申出卷舌上己亥出大陵上四月辛丑又見五月戊寅月入大微閏七月癸亥天狗墜地八月甲午熒惑犯大微上將月入大微　十八年二月癸未月暈八月癸未熒惑犯南斗二日庚寅月入大微九月戊戌月掩南斗九月己亥月與熒惑相守十月丙子月食戊子太白犯月十一月庚戌歲星熒惑相犯　十九年正月甲午彗見東北方四月甲戌月食十二月庚午太白晝見　二十年四月庚戌太白晝見九月丙辰月犯南斗丁巳犯哭星十二月癸巳月犯鬼星戊戌犯角星　二十一年三月壬戌月食密雲不見四月丙戌月暈大微九月壬子月暈癸丑戊午庚申亦如之十月己卯流星出胃北墜地大如鉢乙酉月暈丁亥壬辰亦如之十一月庚申月暈戊辰熒惑犯鉤鈐十二月庚寅月暈　二十二年正月癸卯朔太白晝見辛亥月暈壬子癸丑甲寅亦如之乙卯犯北河東暈甲子犯心星二月己卯暈辛巳壬午癸未甲申亦如之丁亥月食己丑月暈癸巳月犯箕星甲午入南斗魁中己酉熒惑鎭星相

犯壬子月暈己未月犯心星六月辛巳犯心星七月庚戌月犯箕星暈辛亥入南斗癸亥暈八月乙酉月食九月辛亥歲星入輿鬼至于十月十一月戊申月犯熒惑庚申月暈辛酉亦如之閏月己卯月暈癸未亦如之十二月乙巳月與熒惑同舍丙午月暈野雞星入參　二十三年正月壬午月食密雲不見二月戊戌彗見東方長丈餘凡四十五日乃滅戊申月暈三月癸未太白熒惑同舍庚寅犯東井五日甲午月犯太白熒惑四月庚子太白歲星熒惑聚于東井癸丑月暈太白經天三日甲寅歲星犯輿鬼甲子太白晝見五月己巳歲星太白熒惑同舍于鬼辛未亦如之六月己未太白晝見經天七月己卯月食八月丁未太白歲星犯軒轅庚申太白晝見貫月九月甲子歲星犯軒轅壬申太白犯大微左執法歲星犯軒轅丁丑太白犯大微右執法庚辰太白犯左執法壬午太白犯左執法歲星犯軒轅二日丙戌月與歲星犯軒轅太白犯大微上相辛卯歲星犯軒轅左角十月癸丑辰星熒惑相犯丁巳月犯角星辛酉太白入氐十一月庚午太白犯房辛巳月犯軒轅左角又犯歲星丁亥犯房次將十二月戊申月犯歲星

辛禑元年正月壬戌歲星犯軒轅乙亥月犯軒轅丁丑月食壬午月犯心星二月癸巳歲星犯軒轅三月癸亥月犯昴星甲子熒惑鎭星相犯乙丑月犯五車辛未犯歲星及軒轅七月戊辰月犯箕星己巳又犯斗魁庚辰熒惑犯畢辛巳月犯五車壬午又犯畢星八月甲寅月犯軒轅九月甲子歲星犯大微右執法甲子亦如之辛巳月犯軒轅甲申亦如之十月癸巳太白犯南斗戊戌月犯軒轅己亥月犯南斗十一月庚申月犯太白十二月丁亥月犯心星太白鎭星同舍己丑太白與月同舍丙申月暈辛丑亦如之　二年正月乙丑月犯五車丁丑月犯房星二月丙戌歲星犯大微左執法九日己丑流星出斗魁丙申歲星入天庭丁未月入南斗三月丁巳歲星犯大微端門辛酉熒惑犯月壬戌月暈庚辰歲星犯大微端門四月丙戌亦如之庚寅月犯熒惑辛卯暈壬辰又犯軒轅庚戌亦如之歲星在大微端門凡十日壬子熒惑入輿鬼五月丁卯月暈心星有珥癸未流星大如壺出軒轅指東而沒六月丙戌歲星犯大微右執法戊子熒惑犯軒轅戊申

彗見文昌光芒射紫微垣月暈有珥七月甲寅彗星現文昌西隔四五尺光射斗魁乙卯歲星犯左執法九月戊寅太白歲星犯軫凡十日閏月戊子太白歲星離軫度四尺許乙未月暈丙申丁未亦如之癸卯犯軒轅己酉犯輿鬼十月戊午月暈己巳犯輿鬼十二月庚申月暈畢觜參五車內黑中紅外靑暈北白冠丁卯月在大微右執法戊辰月暈己巳庚午亦如之　三年正月己丑月暈庚寅庚子亦如之三月乙未月犯心星乙巳亦如之十月己酉熒惑犯輿鬼凡十九日十一月己丑月食戊戌歲星犯房上相凡七日十二月乙巳熒惑犯五諸侯己酉歲星犯房上相　四年三月庚寅熒惑犯輿鬼甲午熒惑犯積尸四月壬戌歲星犯房上相乙丑亦如之五月丁亥月食旣八月丙午歲星犯房及鉤鈐九月己卯有星孛于紫微西藩犯四輔北極出東藩犯天棓天紀十一月甲申月食乙酉暈戊子亦如之十二月己酉月暈壬子亦如之　五年正月己丑月暈二月丙午月犯東井己酉月暈白氣自東至西挾月暈三月己巳月犯婁星癸酉月暈壬午亦如之四月壬寅月暈癸卯己酉亦如之乙卯與歲星並在

斗東五月戊寅太白晝見凡二十五日壬午月犯歲星癸未月與歲星相犯壬辰月犯熒惑六月癸未太白晝見丙戌熒惑入井口庚寅太白晝見辛卯亦如之七月乙巳太白犯輿鬼己酉亦如之八月甲子太白犯軒轅壬申熒惑犯輿鬼辛巳太白犯西蕃上將熒惑入輿鬼戊子太白犯右執法辛卯太白犯大微左執法九月庚申熒惑犯軒轅凡四日十月戊寅月當食密雲不見十一月庚申熒惑入軒轅十二月辛巳月犯左角丁亥熒惑犯軒轅凡五日　六年五月庚子月犯軒轅丙辰熒惑犯軒轅四月庚寅熒惑入大微西蕃上將五月丁酉熒惑入大微西蕃上將丁未入右掖門戊申又犯右執法己酉亦如之六月戊辰流星出南方經大微垣南向乾方大如斗分爲四壬申太白入大微西蕃七月辛卯太白晝見經天癸巳太白晝見戊戌月暈外紅內靑八月壬戌月犯太白熒惑丙戌太白犯心星丁亥亦如之九月癸卯月蝕　七年二月丙寅月暈色白辛巳太白歲星相犯乙酉亦如之三月丙戌太白歲星相犯己亥月掩左角庚子月食旣壬子流星南出至東北隅四月甲子月暈辛未壬申亦如之五月

癸巳月暈六月甲子月犯房星七月乙巳掩鎭星辛亥歲星入羽林至于九月八月壬戌熒惑輿鬼犯積尸丁卯熒惑入輿鬼犯積尸自七月歲星入守羽林九月癸巳熒惑犯軒轅庚子辰星入軒轅大星北隔一尺餘辛丑熒惑入軒轅大星十月丁卯月掩鎭星壬申彗見于氐長丈餘十五日乃滅乙亥熒惑犯大微西蕃上將丁丑熒惑入大微西大陽門十二月丙辰月暈　八年正月戊子月犯鎭星庚寅熒惑入大微辛卯月暈太白歲星相犯二月甲寅月犯太白丁巳熒惑入大微丁卯月犯太白熒惑逆行入大微丙子有星孛于北方三月庚戌月暈熒惑犯大微右執法丁丑亦犯大微右執法四月庚辰朔太白犯五諸侯熒惑犯大微右執法五月辛亥亦如之甲寅月暈丁卯太白晝見六月戊戌歲星貫月己亥鎭星犯畢辛丑月犯畢星大流星亦從南墜北七月甲戌星見于晝夜瑞星見于西方八月戊子太白晝見彗星見大微東蕃長丈餘十一月甲寅月掩歲星戊午又犯畢星癸亥月犯輿鬼積尸　九年四月辛巳月暈丙戌亦如之八月甲申月暈庚寅熒惑犯軒轅辛卯月犯畢星癸巳鎭星犯天關九月丁巳月暈戊午月犯畢己未月暈壬戌亦如之十二月癸酉太白晝見　十年正月壬子月暈乙卯月蝕密雲不見丁卯月入畢星二月庚午熒惑守氐丙戌月暈五月癸卯月暈六月乙酉太白歲星同舍辛卯太白鎭星相犯九月癸丑月掩畢星戊午太白辰星相犯于軫辛酉月犯軒轅壬戌又犯大微西蕃上將十月壬申鎭星歲星相犯閏月辛亥鎭歲俠鉞星十二月丁酉月入羽林丁未亦如之是月熒惑入羽林　十一年二月甲辰鎭星犯鉞星凡八日三月己巳鎭星犯東井己丑流星發南指西四月己酉太白入輿鬼六月乙未月入大微丙申太白經天月入大微丁酉亦如之戊戌太白晝見乙巳月食戊午鎭星犯天罇七月壬戌鎭星犯五諸侯壬申太白經天乙亥又晝見丙子亦如之八月丙申鎭星犯輿鬼丁酉歲星入輿鬼己亥歲星入輿鬼犯積尸辛亥歲星入輿鬼十一月己卯太白犯房癸未歲星入輿鬼　十二年四月己酉熒惑犯斗魁庚戌辛亥壬子亦如之五月乙卯朔熒惑犯南斗己未月掩歲星　十三年六月乙巳太白晝見七月丁未太白犯軒轅八月戊申朔歲星熒惑入大微端門

庚午歲星熒惑犯大微端門太白犯大微西蕃九月乙酉歲星犯左執法太白熒惑相犯十月辛酉月食夜雨不見十一月戊戌熒惑犯房鉤鈐　十四年二月己酉歲星光芒射北其色白辛未歲星犯左執法四月庚申月食旣戊辰太白晝見八月乙丑鎮星犯軒轅大星熒惑退入羽林十月丙辰月食旣

恭讓王元年四月乙巳月犯軒轅大微甲寅月食六月乙巳月犯歲星九月壬辰月入大微十月己酉郎將星出大微入東蕃十一月癸未大微犯西蕃上將　二年二月乙巳月入大微己酉月入大微四月丁酉太白貫月戊戌太白晝見戊午熒惑入羽林閏月甲子熒惑入羽林丙寅太白貫月六月戊寅太白晝見己卯太白晝見庚辰太白晝見經天辛巳又晝見壬午太白晝見七月辛卯朔太白晝見丙申亦如之辛丑晝見終月八月乙丑月犯心星丙戌犯軒轅丁亥入大微九月庚寅太白晝見經天丁酉太白犯鎮星又犯大微右執法乙巳月食十一月辛丑太白貫月月犯熒惑十二月甲子太白歲星同舍戊辰月犯熒惑　三年四月戊午朔鎮星犯紫微甲子彗見十餘日辛未月犯心星乙亥客星犯紫微十月癸亥鎮星出大微右掖門犯上相十一月壬辰鎮星出大微左掖門犯上相十二月丙子月犯大微上相　四年二月癸亥鎮星犯上相丁卯月食旣鎮星犯大微戊辰月犯左角辛未鎮星犯紫微上相丙子彗星見竟天六月己巳鎮星犯大微又犯東蕃上相七月丙戌鎮星入大微又犯東蕃上相

志卷第三

志卷第四　　高麗史五十

正憲大夫工曹判書集賢殿大提學知經筵春秋館事兼成均大司成臣鄭麟趾奉
教修

曆一

夫治曆明時歷代帝王莫不重之周衰曆官失紀散在諸國於是國自有曆至五季閏國若蜀若唐之類雖立國崎嶇而亦莫不各有所用之曆焉蓋以先民用授人時不可一日廢也高麗不別治曆承用唐宣明曆自長慶壬寅下距太祖開國殆逾百年其術已差前此唐已改曆矣自是曆凡二十二改而高麗猶馴用之至忠宣王改用元授時曆而開方之術不傳故交食一節尙循宣明舊術虧食加時不合於天日官率意先後以相牽合而復有不效者矣而終麗之世莫能改焉今其所傳之本往往脫漏附會殆非厥初行用之眞然非當時所用不必追正而其全書又未可見故姑著于篇而附授時於其後作曆志

宣明曆上

宣明步氣朔術第一

演紀上元甲子距今大唐長慶二年壬寅歲積年七百七萬一百三十筭唐八

宣明統法八千四百

章歲三百六萬八千五十五

章月二十四萬八千五十七

通餘四萬四千五十五

章閏九萬一千三百七十一

閏限二十四萬四百四十二唐三秒六

合策二十九餘四千四百五十七

中節十五餘一千八百三十五秒五

象準七餘三千二百十四秒二唐少

中盈三千六百七十一秒二毋八

朔虛分三千九百四十三

旬周五十萬四千

紀法六十　秒法八

推天正中氣

置從上元至所求積年滿旬周去之不盡以通餘乘之盈旬周去之滿統法爲大餘不滿爲小餘其大餘氣甲子外即所求年天正冬至日及餘秒也

求次小寒氣

因天正冬至大小餘加中節及餘秒盈秒法去之從小餘一小餘滿宣明統法去之從大餘一大餘滿紀法去之命如前法即次氣常日及餘秒也

求天正經朔

以章月去所求積年餘以章閏乘之盈章月又去之不盈者爲閏餘以減天正冬至小餘其小餘不足退大餘一加宣明統法大餘不足加紀法不盈者餘大餘起甲子筭外則所求年天正合經朔日及餘秒也

求次朔

因天正經朔加合策及餘秒去命前則次朔經日及餘秒也無中氣者爲閏朔也　又因經朔累加象准即得上弦　又加之得望　又加之得下弦

推沒日

三百六十乘有沒之氣常小餘其小餘六千五百六十四秒三已上者有沒之氣秒分四十五乘之得而從之用減章歲餘滿通餘爲日不滿餘命以常氣初日筭外各得其氣內沒日及分也

推滅日

以三十乘有滅之經朔小餘經朔小餘如朔虛分已下者有滅之朔如朔虛分而一爲日不滿爲餘命日起經朔初日筭外即各得所求

宣明步發斂術第二

候數五六百十一秒七卦位六七百三十四秒二辰數十二一千四百六十八秒四辰法七百刻法八十四

推七十二候

各因常氣大小餘命之即初候日也　若加候數及餘秒即次候　又加之得次末候日及餘秒也

推六十卦

各因常中氣大小餘命之公卦用事日也　以卦位及餘秒

累加之數除如法各得次卦用事之日十有二節之初各爲
外卦用事之首
推五行用事
各因四立大小餘命之即春木夏火秋金冬水首用日也
以辰法及餘秒加四季之節大小餘命甲子筭外即其月土
用事日也
常氣　月中節　四正卦　初候
　　　未候
冬至　十一月中　坎初六　蚯蚓結
麋角解　水泉動
小寒　十二月節　坎九二　鴈北鄉
鵲始巢　野雞始雊
大寒　十二月中　坎六三　雞始乳
鷙鳥厲疾　水澤腹堅
立春　正月節　坎六四　東風解凍
蟄蟲始振　魚上冰
雨水　正月中　坎九五　獺祭魚
鴻鴈來　草木萌動
驚蟄　二月節　坎上六　桃始華
倉庚鳴　鷹化爲鳩
春分　二月中　震初九　玄鳥至
雷乃發聲　始電
淸明　三月節　震六二　桐始華
田鼠化爲鴽　虹始見
穀雨　三月中　震六三　萍始生
鳴鳩拂其羽　戴勝降于桑
立夏　四月節　震九三　螻蟈鳴
蚯蚓出　王瓜生
小滿　四月中　震六五　苦菜秀
靡草死　小暑至
芒種　五月節　離六二　螳蜋生
鵙始鳴　反舌無聲
夏至　五月中　離初九　鹿角解
蜩始鳴　半夏生
小暑　六月節　離六二　溫風至

蟋蟀居壁　鷹乃學習
大暑　六月中　離九三　腐草爲螢
土潤溽暑　大雨時行
立秋　七月節　離九四　涼風至
白露降　寒蟬鳴
處暑　七月中　離六五　鷹乃祭鳥
天地始肅　禾乃登
白露　八月節　離上九　鴻鴈來
玄鳥歸　群鳥養羞
秋分　八月中　兌初九　雷乃始收
蟄蟲坯戶　水始涸
寒露　九月節　兌九二　鴻鴈來賓
雀入大水化爲蛤　菊有黃華
霜降　九月中　兌六三　豺乃祭獸
草木黃落　蟄蟲咸俯
立冬　十月節　兌九四　水始冰
地始凍　野雞入大水化爲蜃

小雪　十月中　兌九五　虹藏不見
天氣騰地氣降　閉塞而成冬
大雪　十一月節　兌上六　鶡鳥不鳴
虎始交　荔挺出

推常中氣去經朔術

各因其日閏餘滿宣明統法爲日不滿爲餘即其月中氣去經朔日筭及餘秒若累加減候數及卦位中節之前以減中節之後以加各得其日卦候距經朔日筭及餘秒也

始卦	中卦	終卦
公子孚	辟復	候此內卦
候此外卦	大夫謙	卿睽
公斗	辟臨	候小候內卦
候小候外卦	大夫蒙	卿益
公漸	辟泰	候需內卦
候需外卦	大夫隨	卿晉
公解	辟大壯	候兌內卦
候兌外卦	大夫訟	卿蠱

公革	辟夬	候旅內卦
候旅外卦	大夫師	卿比
公小畜	辟乾	候大有內卦
候大有外卦	大夫家人	卿井
始卦	中卦	終卦
公咸	辟姤	候鼎內卦
候鼎外卦	大夫豐	卿渙
公履	辟有	候常內卦
候常外卦	大夫節	卿同人
公損	辟否	候巽內卦
候巽外卦	大夫萃	卿大畜
公賁	辟觀	候歸妹內卦
候歸妹外卦	大夫無妄	卿明夷
公困	辟剝	候艮內卦
候艮外卦	大夫旣濟	卿噬嗑
公大過	辟坤	候未濟內卦
候未濟外卦	大夫蹇	卿頤

宣明步日躔術第三

象數九億二千四十四萬六千一百九十九

周天三百六十五度

虛分二千一百五十三唐秒二百九十九

歲差二萬九千六百九十九

分統二百五十二萬秒母三百

氣節	盈縮分	先後數	損益率	秒母三百	定日及餘秒
冬至	盈六十	先初	益四百四十九	朒初	十四四千二百三十五五
小寒	盈五十	先六十	益三百七十四	朒四百四十九	十四五千二百三十五五
大寒	盈四十	先一百一十			十四六千二百三十五五

益二百九十九 朒八百二十三
立春 盈三十 十四七千二百三十五五
先一百五十
益二百二十四 朒一千一百二十二
雨水 盈十八 十五三十五五
先一百八十
益一百三十五 朒一千三百四十六
驚蟄 盈六 十五一千二百三十五五
先一百九十八
益四十五 朒一千四百八十一
春分 縮六 十五二千四百三十五五
先二百四
損四十五 朒一千五百二十六
清明 縮十八 十五三千六百三十五五
先一百九十八
損一百三十五 朒一千四百八十一
穀雨 縮三十 十五四千八百三十五五

先一百八十
損二百二十四 朒一千三百四十六
立夏 縮四十 十五五千八百三十五五
先一百五十
損二百九十九 朒一千一百二十二
小滿 縮五十 十五六千八百三十五五
先一百一十
損三百七十四 朒八百二十三
芒種 縮六十 十五七千八百二十五五
先六十
損四百四十九 朒四百四十九
夏至 縮六十 十五七千八百三十五五
後初
益四百四十九 朓初
小暑 縮五十 十五六千八百三十五五
後六十
益三百六十四 唐史七十四 朓四百四十九

大暑　縮四十　十五五千八百三十五五
後一百一十
益二百九十九　脁八百二十三
立秋　縮三十　十五四千八百三十五五
後一百五十
益二百二十四　脁一千一百二十二
處暑　縮十八　十五三千六百三十五五
後一百八十
益一百三十五　脁一千二百四十六唐史三百四十六
白露　縮六　十五一千三百三十五五
後一百九十八
益四十五　脁一千四百八十一
秋分　盈六　十五一千二百三十五五
後二百四
損四十五　脁一千五百二十六
寒露　盈十八　十五三十五五
後一百九十八

損一百三十五　脁一千四百八十一
霜降　盈三十　十四七千二百三十五五
後一百八十
損二百二十四　脁一千三百四十六
立冬　盈四十　十四六千二百三十五五
後一百五十
損二百九十九　脁一千一百二十二
小雪　盈五十　十四五千二百三十五五
後一百一十
損三百七十四　脁八百二十三
大雪　盈六十　十四四千二百三十五五
後六十
損四百四十九　脁四百四十九

求每日先後定數

以刻法乘所入氣盈縮分　母同定氣然後乘之如定氣而一爲氣中率又以刻法乘後氣盈縮分亦以定氣除之爲後中率二率相減爲合差以定氣乘合差并後定氣除之中差

以加減氣中率爲初末率至後加爲初減爲末分後減爲初
加爲末　倍中差以日分乘之所得以定氣除之爲日差半
之爲以加減初末各爲定率　至後減初加末分後加初減
末以日差累加減氣初定率爲每日盈縮分　至後減分後
加各隨所入加減氣下先後數即得其氣每日先後定數也
冬至後積盈爲先在縮減之夏至後積縮爲後在盈減之
四正前一氣日行度革之初不可并減皆因前末却爲初變
率反用其術各得所求朓朒准此求之應用刻法者却用宣
明統法其分不滿全數母又每氣不同乃以刻法乘之各以
本母除之即母皆同刻法

推二十四氣定日

冬夏二至盈縮之中先後皆空以常爲定餘各以一百乘下
先後數先減後加常氣小餘滿若不足進退大餘命從甲子
筭外得其定日及餘秒也

推日月行度及軌滿交蝕並依定氣若注曆即依常氣

推四象經日與定氣相距

置天正經朔閏日及餘秒大雪定氣已下者爲朔入大雪限
已上者去之爲朔入小雪限減其氣定日及餘秒則爲天正
經朔入其氣定日筭及餘秒也

求弦望及後月朔

累加象准及餘秒也　滿其氣定日及餘秒去即所求也

求朔弦望經日入氣朓朒定數

各置所入定氣小餘乘其日損益率如宣明統法而一所得
以損益其下朓朒各爲定數

赤道宿度

斗二十六　牛八　女十二　虛十及分　危十七　室十
六　壁九

右北方七宿九十八度虛分二千一百五十三秒二百
九十九

奎十六　婁十二　胃十四　昴十一　畢十七　觜一
參十

右西方七宿八十一度

井三十三　鬼三　柳十五　星七　張十八　翼十八
軫十七

右南方七宿一百一十度
角十二　亢九　氐十五　房五　心五　尾十八　箕十
一
右東方七宿七十五度
前皆赤道其畢觜參及輿鬼四宿度數與古不同自大衍曆
依天以儀測定用爲常數紘帶天中儀極攸憑以格黃道

推黃道

準冬至歲差所在每距冬至後五度爲限初數十二每限減
一盡九限數終於四
二立之際一度少弦依平迺距春分前秋分後初限起四每
限增一盡九限終於十二而黃赤道交復計春分後秋分前
赤五度爲限初數十二盡九限數終於四二立之際一度小
强依平迺距夏至前後初限起四盡九限終於十二皆累裁
之以數乘限度百二十而一得度不滿者十一除爲分若以
十除則大分十二爲母命太半少及强弱命日黃赤道差二
至前後各九限以差減赤道度二分前後各九限以差加赤
道爲黃道度若從黃道反推赤道二至前後各加之二分前
後各減之

黃道宿度太六千三百　半四千二百　少二千一百
斗二十三半　牛七半　女十一少　虛十及差　危十七
太　室十七少　壁九太
右北方七宿九十七度　六虛之差五十三　秒五十
九十九
奎十七半　牛十二太　胃十四太　昴十一　畢十六少
觜一　參九少
右西方七宿八十二度半
井三十　鬼二太　柳十四少　星六太　張十八太　翼
十九少　軫九少
右南方七宿一百一十度半
角十三　亢九十　氐十五太　房五　心四太　尾十七
箕十少
各東方七宿七十五度少
前皆黃道度其步日行月與五星出入㑋此求此宿度皆有
餘力前後背之成少半太准爲今度若上考往古下驗將來

當據歲差每移一度各從術并使當時宿度及分然可步日月知淩犯

推日度

以歲差乘積年滿象數去之不滿者反減象數餘以分統除之爲度不滿者如秒母而一爲分餘爲秒命度起赤道虛九度宿次去之經虛去分至不滿宿算外即所求年天正冬至加時日在赤道度分及秒也億其秒即母六百累加中節及餘秒其秒先以七十五乘命宿次如前各得加時赤道度宿

推黃道日度

置冬至日躔之宿距全度下黃赤一道差以宣明統法乘之以距度所入限數乘度餘從之所得盈百二十爲差不盈者爲秒分其秒分今同赤道母乃以差秒分減赤道度餘命如前術即天正冬至加時日黃道宿度及餘秒

求次定氣

置歲差以限數乘之滿一千四百四十爲秒不盡爲小分以加中節中節秒先以七十五乘然後加之因冬至所及累裁之命以黃道宿次去之各得次氣加時日躔所在宿度及餘秒也

求定氣初日夜半日所在度

以其日盈縮分乘定氣小餘如刻法而一盈加縮減定氣小餘用減其日加時度餘命如前各其日夜半日躔所在百約度餘母同刻法

求次日

各因定氣初日夜半度累加一度乃以其日盈縮分盈加縮減其餘命以宿次即各得夜半日所在度及分也

宣明步月術第四

曆周二十三萬一千四百五十八 秒十九

曆周日二十七餘四千六百五十八 秒十九

曆中日十三餘六千五百二十九 秒九半

周差一日餘八千一百九十八 秒八十一已上秒母一百

七日初數七千四百六十五

末數九百三十五

十四日初數六千五百二十九

末數一千八百七十一

望一百八十二度餘八千一百九十八秒八十一已上秒母一百唐五千二百七十六秒二百九十九半

上弦九十一度餘二千六百三十八秒一百四十九太

下弦二百七十三度餘七千九百一十五秒一百四十九少

秒母三百唐以刻法約曆分爲度積之爲積度若益加損減朓減朒加

推天正經朔入曆

置積年以章歲乘之爲通積分減去閏餘盈曆周日者去之不盡滿宣明統法爲日不滿爲餘秒如曆中日及餘秒已下者爲進已上者去曆中日及餘秒爲退命日筭外則天正十一月朔月入進退日及餘秒也

求次朔入曆

因天正所入加周差日及餘秒盈曆中日及餘秒去之則得所求象准累加之數餘如前弦望所入若以朔弦望小餘減之各得其日夜半所入曆進退日及餘秒也

曆日進	衰曆分	積度	損益率	朓朒積
一日進十四	一千十二	初度	益八百三十	朒初
二日進十六	一千二十六	十二度四	益七百二十六	朒八百三十
三日進十八	一千四十二	二十四度二十二	益六百六	朒一千五百五十六
四日進十八	一千六十	三十六度五十六	益四百七十一	朒二千一百六十二
五日進十八	一千七十八	四十九度二十四	益三百三十七	朒二千六百三十三
六日進十八唐十九	一千九十六	六十二度十	益二百二	朒二千九百七十
七日進十九	一千一百十五			

七十五度十四　朒三千一百七十二
初益五十三　末損七
八日進十九
八十八度三十七　一千一百三十四
損八十二　朒三千二百十八
九日進十九
一百一度七十九　一千一百五十三
損二百二十四　朒三千一百三十六
十日進十九
一百十五度五十六　一千一百七十二
損三百六十六　朒二千九百十二
十一日進十八
一百二十九度五十三　一千一百九十一
損五百九　朒二千五百四十六
十二日進十四
一百四十三度六十七　一千二百九
損六百四十三　朒二千三十七

十三日進十一　一千二百二十三
一百五十八度十六
損七百四十八　朒一千三百九十四
十四日空　一千二百三十四
一百七十二度六十三
初損六百四十六　朒六百四十六
曆日退　衰曆分
積度　損益率　朓朒積
一日退十四　一千二百三十四
一百八十七度三十七
益八百三十　朓初
二日退十七　一千二百二十
二百二度十一
益七百二十六　朓八百三十
三日退十八　一千二百三
二百十六度五十五
益五百九十八　朓一千五百五十六

四日退十八　一千一百八十五
二百三十度八十三唐八十二
益四百六十四　朓二千一百五十四
五日退十八　一千一百六十七
二百四十五度七
益三百二十九　朓二千六百十八
六日退十八　一千二百四十九
二百五十八度八十一二
益一百九十五　朓二千九百四十七
七日退十九　一千一百三十一
二百七十二度五十一五
初益五十三末損七　朓三千一百四十二
八日退十九　一千一百十二
二百八十六度十
損八十二　朓三千一百八十八
九日退十九　一千九十三
二百九十九度三十

損二百二十五　朓三千一百六
十日退十八　一千七十四
三百十二度三十一
損三百六十六　朓二千八百八十一
十一日退十七　一千五十六
三百二十五度十三
損五百一　朓二千五百十五
十二日退十五　一千三十九
三百三十七度六十唐六十一
損六百二十八　朓二千十四
十三日退十二　一千二十四
三百五十度八
損七百四十　朓一千三百八十六
十四日空　一千十二
三百六十二度二十四
初損六百四十六　朓六百四十六

求朔弦望入曆朓朒定數

乘五十三各列其所入日損益率并後率而半之爲通率又二率相減爲率差前多者以入餘減宣明統法餘乘率差盈宣明統法得一并差而半之前少者半入餘乘率差亦如宣明統法而一皆加通率入餘乘之以宣明統法除爲加時曆率硒半之以損益加時所入餘爲曆餘其曆餘應益者減法應損者因餘皆以乘率差盈宣明統法得一加於通率曆率乘之宣明統法約之以朒加朓減曆率爲定率乃以定率損益朓朒積爲定數（其後無同率者亦因前率應益者以通率爲初率數半率差而減之應損者則爲通率其曆率損益入餘進退日者分爲二日隨餘初末如法求之所得并損益曆率此術本出皇極曆以究算術之微變若非朔交望有交求其速要者依術也　十四日下小餘數初數已下初損六百四十六乘初數除之得不盡半已上收一半已下弃之損減其日下朒積分六百四十六朓朒定分也）置所入曆餘以其日損益率乘之如宣明統法而一所得以損益其日下朓朒爲定其七日下十四日下餘如初數已下者以初率乘之如初數而一損益朓朒爲定若初數已上者以初數減之餘乘末率末數除之用減初率餘加朓朒各爲定數

求朔弦望定日及餘秒

以入氣入曆日下朓朒定數同名相從異名相消乃以朓減朒加朔弦望經日小餘滿若不足退大餘命甲子筭外各得其定日及餘秒也定朔幹名與後月同名者其月大不同名者小其月內無中氣者爲閏秋分後定朔小餘四分之三已上者進一日春分後定朔昏明小餘如春分初日者三約之減四分之三定朔小餘如此數已上者亦進一日朔或當交有蝕應見者其朔不進弦望定小餘不盈昏明小餘者退一日其望小餘雖滿此數若交有蝕虧初起在晨初已前者亦如之　又月行九道遲疾曆則三大二小月行盈縮累增損之則容有四大三小理數然也若俯修常議當察加時早晚隨其所近而進退使不通三大三小其正月朔若有交加時正見者消息如後一兩月以定大小令虧在晦二也　四分之三六千三百　四分之一二千一百

推定朔弦望加時日所在度

置定朔弦望小餘副之以乘其一盈縮分如刻法而一盈加縮減其副所得一百除之以加其日夜半度餘命如前各其日加時日躔所次

推月九道度

凡合朔所交冬在陰曆夏在陽曆月行靑道(冬夏至後靑道半交在春分之宿殷黃道東立冬立夏靑道半交在立春之宿殷黃道東南至所衝之宿亦如之)冬在陽曆夏在陰曆月行白道(冬夏至後白道半交在春分之宿殷黃道西立冬立夏後白道半交在立秋之宿殷黃道西北至所衝之宿亦如之)春在陽曆秋在陰曆月行朱道(春秋分後朱道半交在夏至之宿殷黃道南立春秋後朱道半交在立夏之宿殷黃道西南至西衝之宿亦如之)春在陰曆秋在陽曆月行黑道(春秋分後黑道半交在冬至之宿殷黃道北立春立秋後黑道半交在立冬之宿殷黃道東北至所衝之宿亦如之)四序離爲八節至陰陽之所交皆與黃道相會故月有九行各視月交所入七十二候距交初黃道宿度每五度爲限(交初交中同術)亦初數十二每限減一數終於四乃一度强依平更從四起每限增一終於十二而至半交其去黃道六度又自十二每限減一數終於四亦一度强依平更從四起每增一終於十二復與日軌相會冬累計其數以乘限度二百四十而一得度不滿二十四除之爲分(若以十二除之則大分十二爲母命以少半太及强弱也)爲月行與黃差數距半交前後各九限以差數爲減距正交前後各九限以差數爲加(此加減出入六度單與黃道相校之數也校之赤道則氣遷變不常計去冬夏至以來候數者則冬至在斗宿八度夏至在井宿十一度假令入危宿三度則是立春初日自冬夏至立春初日四十七字秘䏠也)計去冬夏至已來數乘黃道所差十八而一爲月行與赤道差數凡日以赤道內爲陰赤道外爲陽月以黃道內爲陰黃道外爲陽故月行宿度春分交後行陰曆秋分交後行陽曆皆爲同名若入春分交後行陽曆秋分交後行陰曆皆爲異名其在同名以差數爲加者加之減者減之若在異名以差數爲加者減之減者加之皆以增損黃道度爲九道定度也

推月九道平交入氣

各以其月閏餘如經朔加時入交汎日餘秒𨗴以減交終日及餘秒其礬則各平交入其月常中氣日筭及餘秒也滿中節及餘秒則去之其餘則平交入後月常節氣筭及餘秒也(因求次交者終日及餘秒去之不滿者爲平交入其氣日算及餘秒也各以一千乘其氣初日先後數先加後減其入餘滿若不足進退日算則平交入定氣日算及餘秒不要一節注得求其入氣朓朒定數如求朔望經日術入之)

求平交入曆朓朒定數

置所入定氣餘如其日夜半入曆餘以乘其日損益率滿宣明統法而一所得以損益其朓朒積爲定數也(但用平交加時入曆則是)

求正交入氣

以平交入曆朓減朒加平交入氣餘滿若不足進退其日則爲正交入氣日筭及餘秒也(不知加減入氣朓朒雖不以交率乘交數除入曆朓朒極有道理也)

求正交加時黃道宿度

置正交入定交之餘副以乘其日盈縮分滿宣明統法而一
所得盈加縮減其副千以一先約其副然以加減之也以加其日夜半度則正
交加時黃道宿度及餘秒也此時正交加時日度所在非月正交宿度也

求正交加時月離九道宿度

以正交加時餘減刻法先求正交半交宿度取相近者累計其度
及餘然後以刻法減黃道度非也私記以正交之宿距度所入限數乘之爲距前分
其距前後不常厥所私記置距度下月度與黃差以法乘之減去距前分二
百四十除爲定差不滿者同之爲秒以定差及秒加黃道度
餘若在半交前後則須命同名異名加減私記仍計去冬至已來候數乘定差十八而
一此件不要赤道與黃道差私記也所得依名同異而加減之滿若不足進退
其度命如前則正交加時月離所在九道宿度也

推定朔弦望加時月所在度

各置其日加時日躔所在變從九道修次相加凡合朔加時
月潛在日下與大陽同度是謂加時月躔宿次先置朔弦望加時黃道日度以
正交加時所在黃道日度減之餘以加其正交加時九道宿命起南度算外則
朔弦望加時所當九道宿度也其合朔加時若非正交則日在黃道月在九道
各入宿度雖多小不同考其去極若應繩准故云月行潛在日下與大陽同道也各以上弦望下弦度數幷餘
秒加其所當九道宿度盈縮次去之命如前各其日加時月
所度及餘秒也

推定朔夜半入曆

視其經朔夜半所入若定朔下餘有進退亦加減曆否則因
經爲之也

經求次定夜半入曆

因前定夜半所入大月加二日小月加一日餘三千七百四
十一秒八十一滿曆中日及餘秒去之則次月定朔夜半所
入若累加一策去合得次日夜半所入曆日及餘秒也

推月晨昏

以曆分乘夜半定分滿如刻法而一爲晨以減曆分爲昏分
乃以朔弦望定小餘乘曆分以宣明統法除之所得以減晨
昏分餘爲前不足反減餘爲乃以先加後減時月所在則得
晨昏月所在度及分也

求定程

以所入加時日度減曆加時日度餘加上弦之度及餘以所
入日前減後加又以後曆前加後減各爲定程及餘也

求每日入曆定度

累計距後每日曆度及分以減定程爲盈不足反減爲縮以距後曆日數其均盈縮減每日曆分各得每日曆及分也

求每日晨昏月度

因朔弦望晨昏所入加其每日曆定度及分盈縮次者去之不滿則各所求也

黃道宿次度太六十三半四十二少二十一

斗二十三半　牛七半

女十一少　虛十差五十三五百九十八

危十七太　室七少

壁九太　奎十七半

婁十二太　胃十四太

昴十一　畢十六少

觜一　參九少

井三十　鬼二太

柳十四少　星六太

張十八太　翼十九少

軫十八太　角十三

亢九半　氐十五太

房五　心四太

尾　箕十少

曆度進　退

一日十二四分　十四五十八分

二日十二十八分　十四四十四分

三日十二三十四分　十四二十七分

四日十二五十二分　十四九分

五日十二七十分　十三七十五分

六日十三四分　十三五十七分

七日十三二十三分　十三三十九

八日十三四十二分　十三二十分

九日十三六十分　十三一分

十日十三八十分　十二六十六

十一日十四十五分　十二四十分

十二日十四三十三分　十二三十一分

十三日十四四十七分　十二十六分

十四日	十四五十八分	十二四分
曆分	進	退
一日	一千十二	一千二百三十四
二日	一千二十六	一千二百二十
三日	一千四十二	一千二百三
四日	一千六十	一千一百八十五
五日	一千七十八	一千一百六十七
六日	一千九十六	一千一百四十九
七日	一千一百十五	一千一百三十一
八日	一千一百三十四	一千一百十二
九日	一千一百五十三	一千九十三
十日	一千一百七十二	一千七十四
十一日	一千一百九十一	一千五十六
十二日	一千二百九	一千三十九
十三日	一千二百二十三	一千二十四
十四日	一千二百三十四	一千十二

冬夏至先後數　空先減後加

小寒	芒種六十
大寒	小滿百十
立春	立夏百五十
雨水	穀雨百八十
驚蟄	清明百九十八
春分	二百四

後加

小暑	大雪六十
大暑	小雪百十
立秋	立冬百五十
處暑	霜降百八十
白露	寒露百九十八
秋分	二百四

刻法除之加減先後定數

經云在前曆則前減後加在後曆則前加後減

求朔下定程度

以朔下昏分前後數爲在前曆上弦下昏分前後數爲在後

曆前後分乃減之加之

求望度

以望爲在前曆下弦爲在後曆

求上弦

上弦爲在前曆後朔爲後曆　凡從朔至望以昏之前後數

加減是望前用度自望至下弦用晨分加減定晨昏定程度

自下弦至朔用晨分前後數加減其秒半已上收一

宣明步晷漏術第五

中統四千二百辰刻八二十八分

昏明刻各二四十二分　刻法八十四度母同刻法

北極出地三十四度四十七分半大迷曆法

距極度五十六八十二分小分五

定氣　屈申數　夜半近漏刻分八十四爲母　黄道去極度度分八十四爲母　距中星度度分八十四爲母

冬至　屈六十五　一百十五度

二十七刻四十　八十二度二十二

陽城日晷一丈三尺七寸三十二

小寒　屈二百二十五　一百十四度四十六

二十一刻二十九　八十二度六十四

陽城日晷一丈二尺三寸十一分九

大寒　屈二百六十五　一百十二度一十五

二十七刻七十四　八十四度三十九

陽城日晷一丈一尺三寸分三十

立春　屈四百八十五　一百八度五十五

二十六刻十　八十七度二十一

陽城日晷九尺九寸四分七十八

雨水　屈五百八十五　一百三度六十七

二十五刻九　九十度七十九

陽城日晷八尺三寸七分八十一

驚蟄　屈六百六十五　九十七度八十

二十三刻七十四　九十五度三十三

陽城日晷六尺八寸八分七十四

春分　屈六百六十五　九十一度二十五

二十二刻四十二　一百度三十八

陽城日晷五尺四寸四分七十
清明　屈五百八十五　八十四度五十五
二十一刻十　一百五度四十三
陽城日晷四尺一寸九分五十九
穀雨　屈四百八十五　七十八度六十七
九十刻七十五　一百九度八十一
陽城日晷三尺二寸六十九
立夏　屈三百六十五　七十三度八十
十八刻七十四　一百十三度五十四
陽城日晷二尺五寸四分五十一
小滿　屈二百二十五　七十度二十五
十八刻十　一百十六度二十六
陽城日晷一尺八寸九分十九
芒種　屈六十五　六十八度四
十七刻五十五　一百十八度十二
陽城日晷一尺五寸七分十四
夏至　申六十五　六十七度三十四
十七刻四十四　十八度五十四
陽城日晷一尺四寸七分八十
小暑　申二百二十五　六十八度四
十七刻五十五　二百十八度十二
陽城日晷一尺五寸七分十四
大暑　申三百六十五　七十二度二十五
十八刻十　一百十六度三十六
陽城日晷一尺八寸九分八十九
立秋　申四百八十五　七十三度八十
十八刻七十四　一百十三度五十五
陽城日晷二尺四寸八分五十一
處暑　申五百八十五　七十八度六十七
十九刻十十五　一百九度八十一
陽城日晷三尺二寸六十九
白露　申六百六十五　八十四度五十五
二十一刻十　一百五度四十三
陽城日晷四尺一寸九分五十九

秋分　申六百六十五　九十一度二十五
二十二刻四十二　一百度三十八
陽城日晷五尺四寸四分七十
寒露　申五百八十五　九十七度八十
二十三刻七十四　九十五度三十三
陽城日晷六尺八寸八分七十四
霜降　申四百八十五　一百三度六十七
二十五刻九　九十度七十九
陽城日晷八尺三寸七分八十一
立冬　申三百六十五　一百八度五十五
二十六刻十　八十七度二十一
陽城日晷九尺九寸四分七十八
小雪　申二百二十五　一百十二度一十五
二十六刻七十四　八十四度三十九
陽城日晷一丈一尺三寸八分十二
大雪　申六十五　一百十四度四十六
二十七刻二十九　八十二度
陽城日晷一丈二尺三寸九分二十

求每日屈申定數

如求每盈縮分行入之則各得所求

推戴日之北每度晷數

南方戴日之下正中無晷自戴日之北一度乃初數一千三百七十九從此起差每度增一終於二十五度增二十六分起二十六度每度加所增二終於四十度增五十四分起四十一度每加所增六終於四十四度增八十分又起四十五度增一百四十八自從每度加所增二終於五十度增一百五十八分起五十一度每度加所增七終於五十五度增一百九十三分起五十六度每度加所增九十終於六十度增二百八十八分又起六十一度增四百四十自終每度加所增三十三終於六十五度增五百八十分起於六十六度每度加所增三十六終於七十度增七百六十分起七十一度每度加所增三十九終於七十二度增八百三十八分又七十三度增一百九十八分七十四度增一千五百三十八分七十五度增二千五百九十八分七十六度增四千四百五十八分七十七

度增七千二百九十八分七十八度增五萬四千三百九十八分七十九度增一萬六千六百三十八分至於八十度各爲每度差因累其差用加初數滿一百爲分分滿十爲寸各爲每度晷差又累晷差各得戴日之北度數

求陽城晷每日中常數

置其氣去極又先以百乘小分刻法而一以距極之度及分減之各得戴日之北度數及分各以屈申定數乘戴日北所置度分之晷差滿百爲分分滿十爲寸各爲每日晷差乃以屈減申加其氣初晷數各其每日中晷常數

求每日中晷定數

各置所入定氣小餘以中統減之爲中後分不足者反減中統爲中前分置前後分以其日晷差乘之如宣明統法而一爲變差加減其日中晷常數冬至一日有咸無加夏至一日有加無減

求每日夜半漏定數

置每日黃道屈申差數以五乘之二十四除之所得得其日夜半漏定數

求昏明小餘

以刻法通夜半定漏各以大小分從之即所求也

求每日晝夜漏刻及日出入辰

倍夜半定漏加五刻爲夜刻以減百刻爲晝刻以明刻加夜半定漏命日半筭外即日出辰刻以晝列加之

求每日更籌辰刻

倍夜半定漏以二十五除之爲每籌差刻五乘之爲每更差刻以昏刻加日入辰刻即甲夜辰刻也　但以更籌差刻累加之滿辰刻去之即各五夜辰刻及分也

推每日黃道去極度數

二十一乘屈申定數以二十五除之爲黃道屈申差屈減申加其氣初定數滿刻法從度各爲每日去極之度數

求每日距中度定數

以萬二千三百八十六乘黃道屈申差滿刻法爲度不滿爲分各以屈加申減其氣初日距中度各得每日距中度定數

倍距中度以減周天度餘五而一爲每更差度

求每日昏明及每更中宿度

所臨置其日加時赤道宿度以距中度加之命以宿次即各其日昏中所臨宿度以每更差度加之命如前即其夜二更初中所臨以次累之各五更及所臨宿度及分

求九服所在每初日中晷常數

以所求氣去極度數爲後氣去極度數相減各爲其氣屈申定數冬至後屈夏至後申因測所在冬夏至日晷長短但測一至已得不必要復冬夏於其戴日之北每度及分晷數校取長短同者便爲所在戴日之北度數及分每氣各以屈申定數加減之因冬至後者每氣以減因夏至後者每氣加之各得每氣戴日北度數及分也因其氣所直度分之晷數長短即各爲所在每定初日中晷常數其測晷有在表南者亦據其晷尺寸長短與戴日之北每度晷數同者因取其所直之度距戴日度反之爲出戴日南度然後以屈申定數加減之

求九服所在晝夜漏刻

冬夏至各於所在下水漏以定當處晝夜刻數及相減爲冬夏差刻半之以加減二至晝夜數夏至以加冬至以減爲春秋分定日晝夜刻數乃置每氣屈申漏差以當處二至差刻乘之加二至去極差度四十七及八十而一所得依分前後加減二分初日晝夜漏刻春分前秋分後加夜減晝春分後秋分前加晝減夜各得所在定氣初日晝夜漏刻數

求次日者

置每日屈申差亦以刻乘之差度而一所得以屈減申加其氣初漏刻各得所求

求距中度及昏明中宿日出所在

皆依陽城法仍以差度而今有之即得又術置所在春分定日中晷常數與陽城每日晷數校取同者因其日夜半漏即爲所在定春分初日夜半漏

求餘氣日

每以屈申漏差依分前後加減刻分春分前秋分後以加秋分前春分後以減漏刻法爲刻不滿爲分各爲所在定氣初日夜半定漏

求次日

以屈申漏差依陽城法求之即得此術究理大體合通但高

山平川視日不籌校日晷長短乃同考其水漏多少懸刻以
茲參課前爲審覽校

步交會術第六

後准日一餘一千三百三十七秒一千七百四十四
終率二十二萬八千五百八十二秒六千五百一十二
終日二十七餘一千七百八十二秒六千五百一十二
中日十三餘五千九十一秒三千二百五十六
交朔日二餘二千六百七十四秒三千四百八十八
交望日十四餘六千四百二十八秒五千
前准十二餘四千五百五十四秒一千五百一十二唐餘三千七百五十四秒一千七百四十四
陰曆蝕限六千六十
陽曆蝕限二千六百四十
陰曆定法四百四
陽曆定法一百七十六
交率二百二
交數二千五百七十三秒法一萬
半交中六百餘六千七百四十五秒六千六百二十八

求天正經朔入交

置通積分以天正閏餘減之盈終率及秒去之不盈者滿宜明統法爲日不滿爲餘秒命日筭外則所求年天正經朔加時入交汎日及秒也

求次朔入交

因天正所入加交朔日及餘秒

求望

以交望日及餘秒加之滿終日及分秒皆去之數命如前各得次月及望加時所入若以經朔望小餘減之即各其日夜半入交汎日及餘秒也

求定朔望夜半入交

視其經朔望夜半所入若定朔望大餘有進退與經朔日辰不同者亦進退交日否則因經爲定各得所求也

求次定朔夜半入交

因前定朔夜半入交大月加二日小月加一日餘皆六千六百十七秒三千四百八十八

求次日

每日累加一策滿終日及餘秒去之命如前法各得其日夜半入交汎日及餘秒也

求朔望入交常日

各以其日入氣朓朒定數朓減朒加入交汎日餘滿若不足進退其日即入交常日及餘秒也

求朔望入交定日

置其日入曆朓朒定數以交率乘之如交數而一所得以朓減朒加常日餘數除如前即入交定日及餘秒也

求月行入陰陽曆

其朔望入交定日及餘秒如中日及餘秒已下者爲入陽曆已上者去中日及餘秒今爲月入陰曆

陰陽曆爻目	加減率	陰陽積月去黃道度
小陽小陽初	加一百八七	陽陰初空
小陽小陰二	加一百七一	陽陰一百八十七一度六十七分
小陽小陰三	加四百四七	陽陰三百五十八二度百十八分
小陽小陰四	加一百十五	陽陰五百五四度二十五分
小陽小陰五	加七十五	陽陰六百二十五度二十分
小陽小陰上	加二十七	陽陰六百九十五五度九十五分

爻目	減率	陰陽積月去黃道度
老陽老陰初	減二十七	陽陰七百二十二六度二分
老陽老陰二	減七十五	陽陰六百九十五五度二十九分
老陽老陰三	減一百十五	陽陰五百五五度二十五分
老陽老陰四	減一百四七	陽陰五百五四度二十五分
老陽老陰五	減一百七一	陽陰三百五十八二度一百十八分
老陽老陰上	減一百八七	陽陰一百八十七一度六十七分

求四象六爻每度加減分及月去黃道定數

以其爻加減率與後爻加減率相減爲前差又以後爻率與次後爻率相減爲後差二差相減爲中差置所在爻幷後爻加減率半中差以加而半之十五而一爲爻末率因爲後爻初率每以本爻初末率相減爲爻差十五而一爲度差半之以加減初率小象減之老象加之爲定初率每以度差累加減之小象以差減老象以差加各得每度加減定分廼循積其分滿百二十爲度各爲每度月去黃道數及分其四象初數無初率上爻無末率皆倍本爻加減率十五而一所得各

以初末率減之皆牙得其率餘依術筭各得所求

求朔望夜半月行入陰陽曆變數

各置其日夜半入曆日及餘秒以其日夜半入交定日及餘秒減之其秒不等當脩變相通然減之如不足加終日及餘秒然後減之餘爲定交初日夜半入曆及餘秒而一以定交初日夜半入餘各乘其日曆定分如宣明統法而一所得滿刻法爲度不滿爲分各以加其日入曆積度分及迺相減其即爲其夜半月入陰陽度數及分也

求次日

但以其日曆定分加之滿法爲度即得交度三百六十三餘六十六毋八十四

求朔望夜半月行入四象度數

置其日夜半入陰陽曆度數及分以一象之度九十除之若以小象除之則兼除差度一度分一百六大分十三小分十四訖然以次象十四除之所得

自大衍曆有此度差合半之爲四象度差今空除小象二半以小陽小陰爲次命之起小陽每象度分一百一十三大七小分　小度差者小分就其全數筭外即其日夜半所入象數及分也先以三十分陰陽度分十九而一爲度不盡以十五乘十九除爲大分又不盡者又乘陰爲小分然以象度及分除之先以乘陰陽度分七而一爲度不盡以十五乘七除爲大分又不盡者又乘又除爲小分不盡半已下棄然以象度除之

求朔望夜半月行入六爻度數

置其日夜半所入象度數及分以一爻之度十五除之所得命起其象初爻筭外即其日夜半所入爻度數及分也　其月行入小象初爻之內皆沾近黃道當朔望即有虧宜去其月行入去象黃道初爻之內及差象上爻之內皆爲沾近黃道

求入蝕限

其入交定日及餘秒如前限已上後限已下者入蝕限望入蝕限則月蝕朔入蝕限則日蝕也月在陰曆則日入蝕限如後准已下爲交後前准已上者以減中日及餘秒餘爲交前限滿全者皆退之從餘爲去交前後分此蝕限術舉其常率

若須審定在蝕分術之中當可求其置交前後定分十一乘之如七千三百三除之爲去交定也在蝕分術之中當可求其定也度數不盡以統法乘之復除爲餘

求日月蝕甚所在辰刻

以日入辰刻距午正刻數約半法餘爲初率如半法已上者以半法減之餘爲末率乃以時差乘初末如刻法而一初率以減末刻倍之以加之朔小餘各爲蝕定小餘其月蝕但以定望小餘爲蝕小餘置之如求發斂加時術入之即日月蝕甚加時所在辰刻及分也

求日蝕氣差

春分初日無氣差自後每日益差二十六分至夏至初日氣差二千三百五十自後每日損差二十六分至秋分初日其差損盡自後每日益差二十六分至冬至初日氣差二千三百五十自後每日損差二十六分終鷩蟄損益所得命爲氣差

求氣差加減定數

以日出沒辰刻距午正刻數約其日氣差所得以乘蝕甚加時距午正數以減氣差餘爲定數春分後陰曆加之陽曆減之

求日蝕刻差

冬至初日無刻差自後每日益差二分小分十起立春至立夏初日九十四小分五十爲刻差每日損差二分小分十至夏至初日損盡其差自後每日益二分小分十起立秋初日至立冬初日皆以九十四小分五十爲刻差自後每日損差二分小分十終大雪即得所求

求刻差數

距午正前後累計至蝕甚辰刻數以乘其日刻差爲定差冬至後以刻定差蝕甚在午正巳東陰曆以減陽曆以加蝕甚在午正巳西陰曆以加陽曆以減夏至後以刻定差蝕甚在午正巳東陰曆以加陽曆以減蝕甚在午正巳西陰曆以減陽曆以加立冬初日後每氣益所求十七至冬至初日加五十一自後每日損所加十七終於大雪蝕甚在午正巳西即每刻累益其差陰曆以加陽曆以減

求日蝕入陰陽曆去交定分

應加減差同名相從異名相消各爲蝕差置陰曆去交前後分以蝕差應加減者依其加減所得爲去交前後定分月在陰曆去交前後不足減者卽反減蝕差交前減之餘者爲陽曆交前定分並不入蝕限也

求日蝕分

其去交定分如陽曆蝕限已上者爲陰曆蝕減去陽曆蝕限如陰曆定法而一以減十五餘爲食之大小分去交定分如陽曆食限已下者爲陽曆食以陽曆定法約去交定分所得爲食之大分不盡爲小餘半已上爲半强半弱命大分以十五爲限即得所求

求日食所起

月在陰曆初起西北甚於正北復於東北月在陽曆初起西南甚於正南復於東南食十二分已上者初起正西復於正東此術據古經所載以究大體求其密驗審黃道邪正月行所向起虧復滿當可見矣

求日食用刻

置所食之分十八乘之十五而一所得爲汎用刻率不盡者以刻法乘之十五除之爲分

求月食分

其去交前後二千一百四十七已下者皆食旣已上者以去交分減後准餘以五百六約之爲大分不盡半已上爲半强半已下者爲半弱命大分以十五爲限得月食之分數也

求月食所起

月在陰曆初起東南甚於正南復於西南月在陽曆初起東北甚於正北復於西北食十二分已上者初起正東復於正西若驗取親密如日食隨月行所向求其起虧復滿也

求月食用刻

置所食之分二十乘之十五而一其去交分如一千四百三十五已下者因增半刻如七百一十二已下者又增半刻各爲汎用刻率也

求虧初復末

置日月食汎用刻率副之以其日入曆損益率乘之如宜明統法而一所得應朒者依其損益應朓者損加益減其副爲定用刻數半之以減食甚辰刻爲虧初以加食甚辰刻爲復

末夜半是三更三點半時用四更二點其入更點夜半前後者准此取正

求食入更籌

以其日每更差刻除定用刻爲更數不盡以每籌差刻除爲籌數綜之爲定用更籌迺累計日入後至食甚辰刻置之以昏刻及日入辰刻減之餘以更籌差刻除之所得命以初更籌初籌外即食甚更籌半定用更籌以減之爲虧初加爲之復末

求亥月常食出沒見虧分數

新術皆通日月蝕之大分從其小分半定用刻而一所得以乘見刻朔晝望夜皆爲見刻夕於半定用刻減定用刻出爲退沒爲進然乃乘之所得各加分母而一爲見食出沒之大分不盡爲小分半已下爲半弱半已上爲半强也

求日月帶食出沒見虧分數

皆通食之大分從其小分滿定用刻而一所得以乘見刻朔晝望夜各爲見刻如陰陽曆定法而一望則五百十六而一爲見蝕之大分不盡爲小分

志卷第四

志卷第五　高麗史五十一

正憲大夫工曹判書集賢殿大提學知經筵春秋館事兼成均大司成臣鄭麟趾奉
敎修

曆二

授時曆經上

步氣朔第一

大元至元十八年歲次辛巳爲元上考往古下驗將來皆距立元爲算周歲消長百年各一其諸應等數隨時推測不用爲元

日周一萬

周天三百六十五萬二千五百七十五分

歲實三百六十五萬二千四百二十五分

朔實二十九萬五千三百○五分九十三秒

氣應五十五萬○六百○○分

閏應二十○萬二千○五十○分

周應三百一十五萬一千○七十五分

轉應一十三萬一千九百○四分

交應二十六萬○三百八十八分

弦策七日三千八百二十六分四十八秒少

氣策十五日二千一百八十四分三十七秒半

望策十四日七千六百五十二分九十六秒半

通餘五萬二千四百二十五分

通閏十○萬八千七百五十三分八十四秒

半歲周一百八十二日六千二百一十二分半

周天分三百六十五萬二千五百七十五分

轉中十三日七千七百七十三分

轉終分二十七萬五千五百四十六分

轉差一日九千七百五十九分九十三秒

朔策二十九日五千三百○五分九十三秒

半周天一百八十二萬六十二分八十七秒半

盈初縮末限八十八日九千○九十二分少

縮初盈末限九十三日七千一百二十○分少

沒限七千八百一十五分六十二秒半

氣盈二千一百八十四分三十七秒半

朔虛四千六百九十四分〇七秒

旬周六十萬

紀法六十

推天正冬至

置所求距筭以歲實上推往古每百年長一下算將來每百年消一乘之爲中積加氣應爲通積滿旬周去之不盡以日周約之爲日不滿爲分其日命甲子筭外卽所求天正冬至日辰及分如上考者以氣應减中積滿旬周去之不盡以减旬周餘同上

求次氣

置天正冬至日分以氣策累加之其日滿紀法去之外命如前各得次氣日辰及分秒

推天正經朔

置中積加閏應爲閏積滿朔實去之不盡爲閏餘以減通積爲朔積滿旬周去之不盡以日周約之爲日不滿爲分卽所求天正經朔日及分秒上考者以閏應減中積滿朔實去之不盡以減朔實爲閏餘以日周約之爲日不滿爲分以減冬至日及分不及減者加紀法減之命如上

求弦望及次朔

置天正經朔日及分秒以弦策累加之其日滿紀法去之各得弦望及次朔日及分秒

推沒日

置有沒之氣分秒如沒限已上以爲有沒之氣以十五乘之用減氣策餘滿氣盈而一爲日併恒氣日命爲沒日

推滅日

置有滅之朔分秒在朔虛分已下爲有滅之朔以三十乘之滿朔虛而一爲日併經朔日命爲滅日

步發斂第二

土旺策三日〇四百三十六分八十七秒半月閏九千〇六十二分八十二秒

辰法一萬

半辰法五千

刻法一千二百

推五行用事

各以四立之節爲春木夏火秋金冬水首用事日以土旺策

減四季中氣各得其季土始用事日

氣候

正月

立春正月節　雨水正月中

東風解凍　蟄虫始振　魚陟負冰　獺祭魚　候鴈北　草木萌動

二月

驚蟄二月節　春分二月中

桃始花　倉庚鳴　鷹化爲鳩　玄鳥至　雷乃發聲　始電

三月

淸明三月節　穀雨三月中

桐始華　田鼠化爲鴽　虹始現　萍始生　鳴鳩拂其羽　戴勝降于桑

四月

立夏四月節　小滿四月中

螻蟈鳴　蚯蚓出　王瓜生　苦菜秀　靡草死　麥秋至

五月

芒種五月節　夏至五月中

螳螂生　鵙始鳴　反舌無聲　鹿角解　蜩始鳴　半夏生

六月

小暑六月節　大暑六月中

溫風至　蟋蟀居壁　鷹始摯　腐草爲螢　土潤溽暑　大雨時行

七月

立秋七月節　處暑七月中

涼風至　白露降　寒蟬鳴　鷹乃祭鳥　天地始肅　禾乃登

八月

白露八月節　秋分八月中

鴻鴈來　玄鳥歸　群鳥養羞　雷始収聲　蟄蟲培戶　水始涸

九月
寒露九月節　霜降九月中
鴻鴈來賓　雀入大水爲蛤　菊有黃華　豺乃祭獸
草木黃落　蟄蟲咸俯
十月
立冬十月節　小雪十月中
水始冰　地始凍　雉入大水爲蜃　虹藏不見　天
氣上升地氣下降　閉塞而成冬
十一月
大雪十一月節　冬至十一月中
鶡鴠不鳴　虎始交　茘挺出　蚯蚓結　麋角解
水泉凍
十二月
小寒十二月節　大寒十二月中
鴈北鄉　鵲始巢　雉雊　雞乳　征鳥厲疾　水澤
腹堅
推中氣去經朔
置天正閏餘以日周約之爲日命之得冬至去經朔以月閏
累加之各得中氣去經朔日筭（滿朔策去之乃合置閏然俟定朔無中氣者裁之）
推發斂加時
置所求分秒以十二乘之滿辰法而一爲辰數餘以刻法收
之爲刻命子正筭外即所在辰刻（如滿半辰法通作一辰命起子初）
步日躔第三
周天分三百六十五萬二千五百七十五分
周天三百六十五度二十五分七十五秒
半周天一百八十二度六十二分八十七秒半
象限九十一度三十一分四十三秒太
歲差一分五十秒
周應三百一十五萬一千〇七十五分
半歲周一百八十二日六千二百一十二分半
盈初縮末限八十八日九千〇九十二分少
縮初盈末限九十三日七千一百二十分少
推天正經朔弦望入盈縮曆
置半歲周以閏餘日及分減之即得天正經朔入縮曆（冬至後盈）

夏至後縮滿半歲周去之即交盈縮以弦策累加之各得弦望及次朔入盈縮曆日及分秒

求盈縮差

視入曆盈者在盈初縮末限已下爲初限已上反減半歲周餘爲末限縮者在縮初盈末限已下爲初限已上反減半歲周餘爲末限其盈初縮末者置立差三十一以初末限乘之加平差二萬四千六百又以初末限乘之用減定差五百一十三萬三千二百餘再以初末限乘之滿億爲度不滿退除爲分秒縮初盈末者置立差二十七以初末限乘之加平差二萬二千一百又以初末限乘之用減定差四百八十七萬六百餘再以初末限乘之滿億爲度不滿退除爲分秒即所求盈縮差

又術

置入限分以其日盈縮分乘之萬約爲分以加其下盈縮積萬約爲度不滿爲分秒亦得所求盈縮差

赤道宿度

角十二□十亢九二十氐十六三十房五六十心六五十尾十九一十箕十四十

右東方七宿七十九度二十分

斗二十五二十牛七二十女十一三十五虛八九十五太危十五四十室十七一十壁八六十

右北方七宿九十三度八十分太

奎十六六十婁十一八十胃十五六十昴十一三十畢十七四十觜初〇五參十一一十

右西方七宿八十二度八十五分

井三十三三十鬼二二十柳十三三十星六三十張十七二十五翼十八七十五軫十七三十

右南方七宿一百八度四十分

右赤道宿次並依新製渾儀測定用爲常數校天爲密若考往古即用當時宿度爲準

推冬至赤道日度

置中積以加周應爲通積滿周天分□推往古每百年消一下算將來每百年長一去之不盡以日周約之爲度不滿退約爲分秒命起赤道虛宿六度外去之不滿宿即所求天正冬至加時日躔赤道宿度及

分秒上考者以周應減中積滿周天去之不盡以減周天餘以日周約之爲度餘同上如當時有宿度者止依當時宿度命之

求四正赤道日度

置天正冬至加時赤道日度累加象限滿赤道宿次去之各得春夏秋正日所在宿度及分秒

求四正赤道宿積度

置四正赤道宿全度以四正赤道日度及分減之餘爲距後度以赤道宿度累加之各得四正後赤道宿積度及分

黃赤度率

至後黃道分後赤道　至後赤道分後黃道

積度	度率	積度	度率	積差	差率
初	一		一 〇八六五		八十二秒
一	一	一 〇八六五	一 〇八六三	八十二秒	二分四六
二	一	二 一七二八	一 〇八六〇	三分二八	四分一一
三	一	三 二五八八	一 〇八五七	七分三九	五分七六
四	一	四 三四四五	一 〇八四九	一十三分一五	七分四一
五	一	五 四二九四	一 〇八四三	二十〇分五六	九分〇七
六	一	六 五一三七	一 〇八二三	二十九分六三	一十〇分七三
七	一	七 五九七〇	一 〇八二三	四十〇分三六	一十二分四〇
八	一	八 六七九三	一 〇八一二	五十二分七六	一十四分〇八
九	一	九 七六〇五	一 〇八〇一	六十六分八四	一十五分七六
十	一	十 八四〇六	一 〇七八六	八十二分六〇	一十七分四五
十一	一	十一 九一九二	一 〇七七二	一 〇〇〇五	一十九分一六
十二	一	十二 九九六四	一 〇七五五	一 一九二一	二十〇分八七
十三	一	十四 〇七一九	一 〇七四〇	一 四〇〇八	二十二分五八
十四	一	十五 一四五九	一 〇七二〇	一 六二六六	二十四分三〇
十五	一	十六 二一七九	一 〇七〇四	一 八六九六	二十六分〇五
十六	一	十七 二八八三	一 〇六八四	二 一三〇一	二十七分七九
十七	一	十八 三五六七	一 〇六六三	二 四〇八〇	二十九分五五
十八	一	十九 四二三〇	一 〇六四二	二 七〇三五	三十一分三〇
十九	一	二十 四八七二	一 〇六二二	三 〇一六五	三十三分〇七
二十	一	二一 五四九四	一 〇五九九	三 三四七二	三十四分八五
二一	一	二二 六〇九三	一 〇五七五	三 六九五七	三十六分六三
二二	一	二三 六六六八	一 〇五五四	四 〇六二〇	三十八分四二

二十三	一	二十四七二□二	一〇五三〇	四四四六二	四十〇分二〇
二十四	一	二十五七七五二	一〇五〇六	四八四八二	四十二分〇〇
二十五	一	二十六八二五八	一〇四八二	五二六八二	四十三分七九
二十六	一	二十七八七四〇	一〇四五六	五七〇六一	四十五分五九
二十七	一	二十八九一九六	一〇四三二	六一六二〇	四十七分三八
二十八	一	二十九九六二八	一〇四〇八	六六三五八	四十九分一七
二十九	一	三一〇〇三六	一〇三八二	七一二七五	五十〇分九五
三十	一	三二〇四一八	一〇三五五	七六三七〇	五十二分七三
三一	一	三三〇七七三	一〇三三二	八一六四三	五十四分五〇
三二	一	三四一一〇五	一〇三〇六	八七〇九三	五十六分二六
三三	一	三五一四一一	一〇二八〇	九二七一九	五十八分〇一
三四	一	三六一六九一	一〇二五四	九八五二〇	五十九分七四
三五	一	三七一九四五	一〇二二九	十四四九四	六十一分四五
三六	一	三八二一七四	一〇二〇三	十一〇六三九	六十三分一四
三七	一	三九二三七七	一〇一七七	十一六九五三	六十四分八一
三八	一	四十二五五四	一〇一五二	十二三四三四	六十六分四七
三九	一	四一二七〇六	一〇一二六	十三〇〇八一	六十八分〇八

四十	一	四二二八三一	一〇一〇二	十三六八八九	六十九分六七
四一	一	四三二九三四	一〇〇七五	十四三八五六	七十一分二四
四二	一	四四三〇〇九	一〇〇四九	十五〇九八〇	七十二分七六
四三	一	四五三〇五八	一〇〇二七	十五八二五六	七十四分二六
四四	一	四六三〇八五	一〇〇〇〇	十六五六八二	七十五分七一
四五	一	四七三〇八五	九九七四	十七三二五三	七十七分一二
四六	一	四八三〇五九	九九五一	十八〇九六五	七十八分五〇
四七	一	四九三〇一〇	九九二五	十八八八一五	七十九分八四
四八	一	五十二九三五	九九〇一	十九六七九九	八十一分一二
四九	一	五一二八三六	九八七六	二十四九一一	八十二分三七
五十	一	五二二七一二	九八五一	二一三一四八	八十三分五七
五一	一	五三二五六三	九八二七	二二一五〇五	八十四分七二
五二	一	五四二三九〇	九八〇三	二二九九七七	八十五分八三
五三	一	五五二一九三	九七八〇	二三八五六〇	八十六分八八
五四	一	五六一九七三	九七五五	二四七二四八	八十七分八九
五五	一	五七一七二八	九七三一	二五六〇三七	八十八分八五
五六	一	五八一四五九	九七〇八	二六四九二二	八十九分七七

五七	一	五九	一一六七	九六八五	二十三八九九	九十〇分六三
五八	一	六十	〇八五二	九六六一	二八二九六二	九十一分四四
五九	一	六一	〇五一三	九六三九	二九二一〇六	九十二分二二
六十	一	六二	〇一五二	九六一六	三〇一三二八	九十二分九四
六一	一	六二	九七六八	九五九四	三一〇六二二	九十三分六一
六二	一	六三	九三六二	九五七二	三一九九八三	九十四分二六
六三	一	六四	八九三四	九五五一	三二九四〇九	九十四分八五
六四	一	六五	八四八五	九五二九	三三八八九四	九十五分三八
六五	一	六六	八〇一四	九五〇九	三四八四三二	九十五分九〇
六六	一	六七	七五二三	九四八七	三五八〇二二	九十六分三八
六七	一	六八	七〇一〇	九四七〇	三六七六六〇	九十六分八一
六八	一	六九	六四八〇	九四五〇	三七七三四一	九十七分一九
六九	一	七十	五九三〇	九四二七	三八七〇六〇	九十七分五六
七十	一	七一	五三五七	九四一二	三九六八一六	九十七分八九
七一	一	七二	四七六九	九三九二	四〇六六〇五	九十八分一八
七二	一	七三	四一六一	九三八五	四一六四一三	九十八分四五
七三	一	七四	三五四六	九三五三	四二六二六八	九十八分六八
七四	一	七五	二八九九	九三四三	四三六一三六	九十八分九一
七五	一	七六	二二四二	九三二九	四四六〇二七	九十九分一〇
七六	一	七七	一五七一	九三一五	四五五九三七	九十九分二五
七七	一	七八	〇八八六	九三〇四	四六五八六二	九十九分四〇
七八	一	七九	〇一九〇	九二八六	四七五八〇二	九十九分五二
七九	一	七九	九四七六	九二七五	四八五七五四	九十九分六二
八十	一	八十	八七五一	九二六五	四九五七一六	九十九分七二
八一	一	八一	八〇一六	九二五五	五〇五六八八	九十九分七九
八二	一	八二	七二七一	九二四四	五一五六六七	九十九分八四
八三	一	八三	六五一五	九二三八	五二五六五一	九十九分八九
八四	一	八四	五七五三	九二二八	五三五六四〇	九十九分九三
八五	一	八五	四九八一	九二二二	五四五六三三	九十九分九六
八六	一	八六	四二〇三	九二一五	五五五六二九	九十九分九七
八七	一	八七	三四一八	九二一二	五六五六二六	九十九分九九
八八	一	八八	二六三〇	九二一〇	五七五六二五	一
八九	一	八九	一八四〇	九二〇四	五八五六二五	一
九十	一	九十	一〇四四	九二〇四	五九五六二五	一

九一 〇三一 九一〇二四八 二八七七 六〇五六二五 三一二五
九一 九一三一二五 六〇八七五〇

推黃道宿度

置四正後赤道宿積度以其赤道積度減之餘以黃道率乘之如赤道率而一所得以加黃道積度爲二十八宿黃道積度以前宿黃道積度減之爲其宿黃道度及分其秒就近爲分

黃道宿度

角十二八十七亢九五十六氐十六四十房五四十八心六二十七
尾十七九十五箕九五十九

右東方七宿七十八度一十二分

斗二十三四十七牛六九十女十一一十二虛九分空太危十五九十五室十八三十二壁九三十四

右北方七宿九十四度一十分太

奎十七八十七婁十一三十六胃十五八十一昴十一〇八畢十六五十觜初〇五參十二十八

右西方七宿八十三度九十五分

井三十一〇三鬼二一十一柳十三　星六三十一張十七七十九翼二十〇九軫十八七十五

右南方七宿一百九度八分

右黃道宿度依今曆所測赤道准冬至歲差所在筭定以憑推步若上下考驗據歲差每移一度依術推變各得當時度

推冬至加時黃道日度

置天正冬至加時赤道日度以其赤道積度減之餘以黃道率乘之如赤道率而一所得以加黃道積度即所求年天正冬至加時黃道日度及分秒

求四正加時黃道日度

置所求年冬至日躔黃赤道差與次年黃赤道差相減餘四而一所得加象限爲四正定象度置冬至加時黃道日度以四正定象度累加之滿黃道宿次去之各得四正定氣加時黃道宿度及分

求四正晨前夜半日度

置四正恒氣日及分秒冬夏二至盈縮之端以恒爲定以盈縮差命爲日分盈減縮加之即爲四正定氣日及分秒置日下分以其日行度乘之如日周而一所得以減四正加時黃道日度各得四正

定氣晨前夜半黃道日度及分秒

求四正後每日晨前夜半黃道日度

以四正定氣日距後正定氣日爲相距日以四正定氣晨前夜半日度距後正定氣晨前夜半日度爲相距度累計相距日之行定度與相距度相減餘如相距日而一爲日差相距度多爲加小爲減也以加減四正每日行度率爲每日行定度累加四正晨前夜半黃道日度滿宿次去之爲每日晨前夜半黃道日度及分秒

求每日午中黃道日度

置其日行定度半之以加其日晨前夜半黃道日度得午中黃道日度及分秒

求每日午中黃道積度

以二至加時黃道日度距所求日午中黃道日度爲二至後黃道積度及分秒

求每日午中赤道日度

置所求日午中黃道積度滿象限去之餘爲分後內減黃道積度以赤道率乘之如黃道率而一所得以加赤道積度及所去象限爲所求赤道積度及分秒以二至赤道日度加而命之即每日午中赤道日度及分秒

黃道十二次宿度

危十二度六十四分九十一秒入娵訾之次辰在亥

奎一度七十三分六十三秒入降婁之次辰在戌

胃三度七十四分五十六秒入大梁之次辰在酉

畢六度八十八分五秒入實沈之次辰在申

井八度三十四分九十四秒入鶉首之次辰在未

柳三度八十六分八十秒入鶉火之次辰在午

張十五度二十六分六秒入鶉尾之次辰在巳

軫十度七分九十七秒入壽星之次辰在辰

氐一度一十四分五十二秒入大火之次辰在卯

尾三度一分一十五秒入析木之次辰在寅

斗三度七十六分八十五秒入星紀之次辰在丑

女一度六分三十八秒入玄枵之次辰在子

求入十二次時刻

各置入次宿度及分秒以其日晨前夜半日度減之餘以日

周乘之爲實以其日行定度爲法實如法而一所得依發斂
加時求之即入次時刻

步月離第四

轉終分二十七萬五千五百四十六分
轉終二十七日五千五百四十六分
轉中十三日七千七百七十三分
初限八十四
中限一百六十八
周限三百三十六
月平行十三度三十六分八十七秒半
轉差一日九千七百五十九分九十三秒
弦策七日三千八百二十六分四十八秒少
上弦九十一度三十一分四十三秒太
望一百八十二度六十二分八十七秒半
下弦二百七十三度九十四分三十一秒少
轉應十三日二百五分

椎天正經朔入轉

置中積加轉應減閏餘滿轉終分去之不盡以日周約之爲日不滿爲分即天正經朔入轉日及分上考者中積內加所求閏餘減轉應滿轉終去之不盡以減轉終餘同上

求弦望及次朔入轉

置天正經朔入轉日及分以弦策累加之滿轉終分去之即弦望及次朔入轉日及分秒如徑求次朔以轉差加之

求經朔弦望入遲疾曆

各視入轉日及分秒在轉中已下爲疾曆已上減去轉中爲遲曆

遲疾轉定及積度

入轉日	初末限	遲疾度	轉定度	轉積度
初	初	疾初	十四度六七六四	初

一	一十二限二十	疾一度三〇七七	十四度五五七三	十四度六七六四
二	二十四限四十	疾二度四九六三	十四度四〇二九	二十九度二三三七
三	三十六限六十	疾三度五三〇五	十四度二一三〇	四十三度六三六六
四	四十八限八十	疾四度三七四八	十三度九八七七	五十七度八四九六
五	六十一限	疾四度九九三八	十三度七二七一	七十一度八三七
六	七十三限二十	疾五度三五二二	十三度四四四六	八十五度五六四四
七	末八十二限六十	疾五度四二八一	十三度二三五三	九十九度〇〇九〇
八	七十限四十	疾五度二九四六	十二度九四七五	一百□十二度二四四三
九	五十八限二十	疾四度八七三五	十二度六九四八	一百二十五度一九一八
十	四十六限	疾四度一九九六	十二度四七七七	一百三十七度八八六七
十一	三十三限八十	疾三度三〇八六	十二度二九六〇	一百五十度三六四三
十二	二十一限六十	疾二度二三五九	十二度一四九六	一百六十二度六六〇三

十三	九限四十	疾一度〇一六八	十二度〇四六二	一百七十四度八〇九九
十四	初二限八十	遲初	十二度〇八五二	一百八十六度八五六一
十五	一十五限	遲一度五九二三	十二度二一二二	一百九十八度九四一三
十六	二十七限二十	遲二度七四八八	十二度三七五二	二百一十一度一五三五
十七	三十九限四十	遲三度七四二三	十二度五七三〇	二百二十三度五二八七
十八	五十一限六十	遲四度五三八〇	十二度八〇六三	二百三十六度一〇一七
十九	六十三限八十	遲五度一〇〇四	十三度〇七五三	二百四十八度九〇八〇
二十	七十六限	遲五度三九三八	十三度三三七七	二百六十一度九八三三
二十一	末七十九限八十	遲五度四二四八	十三度五七一二	二百七十五度三二一〇
二十二	六十七限六十	遲五度二二二三	十三度八五一一	二百八十八度八九二二
二十三	五十五限四十	遲四度七三九九	十四度〇九五五	三百〇二度七四三三
二十四	四十三限二十	遲四度〇一三一	十四度三〇四六	三百一十六度八三八八

二十五　三十一限
遲三度〇七七二
十四度四七八二
三百三十一度一四三四

二十六　一十八限八十
遲一度九六七七
十四度六一六三
三百四十五度六二一六

二十七　六限六十
遲〇度七二〇一
十四度七一五四
三百六十度二三七九
三百七十四度九五三三

求遲疾差

置遲疾曆日及分以十二限二十分乘之在初限已下爲初限已上復減中限餘爲末限置立差三百二十五以初末限乘之加平差二萬八千一百又以初末限乘之用減定差一千一百一十一萬餘再以初末限乘之滿億爲度不滿退除爲分秒即遲疾差又術置遲疾曆日及分以遲疾曆日率減之餘以其下損益分乘之如八百二十而一益加損減其下遲疾度亦爲所求遲疾差

求朔弦望定日

以經朔弦望盈縮差與遲疾差同名相從異名相消(盈遲縮疾同名盈疾縮遲異名)以八百二十乘之以所入遲疾限下行度除之即爲加減差(盈遲爲加縮疾爲減)以加減經朔弦望日及分即定朔弦望日及分若定弦望分在日出分已下者退一日其日命甲子筭外各得定朔弦望日辰定朔幹名與後朔幹同者其月大不同者其月小內無中氣者爲閏月

推定朔弦望加時日月宿度

置經朔弦望入盈縮曆日及分以加減差加減之爲定朔弦望入曆在盈便爲中積在縮加半歲周爲中積命日爲度以盈縮差盈加縮減之爲加時定積度以冬至加時日躔黃道宿度加而命之各得定朔弦望加時日度凡合朔加時日月同度便爲定朔加時月度其弦望各以弦望度加定積爲定弦望月行定積度依上加而命之各得定弦望加時黃道月度

推定朔弦望加時赤道月度

各置定朔弦望加時黃道月行定積度滿象限去之以其黃

道積度減之餘以赤道率乘之如黃道率而一用加其下赤
道積度及所去象限各爲赤道加時定積度以冬至加時赤
道日度加而命之各爲定朔弦望加時赤道月度及分秒象限已下及半周去之爲至後滿象限及三象去之爲分後
推朔後平交入轉遲疾曆
置交終日及分內減經朔入交日及分爲朔後平交日以加
經朔入轉爲朔後平交入轉在轉中已下爲疾曆已上去之
爲遲曆
求正交日辰
置經朔加朔後平交日以遲疾曆依前求到遲疾差遲加疾
減之爲正交日及分其日命甲子筭外即正交日辰
推正交加時黃道月度
置朔後平交日以月平行度乘之爲距後度以加經朔中積
爲冬至距正交定積度以冬至日躔黃道宿度加而命之爲
正交加時月離黃道宿度及分秒
求正交在二至後初末限
置冬至距正交積度及分在半歲周已下爲冬至後已上去
之爲夏至後其二至後在象限已下爲初限已上減去半歲
周爲末限
求定差距差定限度
置初末限度以十四度六十六分乘之如象限而一爲定差
反減十四度六十六分餘爲距差以二十四乘定差如十四
度六十六分而一所得交在冬至後名減夏至後名加皆加
減九十八度爲定限度及分秒
求四正赤道宿度
置冬至加時赤道度命爲冬至正度以象限累加之各得春
分夏至秋分正積度各命赤道宿次去之爲四正赤道宿度
及分秒
求月離赤道正交宿度
以距差加減春秋二正赤道宿度爲月離赤道正交宿度及
分秒冬至後初限加末限減視春正夏至後初限減末限加視秋正
求正交後赤道宿積度入初末限
各置春秋二正赤道所當宿全度及分以月離赤道正交宿
度及分減之餘爲正交後積度以赤道宿次累加之滿象限

去之爲半交後又去之爲中交後再去之爲半交後視各交積度在半象已下爲初限已上用減象限餘爲末限

求月離赤道正交後半交白道（舊名九道）出入赤道內外度及定差

置各交定差度及分以二十五乘之如六十一而一所得視月離黃道正交在冬至後宿度爲減夏至後宿度爲加皆加減二十三度九十分爲月離赤道正交後半交白道出入赤道內外度及分以周天六之一六十度八十七分六十二秒半除之爲定差（月離赤道正交後爲外中交後爲內）

求月離出入赤道內外白道去極度

置每日月離赤道交後初末限用減象限餘爲白道積用其積度減之餘以其差率乘之所得百約之以加其下積差爲每日積差用減周天六之一餘以定差乘之爲每日月離赤道內外度內減外加象限爲每日月離白道去極度及分秒

求每交月離白道積度及宿次

置定限度與初末限相減相乘退位爲分爲定差（正交中交後爲加半交後爲減）以差加減正交後赤道積度爲月離白道定積度以前宿白道定積度減之各得月離白道宿次及分

推定朔弦望加時月離白道宿度

各以月離赤道正交宿度距所求定朔弦望加時月離赤道宿度爲正交後積度滿象限去之爲半交後又去之爲中交後再去之爲半交後視交後積交在半象限已下爲初限已上用減象限爲末限以初末限與定限度相減相乘退位爲分分滿百爲度爲定差（正交中交後爲加半交後爲減）以差加減月離赤道正交後積度爲定積度以正交宿度加之以其所當月離白道宿次去之各得定朔弦望加時月離白道宿度及分秒

求定朔弦望加時及夜半晨昏入轉

置經朔弦望入轉日及分以定朔弦望加減差加減之爲定朔弦望加時入轉以定朔弦望日下分減之爲夜半入轉以晨分加之爲晨轉昏分加之爲昏轉

求夜半月度

置定朔弦望日下分以其入轉日轉定度乘之萬約爲加時轉度以減加時定積度餘爲夜半定積度依前加而命之各得夜半月離宿度及分秒

求晨昏月度

置其日晨昏分以夜半入轉日轉定度乘之萬約爲晨昏轉度各加夜半定積度爲晨昏定積度加命如前各得晨昏月離宿度及分秒

求每日晨昏月離白道宿次

累計相距日數轉定度爲轉積度與定朔弦望晨昏宿次前後相距度相減餘以相距日數除之爲日差（距度多爲加距度少爲減）以加減每日轉定度爲行定度以累加定朔弦望晨昏月度加而命之如前即每日晨昏月離白道宿次朔後用昏望後用晨朔望晨昏俱用

步中星第五

大都北極出地四十度太强

冬至去極一百一十五度二十一分七十三秒

夏至去極六十七度四十一分一十三秒

冬至晝夏至夜三千八百一十五分九十二秒

夏至晝冬至夜六千一百八十四分八秒

昏明二百五十分

黃道出入赤道內外去極度及半晝夜分

黃道積度	內外度	內外差	冬至前後去極	夏至前後去極	冬晝夏夜	夏晝冬夜	晝夜差
初	二十三度九〇三〇	〇分三三	一百十五度二一七三	六十七度四一一三	一千九百〇七九六	三千〇九二〇四	〇分〇九
一	二十三度八九九七	〇分九九	一百十五度二一四〇	六十七度四一四六	一千九百〇八〇五	三千〇九一九五	〇分二九
二	二十三度八八九八	一分六六	一百十五度二〇四一				

六十七度四二四五
一千九百〇八三四
三千〇九一六六
〇分四七

三

二十三度八七三二
二分三一
一百十五度一八七五
六十七度四四一一
一千九百〇八八一
三千〇九一一九
〇分六六

四

二十三度八五〇一
二分九九
一百十五度一六四四
六十七度四六四二
一千九百〇九四七
三千〇九〇五三
〇分八五

五

二十三度八二〇二
三分六五
一百十五度一三四五
六十七度四九四一
一千九百一〇三二
三千〇八九六八
一分〇四

六

二十三度七八三七
四分三二
一百十五度〇九八〇
六十七度五三〇六
一千九百一一三六
三千〇八八六四
一分二二

七

二十三度七四〇五
四分九八
一百十五度〇五四八
六十七度五七三八
一千九百一二五八
三千〇八七四二
一分四二

八

二十三度六九〇七
五分八三
一百十五度〇〇五〇
六十七度六二三六
一千九百一四〇〇
三千〇八六〇〇
一分六一

九

二十三度六三二四
六分一八
一百十四度九四六七
六十七度六八一九

十

一千九百一五六一
三千〇八四三九
一分七九
二十三度五七〇六
七分〇二
一百十四度八八四九
六十七度七四三七
一千九百一七四〇
三千〇八二六〇
一八九九

十一

二十三度五〇〇四
七分六九
一百十四度八一四七
六十七度八一三九
一千九百一九三九
三千〇八〇六一
二分一八

十二

二十三度四二三五
八分三九
一百十四度七三七八
六十七度八九〇八
一千九百二一五七
三千〇七八四三
二分三七

十三

二十三度三三九六
九分〇八
一百十四度六五三九
六十七度九七四七
一千九百二三九四
三千〇七六〇六
二分五六

十四

二十三度二四八八
九分七五
一百十四度五六三一
六十八度〇六五五
一千九百二六五〇
三千〇七三五〇
一分七四

十五

二十三度一五一三
十分四七
一百十四度四六五六
六十八度一六三〇
一千九百二九二四
三千〇七〇七六
二分九四

十六

二十三度〇四六六
十一分一四
一百十四度三六〇九
六十八度二六七七
一千九百三二一八

十七

三千〇六七八二
三分一四
二十二度九三五二
十一分八五
一百十四度二四九五
六十八度三七九一
一千九百三五三二
三千〇六四六八
三分三〇

十八

二十二度八一六七
十二分五四
一百十四度一三一〇
六十八度四九七六
一千九百三八六二
三千〇六一三八
三分五一

十九

二十二度六九一三
十三分二五
一百十四度〇〇五六
六十八度六二三〇
一千九百四二一三
三千〇五七八七
三分六九

二十

二十二度五五八八
十四分三五
一百十三度八七三一
六十八度七五五五
一千九百四五八二
三千〇五四一八
三分八八

二十一

二十二度四一五三
十四分二六
一百十三度七二九六
六十八度八九九〇
一千九百四九七〇
三千〇五〇三〇
四分〇七

二十二

二十二度二七二七
十五分三七
一百十三度五八七〇
六十九度〇四一六
一千九百五三七七
三千〇四六二三
四分二六

二十三

二十二度一一九〇
十六分〇六
一百十三度四三三二
六十九度一九五三
一千九百五八〇三
三千〇四一九七

四分四三

二十四

二十一度九五八四
十六分七八
一百十三度二七二七
六十九度三五五九
一千九百六二四六
三千〇三七五四
四分六二

二十五

二十一度七九〇六
十七分四七
一百十三度一〇四九
六十九度五二三七
一千九百六七〇八
三千〇三二九二
四分八〇

二十六

二十一度六一五九
十八分二〇
一百十二度九三〇二
六十九度六九八四
一千九百七一八八
三千〇二八一二
四分九八

二十七

二十一度四三三九
十八分九〇
一百十二度七四八二
六十九度八八〇四
一千九百七六八六
三千〇二二一四
五分一六

二十八

二十一度二四四九
十九分六〇
一百十二度五五九二
七十度〇六九四
一千九百八二〇二
三千〇一七九八
五分三五

二十九

二十一度〇四八九
二十分一七
一百十二度三六三二
七十度二六五四
一千九百八七三七
二千〇一二六三
五分四九

三十

二十度八四六二
二十分九九
一百十二度一六〇五
七十度四六八一
一千九百九二八六
三千〇〇七一四
五分六七

三十一
二十度六三六
二十一分六八
一百十□度九五〇六
七十度六七八〇
一千九百九八五三
三千〇〇一四七
五分八五

三十二
二十度四一九五
二十二分三五
一百十□度七三三八
七十度八九四八
二千〇〇四三八
二千九百九五六二
六分〇□

三十三
一十度□九六〇
二十三分〇三
一百十一度五□〇三
七十一度一二八三
二千〇一〇三九
二千九百八九六一
六分一六

三十四
十九度九六五七
二十三分七一
一百十一度二八〇〇
七十一度三四八六

三十五
二千〇一六五五
二千九百八三四五
六分三三
十九度七二八六
二十四分三七
一百十一度〇四一九
七十一度五八五七
二千〇二二八八
二千九百七七一二
六分四八

三十六
十九度四八四九
二十五分〇三
一百十〇度七九九
七十一度八二九四
二千〇二九三六
二千九百七〇六四
六分六三

三十七
十九度二三四六
二十五分六六
一百十〇度五四八九
七十二度〇七九七
二千〇三五九九
二千九百六四〇一
六分七八

三十八
十八度九七八〇

二十六分三一
一百十〇度二九二三
七十二度三三六三
二千〇四二七七
二千九百五七二三
六分九二

三十九
十八度七一四九
二十六分九三
一百十〇度〇二九二
七十二度五九九四
二千〇四九六九
二千九百五〇三一
七分〇五

四十
十八度四四五六
二十七分五二
一百〇九度七五九九
七十二度八六八七
二千〇五六七四
二千九百四三二六
七分一九

四十一
十八度一七〇四
二十八分一四
一百〇九度四八四七
七十三度一四三九
二千〇六三九三

二千九百三六〇七
七分三二

四十二
十七度八八九〇
二十八分七二
一百〇九度二〇三三
七十三度四二五三
二千〇七一二五
二千九百二八七五
七分四四

四十三
十七度六〇一八
二十九分二九
一百〇八度九一六一
七十三度七一二五
二千〇七八六九
二千九百二一三一
七分五六

四十四
十七度三〇八九
二十九分八四
一百〇八度六二三二
七十四度〇〇五四
二千〇八六二五
二千九百一三七五
七分六八

四十五
十七度〇一〇五
三十分三八

	一百〇八度三二四八	七十四度三〇三八	二千〇九三九三	二千九百〇六〇七	七分七八		
四十六	十六度七〇六七	三十分九〇	一百〇八度〇二一〇	七十四度六〇七六	二千一百〇一七一	二千八百九八二九	七分八九
四十七	十六度三九七七	三十一分四一	一百〇七度七一二〇	七十四度九一六六	二千一百〇九六〇	二千八百九〇四〇	七分九八
四十八	十六度〇八三六	三十一分九一	一百〇七度三九七九	七十五度二三〇七	二千一百一七五八	二千八百八二四二	
	八分〇八						
四十九	十五度七六四五	三十二分三六	一百〇七度〇七八八	七十五度五四九八	二千一百二五六六	二千八百七四三四	八分一七
五十	十五度四四〇九	三十二分八五	一百〇六度七五五二	七十五度八七三四	二千一百三三八三	二千八百六六一七	八分二六
五十一	十五度一一二四	三十三分二六	一百〇六度四二六七	七十六度二〇一九	二千一百四二〇九	二千八百五七九一	八分三二
五十二	十四度七七九八	三十三分六四	一百〇六度〇九四一				

五十三
七十六度五三四五
二千一百五〇四一
二千八百四九五九
八分四〇
十四度四四三四
三十四分〇七
一百〇五度七五七七
六十六度八七〇九
二千一百五八八一
二千八百四一一九
八分四六

五十四
十四度一〇二七
三十四分四五
一百〇五度四一七〇
七十七度二一一六
二千一百六七二七
二千八百三二七三
八分五四

五十五
十三度七五八二
三十四分八一
一百〇五度〇七二五
七十七度五五六一
二千一百七五八一
二千八百二四一九
八分五九

五十六
十三度四一〇一
三十五分一五
一百〇四度七二四四
七十七度九〇四二
一千一百八四四〇
二千八百一五六〇
八分六四

五十七
十三度〇五八六
三十五分四七
一百〇四度三七二九
七十八度二五五七
二千一百九三〇四
二千八百〇六九六
八分六九

五十八
十二度七〇三九
三十五分七八
一百〇四度〇一八二
七十八度六一〇四
二千二百〇一七三
二千七百九八二七
八分七五

五十九
十二度三四六一
二十六分〇七
一百〇三度六六〇四
七十八度九六八二

二千二百一〇四八
二千七百八九五二
八分七八

六十
十一度九八五四
三十六分三三
一百〇三度二九九七
七十九度三二八九
二千二百一九二六
二千七百八〇七四
八分八一

六十一
十一度六二二一
三十六分五九
一百〇二度九三六四
七十九度六九二二
二千二百二八〇七
二千七百七一九三
八分八四

六十二
十一度二五六二
三十六分八三
一百〇二度五七〇五
八十〇度〇五八一
二千二百三六九一
二千七百六三〇九
八分八九

六十三
十〇度八八七九
三十七分〇五
一百〇二度二〇二二
八十〇度四二六四
二千二百四五八〇
二千七百五四二〇
八分九〇

六十四
十〇度五一七四
三十七分二四
一百〇一度八三一七
八十〇度七九六九
二千二百五四七〇
二千七百四五三〇
八分九二

六十五
十〇度一四五〇
三十七分四四
一百〇一度四五九二
八十一度一六九三
二千二百六三六二
二千七百三六三八
八分九四

六十六
九度七七〇六
三十七分六一
一百〇一度〇八四九
八十一度五四三七
二千二百七二五六

二千七百二七四四
八分九七

六十七
九度三九四五
三十七分七六
一百〇〇度七〇八八
八十一度九一九八
二千二百八一五三
二千七百一八四七
八分九七

六十八
九度〇一六九
三十七分九一
一百〇〇度三一一
八十二度二九七四
二千二百九〇五〇
二千七百〇九五〇一
八分九八

六十九
八度六三七八
三十八分〇七
九十九度九五二一
八十二度六七六五
二千二百九九四八
二千七百〇〇五二
九分〇〇

七十
八度二五七一
三十八分一七
九十九度五七一四
八十三度〇五七二
二千三百〇八四八
二千六百九一五二
九分〇〇

七十一
七度八七五四
三十八分二八
九十九度一八九七
八十三度四三八九
二千三百一七四八
二千六百八二五二
九分〇一

七十二
七度四九二六
三十八分三八
九十八度八〇六九
八十三度八二一七
二千三百二六四九
二千六百七三五一
九分〇一

七十三
七度一〇八八
三十八分四七
九十八度四二三一
八十四度二〇五五
二千三百三五五〇
二千六百六四五〇

九分〇一

七十四

六度七二四一
三十八分五四
九十八度〇三八四
八十四度五九〇二
二千三百四四五一
二千六百五五四九
九分〇一

七十五

六度三三八七
三十八分六二
九十七度六五三〇
八十四度九七五六
二千三百五三五二
二千六百四六四八
九分〇一

七十六

五度九五二五
三十八分六七
九十七度二六六八
八十五度三六一八
二千三百六二五三
二千六百三七四七
九分〇一

七十七

五度五六五八
三十八分七三
九十六度八八〇一
八十五度七四八五
二千三百七一五四
二千六百二八四六
九分〇〇

七十八

五度一七八五
三十八分七七
九十六度四九二八
八十六度一三五八
二千三百八〇五四
二千六百一九四六
九分〇〇

七十九

四度七七〇八
二十八分八一
九十六度一〇五一
八十六度五二三五
二千三百八九五四
二千六百一〇四六
九分〇〇

八十

四度四〇二七
三十八分八五
九十五度七一七〇
八十六度九一一六
二千三百九八五四
二千六百〇一四六
九分〇〇

八十一	四度〇一四二	三十八分八八	九十五度三二八五	六十七度三〇〇一	二千四百〇七五四	二千五百九一四六	九分〇〇
八十二	三度六二五四	三十八分八九	九十四度九三九七	八十七度六八八九	二千四百一六五四	二千五百八三四六	八分九七
八十三	三度二三六五	三十八分九〇	九十四度五五〇八	八十八度〇七七八	二千四百二五五一	二千五百七四四九	八分九七
八十四	二度八四七五	三十八分九二	九十四度一六一八	八十八度四六六八	二千四百三四四八	二千五百六五五二	八分九七
八十五	二度四五八三	三十八分九三	九十三度七七二六	八十八度八五六〇	二千四百四二四五	二千五百五六五五	八分九七
八十六	二度〇六九〇	三十八分九四	九十三度三八三三	八十九度二四五三	二千四百五二四二	二千五百四七五八	八分九六
八十七	一度六七九六	三十八分九四	九十二度九九三九	八十九度六三四七	二千四百六一三八	二千五百三八六二	八分九六
八十八	一度二九〇二						

		三十八分九五	九十二度六〇四五	九十〇度〇二四一	二千四百七〇三四	二千五百二九六六	八分九六
八十九	〇度九〇〇七	三十八分九五	九十二度二一五〇	九十〇度四一三六	二千四百七九三〇	二千五百二〇七〇	八分九六
九十	〇度五一一二	三十八分九五	九十一度八二五五	九十〇度八〇三一	二千四百八八二六	二千五百一一七四	八分九五
九十一	〇度一二一七	三十二分一七	九十一度四三六〇	九十一度一九二六	二千四百九七二一	二千五百〇二七九	二分七九
九十一一三	空	空	九十一度二一四二	九十一度二一四三	二千五百	二千五百	空

求每日黃道出入赤道內外去極度

置所求日晨前夜半黃道積度滿半歲周去之在象限已下爲初限已上復減半歲周餘爲入末限滿積度去之餘以其段內外差乘之百約之所得用減內外度爲出入赤道內外度內減外加象限即所求去極度及分秒

求每日半晝夜及日出入晨昏分

置所求入初末限滿積度去之餘以晝夜差乘之百約之所得加減其段半晝夜分爲所求日半晝夜分前多後少爲減前少後多爲加以半夜分便爲日出分用減日周餘爲日入分以昏明分減日出分餘爲晨分加日入分爲昏分

求晝夜刻及日出入辰刻

置半夜分倍之百約爲夜刻以減百刻餘爲晝刻以日出入分依發斂求之即得所求辰刻

更點率求

置晨分倍之五約爲更率又五約更率爲點率

求更點所在辰刻

置所求更點數以更點率乘之加其日昏分依發斂求之即得所求辰刻

求距中度及更差度

置半日周以其日晨分減之餘爲距中分以三百六十六度二十五分七十五秒乘之如日周而一所得爲距中度用減一百八十三度十二分八十七秒半倍之五除爲更差度及分

求昏明五更中星

置距中度以其日午中赤道日度加而命之即昏中星所臨宿次命爲初更中星以更差度累加之滿赤道宿次去之爲逐更及曉中星宿度及分秒其九服所在晝夜刻分及中星諸率並准隨處北極出地度數推之已上諸率與晷漏所推自相符契

求九服所在漏刻

各於所在以儀測驗或下水漏以定其處冬至或夏至夜刻與五十刻相減餘爲至差刻置所求日黃道去赤道內外度及分以至差刻乘之進一位如二百三十九而一所得內減外加五十刻即所求夜刻以減百刻餘爲晝刻其日出入辰刻及更點等率依述求之

步交會第六

交終分二十七萬二千一百二十二分二十四秒

交終二十七日二千一百二十二分二十四秒

交中十三日六千六十一分一十二秒

交差二日三千一百八十三分六十九秒

交望十四日七千六百五十二分九十六秒半

交應二十六萬一百八十七分八十六秒

交終三百六十三度七十九分三十四秒

交中一百八十一度八十九分六十七秒

正交三百五十七度六十四分

中交一百八十八度五分

日食陽曆限六度　定法六十
陰曆限八度　定法八十
月食限十三度五分　定法八十七

推天正經朔入交

置中積加交應減閏餘滿交終分去之不盡以日周約之爲日不滿爲分秒即天正經朔入交汎日及分秒上考者中積內加所求閏餘減交應滿交終去之不盡以減交終餘如上

求次朔望入交

置天正經朔入交汎日及分秒以交望累加之滿交終日去之即次朔望入交汎日及分秒

求定朔望及每日夜半入交

各置入交汎日及分秒減去經朔望小餘即爲定朔望夜半入交若定日有增損者亦如之否則因經爲定大月加二日小月加一日餘皆加七千八百七十七分七十六秒即次朔夜半入交累加一日滿交終日去之即每日夜半入交汎日及分秒

求定朔望加時入交

置經朔望入交汎日及分秒以定朔望加減差加減之即定朔望加時入交汎日及分秒

求交常交定度

置經朔望入交汎日及分秒以月平行度乘之爲交常度以盈縮差盈加縮減之爲交定度

求日月食甚定分

日食視定朔分在半日周已下去減半周爲中前已上減去半周爲中後與半周相減相乘退二位如九十六而一爲時差中前以減中後以加皆加減定朔分爲食甚定分以中前後各加時差爲距午定分

月食視定望分在日周四分之一已下爲卯前已上復減半周爲卯後在四分之三已下減去半周爲酉前已上復減日周爲酉後以卯酉前後分自乘退二位如四百七十八而一爲時差子前以減子後以加皆加減定望分爲食甚定分各依發斂求之即食甚辰刻

求日月食甚入盈縮曆及日行定度

置經朔望入盈縮曆日及分以食甚日及定分加之以經朔

望日及分減之即爲食甚入盈縮曆依日躔術求盈縮差盈加縮減之爲食甚入盈縮曆定度

求南北差

視日食甚入盈縮曆定度在象限已下爲初限已上用減半歲周爲末限以初末限度自相乘如一千八百七十而一爲度不滿退除爲分秒用減四度四十六分餘爲南北汎差以距午定分乘之以半晝分除之所得以減汎差爲定差（汎差不及減者反減之爲定差應加者減之應減者加之）在盈初縮末者交前陰曆減陽曆加交後陰曆加陽曆減在縮初盈末者交前陰曆加陽曆減交後陰曆減陽曆加

求東西差

視日食甚入盈縮曆定度與半歲周相減相乘如一千八百七十而一爲度不滿退除爲分秒爲東西汎差以距午定分乘之以日周四分之一除之爲定差（若在汎差已上者倍汎差減之餘爲定差依其加減）在盈中前者交前陰曆減陽曆加交後陰曆加陽曆減中後者交前陰曆加陽曆減交後陰曆減陽曆加在縮中前者交前陰曆加陽曆減交後陰曆減陽曆加中後者交前陰曆減陽曆加交後陰曆加陽曆減

求日食正交中交限度

置正交中交度以南北東西差加減之爲正交中交限度及分秒

求日食入陰陽曆去交前後度

視交定度在中交限已下以減中交限爲陽曆交前度已上減去中交限爲陰曆交後度在正交限已下以減正交限爲陰曆交前度已上減去正交限爲陽曆交後度

求月食入陰陽曆去交前後度

視交定度在交中度已下爲陽曆已上減去交中爲陰曆視入陰陽曆在後準十五度半已下爲交後度前準一百六十六度三十九分六十八秒已上復減交中餘爲交前度及分

求日食分秒

視去交前後度各減陰陽曆食限（不及減者不食）餘如定法而一各爲日食分秒

求月食分秒

視去交前後度（不用南北東西差者）用減食限（不及減者不食）餘如定法而一爲

月食之分秒

求日食定用及三限辰刻

置日食分秒與二十分相減相乘平方開之所得以五千七百四十乘之如入定限行度而一爲定用分以減食甚定分爲初虧加食甚定分爲復圓依發斂求之爲日食三限辰刻

求月食定用及三限五限辰刻

置月食分秒與三十分相減相乘平方開之所得以五千七百四十乘之如入定限行度而十爲定用分以減食甚定分爲初虧加食甚定分爲復圓依發斂求之即月食三限辰刻月食既者以既內分與七十分相減相乘平方開之所得以五千七百四十乘之如入定限行度而一爲既內分用減定用分爲既外分以定用分減食甚定分爲初虧加既外爲食既又加既內爲食甚再加既內爲生光復加既外爲復圓依發斂求之即月食五限辰刻

求月食入更點

置蝕甚所入日晨分倍之五約爲更法又五約更法爲點法乃置初末諸分昏分已上減去昏分晨分已下加晨分以更法除之爲更數不滿以點法收之爲點數其更點數命初更初點筭外各得所入更點

求日食所起

食在陽曆初起西南甚於正南復於東南食在陰曆初起西北甚於正北復於東北食八分已上初起正西復於正東（此據午地而論之）

求月食所起

食在陽曆初起東北甚於正北復於西北食在陰曆初起東南甚於正南復於西南食八分已上初起正東復於正西（此亦據午地而論之）

求日月出入帶食所見分數

視其日日出入分在初虧已上食甚已下者爲帶食各以食甚分與日出入分相減餘爲帶食差以乘所食之分滿定用分而一（如月食既者以既內分減帶食差餘進一位如既外分而一所得以減既分即月帶食出入所見之分不及減者爲帶食既出入分）以減所食分即日月出入帶食所見之分（其食甚在晝晨爲漸進昏爲已退其食甚在夜晨爲已退昏爲漸進也）

求日月蝕甚宿次

置日月蝕甚入盈縮曆定度在盈便爲定積在縮加半歲周爲定積(望即更加半周天度)以天正冬至加時黃道日度加而命之各得日月食甚宿次及分秒

志卷第五

高麗史五十二

志卷第六

正憲大夫工曹判書集賢殿大提學知經筵春秋館事兼成均大司成臣鄭麟趾奉 敎修

曆三

授時曆經下

步五星第七

木星

曆度三百六十五度二十五分七十五秒

曆中一百八十二度六十二分八十七秒半

曆策一十五度二十一分九十〇秒(六十二微半)

周率三百九十八萬八千八百分

周日三百九十八日八十八分

曆率四千三百三十一萬(二千九百六十四分八十六秒半)

度率一十一萬八千五百八十二分

合應一百一十七萬九千七百二十六分

曆應一千八百九十九萬九千四百八十一分

盈縮立差二百三十六加

平差一萬五千九百一十二減

定差一千八十九萬七千

伏見一十三度

段目	段目	平度	限度	初行率
合伏	一十六日八六	三度六八	二度三九	二十三分
晨初疾	二十八日	六度一一	四度四六	二十二分
晨末疾	二十八日	五度一五	四度九一	二十一分
晨初遲	二十八日	四度一三	三度八二	一十八分
晨末遲	二十八日	一度一九	一度五四	一十二分
晨留	二十四日			
晨退	四十六日五八	四度八八一二半	空三二八七半	
夕退	四十六日五八	四度八八一二半	空三二八七半	一十六分
夕留	二十四日			
夕初遲	二十八日	一度一九	一度五四	
夕末遲	二十八日	四度一三	三度八二	一十二分
夕初疾	二十八日	五度一五	四度九一	一十八分
夕末疾	二十八日	六度一一	四度四六	二十一分
夕伏	一十六日八六	三度六八	二度三九	二十二分

火星

周率七百七十九萬九千二百九十分

周日七百七十九日九十二分九十秒

曆率六百八十六萬九千五百八十分四十三秒

度率一萬八千八百七分半

合應五十六萬七千五百四十五分

曆應五百四十七萬二千九百三十八分

盈初縮末立差一千一百三十五分減

平差八十三萬一千一百八十九減

定差八千八百四十七萬八千四百

縮初盈末立差八百五十一加

平差三萬二百三十五負減

定差二千九百九十七萬六千三百

伏見一十九度

段目	段日	平度	限度	初行率
合伏	六十九日	五十度	四十六度五〇	七十三分
晨疾初	五十九日	四十一度八〇	三十八度八七	七十二分
晨疾末	五十七日	三十九度〇八	三十六度三四	七十〇分
晨次疾初	五十三日	三十四度一六	三十一度七七	六十七分
晨次疾末	四十七日	二十七度〇四	二十五度一五	六十二分
晨遲初	三十九日	一十七度七二	一十六度四八	五十三分
晨遲末	二十九日	六度二〇	五度七七	三十八分
晨留	八日			
晨退	二十八日九六四五	八度六五六七半	六度四六五二半	
夕退	二十八日九六四五	八度六五六七半	六度四六五二半	四十四分
夕留	八日			
夕遲初	二十九日	六度二〇	五度七七	
夕遲末	三十九日	一十七度七二	一十六度四八	三十八分
夕次疾初	四十七日	二十七度〇四	二十五度一五	五十三分
夕次疾末	五十三日	三十四度一六	三十一度七七	六十二分
夕疾初	五十七日	三十九度〇八	三十六度三四	六十七分
夕疾末	五十九日	四十一度八〇	三十八度八七	七十〇分
夕伏	六十九日	五十〇度	四十六度五〇	七十二分

土星

周率三百七十八萬九百一十六分

周日三百七十八日九分一十六秒

曆率一億七百四十七萬八千八百四十五分六十六秒

度率二十九萬四千二百五十五分

合應一十七萬五千六百四十三分

曆應五千二百二十四萬五百六十一分

盈立差二百八十三加

平差四萬一千二十二減

定差一千五百一十四萬六千一百

縮立差三百三十一加

平差一萬五千一百二十六減

定差一千一百一萬七千五百

伏見一十八度

段目	段日	平度	限度	初行率
合伏	二十日四〇	二度四〇	一度四九	一十二分

晨疾	三十一日	三度四〇	二度一一	一十一分
晨次疾	二十九日	二度七五	一度七一	一十分
晨遲	二十六日	一度五〇	初度八三	八分
晨留	三十日			
晨退	五十二日六四五八	三度六二五四半	初度二八四五半	
夕退	五十二日六四五八	三度六二五四半	初度二八四五半	一十〇分
夕留	三十日			
夕遲	二十六日	一度五〇	初度六二	
夕次疾	二十九日	二度七五	一度七一	八分
夕疾	三十一日	三度四〇	二度一一	一十〇分
夕伏	二十日四〇	二度四〇	一度四九	一十一分

金星

周率五百八十三萬九千二十六分

周日五百八十三日九十分二十六秒

曆率三百六十五萬二千五百七十五分

度率一萬

合應五百七十一萬六千三百三十分

曆應一十一萬九千六百三十九分

盈縮立差一百四十一加

平差三減

定差三百五十一萬五千五百

伏見一十度半

段目	段日	平度	限度	初行率
合伏	三十九日	四十九度五〇	四十七度六四	一度二七半
夕疾初	五十二日	六十五度五〇	六十三度〇四	一度二六半
夕疾末	四十九日	六十一度	五十八度七一	一度二五半
夕次疾初	四十二日	五十度二五	四十八度三六	一度二三半
夕次疾末	三十九日	四十二度五〇	四十度九〇	一度一六
夕遲初	三十三日	二十七度	二十五度九九	一度二分
夕遲末	一十六日	四度二五	四度〇九	六十二分
夕留	五日			
夕退	一十日九五一三	三度六九八七	一度五九一三	
夕退伏	六日	四度三五	一度六三	六十二分
合退伏	六日	四度三五	一度六三	八十二分

晨退	一十日九五一三	三度六九八七	一度五九一三	六十一分
晨留	五日			
晨遲初	一十六日	四度二五	四度〇九	
晨遲末	三十三日	二十七度	二十五度九九	六十二分
晨次疾初	三十九日	四十二度五〇	四十度九〇	一度二分
晨次疾末	四十二日	五十度二五	四十八度三六	一度一六
晨疾初	四十九日	六十一度	五十八度七一	一度二三半
晨疾末	五十二日	六十五度五〇	六十三度〇四	一度二五半
晨伏	三十九日	四十九度五〇	四十七度六四	一度二六半

水星

周率一百一十五萬八千七百六十分

周日一百一十五日八十七分六十秒

曆率三百六十五萬二千五百七十五分

度率一萬

合應七十萬四百三十七分

曆應二百五萬五千一百六十一分

盈縮立差一百四十一加

平差二千一百六十五減

定差三百八十七萬七千

晨伏夕見一十六度半

夕伏晨見一十九度

段目	段日	平度	限度	初行率
合伏	一十七日七五	三十四度二五	二十九度〇八	二度一五五八
夕疾	十五日	二十一度三八	一十八度一六	一度七〇三四
夕遲	一十二日	一十度一二	八度五九	一度一四七二
夕留	二日			
夕退伏	一十一日一八八〇	七度八一二〇	二度一〇八〇	
合退伏	一十一日一八八〇	七度八一二〇	二度一〇八〇	一度〇三四六
晨留	二日			
晨遲	一十二日	一十度一二	八度五九	
晨疾	一十五日	二十一度三八	一十八度一六	一度四七二
晨伏	一十七日七五	三十四度二五	二十九度〇八	一度七〇三四

推天正冬至後五星平合及諸段中積中星

置中積加合應以其星周率去之不盡爲前合復減周率餘

為後合以日周約之得其星天正冬至後平合中積中星命為日日中積命為度日中星以其段日累加中積即諸段中積以平度累加中星經退即減之即為諸段中星上考者中積內減合應滿周率去之不盡便為所求後合分

推五星平合及諸段入曆

各置中積加曆應及所求後合分滿曆率去之不盡如度率而一為度不滿退除為分秒即其星平合入曆度及分秒以諸段限度累加之即諸段入曆上考者中積內減曆應滿曆率去之不盡反減曆率餘加其年後合餘上同

求盈縮差

置入曆度及分秒在曆中已下為盈已上減去曆中餘為縮視盈縮曆在九十一度三十一分四十三秒太已下為初限已上用減曆中餘為末限其火星盈曆在六十度八十七分六十二秒半已下為初限已上用減曆中餘為末限縮曆在一百二十一度七十五分二十五秒已下為初限已上用減曆中餘為末限置各星立差以初末限乘之去加減平差得又以初末限乘之去加減定差再以初末限乘之滿億為度不滿退除為分秒即所求盈縮差又術置盈縮曆以曆策除之為策數不盡為策餘以其下損益率乘之曆策除之所得益加損減其下盈縮積亦為所求盈縮差

求平合諸段定積

各置其星其段中積以其盈縮差盈加縮減之即其段定積日及分秒以天正冬至日分加之滿紀法去之不滿命甲子算外即得日辰

求平合及諸段所在日月

各置其段定積以天正閏日及分加之滿朔策除之為月數不盡為入月已來日數及分秒其月數命天正十一月算外即其段入月經朔日數及分秒以日辰相距為所在定日月

求平合及諸段加時定星

各置其段中星以盈縮差盈加縮減之金星倍之水星三之即諸段定星以天正冬至加時黃道日度加而命之即其星其段加時所在宿度及分秒

求諸段初日晨前夜半定星

各以其段初行率乘其段加時分百約之乃順減退加其日加時定星即其段初日晨前夜半定星加命如前即得所求

求諸段日率度率

各以其段日辰距後段日辰爲日率以其段夜半宿次與後段夜半宿次相減餘爲度率

求諸段平行分

各置其段度率以其段日率除之即其段平行度及分秒

求諸段增減差及日差

以本段前後平行分相減爲其段汎差倍而退位爲增減差以加減其段平行分爲初末日行分(前多後少者加爲初減爲末前少後多者減爲初加爲末)倍增減差爲總差以日率減一除之爲日差

求前後伏遲退段增減差

前伏者置後段初日行分加其日差之半爲末日行分

後伏者置前段末日行分加其日差之半爲初日行分以減伏段平行分餘爲增減差

前遲者置前段末日行分倍其日差減之爲初日行分

後遲者置後段初日行分倍其日差減之爲末日行分以遲段平行分減之餘爲增減差(前後近留之遲段)

木火土三星退行者六因平行分返位爲增減差

金星前後退伏者三因平行分半而退位爲增減差

前退者置後段初日行分以其日差減之爲末日行分

後退者置前段末日行分以其日差減之爲初日行分乃以本段平行分減之餘爲增減差

水星退行者半平行分爲增減差皆以增減差加減平行分爲初末日行分(前多後少者加爲初減爲末前少後多者減爲初加爲末)又倍增減差爲總差以日率減一除之爲日差

求每日晨前夜半星行宿次

各置其段初日行分以日差累損益之後少則損之後多則益之爲每日行度及分秒乃順加退減滿宿次去之即每日晨前夜半星行宿次

求五星平合見伏入盈縮曆

置其星其段定積日及分秒(若滿歲周日及分秒去之餘在次年天正冬至後)如在半歲周已下爲入盈曆滿半歲周去之爲入縮曆各在初限已下爲初限已上反減半歲周餘爲末限即得五星平合見伏入盈縮曆及分秒

求五星平合見伏行差

各以其星其段初日星行分與其段初日大陽行分相減餘爲行差若金水二星退行在退合者以其段初日星行分併其段初日大陽行分爲行差內水星夕伏晨見者直以其段初日大陽行分爲行差

求五星定合定見定伏汎積

木火土三星以平合晨見夕伏定積日便爲定合伏見汎積日及分秒金水二星置其段盈縮差度及分秒（水星倍之）各以其段行差除之爲日不滿退除爲分秒在平合夕見晨伏者盈減縮加在退合夕伏晨見者盈加縮減各以加減定積爲定合伏見汎積日及分秒

求五星定合定積定星

木火土三星各以平合行差除其段初日大陽盈縮積爲距合差日不滿退除爲分秒以大陽盈縮積減之爲距合差度各置其星定合汎積以距合差日盈減縮加之爲其星定合定積日及分秒以距合差度盈減縮加之爲其星定合定星度及分秒金水二星順合退合者各以平合退合行差除其日大陽盈縮積爲距合差日不滿退除爲分秒順加退減大陽盈縮積爲距合差度順合者盈加縮減其星定合汎積爲其星定合定積日及分秒退合者以距合差日盈加縮減距合差度盈加縮減其星退定合汎積爲其星退定合定積日及分秒命之爲退定合定星度及分秒以天正冬至日及分秒加其星定合定積日及分秒滿旬周去之命甲子算外即得定合日辰及分秒以天正冬至加時黃道日度及分秒加其星定合定星度及分秒滿黃道宿次去之即得定合所躔黃道宿度及分秒（徑求五星合伏定日木火土三星以夜半黃道日度減其星夜半黃道宿次餘在其日大陽行分已下爲其日伏合金水二星以其星夜半黃道宿次減夜半黃道日度餘在其日金水二星行分已下者爲其日伏合金水二星伏退合者視其日大陽夜半黃道宿次末行到金水二星宿次又視次日大陽行過金水二星宿次金水二星退行過大陽宿次爲其日定合伏退定日）

求木火土三星定見伏定積日

各置其星定見定伏汎積日及分秒晨加夕減九十一日三十一分六秒如在半歲周已下自相乘已上反減歲周餘亦自相乘滿七十五除之爲分滿百爲度不滿退除爲分秒以其星見伏度乘之一十五除之所得以其段行差除之爲日不滿退除爲分秒見加伏減汎積爲其星定見伏定積日及分秒加命如前即得定見定伏日辰及分秒

求金水二星定見定伏積日

各以伏見日行差除其段初日大陽盈縮積爲日不滿退除爲分秒若夕見晨伏盈加縮減如晨見夕伏盈減縮加以加減其星定見定伏汎積日及分秒爲常積如在半歲周已下爲冬至後已上去之餘爲夏至後各在九十一日三十一分六秒已下自相乘已上反減半歲周亦自相乘冬至後晨夏至後夕一十八而一爲分冬至後夕夏至後晨七十五而一爲分又以其星見伏度乘之一十五除之所得滿行差除之爲日不滿退除爲分秒加減常積爲定積在晨見夕伏者冬至後加之夏至後減之夕見晨伏者冬至後減之夏至後加之爲其星定見定伏定積日及分秒加命如前即得定見定伏日辰及分秒

授時曆立成

大陽冬至前後二象盈初縮末限

積日	日差加一秒八十六少	盈縮加分	盈縮積	行度
初日	四分九三八六	五百十〇分八五六九	空	一度〇五一〇八五
一日	四分九五七二	五百〇五九一八三	五百一十〇八五六九	一度〇五〇五九一
二日	四分九七五八	五百〇〇九六一一	一千〇一十六七七五二	一度〇五〇〇九六
三日	四分九九四四	四百九五九八五三	一千五百一十七七三六三	一度〇四九五九八
四日	五分〇一三〇	四百九十〇九九〇九	二千〇一十三七二一六	一度〇四九〇九九
五日	五分〇三一六	四百八十五九七七九	二千五百〇四七一二五	一度〇四八五九七

六日
五分〇五〇二
四百八十〇九四六三
二千九百九十〇六九〇四
一度〇四八〇九四

七日
五分〇六八八
四百七十五八九六一
三千四百七十一六三六七
一度〇四七一八九

八日
五分〇八七四
四百七十〇八二七三
三千九百四十七五三二八
一度〇四七〇八二

九日
五分一〇六〇
四百六十五七三九九
四千四百一十八三六〇一
一度〇四六五七三

十日
五分一二四六
四百六十〇六三三九
四千八百八十四一〇〇〇
一度〇四六〇六三

十一日
五分一四三二
四百五十五五〇九三
五千三百四十四七三三九
一度〇四五五五〇

十二日
五分□六一八
四百五十〇三六六一
五千八百〇〇二四三二
一度〇四五〇三六

十三日
五分一八〇四
四百四十五二〇四三
六千二百五十〇六〇九三
一度〇四四五一〇

十四日
五分一九九〇
四百四十〇〇二三九
六千六百九十五八一三六
一度〇四四〇〇二

十五日
五分二一七六
四百三十四八二四九
七千一百三十五八三七五
一度〇四三四八二

十六日
五分二三六二
四百二十九六〇七三
七千五百七十〇六六二四
一度〇四一九六〇

十七日
五分二五四八
四百二十四三七一一
八千〇〇二六九七
一度〇四二四三七

十八日
五分二七三四
四百一十九一一六三
八千四百二十四六四〇八
一度〇四一九一一

十九日
五分二九二〇
四百一十三八四二九
八千八百四十三七五七一
一度〇四一三八四

二十日
五分三一〇六
四百〇八五五〇九
九千二百五十七六〇〇〇
一度〇四〇八五五

二十一日
五分三二九二
四百〇三二四〇三
九千六百六十六一五〇九
一度〇四〇三二四

二十二日
五分三四七八
三百九十七九一一一
一萬〇〇六十九三九一二
一度〇三九七九一

二十三日
五分三六六四
三百九十二五六三三
一萬〇四百六十七三〇二三
一度〇三九二五六

二十四日
五分三八五〇
三百八十七一九六九
一萬〇八百五十九八六五六
一度〇三八七一九

二十五日
五分四〇三六
三百八十一八一一九
一萬一千二百四十七〇六二五
一度〇三八一八一

二十六日
五分四二二二
三百七十六四〇八三
一萬一千六百二八八七四四
一度〇三七六四〇

二十七日
五分四四〇八
三百七十〇九八六一
一萬二千〇〇五二八二七
一度〇三七〇九八

二十八日
五分四五九四
三百六十五五四五三
一萬二千三百七六六二六八八
一度〇三六五五四

二十九日
五分四七八〇
三百六十〇〇八五九
一萬二千七百四一八一四一
一度〇三六〇〇八

三十日	五分四九六六	三百五十四六〇七九	一萬三千一百〇一九〇〇〇	一度〇一五四六〇
三十一日	五分五一五一	三百四十九一一一三	一萬三千四百五十六五〇七九	一度〇三四九一一
三十二日	五分五三三八	三百四十三五九六一	一萬三千八百〇五六一九二	一度〇三四三五九
三十三日	五分五五二四	三百三十八〇六二三	一萬四千一百四九二一五三	一度〇三三八〇六
三十四日	五分五七一〇	三百三十二五〇九九	一萬四千四百八七二七七六	一度〇三三二五〇
三十五日	五分五八九六	三百二十六九三八九	一萬四千八百一九七八七五	一度〇三二六九三
三十六日	五分六〇八二	三百二十一三四九三	一萬五千一百四六七二六四	一度〇三二一三四
三十七日	五分六二六八	三百一十五七四一一	一萬五千四百六八〇七五七	一度〇三一五七四
三十八日	五分六四五四	三百一十〇一一四三	一萬五千七百八三八一六八	一度〇三一〇一一
三十九日	五分六六四〇	三百〇四四六八九	一萬六千〇九三九三一一	一度〇三〇四四六
四十日	五分六八二六	二百九十八八〇四九	一萬六千三百九八四〇〇〇	一度〇二九八八〇
四十一日	五分七〇一二	二百九十三一二二三	一萬六千六百九七二〇四九	一度〇二九三一二

四十二日	五分七一九八	二百八十七四二一一	一萬六千九百九〇三二七二	一度〇二八七四二
四十三日	五分七三八四	二百八十一七〇一三	一萬七千二百七七七四八三	一度〇二八一七〇
四十四日	五分七五七〇	二百七十五九六二九	一萬七千五百五九四四九六	一度〇二七五九六
四十五日	五分七七九六	二百七十〇二〇[illegible]九	一萬七千八百三[illegible]四一二五	一度〇二七〇二〇
四十六日	五分七九四二	二百六十四四三〇三	一萬八千一百〇五六一八四	一度〇二六四四三
四十七日	五分八一二八	二百五[illegible]八六三六一	一萬八千三百七〇〇四八七	一度〇二五八六三
四十八日	五分八三一四	二百五十二八二三三	一萬八千六百二八六八四八	一度〇二五二八二
四十九日	五分八五〇〇	二百四十六九九一九	一萬八千八百八一五〇八一	一度〇二四六九九
五十日	五分八六八六	二百四十一一四一九	一萬九千一百二八五〇〇〇	一度〇二四□一四
五十一日	五分八八七二	二百三十五二七三三	一萬九千三百六九六四一九	一度〇二三五二七
五十二日	五分九〇五八	二百二十九三八六一	一萬九千六百〇四九一五二	一度〇二二九三八
五十三日	五分九二四四	二百二十三四八〇三	一萬九千八百三四三〇一三	一度〇二二三四八

五十四日 五分九四三〇 二百一十七五五五九 二萬〇五十七七八一六 一度〇二一七五五

五十五日 五分九六一六 二百一十一六一二九 二萬〇二百七五三三七五 一度〇二一一六一

五十六日 五分九八〇二 二百〇五六五一三 二萬〇四百八六九五〇四 一度〇二〇五六五

五十七日 五分九九八八 一百九十九六七一一 二萬〇六百九二六〇一七 一度〇一九九六七

五十八日 六分〇一七四 一百九十三六七二三 二萬〇八百九二二七二八 一度〇一九三六七

五十九日 六分一一六〇 一百八十七六五四九 二萬一千〇八五九四五一 一度〇一八七六五

六十日 六分〇五四六 一百八十一六一八九 二萬一千二百七三六〇〇〇 一度〇一八一六一

六十一日 六分〇七三二 一百七十五五六四三 二萬一千四百五五二一八九 一度〇一七五五六

六十二日 六分〇九一八 一百六十九四九一一 二萬一千六百三〇七八三二 一度〇一六九四九

六十三日 六分一一〇四 一百六十三三九九三 二萬一千八百〇〇二七四三 一度〇一六三三九

六十四日 六分一二九〇 一百五十七二八八九 二萬一千九百六三六七三六 一度〇一五七二八

六十五日 六分一四七六 一百五十一一五九九 二萬二千一百二〇九六二五 一度〇一五一一五

六十六日	六分一六六二	一百四十五〇一二三	二萬二千二百七二一二二四	一度〇一四五〇一
六十七日	六分一八四八	一百三十八八四六一	二萬二千四百一七一三四七	一度〇一三八八四
六十八日	六分二〇三四	一百三十二六六一三	二萬二千五百五五九八〇八	一度〇一三二六六
六十九日	六分二二二〇	一百二十六四五七九	二萬二千六百八八六四二一	一度〇一二六四五
七十日	六分二四〇六	一百二十〇二三五九	二萬二千八百一五一〇〇〇	一度〇一二〇二三
七十一日	六分二五九二	一百一十三九九五三	二萬二千九百三五三三五九	一度〇一一三九九
七十二日	六分二七七八	一百〇七七三六一	二萬三千〇四九三三一二	一度〇一〇七七三
七十三日	六分二九六四	一百〇一四五八三	二萬三千一百五七〇六七三	一度〇一〇一四五
七十四日	六分三一五〇	九十五一六一九	二萬三千二百五八五二五六	一度〇〇九五一六
七十五日	六分三三三六	八十八八四六九	二萬三千三百五三六八七五	一度〇〇八八八四
七十六日	六分三五二二	八十二五一三三	二萬三千四百四二五三四四	一度〇〇八二五一
七十七日	六分三七〇八	七十六一六一一	二萬三千五百二五〇四七七	一度〇〇七六一六

七十八日 六分三八九四 六十九七九〇三 二萬三千六百□一二〇八八 一度〇〇六九七九

七十九日 六分四〇八〇 六十三四〇〇九 二萬三千六百七〇九九九 一度〇〇六三四〇

八十日 六分四二六六 五十六九九二九 一萬三千七百三四四〇〇〇 一度〇〇五六九九

八十一日 六分四四五二 五十〇五六六三 二萬三千七百九一三九二九 一度〇〇五〇五六

八十二日 六分四六三八 四十四一二一一 二萬三千八百四一九五九二 一度〇〇四四一二

八十三日 六分四八二四 三十七六五七三 二萬三千八百八六〇八〇三 一度〇〇三七六五

八十四日 六分五〇一〇 三十一一七四九 二萬三千九百二三七三七六 一度〇〇三一一七

八十五日 六分五一九六 二十四六七三九 二萬三千九百五四九一二五 一度〇〇二四六七

八十六日 六分五三八二 一十八一五四三 二萬三千九百七九五八六四 一度〇〇一八一五

八十七日 六分五五六八 一十一六一六一 二萬三千九百九七七四〇七 一度〇〇一一六一

八十八日 六分五七五四 五〇五九二 二萬四千〇〇九三五六八 一度〇〇〇五〇五

八十八日一九 六分五九四〇 空 二萬四千〇一四四一六一 一度

大陽夏至前後二象縮初盈末限

積日	日差加一秒六十二少 盈縮加分	盈縮積	行度
初日	四分四三六二 四百八十四分八四七三	空	初度九十五分一五一六
一日	四分四五二四 四百八十〇四一一一	四百八十四八四七三	初度九十五一九五九
二日	四分四六八六 四百七十五九五八七	九百六十五二五八四	初度九十五二四〇五
三日	四分四八四八 四百七十一四九〇一	一千四百四十一二一七一	初度九十五二八五一
四日	四分五〇一〇 四百六十七〇〇五三	一千九百一十二七〇七二	初度九十五三三〇〇
五日	四分五一七二 四百六十二五〇四三	二千三百七十九七一二五	初度九十五三七五〇
六日	四分五三三四 四百五十七九八七一	二千八百四十二二一六八	初度九十五四二〇二
七日	四分五四九六 四百五十三四五三七	三千三百〇〇二〇三九	初度九十五四六五五
八日	四分五六五八 四百四十八九〇四一	三千七百五十三六五七六	初度九十五五一一〇
九日	四分五八二〇 四百四十四三三八三	四千二百〇二五六一七	初度九十五五五六七
十日	四分五九八二 四百三十九七五六三	四千六百四十六九〇〇〇	初度九十五六〇二五

十一日	四分六一四四	四百三十五一五八一	五千〇八十六六五六三	初度九十五六四八五
十二日	四分六三〇六	四百三十〇五四三七	五千五百二十一八一四四	初度九十五六九四六
十三日	四分六四六八	四百二十五九一三一	五千九百五十三三五八一	初度九十五七四〇九
十四日	四分六六三〇	四百二十一二六六三	六千三百七十八二七一二	初度九十五七八七四
十五日	四分六七九二	四百一十六六〇三三	六千七百九十九五三七五	初度九十五八三四〇
十六日	四分六九五四	四百一十一九二四一	七千二百一十六一四〇八	初度九十五八八〇八
十七日	四分七一一六	四百〇七二二八七	七千六百二十八〇六四九	初度九十五九二七八
十八日	四分七二七八	四百〇二五一七一	八千〇三十五二九三六	初度九十五九七四九
十九日	四分七四四〇	三百九十七七八九三	八千四百三十七八一〇七	初度九十六〇二二二
二十日	四分七六〇二	三百九十三〇四五三	八千八百三十五六〇〇〇	初度九十六〇六九六
二十一日	四分七七六四	三百八十八二八五一	九千二百二十八六四五三	初度九十六一一七二
二十二日	四分七九二六	三百八十三五〇八七	九千六百一十六九三〇四	初度九十六一六五〇

二十三日	四分八〇八八	三百七十八七一六一	一萬〇〇〇〇四三九一	初度九十六二一二九
二十四日	四分八二五〇	三百七十三九〇七三	一萬〇三百七十九一五五二	初度九十六二六一〇
二十五日	四分八四一二	三百六十九〇八二三	一萬〇七百五十三〇六二五	初度九十六三〇九二
二十六日	四分八五七四	三百六十四二四一二	一萬一千一百二二一四四八	初度九十六三五七六
二十七日	四分八七三六	三百五十九三八三七	一萬一千四百八六三八五九	初度九十六四〇六三
二十八日	四分八八九八	三百五十四五一〇一	一萬一千八百四五七六九六	初度九十九四五四九
二十九日	四分九〇六〇	三百四十九六二〇三	一萬二千二百〇二七九七	初度九十六五〇三八
三十日	四分九二二二	三百四十四七一四三	一萬二千五百四九九〇〇〇	初度九十六五五二九
三十一日	四分九三八四	三百三十九七九二一	一萬二千八百九四六一四三	初度九十六六〇二一
三十二日	四分九五四六	三百三十四八五三七	一萬三千二百三四四〇六四	初度九十六六五一五
三十三日	四分九七〇八	三百二十九八九九一	一萬三千五百六九二六〇一	初度九十六七〇一一
三十四日	四分九八七〇	三百二十四九二八三	一萬三千八百九九一五九二	初度九十六七五〇八

三十五日	五分〇〇三二	三百一十九九四一三	一萬四千二百二四〇八七五	初度九十六八〇〇六
三十六日	五分〇一九四	三百一十四九三八一	一萬四千五百四四〇二八八	初度九十六八五〇七
三十七日	五分〇三五六	三百〇九九一八七	一萬四千八百五八九六六九	初度九十六九〇〇九
三十八日	五分〇五一八	三百〇四八八三一	一萬五千一百六八八八五六	初度九十六九五一二
三十九日	五分〇六八〇	二百九十九八三一三	一萬五千四百七三七六八七	初度九十七〇〇一七
四十日	五分〇八四二	二百九十四七六三三	一萬五千七百七三六〇〇〇	初度九十七〇五二四
四十一日	五分一〇〇四	二百八十九六七九一	一萬六千〇六八三六三三	初度九十七一〇三三
四十二日	五分一一六六	二百八十四五七八七	一萬六千三百五八〇四二四	初度九十七一五四三
四十三日	五分一三二八	二百七十九四六二一	一萬六千六百四二六二一一	初度九十七二〇五四
四十四日	五分一四九〇	二百七十四三二九三	一萬六千九百二二〇八三二	初度九十七二五六八
四十五日	五分一六五二	二百六十九一八〇三	一萬七千一百九六四一二五	初度九十七三〇八二
四十六日	五分一八一四	二百六十四〇一五一	一萬七千四百六五五九二八	初度九十七三五九九

四十七日	五分一九七六	二百五十八八三三七	一萬七千七百二九六〇七九	初度九十七四一一七
四十八日	五分二一三八	二百五十三六三六一	一萬七千九百八八四四一六	初度九十七四六三七
四十九日	五分二三〇〇	二百四十八四二二三	一萬八千二百四二〇七七七	初度九十七五一五八
五十日	五分二四六二	二百四十三一九二三	一萬八千四百九〇五〇〇〇	初度九十七五六八一
五十一日	五分二六二四	二百三十七九四六一	一萬八千七百三三六九二二	初度九十七六二〇六
五十二日	五分二七八六	二百三十二六八三七	一萬八千九百七一六三八四	初度九十七六七三二
五十三日	五分二九四八	二百二十七四〇五一	一萬九千二百〇四三二二一	初度九十七七二六〇
五十四日	五分三一一〇	二百二十二一一〇三	一萬九千四百三一七二七二	初度九十七七七八九
五十五日	五分三二七二	二百一十六七九九三	一萬九千六百五三八三七五	初度九十七八三二一
五十六日	五分三四三四	二百一十一四七二一	一萬九千八百七〇六三六八	初度九十七八八五三
五十七日	五分三五九六	二百〇六一二八七	二萬〇〇八十二一〇八九	初度九十七九三八八
五十八日	五分三七五八	二百〇〇七六九一	二萬〇二百八八二三七六	初度九十七九九二四

五十九日	五分三九二〇	一百九十五三九三三	二萬〇四百八九〇〇六七	初度九十八〇四六一
六十日	五分四〇八二	一百九十〇〇〇一三	二萬〇六百八十四四〇〇〇	初度九十八一〇〇〇
六十一日	五分四二四四	一百八十四五九三一	二萬〇八百七十四四〇一三	初度九十八一五四一
六十二日	五分四四〇六	一百七十九一六八七	二萬一千〇五八九九四四	初度九十八二〇八四
六十三日	五分四五六八	一百七十三七二八一	二萬一千二百三八一六三一	初度九十八二六二八
六十四日	五分四七三〇	一百六十八二七一三	二萬一千四百一一八九一二	初度九十八三一七三
六十五日	五分四八九二	一百六十二七九八三	二萬一千五百八〇一六二五	初度九十八三七二一
六十六日	五分五〇五四	一百五十七三〇九一	二萬一千七百四二九六〇八	初度九十八四二七〇
六十七日	五分五二一六	一百五十一八〇三七	二萬一千九百〇〇二六九九	初度九十八四八二〇
六十八日	五分五三七八	一百四十六二八二一	二萬二千〇五二〇七三六	初度九十八五三七二
六十九日	五分五五四〇	一百四十〇七四四三	二萬二千一百九八三五五七	初度九十八五九二六
七十日	五分五七〇二	一百三十五一九〇三	二萬二千三百三九一〇〇〇	初度九十八六四八一

七十一日
五分五八六四
一百二十九六二〇一
二萬二千四百七四二九〇二
初度九十八七〇一八

七十二日
五分六〇二六
一百二十四〇三三七
二萬二千六百〇三九一〇四
初度九十八七五九七

七十三日
五分六一八八
一百一十八四三一一
二萬二千七百二七九四四一
初度九十八八一五七

七十四日
五分六三五〇
一百一十二八一二三
二萬二千八百四六三七五二
初度九十八八七一九

七十五日
五分六五一二
一百〇七一七七三
二萬二千九百五九一八七五
初度九十八九二八三

七十六日
五分六六七四
一百〇一五二六一
二萬三千〇六六三六四八
初度九十八九八四八

七十七日
五分六八三六
九十五八五八七
二萬三千一百六七八九〇九
初度九十九〇四一五

七十八日
五分六九九八
九十〇一七五一
二萬二千二百六三七四九七
初度九十九〇九八三

七十九日
五分七一六〇
八十四四七五三
二萬三千三百五三九二四七
初度九十九一五五三

八十日
五分七三二二
七十八七五九三
二萬三千四百三八四〇〇〇
初度九十九二一二五

八十一日
五分七四八四
七十三〇一七一
二萬三千五百一七一五九三
初度九十九二六九八

八十二日
五分七六四六
六十七二七八七
二萬三千五百九〇一八六四
初度九十九三二七三

八十三日　五分七八〇八　六十一五一四一　二萬三千六百五七四六五一　初度九十九三八四九

八十四日　五分七九七〇　五十五七三三　二萬三千七百一八九七九二　初度九十九四四二七

八十五日　五分八一三二　四十九九三六三　二萬三千七百七四七一二五　初度九十九五〇〇七

八十六日　五分八二九四　四十四一二三一　二萬二千八百二四六四八八　初度九十九五五八八

八十七日　五分八四五六　三十八二九三七　二萬三千八百六八七七一九　初度九十九六一七一

八十八日　五分八六一八　三十二四四八一　二萬三千九百〇七〇六五六　初度九十九六七五六

八十九日　五分八七八〇　二十六五八六三　二萬三千九百三九五一三七　初度九十九七三四二

九十日　五分八九四二　二十〇七〇八三　二萬三千九百六六一〇〇〇　初度九十九七九三〇

九十一日　五分九一〇四　一十四八一四一　二萬三千九百八六八〇八三　初度九十九八五一九

九十二日　五分九二六六　八九〇三七　二萬四千〇〇一六二二四　初度九十九九一一〇

九十三日　五分九四二八　二九七七一　二萬四千〇一十〇五二六一　初度九十九九七〇三

九十三日一七　空　空　二萬四千〇一十三五〇二二　一度

盈初縮末限以初日行分至八十八日計得九十一度四〇一四二七此盈初冬至

休初日行分自一日至後八十八日計得九十一度三五〇三四二此縮末秋分

縮初盈末限以初日行分至九十三日計得九十一度五九八七一七此縮初夏至

休初日行分自一日至後九十三日計得九十一度六四七二〇一此盈末春分

大陰限數遲疾度

限數	遲疾曆日率	損益分	遲疾度	疾曆限行度	遲曆限行度
初限	空	益一十一分〇八一五七五	空	一度二〇七一	〇度九八五五
一	〇日〇八二〇	一十一分〇二三四二五	一十一分〇八一五七五	一度二〇六五	〇度九八六一
二	〇日一六四〇	一十〇分九六三三二五	二十二分一〇五〇〇〇	一度二〇五九	〇度九八六七
三	〇日二四六〇	一十〇分九〇一二七五	三十三分〇六八三二五	一度二〇五三	〇度九八七三
四	〇日三二八〇	一十〇分八三七二七五	四十三分九六九六〇〇	一度二〇四七	〇度九八七九
五	〇日四一〇〇	一十〇分七七一三二五	五十四分八〇六八七五	一度二〇四〇	〇度九八八六

六	○日四九二○	一十○分七○三四二五	六十五分五七八二○○	一度二○三三	○度九八九三
七	○日五七四○	一十○分六三三五七五	七十六分二八一六二五	一度二○二六	○度九九○○
八	○日六五六○	一十○分五六○一七七五	八十六分九一五二○○	一度二○一九	○度九九○七
九	○日七三八○	一十○分四八八○二五	九十七分四七六九七五	一度二○一二	○度九九一四
十	○日八一○○	一十○分四一二三二五	一度○七九六五○○○	一度二○○四	○度九九二二
十一	○日九○二○	一十○分三三四六七五	一度一十八三七七三二五	一度一九九六	○度九九二九
十二	○日九八四○	一十○分二五五○七五	一度二十八七一二○○○	一度一九八八	○度九九三七
十三	一日○六六一	一十○分一七三五二五	一度三十八九六七○七五	一度一九八○	○度九九四六
十四	一日一四八一	一十○分○九○○二五	一度四十九一四○六○○	一度一九七一	○度九九五四
十五	一日二三○一	一十○分○○四五七五	一度五十九二三○六二五	一度一九六三	○度九九六三

十六	一日三□二一	九分九一七一七五	一度六十九二三五二〇〇	一度一九五五	〇度九九七一
十七	一日三九四一	九分八二七八一五	一度七十九一五□三七五	一度一九四六	〇度九九八〇
十八	一日四七六一	九分七三六五二五	一度八十八九八〇二〇〇	一度一九三七	〇度九九八九
十九	一日五五八一	九分六四三二七五	一度九十八七一六七二五	一度一九二七	〇度九九九九
二十	一日六四〇一	九分五四八〇七五	二度〇八三六〇〇〇〇	一度一九一八	一度〇〇〇八
二十一	一日七二二一	九分四五〇九二五	二度一十七九〇八〇七五	一度一九〇八	一度〇〇一八
二十二	一日八〇四一	九分三五一八二五	二度二十七三五九〇〇〇	一度一八九八	一度〇〇二八
二十三	一日八八六一	九分二五〇七七五	二度三十六七一〇八二五	一度一八八八	一度〇〇三八
二十四	一日九六八一	九分一四七七七五	二度四十五九六一六〇〇	一度一八七八	一度〇〇四八
二十五	二日〇五〇二	九分〇四二八二五	二度五十五一〇九三七五	一度一八六七	一度〇〇五九

二十六	二日一三二二	八分九三五九二五	二度六十四一五二二〇〇	一度一八五六	一度〇〇六九
二十七	二日二一四二	八分八二七〇七五	二度七十三〇八八一二五	一度一八四六	一度〇〇八〇
二十八	二日二九六二	八分七一六二七五	二度八十一九一五二〇〇	一度一八三五	一度〇〇九一
二十九	二日三七八二	八分六〇三五二五	二度九十〇六三一四七五	一度一八二三	一度〇一〇三
三十	二日四六〇二	八分四八八八二五	二度九十九二三五〇〇〇	一度一八一二	一度〇一一四
三十一	二日五四二二	八分三七二一七五	三度〇七七二三八二五	一度一八〇〇	一度〇一二六
三十二	二日六二四二	八分二五三五七五	三度一十六〇九六〇〇〇	一度一七八八	一度〇一三八
三十三	二日七〇六二	八分一三三〇二五	三度二十四三四九五七五	一度一七七六	一度〇一五〇
三十四	二日七八八二	八分〇一〇五二五	三度三十一四八二六〇〇	一度一七六四	一度〇一六二
三十五	二日八七〇二	七分八八六〇七五	三度四十〇四九三一二五	一度一七五二	一度〇一七四

三十六	二日九五二二	七分七五九六七五	三度四十八三七九二〇〇	一度一七三九	一度〇一八七
三十七	三日〇三四二	七分六三□三二五	三度五十六一三八八七五	一度一七二六	一度〇二〇〇
三十八	三日一一六三	七分五〇一□二五	三度六十三七七〇二〇〇	一度一七一三	一度〇二一三
三十九	三日一九八三	七分三六八七七五	三度七十一二七一二二五	一度一七〇〇	一度〇二二六
四十	三日二八〇三	七分二三四五七五	三度七十八六四〇〇〇〇	一度一六八六	一度〇二三九
四十一	三日三六二三	七分〇九八四二五	三度八十五八七四五七五	一度一六七三	一度〇二五三
四十二	三日四四四三	六分九六〇三二五	三度九十二九七三〇〇〇	一度一六五九	一度〇二六七
四十三	三日五二六三	六分八二〇二七五	三度九十九九三三三二五	一度一六四五	一度〇二八一
四十四	三日六〇八三	六分六七八二七五	四度〇六七五三六〇〇	一瘦一六三一	一度〇二九五
四十五	三日六九〇三	六分五三四三二五	四度一十三四三一八七五	一度一六一六	一度〇三〇九

四十六	三日七七二三	六分三八八四二五	四度一十九九六六二〇〇	一度一六〇二	一度〇三二四
四十七	三日八五四三	六分二四〇五七五	四度二十六三五四六二五	一度一五八七	一度〇三三九
四十八	三日九三六三	六分〇九〇七七五	四度三十二五九五二〇〇	一度一五七二	一度〇三五四
四十九	四日〇一八三	五分九三九〇一五	四度三十八六八五九七五	一度一五五七	一度〇三六九
五十	四日一〇〇四	五分七八五三二五	四度四十四六二五〇〇〇	一度一五四一	一度〇三八四
五十一	四日一八二四	五分六二九六七五	四度五十〇四□〇三二五	一度一五二六	一度〇四〇〇
五十二	四日二六四四	五分四七二〇七五	四度五十六〇四〇〇〇〇	一度一五一〇	一度〇四一六
五十三	四日三四六四	五分三一二五二五	四度六十一五一二〇七五	一度一四九四	一度〇四三二
五十四	四日四二八四	五分一五一〇二五	四度六十六八二四六〇〇	一度一四七八	一度〇四四八
五十五	四日五一〇四	四分九八七五七五	四度七十一九七五六二五	一度一四六二	一度〇四六四

五十六	四日五九二四	四分八二二一七五	四度七十六九六三二〇〇	一度一四四五	一度〇四八
五十七	四日六七四四	四分六五四八二五	四度八十一七八五三七五	一度一四二八	一度〇四九七
五十八	四日七五六四	四分四八五五二五	四度八十六四四〇二〇〇	一度一四一一	一度〇五一四
五十九	四日八三八四	四分三一四二七五	四度九十〇九二五七二七	一度一三九四	一度〇五三
六十	四日九二〇四	四分一四一〇七五	四度九十五二四〇〇〇〇	一度一三七七	一度〇五四九
六十一	五日〇〇二四	三分九六五九二五	四度九十九三八一〇七五	一度一三五九	一度〇五六六
六十二	五日〇八四四	三分七八八二一五	五度〇三三四七〇〇	一度一三四二	一度〇五八四
六十三	五日一六六五	三分六〇九七七五	五度〇七一三五八二五	一度一三二四	一度〇六〇二
六十四	五日二四八九	三分四二八七七五	五度一十〇七四五六〇〇	一度一三〇六	一度〇六二〇
六十五	五日三三〇五	三分二四五八二五	五度一十四一七四三七五	一度一二八七	一度〇六三八

六十六	五日四一二五	三分〇六〇九二五	五度一十七四二〇二〇〇	一度一二六九	一度〇六五七
六十七	五日四九四五	二分八七四〇七五	五度二十〇四八一一二五	一度一二五〇	一度〇六七五
六十八	五日五七六三	二分六八五二□五	五度二十三五五二〇〇	一度一二三一	一度〇六九四
六十九	五日六五八五	二分四九四五二五	五度二十六〇四〇四七五	一度一二一二	一度〇七一六
七十	五日六四〇五	二分三〇九五二五	五度二十八五三五〇〇〇	一度一二九三	一度〇七三三
七十一	五日八二二五	二分一〇七一七五	五度三十〇八三六八二五	一度一一七四	一度〇七五二
七十二	五日九〇四五	一分九一〇五七五	五度三十二九四四〇〇〇	一度一一五四	一度〇七七二
七十三	五日九八六五	一分七一二〇二五	五度三十四八五四五七五	一度一一三四	一度〇七九二
七十四	六日〇六八五	一分五一一五二五	五度三十六五六六六〇〇	一度一一一四	一度〇八一二
七十五	六日一五〇六	一分三〇九〇七五	五度三十八〇七八一二五	一度一〇九四	一度〇八三二

七十六	六日二三二六	一分一〇四六七五	五度三十九三八七二〇〇	一度一〇七三	一度〇八五二
七十七	六日三一四六	〇分八九八三二五	五度四十〇四九一八七五	一度一〇五三	一度〇八七三
七十八	六日三九六六	〇分六九〇〇二五	五度四十一三九〇二〇〇	一度一〇三二	一度〇八九四
七十九	六日四七八六	〇分四七九七七五	五度四十二〇八〇二二五	一度一〇一一	一度〇九一五
八十	六日五六〇六	〇分二六七五七五	五度四十二五六〇〇〇〇	一度〇九九〇	一度〇九三六

八十一	六日六四二六	〇分〇五三四二五	五度四十二八二七五七五	一度〇九六八	一度〇九五八
八十二	六日七二四六	〇分〇三五六一六	五度四十二八八一〇〇〇	一度〇九六六	一度〇九六〇
八十三	六日八〇六六	〇分〇一七八〇八	五度四十二九一六六一六	一度〇九六五	一度〇九六一
八十四	六日八八八六	損〇分〇一七八〇八	五度四十二九三四四二四	一度〇九六一	一度〇九六五
八十五	六日九七〇六	〇分〇三五六一六	五度四十二九一六六一六	一度〇九六〇	一度〇九六六

八十六	七日〇五二六	〇分〇五三四二五	五度四十二八八一〇〇〇	一度〇九五八	一度〇九六八
八十七	七日一三四六	〇分二六七五七五	五度四十二八二七五七五	一度〇九三六	一度〇九九〇
八十八	七日二一六七	〇分四七九七七五	五度四十二五六〇〇〇〇	一度〇九一五	一度一□一一
八十九	七日二九八七	〇分六九〇〇二五	五度四十二〇八〇二二五	一度〇八九四	一度一〇三二
九十	七日三八〇七	〇分八九八三二五	五度四十一三九〇二□〇	一度〇八七三	一度一〇五三
九十一	七日四六二七	一分一〇四六七五	五度四十〇四九一八七五	一度〇八五二	一度一〇七三
九十二	七日五四四七	一分三〇九〇七五	五度三十九三八七二〇〇	一度〇八三二	一度一〇九四
九十三	七日六二六七	一分五一一五二五	五度三十八〇七八一二五	一度〇八一二	一度一一一四
九十四	七日七〇八七	一分七一二〇二五	五度三十六五六六六〇〇	一度〇七九二	一度一一三四
九十五	七日七九〇七	一分九一〇五七五	五度三十四八五四五七五	一度〇七七二	一度一一五四

九十六	七日八七二七	二分一〇七一七五	五度三十二九四四〇〇〇	一度〇七五二	一度一一七四
九十七	七日九五四七	二分三〇[illegible]八二五	五度三十〇八二六□二五	一度〇七三三	一度一一九三
九十八	八日〇三六七	二分四九四五二五	五度二十八五三五〇〇〇	一度〇七一三	一度一三一二
九十九	八日一一八七	二分六八五二七五	五度二十六〇四〇四七五	一度〇六九四	一度一二三一
一百	八日二〇〇八	二分八七四〇七五	五度二十三三五五二〇〇	一度〇六七五	一度一二五〇
一百〇一	八日二八二八	三分〇六〇九二五	五度二十四八一一□五	一度〇六五七	一度一二六九
一百〇二	八日三六四八	三分二四五八一五	五度一十七四二〇二〇〇	二度〇六三八	一度一二八七
一百〇三	八日四四六八	三分四一八七七五	五度一十四一七四三七五	一度〇六二〇	一度一三〇六
一百〇四	八日五二八八	三分六〇九七七五	五度一十〇七四五六〇〇	一度〇六〇二	一度一三一四
一百〇五	八日六一〇八	三分七八八二五	五度〇七一三五八二五	一度〇五八四	一度一三四二

一百〇六	八日六九二八	三分九六五九二五	五度〇三三四七〇〇〇	一度〇五六六	一度一三五九
一百〇七	八日七七四八	四分一四一〇七五	四度九十九三八一〇七五	一度〇五四九	一度一三七七
一百〇八	八日八五六八	四分三一四二七五	四度九十五二四〇〇〇〇	一度〇五三一	一度一三九四
一百〇九	八日九三八八	四分四八五五二五	四度九十〇九二五七二五	一度〇五一四	一度一四一一
一百十	九日〇二〇八	四分六五四八二五	四度八十六四四〇二〇〇	一度〇四九七	一度一四二八
一百十一	九日一□二八	四分八二二一七五	四度八十一七八五三七五	一度〇四八一	一度一四四五
一百十二	九日一八四八	四分九八七五七五	四度七十六九六三二〇〇	一度〇四六四	一度一四六二
一百十三	九日二六六九	五分一五一〇二五	四度七十一九七五六二五	一度〇四四八	一度一四七八
一百十四	九日三四八九	五分三□二五二五	四度六十六八二四六〇〇	一度〇四三二	一度一四九四
一百十五	九日四三〇九	五分四七二〇七五	四度六十一五一一二〇七	一度〇四一六	一度一五一〇

一百十六	九日五一二九	五分六二九六七五	四度五十六〇四〇〇〇〇	一度〇四〇〇	一度一五二六
一百十七	九日五九四九	五分七八五三二五	四度五十〇四一〇三二五	一度〇三八四	一度一五四一
一百十八	九日六七六九	五分九三九〇二五	四度四十四六二五〇〇〇	一度〇三六九	一度一五五七
一百十九	九日七五八九	六分〇九〇七七五	四度三十八六八五九七五	一度〇三五四	一度一五七二
一百二十	九日八四〇九	六分二四〇五七五	四度三十二五九五二〇〇	一度〇三三九	一度一五八七
一百二十一	九日九二二九	六分三八八四二五	四度二十六三五四六二五	一度〇三二四	一度一六〇二
一百二十二	十日〇〇四九	六分五三四三二五	四度一十九九六六二〇〇	一度〇三〇九	一度一六一六
一百二十三	十日〇八六九	六分六七八二七五	四度一十三四三一八七五	一度〇二九五	一度一六三一
一百二十四	十日一六八九	六分八二〇二七五	四度〇六七五三六〇〇	一度〇八二一	一度一六四五
一百二十五	十日二五一〇	六分九六〇三二五	三度九十九三三三一五	一度〇二六七	一度一六五九

一百二十六
十日三二三〇
七分〇九八四二五
三度九十二九七三〇〇〇
一度〇二五三
一度一六七三

一百二十七
十日四□五〇
七分二三四五七五
二度八十五八七四五七五
一度〇二三九
一度一六八六

一百二十八
十日四九七〇
七分三六八七七五
三度七十八六四〇〇〇〇
一度〇二二六
一度一七〇〇

一百二十九
十日五七九〇
七分五〇一〇二五
三度七十一二七一二二五
一度〇二一三
一度一七一三

一百三十
十日六六一〇
七分六三一三二五
三度六十三七七〇二〇〇
一度〇二〇〇
一度一七二六

一百三十一
十日七四三〇
七分七五九六七五
三度五十六一三八八七五
一度〇一八七
一度一七三九

一百三十二
十日八二五〇
七分八八六七五
三度四十八三七九二〇〇
一度〇一七四
一度一七五二

一百三十三
十日九〇七〇
八分〇一〇五二五
三度四十〇四九三一二五
一度〇一六二
一度一七六四

一百三十四
十日九八九〇
八分□三三〇二五
三度三十二四八二六〇〇
一度〇一五〇
一度一七七六

一百三十五
十一日〇七一〇
八分二五三五七五
三度二十四三四九五七五
一度〇一三八
一度一七八八

一百三十六	十一日一九三〇	八分二七二一七五	三度十六〇九六〇〇〇	一度〇一二六	一度一八〇〇
一百三十七	十一日二三五〇	八分四八八八二五	三度〇七七二三八二五	一度〇一一四	一度一八一二
一百三十八	十一日三一七一	八分六〇三五二五	二度九十九二三五〇〇〇	一度〇一〇三	一度一八二三
一百三十九	十一日三九九一	八分七一六二七五	二度九十〇六二一四七五	一度〇〇九一	一度一八三五
一百四十	十一日四八一一	八分八二七〇七五	二度八十一九一五二〇〇	一度〇〇八〇	一度一八四六
一百四十一	十一日五六三一	八分九三五九二五	二度七十三〇八八一二五	一度〇〇六九	一度一八五六
一百四十二	十一日六四五一	九分〇四二八二五	二度六十四一五二二□〇	一度〇〇五九	一度一八六七
一百四十三	十一日七二七一	九分一四七七七五	二度五十五一〇九三七五	一度〇〇四八	一度一八七八
一百四十四	十一日八〇九一	九分二五〇七七五	二度四十五九六一六〇〇	一度〇〇三八	一度一八八八
一百四十五	十一日八九一一	九分三五一八二五	二度三十六七一〇八二五	一度〇〇二八	一度一八九八

一百四十六	十一日九七三一	九分四五〇九二五	二度二十七三五九〇〇〇	一度〇〇一八	一度一九〇八
一百四十七	十二日〇五五一	九分五四八〇七五	二度一十七九〇八〇七五	一度〇〇〇八	一度一九一八
一百四十八	十二日一三七一	九分六四三二七五	二度〇八三六〇〇〇〇	〇度九九九九	一度一九二七
一百四十九	十二日二一九一	九分七三六五二五	一度九十八七一六七二五	〇度九九八九	一度一九三七
一百五十	十二日三〇一二	九分八二七八二五	一度八十八九八〇二〇〇	〇度九九八〇	一度一九四六
一百五十一	十二日三八三二	九分九一七一七五	一度七十九一五二三七五	〇度九九七一	一度一九五五
一百五十二	十二日四六五二	十〇分〇〇四五七五	一度六十九二三五二〇〇	〇度九九六二	一度一九六三
一百五十三	十二日五四七二	十〇分〇九〇〇二五	一度五十九二三〇六二五	〇度九九五四	一度一九七一
一百五十四	十二日六二九二	十〇分一七三五二五	一度四十九一四〇六〇〇	〇度九九四六	一度一九八〇
一百五十五	十二日七一一二	十〇分二五五〇七五	一度三十八九六七〇七五	〇度九九□七	一度一九八八

一百五十六
十二日七九三二
十〇分三二四六七五
一度二十八七一二〇〇〇
〇度九九二九
一度一九九六

一百五十七
十二日八七五二
十〇分四一二二二五
一度一十八□七七五一五
〇度九九二二
一度二〇〇四

一百五十八
十二日九五七二
十〇分四八八〇二五
一度〇七九六五〇〇〇
〇度九九一四
一度二〇一二

一百五十九
十三日〇三九二
十〇分五六一七七五
九十七分四七六九七五
〇度九九〇七
一度二〇一九

一百六十
十三日一二一三
十〇分六三三五七五
八十六分九一五二〇〇
〇度九九〇〇
一度二〇二六

一百六十一
十三日二〇三三
十〇分七〇三四二五
七十六分二八一六二五
〇度九八九三
一度二〇三三

一百六十二
十三日二八五二
十〇分七七一三二五
六十五分五七八二〇〇
〇度九八八六
一度二〇四〇

一百六十三
十三日三六七三
十〇分八三七二七五
五十四分八〇六八七五
〇度九八七九
一度二〇四七

一百六十四
十三日四四九三
十〇分九〇一二七五
四十三分九六九六〇〇
〇度九八七三
一度二〇五三

一百六十五
十三日五三一三
十〇分九六三三二五
三十三分〇六八三二五
〇度九八六七
一度二〇五九

一百六十六	十三日六一三三	十一分〇二三四二五	二十二分一〇五〇〇〇	〇度九八六一	一度二〇六五
一百六十七	十三日六九五三	十一分〇八一五七五	〇度九八五五	一度二〇七一	
一百六十八	十三日七七七三	空	空	空	空

木星（每年往一宮十二年一周天） 五星立成

策數		度率	盈積度
初	益一百九五	一十分四五	初
一	益一百二四	九分三三	一度五九
二	益一百〇二	七分八八	三度〇一
三	益九十三	六分一一	四度二一
四	益六十一	四分〇一	五度一四
五	益二十四	一分五八	五度七五
六	損二十四	一分五八	五度九九
七	損六十一	四分〇一	五度七五
八	損九十三	六分一一	五度一四
九	損一百〇二	七分八八	四度二一
十	損一百二四	九分三三	三度〇一
十一	損一百九五	十分四五	一度五九

策數		度率	縮積度
初	益一百九五	十分四五	初
一	益一百二四	九分三三	一度五九
二	益一百〇二	七分八八	三度〇一
三	益九十三	六分一一	四度二一
四	益六十一	四分〇一	五度一四
五	益二十四	一分五八	五度七五
六	損二十四	一分五八	五度九九
七	損六十一	四分〇一	五度七五
八	損九十三	五分一一	五度一四

九	損一百二○	七分八八	四度二一
十	損一百四二	九分三三	三度○一
十一	損一百五九	十分四五	一度五九

火星約二年一周天或犯天關或入紫微

策數		度率	盈積度
初	益一千一百五八	七十六分○九	初
一	益七百九七	五十二分三七	一十一度五八
二	益四百六十	三十分二二	一十九度五五
三	益一百四十七	九分六六	二十四度一五
四	損一百五十五	三分六一	二十五度六二
五	損一百六十六	一十分九一	二十五度○七
六	損二百六十	一十七分○八	二十三度四一
七	損三百三十七	二十二分一四	二十度八一
八	損三百九十四	二十五分八九	十七度四四
九	損四百三十四	二十八分五一	一十三度五○
十	損四百五十六	二十九分九六	九度一六
十一	損四百六十	三十分二二	四度六○

策數		度率	縮積度
初	益四百六十	三十分二二	初
一	益四百五十六	二十九分九六	四度六○
二	益四百三十四	二十八分五一	九度一六
三	益三百九十四	二十五分八九	一十三度五○
四	益三百三十七	二十二分一四	一十七度四四
五	益二百六十	一十七分○八	二十度八一
六	益一百六十六	一十分九一	二十三度四一
七	益一百五十五	三分六一	二十五度○七
八	損一百四十七	九分六六	二十五度六五
九	損四百六十	三十分二二	二十四度一五
十	損七百九十七	五十二分三七	一十九度五五
十一	損一千一百五八	七十六分○九	一十一度五八

土星一宮住二十九介月二十八年行一周天

策數		度率	盈積度
初	益二百二十	一十四分四五	初
一	益一百九五	一十二分八一	二度二○

二	益一百六四	一十分七八	四度一五
三	益一百二十七	八分三四	五度七九
四	益八十四	五分五二	七度〇六
五	益三十五	二分三〇	七度九〇
六	損三十五	二分三〇	八度二五
七	損八十四	五分五二	七度九〇
八	損一百二十七	八分三四	七度〇六
九	損一百六十四	一十分七八	五度七九
十	損一百九五	一十二分八一	四度一五
十一	損二百二十	一十四分四五	二度二〇

策數		度率	縮積度
初	益一百六十三	一十分七一	初
一	益一百四十九	九分七五	一度六三
二	益一百二十八	八分四一	三度一二
三	益一百	六分五七	四度四〇
四	益六十五	四分二七	五度四〇
五	益二十三	一分五一	六度〇五
六	損二十三	一分五一	六度二八
七	損六十五	四分二七	六度〇五
八	損一百	六分五七	五度四〇
九	損一百二十八	八分四一	四度四〇
十	損一百四十九	九分七五	三度一二
十一	損一百六十三	一十分七一	一度六三

金星一月住一宮一年行一周天

策數		度率	盈積度
初	益五十三	三分四八	初
一	益五十	三分二九	五十三分
二	益四十四	二分八九	一度〇三
三	益三十五	二分三〇	一度四七
四	益二十三	一分五一	一度八二
五	益八	五十二秒半	二度〇五
六	損八	五十二秒半	二度一三
七	損二十三	一分五一	二度〇五
八	損三十五	二分三〇	一度八二

九	損四十四	二分八九	一度四七
十	損五十	三分二九	一度〇二
十一	損五十三	三分四八	五十三分

策數		度率	縮積度
初	益五十三	三分四八	初
一	益五十	三分二九	五十三分
二	益四十四	二分八九	一度〇三
三	益三十五	二分三〇	一度四七
四	益二十三	一分五一	一度八二
五	益八	五十半二秒	二度〇五
六	損八	五十半二秒	二度一三
七	損二十三	一分五一	二度〇五
八	損三十五	二分三〇	一度八二
九	損四十四	二分八九	一度四七
十	損五十	三分二九	一度〇二
十一	損五十三	三分四八	五十三分

水星一月住一宮一年行一周天

策數		度率	盈積度
初	益五十八	三分八一	初
一	益五十四	三分五五	五十八分
二	益四十七	三分〇九	一度一二
三	益三十七	二分四三	一度五九
四	益二十四	一分五八	一度九六
五	益八	五十半二秒	二度二〇
六	損八	五十半二秒	二度二八
七	損二十四	一分五八	二度二〇
八	損三十七	二分四三	一度九六
九	損四十七	三分〇九	一度五九
十	損五十四	三分五五	一度一二
十一	損五十八	三分八一	五十八分

策數		度率	縮積度
初	益五十八	三分八一	初
一	益五十四	三分五五	五十八分
二	益四十七	三分〇九	一度一二

三	益三十七	二分四三	一度五九
四	益二十四	一分五八	一度九六
五	益八	五十二秒半	二度二〇
六	損八	五十二秒半	二度二八
七	損二十四	一分五八	二度二〇
八	損三十七	二分四三	一度九六
九	損四十七	三分〇九	一度五九
十	損五十四	三分五五	一度一二
十一	損五十八	三分八一	五十八分

四暗星

紫氣每日順行三分五十七秒一四二八二十八日行一度

月孛每日順行一十一分二十九秒四十四微四四四四九日行一度〇一分六十五秒

羅睺每日逆行五分三十七秒十八日行一度九十六分六十六秒

計都每日逆行五分三十七秒上同

志卷第六

志卷第七　高麗史五十三

正憲大夫工曹判書集賢殿大提學知經筵春秋館事兼成均大司成臣鄭麟趾奉教修

五行一

天有五運地有五材其用不窮人之生也具爲五性著爲五事修之則吉不修則凶吉者休徵之所應也凶者咎徵之所應也此箕子所以推演洪範之疇而拳拳於天人之際者也厥後孔子作春秋災異必書天人感應之理豈易言哉今但據史氏所書當時之災祥作五行志

五行一曰水潤下水之性也失其性爲沴時則雨水暴出百川逆溢壞鄕邑溺人民時則有鼓妖時則有豕禍及凡雷電霜雪雨雹之變是爲水不潤下其徵恒寒其色黑是爲黑眚黑祥光宗十二年四月朔大風雷雨水溢街衢漂沒人家水變爲赤　顯宗十七年七月丁未大雨凡四日京城民家漂毁者甚多九月己酉西京大水漂毁民家八十餘戶　靖宗

五年六月戊子西北路大雨鴨江水漲漂失兵船七十餘艘
文宗十年五月密城郡管內昌寧郡等十七所大水傷禾
宣宗五年五月甲戌夜風雨暴作海水漲溢緣江居民廬舍舟楫漂溺覆敗者不可勝計禮成江尤甚　肅宗元年六月甲戌大雨水湧北山漂流木石又九龍山東嶺六處一時泉湧山崩四年六月甲戌大雨九龍山頹長三百尺廣五十尺　睿宗八年七月己丑夜大雨平地水深一尺餘　仁宗二年七月己亥大雨雷雹市道水深一丈震迎恩館及德山坊人九年九月丁巳大風暴雨雷雹水深平地一尺震玄化海晏兩寺南山樹十年八月戊子大雨漂沒人家不可勝數又水湧奉恩寺後山上古井奔流入國學廳漂沒經史百家文書十四年六月丁酉朔淸州平地水湧漂流人家百有八十二十三年六月甲申大水東界文湧二州山崩水涌漂沒城門人戶甚多　毅宗元年七月戊辰京畿大水人馬多溺死二年六月丁酉夜大雨靈通寺山水湧出人多漂沒又松嶽諸山大水暴出土石崩毁十年六月庚辰大雨二日川邊人家多漂沒戊子大雨市廊頹壓死者衆十九年六月丁未大雨漂民家六十餘溺死者多　明宗九年六月丙申大雨市邊樓橋行讓門橋漂流十年六月乙酉大雨東京苻仁寺北山大水湧出漂沒寺屋八十餘間溺死者九人十六年二月丙寅西京妙德寺井水沸流于外者凡十九日閏七月壬子安邊府大水漂民屋百餘死者千餘人十八年六月洞鳳二州大水民屋多漂沒七月戊申定長宜豫高和六州大水城郭頹圮民屋漂流者不可勝數八月辛未登文宜三州鎭溟龍津寧仁等諸城大水損禾漂蕩城郭民戶死者甚衆登州尤甚二十一年八月淸州大水漂沒民戶　神宗六年六月庚子大雨松嶽山松樹多漂流　高宗十二年五月丁丑大雨二日平地水深七八尺四十三年七月庚寅都城大水多漂沒人家　忠烈王十五年八月甲子大雨水麻田積城縣及興義驛民戶多漂沒十八年六月己巳大雨天磨山朴淵漲漂沒人家二十一年五月癸卯大雨漂沒人家二十二年二月丁巳大水八月癸丑大水傷稼二十九年閏五月大雨漂人家傷禾穀　忠宣王元年六月庚午大水二年七月丙戌大雨水暴漲人多溺死松嶽南崖崩爲壑　忠穆王四

年五月乙丑大雨松嶽崩水溢城中人家多漂沒　忠定王二年八月己酉淮陽大水漂沒官廨民戶及金剛山諸寺　恭愍王元年五月乙未雨雷震人家京城大水漂流民戶及橋梁溺死者頗多七年五月慶尙道大水禾穀皆漂沒九年六月丁亥城中大水漂沒廬舍人多死者十一年十月癸未大雨震電淸州城內水漲有死蛇漂出蝸上樹梢氣候如夏　辛禑十四年六月壬戌京城大水　恭讓王二年五月戊午淸州忽雷雨大作前川暴漲毁城南門直衝北門城中水深丈餘漂沒官舍民居殆盡三年秋七月辛亥大水

仁宗五年六月癸未廣德坊井鳴　明宗六年三月庚戌東海水黃濁三日變爲血色　高宗十年四月辛丑東池水濁三日魚鼈盡出或有死者二十二年四月庚午慈州池水三日變色鳴吼陷漏盡涸十月癸亥北界溪澗江河冰厚至四五尺忽拆裂流下父老以謂狄兵入境之兆　忠烈王十五年六月甲寅丹山縣石下有水湧出色黃赤異常彌日十九年十二月朴淵水忽盡涸二十八年五月庚戌龍化池水變爲五色盈縮如潮　恭愍王十一年四月丙申開城大井濁沸十四年三月庚午演福寺池水沸　辛禑元年八月丙午泥峴人家井虹見沸湧八年正月戊子演福寺井濁沸群魚鬪躍四日　恭讓王二年四月壬戌籍田甑池沸湧聲如雷閏月丙寅夜甑池振動兩虹並現水聲如鼓色如血氣如烟蒸戊子茶房里井鳴如牛吼

顯宗五年六月乙卯朔寒風暴起　睿宗二年六月丁巳氣寒如冬九年四月壬辰風雨寒甚凡二日　仁宗二十一年三月丙申大雨雪人有凍斃者　毅宗十九年三月辛酉移御普賢院天寒雨甚衛卒凍死者九人　明宗八年八月庚申冰十五年夏無蠅　熙宗七年正月己酉大雪寒甚小雀入城市皆墮地而死雀黃而小前所未見　高宗十三年六月丙申風寒人有衣裘者　忠烈王二年三月丁丑雨雪大風冰凍三年五月戊午天寒人或有衣裘者四年三月壬辰大雪甲午川水皆凍　忠宣王元年六月丙寅風寒人有着冬衣者二年五月辛卯風寒人有着冬衣者　忠肅王六年八月壬子大寒十一年四月戊辰雨雹雪人有凍死者　恭愍王三年自五月至六月氣候如秋十二年六月丁未風氣

如秋三日十六年四月癸酉西風甚寒六月壬申北風甚寒城中皆着重裘十七年三月己卯風大寒冰辛巳又大風壬午冰堅絶流又大雪八月庚寅冰　辛禑五年八月庚午始霜草葉皆槁終日北風十年六月乙酉終風且寒十一月甲子天寒有橫道死人十三年五月丁亥天氣如秋　恭讓王四年六月己亥寒風起終夜大吹候如九秋七月丙戌凄風起氣候如秋塵沙大起行路爲之眯目百穀焦槁辛卯隕霜最寒

太祖九年四月西京東部禪院鍾自鳴九十聲　定宗元年天鼓鳴　文宗元年十一月辛丑乾方有聲如風水相搏亦如雷吼二十三年六月丙辰京城東北山鳴聲如鼓旬日而止　肅宗九年三月丙子西北方有聲如雷　睿宗五年八月乙亥天動初如衆鼓之音或如車馬之聲發自西北至于東南十六年十一月庚子王輪寺北岡岩石鳴　仁宗四年九月辛未兌方天鳴如雷六年九月己丑乾方有聲如雷九年十一月丙申天鳴如雷丁巳靈通寺銅鼓自鳴十二年五月戊寅洪圓寺鍾自鳴十四年七月戊辰安和寺小鍾自鳴十二月癸丑弘化寺大鍾自鳴十五年三月辛巳長源亭延淨寺鍾自鳴二十三年十二月丁巳立春夜天有聲如雷
毅宗二年十二月庚午天鳴三年十一月甲申福源宮三淸殿小鍾自鳴　明宗十六年正月戊申木覓堂鳴二十餘日
神宗元年正月甲子長興庫香爐足獅子鳴如狗吠　高宗四年三月壬午九曜堂十一曜藏內有聲如奏樂二十二年正月壬子天鳴如雷或云地震　忠烈王十九年四月辛亥南方有聲如鼓動地群雞驚雊　忠肅王後七年七月乙卯龜山寺門石鳴如鼓　忠惠王後三年正月丁酉鍾樓鍾撞不鳴七月戊戌夜松岳鳴　忠穆王三年七月己巳松岳鳴　恭愍王十一年十一月乙巳天鼓鳴十六年正月辛丑漏壺有聲如牛吼十八年二月壬子天鳴丙辰夜又大鳴
辛禑元年八月己丑松岳祠有哭聲八年三月癸丑闕內地中有鬼嘯　顯宗十九年十一月甲辰虹見東北　睿宗七年十一月戊午虹見　仁宗十年十月戊申虹見東方　明宗十八年四月庚午乾坤二方虹霓垂地又雨雹乙酉自巽至艮虹霓垂地七月丙午短虹見于大廟齋室　高宗十年

九月丙午虹見于東十一年九月甲戌虹見東方己卯亦如之二十年八月丙午虹從乾至巽竟天而赤三十八年十一月甲午虹見四十年十月己巳東有螮蝀　元宗十三年十月甲寅虹見西方　忠烈王四年十一月癸未虹見西方五年十月乙亥朔虹見東方丙戌虹見十九年五月壬戌夜有物墜于松嶽其氣如虹八月庚午虹見而雷二十七年十一月壬子虹見南方　忠肅王四年十二月丁未南方有氣如虹七年十月己巳虹見後四年十月己巳虹見　忠惠王後元年正月有氣如虹見于西南　忠穆王二年十月乙卯虹見丁巳亦如之三年七月丙午夜天霓自東起墜于南山俄而復起爲二分向南北　忠定王二年八月壬辰兩虹見　恭愍王元年九月乙酉虹見三年十二月辛亥虹見九年十月丁亥虹見十一年八月丙子虹見九月癸亥虹蹢于東低跨王宮兩端不過淸州內城是日王在州以消灾道塲致齋十一月壬戌虹見十五年十一月丙戌朔虹見東方十六年十月甲子虹見西北方十九年十一月丁亥虹見西北方二十三年正月戊辰東南開靑天虹見　辛禑元年十月壬寅虹見三日三年正月丁未朔虹出艮至坤六年十一月癸卯虹見八年十一月丙午朔虹見　恭讓王元年十月戊午虹見北方

睿宗元年八月戊寅有蛇見于奉恩寺太祖眞殿色靑黃庚辰又見　仁宗九年七月女眞地群蛇涉鴨綠江入義州境　明宗七年八月癸巳靜州倉中有靑龍飛出騰空頃之倉灾　高宗四十五年五月北界葦島有黃蛇大如柱穴於假山有二樵童過歸聞有喚聲四顧無人就視之則乃蛇也人語謂曰此島之人近必亂歸告監倉切須愼之監倉使李承璉聞而召問童以狀對恠之而秘至是州人果叛投蒙古　元宗二年四月丁巳太子行至西京黑龍見于大同江　忠穆王四年七月丁酉水口門外有一巫家井傍太樹老蟒蟠緣有人以木石亂投綴繩長竿鉤引棄之蟒發毒氣成火不雨而震　恭愍王十六年六月戊申大蛇見于寢殿御床丁巳設眞言法席于宮內以禳之

高宗十一年二月丁亥金吾衞池魚皆死浮於水面十五年六月癸丑龍化院池魚盡出浮水數日而死人有食者亦死

忠烈王七年二月庚寅龍化院池魚死浮出莫知其數十四年六月甲子西蓮池魚自死浮出累日十五年十月乙亥大雷雨有河魚隨雨散落太祖二十三年十一月薛發縣百姓汝會莊有馬生駒一身兩頭前兩足後四足　高宗四十年七月戊戌尙乘馬二匹入康安殿庭相逐奔走　恭愍王十一年十一月丁未夜半城中馬長鳴者三十二年六月丙寅夜馬無故長鳴　辛禑八年二月癸酉東北面進有角馬一曲一直長寸餘九年四月壬辰西京元帥報有一馱馬死屠而視之孕一身二頭駒

太祖十二年五月西京民能盃家猪生子一首兩身　顯宗九年四月丙子竹州民家猪生子一首二身四耳八足　肅宗三年二月癸卯軍人景延家猪生子三足前二後一　忠定王三年十一月己酉三猪入城　恭愍王七年三月戊申山猪入城中　辛禑七年十月乙亥山猪入時坐宮南邊十一年十二月辛亥野豕入城

顯宗十年十一月丙子鸚溪坊民崔老妻一產三男十二年十二月甲辰靜戎郡民元劾妻一產三男十四年六月弘仁坊民勤孝妻一產三男十八年金州民世明妻一產三男　靖宗元年二月癸酉晉州民得廉妻一產三男准舊例賜三男租各四十碩三年三月尙州有女一產三男賜其子粟三十碩以爲恒式　文宗六年五月壬申竹州新昌里女泉德一產三男　睿宗三年八月癸卯浿江渡女一產三男四年十一月丁巳鎭安坊軍崔幸妻一產三男　仁宗七年四月癸酉長平鎭官婢產卵三斗許大者如鴨卵小者如雀卵皆拆出小蛇長寸許　明宗十五年四月乙亥開城府馬川里女一產三子　高宗七年四月丙子中原府有女身長三尺凡三產皆非人或蟾或蛇或蛙人以謂妖女十年正月辛亥水金洞有女生兒人首蛇身　辛禑九年五月庚午有私婢一產三男賜米二十碩

毅宗十七年二月丁丑惠民局南路左右街巷有小兒分東西二隊各結草爲人形如三歲童女衣以錦繡繒綵又裝一婢子隨其後前有几案方丈飾以金銀珠玉仍設饌食觀者如堵二隊爭媚鬭巧至於呼譟作亂如是者五六日乃罷不知所之

定宗三年九月王御天德殿忽雷雨震人又震殿西角　成宗三年五月庚戌朔震刑官門柱　穆宗九年六月戊戌震天成殿鴟吻　顯宗三年十月己未雷辛酉亦如之四年十二月辛未雷震五年四月丁亥震德陵桐樹五月戊戌無雲而雷十月乙卯雷六年正月戊戌無雲而雷十一年十一月壬申雷電十四年十二月庚申朔雷震十五年正月辛丑大雷電以震十九年十月乙亥雷十二年十月甲辰雷震十二月庚寅雷震　德宗三年六月己丑朔震皇城朱雀門廊屋　靖宗元年十月辛未雷電二年二月戊午不雨而雷七月戊子震會賓門八月己酉雨雹震人于昇平門南路十一月丁丑雷五年十一月庚子雷六年七月乙丑震宜春樓十月乙酉司天少監知太史局事林匡漢奏據曆八月中氣雷乃收聲今自秋季殷殷不絕有乖時令願省躬修德以禳災變七年十月乙酉震人于宣恩館外　文宗二年十月乙酉雷四年十一月甲辰雷電六年十月丁酉雪而雷七年八月乙卯雷電暴風雨雹八年五月乙酉震會慶殿九年十一月乙卯朔雷電以雨戊午雨而雹九月甲午震惠日重光寺塔延燒佛閣經樓十二年七月丙子震興王寺門柱十八年八月丁未震內帝釋院堂柱十一月甲子雷震民家栗樹二十七年十月壬午雷二十八年六月辛巳震行人于興王寺南路九月丁未雷震昌德門直軍三十七年五月丙子朔無雲而雷　宣宗二年十一月癸卯夜震安定坊人家栗樹六年六月壬子震會賓門七年八月辛亥雨雹震市西巷人馬又震乾陵松木都城東北山松木九年十月戊午雷十一年九月戊午雷　獻宗元年六月辛卯震人于龍華院　肅宗四年十一月壬辰無雲而雷八年十一月壬寅雷電　睿宗元年六月己丑震西華門外松樹二年四月甲申震開國寺塔七月戊戌震松嶽松樹三年九月丙辰雷大震四年十月甲申雷五年五月乙丑震西京重興寺塔六月辛未雨雹震樹木八年五月丁酉震興王寺西面城廊六月己未震玄化龍興等寺樹九年四月乙丑大雨雹震文德殿東廊柱及南山浿江月蓋鶩等處樹木六月乙卯震十月壬寅朔雷十年十二月己亥雷電雨雹十二年十月丁卯雷十一月乙酉朔雷十三年閏九月戊午雷壬戌亦如之十月己卯朔雷十五年七

月丁丑震月生山神祠八月庚寅震西京重興寺塔九月己酉震雷雨雹十六年十月丙申雷十七年七月辛酉震京城民家園本九月壬戌無雲而雷十一月辛巳雷電　仁宗元年三月戊辰雷震闕門外槐樹五年九月壬寅雷七年九月戊申震西京重興寺塔八年六月甲午暴雨震歸法寺山上松十月辛未雷電雨雹九年五月自地理山南至長城縣往往震雷電烈風大雨樹木偃仆禾穀不實七月乙巳震靈岩郡月生山神祠九月戊午雨雹雷鳴晝夜不已震德豐五正二坊栗樹己未雨雷鳴晝夜不已壬戌夜大雨雹雷震令昌德豐二坊樹木十一月丁酉雷十年六月乙未震松林寺松樹十月己丑暴風雷雨震開國寺塔十一年五月庚午暴風雷雹震人馬戊寅震眞觀寺栢樹十二年四月甲辰大雨震將作監注簿崔孝淑又震樹木四十餘株六月甲申震西京大華闕乾龍殿十四年十月戊申雷電風雨十六年四月丁卯雷雨雹九月丙戌夜雷電暴雨癸卯夜雷電雨雹十七年六月丁丑震慈雲坊女十月癸亥雷十九年十月壬辰夜有電光二十年三月乙卯雷雨雹八月甲戌雷電九月壬子亦如之丙辰雷電雨雹十月癸未雷二十一年十月癸卯雷雹二十二年十月丙申雨雪雷二十四年正月戊戌夜雷　毅宗元年五月乙酉夜暴風雨震人于內帝釋院十月乙未雷雨雹戊申雷震雨雹二年九月戊子夜雷電四年十月丙辰震雷乙酉震雲興倉十七年十一月丙申雷十八年十月戊辰震人十九年九月己未震雷雨雹二十年九月癸未風雨雷電震人及馬戊辰震二十二年十月丙午雷電　明宗六年正月丁卯雷雨震樹木三月戊申震松嶽祠十月甲午雷電暴雨七年四月癸巳震樹木六月辛卯震大廟十月辛未雷電九年五月庚午震宣義門十二年十一月戊辰雨雷震十三年十月辛酉雷電十四年十月丙寅雷十八年十月丙寅雷十九年八月甲午震宣慶殿柱二十三年十月丁酉大雷電戊申雷電二十四年十月己酉大雷電二十五年十一月己丑雨土而雷二十六年六月庚申震光德門二十七年九月癸丑雷甲寅夕大雷電雨雹旋風暴起多拔樹木步廊十八間壞庚申大雷電　神宗二年十月乙丑雷電己巳亦如之　熙宗二年六月丙寅震將軍朴挺謨挺謨爲人貪婪

詐僞四年五月丙午西京重興寺塔雲霧籠其上電光繞三日遂震寺柱六年正月壬子無雲而雷　康宗元年十月己卯雷大倉災　高宗五年八月丁卯震西面隍城九月庚辰雷電辛巳亦如之己丑雷電雨雹十月癸卯雷庚戌雷電戊午大震電七年九月丁亥雷八年十月癸丑雷電十一月乙未雷電十年三月甲辰震三人十月癸未大雷電甲申亦如之十一年九月戊寅雷震丁亥雷十月甲午朔雷十二年七月辛巳震松岳神祠十月辛丑雷雹十三年十月乙巳雷十一月癸酉雷十五年七月戊寅震內願堂槐樹十月戊申雷十二月乙巳雷震十六年六月戊戌震二人十七年五月庚戌震樹木二十三年五月戊午震人九月庚申雷雹三十年九月庚午大雷電三十三年十月戊戌雷十一月甲戌大雷電三十五年十一月庚戌雷三十六年九月丁亥雷電三十七年九月丙子西方有雷聲十月甲午大雷電三十八年閏十月己未大雷雹十一月戊戌雷三十九年十月癸丑雷電四十一年九月戊申北方有雷聲丙寅雷雹十月庚午朔雷十二月辛巳雷四十二年八月癸未無雲而雷九月丙寅大雷震四十三年九月庚辰震國子監西廊　元宗元年八月丙申朔無雲而雷雨十一月戊寅雷三年九月乙亥雷四年九月戊寅雷十月辛亥雷七年十月戊子雷十一年十月甲戌雷十二月丙申朔有物墮地聲如雷光如電十二年十月壬辰大雷十三年正月辛未有物墮西北聲如雷　忠烈王三年九月辛卯雷電十月乙酉雷四年九月丙戌雷十月甲子雷雹五年四月庚子震普濟寺十月丁丑雷戊寅雷電六年十月丙申雷八年五月己未震鹽州民九月甲子雷九年九月辛酉震玄化寺古木及馬二騾一十年七月丙申震人十一月戊子雷十一年十月癸卯雷十一月己巳雷癸酉亦如之十四年九月癸卯雷十一月甲午大雷電風雪晝晦震人十六年十一月甲辰大雷十七年十一月辛亥雷十九年十月甲辰雷十一月丙辰雷二十年十一月癸亥雷二十一年九月庚寅雷癸巳亦如之十月癸丑雷電十一月甲戌雷二十二年十月甲辰雷二十三年十一月壬申雷二十四年十月庚辰雷二十八年十月己丑雷電二十九年六月癸丑震西北面安集使金堅九月乙丑大雷電以風三十年十月

乙未雷丙申亦如之己酉雷壬子癸丑亦如之三十一年十一月乙巳雷震三十三年九月庚午雷十一月壬申雷電三十四年八月甲寅大雷電雨雹　忠宣王元年十月壬子雷電雨雹辛酉又雷電雨雹大風二年十月癸丑雷三年九月乙巳雷五年十月癸酉大雷電以雨　忠肅王三年九月丁巳大雷電暴雨十二月丁酉西北方震雷赤祲四年七月丙寅震活人堂十月甲辰雷電八年十月癸亥雷虹見于東方十一月庚午朔雷雨雹十一年六月戊寅震人十二年八月戊戌雷電十五年九月庚午風雨雷電震人于松嶽丙子大雷電雨雹　忠惠王元年十月辛亥雷　忠肅王後四年十月甲戌大雷電風雨乙亥雷電以雪五年六月甲午震西京舟舡庚子震興天寺碑八年十月丁亥雷十一月癸未雷電　忠惠王後四年十一月辛未雷電　忠穆王二年十月己巳雷電三年十月甲申雷十二月丙子雷四年四月乙酉大雷電震樹木十月辛巳雷　忠定王元年七月癸卯震樹木十月甲午雷　恭愍王元年十月壬寅雷甲寅雷二年正月乙酉雷三年五月庚寅震人四年十月乙丑雷六年十月戊寅雷電紫氣見于北方七年十月丁亥大震雷地震八年七月庚子震人又震樹木十年十月己丑雷十一年七月己巳震尙州民及其家牛二十月甲戌雷戊寅雷地震虹見十一月壬寅朔震電丙午震電戊申震雷十二年正月丙寅雷十四年九月辛未雷震十月乙未雷電丙申亦如之閏月壬戌震電以雪十五年九月甲午大震電雨雹十月癸丑大震雷地震丁丑大震電以雨十七年八月癸巳大震雷雨雹十八年九月戊戌雷己未雷雨雹辛酉雷十九年十月雷二十年四月癸未朔雷雨雹十月甲申雷二十一年十二月戊戌雷二十二年十月壬午雷虹見二十三年五月辛未震人又震樹木十月壬寅雷雨雹　辛禑元年十二月戊戌雷二年七月庚辰大風拔木震漢川君王瞬及其妻朴氏九月戊午無雲而雷十月壬戌雷戊辰己巳亦如之三年九月甲辰雷電雨雹十月庚申雷四年十二月丙午雷五年十月戊子雷十二月乙亥雷地震六年十月辛未雷電壬申雷七年十一月癸未雷丙戌震電雨雹十年十月癸酉雷電十二年十月壬辰雷十二月丁酉震雷地震木冰十三年八月庚午大雷電

以雨十月庚戌雷　恭讓王元年十月庚子雷雹以雨十一
月乙亥雷二年正月丙戌雷雹九月辛卯雷戊申亦如之
顯宗三年四月霜四年四月丙子隕霜殺草十八年四月甲
戌隕霜五月公州隕霜殺苗二十二年四月丁亥霜　靖宗
二年四月辛酉隕霜八年四月丙戌霜十一年三月丙子以
殺雨節降霜錄囚　文宗二年四月甲午隕霜于土山縣
宣宗六年四月辛丑朔隕霜太史奏天之垂變必因民怨宜
以法天行化審政敎之得失寬刑宥罪不使下民有怨嘉納
之　肅宗元年四月壬戌朔霜癸亥又霜雹　仁宗十二年
四月戊戌隕霜十七年四月丁卯隕霜二十一年四月戊辰
隕霜雨雹　毅宗十六年三月丙辰隕霜如雪二十一年四
月丁亥隕霜　明宗九年四月壬辰隕霜殺草　高宗二十
一年九月己未隕霜不殺草三十八年三月戊子霜四十五
年七月隕霜于南界　元宗十三年四月戊戌隕霜十四年
四月戊子隕霜　忠烈王二年閏三月辛丑霜六年四月癸
未隕霜殺禾十一年四月甲辰隕霜十二年四月甲辰隕霜
十二年四月庚辰隕霜辛巳亦如之十五年四月辛亥隕霜

二十年四月戊戌隕霜雨雹二十一年四月乙酉隕霜殺麻
麥四日二十二年三月戊子隕霜三日殺麻麥二十三年四
月庚戌隕霜　忠肅王八年三月癸丑隕霜　恭愍王十五
年八月丁卯隕霜殺菽十七年閏七月壬戌隕霜殺菽二十
二年四月乙酉隕霜殺草　辛禑六年七月甲寅隕霜乙卯
亦如之十一年七月江陵道隕霜殺禾十二年四月丙申霜
十三年四月乙未隕霜暴風　恭讓王元年四月乙巳隕霜
太祖十四年二月庚子大雪平地二尺　文宗二十九年三
月戊申雪　肅宗六年四月癸卯東路州鎭雪深一寸七年
三月甲戌大雪九年十一月庚寅雪百官表賀　睿宗八年
二月癸巳大雪平地一尺三月壬戌雨雪木冰十一年十一
月乙卯大雪十三年三月戊子大雨雪十四年正月己巳雨
雪交下或雨土　仁宗元年十月丙午雨雪木冰二年九月
乙酉雨雪雹三年二月乙巳雨不止至夜大雪盈尺十二年
三月庚申雪十八年三月甲申大雪丁亥大雪雨土　毅宗
二年三月己未雨雪十三年三月戊寅雨雪霰雹平地三寸
許草木盡枯　明宗七年十月辛卯大雪雷電　神宗五年

四月壬午雨雪　高宗二年四月癸巳雨雪十二年三月戊辰雨雪三十年九月己酉大雪以雷三十六年閏二月甲辰大雪四十四年十二月甲辰立春雪　元宗十年十二月壬申大雪雷電　忠烈王五年三月丁卯大雪六年九月乙丑風雪雷雹雨雹大如梅子　忠肅王六年正月丁卯大雪　恭愍王八年二月甲子朔大雪平地二尺有半十二年二月甲戌淸州大雪平地深三尺十七年八月甲午雨雪二十二年三月戊申雪　辛禑七年三月戊戌大雪二日　恭讓王二年五月辛亥松岳山頂雨雪四年三月甲申雨雪

顯宗四年三月甲午雨雹九年十月戊戌雨雹虹見十九年四月辛未雨雹　靖宗二年四月癸丑雨雹五月己亥雨雹四年三月乙丑雨雹　文宗九年四月辛丑雨雹雪二十六年四月甲子大雨雹三十五年八月己巳雨雹傷禾　宣宗九年八月丙子雨雹　肅宗元年三月丙午京西雨雹三年五月壬子雨雹四年六月辛巳大雨雹八年四月庚申雨雹九年五月甲午雨雹　睿宗元年三月己亥雨雹二年三月丙午雹三年三月乙卯雨雹五年五月甲子雨雹于永康縣震柳木雹翌日乃消七年四月戊戌雨雹九年四月丙寅雨雹十年五月戊寅雨雹八月乙丑雨雹十二年二月丁亥雨雹三月丁未雨雹十二年五月庚寅雨雹十六年九月乙亥雨雹　仁宗二年九月甲戌朔雨雹四年五月乙亥大雨雹五年四月丙寅大雨雹七年九月甲寅大雨雹雷震九年九月戊午雨雹雷鳴晝夜不已辛酉雨雹十五年四月乙卯雨雹十六年己酉雨雹十七年四月己巳雨雹五月乙巳雨雹大如李梅十八年三月丁酉雨雹二十二年三月庚戌雨雹二十三年四月己丑雨雹二十四年四月庚戌大雨雹六月己亥雨雹　毅宗元年四月壬戌雨雹三年四月己巳雨雹五年四月丙午雨雹十年三月癸亥雨雹五月辛亥雨雹十二年五月丙寅大雨雹十三年四月庚寅大雨雹十四年八月丁未雨雹大如拳十五年五月甲申雨雹十六年三月乙卯雨雹十九年五月乙卯雨雹　明宗二年五月辛卯雨雹十二月丙寅大雨雹七年五月癸丑大雨雹暴風折大木八年四月庚辰雨雹九年十月乙未雨雹雷電十年九月朔庚戌大雨雹震松嶽祠堂北城柱十三年四月戊午大雨雹如

杏子十六年五月壬午雨雹八月雨雹于東漳二州大如拳屋瓦皆碎九月戊申雨雹以震甲寅又震十七年三月甲辰雨雹大風拔木十八年四月丁卯朔雨雹辛未大雨雹丁亥雨雹十九年五月辛亥雨雹 神宗二年三月甲寅雨雹三年四月戊戌雨雹四年三月丁丑雨雹五月庚申雨雹五年五月丁未雨雹 高宗元年九月丁巳朔雨雹大如李梅壬戌雨雹大如梅十年二月戊戌雨雹四月甲午雨雹十一年閏八月甲辰雨雹十二年五月戊辰雨雹九月甲戌雨雹震木丙子雨雹十三年十一月甲戌大雨雹十四年五月乙丑雨雹十五年三月己卯大雨雹十六年九月癸未雨雹二十三年四月己亥雨雹大如栗鳥鵲有中而死者四十年八月丙寅雨雹無雲而雷辛未雨雹四十二年三月戊午雨雹九月辛酉雨雹四十三年四月丙寅雨雹大如梅七月庚寅雨雹九月乙卯雨雹四十五年二月乙巳雨雹大如梅四十六年二月乙巳雨雹 元宗元年正月甲午雨雹六年三月丙子雨雹九年五月甲寅雨雹十年三月乙亥雨雹十二年二月壬戌雨雹三月丙寅雨雹十三年四月己丑雨雹十月辛丑雨雹而雷十四年三月甲寅朔雨雹四月戊戌雨雹 忠烈王二年閏三月乙卯雨雹于寧越縣大如鵠卵鳥雀中者皆死六年五月壬子雨雹九月庚戌雹七年四月辛未雹十一年三月辛巳雹十二年四月丁酉朔雨雹而冰凡八日九月丙子雨雹乙酉亦如之十四年四月癸亥大雨雹十五年五月辛巳雨雹微雪十七年九月庚申雷雹十九年三月甲子雨雹四月辛卯雨雹二十年九月甲寅雨雹大如李二十一年九月戊子雨雹二十三年六月丁酉雨雹二十四年四月戊午雨雹辛巳亦如之二十七年五月慶尚道安東界大雨雹麋鹿鳥雀中者皆死有雹一枚數人不能與又退串部曲大風拔一大樹置二里許枝幹不折撓九月辛丑雨雹二十九年四月丁亥雨雹大如李梅三十二年二月癸卯雨雹 忠肅王三年三月丁未雨雹七年五月癸巳大雨雹八年五月庚辰雨雹十月壬子雨雹十二月壬子雨雹九年八月己丑大雨雹九月乙未震雹以雹大如李梅四角如蒺藜丁酉大雨雹十年五月庚子大雨雹十五年九月壬申雨雹十月己丑朔雷電雨雹十六年三月丙戌大雨雹震樹木十七

年八月丙子雨雹大如李梅　忠惠王後四年四月丙午大
雨雹大如李梅戊子大雨雹五年九月壬辰雨雹震電　忠
穆王三年五月癸亥雨雹大如梨大風飛瓦震人及木四年
四月癸未雨雹大如梅子十二月丙申雨雹震電　忠定王
元年四月己丑雨雹二年四月戊戌雨雹大如李梅殺禾九
月丙寅雨雹如李三年二月癸巳雨雹　恭愍王二年四月
庚子雨雹九月丁卯雨雹四年四月戊午雨雹六年五月丁
丑雨雹閏九月乙巳大雨雹大風拔木八年四月辛未雨雹
十三年四月戊申雨雹十五年四月壬戌大雨雹十六年四
月乙卯大雨雹壬戌大雨雹震電平壤尤甚田頭鑪器皆碎
時辛旽以相宅方在平壤癸亥雨雹甲子亦如之十八年八
月甲子雨雹二十二年五月丙寅雨冰于平州大如升　辛
禑元年三月甲申雨雹大如彈丸三年四月丙子暴雨雹五
月庚寅大雨雹八月戊午雨雹五年二月丙辰雨雹丁卯亦
如之四月辛亥雨雹五月乙亥雨雹八月辛卯雨雹七年四
月己巳雨雹十年三月己酉雨雹四月甲戌雨雹十一年四
月壬辰雨雹暴風草木皆摧十二年四月丙戌朔雨雹十四

年九月己丑雨雹　恭讓王元年五月乙亥雨雹二年四月
乙卯雨雹隕霜庚申亦如之八月己丑雨雹如李梅九月癸
卯雨雹三年四月甲子慶尙楊廣兩道雨雹五月戊子雨雹
于平康縣八月庚午雨雹九月辛丑雨雹四年四月庚午雨
雹

光宗九年五月玄鶴集含德殿　文宗二十一年十月丙午
朔黑霧四塞　睿宗十七年四月壬申昏時有黑雲發於乾
方或有靑氣出於雲閒或有赤氣挾於左右並向巽方至初
更自滅　仁宗十一年十月戊申黑氣一條廣五尺餘發自
大微五帝座中指奎南外屛天溷不行而滅二十年正月乙
未朔東南有黑氣　明宗六年四月辛丑黑氣從西北橫亘
東南廣如布太史奏云不出三月西京必敗　神宗二年十
月辛酉雷俄而有恠氣中黑邊赤從鵠嶺出漸大彌滿京都
遂雨雹黑氣下地咫尺不見人　高宗四十一年八月丙申
黑雲竟天向北行四十三年正月己未黑氣從南方東西橫
天貫尾星廣三尺長三百尺許七月甲寅無雲有黑氣廣四
尺許從坤至艮向乾而行四十六年二月己亥黑氣從南斗

魁抵河鼓　元宗元年六月壬寅黑氣見于北方十一月己未自朝至暮黑雲漫天二更乾巽二方赤氣竟天三更乾方衝天四年五月壬午巽方有黑氣如布匹入於南河及東井　忠烈王七年五月丁酉黑祲竟天辛丑又見于西方八年正月丁丑黑祲橫亘東西十五年閏十月庚辰大雷雨雨如黑水　恭愍王十四年十月丙戌黑氣見于西方庚寅夜黑氣如雲十六年十月丙寅黑祲四日壬申黑祲十一月癸酉朔黑祲　辛禑元年九月己未政坐坊里井熱沸色黑三年三月戊戌梅介井黑沸　恭讓王元年九月己丑夜有黑氣

宣宗三年五月西京龍德部南街地鏡見凡七十氣步如水有影月餘乃滅四年六月甲午地鏡又見於西京龍德部南街　肅宗十年五月辛丑西京龍德部梯淵路地鏡又見俗相傳此地爲明月里　毅宗五年六月乙丑西京梯淵至普賢經坊地鏡見

五行二曰火炎上火之性也失其性爲沴陽失節則濫炎妄起灾宗廟燒宮館時則有草妖時則有羊禍時則有羽虫之孽是爲火不炎上其徵恒燠其色赤是爲赤眚赤祥定宗二年十月丙申西京重興寺九層塔灾四年十月乙卯慶州皇龍寺九層塔灾　穆宗十二年正月壬申御詳政殿觀燈大府油庫灾延燒千秋殿　顯宗三年六月癸卯龍津鎭三百四十餘戶火五年九月丙申將作監火十月礠州城火七年三月博州興化鎭灾十二年二月癸亥仁壽門外二千戶灾十三年二月丙辰宮城東北廊一百五十餘閒火十九年三月甲辰延州民家二百餘戶火丁未龜州官倉及民家八百四十餘戶火　德宗元年二月癸酉靈州火　靖宗二年二月甲子西京雜材署火三月己亥東界高城縣火二年十一月壬寅大府寺火四年二月庚寅中部民家八百六十戶火五年三月戊戌東路金壤縣城廊八十五閒民廬六十五區火六年二月庚寅昇平門廊屋數百閒灾延燒御史臺己酉松岳神祠灾九年正月乙酉白翎鎭火延燒城門二百餘閒倉庫五十閒民廬三百餘所十二年十二月戊午鎬京南北二面城廊六十七閒灾　文宗五年二月癸巳京市署火延燒一百二十戶庚子白翎鎭城廊二十八閒及民家七十八戶灾十二年十二月甲子內史門下省火延燒會慶殿東南

廊十六年二月癸巳歙谷縣災六月丁丑定州災十八年正月癸亥都官廨舍火延燒淸河館二十年二月己亥雲興倉災二十八年二月丙申顯德鎭民家九十一戶災三月庚子靜邊鎭城廡軍營及民家一百十三戶災丙辰鎭溟縣城廡及民家八十二戶災三十四年四月丙申將作監火　宣宗元年二月戊戌東路金壤縣管內觀海戍高城縣管內豢猳戍扞城縣管內竹島戍災責能軍官見任設道塲于各縣禳之三年三月庚辰市廛火四年九月庚戌朔王幸西京次于懷鮫驛夜氅衞軍營火七年正月辛未橫川郡倉廩火三月戊子夜大震電新興倉災囷廩亘萬都藎飛焰蔽空九年三月丙辰祭器都監藥店兩司樓門及市巷民家六百四十戶火　獻宗元年六月戊寅東京皇龍寺塔災　肅宗五年八月己未宮南樓橋東廊及四店館掌牲司儀二署火延燒民戶數百六年四月乙巳吏部火十二月甲午大僕寺庫火七年六月庚寅宋商客所接東西館火閏月己巳孟州城廊及民家七十餘戶火十月乙丑龜州城廊七十四間火十二年十二月戊寅左牧監火壬午大寧宮災　睿宗元年十二月丁丑大寧宮災二年九月丙午北面城廊火五年四月甲申尙藥局南廊火十一月丙寅御史臺庫火七年九月乙丑京市樓北廊六十五間火八年正月戊辰都官南行廊火三月甲戌將作監火九年五月戊戌中尙署火十一年閏正月辛丑宋商客館火十二月乙亥南面城廊十七間火十三年十二月己亥明陵火十四年正月辛酉迎恩館火十月辛巳乾明殿火尋滅之十五年十月戊辰鵠嶺城火十六年三月癸亥市廛火　仁宗六年正月乙巳仁德宮火二月癸亥南京宮闕災七年二月癸丑供備庫火八年九月甲子西京重興寺塔震而災十□月庚子日官奏白州兎山西南方火從地中出焚草木然沙石泥土赤如灰入地二尺其下閏濕而土色黑東西一千三百二十尺許南北三千三百六十尺自六月二十日至九月十五日通晝夜光明遍地至今月三日因雨漸息九年八月西京大華闕西山有火列如衆燈餓而合成大燈滅十年三月丁酉仁德宮老檜火出自焚十四年十一月乙酉東京兵庫火十五年二月癸丑東界禾登戍兵庫火延燒七十餘家二十年四月壬午靜邊城廊火二十一年

五月丁卯延德宮火二十二年十一月丙寅市廛火延燒民戶數十家二十三年正月癸亥仁恩館火丁亥西京大同門及遮城左右廊五十五間火　毅宗六年三月癸亥夜禁苑林木間有光爛然如火焰外人疑爲失火聚闕門外欲救知非火乃退時人謂以王好秉燭故有此異七年六月庚申穆淸殿災十一年三月壬申尙乘局灾延及御輦十二年四月癸巳新倉舘里三百二十餘戶灾十一月癸未萬寶殿灾十三年正月辛巳禁中十員殿灾十五年三月乙丑東界宣德鎭兵庫三百餘間及民家三百戶火　明宗元年十月壬子夜宮闕灾諸寺僧徒及府衛軍人詣闕將救火鄭仲夫李俊儀等入直義方兄弟恐有變走入內閉紫城門不納諸救火者故殿宇悉火王出山呼亭痛哭五年二月辛巳內史洞宮災七年十月壬申宮闕都監及市廛三十八間火十年三月壬午西京留守奏衣淵村地燒烟煤不絕長廣並六尺許十二月辛丑夜三司灾十一年正月辛亥寫經院灾十五年八月乙丑戶部版籍庫災十七年正月庚戌樞密院火延燒壽昌宮廊二十餘楹十一月庚申平壤祠堂災十九年五月辛亥大倉災連三日燒六十二庾二十五年八月己卯西京重興寺塔災　高宗三年十月癸丑內莊宅火四年正月甲申城廊廡灾八年五月庚子福源宮北城廊火九年二月甲辰市廛火十二月壬寅太僕寺災十年正月辛亥戎器都監災十月己丑內都校災十一月己未兵部行廊災十二年十月丁未儲祥奉元睦親含元四殿災十二月辛卯興國寺火十五年十月丁巳和州城廡三百餘間火十六年三月庚寅和州兵庫灾丁酉軍器監行廊灾四月乙巳三司文帳庫灾十七年七月戊午大倉八廩地庫皆灾二十一年正月丙午大風闕南里數千家火三月癸丑大風闕南里失火延燒數千餘家又登州城廊倉庫民戶火七月乙卯沿江南里百餘家火九月辛酉大府寺禮部弓箭庫火二十三年三月庚申市街南里數百家火三十二年三月甲子江都見子山北里民家八百餘戶火老弱焚死者八十餘人連燒延慶宮法王寺御醬庫大常府輸養都監三十五年十二月丁亥街衢北四十餘戶灾三十六年二月戊寅江都百餘戶灾三十七年五月癸未良醞洞民家百餘戶火三十八年三月壬申樓橋北

里二百餘戶火四十年四月庚戌長峯里四十餘戶火二月丁丑太醫監藥庫災十一月甲申栗浦里百家火四十二年十二月丙戌弓弩都監兵庫火四十三年九月甲辰墻竿洞三十餘家災四十四年九月己卯大倉災四十五年三月丁卯京都三十餘戶火　元宗十二年二月戊申楮市橋邊民家三百餘戶火九月乙亥國贐庫火十三年正月乙丑街衢里三十餘戶火二月癸卯大風環餠洞里百餘戶火　忠烈王二年閏三月庚子鹽店洞一千餘戶災三年三月庚子大府火延燒民家八百餘戶四年二月丙寅馬坂里十餘家火七年二月丙戌造成都監災時請元木匠以修宮室今已三歲民不堪苦人以爲天示災以警之三月己亥猪板橋百餘家火八年二月己亥楓板橋至墨井里人家火九年四月戊申夜有物赤如火大如斗漸廣如席墜順昌宮流星相繼而隕既而風暴作火起宮中焚蕩無餘十一年正月壬寅梨峴南里災二月庚申左倉里災十七年四月戊辰朔巡馬南里火延燒百餘戶人畜多有爛死者　忠宣王元年二月丁丑京城民家八十戶火五年正月丁未行省南十餘戶火庚戌郭沙洞民家十一戶火　忠肅王四年二月癸卯十川里民家四十餘戶火五年十月丁未市邊行廊火六年九月甲申演福寺東一里火七年二月癸亥左京里十餘家火九年自三月至四月城中各里三百餘家火十二月丁亥福州十餘戶火十一年正月庚寅延慶宮門火三月乙巳鶯溪里民戶百餘家火丁未地藏坊里三百餘家火己酉槐洞里火無風自熾延爇人物斃者甚衆人謂之天火八月甲申時坐宮廚火九月癸酉市廛火十六年三月丙子奉先庫失火延燒民家三十六戶老小多焚死　忠定王元年九月己卯居店火二年正月庚辰市邊行廊火　恭愍王七年二月己巳朔三陟縣民家百六十七戶火十七年四月丙寅市廛災十九年二月癸亥市廛火二十二年十一月癸卯影殿庫災　辛禑二年十月丙辰義成倉酒庫災十一月癸未夜義成倉酒庫再火無餘四年二月庚午孤柳洞五十餘家火九年四月丁亥陝州山城火延燒軍糧一千三百碩十一年三月己巳海州通糧庫災十三年十二月壬子典農酒庫火庚午市廛行廊二十六間火　恭讓王元年三月庚寅內乘災

睿宗十六年十一月無冰　仁宗九年十二月壬辰大雨溝渠解凍如三月時　毅宗四年十月恒燠十一年十二月無冰　忠肅王八年十一月癸未溫暖如春　恭愍王六年十一月丙辰暖如三月十一年十一月無冰氣暖如春至有田中遺豆生葉者十五年冬無冰十六年十二月丁未山嵐如春戊申亦如之十八年十月丁亥暖如春戊子亦如之二十二年十一月氣候如春二十三年十一月戊辰溫暖如春丁亥霧氣如春　辛禑四年十二月無冰

顯宗七年十一月丙辰祈雪于群望　宣宗七年十二月壬辰祈雪庚子再祈于諸神廟壬寅又祈八年十一月庚戌祈雪于社稷　肅宗七年十二月戊辰祈雪于大廟九年十一月癸酉祈雪于宗廟社稷丁亥醮太一祈雪十二年十二月甲子祈雪于大廟群望乙亥祈雪于大廟及諸神祠　睿宗九年十一月無雪　仁宗二十四年十一月太史奏立冬以來無大雪請祈雪　毅宗元年十一月甲申祈雪十一年十月溫無雪　高宗四十二年冬無雪四十三年冬無雪飢疫相仍僵尸蔽路　恭愍王二十一年冬無雪山崩井泉皆渴布一匹直米一斗五升

景宗五年十二月杜鵑花開　顯宗二年十一月全州黑石寺牧丹花開冒雪不落十年八月廣明寺牧丹花再開　仁宗十一年八月梨再華　毅宗五年八月闕南梨樹華二十一年八月梨樹華　高宗四十四年九月甲寅史館薔薇華四十五年十月史館薔薇華　元宗元年八月梨華　忠惠王元年十月桃李華　忠定王三年十月葵花薔薇開　辛禑五年十月梨華八年七月宮中梨華　肅宗九年七月戊戌雨穀于通海縣　辛禑八年二月癸亥雨穀有似黑黍小豆蕎黍者王以問日官對曰謹按占書飢饉荐至人將相食之兆

景宗元年十一月鵂鶹白日滿空飛鳴　顯宗六年正月雉集于含福門二月壬子朔群鳥成隊西飛五日乃止七年二月丙戌雉集于壽昌宮含福門十二年二月辛亥雉入壽昌宮三月辛巳雉集壽昌宮二十六年二月丁亥有大鳥巢于神鳳門鴟尾　文宗二十一年閏正月鸛雀巢廣化閶闔二門鴟吻　宣宗六年三月甲午有鳥如烏而白翼者集于乾

德殿門前　睿宗十六年正月辛亥夜鵂鶹鳴于神鳳門上
仁宗四年二月丁巳群烏集靈通寺北山相鬪咬死數日
乃止六年七月乙酉野鶴數千自東來盤飛於城市宮禁七
年十月丁丑黃昏有鵄鳥數千飛翔廣化門上夜至壽昌宮
盤旋良久向東南而散凡十餘日丙戌夜訓狐鳴于坤方九
年四月乙未西京林原闕內自庭除沙土至宮內幽深塵埃
之處皆有鳥雀之跡人以謂將爲丘墟鳥獸聚集之兆十二
年十一月癸丑野鴨百餘飛集壽昌宮十四年十二月庚子
群烏集靈通寺南嶺飛鳴相鬪凡五日往往墮山谷閒而死
毅宗四年九月乙未雉集于康安殿　明宗七年七月戊
午有鸛群翔于市街己未又盤旋於毬庭九年十二月庚寅
雉集于泰定門二日十年二月丁酉有鸛巢于廣化門鵄尾
十一年八月癸亥鵩鳴于泰定門十三年十月丙申雉升于
宣慶殿識者謂雉火屬殿必復災十四年六月癸酉西部香
川坊民家有小雀生雛大如山鵲占曰羽蟲之孽生非其類
國家擾亂之兆二十二年二月丙戌野鳥棲儀鳳門右鵄尾
二十六年三月丁亥有烏巢于大觀殿榜二十七年五月有
山鳥群飛入城形如戴勝觜黑而長人以其聲名之曰獵人
足項命有司禳之世謂之兵鳥　神宗二年八月乙丑鵩鳴
于棣通門及大定門丁丑又鳴于儀鳳門三年五月甲戌鵂
鶹鳴于儀鳳棣通大定等門五年七月甲辰鵩鳴于宣慶殿
六年五月壬申鵩鳴于宣慶殿乙亥亦如之七年三月烏巢
于大觀殿榜　高宗六年十二月甲子雉入康安殿七年四
月庚申朔群烏集于男山噪鬪多死八年正月己酉鵂鶹鳴
于儀鳳樓十年十月丙申鵂鶹鳴于儀鳳門十四年八月丙
辰鵂鶹鳴于儀鳳樓四十年七月壬辰鵂鶹鳴于禁中壬寅
亦如之　元宗八年八月丙寅雉入寢殿十一年四月甲午
恠鳥來鳴俗云山休足項十四年四月丙午恠鳥鳴于闕內
忠烈王四年十月庚午鵂鶹夜鳴于沙坂宮十三年三月
辛酉有恠鳥鳴于大殿南俗云山休鳥十六年十月戊子雉
入宮中十八年四月己卯雉入宮中十九年五月庚午夜鵂
鶹鳴于壽康殿七月己未夜鵂鶹鳴于大殿　忠宣王四年
十月丁亥雉入市　忠肅王十二年八月戊戌鵂鶹鳴于市
屋烏鵲隨噪之九月甲戌鵂鶹鳴於旻天寺三層閣乙亥亦

如之十一月甲寅鶉入市廛閉丁卯鵂鶹鳴于演福寺　忠
穆王二年十月己巳鵂鶹鳴時坐宮東隅又鳴於北隅庚午
鵂鶹鳴于時坐宮北三年八月丙申鵂鶹鳴于延慶宮東西
隅庚申有雙雉墮于迎慶宮四年二月乙酉雉入市九月丁
巳鵩鳴于寢殿十月壬申鵂鶹鳴于延慶宮東門　忠定王
元年閏七月己卯鵂鶹鳴于延慶宮東城癸卯鵂鶹鳴于延
慶宮東三年五月戊午鵂鶹鳴于紫門九月庚戌鵂鶹鳴十
月丙戌鵂鶹死于延慶宮戊子午鵂鶹來止旻天寺又飛止
沙峴宮及毬庭十二月丙子鵂鶹鳴于延慶宮　恭愍王元
年正月群烏飛集宮苑自四月至五月群烏飛集烽山七月
己丑鵩鳴于料物庫壬辰鵩鳴于延慶宮戊戌亦如之三年
六月群烏自春飛集龍首松岳二山至是或有相鬪而死者
八月己亥鵩鳴時坐宮四年十一月辛丑鵂鶹鳴六年九月
辛巳鵩集演福寺甲午鵩鳴七年十月甲午夜鵩鳴八年五
月己酉鵩鳴于延慶殿東八月甲午鵩鳴於市上十二年六
月丁巳夜鵩鳴十四年九月癸未夜鵩鳴十月丁酉雉入內
乘庭十一月壬子夜鵩鳴景靈殿松十五年八月甲戌雌雉
落于王后殿而死十八年十一月乙未鳶飛蔽天集白鹿山
分爲三隊一隊可五千許二十二年十月丙戌雉飛入時坐
宮二十三年十一月己巳鵩鳴于大室　辛禑三年七月辛
卯集緇流設法席于龍首蜈山等處以禳烏鳶四年十一月
丁酉眞觀寺主山及南山群烏飛鳴相鬪凡七八日至有墜
死者六年六月丙子鵩入宮十月己未雉入禁中七年七月
群烏東來其飛蔽天集進鳳龍首等山又至社稷壇旬日而
止命書雲觀禳之八年正月辛丑鵂鶹鳴于時坐宮松樹十
四年九月己丑雉集于壽寧宮　恭讓王二年七月乙巳鵩
鳴于景寧殿四年六月己卯鵂鶹鳴於解慍亭是月群烏集
于演福寺及花園白鹿山其飛蔽天

顯宗九年二月己丑京牧監羊生子一首兩身

太祖元年六月戊辰一吉粲能允家園生瑞芝一本九莖三
秀獻于王王賜內倉穀　文宗十六年五月朱草叢生于重光
殿王命詞臣賦詩

顯宗三年五月丁亥赤氣如火見于南方五年三月庚寅夜
四方赤祲七年十二月丁酉四方赤祲八年二月癸酉赤祲

如火彌天十年正月乙酉赤氣竟天十九年九月丙申夜赤氣竟天　宣宗五年七月己巳赤氣如火七年正月乙丑有紫氣散如火焰至曉乃滅　肅宗六年正月壬戌朔夜赤氣自北指西紛布漫天白氣間作良久乃散占者曰遼宋有兵喪之災九年正月甲申夜赤氣見于東南長十餘丈戊戌赤氣見東方十年正月辛未夜赤白氣見于東南至曉乃滅
睿宗四年四月丙戌彌勒寺功臣堂屋上赤氣衝天久而變黃黑向東而滅八年二月甲辰南北方有赤氣經天九年二月辛未夜赤氣如火光散射乾艮離方至曉乃滅十年二月甲子艮方有赤氣如火十一年九月癸巳夜赤氣見于乾兌方庚子夜庚方有赤氣十二年十一月乙巳夜北方有赤氣發紫微宮指乾艮方如布滿天而分散又赤氣發艮方十三年三月丙戌東方有赤氣十六年二月庚午夜赤氣從乾至巽長三尺許素氣從房心至坎長七尺許三月庚申赤氣起於張翼間十七年四月丙申南方有異氣五色鮮明良久而散遣使行天祥祭　仁宗元年四月癸巳金吾衛池水變爲血色數日四年六月癸卯乾方有赤氣七月戊寅乾方有赤氣五年九月丁酉夜赤氣發東南至庚子滅六年正月辛亥夜北方有赤白氣入紫微宮十一月庚子自戌地至未赤氣衝滿十二月戊辰夜赤氣起自艮方經斗杓入紫微宮七年九月丙辰赤氣自乾艮方交發衝射紫微宮十一月己未赤氣自丑亥入紫微宮八年二月癸巳夜赤氣如匹布自東而北五月癸丑赤黑氣見於艮方方圓二十尺許屯結不解奮發光曜如鳥拂翼乃散八月乙未初更赤氣如火影發自坎方覆入北斗魁中起滅無常至三更乃滅日者奏天地瑞祥誌云赤氣如火影見者臣叛其君伏望修德消變九年正月己亥西方有赤氣甲辰有赤氣十二年五月戊寅雨血于廣州六月青楓縣大池水化爲血流至漢江十五年正月戊子赤氣發西北方十六年七月乙巳夜乾方有赤氣如火辛亥夜亦如之九月甲申夜赤氣發艮方十月辛巳赤氣發于艮方十九年七月丙辰夜赤氣發北斗十月丁亥夜有赤氣衝天至勾陳紫微又素氣十餘條交錯起息又黑氣長四丈許東西衝貫于北斗又電光發于天末十一月戊午夜赤氣發於坎又有素氣二條交發貫北極勾陳滅而復發　毅宗十

年四月乙亥夜赤氣如火長三十尺許廣一尺　明宗三年十二月庚辰赤祲見于東方日官奏赤氣移時下有叛民五年閏九月丙子赤氣如火見于東南方變黑而滅六年二月丁丑夜赤祲見于西北方如烟焰南方亦如之戊寅晡時赤氣如烟焰自西北彌亘四方癸未夜赤氣又見西方狀如干楯長十五尺許八月辛巳赤氣如火見于西南方至夜變黑而滅九月戊申四方赤祲七年正月庚申赤氣如火見於東方又見於坤乾二方二月壬辰赤氣見于四方七月甲辰赤氣見于東南方十二月壬申赤氣見南方太史奏下有伏兵八年三月壬子四方赤氣如火六月辛卯開國寺佛机上有水流出赤如血九年正月癸亥南部里井水赤沸三日二月辛卯赤氣如火見于南方四月庚戌蓮花院池水赤五月乙丑龍化院池水赤如血十年三月癸丑乾方有赤氣如火設大佛頂讀經於內殿設金光明經法席於大安寺以禳之八月辛巳西北方有赤氣如火十一年七月戊戌赤氣衝天十五年二月丁丑夜東西方天際有赤色如火影十六年二月雨雪于俗離山消而爲水其色如血十七年八月丙申赤氣

東西竟天又五色虹南北相衝十月甲申坤方有赤氣戊子亦如之十八年十月庚午坤方赤氣如火三日二十二年十一月壬辰赤氣如火見于西方二十四年五月癸酉龍化院南池水赤如血凡十餘日二十五年二月壬午夜赤氣如火見于東西方二十六年八月戊申夜有氣竟天赤如血十月癸亥赤氣如火見于南方　神宗二年五月南部北井水赤沸聲如牛鳴凡十餘日占曰賤人將貴四年二月壬寅廣明寺南池水赤四月癸卯開國寺南池水赤六月己卯朔馬市池水赤十二月甲戌赤氣從艮至乾如火　康宗二年三月東海水赤如血　高宗四年三月壬午乾方有赤氣戊子赤氣見于東西辛卯赤氣橫亘四方六月戊子紫氣漫天七年二月戊寅赤祲竟天三日八年八月丙子赤氣見于東方九年三月庚午四方赤祲四月乙巳赤祲見于東方七月庚午赤祲見于西北十一年九月乙丑赤雲自坤方至北如火影占云所向兵至十二年七月庚午西北方有赤氣十四年三月丙寅赤祲見于西方六月癸丑赤虹衝天頭尾垂地七月辛卯赤祲見于西北十五年二月丁卯赤氣亘天十六年八

月乙卯自艮方至巽赤氣如火三十六年閏二月甲辰赤氣橫亘東西三十七年十一月壬戌四方有赤氣十二月乙未童津山有血祲三十八年十一月乙巳東北方赤祲如血四十年三月戊戌東北赤氣連天七月壬辰西方有赤雲氣四十一年九月壬子赤氣周天四十二年八月辛卯東方赤氣周天九月朔甲午赤氣周天四十三年五月癸巳西南方赤氣周天四十四年二月癸未夜赤氣竟天光明如晝五月丁卯巽方有赤氣衝天六月癸巳有赤氣如梨子自心大星流入尾星四十六年正月丙午赤氣衝天如火光五月乙卯慈雲寺右小池赤沫如血寶文閣校勘姜度云新羅虎景王時大觀寺池水赤其年王薨今玆王疾殆不瘳乎六月戊戌曙時東方有赤氣如霞異常　元宗元年六月乙丑乾方有赤祲長三十尺許橫天如龍蛇九月己丑北方赤氣竟天如火十一月丙戌艮方赤氣如火直上衝天庚申赤氣見于東方三年九月己卯赤氣見于西北十月戊寅赤氣橫天五年正月癸巳赤氣浮於天東九年十一月辛酉赤氣見于西方十一年五月丙午慈恩寺池水赤如血十四年十二月乙丑赤氣見于西方十五年十二月丁未赤黑氣見于西北方乙丑赤氣亘天　忠烈王二年十月丙戌巽方赤氣橫天其上白氣如槍長三尺許三年二月甲申東南赤氣如虹三月甲寅東方赤氣經天其上白氣如劒長五尺四年二月壬午赤氣竟天三月乙酉赤祲見于南方夜明如晝五年九月癸亥紫氣見于西方長十餘尺光如電八年正月壬戌朔赤祲見于南方十三年二月甲寅南方有赤氣十四年十月庚午赤氣見于東方或如匹練或如熾火良久乃滅十八年十一月己卯南方有赤祲十九年九月甲寅夜有物如火墜于城西二十年正月丙辰赤祲見于西北方六月乙巳紫氣見于東方血幢竪於西方長可十五尺二十一年十二月戊辰赤氣見于北方二十二年正月甲午赤白氣衝天二十九年十二月甲辰赤氣見于坤方三十三年二月戊午東西有赤氣　忠宣王四年正月庚子東北有赤氣　忠肅王元年二月丁丑赤祲見于西北方三年三月癸卯朔赤氣見于東南光如炬者二十一月丙申西方有赤祲六年十二月壬申夜赤祲七年十月壬戌月初生有赤色如烈火八年正月丙子赤祲見

于東西白氣見于南方三月丁亥西方有赤氣十年七月丁未紫氣如虹見于西北俄變爲黃漫空十一年二月壬午赤祲見于東方　忠定王三年十二月庚辰紫氣見于南方恭愍王二年正月乙未紫氣見于東西七年正月己未夜紫氣自西北方騰上三月辛丑夜赤氣見東北方八年正月丙辰夜紫氣自西北方騰上十年正月丁巳赤祲竟天十一年十二月甲戌夜紫氣見于西北方十三年正月戊子夜西南有赤氣如龍壬辰赤氣如虹見于東方長十餘丈十四年二月庚戌夜赤祲見于西方癸丑夜赤氣見于東方甲寅赤祲見于東方乙卯夜赤氣見于南北方七月甲申夜東方有紅雲十五年九月辛巳西北有物赤如血大如簟自天而下隕于塩白州之境白氣射天良久乃散十月丙子赤氣見于東方十六年正月乙酉赤氣如火西方爲甚丙午夜赤祲見于東方二月丁未朔夜赤祲見于東西戊申夜赤祲見于東庚戌夜東西南方赤氣衝天壬子夜赤氣衝天庚午赤氣見于東北方五月丙子朔雨血于泥峴六月庚午漣州澄波渡水赤三日十一月辛卯夜赤氣見于西北壬辰夜赤氣見于東北十七年二月甲辰夜赤祲如火壬戌夜赤祲甲子亦如之戊辰赤祲三月辛未朔夜赤祲如火至乙亥六月戊申即知峴井赤沸十八年十一月丁未赤氣如火見于西南十九年正月甲辰西北方紫氣漫空影皆南二月己卯赤祲八月庚午赤祲見于東北方十一月辛卯赤祲見于西北二十年正月己卯赤氣見于西方九月庚申赤氣見于西北方二十一年二月庚寅開城井水赤沸三日三月丙辰赤氣見于西北方十二月庚寅赤氣見于西方己亥赤白氣見于北方二十二年正月丙午赤氣見于西北方辛亥赤氣見于西方丙寅赤氣見于東西北方二月丙子赤氣見于西北方辛巳赤氣見于西南方庚申赤氣見于南北方四月癸未梅介片沸湧赤如血傍有蓮池水亦赤七月己未赤氣見于西北二十三年正月庚寅赤氣見于西北方癸巳赤氣見于南方白氣見于北方三月戊辰赤氣見于東北方庚午四方有赤氣　辛禑三年九月甲申赤氣見于西方十月癸亥開城大井赤沸四年十二月辛酉有氣大如鉢色如火飛過空中五年正月庚寅赤祲見于西北方二月甲子赤氣見于西南三月壬申

赤氣見于南方五月癸巳梅介井水赤沸三日六月丁亥梅介井水赤七月丁巳梅介井赤沸六年二月戊子赤氣見于西方光如炬十二月癸酉赤氣見于西方七年正月壬辰赤氣見于南方二月己未西南北方赤氣如血騰空九年十二月甲戌赤氣自西指東十一年正月戊子赤氣竟天七月戊寅開城井赤沸十四年五月甲申大同江水赤　恭讓王二年二月戊午西方赤氣六月甲戌碧瀾渡潮水赤二日己卯禮成江水赤沸三日三年正月庚寅赤祲見于東方

肅宗十年二月庚子朔夜有光發于乾巽方如月始出　明宗八年十月辛卯夜半密雲昏黑西北方隱隱光明燭地有人影竟夜滅甲午北方有氣如日庚申朔南方天明有氣如火癸亥夜又見于西南　忠烈王十三年十月乙丑夜明西南野雞皆鳴　恭愍王十五年十二月庚戌初昏東方有氣如月浸雲

志卷第七

志卷第八　高麗史五十四

正憲大夫工曹判書集賢殿大提學知經筵春秋館事兼成均大司成臣鄭麟趾奉教修

五行二

五行三曰木曲直木之性也失其性爲沴故生不暢茂及爲變恠者有之時則有鷄禍時則有鼠妖是爲木不曲直其徵恒雨其色青是爲青眚青祥　太祖二十一年八月大內柳院僵槐自起　光宗二十四年二月壬寅連理木生于京城德瑞里　成宗六年連理木生于忠州　顯宗七年四月司憲臺庭栢樹枯死有年至是復生十六年十一月甲申賓城郡獻珊瑚樹二株十八年七月庚子靈光郡獻珊瑚樹高八尺枝八十一　肅宗五年五月蟲食平州管內白州兎山松六年四月蟲食首押山松辛丑太史奏蟲食松此兵徵也宜行灌頂文豆婁賓星等道場老君符法以禳之從之丙寅遂集僧徒于首押山以禳之丙戌命東北州鎭設神衆道場以

禳松蟲七年四月蟲食松辛亥命僧講華嚴經五日以禳之
五月癸酉親率群臣醮上帝五帝於禁中配以太祖及大明
夜明謝過祈禳三夜而罷六月丙戌命宰相分祀五方山海
神君於三所又集僧二千分爲四道巡行京城諸山諷般若
經以禳松蟲遂發卒五百捕于松岳　睿宗五年二月癸巳
雨木冰六年六月中書省櫻桃結子大如杏子而中空無核
十七年七月蟲食松丙戌設佛頂道場于會慶殿七日以禳
之　仁宗十一年四月蟲食松十三年二月丁丑雨木冰十
五年正月丁丑雨木冰十七年十二月丁卯雨木冰　毅宗
五年八月海州蟲食松自去歲至是爲蝗蟲所損太史奏曰
海東古賢讖記鵠嶺有松城松爲君臣蚕䖸爲小人蠊食松
之時文虎亂政松變鵠木之歲天下白色　明宗八年二月
壬申居昌縣丐居鄉民家僵梨自起枝葉復生四月戊寅黃
澗縣僵櫟自起壬午利安縣僵樹自起十一月丁丑木稼十
一年二月丁酉妙通寺南菩提樹鳴如豹聲十二年正月癸
巳木稼十五年正月戊戌木稼十月戊寅木稼十六年五月
西海豐州界蟲食松葉設齋禳之十七年正月丙午木介丙

寅亦如之二十年十月己酉木稼二十一年正月己未木稼
二十四年十一月辛亥木稼二十五年正月癸巳西京監軍
使廳北楡樹自鳴凡十餘日二十七年正月丙子木稼　神
宗五年二月戊寅木稼　熙宗四年二月壬寅木冰　康宗
二年四月白州有僵樹三年自起　高宗十年七月蝗蟲食
松葉十一年五月蟲食安和寺松葉十六年正月庚午朔木
稼丁亥亦如之二十一年十二月戊子木稼二十二年正月
己亥木稼戊申亦如之三十年正月癸未木稼三十三年十
二月癸巳木稼三十八年閏十月丁丑木稼三十九年十一
月己丑木介四十一年二月庚午木稼十一月壬戌木稼十
二月戊寅木冰四十五年七月南海平山縣僵樹自起　元
宗元年正月庚午木稼二年正月癸未木稼四年十二月乙
卯木稼甲子亦如之九年十一月壬戌木稼十一年十二月
己亥木稼　忠烈王元年十月蟲食松葉四年十一月辛丑
木稼五年正月丙辰木稼六年正月乙巳木稼十一月己酉
木稼庚戌亦如之七年十一月癸亥木稼十一年正月辛卯
木稼十五年正月丙申木稼十九年五月乙丑木實皆隕二

十年十二月壬午木稼三十一年十一月乙卯雨木冰三十四年正月癸未雨木冰二月丁未雨木冰　忠宣王二年十二月丁未雨木冰戊辰雨木冰二日　忠肅王四年十二月乙巳木稼丙辰亦如之八年正月辛巳木稼九年九月庚辰木稼十一年正月庚子木稼十五年十一月戊寅木冰十七年十一月癸巳木稼後八年六月辛卯大觀殿銀杏樹自顚十月己酉木稼十二月丙申木稼　忠惠王後二年二月癸未木稼十二月壬戌木稼五年正月壬午木稼二月癸巳木稼丙申亦如之　忠穆王元年正月乙巳木稼癸丑木介二年十一月辛亥木稼二日三年正月辛酉木稼　忠定王元年正月壬辰朔木稼癸巳亦如之　恭愍王元年二月辛卯木稼二年九月蟲食松葉十一月戊辰木稼大霧咫尺未辨人物三年正月癸酉木稼乙亥亦如之六月蟲食松岳松命捕之十二月庚子木稼五年四月蟲食松葉命捕之六年閏九月癸亥木稼十月壬午木稼七年十月己卯木稼十一月丁未木稼八年六月戊子木稼十年五月庚申蟲食松十一月庚午雨木冰十二月丁未木稼十一年十二月戊寅木稼十二年二月戊戌木稼三日十三年五月蟲食松葉十四年四月蟲食松葉十五年十一月甲辰木稼乙巳亦如之十六年四月江東有桃結子每顆一面不毛晉州斷俗寺僵松自起十九年十月木稼十二月庚午木稼二十一年二月丁亥木稼二十二年十一月丙辰木稼十二月丙寅木稼二十三年十月辛亥木稼丙辰亦如之　辛禑二年閏九月庚戌木稼三年十二月壬子木稼四年十一月壬午木稼戊子亦如之五年十月己巳雨木冰八年二月全羅道錦州有木結實色如粉狀如手指人以謂木實餠味不如餠十月丁亥木稼十一月己未木稼甲戌亦如之十二月乙酉木稼九年二月庚辰木稼十二年十一月庚午木稼十二月辛卯木稼戊戌亦如之十四年正月乙酉木稼十一月乙酉木稼丙申亦如之　恭讓王元年正月乙酉木稼五月乙亥蟲食松葉乙未令重房率五部人捕松蟲六月辛丑設大般若法席于龜山寺以禳之二年二月壬子木稼四月蟲食松岳山松丁亥發五部人捕之三年四月乙丑蟲食松岳山松葉發各里各領捕之十二月丁巳木稼三日己卯亦如之宜州有大樹枯朽

累年是年復條達數桀時人以爲開國之兆四年五月丙申蟲食松岳松葉丙午蟲食大廟松旣蟲之食松五六年于茲而大廟之松未嘗食至是始食之

顯宗三年十月己亥大雷雨五年十一月乙巳雷雨六年十月癸巳雷雨十三年十月庚戌大雨暴風折木是日以霖雨不止祈晴于群望十五年五月癸巳雨自春暵甚民有圜聚籲天祈禱王晨起聞其聲因輟膳齋沐焚香立于殿庭仰天祝曰寡人有過請即降罰萬民有過寡人亦當之乞垂膏澤以救元元逐大雨十九年六月淫雨　靖宗元年五月甲辰祈晴于川上每水旱祭百神於松岳溪上號曰川上祭十二月乙亥雨六年五月壬戌大雨弥月八月丁未祈晴于北岳七年十月乙酉暴雨　文宗元年五月己卯大雨三年四月乙丑大雨有雹震人及樹木四年五月辛卯夜暴雨震人及樹木六年六月乙亥大雨九年五月乙亥大雨雷電有雹十年六月己卯制今當禾穀垂成淫雨不止將來可慮其令祈晴于上下神祇十九年十一月甲申雷雨二十一年十一月壬午日南至大雷雨二十七年六月庚子祈晴于川上二十八年四月甲戌大雨百官表賀三十一年八月辛卯祈晴于川上　宣宗五年八月霖雨傷禾七年十月辛丑大雨十二月辛卯朔大雨　肅宗元年十月辛未大雨雷震三年七月戊申祈晴于松岳十月庚辰雷雨四年八月丙子祈晴于松岳東神川上諸神廟朴淵等五所六年五月庚午大雨十一月辛丑大雨九年十二月戊申大雨　睿宗元年五月丙辰以大雨踰旬祈晴于廟社八陵八年六月己巳祈晴于社稷群望十年五月戊寅雨雷電十月癸丑雨雷電十一年九月壬子夜雷雨十六年六月丙午大雨自四月旱至是乃雨　仁宗元年十月丙申大雨三年正月庚寅大雨七年八月丙寅以久雨祈晴于山川佛宇八年五月甲辰大雨九年五月辛丑大雨十月乙丑大雨凡四日庚子雷雨十一年五月壬申大雨七月辛未大雨十二月庚子大雨丁未亦如之十二年七月乙亥大雨三日十五年五月庚寅大雨六月辛卯大雨震南郊人馬罷散祈雨巫女十八年十二月壬戌大雨二十二年十月庚辰大雨雷電　毅宗三年九月丁亥大雷雨四年十月庚戌雷雨七年九月壬辰大雨雷電十一年十一

月己巳大雨乙亥丙戌亦如之十二年六月丙申大雨十月乙未大雨震雷十一月丙寅大雨　明宗十一年六月辛酉大雨二十年九月癸丑大雨震電二十二年十月辛丑大雷雨二十三年十月甲寅大風雨雷電　高宗二年七月辛酉大雨六年五月辛酉大雨八年十一月丁酉雷雨十年九月甲辰大雷雨十一年十一月癸亥朔雷雨十二年夏恒雨傷禾稼三十年六月戊申大雨三十二年九月戊戌大雨雷電暴風飛瓦十月癸亥雷雨四十一年七月乙巳大雨傷稼多漂民戶四十五年自六月至七月恒雨　元宗四年五月丙申大雨十年十月辛巳雷雨壬辰亦如之十四年閏六月庚申大雨傷稼　忠烈王十三年五月辛卯朔大雨十五年八月甲子大雨二十一年十二月辛酉大雨二十七年六月戊申大雨傷稼三十一年十月甲申雷雨　忠宣王五年十一月己亥大雨　忠肅王二年六月癸巳大雨三年六月甲戌雨翌日大雨四年四月甲子大雨五年六月丙午大雨八月甲午大風雨禾偃木拔凡二日六年六月丙午大風雨七月戊寅大風雨震電九月戊申大雨雷電七年九月甲午雷雨

十六年三月己卯雨大風七月戊辰大雨人有溺死者　忠穆王元年十月丙辰大雷雨

忠定王元年十月己丑暴雨雷電三年十月戊寅大雷雨

恭愍王三年五月戊子大雨四年正月甲子大雨五年七月壬辰大雨人家漂沒者多十一年十一月乙巳大雨震電甲寅雷雨虹見地震十六年五月甲辰大雨時南方大旱行旅不得水熊津渡淺纔濡馬足至是乃雨民始播稻六月庚申大雨五日十七年十二月辛巳夜大雷雨二十二年七月丙辰大雨二十三年正月戊子雨大雷電有魚墮落十一月己巳大雨雷電　辛禑元年六月丙午漢陽府大雨三角山國望峯崩九月癸亥驟雨大風天大震動十月己巳雷雨大風行消災道場於外院寺十一月辛巳朔大雨震電祔敬孝大王于大廟不克祔三年二月甲戌雨震電三月戊子大雨十月丁巳雷雨四年十一月辛未雷雨七年七月癸亥大雨水溺死者多八年五月己未大雨九年五月丁未無雲而雨丙辰大雨十月乙亥大雨震電丙子亦如之十年十月戊寅雨震電　恭讓王元年八月自四月至是月恒雨水湧山崩十

月丁酉大雨震電二年五月乙卯以陰雨連日不開故設祈晴法席于順天寺六月丁卯命禳淫雨及蝗蟲之災九月壬辰大雨雷電雨雹丙午大雨震電人畜有凍死者三年四月庚午大雨十月丙寅大雨震電四年四月壬戌雨自正月不雨至于是月六月庚午大雨雷電震城中人畜

顯宗十一年十一月壬戌卿雲見

太祖十五年四月西京民張堅家雌雞化爲雄三月而死

顯宗八年四月尙乘局雌雞長鳴　明宗十七年京城群雞鳴不鼓翅　忠烈王三年昇平郡任內別良部曲長大冲家雌雞化爲雄羽毛尾距皆具唯冠未甚高大冲云此雞生二十年每年生雛前歲不乳今忽變爲雄

元宗二年正月北人言群鼠渡江皆入我境　宣宗十一年十月丙子有靑赤氣去日二十餘尺　睿宗二年十二月辛丑南北有靑白氣西方有赤氣　高宗四十三年七月辛丑東方靑赤氣相對周天　恭讓王二年四月甲寅日旁有靑赤氣中大而端尖

靖宗二年二月戊寅諸神廟屋自頹九年五月庚辰興國寺門廊二十一間自頹壓死八十餘人　宣宗五年六月癸卯大倉南廊自壞壓死者數人　獻宗元年六月癸巳奉恩寺眞殿御榻自動　睿宗十七年四月辛丑羅城宣義門自毁　仁宗四年四月宣旗門外籬毁十一年三月甲申昇平門鵄尾若動搖然　毅宗六年四月丁卯宴萬壽亭將罷假山頹牝雞鳴　明宗九年三月戊子市肆廊廡十餘楹自頹十四年八月乙酉龜州富壽門自動凡二日屋瓦皆飄落二十六年四月甲寅壽昌宮中書省門自頹　忠惠王後五年正月辛卯典法司門頹　忠穆王三年七月己未市邊行廊自頹十一月丁未牛臺自頹

五行四曰金從革金之性也失其性爲沴時則冶鑄不成爲變恠者有之時則有訛言時則有毛蟲之孽時則有犬禍其徵恒暘其色白是爲白眚白祥太祖十一年八月原州山澗寺鐵佛汗三日　顯宗三年六月高州城西大石自行十餘步六年五月甲申通州有大石自行十一年六月乙未豊州海邊平地大石自行百步而止十三年五月乙亥溟州上言銀鑛出旌善縣二十年七月聞喜縣出水精玉璞四萬餘枚

文宗十年正月辛未隕石于黃州聲如雷十一年正月乙未隕石于黃州聲如雷　睿宗十四年十一月壬申屋瓦庭塼冰有文如花卉狀　仁宗二年三月東海中兩石進退相擊　明宗六年三月癸丑西京江邊石自生火十六年正月戊申西京仁王寺南川東石大如甕夜自移于川西　康宗元年十月壬午有石自移於敎化門內二年二月西京楊命浦水中石大如瓮自出陸移一百二十尺許　高宗六年閏三月壬寅有石出西京長命浦水中登陸向北轉行一百六十七尺又有二石出多慶樓南淵中轉沙石閒宛然成蹊始則並行百步許終則一石向北行八十三步一石向東南行八十三步七年三月丙午耽羅郡有石百餘自行中有最大石欲還來而止餘石皆止不行八年二月己巳西京馬灘邊有大石自移十七年正月壬辰隕石于中原府二聲如雷七月乙未隕石于安南府通津縣　元宗二年四月丁巳西京羊皿浦石出水陸行　忠烈王十九年二月丁酉西北面鐵州烽串浦有大石自移一千七百八尺許三月己丑崇敎寺東路橋石自裂聲如牛吼二十年三月隕石于尼山縣其質如玉形如雞子三十四年二月癸巳隕石于潭州聲如雷

忠穆王元年正月己亥有大石自涉長湍渡

太祖十七年西京旱蝗　成宗十年七月旱敎曰季夏已闌孟秋將半尙愆時雨心軫憂懷未知政化之陵夷歟刑賞之不中歟啓牢獄放囚徒避正殿減常膳祈天禱佛望祀山川未覩石燕之飛轉見金烏之赫由予涼德致此亢陽欲推養老之恩以表憂農之念准雍熙三年賜給老人制在京城庶民年八十已上者所司具錄姓名申聞　顯宗二年四月旱丁未禱雨于宗廟移市肆禁屠宰斷繖扇審寃獄恤窮匱辛酉禱雨于松岳大雨三年六月以旱命有司治寃獄放輕繫禱祀山川八年九月旱蝗王避正殿減常膳十年四月旱癸卯禱雨于神祠五月辛巳以旱慮囚十一年七月乙丑以久旱慮囚大雨十二年四月旱庚午禱雨五月庚辰造土龍於南省庭中集巫覡禱雨庚寅雨十三年五月旱庚午禱雨于群望十四年六月戊戌以旱慮囚十五年四月旱己卯禱雨于群廟十六年四月旱甲子敎曰農事方般亢陽爲沴恐乏蒸民之食軫予宵旰之懷是宜避正殿減常膳禁屠宰輟樂

懸審冤獄禱群望匪惟寡德深合責躬凡百官僚亦當自勗
十八年五月庚子朔禱雨于群望甲寅以旱避正殿減常膳
踈決獄囚乙卯再雩丙寅雨二十二年四月旱戊子禱雨于
群望　德宗元年三月庚子以旱放奉恩重光兩寺役夫四
月辛酉親醮于毬庭禱雨　靖宗二年五月癸卯設道場於
文德殿禱雨五日六月乙卯設道場於文德殿禱雨乙丑王
親醮乃雨六年四月旱丁未禱雨於臨海院五月乙卯朔禱
雨于北岳辛酉醮于會慶殿禱雨七年五月旱庚午設金剛
明經道場于文德殿禱雨乙亥雨八年六月旱庚辰禱雨于
宗廟山川九年五月旱己卯雨　文宗元年四月癸亥王以
自春不雨避殿輟常朝斷屠宰止用脯醢令中外慮囚五年
三月旱壬戌禱雨于川上壬申亦如之五月辛未再雩六年
五月甲寅王以旱避正殿減常膳令中外慮囚六月乙亥設
金剛道場於文德殿禱雨十一年五月戊寅禮部奏謹按今
自孟夏雨澤愆期又廣州牧報田野乾焦殆失歲望請於松
岳東神堂諸神廟山川朴淵等五所每七日一祈又令廣州
等州郡各行祈雨制可壬午禱雨于諸神廟戊子再禱乃雨
十八年四月甲戌有司奏自春亢旱焦禾損麥請移市肆禁
傘扇從之二十年四月癸巳再雩五月乙卯禱雨于川上二
十三年四月旱五月甲申禱雨二十四年四月旱辛未禱雨
于川上二十五年五月旱丁亥禱雨於川上六月甲子禱雨
于川上二十八年四月戊辰朔以旱徙市二十九年五月辛
酉朔太史奏自春至夏亢陽不雨恐傷稼穡請禱于丘陵川
瀆制可三十六年三月庚子命有司禱雨于山川社稷五月
旱癸巳醮九曜堂禱雨庚子又禱于興國寺三十七年六月
旱丁卯禱雨于宗廟社稷　宣宗二年四月庚寅以旱命有
司講雲雨經於臨海院七日又禱于山嶽五月甲寅設金剛
明經道場于乾德殿七日禱雨三年三月乙酉禱雨于山川
四月癸巳又禱辛丑有司以久旱請造土龍又於民家畫龍
禱雨王從之是日徙市四年四月乙巳設金剛經道場于乾
德殿七日禱雨戊申又禱于普濟寺五月丁巳再雩己卯親
醮于會慶殿禱雨五年四月丙申以旱甚王備法駕率百僚
如南郊再雩巷市禁人戴冒揮扇壬寅又禱于宗廟社稷山
川六年五月乙亥以旱命有司畫龍禱雨巷市掩骼六月辛

丑禱雨於宗廟七陵八年五月旱乙丑禱雨于社稷丁卯禱雨于大廟七陵六月甲午再祈于社稷丁酉又祈于大廟七陵　肅宗元年五月旱戊申設金剛經道場于乾德殿禱雨三年四月旱己亥禱雨于五海神四年五月乙巳禱雨于諸神祠六月戊戌禱雨于諸神祠及朴淵川上五年六月乙卯禱雨于大廟八陵及松嶽東神祠六年四月癸巳以旱禱雨于天地宗廟山川甲辰醮太一祈雨乙巳曝巫祈雨丁未設龍王道場于臨海院祈雨己酉又禱于天地宗廟丙辰大雩五月壬戌禱雨斷扇徙市九年八月丙午王幸南京駕次常慈院遣侍御史崔謂賫御衣茶香禱雨于三角山僧伽窟

睿宗元年六月旱戊子禱雨于法雲寺七月庚寅朔召王師德昌講經祈雨辛卯大雩丁酉祈雨于諸神廟己亥王率兩府臺省兩制及三品官親祀昊天上帝於會慶殿配以太祖禱雨二年四月旱戊辰禱雨于朴淵甲申禱于松岳東神祠五月乙未又禱于廟社及群望庚子亦如之百官禱于興國寺壬寅又禱于法雲寺乙卯醮太一于乾德殿以禱三年四月旱癸未禱雨于諸神廟及山川六月戊戌禱雨于諸神廟及山川庚子雨六年四月旱庚戌再雩五月甲子禱雨于廟社諸陵山川七年五月旱乙丑禱雨于興國寺八年四月旱戊申禱雨于九曜堂三日九年五月旱庚辰禱雨于群望六月己酉禱雨于社稷十一年三月旱己未禱雨于祠宇四月丁卯禱雨于山川諸祠己巳又禱于九月山十五年五月旱甲子禱雨于山川社稷六月辛未雩七月庚戌又禱于圓丘廟社群望自夏至八月不雨五穀不登疫癘大興十六年五月旱癸亥百官禱雨于興國寺五日閏月丁卯召王師德緣禱雨於乾德殿五日又禱于佛宇神祠辛未聚巫又禱壬申復召德緣禱于山呼亭丙子親醮于純福殿禱雨又禱于王輪寺戊寅又禱于日月寺庚辰聚僧于山呼亭講經祈雨辛巳命有司雩祀圓丘壬午禱雨于法雲寺六月己亥再雩庚子命百官設羅漢齋禱雨　仁宗元年五月丁巳以旱避正殿集僧內殿講佛經禱雨不得甲子造土龍于都省廳聚巫禱雨己巳醮于會慶殿禱雨三年四月旱戊辰幸普濟寺禱雨丁丑幸妙通寺禱雨六月乙巳再雩四年五月旱庚辰命文武百官齋僧祈雨六年五月旱庚戌禱雨于廟社山川八

年四月旱戊子詔再雩祈雨太史奏必先祈川上松岳東神諸神廟栗浦朴淵而後再雩可也宜當兩京內外公私罷土木興作之役從之七月旱乙巳祈雨于山川諸神祠十一年五月庚午集女巫三百餘人于都省廳祈雨六月己亥又聚巫禱雨辛丑令百僚設齋以禱乙巳再雩庚戌三雩十二年五月庚戌朔集巫于都省廳禱雨戊辰又禱于諸陵及廟社山川己巳再雩六月己卯朔集巫二百五十人于都省禱雨辛卯幸靈通寺又禱十五年五月旱己卯禱雨于廟社壬午會巫都省庭禱雨己丑祭天祈雨十八年閏六月丁亥設金經道場於金明殿禱雨己丑聚巫又禱辛卯親禱于法雲寺丁酉醮于宣慶殿以禱戊戌又親禱于外帝釋院　毅宗三年四月己卯禱雨于山川及諸神祠五月辛卯再雩五年閏四月乙亥以旱禱雨于名山大川及諸神祠六月丁酉以旱禁扇七月壬寅設龍王道場於貞州船上禱雨七日甲辰設羅漢齋于普濟寺禱雨丁未雨六年四月己卯禱雨于山川及諸神祠丙戌亦如之七月甲午朔禱雨于山川及諸神祠十二年四月乙巳醮于賞春亭禱雨戊戌再雩十四年五月戊戌再雩十五年六月癸丑再雩十六年四月甲申以久旱再雩五月風旱爲甚二十三年四月辛卯雩自正月不雨至于是月　明宗三年四月丙子聚巫禱雨分遣近臣禱于群望自正月不雨川井皆渴禾麥枯槁疾疫並興人多飢死至有市人肉者又多火災庚辰兩府宰樞禱雨于普濟寺戊子宰樞又禱于神衆院五月甲辰令文武三品抽祿設齋于普濟寺以禱五年七月乙巳禱雨八年五月甲午禱雨壬子聚巫都省禱雨辛酉再雩十一年四月辛酉禱雨于宗廟陵寢岳瀆及諸神祠癸酉親醮內殿又望祭北郊于玄虎門樓禱雨五月辛巳再雩十四年四月庚寅以久旱慮囚十九年閏五月丙寅以久旱禱雨于群望宥寃獄辛未又禱于名山大川諸神祠及廟社巷市癸酉聚巫禱于都省丁丑雩又禱于群望二十一年七月己酉再雩二十四年六月戊戌親禱雨于妙通寺大雨二十五年六月辛酉再雩　神宗元年六月辛未再雩四年六月辛巳再雩五年五月丁亥再雩　康宗二年五月丙寅以旱再雩　高宗二年四月旱三年四月旱五月丁丑禱雨于諸神祠六月癸卯禱雨六年五月旱十三

年六月旱十六年四月辛亥以旱雩五月戊子禱雨乙未幸賢聖寺禱雨十七年五月旱十八年四月旱五月丙戌朔以久旱赦中外罪囚戊子再雩十九年五月丁亥以旱再雩二十九年八月壬子以久旱徙市三十年五月以旱赦中外二罪以下設雲雨道場于內殿五日六月丙午朔王如奉恩寺以旱去繖扇三十三年六月旱三十七年五月旱丁丑設功德天道場于本闕禱雨癸未再雩乙酉徙市己丑聚巫都省禱雨三日辛卯又雩壬辰雨三十八年五月旱丁卯雨三十九年五月旱丙戌禱雨于諸神祠癸巳庚子亦如之六月戊寅雨四十二年自三月至七月淸州以南大旱　元宗元年三月旱乙未雨五月京畿旱蝗六月戊戌王以大旱去陽傘禁著幘二年四月辛丑以旱禱于圓丘乃雨四年五月旱十三年四月丙辰以旱雩五月庚申雨十五年五月旱　忠烈王二年六月旱壬午禱雨于諸寺五年五月旱六年自二月至五月不雨七年五月戊申以久旱禁戴笠持扇甲寅雨八年四月己酉以旱徙市九年六月旱十年五月癸亥以旱徙市丁丑集巫于都省禱雨十一年四月己未以旱巷市五月乙亥雨十三年三月旱甲寅禱雨四月以旱慮囚庚午禱雨于佛宇神祠癸未宰樞施私財禱雨于普濟寺五月辛卯朔雩大雨十五年五月庚辰以旱巷市辛卯聚巫禱雨十六年五月癸卯朔以旱巷市二十七年自正月不雨至于八月二十九年閏五月以旱雩庚午大雨八月肅州旱甚郊野自燒三十年四月旱乙未聚巫禱雨三十二年六月以旱聚巫禱雨三十四年五月戊辰禱雨甲申又禱于圓丘　忠宣王元年四月丁丑禱雨于圓丘三年自四月不雨至于八月五年五月辛卯以旱禱雨于圓丘　忠肅王二年五月丁巳禱雨三年五月戊午以旱禱雨丁卯再雩戊辰禱雨于佛寺己巳聚巫又禱五年二月庚辰王以旱大醮于康安殿王曰明日必雨果驗四月己未聚巫禱雨徙市庚申又禱于佛寺五月戊辰再雩禱雨于佛寺乙亥雨乙酉又禱于妙通寺丙戌王命收事審貼燒之雨八年三月辛亥再雩癸巳禱雨于圓丘辛丑雨六月戊午禱雨甲子雨十一年四月壬申以旱禁酒丁丑雨丙午禱雨十二年四月甲辰禱雨五月旱辛酉雨十六年自四月至五月旱五月丁卯聚巫禱雨六日癸未雨

忠肅王後元年五月辛卯聚巫禱雨甲午雨丙申雨四年自
三月至四月不雨五月壬午朔以旱徙市聚巫禱雨庚戌雨
八年六月乙卯禱雨七月戊午朔雨　忠惠王後二年五月
己未禱雨四年四月自春徂夏不雨至是雷雨大至五年四
月旱　忠穆王元年七月乙酉以旱雩二年五月辛卯命僧
白雲祈雨不得癸巳聚巫三司禱雨又禱于佛寺徙市六月
庚寅雨三年四月辛丑監察司以旱禁酒五月乙巳降香祈
雨於諸寺丁未設祈雨道塲於內殿及福靈禪源王輪興王
等寺己酉又禱於諸寺丙寅徙市　恭愍王三年五月辛未
以旱禁酒減膳丙子聚巫禱雨丁丑再禱于群望辛巳巷市
壬午祈雨於白蓮堂丁亥再雩七年四月戊寅禱雨于福靈
寺諸神祠自春至夏旱暵漸極命御史臺禁酒己卯雨八年
六月楊廣全羅慶尙道大旱九年四月丙子禱雨十年五月
丁卯禱雨于大廟己巳巷市十二年四月庚子朔祈雨于毬
庭十四年四月辛丑以旱雩五月甲戌以久旱置刑人推整
都監按雪寃抑十七年六月庚申以旱甚禁宰牛理寃獄閏
七月以旱放影殿徒役二十一年四月辛卯以旱禱雨二十
二年四月庚辰禱雨于廟社群望己亥又禱于內殿五月戊
申雨　辛禑元年七月辛未禱雨于宗廟丁丑雨二年五月
丁丑以旱祈雨于宗社山川辛巳以久旱不雨因祈雨淫祀
頗多六月甲午雨丙申己亥又雨三年四月旱五月癸未雩
且遍禱于佛宇乙酉又禱于朴淵臨津戊子巷市乙卯大雨
六月庚戌禱雨辛亥傳旨都堂曰旱災太甚豈無其故必是
人怨所召肆予屢放囚貶欲慰人心卿等因循不肯行得無
不可於是宥二罪以下唯金續命不原四年五月戊寅以旱
宥二罪以下庚辰巷市戊子禱雨于宗社六月癸丑雨五年
五月辛未攝事行端午祭是時朝夕風寒久旱不雨衆行祈
雨祭乙酉以旱雩祀圜丘又祈于宗廟社稷朴淵開城大井
貞州等處七年四月庚辰禱雨于演福寺辛巳亦如之壬午
以旱錄囚癸未又禱于群望五月丙戌雨壬寅以旱鑿城中
池又禱雨于演福寺甲辰巷市壬子遣密直提學張夏及判
事楊宗眞禱雨于開城大井是日雨七月癸卯禱雨于演福
寺徙市八年四月辛巳禱雨于佛宇神祠丙午又禱于朴淵
及開城大井五月壬子禱雨于山川乙卯雨九年三月壬子

旱禁酒四月丙戌以旱宥二罪以下庚寅禱雨于演福寺五月甲寅如賓源庫禱雨壇親自擊鼓以禱十年六月壬辰以旱禱雨于演福寺翌日禑率宮娥至是寺手擊鍾鼓以禱十三年四月甲辰禱雨五月辛酉以旱禁酒癸亥禱雨　恭讓王元年四月甲子以旱宥雨三年四月己巳以久旱放輕繫內侍禱于中外神祠

成宗七年蝗　穆宗十二年六月東北界蝗　顯宗七年七月蝗庚申敎曰比聞秋稼將成飛蝗爲害豈刑政之或戾將災沴之使然其內外囚徒流以下取保出獄疏理速決九月己酉敎曰南界州縣蝗旱重仍言念飢民能無貴已宜避正殿減常膳禁諸宮院飲酒作樂十一年六月西北界蝗十九年八月西北界蝗　仁宗五年七月西京西北道蝗二十三年七月北界昌朔龜義靜龍鐵等七州及西海道海州蝗太史奏曰今蝗蟲四起此乃國多邪人朝無忠臣居位食祿如蟲宜擧有道之人置之列位以弭其災　毅宗元年七月海州蝗三年六月蝗　明宗二十一年八月西海道蝗大傷禾稼　神宗二年七月戊戌以蝗蟲風災分遣近臣禱中外四高宗十五年五月辛丑北界兵馬使馳報蝗害稼王分遣內侍禱于中外神祠四十二年七月江陽郡蝗食桑葉成蠒　忠烈王六年三月蝗十七年五月蝗　忠惠王後四年八月東界山谷有蝗　恭愍王十四年五月京畿蝗　辛禑二年九月西北面蝗　恭讓王二年五月蝗六月戊辰江陵交州蝗蟲食苗

顯宗五年十一月庚寅訛言北山諸寺僧擧兵來京城大駭戒嚴　睿宗七年十一月戊寅昏時京中人家忽然驚動呼號久而乃止　仁宗元年三月四方訛言有司將取民間小兒投之江中轉相驚恐至有亡匿山中者西海道尤甚　明宗十三年二月自京西州縣達于京城訛言國家禁畜白犬不從令者誅於是凡畜白犬者皆殺之或投之江中其不欲殺者涅其毛特下詔禁之乃止八月癸巳朔夜城中大驚譟聲震都下十五年妖言江南婦女美艷無夫壻者皆死良家女聞之曰吾屬當死何所惜至有淫奔街巷者王聞之命有司設佛事以禳之　高宗十年三月京城妖言今月初八日人出門外則輒死是日市肆爲空十八年十月乙丑東京馳奏有木郞言我已到敵營元帥某某人也我等五人欲與交

戰期以十月十八日若送兵仗鞍馬我等便當報捷因以詩
寄崔瑀曰壽天災祥非一貫人人居此未曾知除災致福是
難事天上人間捨我誰瑀傾信私備畫韉鞍馬授內侍金之
蕭送之其後無驗木郎即木魅三十六年十一月有童謠云
瓠之木枝切之一水鐥陋台木枝切之一水鐥去兮去兮遠
而去兮彼山之嶺遠而去兮霜之不來磨鎌刈麻去兮三十
七年五月京城訛言用人五十祭天狗男女惶怖姦猾因之
乘昏淫盜者甚衆御史臺牓諭不能禁月餘乃息　忠烈王
二十年正月童謠云萬壽山烟霧蔽未幾世祖皇帝訃至
恭愍王十年十一月王避紅賊幸福州乙未幸映湖樓乘舟
遊賞觀者如堵或有誦讖而嘆曰忽有一南寇深入臥牛峯
又云牛大吼龍離海淺水弄清波古聞其言今見其驗十二
年六月甲子闕內驚十六年民間訛言五六月人當盡死人
各美衣食待之憲司禁之益譁十八年二月丙辰寅時訛言
唐船已入西江城中洶洶流離失所者頗衆二十一年六月
庚辰訛言唐人食人於京內外二十二年四月義成庫洞有
巫女夜夢蝦蟆無數聚于一處有一青衣女來蝦蟆向青衣
女死俄而黃衣女來青衣女承命於黃衣女傳於巫女曰汝
言於上雖作大家九吾不居之速罷影殿役翼日午有神降
于巫女曰今國多妖孽亡徵見矣吾受國恩有陰騭故國尙
不亡盍告王吾還正陵矣　辛禑十四年童謠有木子得國
之語軍民無少老皆歌之　恭讓王三年十一月民間訛言
帝使求童女而來擧國疑懼嫁女之家燈燭相連輝暎街里
其不備禮而婚娵者不可勝計
太祖元年八月戊辰虎入都城黑倉垣內射獲之筮之曰虎
猛獸不祥是主兵也　顯宗二年五月癸未西京人獻兎一
首二身三年閏十月壬申獐入毬庭六年三月狐登右倉囷
上向人而嘷又虎入歸仁門七年七月壬戌虎入城十年五
月京畿多虎十一年九月壬申虎入城咬人二十年四月乙
未虎入京城　德宗元年二月壬戌虎入宣喜門　靖宗二
年八月丁未虎入京城　文宗二十年二月甲午虎鬪死于
宮城北二十一年閏正月虎屢入京城　肅宗六年十二月
癸卯虎入城中害人八年十一月戊戌虎入禁苑山呼亭壬
寅京畿多虎命軍士捕之　睿宗六年十一月虎入都城多

害人物十三年二月戊午虎入太子行宮　仁宗七年十月丙戌狐鳴都省廳及大倉北垣十一年五月丙寅獐入兵部前路十五年二月辛丑狐鳴壽昌宮中　毅宗元年七月壬申夜虎入選軍太史奏邇來猛虎入選軍兵刑部興國寺及閭巷夫虎者山林之獸也握鏡曰虎狼入國府中將空荒八月己亥夜虎入大明宮十二年七月己未虎入京城　明宗六年九月甲辰虎入大明宮八年九月戊子虎入京城十年正月戊寅虎入城市十八年四月辛未豹入城十九年十一月乙丑虎入延慶宮內二十七年正月癸卯虎入穆清殿　高宗四年三月壬午狐鳴御果園六年四月壬辰虎入賞春亭十一月丙辰有獐出自廣化門七年四月丙子虎入壽昌宮寢殿九年九月丁未鹿入市十三年八月庚戌熊入城十月丁酉熊又入市街二十二年二月辛巳虎入御井二十九年四月北界熊羆多入海島　元宗元年二月壬寅虎入內城二年正月虎聚固城縣石泉寺洞擊鼓而舞四年五月庚子十鹿入城六年七月壬戌虎入關東門外咬殺人七年十月壬戌狐鳴于寢殿十年八月辛丑有鹿入宮中十五年四月己酉虎晝入京城　忠烈王三年七月辛亥二鹿入市十一月乙未鹿入城四年五月壬寅鹿入城五年六月乙巳鹿入沙坂宮十月丁亥鹿入城六年十月庚辰鹿入沙坂宮九年四月庚戌虎入城咬人五月辛酉虎入市六月丙戌鹿入城十年二月戊戌虎入市十三年閏二月甲子虎入城四月乙亥有狐晝入大殿己卯狐入城十五年五月甲申虎入城咬人十八年七月丙戌虎入城八月癸丑鹿入城十九年二月癸巳虎入王宮三月己丑鹿入城四月己丑鹿入宮中二十一年二月壬辰虎入城二十二年二月癸亥虎入壽寧宮三月丁丑虎入城四月庚戌鹿入城二十三年二月乙未虎入城二十九年五月丙申虎入城閏五月辛巳虎入市三十四年四月羚羊入行省　忠宣王元年八月壬戌有兎出壽寧宮三年四月虎連入城中五月丁亥虎入城五年五月己亥二狐入延慶宮　忠肅王三年二月癸未虎入城十一年五月乙未鹿入城中十二年九月丙子獐入旻天寺毛色異常十六年四月甲午獐入康安殿　忠肅王後六年五月戊申虎入城十一月癸丑狐鳴時坐宮　忠惠王後二年五月

己卯鹿入城三年三月丁酉虎入城咬人四年三月辛卯二獐入城四月壬寅獐入城五年二月甲午虎入城丁酉虎入城又狐鳴于市廛廊上　忠穆王三年五月己巳獐入城四年二月乙未虎入城四月庚辰獐入城八月丙子二鹿入壽德宮　忠定王元年九月丁丑山羊及狐獐入城市三年正月癸亥狐入城九月辛亥鹿入城　恭愍王元年正月辛未虎入城三月壬申虎入城四月壬戌豹入城癸亥獐入城十二月二鹿入城二年四月壬子獐入城八月辛亥狐入城九月辛卯狐鳴于延慶宮三年九月乙亥狐鳴于延慶宮十月甲午狐入豐儲倉四年四月丁巳獐入城六年閏九月壬戌狸入延慶宮苑內庚午狸入闕內而死十二年閏三月癸未二獐入城中戊子獐入城中十三年六月己酉狼入城十四年七月辛巳虎入城癸未狐鳴于宮北九月丁卯夜虎入城十一月癸丑狐鳴景靈殿十五年四月辛巳獐鳴東宮九月丁未以狼入城設金經道場十六年四月壬子獐入時坐宮坊癸亥狼及獐入于市又獐入城十九年十月壬辰虎入城二十二年五月甲辰獐入城二十三年四月丙申朔獐入城

辛禑元年正月己巳虎自宣義門入城四月壬子獐入城二年五月甲寅朔獐入都省毬庭三年三月辛巳狐入宮中四年八月丙午虎入京城多害人物五年正月辛卯狐鳴于本闕八月癸巳狐鳴于毬庭七年二月己丑獐入城庚寅二獐入城四月甲子獐入城日官奏按秘記云獐入國中其國亡願小心修省毋事遊畋五月庚戌獐入城八年二月甲戌狐入城九年正月乙巳妖狐鳴于闕傍三月己酉狐鳴於花苑八月丁丑獐入城十年二月己卯獐入城四月己卯獐入城十一年七月癸酉狐鳴康安殿十三年九月己卯狐鳴于時坐所　恭讓王二年正月辛未狐出壽昌宮西門走入思親觀西岡三月甲申獐入城九月甲寅虎入新都門下府搏人而去時遷漢陽纔數日虎多害人畜人皆畏懼王遣使祭白岳木覓城隍以禳之三年九月丙午虎入城四年五月丁亥獐入孝思觀六月丙辰鹿入京城

熙宗七年二月甲子禁內應明門南有犬吠聲搜而不得

高宗二十九年十二月中部南渠有狗兒一身兩臀六足二陰

定宗七年臨津縣獻白雉　景宗元年五月壬辰京山府獻白鵲　顯宗五年四月庚午白氣界天如匹布八年十一月己未夜白氣如練竟天俄變爲赤祲九年正月癸亥白氣如帶亘天十三年十二月己亥夜白氣漫天十七年十一月戊午夜白氣分五道亘天東西二十年二月丙戌白鶴來巢于神鳳樓鴟吻三月癸亥白氣亘天東西四月辛丑白氣弥天二十一年七月丁巳白氣如布自北而南　德宗三年八月癸亥白氣如彗從軫西指翼張長二丈餘二十七日而滅　靖宗六年三月丁丑白氣經天　文宗六年六月癸巳白氣竟天狀如魚鼈有青紫氣貫於其間良久乃散七年正月丙午有白氣二條從西北起貫日其一竟天十七年四月壬申乾巽方白氣相衝亘天二十六年十二月丙子白氣自乾抵巽連坤變爲赤氣二十七年二月乙未夜白氣竟天若道路南流而滅四月丙子有氣如烟生于廣化門左右鴟尾長丈餘三十四年正月丙子夜有白氣自昴貫於翼軫　宣宗九年正月辛卯有氣如烟生于奉恩寺太祖眞殿　肅宗四年四月壬午白氣貫心星癸未經天十二月癸亥夜白氣自西射昴十年九月乙卯白氣漫天　睿宗元年十二月庚辰有氣如烟生于神鳳門上鴟吻數日四年五月乙卯夜白氣如匹練橫亘坤艮良久指巽而滅五年三月己酉夜素氣坤艮相衝經天如布匹至夜央乃滅七年五月庚申昏有白氣一條如匹練坤艮相衝良久乃滅十年三月己丑夜素氣如布匹見于乾巽方十六年正月戊申夜白氣亘天　仁宗元年二月丙午夜西方有白氣中央有赤氣八年八月丙申白虹起自西方向北行滅日者奏開元占云白虹露奸臣謀君宜反身修德以荅天譴十月戊子二更白虹相衝乾坤方至地發見三更乃滅太史奏曰白虹出其下有血白虹是百殃之本衆亂所基固當修省以荅天意故重華殿置度厄道場一七日十一月癸卯白氣如匹練發普濟寺塔上至天壬子日南至天氣清朗無風四方有白雲小有西風太史奏天氣清朗萬物不遂風從兌來秋多苦兵九年三月辛丑夜白氣二條一在北方衝東西貫紫微宮一在南方衝東西徑天十二年正月丙辰白氣見西方經北極貫北斗又白氣向東行滅丁巳白氣見西南貫天苑入北斗　毅宗元年五月丙子有

素氣從北方指巽如布十二年三月甲戌白霧塞天　明宗四年正月己丑朔白霧九年七月丁丑有氣如煙生廣化門左鴟尾九月戊辰有氣如煙生廣化門鴟尾十年正月甲子有氣如煙生廣化門左右鴟尾三月庚申有氣如煙生廣化門鴟尾三日四月庚戌有氣如烟生廣化門左右鴟尾九月丙寅有氣如烟生廣化門左鴟尾癸酉又生廣化保定二門鴟尾丁丑己卯又生廣化門十月庚寅有氣如煙生廣化保定二門鴟尾辛丑有氣如煙生廣化門左右鴟尾先是儀鳳門鴟尾生煙而有癸巳之亂廣化門鴟尾生煙而致仲夫之戮至是春夏以來又於廣化門鴟尾比比生煙故重房大惡之或者謂此非煙也蓋蚊虻聚飛使然不足恠也重房喜令太史局祀之太史乃阿其意曰飛虫也識者恨之及是煙氣復大出十一年二月癸卯乾艮方有白氣變爲赤氣三月戊辰有氣如煙生廣化門鴟尾癸酉有氣如煙生廣化門鴟尾六日閏月甲申又生興國寺松樹四月癸酉有氣如煙生廣化門鴟尾十三年四月丁未有氣如煙生廣化門左鴟尾十四年二月辛酉夜有白氣起自坤一向艮一向北橫天俄而滅十八年五月癸丑白虹見于西北方二十年正月庚午白虹竟天狀如練　神宗元年四月癸未白虹見於乾方三年九月癸亥白氣如匹練從午向艮　熙宗七年五月丁巳夜白氣從星張翼軫大微北斗起而滅　高宗六年四月癸巳白氣亘天六月辛未有氣如煙生于蠶井宮鴨脚樹四十二年正月庚子白雲長五百尺許廣二尺東西橫天四十三年二月甲子雨水銀四十五年十月己亥西房有白氣衝天　元宗元年六月壬寅白氣亘天五年六月丙午白虹見于南北方辛亥夜白虹見于西南方十月己未白氣二道見于坤艮方竟天六年三月丁亥黴雨白如洒粉十年正月己未夜白雲自巽竟天廣三尺許十一年正月壬寅白氣東西竟天十四年十二月丙寅白氣竟天　忠烈王元年正月丙戌白氣如帶東北接于西南四年四月丁巳白氣橫亘東西壬午白氣見于西方六年十一月癸卯白氣亘天如練九年四月乙巳有物白如鵠鷺起於新殿騰空而上南墜一里所忽不見二十一年三月乙巳朔白氣見于艮巽坤三方二十九年八月壬寅白氣見于西北橫亘東南　忠肅王元年三月丙

申白祲竟天三年十二月乙亥白虹見于西北八年五月甲戌朔白祲見于乾方長二丈許須臾變爲弓矢狀中有星初如卷龍後如蟠龍十一月丙戌艮巽方有白氣九年九月丙申白霧四塞十二月庚辰白氣見于昴星度橫亘南北如練十一年三月壬子白氣見于西方十六年五月己未晡時白氣竟天　恭愍王三年三月壬申白氣見于乾巽二方六年十二月辛卯夜有白氣風雷雨七年八月癸酉白氣見于西北方亘天如練八年四月丙戌有氣如煙生于旻天寺三層殿鴟尾十五年十一月癸未鵠峯上有白雲宮中謂瑞氣十六年正月丙午夜西方大明如晝二月乙亥午時白虹見于南方十七年四月庚申有氣如煙生于演福寺佛殿二日二十二年正月丁未夜白氣從南指北長三丈餘自西而東乃滅二月庚辰白氣自西抵北如匹練四月丁丑夜天雨白毛長二寸或三四寸細如馬鬣戊寅夜雨白毛壬午癸未丁亥丙申亦如之十一月癸卯白氣見于西北方閏月己卯白氣見于東南方十二月丙午夜白氣如虹二十三年三月壬午白氣如虹連亘尾女閒　辛禑二年十一月丁未西北面萬戶金得齊獻白獐五年五月乙未夜白氣經天六年二月壬午白氣如彗見于東北方七年四月辛酉白氣如布貫月壬午有氣如煙生于演福寺金堂東角翌日又生西角五月庚寅白氣如布貫月　恭讓王二年四月丁未白祲見于戶曹南池俄變爲赤祲

志卷第八

志卷第九　　高麗史五十五

正憲大夫工曹判書集賢殿大提學知經筵春秋館事兼成均大司成臣鄭麟趾奉
教修

五行三

五行五曰土土居中央生萬物者也而莫重於稼穡土氣不養則稼穡不成金木水火沴之而爲異爲地震爲雨土時則有夜妖時則有臝虫之孼時則有牛禍其徵恒風其色黃是爲黃眚黃祥顯宗七年九月江南饑　靖宗六年二月靈光郡及臨陂縣饑　仁宗六年三月定州饑九年六月塩州旱饑十年七月京城饑穀貴物賤銀瓶一斤直米五碩小馬一匹直一碩牸牛一頭直四斗布一匹直六升街巷餓殍相望　高宗十七年正月大饑道殣相望四十二年春大饑四十四年閏四月城中大饑四十六年正月大饑　忠烈王三年三月耽羅大饑民有闔門而死者六年四月全羅道饑十三年三月全羅道饑人或有食其子者　忠穆王四年四月京城大饑　恭愍王三年六月饑布一匹直米斗三升六年東北面大饑七年四月東北面饑五月交州江陵道饑八年大饑九年四月慶尙全羅道饑死者過半棄道路者不可勝數六月京城饑布一匹纔直米五升十年三月龍州饑人相食四月西北面大饑盜賊蜂起十一年四月京畿饑十三年三月饑二十二年四月全羅慶尙道饑　辛禑四年五月京城饑布一匹直米三四升六年六月京城饑布一匹直米五升七年五月京城饑布一匹直米一斗慶尙道高靈郡饑棄兒滿路飢死者不可勝計八年閏二月無麥苗七月京城饑布一匹直米三四升

顯宗九年四月京城疫王分遣醫療之二十一年十二月京城疫人多死　明宗十七年五月京城大疫命五部設道符神醮以禳之　高宗四十一年六月京城大疫死者相枕四十二年京城大疫　元宗三年十月京城大疫　忠烈王七年疫死者甚衆　恭愍王二十三年三月京城大疫

太祖十五年五月甲申西京大風官舍頹毀屋瓦皆飛王以爲不祥聚僧誦經以禳之　光宗元年正月大風拔木王問

禳災之術司天奏曰莫如修德自是常讀貞觀政要　穆宗十二年正月庚戌幸崇敎寺及還中路暴風起折傘蓋柄　顯宗元年十二月癸巳西京神祠旋風忽起二年六月丁巳暴風飛瓦拔木四年四月壬申大風三日乃止六年四月甲寅大風折木十一年十一月戊申朔大風　靖宗六年七月丁丑暴雨疾風路人至有僵死者廣化門鴟吻頹　文宗四年二月戊午朔暴風拔屋折木三日六年七月己未大風毁屋折木三十六年九月癸卯大風拔木　宣宗四年三月辛酉暴風丁丑大風拔木六年四月寒風大起太史奏當有兵革旱災請修德以禳之　獻宗元年正月戊戌朔風從乾來太史奏當有憂　睿宗五年八月庚辰大風拔木偃禾八年四月壬辰大風拔木十一年六月庚午大風辛未亦如之十二年四月癸未大風十四年六月丁酉大風十七年十月癸丑大風雨雹震開國寺塔　仁宗元年十月壬午大風拔木二年正月辛酉大風拔木三月丙寅大風雨土閏月壬辰晝晦大風昇平門鴟尾動搖八月戊午驟雨大風飛瓦拔木己未大風拔木辛酉暴風五年八月辛巳暴風拔木六年九月丙午大風雷雨雹赤氣自乾方從紫微入艮方又黑氣南北相衝八年六月癸未晡時暴風折木揚沙雨雹太史奏近來有臆說陰陽者交上消息黷行齋醮譬如藥盡而病不盡老狀男女往往聚集互唱佛號宜命御史臺及街衢所巡行禁止從之七月辛亥暴風拔木雷電震五正里人家松木太史奏自立夏至立秋後時令不調風雨暴作或下雹此亦水旱兵喪之災將來可畏齋祭修禳不足以消變願殿下省躬修德上荅天譴從之十月丙申大風拔木九年二月戊寅大風拔木七月戊午大風拔木九月癸亥暴風雷電雨雹十月乙酉大風拔木十一月己亥大風雨雷電十一年十二月庚寅大風拔木十二年八月甲午大風拔木十三年五月庚子大風雨拔木十六年六月丙寅暴風雨普濟寺羅漢堂毁八月戊寅大風拔木暴雨震雹十月庚辰大風霧塞十八年六月戊辰有艮風凡五日百穀草木枯死過半蚯蚓出死於道路中可粥二十年正月乙未朔大風終日飛沙走石丁巳大風飛沙癸未大風雨土　毅宗元年五月己巳大雨暴風發屋折木二年四月丙申暴風雨雹十一年正月戊辰風自乾來

太史奏曰國有憂王懼卜者內侍榮儀因進禳禬之說王信之命於靈通敬天等五寺自是月至歲終恒作佛事以禳之十二年八月庚子尙書刑部奏決重刑大風雨拔木飛瓦十五年七月丙申朔大風傷穀十八年五月壬子大風時旱甚草木萎黃　明宗四年九月己卯大風飛沙石二日八年三月壬戌大風揚沙石四月甲戌大風揚沙石九月庚午大風昇平門右角鴟尾頽九年七月乙酉大風傷穀九月己未大風雷雪泰定門右鴟尾頽十年八月壬午大風拔木十一年正月壬申大風拔木十七年七月壬子大風十八年八月乙酉大風拔木十月丁丑大風雨二日　康宗元年七月辛未大風拔木　高宗二年四月庚子大風拔木翼日亦如之八月庚寅大風拔木傷禾四年九月辛卯大風雨雹震麗正宮十五年正月戊子大風拔木二十二年二月恒風三十三年七月大風振屋四十一年正月丁酉大風飛瓦三月乙酉大風拔木飛瓦閏六月丙申大風雨拔木四十四年三月恒風九月庚午大風飛瓦四十六年六月癸未大風以雨　元宗十年六月壬寅風雨暴作拔木飛瓦十三年三月丙戌暴風

雷雨以雹　忠烈王六年八月全羅道大風七日川溢損禾十一年七月辛卯大風拔木飛瓦十四年八月己未大風傷禾十九年四月乙未暴風雨傷禾麻二十一年七月壬午大風拔木二十四年二月壬申大風雨二十六年九月乙巳迅風雷雨　忠宣王三年二月戊辰大風屋瓦皆飛　忠肅王五年五月癸未大風行路不行六月乙巳大風雨六年八月戊子夜大風十五年十一月甲申大風雨土後六年十月丙申北風大作揚沙石積雪聲如雷人馬不能前七年七月庚戌大風雨拔木偃禾　忠惠王後二年十二月丁卯大風拔松樹數千章　忠穆王元年七月己亥大風以雨拔松嶽樹　忠定王元年閏七月甲子大風雨城中屋瓦皆飛儀鳳樓頽松岳龍首兩山松盡拔十月庚寅風看樂樓頽二年六月丙戌暴風疾雨拔木損禾三年正月己巳朔颶風暴作至翌日乃止十二月乙酉颶風大作　恭愍王二年正月丙戌大風十一月丙戌大風戊子大風三年正月甲子朔大風五年正月乙未大風人馬欲仆六年九月乙亥大風己卯亦如之戊子大風拔木飛瓦凡二日七年二月乙卯暴風戊戌大風

晝晦八年正月癸亥大風拔木七月甲午大風以雨十二年閏三月己卯旋風忽起吹亂市賈諸物高擧空中落巡軍庭人爭拾取之十四年正月己卯大風雪雷地震十五年九月庚寅夜大風雨十六年二月壬戌大風終夜癸亥亦如之三月辛卯王幸演福寺大設文殊會辛吨從焉暴風終日黃塵漲天人不能開目會凡七日而暴風三日大霜三日六月辛未大風十七年八月己丑大風飛瓦拔木九月己酉大風辛亥亦如之十二月丙戌大風十八年九月戊申大風雨雹雷震人二十一年八月丁丑大風雨拔木戊寅亦如之十月辛巳大風雷　辛禑七年八月戊辰大風拔木十年六月丙戌大風連夜十三年六月丙午暴風折木飛瓦壞大廟東門十四年七月癸巳大風拔木市廊頹　恭讓王元年七月丙子烈風且雹三年八月丙辰全羅楊廣道大風拔木

穆宗十二年九月恒霧至冬　顯宗五年十月丁丑大霧竟日十一月戊戌大霧三日十一年十月甲辰大霧咫尺不辨人物十二年十一月辛卯大霧二十年二月乙丑大霧　德宗三年十一月庚子大霧　靖宗六年正月戊午雲霧四塞至午乃收　文宗二十九年十月庚子霧塞三十七年十二月辛未朔虹見大霧連日　肅宗七年十月己卯霧八年正月辛巳朔霧　睿宗元年十一月戊子朔大霧三日十年十月己未霧塞不辨人物十七年十一月丙午大霧木稼　仁宗元年十月戊戌大霧二年九月乙未沉霧五年九月丙午大霧十二月癸酉大霧六年十月戊午昏霧四塞二日十一月甲子大霧四塞三日七年十月丁亥大霧四塞十一月庚申大霧終月八年九月丁卯大霧十一月甲辰大霧九年十月壬申大霧壬午霧十年九月甲戌大霧十一月甲戌大霧十一年正月朔丁巳霧十二月丙戌霧塞五日木冰太史奏天雨霧冷名降殃國有大憂惟寇之祥時妙淸等勸西幸故有此奏十二年九月癸巳大霧十六年十月辛未大霧十九年十月庚午大霧四塞　毅宗二年十二月戊午大霧三年九月甲午大霧七年九月己亥霧塞十年四月丙子霧塞十二年三月甲戌霧塞日無光十四年十月丁未霧塞十八年十一月戊子大霧癸卯陰霧四塞行者失路太史奏云霧者衆邪之氣連日不解其國昏亂又霧起昏亂十步外不見人

是謂晝昏大闕明堂者祖宗布政之所其制皆法天地陰陽故王者出入起居不可無常今陛下處非其位任非其人明堂久曠而不居天災可懼而不省移徙無常號令不時故有此異王竟不悟　明宗六年二月甲辰大霧十月辛丑大霧十一月壬寅朔大霧七年二月丁丑大霧三月己酉大霧自二月壬午至是晝夜恒霧日月無光九月戊午大霧十月庚午大霧十二月己巳大霧咫尺不辨人物八年九月乙未大霧五日九年九月恒霧太史奏請於光岩寺大觀殿內殿三處設消災道場以禳之十月辛卯霧丙申霧四日十一年十月庚申大霧二日十二月庚戌大霧癸丑亦如之十三年十月壬子大霧十四年十一月丁亥大霧十五年十一月庚子太史奏自立冬以來沉霧又自今月七日至十日濛霧奸臣謀君其變可畏請修德消變王但禱佛祈神而已十六年十月辛巳大霧十八年十月癸酉大霧三日二十年十月丁未大霧咫尺不見人物十一月庚申大霧二十三年正月己巳朔大霧十月庚申陰霧四塞二十六年十一月乙未大霧　神宗二年十月庚申朔大霧五年十一月戊午大霧竟日咫尺不辨人九月壬辰大霧不辨人　熙宗四年二月癸卯沉霧　高宗七年正月癸丑大霧咫尺不辨人物八年十月戊午霧九年十二月甲申大霧十二年十一月壬戌大霧不辨人十四年十一月辛巳霧二十一年十二月丙戌大霧三十六年十一月壬戌霧十一月丙子大霧庚辰亦如之三十七年十一月庚辰大霧三日三十八年閏十月戊寅霧三十九年十月壬子霧十一月庚寅霧四十年七月辛丑霧十一月甲申霧己丑亦如之四十二年十二月甲子霧庚寅大霧壬辰亦如之四十六年五月壬子大霧咫尺不辨人　元宗元年十月己酉霧十一月壬辰霧四年十一月丙午大霧咫尺不辨人六年十月庚午大霧　忠烈王四年十一月乙未霧庚子大霧咫尺不辨人物六年十一月己酉大霧木稼十四年十月丁卯霧戊辰亦如之十七年十一月丁未大霧三十四年十一月戊午朝霧　忠肅王元年十月甲辰大霧八年十月壬子朝霧九年九月丁亥霧十一月乙卯霧十一年十一月壬辰霧十五年九月丁丑霧十一月壬申霧十六年十月庚戌大霧　忠肅王後四年十二月癸卯大霧六年十一

月庚子大霧甲辰亦如之　忠穆王二年閏十月庚辰大霧
四年十月甲申霧七日十一月乙未大霧丁酉霧戊戌亦如
之甲辰大霧暖如春　恭愍王二年十一月庚午大霧三年
十一月壬午大霧三日四年十月辛未大霧六年十一月丁
巳大霧七年正月甲寅霧三月戊申雺霧十年十二月壬午
大霧庚寅霧甚十一年十一月丁未雺霧十二月丁丑大霧
二日十四年十一月辛丑朝霧木稼十五年五月辛卯大霧
十一月己亥大霧癸卯大霧三日十六年十月庚申霧乙丑
亦如之十一月乙亥霧戊寅己卯甲申亦如之丙戌大霧十
七年九月恒霧十一月癸亥霧十二月壬午大霧十八年正
月甲辰霧二日己酉夜霧庚戌大霧二十一年八月庚午大
霧十月己卯大霧十一月乙巳大霧終日十二月庚子霧二
十二年四月己卯大霧雨白毛遍國中庶人皆曰龍毛拾而
視之乃白馬鬉也五月壬寅朔霧雨毛十月丙子霧閏十一
月辛巳霧二十三年正月乙亥沉霧終日十月甲寅大霧十
一月癸酉霧塞　辛禑元年正月乙亥朝沉霧咫尺不辨人
物十月癸卯雲霧冥晤如春令然甲寅霧塞二日十一月癸
亥霧甚乙丑亦如之十二月丙戌朔大霧戊戌霧昏雷電癸
丑霧二年十月乙亥沉霧十一月丙戌霧雨雹震電三年十
一月丁亥霧塞十二月辛亥霧壬子陰霧木稼五年八月癸
巳大霧咫尺不辨人九月丙申霧塞十月戊辰大霧壬辰大
霧凡七日六年十月丙子霧十一月辛卯霧七年十月辛酉
大霧十二年十二月丁酉昏霧四塞十三年十月壬子霧壬
申亦如之十二月庚戌朝霧不辨人物壬戌朝霧十四年十
一月丙戌大霧　恭讓王元年十月己丑霧丙午亦如之癸
丑霧三日戊午朝霧癸亥亦如之甲子霧塞十一月己巳朝
霧己卯大霧甲申亦如之二年十月甲子大霧甲申沉霧木
稼乙酉大霧凡三日十一月庚戌霧三年十月辛酉大霧
仁宗二年正月丙辰晝晦　毅宗十二年十月乙卯幸白州
丙辰入御重興闕丁巳受賀于大化殿是日天地昏黑大風
拔木王頗疑之多方祈禳十一月丙子天晤如夜溫如三四
月　高宗十二年十月戊戌雲雨晦冥不辨人面　辛禑十
二年十一月庚午終日昏黑木稼如冰四日
顯宗九年二月癸未雨土四月丙寅雨土　靖宗二年三月

丙戌雨土丁酉亦如之六年二月甲午雨土七年二月癸卯雨土色黃　文宗二十年二月乙未雨土二十九年四月庚午雨土　宣宗八年四月辛丑雨土三日　睿宗十四年三月乙卯雨土　仁宗二年三月丙辰雨土三日九年十月壬辰雨土大風雨雹癸巳雨土十一月甲午雨土乙未亦如之十五年二月乙未雨土數日十六年二月庚申雨土十月戊寅雨土十七年二月丁卯雨土十八年二月戊子雨土大霧二十年正月甲申雨土十二月丁卯雨土二十一年十二月乙酉雨土　毅宗二年三月丁卯雨土六年三月壬子雨土九年正月丙辰雨土戊辰亦如之　明宗十六年正月壬寅雨土十七年二月丁亥雨土十八年二月癸酉雨土二十三年十月壬子雨土　神宗元年二月乙酉雨土三年閏二月戊申四方昏濛雨土二日庚午雨土四方昏濛竟日四年四月庚辰朔雨土　高宗十一年二月壬申雨土九月癸未雨土壬辰亦如之十三年三月丙子雨土四十三年四月甲子雨土四十五年三月丙戌雨土辛卯亦如之　元宗元年正月庚辰雨土甲午雨土日昏無光九月癸巳雨土　忠烈王三十二年二月庚午雨土　忠宣王三年二月乙亥雨土

恭愍王二十二年四月丁酉雨土

太祖十一年六月甲戌碧珍郡地震　光宗二十二年十二月壬寅地震二十三年二月地震　顯宗三年三月庚午慶州地震十二月丁丑慶州地震四年二月壬午慶州地震三月辛丑金州地震十一月丁未金州地震十二月丙戌金慶二州地震五年八月丙子慶州地震六年十一月甲申慶州地震十一年閏十一月癸巳漣州地震十四年五月乙亥金州地震十五年十一月己酉尙州地震十六年四月辛未嶺南道廣平河濱等十縣地震壬申乙亥亦如之七月丁亥慶尙淸州安東密城地震二十一年二月甲午交州翼嶺洞山縣地震　德宗元年十月尙州等處十餘縣地震二年六月壬寅安東府陜州地震　靖宗元年六月丙辰京城地震八月辛未京城地震聲如雷九月癸卯慶州等處十九州地震二年六月戊辰京城及東京尙廣二州安邊府等管內州縣地震多毁屋廬東京三日而止八月戊辰東京管內州縣及金州密城地震聲如雷三年九月己酉龜朔博泰等州威遠

鎭地震　文宗六年二月丁丑朔安西都護府地震十二年四月壬子地震二十年四月庚寅京城地震二十七年正月乙巳地震　宣宗九年十二月壬申地震　肅宗八年十一月己丑京城地震十二月戊午京城地震　睿宗十二年十二月戊午地震　仁宗十二年六月己卯東京地震十五年三月乙亥西京地震　毅宗六年三月丙申朔地震四月丙寅地震十三年十一月乙未地震聲如雷十七年十月丙寅地震　明宗九年十一月戊午地震十四年三月辛丑京城地震占曰臣不臣二十六年二月丁卯京城地震占曰號令從臣出　康宗二年三月甲子羅州地震　高宗二年正月辛未地震六年八月庚午地震十年八月甲申西京地大震己酉亦如之十三年正月辛卯地震十月己丑地震屋瓦皆墮乙未又震十四年二月庚寅地大震癸卯亦如之十五年正月丙子朔地震十一月辛未朔地震十八年十月壬戌地震三十三年十一月乙丑地震四十一年八月甲戌地震四十四年九月辛酉京城地震　元宗元年五月庚戌地大震墻屋崩頹京都尤甚七月癸酉地震二年正月辛巳地震六月壬子地大震五年二月壬子京城地震十月辛酉地震聲如雷十一年二月戊子地大震十三年三月戊寅地震十月乙未地震　忠烈王二年十一月乙巳地震三年九月癸卯地震四年九月丁酉地震七年正月庚申地震閏八月癸丑地震十年四月癸卯地震十一年二月癸丑地震十九年十月甲辰地震二十一年十月丙寅地震　忠肅王元年閏三月癸未地震五年二月己亥地震夜大風雨毬庭東西廊頹十五年十月乙巳地震十一月乙酉地震十七年十一月丙戌地震　忠惠王元年正月辛丑地震　忠肅王後六年十月己卯禮城縣地震七年六月丙寅幸白州燈巖寺地大震夜又震乙亥地三震壬午又震丙戌丁亥亦如之七月乙卯地震八月壬午地震八年五月辛酉地震九月丁卯地震　忠惠王後四年三月癸酉地震三日四月丁丑地震翊日又震五月癸酉地震　忠穆王元年正月甲午地震二日乙卯地震　恭愍王元年五月己丑地大震二年四月甲辰地震四年六月辛巳地震六年閏九月丙辰地大震疾風雷雨七年十月壬午地震大雨雹雷電十年十月戊子地震十一年

三月甲子地震四月丙申地震十月辛巳雷地震十二年二月庚辰地震三月壬寅地震十四年五月乙丑地震十五年五月甲午地大震乙巳京城地大震十六年七月丙申地震十一月丁酉雷地震十九年正月壬子地震二十三年三月丙子地震十一月己巳地大震　辛禑二年五月庚午地震鵂巖吼四年二月壬申地震十一月辛巳地震五年四月甲辰地震十年四月丙子地震五月戊申地震十一年七月戊寅地震聲如陣馬之奔墻屋頹圮人皆出避松岳西嶺石崩禑曰此地震無乃天欲陷遼東耶己卯地震三日十月戊申地震　恭讓王元年十一月甲戌地震三年七月丙戌朔地震壬辰亦如之八月乙丑地震

穆宗五年六月耽羅山開四孔赤水湧出五日而止其水皆成瓦石十年耽羅瑞山湧出海中遣大學博士田拱之往視之耽羅人言山之始出也雲霧晦冥地動如雷凡七晝夜始開霽山高可百餘丈周圍可四十餘里無草木烟氣冪其上望之如石硫黃人恐懼不敢近拱之躬至山下圖其形以進

顯宗三年二月乙卯松岳大石頹四年六月癸酉松岳頹六年六月甲子楊州負兒山頹十一年五月戊辰智異山頹十二年二月辛亥五冠山頹三月丙申玄化寺北山頹出玉璞十八年二月庚寅九龍山頹七月癸亥松岳頹二十年二月庚午五冠山頹二十一年七月庚午東北界顯德鎭以北山多崩頹　德宗三年五月壬午隕石于松岳　靖宗元年七月庚寅三角山積石頂有隕石九月癸巳皇城西北山石頹六年二月辛丑松岳大石頹九年五月辛卯松岳神祠大石頹　文宗四年三月丁酉松岳西麓大石頹二十七年七月戊午松岳祠東南大石頹　宣宗二年十一月辛亥三角山石頹七年六月丁酉金剛山石頹八年四月丁未松岳石頹　肅宗二年九月己未宮城北大石頹四年四月庚辰松岳大石頹五年八月丁未金身山東岡石頹　睿宗元年二月戊子三角山負兒峯頹二年四月辛酉三角山國望峯西石頹十六年二月丙寅王輪寺西北山石頹五月己酉北山兜率堀山石頹　仁宗十年閏四月丁未北崇山岩石自裂

毅宗元年七月海州牛耳山大石頹六年九月癸巳三角山負兒石頹　明宗六年五月乙丑松嶽兩祠間大石自拆

爲三三月乙卯三角山石頹十七年八月丁巳三角山國望峯石頹十八年七月己酉永平門路師子岩自裂爲三二十二年十二月庚申五冠山石頹長十五尺二十四年二月丙午隕石于松岳山　熙宗六年三月己酉三角山中峯崩　康宗二年五月東林寺北嶺石墮　忠烈王十九年四月辛亥摩利山崩聲如震　忠肅王後元年七月丙子松岳大石頹裂爲五　忠穆王元年三月丁酉松岳西峯上石墜　恭愍王元年六月丙寅松岳西麓大石頹十六年二月丁巳松岳祠南虎岩頹二十三年七月癸巳三角山中峯崩　辛禑二年二月甲寅天磨山廣巖石頹六年七月乙巳三角山墨嶺中峯崩十一年七月庚辰廣州渡迷寺山頂水湧漂沒人家十四年六月壬申三角山國望峯崩

太祖八年三月癸丑蟾出宮城東魚堤多不可限丙辰蚯蚓出宮城長七十尺時謂渤海國來投之應　仁宗四年五月丁丑有蜂群飛自興國寺至廣化門相連不絕　明宗九年七月戊辰靈通寺内大蟻群聚徑二尺餘鬪三日死者十八九十七年五月蟲食栗葉　高宗八年三月戊申雨有青色蚯蚓自壽昌門外至和義門南板橋滿路而行人皆避之十四年三月丁丑壽昌宮西門外大路至板橋蚯蚓出或如絲絡或如布筭不可勝數十五年三月癸未自壽昌宮門至西門路青色蚯蚓長三寸許多隨雨下三十三年五月雨毒蟲其蟲裹細網剖之如斫白毛隨飲食入人腹中或咂皮膚人輒死時號食人蟲試以諸藥不死塗以葱汁便死　恭愍王八年五月丁酉赤黑群蟻相戰司天監奏兵志曰螻蟻戰兵大興九年四月壬辰赤黑群蟻相戰與前年皆初六日也

顯宗八年六月螟九年五月西北界螟

太祖二十年十一月軍岳鄕牛生犢一身兩頭　顯宗十八年西京民家牛生犢一身兩頭　肅宗四年二月東北面定州民家牛生犢一身兩頭三耳　仁宗二十年十月戊寅以西南路州郡牛馬疫遣日官分道祈禳　明宗九年三月甲申南原府民家有牛生犢兩頭兩耳十七年八月丙申清州民家牛生犢一身兩頭　高宗十八年十一月己丑王輪寺牛生犢一身兩頭一頭兩耳一頭一耳　忠烈王五年十二月慶尙道牛疫屠者爛手而死　辛禑十年四月辛卯松山

石方寺牸牛産牝牡兩犢十三年十二月祭牲自死　顯宗四年正月庚申黃霧四塞九年四月庚午黃霧四塞凡四日　肅宗十年二月丁未黃赤氣發自東咸貫帝座南長三丈許　仁宗四年三月癸巳黃霧四塞六年六月戊寅黃赤氣東西竟天　毅宗十年四月丁亥黃赤霧塞　明宗四年十二月乙未黃霧四塞六年正月癸酉雨黃土十八年七月戊申東界鎭溟境內黃虫黃鼠隨雨而下大損禾稼　高宗十三年五月壬戌黃霧四塞四十年三月庚辰西南有黃赤氣八月庚戌西有黃赤氣光明異常四十四年六月甲戌黃赤雲周天光明如晝四十五年十二月甲午東有黃赤氣衝天　元宗十四年正月乙卯東方有黃紫氣中有直竪衝天者如塔　恭愍王十年六月癸卯開城大井黃沸十四年三月庚午黃霧四塞十五年十月甲子夜黃霧十二月乙丑黃霧四塞十七年八月丁亥黃霧九月丙辰黃霧四塞庚申亦如之　辛禑十一年三月戊寅漣州澄波渡黃濁三日

穆宗四年中原府長淵縣水田三結陷爲池深不可測　明宗二十一年八月德水縣地陷深三丈　高宗元年五月庚辰西京法器寺屋一間地陷周八十二尺深二十尺許　忠烈王二十四年正月壬寅壽寧宮西門外地拆泉湧高數尺自午至酉而止　忠宣王三年九月辛酉毁古壽寧宮御座地拆長數步

文宗二十三年三月丁亥貞州海中沙土忽堆積如島嶼舟船阻碍命有司禳之乃滅　仁宗四年四月庚子興王寺三層殿主佛頭無故自落　明宗十七年四月癸酉智異山神像頭忽亡王遣中使索之數月乃得

成宗十一年九月登州稻穗長七寸黍穗長一尺四寸　顯宗三年八月東北州鎭有年　肅宗三年十月靈光郡及管內郡縣稻一種再熟　睿宗十一年六月丙子尙州獻瑞麥一莖四穗十二年六月丙寅尙州獻瑞麥兩岐三穗上表以賀　恭愍王十五年十月壬子全羅道都巡問使金庾獻十節稻　辛禑九年五月甲子慶尙道晉州大麥一莖一穗三四岐

志卷第九

志卷第十　高麗史五十六

正憲大夫工曹判書集賢殿大提學知經筵春秋館事兼成均大司成臣鄭麟趾奉敎修

地理一

惟我海東三面阻海一隅連陸輻員之廣幾於萬里高麗太祖興於高勾麗之地降羅滅濟定都開京三韓之地歸于一統然東方初定未遑經理至二十三年始改諸州府郡縣名成宗又改州府郡縣及關驛江浦之號遂分境內爲十道就十二州各置節度使其十道一曰關內二曰中原三曰河南四曰江南五曰嶺南六曰嶺東七曰山南八曰海陽九曰朔方十曰浿西其所管州郡共五百八十餘東國地理之盛極於此矣顯宗初廢節度使置五都護七十五道安撫使尋罷安撫使置四都護八牧自是以後定爲五道兩界曰楊廣曰慶尙曰全羅曰交州曰西海曰東界曰北界惣京四牧八府十五郡一百二十九縣三百三十五鎭二十九其四履西北自唐以來以鴨綠爲限而東北則以先春嶺爲界盖西北所至不及高勾麗而東北過之今略據沿革之見於史策者作地理志

王京開城府本高勾麗扶蘇岬新羅改松嶽郡太祖二年定都于松嶽之陽爲開州創宮闕 會慶殿後改承慶膺乾殿改奉元長齡殿改千齡舍慶殿改向福乾明殿改儲祥明慶殿改金明乾德殿改大觀文德殿改修文延英殿改集賢宣政殿改廣仁宣明殿改穆淸舍元殿改靜德萬壽殿改永壽重光殿改康安宴親殿改睦親五星殿改靈憲慈和殿改集禧正陽宮改書和壽春宮改麗正望雲樓改觀祥宜春樓改韶暉神鳳門改儀鳳春德門改棣通大初門改泰定閶闔門改雲龍會日門改利賓昌德門改興禮開慶門改皇極金馬門改延水天福門改紫宸通天門改永通景陽門改陽和安祐門改純祐左右承天門改通嘉左右宣慶門改敷祐左右延祐門改奉明延守門改敎化長寧門改朝仁宣化門改通仁興泰門改芬芳陽春門改廣陽大平門改寅化百福門改保化通慶門改成德東化門改慶度西化門改向成大淸門改淸泰永安門改興安 立市廛辨坊里分五部光宗十一年改開京爲皇都成宗六年更定五部坊里十四年爲開城府管赤縣六畿縣七顯宗九年罷府置縣令管貞州德水江陰三縣又長湍縣令管松林臨津兎山臨江積城坡平麻田七縣俱直隸尙書都省謂之京畿十五年又定京城五部坊里 東部坊七里七十曰安定坊奉香坊令昌坊松令坊楊堤坊倉令坊弘仁坊南部坊五里七十一曰德水坊德豐坊安興坊德山坊安申坊西部坊五里八十一曰森松坊五正坊乾福坊鎭安坊香川坊北部坊十里四十七曰正元坊法王坊興國坊五冠坊慈雲坊王輪坊堤上坊舍乃坊師子岩坊內天王坊中部坊八里七十五曰南溪坊興元坊弘道坊鸎溪坊由岩坊變羊坊廣德坊星化坊 二十年京都羅城成 王初即位

徵丁夫三十萬四千四百人築之至是功畢城周二萬九千七百步羅閣一萬三千閒大門四中門八小門十三曰紫安曰安和曰成道曰靈昌曰安定曰崇仁曰弘仁曰宣旗曰德山曰長覇曰德豐曰永同曰會賓曰仙溪曰泰安曰鸎溪曰仙巖曰光德曰乾福曰昌信曰保泰曰宣義曰狻猊曰永平曰通德又皇城二千六百閒門二十曰廣化曰通陽曰朱雀曰南薰曰安祥曰歸仁曰迎秋曰宣義曰長平曰通德曰乾化曰金耀曰泰和曰上東曰和平曰朝宗曰宣仁曰靑陽曰玄武曰北小門一云丁夫二十三萬八千九百三十八人工匠八千四百五十人城周一萬六百六十步高二十七尺厚十二尺廊屋四千九百一十閒 文宗十六年復知開城府事都省所掌十一縣皆屬焉又割西海道平州任內牛峯郡以隷之忠烈王三十四年設府尹以下官掌都城內別置開城縣掌城外恭愍王七年修松都外城恭讓王二年分京畿爲左右道以長湍臨江兎山臨津松林麻田積城坡平爲左道開城江陰海豐德水牛峯爲右道又依文宗舊制 文宗二十三年正月以楊廣道漢陽沙川交河高峯豐壤深岳幸州海等州見州抱州峯城金浦陽川富平童城石泉䆉調黃魚富原果州仁州安山衿州南陽守安交州道永興兎山安峽僧嶺朔嶺鐵原西海道延安白州平州俠州新恩牛峯通津安州鳳州瑞興等州縣屬京畿 以楊廣道漢陽南陽仁州安山交河陽川衿州果州抱州瑞原高峯交州道鐵原永平伊川安峽漣州朔寧屬左道以楊廣道富平江華喬桐金浦通津西海道延安平州白州谷州遂安載寧瑞興新恩俠溪屬右道各置都觀察黜陟使以首領官佐之王都鎭山松嶽 一名崧岳巓有神祠 又有龍岫山進鳳山東江 在貞州 西江 即禮成江 碧瀾渡屬郡一縣十二

開城縣本高勾麗冬比忽新羅景德王十五年改爲開城郡顯宗九年罷開城府置開城縣令管貞州德水江陰三縣直隷尙書都省忠烈王三十四年以開城府掌都城內別置開城縣掌城外有井名曰大井 世傳懿祖娶龍女初到開城山麓以銀盂掘地水隨涌因以爲井 有岐平渡

牛峯郡本高勾麗牛岑郡 一云牛嶺一云首知衣 新羅景德王改今名顯宗九年爲平州屬縣文宗十六年來屬睿宗元年置監務有九龍山 國祖聖骨將軍祠在焉故又號聖居山 朴淵 有上下淵深皆不測遇旱禱雨輒應上淵心有盤石可登覽文宗嘗登其上忽風雨暴作石震動文宗驚怖時李靈幹隨從作書數龍之罪投于淵龍即出其脊乃杖之淵水爲之盡赤

貞州本高勾麗貞州顯宗九年爲開城縣屬縣文宗十六年來屬睿宗三年改爲昇天府置知府事忠宣王二年降爲海豐郡有白馬山長源亭 道詵松岳明堂記云西江邊有君子御馬明堂之地自太祖統一丙申之歲至百二十年就此創構國業延長文宗命太史令金宗允等相地構之於西江餅岳南 河源渡 在州南 重房堤 稱重房裨補每春秋班主率府兵修築

德水縣本高勾麗德勿縣 一云仁物縣 新羅景德王改今名顯宗九年爲開城縣屬縣文宗十年創興王寺于縣移縣治於楊川十六年來屬恭讓王元年置監務有祖江

渡引寧渡

江陰縣本高勾麗屈押縣（一云江西）新羅景德王改今名爲松岳郡領縣顯宗九年爲開城縣屬縣文宗十六年來屬仁宗二十一年置監務

長湍縣本高勾麗長淺城縣（一云耶耶一云夜牙）新羅景德王改今名爲牛峯郡領縣穆宗四年以侍中韓彥恭內鄉陞爲湍州顯宗九年復爲縣令爲尙書都省所管文宗十六年來屬有長湍渡（兩岸靑石壁立數十里望之如畫世傳太祖遊幸之地民間尙傳其歌曲）

臨江縣本高勾麗獐項縣（一云古斯也忽次）新羅景德王改今名爲牛峯郡領縣顯宗九年爲長湍縣屬縣文宗十六年來屬恭讓王元年置監務有靈通寺（山水之勝爲松京第一即阿干康忠贇育聖人所居摩訶岬之地）

兎山縣本高勾麗烏斯含達縣新羅景德王改今名顯宗九年爲長湍縣屬縣文宗十六年來屬睿宗元年置監務

臨津縣本高勾麗津臨城縣（一云烏阿忽）新羅景德王改今名爲開城郡領縣顯宗九年爲長湍縣屬縣文宗十六年來屬恭讓王元年置監務有新京舊址（恭愍王欲遷都南京遣前漢陽尹李安修其城閔民甚苦之乃卜于太廟不吉不果遷於是親幸相地遂營宮闕時人謂之新京）有臨津渡

松林縣本高勾麗若只豆恥縣（一云之蟾一云朔頭）新羅景德王改名如羆爲松嶽郡領縣高麗初改今名光宗創置佛日寺于其地移縣治於東北顯宗九年爲長湍縣屬縣文宗十六年來屬後置監務有五冠山（世傳孝子文忠居是山下樂府有五冠山曲）

麻田縣本高勾麗麻田淺縣（一云泥沙波忽）新羅景德王改名臨湍爲牛峯郡領縣高麗初更今名顯宗九年爲長湍縣屬縣文宗十六年來屬後置監務尋併于積城縣恭讓王元年復置監務

積城縣本高勾麗七重城新羅景德王改名重城爲來蘇郡領縣高麗初更今名顯宗九年爲長湍縣屬縣文宗十六年來屬睿宗元年置監務有紺嶽（自新羅爲小祀山上有祠宇春秋降香祝行祭顯宗二年以丹兵至長湍嶽神祠若有旌旗士馬丹兵懼而不敢前命修報祀諺傳羅人祀唐將薛仁貴爲山神云）

波平縣（波一作坡）本高勾麗波害平史縣新羅景德王改今名爲來蘇郡領縣顯宗九年爲長湍縣屬縣文宗十六年來屬睿宗元年置監務別號鈴平

楊廣道本高勾麗百濟之地（漢江以北高勾麗以南百濟）成宗十四年分境內爲十道以楊州廣州等州縣屬關內道忠州淸州等州縣爲忠原道公州運州等州縣爲河南道睿宗元年合爲楊廣忠淸州道明宗元年分爲二道忠肅王元年定爲楊廣道恭愍王五年爲忠淸道領京一牧三府二郡二十七縣七十八

南京留守官楊州本高勾麗北漢山郡（一云南平壤城）百濟近肖古王取之二十五年自南漢山徙都之至蓋鹵王二十年高勾麗慈悲王來圍漢城蓋鹵出走爲麗兵所害是歲子文周王移都熊津後新羅眞興王十五年至北漢山城定封疆十七年創北漢山州置軍主景德王十四年改爲漢陽郡高麗初又改爲楊州成宗十四年初定十道置十二州節度使號左神策軍與海州爲左右二輔屬關內道顯宗三年廢二輔十二節度改安撫使九年降知州事文宗二十一年陞爲南京留守官徙旁郡民實之肅宗元年衛尉丞同正金謂磾據道詵密記請遷都南京云楊州有木覓壤可立都城日者文象從而和之四年秋王親幸相之命平章事崔思諏知奏事尹瓘董其役五年而成王遂親幸觀之忠烈王三十四年改爲

漢陽府別號廣陵（成廟所定）有三角山（新羅稱負兒嶽）漢江（即沙平渡）楊津（新羅時北瀆漢山河齊中祀）屬郡三縣六領郡護府一知事郡二縣令官一

交河郡本高勾麗泉井口縣（一云屈火郡一云於乙買串）新羅景德王改今名顯宗九年來屬別號宣城有烏島城（漢江臨津下流會于此）洛河渡（在縣北）

見州本高勾麗買省郡（一云昌化郡）新羅景德王改爲來蘇郡高麗初更今名顯宗九年來屬後置監務

抱州本高勾麗馬忽郡（一云命旨）新羅景德王改爲堅城郡高麗初更今名成宗十四年置團練使穆宗八年罷之顯宗九年來屬明宗二年置監務別號淸化（成廟所定）

幸州本高勾麗皆伯縣新羅景德王改名遇王（一云王逢）爲漢陽郡領縣高麗初更今名顯宗九年來屬別號德陽（成廟所定）

峯城縣本高勾麗述彌忽縣新羅景德王改今名爲交河郡領縣顯宗九年來屬明宗二年置監務辛禑十三年改爲瑞原縣令

高峯縣（峯一作烽）本高勾麗達乙省縣新羅景德王改今名

爲交河郡領縣顯宗九年來屬
深嶽縣古竇薪鄕顯宗九年稱今名來屬
豐壤縣本高勾麗骨衣奴縣新羅景德王改名荒壤爲漢陽郡領縣高麗初更今名顯宗九年仍屬之後移屬抱州
沙川縣本高勾麗內乙買縣（一云內爾米）新羅景德王改今名爲堅城郡領縣顯宗九年來屬
安南都護府樹州本高勾麗主夫吐郡新羅景德王改爲長堤郡高麗初改樹州成宗十四年置團練使穆宗八年罷之顯宗九年改知州事毅宗四年更爲安南都護府高宗二年又改爲桂陽都護府忠烈王三十四年陞吉州牧忠宣王二年汰諸牧降爲富平府屬縣六
衿州（衿一作黔）本高勾麗仍伐奴縣新羅景德王改名穀壤爲栗津郡領縣高麗初更今名成宗十四年置團練使穆宗八年罷之顯宗九年來屬明宗二年置監務別號始興（成廟所定）有楊花渡
童城縣本高勾麗童子忽縣（一名幢山縣一云仇斯波衣）新羅景德王改今名爲長堤郡領縣高麗仍屬恭讓王三年置通津監務以縣屬之
通津縣本高勾麗平淮（淮一作唯）押縣（一名北史城一云別史波衣）新羅景德王改名分津爲長堤郡領縣高麗更今名仍屬之
孔巖縣本高勾麗齊次巴衣縣新羅景德王改今名爲栗津郡領縣顯宗九年來屬忠宣王二年改爲陽川縣置令
金浦縣本高勾麗黔浦縣新羅景德王改今名爲長堤郡領縣顯宗九年仍屬明宗二年置監務神宗元年以王胎藏於縣地陞爲縣令官
守安縣本高勾麗首爾忽新羅景德王改名戍城爲長堤郡領縣至高麗仍屬明宗二年置監務恭讓王三年始置通津監務以縣屬之
仁州本高勾麗買召忽縣（一云彌鄒忽）新羅景德王改名邵城爲栗津郡領縣顯宗九年屬樹州任內至肅宗朝以皇妣仁睿太后李氏內鄕陞爲慶源郡仁宗時以皇妣順德王后李氏內鄕改今名爲知州事恭讓王二年陞爲慶源府

王初即位賜州戶長紅鞓有紫燕島三木島龍流島屬郡一縣一
唐城郡本高勾麗唐城郡新羅景德王改爲唐恩郡高麗初復古名顯宗九年爲水州屬郡後來屬明宗二年置監務忠烈王十六年以洪茶丘內鄉陞知益州事後又陞爲江寧都護府三十四年又陞爲益州牧忠宣王二年汰諸牧降爲南陽府有大部島小牛島仙甘彌島靈興島召勿島承黃島仁物島伊則島雜良串島沙也串島難知島木力島
載陽縣古安陽縣顯宗九年稱今名屬水州任內後來屬
水州本高勾麗買忽郡新羅景德王改爲水城郡太祖南征郡人金七崔承珪等二百餘人歸順效力以功陞爲水州成宗十四年置都團練使穆宗八年罷之顯宗九年復知州事元宗十二年窄梁防戍蒙古兵入大部島侵略居民島人憤怨殺蒙兵以叛副使安悅率兵討平之以功陞爲水原都護府後又陞爲水州牧忠宣王二年汰諸牧降爲水原府恭愍王十一年紅賊遣先鋒招降錫廣道州郡府最先迎降遂降爲郡郡人重賂宰臣金鏞復爲府別號漢南成廟所定又號隋城屬縣七
安山縣本高勾麗獐項口縣新羅景德王改爲獐口郡高麗初改爲安山郡顯宗九年來屬後置監務忠烈王三十四年以文宗誕生之地陞知郡事
永新縣一云五朶一云永豐顯宗九年來屬
雙阜縣古六浦顯宗九年來屬
龍城縣本高勾麗上忽縣一云車忽新羅景德王改名車城爲唐恩郡領縣高麗初改今名顯宗九年來屬
貞松縣古松山部曲顯宗九年稱今名來屬
振威縣本高勾麗釜山縣古淵達部曲一云金山縣又松村活達新羅景德王改今名爲水城郡領縣至高麗仍屬明宗二年置監務後陞爲縣令官
陽城縣本高勾麗沙伏忽新羅景德王改名赤城爲白城郡領縣高麗初更今名顯宗五年來屬明宗五年置監務
江華縣本高勾麗穴口郡一云甲比古次在海中直貞州之西南

通津縣之西新羅景德王改爲海口郡高麗初更今名顯
宗九年置縣令高宗十九年避蒙古兵入都陞爲郡號江
都三十七年築中城周回二千九百六十餘閒元宗元年
復還松都 府東十里松嶽里有故宮基 忠烈王時併于仁州尋復舊辛禑
三年陞爲府有摩利山 在府南山頂有塹星壇世傳檀君祭天壇 傳燈山 一名三郎城世傳檀君使三子築之 有仇音島巴音島今音北島買仍島屬縣三
鎭江縣本高勾麗首知縣在江華島內新羅景德王改
名首鎭爲海口郡領縣高麗更今名仍屬有鞍島長峯
島
河陰縣本高勾麗冬音奈縣 一云芽音縣 在江華島內新羅
景德王改名沍陰爲海口郡領縣高麗更今名仍屬後
屬開城縣有主乙叱島
喬桐縣本高勾麗高木根縣 一名戴雲島一云高林一云達乙斬 在海中直
江華縣之西北鹽州之南新羅景德王改今名爲海口
郡領縣高麗仍屬之明宗二年置監務有松家島
廣州牧初百濟始祖溫祚王以漢成帝鴻嘉三年建國都于
慰禮城至十三年就漢山下立柵移慰禮城民戶遂建宮闕

居之明年遷都號南漢山城至近肖古王二十五年移都南
平壤城及新羅太宗王遣金庾信與唐將蘇定方夾攻百濟
滅之後唐師還文武王漸收其地改爲漢山州又改爲南漢
山州景德王十五年改名漢州太祖二十三年更今名成宗
二年初置十二牧州其一也十四年置十二州節度使號奉
國軍屬關內道顯宗三年廢爲安撫使九年定八牧仍爲牧
官別號淮安 成廟所定 有古長城 新羅文武王所築即晝長城 屬郡四縣三
川寧郡本高勾麗述川郡 一云省知買 新羅景德王改爲泝
川郡 泝一作沂 高麗初更今名顯宗九年來屬後置監務有
鎭江渡利川郡本高勾麗南川縣 一云南買 新羅并之眞興
王陞爲州置軍主景德王改名黃武爲漢州領縣太祖
南征郡人徐穆導之利涉故賜號利川郡仍屬焉仁宗
二十一年置監務高宗四十四年稱永昌恭讓王四年
以祖妣申氏之鄕陞爲南川郡
竹州本高勾麗皆次山郡新羅景德王改爲介山郡高
麗初更今名成宗十四年置團練使穆宗八年罷之顯
宗九年來屬明宗二年置監務別號陰平 成廟所定 又號延

昌
果州本高勾麗栗木郡一云冬斯肹 新羅景德王改爲栗津
郡高麗初更今名顯宗九年來屬後置監務別號富安
成廟所定又號富林有冠嶽山忠烈王十年陞州之龍山處爲富原縣
砥平縣本高勾麗砥峴縣新羅景德王改今名爲朔州
領縣顯宗九年來屬辛禑四年以乳媪張氏之鄕置監
務後罷之恭讓王三年置鐵場于縣境設監務以兼之
龍駒縣本高勾麗駒城縣一云滅烏 新羅景德王改名巨黍
爲漢州領縣高麗初更今名顯宗九年仍屬明宗二年
置監務後陞爲縣令官
楊根縣本高勾麗楊根郡一云恒陽 新羅景德王改名濱陽
爲泝川郡領縣高麗初復古名顯宗九年來屬明宗五
年置監務高宗四十四年稱永化元宗十年以衛社功
臣金自廷內鄕陞爲益和縣令恭愍王五年以王師普
愚母鄕陞爲楊根郡有龍門山有龍津渡恭愍王五年以普愚寓居于迷
元莊之小雪庵陞莊爲縣置監務尋以地窄人稀還屬于縣
忠州牧本高勾麗國原城一云未乙省一云託長城 新羅取之眞興王置小
京景德王改爲中原京太祖二十三年又改爲忠州成宗二
年初置十二牧州其一也十四年置十二州節度使號昌化
軍稱中原道顯宗三年廢爲安撫使九年定爲牧爲八牧之
一高宗四十一年陞爲國原京有楊津溟所楊津衍所別號
大原成廟所定又號蘂城高宗四十二年以多仁鐵所人禦蒙兵有功陞所爲翼安縣 屬郡一縣五領
知事郡一
槐州本高勾麗仍斤內郡新羅景德王改爲槐壤郡高
麗初更今名顯宗九年來屬後置監務別號始安成廟所定
長延縣本高勾麗上芼縣顯宗九年稱今名來屬有溫
泉
長豐縣高勾麗時稱號未詳顯宗九年來屬
陰竹縣本高勾麗奴音竹縣新羅景德王改今名爲介
山郡領縣顯宗九年來屬後置監務
陰城縣本高勾麗仍忽縣新羅景德王改今名爲黑壤
郡領縣至高麗來屬後置監務
清風縣本高勾麗沙熱伊縣新羅景德王改今名爲柰
隄郡領縣顯宗九年來屬後置監務忠肅王四年因縣

僧濤恭爲王師陞知郡事有月嶽(新羅稱月兄山)有風穴
原州本高勾麗平原郡新羅文武王置北原小京太祖二
十三年改今名顯宗九年爲知州事高宗四十六年以州
逆命降爲一新縣元宗元年復知州事十年以林惟茂外
鄉陞靖原都護府忠烈王十七年以禦丹兵有功改爲益
興都護府三十四年陞原州牧忠宣王二年汰諸牧降爲
成安府恭愍王二年安胎于州之雉岳山復原州牧別號
平涼京又號平涼(成廟所定)屬郡二縣五
寧越郡本高勾麗奈生郡新羅景德王改奈城郡至高
麗更今名來屬恭愍王二十一年以鄉人延達麻實里
院使在
大明有功於我陞知郡事
堤州本高勾麗奈吐郡新羅景德王改奈堤郡高麗初
更今名成宗十四年置刺史穆宗八年罷之顯宗九年
來屬睿宗元年置監務別號義川(成廟所定)又號義原
平昌縣本高勾麗郁烏縣(一云于烏縣)新羅景德王改名白
烏爲奈城郡領縣至高麗更今名來屬忠烈王二十五
年置縣令辛禑十三年以寵宦李信內鄉陞知郡事後
降爲縣令別號魯山
丹山縣本高勾麗赤山縣(一云赤城縣)新羅爲奈隄郡領縣
高麗初改今名顯宗九年來屬後移屬忠州哈丹之亂
以縣人能拒敵賞其功始置監務忠肅王五年陞知丹
陽郡事有竹嶺山
永春縣本高勾麗乙阿旦縣新羅景德王改名子春爲
奈城郡領縣高麗更今名來屬
酒泉縣本高勾麗酒淵縣新羅景德王改今名爲奈城
郡領縣顯宗九年來屬別號鶴城
黃驪縣本高勾麗骨乃斤縣新羅景德王改名黃驍爲
沂川郡領縣高麗初更今名(一云黃利縣)顯宗九年來屬後
置監務高宗四十四年稱永義忠烈王三十一年以皇
妣順敬王后金氏內鄉陞爲驪興郡至
大明洪武二十一年遷僞主辛禑于郡陞爲黃驪府恭讓
王元年復降爲驪興郡有驪江
清州牧本百濟上黨縣新羅神文王五年初置西原小京景

德王陞西原京太祖二十三年改爲淸州成宗二年初置十二牧州其一也十四年置十二州節度使號全節軍屬中原道顯宗三年廢爲安撫使九年定爲牧爲八牧之一屬郡二縣七領知事府一知事郡二縣令官二

燕山郡本百濟一牟山郡新羅景德王改今名至高麗來屬明宗二年置監務高宗四十六年以衛社功臣朴希實內鄕陞爲文義縣置令忠烈王時併于嘉林尋復舊

木州本百濟大木嶽郡新羅景德王改爲大麓郡至高麗更今名來屬明宗二年置監務別號新定成廟所定

鎭州本高勾麗今勿奴郡一云萬弩郡一云首知一云新知新羅景德王改爲黑壤郡黑一作黃高麗初稱降州後改今名成宗十四年置刺史穆宗八年罷之顯宗九年來屬高宗四十六年以林衍內鄕陞爲彰義縣置令元宗十年又以衍之故陞知義寧郡事及衍誅還降稱今名別號常山成廟所定有胎靈山新羅時萬弩郡太守金舒玄妻萬明生庾信藏胎於縣南十五里化爲神因號胎靈山自新羅設祠宇春秋降香行祭高麗仍之

全義縣本百濟仇知縣新羅景德王改名金地爲大麓郡領縣至高麗更今名來屬

淸川縣古薩買縣至高麗稱今名來屬

道安縣本高勾麗道西縣新羅景德王改名都西爲黑壤郡領縣高麗初更今名顯宗九年來屬

靑塘縣一名靑淵縣高麗初稱今名來屬後置監務兼任道安

燕岐縣本百濟豆仍只縣新羅景德王改今名爲燕山郡領縣顯宗九年來屬明宗二年置監務後以木川監務來兼有元帥山忠烈王時韓希愈金忻等大敗洽丹賊于縣南正左山下俗號駐軍之地爲元帥山有熊津即新羅西瀆熊川河載中祀

懷仁縣本百濟未谷縣新羅景德王改名昧谷爲燕山郡領縣高麗初更今名顯宗九年來屬後以懷德監務來兼辛禑九年別置監務

公州本百濟熊川文周王自漢城徙都之至聖王又移都南扶餘新羅與唐夾攻滅之唐置熊津都督府留兵鎭之唐師旣去新羅盡有其地神文王改爲熊川州置都督景

德王又改熊州太祖二十三年更今名成宗二年初置十二牧州其一也十四年置十二州節度使稱安節軍屬河南道顯宗三年廢節度使九年降知州事忠惠王後二年以元闍闍赤平章妻敬和翁主外鄕陞爲牧有鷄龍山（即新羅西岳載中祀）熊津衍所（上流爲錦江）別號懷道（成廟所定明宗六年州鳴鶴所人亡伊嘯聚黨與攻陷本州朝廷陞其所爲忠順縣置令尉以撫之後降而復叛尋削之）屬郡四縣八

德恩郡本百濟德近郡新羅景德王改爲德殷郡高麗初更今名顯宗九年來屬有甄萱墓

懷德郡本百濟雨述郡（一云朽淺）新羅景德王改爲比豐郡高麗初更今名顯宗九年來屬明宗二年置監務有鷄足山

扶餘郡本百濟所夫里郡（一云泗沘）百濟聖王自熊川來都之號南扶餘至義慈王時新羅遣金庾信與唐將蘇定方夾攻滅之唐師旣去新羅盡得百濟舊地文武王十二年置摠管景德王改今名顯宗九年來屬明宗二年置監務有天政臺釣龍臺落花巖

連山郡本百濟黃等也山郡新羅景德王改爲黃山郡高麗初更今名顯宗九年來屬後置監務有開泰寺（太祖既平百濟創大刹於黃山之谷改山爲天護名寺爲開泰）

市津縣本百濟加知奈縣（一云加乙乃一云薪浦）新羅景德王改今名爲德恩郡領縣顯宗九年來屬有市津浦

德津縣本百濟所比浦縣新羅景德王改名赤烏爲比豐郡領縣高麗更今名來屬

鎭岑縣本百濟眞峴縣（眞一作貞）新羅景德王改名鎭嶺爲黃山郡領縣高麗初更今名顯宗九年來屬後置監務

儒城縣本百濟奴斯只縣（斯一作叱）新羅景德王改今名爲比豐郡領縣高麗仍舊名來屬有溫泉

石城縣本百濟珍惡山縣新羅景德王改名石山爲扶餘郡領縣高麗初更今名顯宗九年來屬明宗二年置監務後罷之恭愍王二十年以扶餘監務來兼恭讓王二年復置監務

定山縣本百濟悅已縣（一云豆陵尹城）新羅景德王改名悅城爲扶餘郡領縣高麗初更今名顯宗九年來屬後置監務

尼山縣本百濟熱也山縣新羅景德王改今名爲熊州領縣顯宗九年來屬後置監務

新豐縣本百濟伐音支縣(一云武夫縣)新羅景德王改名淸音爲熊州領縣高麗初更今名來屬

洪州成宗十四年置運州都團練使顯宗三年改知州事後改今名(太祖實錄十年三月王入運州註云即今洪州)恭愍王五年以王師普愚內鄕陞爲牧十七年降知州事二十年復爲牧別號安平又海豐(皆成廟所定)又號海興屬郡三縣十一

槥城郡本百濟槥郡新羅景德王改今名顯宗九年來屬後置監務忠烈王十九年以縣人卜奎禦丹兵有功陞爲縣令後又陞知沔州事別號馬山又號海宗

大興郡本百濟任存城(一云今州)新羅景德王改爲任城郡高麗初更今名顯宗九年來屬明宗二年置監務唐蘇定方祠在大岑島(春秋降香祝致祭)

結城郡本百濟結已縣新羅景德王改爲潔城郡顯宗九年來屬明宗二年更今名置監務

高丘縣本百濟牛見縣新羅景德王改名目牛爲伊山郡領縣高麗初更今名顯宗九年來屬

保寧縣本百濟新村縣(一云沙村縣)新羅景德王改名新邑爲潔城郡領縣高麗初更今名顯宗九年來屬睿宗元年置監務有高巒島

興陽縣古名遠軍顯宗九年稱今名來屬

靑陽縣本百濟古良夫里縣新羅敬德王改名靑武爲任城郡領縣高麗初更今名顯宗九年屬天安府任內後來屬

新平縣本百濟沙平縣新羅景德王改今名爲槥城郡領縣顯宗九年來屬

德豐縣本百濟今勿縣新羅景德王改名今武爲伊山郡領縣顯宗九年來屬明宗五年置監務

伊山縣本百濟馬尸山郡新羅景德王改今名爲郡顯宗九年來屬後置監務有伽倻山

唐津縣本百濟伐首只縣(一云夫只郡)新羅景德王改今名爲槥城郡領縣顯宗九年來屬睿宗元年置監務

餘美縣本百濟餘村縣新羅敬德王改名餘邑爲槥城

郡領縣高麗初更今名顯宗九年來屬睿宗元年置監務

驪陽縣驪一作黎本百濟沙尸良縣一云沙羅縣新羅景德王改名新良爲潔城郡領縣高麗初更今名置監務顯宗九年來屬

貞海縣世傳太祖時夢熊驛吏韓姓者有大功賜號太匡割高丘縣地置縣爲其鄕貫顯宗九年來屬後置監務

天安府太祖十三年合東西兜率爲天安府置都督諺傳術師藝方啓太祖云三國中心五龍爭珠之勢若置大官則百濟自降太祖乃登山周覽始置府成宗十四年改爲懽州都團練使穆宗八年廢團練使顯宗九年復舊名爲知府事高宗四十三年避兵入仙藏島後出陸忠宣王二年汰諸牧府改爲寧州恭愍王十一年復爲天安府別號任歡屬郡一縣七

溫水郡本百濟湯井郡新羅文武王陞爲州置摠管後廢州爲郡高麗初改今名顯宗九年來屬明宗二年置監務有溫泉

牙州本百濟迂述縣新羅景德王改名陰峯爲湯井郡領縣高麗初改爲仁州成宗十四年置刺史穆宗八年廢刺史顯宗九年來屬後更今名置監務別號寧仁成廟所定

新昌縣本百濟屈直縣新羅景德王改名祈梁爲湯井郡領縣高麗初更今名顯宗九年來屬恭讓王三年築城縣西獐浦收旁近州縣租載舟浮海達于京師始置萬戶兼監務有道高山

豐歲縣本百濟甘買縣新羅景德王改名馴雉爲大麓郡領縣高麗初更今名顯宗九年來屬別號秭川

平澤縣古河八縣高麗稱今名來屬

禮山縣本百濟烏山縣新羅景德王改名孤山爲任城郡領縣太祖二年更今名顯宗九年來屬後置監務

稷山縣本慰禮城百濟始祖溫祚王開國建都後高勾麗取之改爲蛇山縣新羅因之爲白城郡領縣高麗初更今名顯宗九年來屬後置監務高麗改河陽倉爲慶陽縣設令兼任鹽場官

安城縣本高勾麗柰兮忽新羅景德王改爲白城郡高

麗初更今名顯宗九年屬水州後來屬明宗二年置監務恭愍王十年紅賊入松都王南巡賊遣先鋒招降楊廣道州郡所至莫敢拒其鋒唯縣人伴爲降附設宴犒之乘其醉斬魁首六人賊由是不敢南下十一年以功陞知郡事割水原任內陽良甘彌呑馬田薪谷四部曲以與之後金鏞受賂以三部曲還屬水原

嘉林縣本百濟加林郡新羅景德王改加爲嘉成宗十四年置林州刺史顯宗九年更今名置令忠肅王二年以元阿孛海平章妻趙氏內鄉陞知林州事屬郡一縣四

西林郡本百濟舌林郡（一云南陽）新羅景德王改今名高麗因之顯宗九年來屬後置監務忠肅王元年以縣人李彥忠有勞於忠宣陞知西州事有熊津溟所

庇仁縣本百濟比衆縣新羅景德王改今名爲西林郡領縣高麗因之顯宗九年來屬後置監務

鴻山縣本百濟大山縣新羅景德王改名翰山爲嘉林郡領縣高麗初更今名顯宗九年仍屬明宗五年以韓山監務來兼

藍浦縣本百濟寺浦縣新羅景德王改今名爲西林郡領縣顯宗九年來屬後置監務辛禑六年因倭寇人物四散至恭讓王二年始置鎭城招集流亡

韓山縣本百濟馬山縣新羅因之爲嘉林郡領縣高麗更今名仍屬明宗五年置監務後陞爲知韓州事

富城縣本百濟基郡新羅景德王改爲富城郡高麗因之仁宗二十二年置縣令明宗十二年縣人逼令尉幽之有司奏除官號忠烈王十年以縣人大護軍鄭仁卿有功陞知瑞山郡事三十四年陞爲瑞州牧忠宣王二年汰諸牧降爲瑞寧府後又降知瑞州事屬縣二

地谷縣本百濟知六縣新羅景德王改名地育爲富城郡領縣高麗更今名仍屬

蘇泰縣本百濟省大兮縣新羅景德王改今名爲富城郡領縣高麗仍之顯宗九年屬運州忠烈王時宦者李大順有寵於元以縣爲居鄉陞知泰安郡事

志卷第十

志卷第十一　高麗史五十七

正憲大夫工曹判書集賢殿大提學知經筵春秋館事兼成均大司成臣鄭麟趾奉

地理二

慶尙道在三韓爲辰韓在三國爲新羅及太祖幷新羅百濟置東南道都部署使營司慶州成宗十四年分境內爲十道以尙州所管爲嶺南道慶州金州所管爲嶺東道晉州所管爲山南道睿宗元年稱慶尙晉州道明宗元年分爲慶尙晉陝州兩道十六年爲慶尙州道神宗七年爲尙晉安東道其後又改爲慶尙晉安道高宗四十六年以和登定長四州沒於蒙古割道之平海德原盈德松生肆溟州道忠烈王十六年又以德原盈德松生移隷東界忠肅王元年定爲慶尙道

領京一牧三府三郡三十縣九十二

東京留守官慶州本新羅古都始祖赫居世王開國建都國號徐耶伐或稱斯羅或稱斯盧後稱新羅脫解王九年始林有雞恠更名雞林因以爲國號基臨王十年復號新羅太祖十八年敬順王金傅來降國除爲慶州二十三年陞爲大都督府改其州六部名梁部爲中興部沙梁爲南山部本彼爲通仙部習北爲臨川部漢祇爲加德部牟梁爲長福部成宗六年改爲東京留守十四年稱留守使屬嶺東道顯宗三年廢留守官降爲慶州防禦使五年改安東大都護府二十一年復爲東京留守時銳方所上三韓會土記有高麗三京之文故復置之神宗五年東京夜別抄作亂攻刼州郡遣師討平之七年以東京人造新羅復盛之言傳檄尙淸忠原州道謀亂降知慶州事奪管內州府郡縣鄕部曲分隷安東尙州高宗六年復爲留守忠烈王三十四年改稱雞林府辛禑二年府與金州爭使營都評議使奏金州賊殺按廉且置營歲月不及雞林況近海濱倭賊可畏乞移置雞林禑從之別號樂浪（成廟所定）有赫居世王陵金庾信墓又有瞻星臺（新羅善德女主所築）奉德寺（新羅惠恭王鑄大鍾重銅一十二萬斤撞之聲聞百餘里）屬郡四縣十領郡五（防禦郡四知事郡一）

興海郡本新羅退火郡景德王改爲義昌郡高麗初改今名顯宗九年來屬明宗二年置監務恭愍王十六年

以國師千熙之鄉陞知郡事別號曲江又號鷲山

章山郡本押梁小國(一云押督)新羅祇味王取之置郡景德王改爲獐山郡高麗初更今名顯宗九年來屬明宗二年置監務忠宣王即位避王嫌名改慶山忠肅王四年以國師一然之鄉陞爲縣令官恭讓王二年以王妃盧氏之鄉陞知郡事別號玉山

壽城郡本新羅喟火郡(一云上村昌郡)景德王改爲壽昌郡高麗初更今名顯宗九年來屬恭讓王二年置監務兼任解顏

永州高麗初合新羅臨皐郡道同臨川二縣置之(一云高鬱府)成宗十四年爲永州刺史顯宗九年來屬明宗二年置監務後陞爲知州事別號益陽(成廟所定)又號永陽(麗季陞本州梨旨銀所爲縣)

安康縣本新羅比火縣景德王改今名爲義昌郡領縣顯宗九年來屬恭讓王二年置監務(新羅婆娑王取音汁伐國置音汁火縣後合屬於縣)

新寧縣本新羅史丁火縣景德王改今名爲臨皐郡領縣顯宗九年來屬恭讓王二年置監務(景德王改買熱次縣爲駔白縣後合屬於縣)

慈仁縣本新羅奴斯火縣景德王改今名爲獐山郡領縣顯宗九年來屬

河陽縣成宗十四年爲河州刺史顯宗九年改今名來屬後置監務

淸河縣本高勾麗阿兮縣新羅景德王改名海阿爲有隣郡領縣高麗初更今名顯宗九年來屬

延日縣本新羅斤烏支縣(一作烏良友)景德王改名臨汀爲義昌郡領縣高麗初更今名顯宗九年來屬恭讓王二年置監務以管軍萬戶兼之

解顏縣本新羅雉省火縣(一云美里)景德王改今名爲獐山郡領縣顯宗九年來屬恭讓王二年置監務以壽城監務兼之

神光縣本新羅東仍音縣(一云神乙)景德王改今名爲義昌郡領縣顯宗九年來屬

杞溪縣本新羅芼兮縣(一云化雞)景德王改今名爲義昌郡

領縣顯宗九年來屬
長鬐縣本新羅只沓縣景德王改名鬐立爲義昌郡領
縣高麗更今名來屬後置監務
蔚州本屈阿火村新羅婆娑王取之置縣景德王改名河
曲一作河西爲臨關郡領縣高麗初更今名顯宗九年置防禦
使景德王改于火縣爲虞風縣栗浦縣爲東津縣皆合屬太祖時郡人朴允雄有大功乃併河曲東津虞風等縣置興禮府後降爲恭化縣又改知蔚
州事一云羅季有鶴來鳴故稱神鶴城一云戒邊城一云皆知邊一云火城郡別號鶴城成廟所定屬縣二
東萊縣本新羅居柒山郡景德王改爲東萊郡顯宗九
年來屬後置縣令有溫泉
巚陽縣本新羅縣居知火縣景德王改今名爲良州領
縣顯宗九年來屬仁宗二十一年置監務後改爲彥陽
禮州本高勾麗于尸郡新羅景德王改爲有隣郡高麗初
更今名顯宗九年置防禦使高宗四十六年以衛社功臣
朴松庇內鄉陞爲德原小都護府後陞爲禮州牧忠宣王
二年汰諸牧改爲寧海府別號丹陽成廟所定有觀魚臺屬府
一郡三縣二
甫城府一云載岩城新羅景德王改柒巴火縣爲眞寳縣又
改高勾麗助攬縣爲眞安縣高麗初合二縣置府顯宗
九年來屬
英陽郡英一作延本古隱縣後改今名顯宗九年來屬明宗
五年置監務別號益陽首比部曲元屬於縣文宗朝移屬蔚珍以附近還屬
平海郡本高勾麗斤乙於高麗初改今名顯宗朝來屬
明宗二年置監務忠烈王時縣人僉議評理黃瑞隨駕
入元翊戴回還以功陞知郡事別號箕城有溫泉
盈德郡本高勾麗也尸忽郡新羅改爲野城郡高麗初
更今名顯宗九年來屬後置監務又改爲縣令官
靑鳧縣本高勾麗靑已縣新羅改名積善爲野城郡領
縣高麗初爲鳧伊縣又改爲雲鳳縣成宗五年更今名
來屬
松生縣顯宗九年來屬仁宗二十一年置監務
金州本駕洛國新羅儒理王十八年駕洛之長我刀干汝
刀干彼刀干等九人率其民禊飮望見龜旨峯有非常聲
氣就視之有金榼自天而降中有金色卵圓如日輪九人
拜而神之奉置我刀干家翼日九人咸會開榼而視有一

童子剖殼而生年可十五容貌甚偉衆皆拜賀盡禮童子日就岐嶷歷十餘日身長九尺是月望九人遂奉以爲主即首露王也國號駕洛又稱伽倻後改爲金官國四境東至黃山江東北至伽倻山西南際大海西北界智異山即位一百五十八年薨至九代孫仇亥賫國帑寶物降于新羅自首露以後居登王麻品王居叱彌王伊尸品王坐知王吹希王銍知王鉗知王至仇亥王(三國遺事駕洛國記作衡)有國凡四百九十一年新羅法興王旣受降待以客禮以其國爲食邑號金官郡文武王置金官小京景德王爲金海小京太祖二十三年改州府郡縣名爲金海府後降爲臨海縣又陞爲郡成宗十四年改爲金州安東都護府顯宗三年更今名元宗十一年以防禦使金晅平密城之亂又拒三別抄有功陞爲金寧都護府忠烈王十九年降爲縣三十四年陞爲金州牧忠宣王二年汰諸牧復爲金海府首露王墓(在州西)招賢臺(在州東世傳駕洛國居登王登此臺招七點山旵始仙人旵始乘舟而來因名焉)又有三分水(府東黃山江水奔流五十餘里分三浦入海俗呼爲三叉水)屬郡二縣三

義安郡本新羅屈自郡景德王改今名顯宗九年來屬後置監務忠烈王八年更名義昌陞爲縣令以賞元世祖東征供億之勞別號檜山

咸安郡本阿尸良國(一云阿那加耶)新羅法興王滅之以爲郡景德王改今名成宗十四年爲咸州刺史顯宗九年復今名來屬明宗二年置監務恭愍王二十二年以縣人周英贊之女入

大明爲宮人遂陞爲知郡事別號金羅

漆園縣(一作原)本新羅漆吐縣景德王改名漆隄爲義安郡領縣高麗初更今名顯宗九年來屬恭讓王二年置監務別號龜城

熊神縣本新羅熊只縣景德王改今名爲義安郡領縣顯宗九年來屬(高麗陞省法部曲爲龜山縣屬金州任內恭讓王朝移屬漆原)有加德島

合浦縣本新羅骨浦縣景德王改今名爲義安郡領縣顯宗九年來屬後置監務忠烈王八年更名會原陞爲縣令以賞元世祖東征供億之勞別號還珠有月影臺(高麗陞莞浦鄕爲縣)

梁州新羅文武王五年割上州下州地置歃良州景德王

改爲良州備九州之一太祖二十三年更今名顯宗九年置防禦使後元中書省以本國官繁民弊爲言故併于密城然州縣稟命守宰勞於往來其弊愈甚至忠烈王三十年復舊別號宜春（成廟所定）又號順正有伽倻津黃山江（與務安之龍津光陽之蟾津稱爲背流三大江水）又有伽倻津衍所屬縣二

東平縣本新羅大甑縣景德王改今名爲東萊郡領縣顯宗九年來屬有絕影島

機張縣本新羅甲火良谷縣景德王改今名爲東萊郡領縣後移屬顯宗九年又移屬蔚州後置監務別號車城

密城郡本新羅推火郡景德王改今名高麗初因之成宗十四年爲密州刺史顯宗九年稱知密城郡事忠烈王元年以郡人趙仟殺郡守以應珍島叛賊三別抄降爲歸化部曲屬之鷄林先是臺省屢請降號用事者受邑人賂每沮之至是復極論從之後復稱密城縣十一年陞爲郡又降爲縣恭讓王二年以曾祖益陽侯妃朴氏內鄉陞爲密陽府（高麗以守山部曲爲守山縣）屬郡二縣四

昌寧郡本新羅比自火郡（一云比斯伐）眞興王十六年置下州二十六年州廢景德王改爲火王郡太祖二十三年更今名顯宗九年來屬明宗二年置監務別號昌城夏城

清道郡（一云道州）高麗初合新羅大城郡烏岳荊山蘇山三縣爲郡來屬睿宗四年置監務忠惠王後四年以郡人上護軍金善莊有功陞知郡事明年復爲監務恭愍王十五年郡人金漢貴爲監察大夫復請陞爲知郡事

玄豐縣（豐一作風）本新羅推良火縣（推一作三）景德王改名玄驍爲火王郡領縣高麗初更今名顯宗九年來屬恭讓王二年置監務剳密城仇知山部曲屬之

桂城縣顯宗九年來屬恭愍王十五年移屬靈山恭讓王二年還屬

靈山縣本新羅西火縣景德王改名尙藥爲密城郡領縣高麗更今名仍屬忠敬王十五年置監務有溫泉又有伽倻津溟所

豐角縣本上火村縣高麗改今名顯宗九年來屬

晉州牧本百濟居列城[一名居陁]新羅文武王二年取而置州神文王四年分居陁州置菁州摠管景德王改爲康州惠恭王復爲菁州太祖又改康州成宗二年初置十二牧州其一也十四年置十二州節度使號晉州定海軍屬山南道顯宗三年廢爲安撫使九年定爲牧爲八牧之一別號晉康[成廟所定]又號菁州又號晉陽有花開薩川兩部曲[其長皆剃頭稱爲僧首]又有彰善島[島本高勾麗有疾部曲高麗更今名陞爲縣屬于州忠宣下即位避王嫌名改爲興善後因倭寇人物俱亡爲直村]屬郡二縣七領知事郡一縣令官三

江城郡本新羅闕支郡景德王改闕城郡高麗初改爲江城縣後陞爲郡顯宗九年來屬恭讓王二年置監務

河東郡本新羅韓多沙郡景德王改今名高麗初因之顯宗九年來屬明宗二年置監務別號清河

泗州本新羅史勿縣景德王改名泗水爲固城郡領縣高麗初來屬顯宗二年更今名明宗二年置監務

岳陽縣本新羅小多沙縣景德王改今名爲河東郡領縣顯宗九年來屬

永善縣本新羅一善縣景德王改名尙善爲固城郡領縣高麗初更今名顯宗年來屬

鎭海縣顯宗九年來屬恭讓王二年置監務別號八鎭[一云牛山]

昆明縣新羅時稱號未詳顯宗九年來屬

班城縣新羅時稱號未詳顯宗九年來屬

宜寧縣本新羅獐含縣景德王改今名爲咸安郡領縣顯宗九年來屬恭讓王二年置監務以新繁縣屬之

陜州本新羅大良州郡[良一作耶]景德王改爲江陽郡顯宗由大良院君即位又以皇妣孝肅王后之鄉陞知陜州事屬縣十二

嘉樹縣[樹一作壽]本新羅加主火縣景德王改今名爲康州領縣顯宗九年來屬別號鳳城

三岐縣本新羅三支縣[一云麻杖]景德王改今名爲江陽縣領縣顯宗九年來屬恭愍王二十二年置監務

山陰縣本新羅知品川縣景德王改今名爲闕城郡領縣顯宗九年來屬恭讓王二年置監務別號山陽

丹溪縣本新羅赤村縣景德王改名丹邑爲闕城郡領

縣高麗初更今名顯宗九年來屬恭讓王二年移屬江
城縣
加祚縣本新羅加召縣(因方言相近變召爲祚)景德王改名咸陰爲
居昌郡領縣高麗初復古名顯宗九年來屬後還屬居
昌元宗十二年移屬巨濟
感陰縣本新羅南內縣景德王改名餘善爲居昌郡領
縣高麗初更今名顯宗九年來屬毅宗十五年縣人子
和等誣告鄭敍妻與縣吏仁梁呪咀上及大臣投子和
于江降縣爲部曲恭讓王二年復置監務以利安縣屬
之
利安縣本新羅馬利縣景德王改今名爲天嶺郡領縣
顯宗九年來屬恭讓王二年移屬感陰
新繁縣本新羅新尒縣(一云朱烏村一云泉川縣)景德王改名宜桑爲
江陽郡領縣高麗初更今名顯宗九年來屬
冶爐縣本新羅赤火縣景德王改今名爲高靈郡領縣
顯宗九年來屬
草溪縣本新羅草八兮縣景德王改名八溪爲江陽郡

領縣高麗初更今名顯宗九年仍屬明宗二年置監務
忠肅王三年以縣人鄭守琪卞遇成有功陞知郡事別
號淸溪(成廟所定)有黃芚津
居昌縣本新羅居烈郡(一名居陁)景德王改今名顯宗九年
來屬明宗二年置監務
含陽縣(一云含城郡)本新羅速含郡景德王改爲天嶺郡成
宗十四年陞爲許州都團鍊使顯宗三年降爲含陽郡
來屬(後含改爲咸)明宗二年降爲縣置監務
固城縣本小加耶國新羅取之置古自郡景德王改今名
爲郡成宗十四年爲固州刺史後降爲縣顯宗九年屬巨
濟後置縣令元宗七年以郡陞爲州忠烈王時併于南海
尋復舊別號鐵城
南海縣本海中島新羅神文王初置轉也山郡景德王改
爲南海郡顯宗九年置縣令恭愍王七年因倭失土僑寓
晉州任內大也川部曲屬縣二
蘭浦縣本新羅內浦縣在南海島景德王改今名來屬
高麗初因之後因倭寇人物俱亡

平山縣本新羅平西山縣 一云西平 亦在南海島景德王改今名爲南海郡領縣高麗初因之後因倭寇人物俱亡

巨濟縣本海中島新羅文武王初置裳郡景德王改爲巨濟郡顯宗九年置縣令元宗十二年因倭失土僑寓居昌縣之加祚縣忠烈王時併于管城尋復舊有比加助音島

屬縣三

鵝洲縣本新羅巨老縣在巨濟島景德王改今名爲巨濟郡領縣高麗因之

松邊縣本新羅松邊縣亦在巨濟島景德王改名南垂爲巨濟郡領縣高麗復舊名仍屬

溟珍縣本新羅買珍伊縣亦在巨濟島景德王改今名爲巨濟郡領縣高麗因之

尙州牧本沙伐國新羅沾解王取以爲州法興王改爲上州置軍主眞興王廢州爲上洛郡神文王復置州景德王改爲尙州惠恭王復爲沙伐州太祖二十三年復改爲尙州其後又改爲安東都督府成宗二年初置十二牧尙州即其一也十四年置十二州節度使號歸德軍屬嶺南道顯宗三年廢節度使復爲安東大都護府五年改爲尙州安撫使九年定爲牧爲八牧之一別號上洛 成廟所定 又號商山 諺傳州北面林下村人姓太者捕賊有功陞其村爲永順縣 有洛東江又有大堤名曰恭檢 明宗二十五年司錄崔正份因舊址而築之 屬郡七縣十七領知事府二

聞慶郡本新羅冠文縣 一云冠縣一云高思曷伊城 景德王改名冠山爲古寧郡領縣高麗初改爲聞喜郡顯宗九年來屬後更今名恭讓王二年置監務以加恩縣屬之 縣北有主屹山 險阻處三草岾 在縣西 伊火峴 在縣西 串岬遷 在縣南

龍宮郡本新羅竺山 一云園山 成宗十四年陞爲龍州刺史穆宗八年罷之顯宗三年改今名來屬明宗二年置監務有河風津

開寧郡本甘文小國新羅取之眞興王置軍主爲青州眞平王廢州文武王爲甘文郡景德王改今名顯宗九年來屬明宗二年置監務

報令郡本新羅三年山郡景德王改爲三年郡高麗初改保齡郡 後轉而爲今名 顯宗九年來屬明宗二年置監務有俗離山 新羅時稱俗離岳爲中祀

咸昌郡本古寧伽倻國新羅取之爲古冬攬郡一云古陵郡
景德王改爲古寧郡光宗十五年爲咸寧郡顯宗九年
來屬後更今名明宗二年置監務
永同郡本新羅吉同郡景德王改今名成宗十四年陞
爲稽州刺史穆宗八年廢刺史顯宗九年來屬明宗二
年置監務六年陞爲縣令後復爲監務尋罷之
海平郡顯宗九年來屬仁宗二十一年移屬一善
靑山縣本新羅屈山縣一云埃山景德王改名耆山爲三年
郡領縣高麗初更今名來屬恭讓王二年置監務析尙
州酒城部曲以隷之十一年還屬
山陽縣本新羅近品縣品一作巘景德王改名嘉猷爲醴泉
郡領縣高麗初更今名顯宗九年來屬後置監務明宗
十年罷之
化寧郡本新羅荅達匕郡一云沓達景德王改爲化寧郡高
麗初因之後爲縣來屬
功城縣本新羅大幷部曲高麗初改今名顯宗九年來
屬

單密縣作丹本新羅武冬彌知縣一云曷冬彌知景德王改今
名爲聞韶郡領縣高麗初因之顯宗九年來屬
比屋縣本新羅阿火屋縣一云幷屋景德王改今名爲聞韶
郡領縣高麗初因之顯宗九年來屬
安定縣定一作貞本新羅阿尸兮縣一云阿乙兮景德王改名安
賢爲聞韶郡領縣高麗更今名顯宗九年來屬恭讓王
二年置監務兼任比屋
中牟縣本新羅刀良縣景德王改名道安爲化寧郡領
縣高麗更今名顯宗九年來屬
虎溪縣本新羅虎側縣一云拜山城景德王改今名爲古寧
郡領縣顯宗九年來屬
禦侮縣本新羅今勿縣一云陰達景德王改今名爲開寧郡
領縣顯宗九年來屬
多仁縣本新羅達已縣或云多已景德王改今名來屬至高
麗仍屬後移屬甫州別號仁陽
靑理縣本新羅音里火縣景德王改爲靑驍縣來屬高
麗更今名顯宗九年仍屬

加恩縣本新羅加害縣景德王改名嘉善爲古寧郡領縣高麗初更今名顯宗九年來屬恭讓王二年移屬聞慶

一善縣本新羅一善郡眞平王陞爲州置軍主神文王廢州景德王改爲嵩善郡成宗十四年爲善州刺史顯宗九年來屬仁宗二十一年改今名置縣令後陞爲知善州事別號和義（成廟所定）有金烏山

軍威縣本新羅奴同覓縣景德王改今名爲嵩善郡領縣顯宗九年來屬仁宗二十一年還屬一善恭讓王二年置監務兼任孝靈

孝靈縣本新羅芼兮縣景德王改今名爲嵩善郡領縣顯宗九年來屬仁宗二十一年還屬一善

缶溪縣顯宗九年來屬後移屬善州別號缶林

京山府本新羅本彼縣景德王改名新安爲星山郡領縣後改爲碧珍郡太祖二十三年更今名景宗六年降爲廣平郡成宗十四年稱岱州都團鍊使顯宗三年廢團鍊使九年改知京山府事忠烈王二十一年陞爲興安都護府三十四年又陞爲星州牧忠宣王二年汰諸牧降爲京山府有伽倻山屬郡一縣十四

高靈郡本大伽倻國自始祖伊珍阿豉王（一云內珍朱智）至道設智王凡十六世五百二十年新羅眞興王滅之以其地爲大伽倻郡景德王改今名高麗初來屬明宗五年置監務

若木縣本新羅大木縣（一云七村）景德王改名谿子爲星山郡領縣高麗更今名來屬

仁同縣顯宗九年來屬恭讓王二年置監務以若木縣屬之（三國史記云星山郡領內壽同縣本新羅斯同火縣景德王改名今未詳今以境土考之疑壽同改爲仁同也）

知禮縣本新羅知品川縣景德王改今名爲開寧郡領縣顯宗九年來屬恭讓王二年置監務別號龜城

加利縣本新羅一利郡景德王改爲星山郡高麗初更今名顯宗九年來屬別號岐城

八莒縣本新羅八居里縣（一云北恥長里一云仁里）景德王改名八里爲壽昌郡領縣高麗初改爲八莒（後居音轉而爲莒）顯宗九年來屬別號七谷

金山縣本新羅金山縣爲開寧郡領縣高麗仍舊名顯宗九年來屬恭讓王二年置監務別號金陵

黃澗縣本新羅召羅縣景德王改今名爲永同郡領縣顯宗九年來屬後置監務恭愍王三年復來屬恭讓王二年置監務

管城縣本新羅古尸山郡景德王改爲管城郡顯宗九年來屬仁宗二十一年置縣令明宗十二年縣吏民執縣令洪彥幽之有司奏除官號忠宣王五年陞知沃州事割京山府所屬利山安邑陽山三縣以屬之

安邑縣本新羅阿冬兮縣景德王改名安貞爲管城郡領縣高麗初更今名顯宗九年來屬

陽山縣本新羅助北川縣景德王改今名爲管城郡領縣顯宗九年來屬明宗六年置縣令

利山縣本新羅所利山縣景德王改今名爲管城郡領縣顯宗九年來屬明宗六年置監務

大丘縣本新羅達句火縣景德王改今名爲壽昌郡領縣顯宗九年來屬仁宗二十一年置縣令

花園縣本新羅舌火縣景德王改今名爲壽昌郡領縣顯宗九年來屬後移屬大丘別號錦城

河濱縣本新羅多期只縣（一云沓只）景德王改今名爲壽昌郡領縣顯宗九年來屬後移屬大丘

安東府本新羅古陁耶郡景德王改爲古昌郡太祖十三年與後百濟王甄萱戰於郡地敗之郡人金宣平權幸張吉佐太祖有功拜宣平爲大匡幸吉各爲大相陞郡爲安東府後改爲永嘉郡成宗十四年稱吉州刺史顯宗三年爲安撫使九年改知吉州事二十一年更今名明宗二十七年南賊金三孝心等剽略州郡遣使討平之以府有功陞爲都護府神宗七年東京別抄孛佐等聚衆叛以府有捍禦功陞爲大都護府忠烈王三十四年改爲福州牧恭愍王十年避紅賊南巡駐蹕以州人盡心供頓復陞爲安東大都護府（忠烈王以加也鄕人護軍金仁軌有功陞其鄕爲春陽縣忠宣王以敬和翁主鄕德山部曲爲才山縣忠惠王以宦者姜金剛入元有貢紬之勞陞其鄕退串部曲爲柰城縣後又陞吉安部曲爲縣）別號綾羅郡地平郡石陵郡一界郡花山郡古藏郡（皆新羅時稱號）屬郡三縣十一

臨河郡本高勾麗屈火郡新羅景德王改爲曲城郡高

麗初更今名顯宗九年來屬

禮安郡本高勾麗買谷縣新羅改名善谷爲奈靈郡領縣高麗初更今名顯宗九年來屬辛禑二年藏其胎於縣陞爲郡尋陞爲州恭讓王二年置監務以宜仁縣屬之

義興郡顯宗九年來屬恭讓王二年置監務以善州任內缶溪縣屬之後移屬義城縣別號龜山

一直縣本新羅一直縣景德王改名直寧爲古昌郡領縣高麗初復舊號顯宗九年來屬

殷豐縣本新羅赤牙縣景德王改名殷正爲醴泉郡領縣高麗初更今名顯宗九年來屬

甘泉縣新羅時稱號未詳顯宗九年來屬

奉化縣本高勾麗古斯馬縣新羅景德王改名玉馬爲奈靈郡領縣高麗初更今名顯宗九年來屬恭讓王二年置監務別號鳳城

安德縣本高勾麗伊火兮縣新羅景德王改名緣武爲曲城郡領縣高麗初更今名顯宗九年來屬恭讓王二年置監務（恭愍王十八年陞知道保部曲爲宜仁縣屬安東恭讓王二年移屬禮安）

豐山縣本新羅下枝縣（有下枝山一名豐岳）景德王改名永安爲醴泉郡領縣太祖六年縣人元逢有歸順之功陞爲順州十三年陷於甄萱復降爲下枝縣後更今名顯宗九年來屬明宗二年置監務

基州縣新羅時稱號未詳或曰基木鎭高麗初始稱今名顯宗九年來屬明宗二年置監務後復屬恭讓王二年又置監務以殷豐縣屬之別號永定（成廟所定）又號安定

興州本高勾麗及伐山郡新羅景德王改爲岌山郡高麗初更今名顯宗九年來屬後移屬順安明宗二年置監務忠烈王安胎改爲興寧縣令官忠肅王又安胎陞知興州事忠穆王安胎又陞爲順興府別號順政（成廟所定）有小白山

順安縣本高勾麗奈巳郡新羅婆娑王取之景德王改爲奈靈郡成宗十四年稱剛州都團練使顯宗九年來屬仁宗二十一年更今名爲縣令官高宗四十六年以衛社功臣金仁俊內鄉陞知榮州事別號龜城（成廟所定）險

阻處有馬兒嶺
義城縣本召文國新羅取之景德王改爲聞韶郡高麗初陞爲義城府顯宗九年來屬仁宗二十一年置縣令神宗二年以嘗陷賊降爲監務忠烈王時併于大丘尋復舊（三國史記云景德王改仇火縣爲高丘縣後合屬於縣）有風穴又有冰穴（立夏後冰始凝極熱則堅冬則溫氣如春）
基陽縣本新羅水酒縣景德王改爲醴泉郡高麗初更名甫州顯宗九年來屬明宗二年藏太子胎改今名陞爲縣令官神宗七年南道招討兵馬使崔匡義與東京賊戰于縣地大捷陞知甫州事別號淸河襄陽（成廟所定）
全羅道本百濟之地義慈王十九年新羅太宗王與唐將蘇定方滅百濟遂併其地景德王分爲全武二州都督府眞聖王五年西面都統甄萱悉據舊地稱後百濟王太祖十九年親征克之成宗十四年以全州瀛州淳州馬州等州縣爲江南道羅州光州靜州昇州貝州潭州朗州等州縣爲海陽道顯宗九年合爲公羅道領牧二府二郡十八縣八十一
全州牧本百濟完山（一云比斯伐一云比自火）威德王元年爲完山州十一年州廢義慈王十九年新羅與唐將蘇定方滅百濟遂有其地眞興王十六年改今名二十六年州廢神文王四年復置完山州景德王十五年又稱全州後甄萱立都於州太祖滅之改安南都護府二十三年還爲全州成宗十二年稱承化節度安撫使十四年置十二州節度使號順義軍屬江南道顯宗九年陞安南大都護府十三年又名全州恭愍王四年以囚元使埜思不花降爲部曲五年復爲完山府別號莞山（成廟所定）又號甄城有新倉津屬郡一縣十一領知事府一郡一縣令官四
金馬郡本馬韓國（後朝鮮王箕準避衛滿之亂浮海而南至韓地開國號馬韓）百濟始祖溫祚王幷之自後號金馬渚新羅景德王改今名至高麗來屬忠惠王後五年以元順帝奇皇后外鄉陞爲益州有彌勒山石城（諺傳箕準始築故謂之箕準城）又有後朝鮮武康王及妃陵（俗號末通大王陵一云百濟武王小名薯童）
朗山縣本百濟閼也山縣新羅景德王改名野山爲金馬郡領縣高麗更今名來屬恭讓王三年以礪良監務來兼

沃野縣本百濟所力只縣新羅景德王改今名爲金馬
郡領縣高麗初來屬明宗六年置監務後復來屬
鎭安縣本百濟難珍阿縣 一云月良縣 新羅景德王改今名
爲長溪郡領縣高麗初來屬後置監務恭讓王三年兼
任馬靈有馬耳山 新羅稱西多山載小祀
紆州縣本百濟于召渚縣 紆一作汚 新羅景德王改今名爲
金馬郡領縣高麗初來屬
高山縣本百濟高山縣 一云難等良 新羅時來屬顯宗九年
仍屬後置監務兼任珍同恭讓王三年又兼雲梯
雲梯縣本百濟只伐只縣 一云只失只 新羅景德王改今名
爲德殷郡領縣高麗初來屬
馬靈縣本百濟馬突縣 一云馬珍一云馬等良 新羅景德王改今名
爲任實郡領縣高麗初來屬
礪良縣 一作陽良 本百濟只良肖縣新羅景德王改今名爲
德殷郡領縣高麗初因之顯宗九年來屬恭讓王三年
兼任朗山又兼公村皮堤勸農使
利城縣本百濟乃利阿縣新羅景德王改今名爲金堤
郡領縣高麗初來屬
伊城縣本百濟豆伊縣 一云往武 新羅景德王改名杜城來
屬高麗改今名仍屬
咸悅縣本百濟甘勿阿縣新羅景德王改今名爲臨陂
郡領縣高麗初來屬明宗六年置監務別號咸羅 忠肅王八年縣之道乃山銀所人伯顏夫介在元有功於本國陞所爲龍安縣恭讓王三年以全州屬縣豐儲與之
南原府本百濟古龍郡後漢建安中爲帶方郡曹魏時爲
南帶方郡新羅并百濟唐高宗詔劉仁軌檢校帶方州刺
史神文王四年置小京景德王十六年改南原小京太祖
二十三年改爲府忠宣王二年復爲帶方郡後改爲南原
郡恭愍王九年陞爲府別號龍城有智異山 一云地理一云頭流一云方丈 新羅爲南嶽中祀高麗仍之 有鶉子津屬郡二縣七
任實郡本百濟任實郡新羅因之至高麗來屬明宗二
年置監務
淳昌郡本百濟道實郡新羅景德王改爲淳化郡高麗
更今名爲縣來屬明宗五年置監務忠肅王元年以僧
國統丁午鄉陞知郡事別號玉川又烏山 古屬縣有福興

長溪縣本百濟伯海郡海一作伊新羅景德王改爲壁溪郡
高麗更今名來屬後移屬長水縣
赤城縣赤一作磧又作碄本百濟礫坪縣新羅景德王改今名爲
淳化郡領縣高麗初來屬後還屬淳昌郡
居寧縣居一作巨本百濟居斯勿縣新羅景德王改名青雄
爲任實郡領縣高麗更今名來屬
九皐縣本百濟塛坪縣塛一作湨新羅景德王改今名爲淳
化郡領縣高麗初來屬恭愍王三年以縣人元使林蒙
古不花有功於國陞爲郡
長水縣本百濟雨坪縣新羅景德王改名高澤爲壁溪
郡領縣高麗更今名來屬恭讓王三年兼任長溪要害
處有六十峴自縣東至慶尙道
雲峯縣本新羅毋山縣或云阿英城或云阿莫城景德王改今名爲天
嶺郡領縣至高麗來屬恭讓王三年兼任阿容谷勸農
兵馬使要害處有八良峴自縣東至慶尙道
求禮縣本百濟仇次禮縣新羅景德王改今名爲谷城
郡領縣高麗初來屬仁宗二十一年置監務別號鳳城

要害處有潺水津末草栗峴皆自縣指順天境
古阜郡本百濟古沙夫里郡新羅景德王改今名太祖十
九年稱瀛州觀察使光宗二年爲安南都護府顯宗十年
復今名忠烈王時併于靈光尋復舊屬郡一縣六
保安縣本百濟欣良買縣新羅景德王改名喜安來屬
高麗更今名仍屬後以扶寧監務來兼辛禑十二年各
置監務別號浪州有邊山有猬島
扶寧縣本百濟皆火縣新羅景德王改今名來屬至高
麗仍屬後置監務兼任保安辛禑十二年各置監務
井邑縣本百濟井村縣新羅景德王改今名爲大山郡
領縣至高麗來屬後置監務
大山郡本百濟大尸山郡新羅景德王改今名至高麗
春屬後置監務兼任仁義顯宗十年各置監務恭愍王
三年以縣人元使林蒙古不花有功於國陞爲郡
仁義縣本百濟賓屈縣一云賦城縣新羅景德王改名武城
爲大山郡領縣高麗更今名來屬以大山監務來兼
尙質縣本百濟上柒縣新羅景德王改今名來屬至高

麗仍屬後更名章德 敞一作昌 置監務兼任高敞忠宣王即
位避王嫌名改爲與德
高敞縣本百濟毛良夫里縣新羅景德王改今名爲武
靈郡領縣至高麗來屬後以尙質監務來兼
臨陂縣本百濟屎山郡 一云忻文一云所島一云失烏出一云陂山 新羅景德王改
今名爲郡高麗降爲縣置令別號鷺城屬縣四
澮尾縣本百濟夫夫里縣新羅景德王改今名來屬高
麗因之
富潤縣本百濟武斤村縣新羅景德王改名武邑爲金
堤郡領縣高麗更今名來屬後移屬萬頃
沃溝縣本百濟馬西良縣新羅景德王改今名來屬高
麗因之
萬頃縣本百濟豆乃山縣新羅景德王改今名爲金堤
郡領縣至高麗來屬睿宗元年置監務
進禮縣本百濟進乃郡 一云進仍乙縣 新羅景德王改爲進禮郡
高麗降爲縣令官忠烈王三十一年以縣人金侁仕元爲
遼陽行省參政有功於國陞知錦州事屬縣五

富利縣本百濟豆尸伊縣 一云富尸伊 新羅景德王改爲伊
城縣來屬高麗更今名仍屬明宗五年置監務
淸渠縣本百濟勿居縣新羅景德王更今名來屬高麗
因之忠宣王五年改爲龍潭縣置令別號玉川
朱溪縣本百濟赤川縣新羅景德王改名丹川來屬高
麗更今名仍屬明宗六年以茂豐監務來兼恭讓王三
年倂于茂豐
茂豐縣本新羅茂山縣景德王改今名爲開寧郡領縣
高麗初來屬明宗六年置監務兼任朱溪恭讓王三年
以朱溪縣合屬有裳山 四面壁立層層峻截如人之裳故名古人因嶮爲城僅有二路可上其中平坦寬曠泉水四出
珍同縣本百濟珍同縣 同一作洞 新羅爲黃山郡領縣高麗
來屬恭讓王二年以高山監務來兼別號玉溪 古屬縣有犺山
金堤縣本百濟碧骨郡新羅景德王改爲金堤郡高麗初
爲全州屬縣仁宗二十一年置縣令有碧骨堤 新羅訖解王二十一年始開岸長一千八百步 屬縣一
平皐縣本百濟首冬山縣新羅景德王改今名來屬國

初爲全州屬縣後復來屬
金溝縣本百濟仇知只山縣新羅景德王改今名爲全州領縣毅宗二十四年以李義方外鄕陞爲縣令官別號鳳山屬縣一
巨野縣本百濟也西伊縣新羅景德王改名野西爲大山郡領縣高麗更今名爲全州屬縣後屬金堤縣又後來屬
羅州牧本百濟發羅郡新羅景德王改爲錦山郡羅季甄萱稱後百濟王盡有其地未幾郡人附于後高麗王弓裔弓裔命太祖爲精騎大監率舟師攻取改爲羅州成宗十四年初定十道稱鎭海軍節度使屬海陽道顯宗元年王避丹兵南巡至州留旬日丹兵敗去王乃還都九年陞爲牧別號通義錦城（成廟所定）有錦城山（山有神祠）南浦津黑山島（島人出陸僑寓南浦江邊稱榮山縣恭愍王十二年陞爲郡）屬郡五縣十一領知事府一郡四縣令官四
務安郡本百濟勿阿兮郡新羅景德王更今名惠宗元年改勿良郡成宗十年復稱今名來屬明宗二年置監務恭讓王三年兼城山極浦勸農防禦使

潭陽郡本百濟秋子兮郡新羅景德王改爲秋成郡成宗十四年爲潭州都團練使後更今名來屬明宗二年置監務恭讓王三年兼任原栗
谷城郡本百濟欲乃郡新羅景德王改今名高麗初爲昇平郡屬郡後來屬明宗二年置監務別號洛川
樂安郡（一云陽岳）本百濟分嵯郡（一云分妙）新羅景德王改爲分嶺郡高麗更今名來屬明宗二年置監務後爲知郡事有獐島
南平郡（一云永平郡）本百濟未冬夫里縣新羅景德王改名玄雄爲武州領縣高麗更今名來屬明宗二年置監務恭讓王二年以和順監務來兼
鐵冶縣本百濟實於山縣新羅景德王改今名來屬高麗因之後屬綾城縣
會津縣本百濟豆肹縣新羅景德王改今名來屬高麗因之
潘南縣本百濟半奈夫里縣新羅景德王改爲潘南郡高麗初降爲縣來屬

安老縣本百濟阿老谷縣新羅景德王改名野老爲潘南郡領縣高麗更今名來屬

伏龍縣本百濟伏龍縣一云盃龍新羅景德王改名龍山爲武州領縣高麗復古名來屬

原栗縣本百濟栗支縣新羅景德王改名栗原爲秋成郡領縣高麗更今名來屬

餘艎縣本百濟水川縣一云水入伊新羅景德王改今名來屬高麗仍屬

昌平縣一云鳴平本百濟屈支縣新羅景德王改名祈陽爲武州領縣高麗更今名來屬諺傳縣吏車自賓有制南賊之功升爲縣令恭讓王三年兼長平甲鄉勸農使甲鄉本屬縣後移屬羅州又移屬光州至是復來屬

長山縣一云安陵本百濟居知山縣居一作屈新羅景德王改名安波爲壓海郡領縣高麗更今名來屬有古參島新伊良島上於島安昌島阿於島松島

珍原縣本百濟丘斯珍兮縣新羅景德王改今名爲岬城郡領縣至高麗來屬明宗二年置監務

和順縣本百濟仍利阿縣新羅景德王改名汝湄一云海濱爲陵城郡領縣高麗更今名來屬後還屬陵城縣恭讓王二年置監務兼任南平

長興府本百濟烏次縣新羅景德王改名烏兒爲寶城郡領縣高麗改爲定安縣屬靈岩任內仁宗朝以恭睿太后任氏之鄕陞知長興府事元宗六年又陞懷州牧忠宣王二年復降爲長興府後因倭寇僑徙內地別號定州成廟所定又號冠山有天冠山舊名天風屬縣四

遂寧縣本百濟古馬彌知縣新羅景德王改名馬邑爲寶城郡領縣高麗更今名屬靈岩後來屬

會寧縣本百濟馬斯良縣新羅景德王改名代勞爲寶城郡領縣高麗更今名仍屬後來屬有得山良島

長澤縣本百濟季川縣新羅景德王改名季水爲寶城郡領縣高麗更今名仍屬後來屬

耽津縣本百濟冬音縣新羅景德王改今名爲陽武郡領縣高麗移屬靈岩後來屬別號鼇山有富仁島恩波島碧浪島仙山島又有莞島

靈光郡本百濟武尸伊郡新羅景德王改爲武靈郡高麗更今名別號翼城有大加叱知島珍人伊島省衣島阿叱亇島屬郡二縣八

壓海郡（一作押）本百濟阿次山郡新羅景德王改今名高麗初爲羅州屬縣後來屬有只上島道沙島斤斬島逃只島毛也島八欠島青安尼島

長城郡本百濟古尸伊縣新羅景德王改爲岬城郡高麗更今名來屬明宗二年置監務有葦嶺

森溪縣本百濟所非兮縣（一云所乙夫縣）新羅景德王改今名爲岬城郡領縣至高麗來屬

陸昌縣本百濟阿老縣（一云葛草一云加位）新羅景德王改名碣島爲壓海郡領縣高麗更今名來屬有比介島葘島神葦島青島禿島白良島慈恩島嵒墮島櫻島鷲島乃破島

海際縣本百濟道際縣（一云陰海一云大峯）新羅景德王改今名爲務安郡領縣至高麗來屬有荒楮島豆知島栗島夌島禿楮島

牟平縣本百濟多只縣新羅景德王改名多岐爲務安郡領縣高麗更今名來屬別號牟陽

咸豐縣本百濟屈乃縣新羅景德王改今名爲務安郡領縣至高麗來屬明宗二年置監務恭讓王三年兼永豐多景海際勸農防禦使別號箕城

臨淄縣本百濟古祿只縣新羅景德王改名鹽海爲壓海郡領縣高麗更今名來屬有北師子島南師子島開要只島亇知島

長沙縣本百濟上老縣新羅景德王改今名爲武靈郡領縣高麗仍之後置監務兼任茂松

茂松縣本百濟松彌知縣新羅景德王改今名爲武靈郡領縣高麗仍之後以長沙監務來兼

靈岩郡本百濟月柰郡新羅景德王更今名成宗十四年改朗州安南都護府顯宗九年復降爲靈岩郡有月出山（新羅稱月柰岳躋小祀高麗初稱月生山山有九井峯其下有動石三獨立層岩之上高可丈餘周可十圍西連山骨東臨無底之壑一人搖之則欲墜而不墜）屬郡二縣三

黃原郡本百濟黃述縣新羅景德王改今名爲陽武郡領縣至高麗來屬有三內島竹島露島

道康郡本百濟道武郡新羅景德王改爲陽武郡高麗更今名來屬明宗二年置監務別號金陵

昆湄縣本百濟古彌縣新羅景德王改今名來屬高麗仍之

海南縣本百濟塞琴縣新羅景德王改名浸溟(一云投濱)爲陽武郡領縣高麗更今名來屬

竹山縣本百濟古西伊縣新羅景德王改名固安(固一作同)爲陽武郡領縣高麗更今名來屬

寶城郡本百濟伏忽郡新羅景德王改今名成宗十四年稱貝州刺史後復爲寶城郡別號山陽(宣宗五年陞他州部曲爲道化縣又高興縣本高伊部曲高伊者方言猫也時有猫部曲人仕朝則國亡之讖柳庇以譯語通事于元有功忠烈王十一年改今名陞爲監務忠宣王二年又以仕元宦者李大順之請陞食村部曲爲豐安縣)屬縣七

同福縣本百濟豆夫只縣新羅景德王改今名爲谷城郡領縣高麗初來屬諺傳以僧祖琰之鄉陞爲監務

福城縣本百濟波夫里郡新羅景德王改名富里爲陵城郡領縣高麗更今名來屬

兆陽縣本百濟冬老縣新羅景德王改今名爲分嶺郡領縣至高麗來屬後置監務有語山島兎島

南陽縣本百濟助助禮縣新羅景德王改名忠烈爲分嶺郡領縣高麗更今名來屬有春子島

玉果縣本百濟果支縣(一云果兮)新羅景德王改今名爲秋成郡領縣高麗初來屬明宗二年置監務有小乃島島大乃島島折音島

泰江縣本百濟比史縣新羅景德王改名栢舟爲分嶺郡領縣高麗更今名來屬

荳原縣本百濟豆肹縣新羅景德王改名藿原爲分嶺郡領縣高麗更今名仍屬後來屬仁宗二十一年置監務

昇平郡本百濟欿平郡(欿一作沙一作武)新羅景德王改今名成宗十四年爲昇州竟海軍節度使(一云昇化)靖宗二年復爲昇平郡忠宣王元年陞昇州牧二年降爲順天府屬縣四

富有縣本百濟遁支縣新羅景德王改今名爲谷城郡領縣高麗初來屬

突山縣本百濟突山縣新羅景德王改爲廬山縣來屬

高麗復稱古名仍屬有安鹿島甘勿島
麗水縣本百濟猿村縣新羅景德王改爲海邑縣來屬高麗更今名仍屬忠定王十年置縣令有吳島伊烏島丂斤島安才島樸島
光陽縣本百濟馬老縣新羅景德王改爲晞陽縣來屬高麗更今名仍屬有蟾津有大安島
海陽縣本百濟武珍州(一云奴只)新羅取百濟仍置都督景德王十六年改爲武州眞聖王六年甄萱襲據稱後百濟尋移都全州後後高麗王弓裔以太祖爲精騎大監帥舟師略定州界城主池萱以甄萱壻堅守不降太祖二十三年稱光州成宗十四年降爲刺史後又降爲海陽縣令官高宗四十六年以金仁俊外鄉陞知翼州事後陞爲光州牧忠宣王二年復降爲化平府恭愍王十一年改茂珍府(避惠宗諱改武爲茂)二十二年復爲光州牧別號光山又號翼陽有無等山(一云武珍岳一云瑞石山新羅爲小祀高麗致國祭)
珍島縣本百濟因珍島郡海中島也新羅景德王改今名爲務安郡領縣高麗屬羅州後置縣令忠定王二年因倭寇遷內地有大津有目只島屬縣二
嘉興縣本百濟徒山縣(一云猿山)在珍島界新羅景德王改爲牢山郡高麗更今名來屬有加西島鵲鷹島米浦島月良島
臨淮縣本百濟買仇里縣亦在珍島界新羅景德王改名瞻耽爲牢山郡領縣高麗更今名來屬有壞島巴叱亇島
陵城縣(陵一作綾)本百濟尒陵夫里郡(一云竹樹夫里一云仁夫里)新羅景德王改爲陵城郡高麗初屬羅州仁宗二十一年置縣令有仁物島
耽羅縣在全羅道南海中其古記云大初無人物三神人從地聳出(其主山北麓有穴曰毛興是其地也)長曰良乙那次曰高乙那三曰夫乙那三人遊獵荒僻皮衣肉食一日見紫泥封藏木函浮至于東海濱就而開之函內又有石函有一紅帶紫衣使者隨來開石函出現靑衣處女三及諸駒犢五穀種乃曰我是日本國使也吾王生此三女云西海中嶽降神子三人將欲開國而無配匹於是命臣侍三女以來爾宜作

配以成大業使者忽乘雲而去三人以年次分娶之就泉甘土肥處射矢卜地良乙那所居曰第一都高乙那所居曰第二都夫乙那所居曰第三都始播五穀且牧駒犢日就富庶至十五代孫高厚高淸昆弟三人造舟渡海至于耽津蓋新羅盛時也于時客星見于南方太史奏曰異國人來朝之象也遂朝新羅王嘉之稱長子曰星主（以其動星象也）二子曰王子（王令淸出胯下愛如己子故名之）季子曰都內邑號曰耽羅蓋以來時初泊耽津故也各賜寶蓋衣帶而遣之自此子孫蕃盛敬事國家以高爲星主良爲王子夫爲徒上後又改良爲梁又三國遺事載海東安弘記列九韓乇羅居四百濟文周王二年拜耽羅國使者恩率東城王二十年以耽羅不修貢賦親征至武珍州耽羅聞之遣使乞罪乃止註云耽羅即耽牟羅百濟既滅新羅文武王元年耽羅國主佐平徒冬音律來降太祖二十一年耽羅國太子末老來朝賜星主王子爵肅宗十年改乇羅爲耽羅郡毅宗時爲縣令官熙宗七年以縣之石淺村爲歸德縣元宗十一年逆賊金通精領三別抄入據作亂越四年王命金方慶討平之忠烈王三年元爲牧馬場二十年王朝元請還耽羅元丞相完澤等奏奉聖旨以耽羅還隷于我翙年乙未改爲濟州始以判秘書省事崔瑞爲牧使二十六年皇太后又放廐馬三十一年還屬于我忠肅王五年草賊士用嚴卜起兵搆亂土人文公濟擧兵盡誅之聞于元復置官吏恭愍王十一年請隷于元元以副樞文阿但不花爲耽羅萬戶與本國賤隷金長老到州杖萬戶朴都孫沉于海十六年元以州復來屬時牧胡強數殺國家所遣牧使萬戶以叛及金庾之討牧胡訴于元請置萬戶府王奏請令本國自署官擇牧胡所養馬以獻如故事帝從之十八年元牧子哈赤跋扈殺害官吏越六年八月王遣都統使崔瑩討滅哈赤復置官吏鎭山漢拏在縣南（一曰頭無岳又云圓山其巓有大池）

又有楸子島（凡往耽羅者發羅州則歷務安大堀浦靈岩火無只瓦島海南於蘭梁凡七晝夜至楸子島發海南則從三才浦歷巨要梁三內島發耽津則從軍營浦歷高子黃伊露懸島三內島皆三晝夜至楸子島右三處舟船皆經此島過斜鼠島大小火脫島至于涯月浦朝天舘蓋火脫之閒二水交流波濤洶湧凡往來者難之）

志卷第十一

志卷第十二　高麗史五十八

正憲大夫工曹判書集賢殿大提學知經筵春秋館事兼成均大司成臣鄭麟趾奉
教修

地理三

交州道本貊地後爲高勾麗所有歷新羅至高麗成宗十四年分境內爲十道以春州等郡縣屬朔方道明宗八年始稱春州道後稱東州道元宗四年稱交州道忠肅王元年稱淮陽道辛禑十四年并嶺東西爲交州江陵道以忠州所管平昌郡來屬領郡八 防禦郡一知事郡二屬郡五 縣二十

交州本高勾麗各連城郡 各一作客一云加兮牙 新羅景德王改爲連城郡高麗初稱伊勿城成宗十四年更今名爲團練使顯宗九年改爲防禦使忠烈王三十四年以鐵嶺口子把截有功陞淮州牧忠宣王二年汰諸牧降爲淮陽府要害處二鐵嶺楸池嶺又義館嶺德津溟所 載祀典 屬郡二縣四

長楊郡本高勾麗大楊管郡 一云馬斤押 新羅景德王改爲大楊郡高麗更今名來屬有金剛山 一云楓岳一云皆骨千峯雪立高峽奇絕寺刹甚多名聞中國

金城郡本高勾麗母城郡 一云也次忽 新羅景德王改爲益城郡後更今名顯宗九年陞爲郡後降爲縣來屬睿宗元年置監務後置令高宗四十一年復降爲監務四十四年又稱道寧

嵐谷縣本高勾麗赤木鎭 一云沙非斤乙 新羅景德王改名丹松爲連城郡領縣顯宗九年更今名仍屬

通溝縣 溝一作口 本高勾麗水入縣 一云買伊縣 新羅景德王改今名爲岐城郡領縣顯宗九年來屬

岐城縣本高勾麗冬斯忽郡新羅景德王改今名爲郡至高麗初降爲縣來屬有菩提津

和川縣本高勾麗藪狌川縣新羅景德王改名藪川爲大楊郡領縣高麗初更今名來屬

春州本貊國新羅善德王六年爲牛首州 首一作頭 置軍主文武王十三年稱首若州 一云首次若一云烏斤乃 景德王改朔州後改光海州太祖二十三年爲春州成宗十四年稱團練使屬安邊府州

人以道塗艱險難於往來至神宗六年路崔忠獻陞爲安陽都護府後降知春州事別號壽春(成廟所定)又號鳳山有昭陽江

屬郡二縣九

嘉平郡(嘉一作加)本高勾麗斤平郡(一云並平)新羅景德王改今名顯宗九年來屬有花岳山又有淸平山

狼川郡本高勾麗狌川郡(一云也□買)新羅景德王改今名高麗初來屬睿宗元年置監務兼任楊口

基麟縣本高勾麗基知郡高麗改今名來屬

朝宗縣本高勾麗深川縣(一云伏斯買)新羅景德王改名浚川爲嘉平郡領縣高麗更今名顯宗九年來屬

麟蹄縣本高勾麗猪足縣(一云烏斯回)新羅景德王改名豨蹄爲楊麓郡領縣高麗更今名來屬後屬淮陽恭讓王元年置監務

橫川縣本高勾麗橫川(一云於斯買)新羅景德王改名潢川爲朔州領縣高麗復稱橫川仍屬後屬原州恭讓王元年置監務別號花田

洪川縣本高勾麗伐力川縣新羅景德王改名綠驍爲朔州領縣顯宗九年更今名仍屬仁宗二十一年置監務別號花山

文登縣本高勾麗文見縣(一云斤□波兮)新羅景德王改今名爲大楊郡領縣顯宗九年來屬後移屬淮陽

方山縣本高勾麗三峴縣(一云密波兮)新羅景德王改名三嶺爲楊麓郡領縣高麗更今名來屬後屬淮陽

瑞禾縣(禾一作和)本高勾麗玉岐縣(一云皆次丁)新羅景德王改名馳道爲楊麓郡領縣高麗更今名來屬後屬淮陽別號瑞城

楊溝縣本高勾麗楊口郡(一云要隱忽次)新羅景德王改爲楊麓郡高麗更今名來屬睿宗元年置監務以狼川監務來兼

東州本高勾麗鐵圓郡(一云毛乙冬非)新羅景德王改爲鐵城郡後弓裔起兵略取高勾麗舊地自松岳郡來都修葺宮室窮極奢侈國號泰封及太祖即位徙都松嶽改鐵圓爲東州(弓裔宮殿古基在州北二十七里楓川之原)成宗十四年置團練使穆宗八年罷之顯宗九年改知東州事高宗四十一年降爲縣令官後陞爲牧忠宣王二年汰諸牧降爲鐵原府別號昌原(成廟所定)又號陸昌有

寶盖山屬郡一縣七

金化郡本高勾麗夫如郡新羅景德王改爲富平郡顯宗九年更今名來屬仁宗二十一年置監務別號花山

朔寧縣本高勾麗所邑豆縣新羅景德王改名朔邑爲兎山郡領縣高麗更今名顯宗九年來屬睿宗元年以僧嶺監務來兼

平康縣(康一作江)本高勾麗斧壤縣(一云於斯內縣)新羅景德王改名廣平爲富平郡領縣顯宗九年更今名來屬明宗二年置監務後爲金化監務所兼恭讓王元年析置監務有分水嶺

漳州縣(漳一作獐)本高勾麗工木達縣(一云熊閃山)新羅景德王改名功成爲鐵城郡領縣高麗更今名成宗十四年置團練使穆宗八年罷之顯宗九年仍屬明宗五年置監務兼任僧嶺忠宣王即位避王嫌名改爲漣州別號獐浦(成廟所定)有澄波渡

僧嶺縣本高勾麗僧梁縣(一云非勿)新羅景德王改名幢梁爲鐵城郡領縣高麗更今名顯宗九年仍屬睿宗元年置監務兼任朔寧

伊川縣本高勾麗伊珍買縣新羅景德王改今名爲兎山郡領縣顯宗九年來屬後置監務別號花山有溫泉

安峽縣本高勾麗阿珍押縣(一云窮岳)新羅景德王改今名爲兎山郡領縣顯宗九年來屬睿宗九年置監務

洞陰縣本高勾麗梁骨縣新羅景德王改今名爲堅城郡領縣顯宗九年來屬睿宗元年置監務元宗十年以衛社功臣康允紹內鄕陞爲永興縣令官

西海道本高勾麗之地唐高宗滅高勾麗而不能守新羅遂并之及其季世爲弓裔所據太祖旣立盡有其地成宗十四年分境內爲十道以黃州海州等州縣屬關內道後改爲西海道後遂安谷州殷栗等縣沒于元至忠烈王四年元乃歸之領大都護府一牧一郡六縣十六鎭一

安西大都護府海州本高勾麗內米忽(一云池城一云長池)新羅景德王改爲瀑池郡太祖以郡南臨大海賜名海州成宗二年初置十二牧州其一也十四年置十二州節度使稱右神策軍與楊州爲左右輔顯宗三年廢節度使九年定置四都護府

改爲海州安西都護府睿宗十七年又陞爲大都護府高宗
三十四年爲海州牧恭愍王二十二年倭寇入侵殺牧使嚴
益謙於是誅州吏之不救者降州爲郡後復陞爲牧別號大
寧西海(成廟所定)又號孤竹有首陽山大首押島(一作匯鴨下同)小首押
島延平島(平一作坪)龍媒島屬縣三領防禦郡一縣令官一鎭
一

鹽州本高句麗冬音忽(音一作彡一云鼓塩城)新羅景德王改爲海
皐郡高麗初更今名成宗十四年置防禦使顯宗初廢
防禦使來屬後置監務高宗四年以禦丹兵有功陞爲
永膺縣令官四十六年以縣人將軍車松祐有衛社之
功陞知復州事元宗十年又以衛社功臣李汾禧之鄕
改爲碩州忠烈王三十四年又陞爲溫州牧忠宣王二
年汰諸牧降爲延安府別號五原(成廟所定)有大堤號曰南
大池州東有甎城古祭天壇

白州本高句麗刀臘縣(一云雉嶽城)新羅景德王改名雊澤
爲海皐郡領縣高麗初更今名顯宗九年屬平州毅宗
十三年創兔山重興闕陞知開興府事後復舊名來屬
高宗四十六年以衛社功臣李仁植內鄕陞爲忠翊縣
令官元宗十年又以衛社功臣趙璥內鄕陞知復興郡
事恭愍王十八年避侍中慶復興之名還稱白州別號
銀川(成廟所定)有溫泉

安州本高句麗息城郡(一云漢城郡一云漢忽一云乃忽)新羅景德王改
爲重盤郡高麗初更今名成宗十四年置防禦使顯宗
初廢防禦使來屬睿宗元年置監務高宗四年以禦丹
兵有功陞爲載寧縣令官別號安陵(成廟所定)又號安風

豐州本高句麗仇乙縣(一云屈遷)高麗初改今名成宗十四年
陞爲都護府顯宗九年置防禦使別號西河(成廟所定)有椒島
席島屬郡一縣五

安岳郡本高句麗楊岳郡高麗初改今名顯宗九年來
屬睿宗元年置監務忠穆王四年陞爲知郡事別號楊
山有阿斯津省草串阿斯津桃串(皆載祀典部屬有連豐莊恭讓王二年置長命連豐)
(兼監務)

儒州本高句麗闕口高麗初改今名顯宗九年來屬睿
宗元年置監務高宗四十六年以衛社功臣成均大司

成柳璥內鄕陞爲文化縣令官別號始寧成廟所定有九月山世傳阿斯達山庄莊坪世傳檀君所都即唐莊京之訛三聖祠有檀因檀雄檀君祠殷栗縣本高勾麗栗口一云栗川高麗初改今名顯宗九年來屬

青松縣本高勾麗麻耕伊高麗初改今名顯宗九年來屬睿宗元年置監務海安縣令官因倭寇侵擾辛禑九年屬于縣

嘉禾縣本高勾麗板麻串高麗初改今名顯宗九年來屬睿宗元年置監務以永康監務來兼

永寧縣本高勾麗熊閑伊高麗初更今名顯宗九年來屬後移屬信川

瓮津縣本高勾麗瓮遷高麗初改今名顯宗九年置縣令有麒麟島昌麟島魚化島孤島謀島屬縣二

長淵縣一云長潭本高勾麗地新羅及高麗皆仍舊名顯宗九年來屬睿宗元年置監務有長山串春秋降香祝行祭載小祀白沙汀三面際海

永康縣本高勾麗付珍伊高麗初改今名顯宗九年來屬睿宗元年置監務兼任嘉禾

白翎鎭本高勾麗鵠島高麗改今名爲鎭顯宗九年置鎭將恭愍王六年以水路艱險出陸僑寓文化縣東村尋以地窄廢鎭將屬文化縣任內恭讓王二年革爲直村有大青島忠肅王四年元流稷王阿木哥于此十年召還十一年流孛剌太子于此十六年召還十七年流陶于帖木兒太子于此後元年召還小青島

黃州牧本高勾麗冬忽一云于冬於忽新羅憲德王改爲取城郡高麗初更今名成宗二年初置十二牧州其一也十四年置十二州節度使稱天德軍屬關內道顯宗三年廢爲安撫使九年定置八牧仍爲牧高宗四年以不能禦丹兵降知固寧郡事後復稱黃州牧鐵島人出陸寓君州西村忠肅王後七年稱鐵和縣置監務後革之又州屬有長命鎭恭讓王二年置長命連豐兼監務別號齊安成廟所定又號龍興有阿斯津松串載祠典要害處有棘城屬郡二縣一領知事郡二縣令官一

鳳州本高勾麗鵂嵒郡一云租坡衣一云鵂鶹城新羅景德王改爲栖巖郡高麗初更今名成宗十四年置防禦使顯宗初廢防禦使來屬忠烈王十一年復稱防禦使尋知鳳陽郡事別號池河成廟所定

信州本高勾麗升山高麗改今名成宗十四年置防禦

使顯宗初廢防禦使來屬後置監務別號信安(成廟所定)有
溫泉
土山縣本高勾麗息達憲德王改今名顯宗九年來屬
忠肅王九年以功臣平壤君趙仁規祖母鄕陞爲祥原
郡有佳殊窟
平州本高勾麗大谷郡(一云多知忽)新羅景德王改爲永豐郡
高麗初更今名成宗十四年置防禦使顯宗九年定爲知
州事元宗三十年倂于復興郡忠烈王時復舊別號延德
又號東陽有猪淺(一云涓江)有溫泉屬縣一
洞州本高勾麗五谷郡(一云于次呑忽)新羅景德王改爲五關
郡高麗更今名成宗十四年置防禦使顯宗初廢防禦
使來屬元宗朝以安胎陞爲瑞興縣令官別號隴西(成廟所定)
要害處有岊嶺(即慈悲嶺)
谷州本高勾麗十谷城(一云德頓忽一云谷城縣一云古谷郡)新羅景德王改名
鎭瑞爲永豐郡領縣高麗初更今名成宗十四年置防禦
使顯宗九年定爲知郡事別號象山(成廟所定)屬縣二
新恩縣顯宗九年來屬高宗四十六年以衛社功臣李

公柱內鄕陞知覃州事後復舊名還屬別號新城
俠溪縣本高勾麗水谷城縣(一云買且忽)新羅景德王改名
檀溪爲永豐郡領縣高麗初更今名顯宗九年來屬後
置監務有北蘇宮闕舊基(北蘇即縣之箕達山辛禑時據道詵密記遣權仲和等審得之與左蘇白岳山右蘇白馬山爲三蘇)
遂安縣本高勾麗獐塞縣(一云古所於)新羅時爲栖巖郡領
縣高麗初改今名屬谷州任內後置縣令忠宣王二年
以元嬖宦李大順之請陞爲遂州(一云以郡人李連松有勢於國陞爲郡)
東界本高勾麗舊地成宗十四年分境內爲十道以和州溟
州等郡縣爲朔方道靖宗二年稱東界(與北界爲兩界)文宗元年稱
東北面(或稱東面東路東北路東北界)後咸州迆北沒於東女眞睿宗二年以
平章事尹瓘爲元帥知樞密院事吳延寵副之率兵擊逐女
眞置九城立碑于公嶮鎭之先春嶺以爲界至明宗八年稱
沿海溟州道高宗四十五年蒙古兵來侵龍津縣人趙暉定
州人卓靑叛殺兵馬使愼執平以和州迆北附于蒙古蒙古
乃置雙城摠管府于和州以暉爲摠管靑爲千戶以治之四
十六年以忠淸道之寧越平昌來隷後還其道元宗四年稱

江陵道忠烈王十六年以寧越平昌復來屬恭愍王五年稱江陵朔方道七月遣樞密院副使柳仁雨攻破雙城於是按地圖收復和登定長預高文宜州及宣德元興寧仁耀德靜邊等鎭諸城前此朔方道以都連浦爲界築長城置定州宣德元興三關門沒于元凡九十九年至是始復之以壽春君李壽山爲都巡問使定疆域復號東北面九年稱朔方江陵道以此考之鐵嶺以北爲朔方道以南爲江陵道高麗時或稱朔方道或稱江陵道或合爲朔方江陵道或稱爲江陵朔方道又或稱沿海溟州道一分一合雖沿革稱號不同然自高麗初至于末年公嶮迆南三陟迆北通謂之東界云領都護府一防禦郡九鎭十縣二十五睿宗朝所置大都護府一防禦郡四鎭六恭愍王以後所置府二安邊都護府登州本高勾麗比列忽郡（一云淺城郡）新羅眞興王十七年爲比列州置軍主景德王改朔庭郡高麗初稱登州成宗十四年置團練使顯宗九年更今名高宗時定平以南諸城被蒙兵侵擾移寓江陵道襄州再移杆城幾四十年忠烈王二十四年各還本城別號朔方（成廟所定）有國島屬縣七領防禦郡九鎭十（使三將七）縣令官八

瑞谷縣本高勾麗原谷縣（一云首乙呑）新羅景德王改今名爲朔庭郡領縣顯宗九年仍屬

汶山縣本高勾麗加支達縣新羅景德王改名菁山爲朔庭郡領縣高麗初更今名顯宗九年仍屬後改文山

衞山縣高勾麗時稱號未詳顯宗九年來屬

翼谷縣本高勾麗於支呑縣新羅景德王改名翊谿爲朔庭郡領縣高麗更今名仍屬

派川縣本高勾麗岐淵縣新羅景德王改今名爲金壤郡領縣顯宗九年來屬鶴浦縣本高勾麗鵠浦縣新羅景德王改今名爲金壤郡領縣顯宗九年來屬

霜陰縣本高勾麗薩寒縣新羅景德王改今名爲朔庭郡領縣顯宗九年仍屬

和州本高勾麗之地或稱長嶺鎭或稱唐文（唐一作堂）或稱博平郡高麗初爲和州成宗十四年改和州安邊都護府顯宗九年降爲和州防禦使爲本營高宗時沒于蒙古爲雙

城捴管府州因合于登州猶稱防禦使後併于通州忠烈王時復舊恭愍王五年出師収復爲和州牧十八年陞爲和寧府設土官有橫江

高州古德寧鎭(一云洪源郡)成宗十四年爲高州防禦使顯宗十九年城鳳化山南以徙州治恭愍王五年改知州事宜州本高勾麗泉井郡(一云於乙買)新羅文武王二十一年取之改爲井泉郡高麗初稱湧州成宗十四年置防禦使後更今名睿宗三年築城別號東牟(成廟所定)又號宜春宜城要害處有鐵關海島有竹島

文州古稱妹城成宗八年爲文州防禦使後合于宜州忠穆王元年復析置

長州(一云椴林 一云端谷)顯宗九年爲長州防禦使後改爲縣屬定州

定州古稱巴只(一云宣威)靖宗七年爲定州防禦使置關門恭愍王五年陞都護府別號中山有鼻白山(春秋降香祝行祭)

豫州睿宗十一年爲豫州防禦使後屬定州

德州文宗九年始築宣德城爲鎭後稱德州防禦使

元興鎭靖宗十年城狌川爲鎭有鎭使(下同)

寧仁鎭(一云淸源)顯宗二十二年置

耀德鎭一名顯德鎭顯宗三年始築城堡

長平鎭古稱古叱達光宗二十年始築城堡有鎭將(下同)恭愍王六年改鎭爲縣置令

龍津鎭古狐浦高麗初改今名爲鎭穆宗九年築城後屬文州辛禑五年析置縣令別號龍城

永興鎭古稱關防戍文宗十五年始築城堡

靜邊鎭顯宗二十二年置有沸流水(春秋降香祝行祭)

雲林鎭顯宗六年築城堡

永豐鎭本甑大伊穆宗四年置後改爲縣

隘守鎭古稱梨柄成宗二年築城初隷文州恭愍王九年屬高州

鎭溟縣一云圓山縣又名水江顯宗九年改今名爲縣令官後屬宜州

溟州本濊國(一云鐵國 一云蘂國)漢武帝遣將討右渠定四郡時爲臨屯高勾麗稱河西良(一云何瑟羅州)新羅善德王爲小京置仕臣

太宗王五年以地連靺鞨罷京爲州置都督以鎭之景德王十六年改今名惠恭王十二年復古太祖十九年號東原京二十三年又以爲溟州成宗二年稱河西府五年改溟州都督府十一年更爲牧十四年爲團練使後又改防禦使元宗元年以功臣金洪就鄕陞慶興都護府忠烈王三十四年改江陵府恭讓王元年陞爲大都護府別號臨瀛有五臺山（五峯環列大小均敵故名西臺之下有泉湧出即漢水之源）有大嶺有鏡浦屬縣三

羽溪縣本高勾麗羽谷縣新羅景德王改今名爲三陟郡領縣顯宗九年來屬別號玉堂

旌善縣本高勾麗仍買縣新羅景德王改今名爲溟州領縣顯宗九年仍屬後陞爲郡別號三鳳有風穴（置氷經夏）其旁又有水穴廣丈水至此分入地中

連谷縣本高勾麗支山縣新羅景德王仍舊名爲溟州領縣顯宗九年稱今名仍屬（縣人諺傳古陽谷縣）

金壤縣本高勾麗休壤郡（一云金惱）新羅景德王改今名爲郡高麗初置縣令忠烈王十一年陞通州防禦使有卯島屬縣三

臨道縣本高勾麗道臨縣（一云助乙浦）新羅景德王改今名爲金壤郡領縣高麗仍之

雲岩縣本高勾麗平珍峴縣（一云迁峴）新羅景德王改名偏險爲高城郡領縣高麗更今名來屬

碧山縣本高勾麗吐上縣新羅景德王改名堤上爲金壤郡領縣高麗仍之

歙谷縣本高勾麗習比谷縣（谷一作呑）新羅景德王改名習磎爲金壤郡領縣高麗更今名仍屬高宗三十五年置縣令有穿島別號鶴林

高城縣本高勾麗達忽新羅眞興王二十九年爲州置軍主景德王改今名爲郡高麗爲縣令官別號豐巖有三日浦有溫泉屬縣二

豢猳縣本高勾麗猪迚穴縣（一云烏斯押）新羅景德王改今名爲高城郡領縣至高麗仍屬文宗朝移縣治于陽村以扼海賊之衝

安昌縣本莫伊縣顯宗九年稱今名來屬

杆城縣本高勾麗遷城郡(一云加羅忽)新羅景德王改爲守城郡高麗更今名置縣令後陞爲郡兼任高城恭讓王元年析爲二郡別號水城屬縣一

烈山縣本高勾麗僧山縣(一云所勿達)新羅景德王改名童山爲守城郡領縣高麗更今名仍屬別號鳳山

翼嶺縣本高勾麗翼峴縣(一云伊文縣)新羅景德王改今名爲守城郡領縣顯宗九年置縣令高宗八年以能禦丹兵陞襄州防禦使四十一年降爲縣令四十四年以降賊又降爲德寧監務元宗元年陞知襄州事別號襄山有東海神祠屬縣一

洞山縣本高勾麗穴山縣新羅景德王改今名爲溟州領縣顯宗九年來屬

三陟縣本悉直國新羅婆娑王時來降智證王六年爲州置軍主景德王更今名爲郡成宗十四年改陟州團練使顯宗九年降爲縣令辛禑三年陞知郡事別號眞珠有太白山(新羅擬五岳爲北岳)有黃池(即洛東江之源)

蔚珍縣本高勾麗于珍也縣(一云古亏伊郡)新羅景德王改今名爲郡高麗降爲縣置令有鬱陵島(在縣正東海中新羅時稱于山國一云武陵一云羽陵地方百里智證王十二年來降太祖十三年其島人使白吉土豆獻方物毅宗十一年王聞鬱陵地廣土肥舊有州縣可以居民遣溟州道監倉金柔立往視柔立回奏云島中有大山從山頂向東行至海一萬余步向西行一萬三千余步向南行一萬五千余步向北行八千余步有村落基址七所有石佛鐵鐘石塔多生柴胡蒿本石南草然多岩石民不可居遂寢其議一云于山武陵本二島相距不遠風日淸明則可望見)

咸州大都督府久爲女眞所據睿宗二年命元帥尹瓘等率兵擊逐三年置州爲大都督府號鎭東軍築大城徙南界丁戶一千九百四十八以實之四年撤城以其地還女眞後又沒於元稱哈蘭府恭愍王五年收復舊疆爲知咸州事尋改萬戶府置營聚江陵慶尙全羅等道軍馬防守十八年陞爲牧別號咸平要害處二咸關嶺(在府北)大門嶺(在洪獻)

英州睿宗三年置州爲防禦使號安嶺軍四年撤城以其地還女眞後併於吉州

雄州睿宗三年置州爲防禦使號寧海軍四年撤城以其地還女眞後併於吉州

吉州久爲女眞所據號弓漢村睿宗三年置州爲防禦使六年築中城尋以地還女眞後沒於元稱海洋(一云三海陽)恭

愍王時收復舊疆恭讓王二年置雄吉州等處管軍民萬戶府州在北雄州在南有卯島

福州久爲女眞所據號吳林金村睿宗三年置州爲防禦使四年撤城以其地還女眞後沒於元稱禿魯兀及恭愍王時收復舊疆辛禑八年改端州安撫使要害處二有伊板嶺在州東北即磨天嶺豆乙外嶺在州南卽磨雲嶺

公嶮鎭睿宗三年築城置鎭爲防禦使六年築山城一云孔州一云匡州一云在先春嶺東南白頭山東北一云在蘇下江邊

通泰鎭睿宗三年築城置鎭四年撤城以其地還女眞

平戎鎭睿宗三年築城置之

崇寧鎭睿宗四年撤城以其地還女眞

眞陽鎭睿宗四年撤城以其地還女眞

宣化鎭睿宗四年撤城以其地還女眞後收復併于吉州

按舊史九城之地久爲女眞所據睿宗二年命元帥尹瓘副元帥吳延寵率兵十七萬擊逐女眞分兵略地東至火串嶺北至弓漢嶺西至蒙羅骨嶺以爲我疆於蒙羅骨嶺下築城廊九百九十間號英州火串山下築九百九十二間號雄州吳林金村築七百七十四間號福州弓漢村築六百七十間號吉州三年二月城咸州及公嶮鎭三月築宜州通泰平戎三城於是女眞失其窟穴誓欲報復乃引遠地群酋連歲來侵我兵喪失者亦多且拓地旣廣九城相距遼遠女眞數設伏叢薄抄掠往來國家調兵多端中外騷擾四年女眞亦遣使請和於是始自吉州以次收入九城戰具資粮于內地遂撤崇寧通泰眞陽三鎭及英福二州城又撤咸雄二州及宣化鎭城以還之以此考之咸英雄福吉宜六州及公嶮通泰平戎三鎭此九城之數也其撤城還女眞之時則無宜州及公嶮平戎二鎭而崇寧眞陽宣化三鎭乃加現焉置戶之數又各不同是可疑也睿宗三年二月都鈐轄林彥作英州記云今新置六城一曰鎭東軍咸州大都督府兵民一千九百四十八丁戶二曰安嶺軍英州防禦使兵民一千二百三十八丁戶三曰寧海軍雄州防禦使兵民一千四百三十六丁戶四曰吉州防禦使兵民六百八十丁戶五曰福州防禦使兵民六百三十二丁戶六曰公嶮鎭防禦使兵民五百三十二丁戶又閔漬所撰綱目云尹瓘築九城徙南界民實之號咸州曰鎭東軍置戶一萬三千號英州曰安嶺軍雄州曰寧海軍各置戶一萬福吉宜三鎭各置戶七千公嶮通泰平戎三鎭各置戶五千且宜州之地在定州以南不必擊逐女眞而後置也豈非適至是乃創築城堡故

併稱爲九城而不在撤去之數歟

北靑州府久爲女眞所據九城時名號未詳後沒於元稱三散恭愍王五年收復舊疆置安北千戶防禦所二十一年改今名爲萬戶府

甲州府本虛川府久爲女眞所據屢經兵火無人居恭讓王三年始稱甲州置萬戶府有奉天臺（在惠山東）

北界本朝鮮故地在三國爲高勾麗所有寶藏王二十七年新羅文武王與唐將李勣夾攻滅之遂併其地孝恭王九年弓裔據鐵圓自稱後高麗王分定浿西十三鎭成宗十四年分境內爲十道以西京所管爲浿西道後稱北界肅宗七年又稱西北面後以黃州安岳鐵和長命鎭來屬辛禑十四年復屬西海道領宗一大都護府一防禦郡二十五鎭十二縣十中葉以後所置府二郡一

西京留守官平壤府本三朝鮮舊都唐堯戊辰歲神人降于檀木之下國人立爲君都平壤號檀君是爲前朝鮮周武王克商封箕子于朝鮮是爲後朝鮮逮四十一代孫準時有燕人衛滿亡命聚黨千餘人來奪準地都于王險城（險一作儉即平壤）是爲衛滿朝鮮其孫右渠不肯奉詔漢武帝元封二年遣將討之定爲四郡以王險爲樂浪郡高勾麗長壽王十五年自國內城徙都之寶藏王二十七年新羅文武王與唐夾攻滅之地遂入於新羅太祖元年以平壤荒廢量徙鹽白黃海鳳諸州民以實之爲大都護府尋爲西京光宗十一年改稱西都成宗十四年稱西京留守穆宗元年又改鎬京文宗十六年復稱西京留守官置京畿四道肅宗七年設文武班及五部仁宗十三年西京僧妙淸及柳旵分司侍郎趙匡等叛遣兵斷岊嶺道於是命元帥金富軾等將三軍討平之除留守監軍分司御史外悉汰官班尋削京畿四道置六縣元宗十年西北面兵馬使營記官崔坦三和校尉李延齡等作亂殺留守以西京及諸城叛附于蒙古蒙古以西京爲東寧府置官吏畫慈悲嶺爲界忠烈王十六年元歸我西京及諸城遂復爲西京留守官恭愍王十八年設萬戶府後改爲平壤府有大同（即浿江又名王城江江之下流爲九津溺水）有大城山（一云九龍山一云魯陽山文獻通考云平壤城東北有魯陽山即謂此也山頂有三池）古城基二（一箕子時所築城內畫區用井田制一高麗成宗時所築）箕子墓（在府城北兎山上）東明王墓（在府東南中和境龍山谷號眞珠墓又仁里坊有祠宇高麗以時降御押行祭朔望亦令其官行祭邑人至今有事輒禱世傳東明

聖帝祠乙密臺臺在錦繡山頂臺下層崖之旁有永明寺即東明王九梯宮內有麒麟窟窟南白銀灘有巖出沒朝水名曰朝天石屬縣四

江東縣仁宗十四年分京畿爲六縣以仍乙舍鄕班石村朴達串村馬灘村合爲本縣置令仍爲屬縣後屬於成州恭讓王三年復置令

江西縣仁宗十四年分京畿爲六縣以梨岳大垢甲岳角墓禿村甑山等鄕合爲本縣置令仍爲屬縣

中和縣本高勾麗加火押新羅憲德王改爲唐岳縣至高麗爲西京屬村仁宗十四年分京畿爲六縣以荒谷唐岳松串等九村合爲本縣置令仍爲屬縣忠肅王九年以太祖統合功臣金樂金哲內鄕陞爲郡置令如故恭愍王二十年又陞爲知郡事

順和縣仁宗十四年分京畿爲六縣以楸子島櫻遷村龍坤村禾山村合爲本縣置令仍爲屬縣後屬於祥原忠惠王二年移屬三和

安北大都護府寧州本高麗彭原郡太祖十四年置安北府成宗二年稱寧州安北大都護府顯宗九年稱安北大都護府高宗四十三年避蒙兵入昌麟島後出陸恭愍王十八年置安州萬戶府後陞爲牧別號安陵成廟所定有淸川江古稱薩水即高勾麗乙支文德敗隋兵百萬之地領防禦郡二十五鎭十二縣六

龜州本高麗萬年郡成宗十三年命平章事徐熙率兵攻逐女眞城龜州顯宗九年爲防禦使高宗三年丹兵來寇州人拒戰斬獲甚多至十八年蒙兵來侵兵馬使朴犀盡力禦之力屈猶不降以功陞爲定遠大都護府後爲都護府又改定州牧

宣州本安化郡高麗初改爲通州顯宗二十一年稱宣州防禦使高宗十八年避蒙兵入于紫燕島元宗二年出陸有牧美島

龍州本高麗安興郡顯宗五年稱龍州防禦使後改爲龍灣府忠宣王二年復稱龍州

靜州本高麗松山縣德宗二年築城徙民一千戶實之文宗三十二年又以靜州等五城城大民小徙內地民各百戶實之

麟州本高麗靈蹄縣顯宗九年稱麟州防禦使二十一年

移永平鎭民實之高宗八年以叛逆降稱含仁後改爲知
郡事有古長城基(德宗朝平章事柳韶所築起自州之鴨綠江入海處至東界和州海濱)
義州本高麗龍灣縣又名和義初契丹置城于鴨綠江東
岸稱保州文宗朝契丹又設弓口門稱抱州(一云把州)睿宗十
二年遼刺史常孝孫與都統耶律寧等避金兵泛海而遁
移文于我寧德城以來遠城及抱州歸我我兵入其城收
拾兵仗錢穀王悅改爲義州防禦使推刷南界人戶以實
之於是復以鴨綠江爲界置關防仁宗四年金亦以州歸
之高宗八年以叛逆降稱咸新尋復古恭愍王十五年陞
爲牧十八年置萬戶府別號龍灣有鴨綠江(一云馬訾水一云靑河)
朔州本高麗寧塞縣顯宗九年稱朔州防禦使後陞爲府
昌州本高麗長靜縣靖宗元年城梓田移民戶爲昌州防
禦使高宗十八年被蒙兵城邑丘墟
雲州本高麗雲中郡(一云古遠化鎭)光宗時爲威化鎭成宗十四
年稱雲州防禦使高宗十八年避蒙兵入于海島元宗二
年出陸寓于嘉山西村隸延山府恭愍王二十年復立郡
別號雲中(成廟所定)

延州本高麗密雲郡(一云安朔郡)光宗二十一年更今名爲知
州成宗十四年爲防禦使恭愍王十五年陞延山府
博州本高麗博陵郡(一云古德昌)成宗十四年稱博州防禦使
高宗十八年避蒙兵入于海島元宗二年出陸屬于嘉州
恭愍王二十年復郡號別號博陵(成廟所定)有大寧江(俗呼博州江)
嘉州本高麗信都郡(一云古德縣)光宗十一年城濕忽陞爲嘉
州成宗十四年稱防禦使高宗八年以叛逆降稱撫寧十
八年避蒙兵入于海島元宗二年出陸以泰博撫渭等州
皆屬本郡爲五城兼官後析置泰撫渭三州惟博州仍屬
至恭愍王二十年又析置博州
郭州本高麗長利縣成宗十三年命平章事徐熙率兵攻
逐女眞城郭州顯宗九年爲防禦使高宗八年以叛逆降
稱定襄十八年避蒙兵入于海島元宗二年出陸隸隋州
恭愍王二十年復郡號
鐵州本高麗長寧縣(一云銅山)顯宗九年稱鐵州防禦使
靈州顯宗二十一年陞興化鎭爲州置防禦使
孟州(孟一作猛)本高麗鐵瓮縣顯宗十年稱猛州防禦使高宗

十八年避蒙兵入海島四十四年併于般州元宗二年出陸爲安州屬縣恭讓王三年析置縣令

德州本高麗遼原郡一名長德鎭穆宗四年稱德州防禦使元宗元年避蒙兵入于安州之蘆島後凡五遷至忠烈王六年復舊地屬于成州恭愍王二十年析爲知州事

撫州本高麗雲南郡（一云古靑城）成宗十四年稱撫州防禦使高宗十八年避蒙兵入于海島元宗二年出陸處渭州古城屬嘉州恭愍王十八年移屬泰州恭讓王三年別置監務

順州本高麗靜戎郡成宗二年稱順州防禦使高宗四十四年併于德州後改爲知郡事

渭州本樂陵郡（一云古德城）高麗改今名爲防禦使文宗四年築城

泰州本高麗光化縣（一云寧朔一云連朔）光宗二十一年稱泰州防禦使高宗十八年避蒙兵入于海島元宗二年出陸屬于嘉州恭愍王十五年以撫渭二州屬于郡稱泰州事辛禑七年析置撫渭二州

成州本沸流王松讓之故都太祖十四年置剛德鎭顯宗九年改今名爲防禦使留後爲知郡事別號松讓（成廟所定）有溫泉

般州本高麗興德郡一名同昌郡成宗二年稱般州防禦使高宗十八年避蒙兵入于海島後出陸爲成州屬縣恭讓王三年置監務

肅州本高麗平原郡太祖十一年移築鎭國城改名通德鎭成宗二年稱今名爲防禦使後更爲知郡事

慈州本高麗文城郡太祖二十二年改爲大安州成宗二年改今名爲防禦使後改爲知郡事

寧德鎭文宗十年避契丹興宗諱改鎭爲城以鎭字從眞字也有鎭使下同

威遠鎭顯宗二十年遣柳韶修古石城置之鎭在興化鎭西北

定戎鎭顯宗二十年遣柳韶修古石壁置鎭徙永平城民實之鎭在興化鎭北

寧朔鎭古榛田高麗改今名文宗四年築城

安義鎭顯宗九年築城

淸塞鎭高宗四年以禦丹兵有功陞威州防禦使後投狄背國改稱熙州爲价州兼官有妙香山(即太伯山)

平虜鎭靖宗七年命崔冲築城後改柔遠寧遠鎭靖宗七年命崔冲築城

朝陽鎭(有鎭將下同)太祖十三年城馬山號安水鎭顯宗九年改連州防禦使(連一作漣)後更今名爲鎭高宗二年以禦丹兵有功復稱連州防禦使四年改爲翼州防禦使後又改价州

陽岩鎭太祖二十一年築城

樹德鎭成宗二年築城

安戎鎭光宗二十五年築城

通海縣太祖十七年築城高宗四十三年罷縣令以安仁鎭將兼之

永淸縣古定水縣後爲龍岡屬縣後置縣令高宗四十三年罷縣令以安仁鎭將兼之恭愍王七年復析置縣令

咸從縣本高麗牙善城後改今名爲縣令官

龍岡縣本高麗黃龍城(一云軍岳)後改今名爲縣令官

三和縣仁宗十四年分西京畿爲六縣以金堂呼山漆井三部曲合爲本縣置令

三登縣仁宗十四年分西京畿爲六縣以成州所屬新城蘿坪狗牙等三部曲合爲本縣置令

江界府恭愍王十年稱禿魯江萬戶十八年改今名爲萬戶府

泥城府恭愍王十八年置泥城萬戶府(林土碧團本皆女眞所居恭愍王六年遣泥城萬戶金進等擊走之改林土爲陰潼以碧團隸爲抄南界入戶以實之)

隨州高宗十八年蒙兵陷昌州州人入于紫燕島元宗二年出陸寓于郭州海濱以州人失土割郭州東十六村及郭州所屬安義鎭以與之稱知隨州事仍兼郭州恭愍王二十年復析置郭州

志卷第十二

志卷第十三　高麗史五十九

正憲大夫工曹判書集賢殿大提學知經筵春秋館事兼成均大司成臣鄭麟趾奉
教修

禮一

夫人函天地陰陽之氣有喜怒哀樂之情於是聖人制禮以立人紀節其驕淫防其暴亂所以使民遷善遠罪而成美俗也高麗太祖立國經始規模宏遠然因草創未遑議禮至于成宗恢弘先業祀圓丘耕籍田建宗廟立社稷睿宗始立局定禮儀然載籍無傳至毅宗時平章事崔允儀撰詳定古今禮五十卷然闕遺尚多自餘文籍再經兵火十存一二今據史編及詳定禮旁采周官六翼式目編錄蕃國禮儀等書分纂吉凶軍賓嘉五禮作禮志

吉禮大祀

圜丘

圜丘壇周六丈三尺高五尺十有二陛三壝每壝二十五步周垣四門燎壇在神壇南廣一丈高一丈二尺戶方六尺開上南出祀圜丘有常日者孟春上辛祈穀無常日者孟夏擇吉雩祀祝版稱高麗國王臣王某敢明告玉幣上帝以蒼璧四圭有邸幣以蒼青帝以青圭赤帝以赤璋黃帝以黃琮白帝以白琥黑帝以玄璜幣如其玉凡幣之制皆長一丈八尺牲牢上帝及配主用蒼犢各一五方帝各用方色犢一若方色難備者以純色代之攝事上帝配主各用羊一五方帝各豕一獻官親祀太子若公侯伯爲亞獻太尉爲終獻太尉宰臣爲之或太尉爲亞獻光祿卿爲終獻攝事太尉爲初獻太常卿爲亞獻光祿卿爲終獻　親祀儀　齋戒前祀七日質明有司設行事執事官位於尚書省俱北向西上設太尉位於群官北稍西西向監察御史位二在西稍南東向群官就位立定太尉就位西向讀誓文曰正月某日上辛親祀祈穀于圜丘各揚其職不供其事國有常刑讀訖竝再拜退王散齋四日於別殿致齋三日二日於正殿一日於齋宮凡預祀之官散齋四日致齋三日散齋皆於正寢致齋二日於本司一日於祀所無本司者宿尚書省散齋理事如故唯不弔

喪問疾不作樂不判署刑殺文書不行刑罰不經穢惡致齋之日唯祀事得行其餘悉斷近侍之官應從祀者及從祀群官各於本司清齋一宿無本司者宿尙書省工人二舞皆清齋一宿於太常司前祀二日太尉奏告太祖陵祠如常告之儀告以配神作主之意前祀一日諸衛令其屬未後二刻各以其方器服守壝每門二人每隅一人　陳設前祀三日尙舍局設大次於外壝東門之內道北南向設小次於卯陛之東西向守宮署設侍臣次於大次之前文左武右俱相向設行事陪祠官及有司次於內壝東門之外道南竝隨地之宜設饌幔於內壝東門之外道北南向前祀二日郊社令帥其屬掃除壇之上下積柴於燎壇設權火於燎壇東北南向掌牲令具牲牢太樂令陳登歌之樂於壇上稍南北向設軒架於壇南前祀一日奉禮設王位於壇下東南西向飮福位於壇上午陛之西北向亞終獻飮福位在王位之後設亞終獻祀官位於王位之後稍南西向執事者位於其後每等異位俱重行西向北上監察御史位二於壇下一於東南西向一於西南東向設奉禮位於樂懸東北贊者二人在南差退俱西向協律郎位二一於壇上樂虡之西北一於軒架之西北俱東向太樂令位於軒架之北北向奉禮又設王望燎位於柴壇之北南向奉禮贊者位於燎壇東北西向北上設陪祀文武官位於壝門內東西道南每等異位重行文東西向北上武西東向北上又設祀官及從祀群官等門外位於東壝門外如設次式設牲牓於東壝門外當門西向蒼牲一居前又青牲一在北少退南上次赤牲一黃牲一白牲一玄牲一又蒼牲一在南少退北上又設掌牲令位於牲西南吏陪其後俱北向設諸太祝位於牲東各當牲後祝史各陪其後俱西向設太常卿省牲位於牲前近北又設御史位於太常卿之西俱南向太史令設神位版郊社令設上帝神座於壇上北方南向席以藁秸配位太祖神座於東方西向席以莞靑帝於東陛北赤帝於南陛東黃帝於南陛西白帝於西陛南黑帝於北陛西席並以藁秸告潔畢權徹上帝簠簋各二居前簠實稻粱在左粱在稻前簋實黍稷在右稷在黍前籩十二在左爲三行右上第一行實形鹽在前魚鱐糗餌粉餈次之第二行榛子在前乾棗白餅黑餅次之第三行菱仁在前

芡仁栗黃鹿脯次之豆十二在右爲三行左上第一行實芹菹在前筍菹脾析菁菹次之第二行韭菹在前酏食魚醢兔醢次之第三行豚拍在前鹿醢鴈醢糝食次之甑一實大羹在籩豆閒俎二一載牲首盤在豆右之南一載牲肉在前豆一實毛血䏑爵三每爵有坫太尊二一實明水一實泛齊著尊二一實明水一實醴齊犧尊二一實明水一實盎齊山罍二一實玄酒一實淸酒在壇上東南隅北向西上象尊二一實明水一實醍齊壺尊二一實明水一實沉齊山罍四二實玄酒一實事酒一實昔酒在壇下南陛東北向西上尊皆加勺冪有坫以置爵設玉幣篚於尊坫之所設祝坫於神位之右配位前著尊二一實明水一實泛齊犧尊二一實明水一實醴齊象尊二一實明水一實盎齊山罍二一實玄酒一實淸酒在壇上於上帝酒尊之東北向西上簠簋甑俎爵坫祝坫幣篚之設竝如上帝儀無玉五方帝前各太尊二一實明水一實泛齊著尊二一實明水一實醴齊犧尊二一實明水一實盎齊山罍一實淸酒各設於神座之左而右向籩豆各八籩減白餠黑餠糗餌粉餈豆減脾析豚拍酏食糝食簠簋各一簠實稻粱簋實黍稷其甑實牲俎爵坫幣玉之設竝如上儀設王洗二於午陛東南北向盥洗在東爵洗在西盥洗以匜罍水在洗東加爵篚在洗西南肆篚實以巾爵又設亞終獻洗二於王洗東南俱北向罍水在洗東篚在洗西南肆篚實以巾爵　鑾駕出宮致齋日晝漏上水五刻鑾駕發引發引前七刻奏一嚴前五刻奏二嚴所司陳大駕鹵簿諸衛各督其屬隊引內仗以次入陳於殿庭樞密以下左右侍臣俱詣大觀殿庭立班以俟前二刻奏三嚴王服赭黃袍坐殿鳴鞭禁衛大喝再拜訖舍人喝樞密侍臣常起居訖閤門各引太子公侯伯宰臣就位立定舍人喝太子以下再拜西出侍中版奏外辦王降殿升軺輅輦出興禮門外守宮宰臣奉辭王至儀鳳門內降輦入幄乘黃令進輅於儀鳳門階前南向千牛將軍一員執長刀立於輅前北向黃門侍郞在侍臣前太僕卿攝衣而升正立執轡千牛將軍前執轡侍中版奏外辦王出幄乘輅稱警蹕如常文武兩班常起居訖黃門侍郞奏請侍臣上馬侍中前承制退稱曰制可黃門侍郞退稱侍臣上馬舍人喝文武侍臣再拜訖太僕卿立授綏次百司

留守奉辭黃門侍郞進當鑾駕前跪奏稱黃門侍郞臣某言請鑾駕進發俛伏興退復位鑾駕動稱警蹕侍中黃門侍郞夾侍千牛將軍夾路而趨鑾駕出昇平門權駐侍臣上馬訖黃門侍郞奏請車右升陪乘樞密上將軍各二員侍中前承制退稱曰制可黃門侍郞退復位車右再拜升訖鑾駕動稱警蹕不得鼓吹不得諠譁其從祀官在玄武隊後如常儀鑾駕將至齋宮其先到諸祀官若執禮御史郊社令執事官俱朝服於齋宮門外北向西上立班奉迎再拜鑾駕至齋宮南門外廻輅南向車右降立輅前侍中進當鑾駕前跪奏稱侍中臣某言請降輅俛伏興退復位王降輅入齋宮繖扇華盖侍衛如常儀宿衛如式通事舍人各引從祀文武群官集齋宮門前文東武西舍人承旨勅群官各還次　省牲器省牲之日午後八刻諸衛之屬禁斷行人未後二刻郊社令率其屬以尊坫篚冪入設於位凡祭器皆藉以席籩豆又加盖冪未後三刻執禮官先入奉禮師贊者俱入就位謁者贊引各引祀官及御史俱就位肄儀訖掌牲令牽牲就牓位謁者引太常卿贊引引御史入詣壇東陛升視滌濯執尊者皆去冪告潔訖引降就省牲位南向立掌牲令少前曰請省牲退復位太常卿省牲掌牲令又前舉手曰腯還本位諸太祝各巡牲一匝西向舉手曰充俱還本位諸太祝與掌牲令以次牽牲詣厨授太官謁者引光祿卿詣厨省鼎鑊申視滌濯監取明水火贊引引御史詣厨省饌具協律郞展視樂器各還齋所祀日未明五刻太官令帥宰人以鑾刀割牲取牲首七各盛於盤入設於壇上尊罍所太官令入實籩豆時奉設七坐豆右之南祝史以豆取毛血各置於饌所遂烹牲　奠玉帛祀日未明三刻諸祀官及從祀官各服其服執禮官先入壇下郊社良醞令各帥其屬入實尊罍玉幣太祝以玉幣置於篚太官令帥進饌者實諸籩豆簠簋監察御史按視壇之上下糾察不如儀者還出未明二刻奉禮師贊者先入再拜就位贊引引御史郊社令諸太祝及祝史令史與執尊罍篚冪者入自東門當壇南樂懸北重行北向西上立定奉禮曰再拜贊者承傳御史以下皆再拜訖執尊罍篚冪者各就位贊引引御史諸太祝詣壇東陛升御史行掃除於上令史掃除於下訖復位謁者贊引各引祀官及從祀群官俱就門外位

太樂令帥工人二舞入就位文舞入陳於懸北武舞立於懸南道西其升壇者皆脫屨於下降納如常謁者引司空入就位立定奉禮曰再拜司空再拜訖謁者引司空詣壇東陛升行掃除於上降行樂懸於下訖引復位謁者贊引各引祀官通事舍人分引從祀群官入就位侍中詣行宮門前版奏外辦未明一刻王服袞冕以出繖扇華蓋侍衛如常儀太常博士引太常卿凡太常卿前導皆博士先引太常卿引王入大次簾降太常卿博士閤門官分立於大次外左右郊社令以祝版進王署訖近臣奉出郊社令受各奠於坫侍中版奏外辦簾卷王出次華蓋侍衛如常儀太常卿引王至內壝門外近侍齋戒者陪從尙衣奉御以桓圭授殿中監殿中監受進王執圭華蓋仗衛停於門外王入自正門協律郎跪俛伏擧麾興凡取物者皆跪俛伏而取與奠物則奠訖俛伏而後興工鼓柷軒架奏黃鍾宮正安之曲王升降行止皆作正安之曲王至版位西向立每立定太常卿與博士退立於左偃麾戛敔樂止凡樂皆協律郎跪俛伏擧麾興工鼓柷而後作偃麾戛敔而後止太常卿前奏請再拜退復位王再拜奉禮曰再拜衆官在位者皆再拜先拜者不拜太常卿前奏稱有司謹具請行事退復位協律郎擧麾軒架奏夾鍾宮景安之曲三成黃鍾角大簇徵姑洗羽各一成文舞作六成偃麾樂止太祝升煙燔牲首樂六成訖太祝擧牲首盤各由其陛授祝史祝史詣燎壇上別加柴燔之太常卿前奏請再拜王再拜奉禮曰再拜衆官在位者皆再拜諸太祝取玉幣於篚各立於尊所太常卿引王詣壇軒架奏黃鍾宮正安之曲升自南陛侍中中書令以下左右侍衛量人從升王升壇北向立樂止太祝以玉幣授侍中侍中奉玉幣東向跪進王搢圭受玉幣登歌作大呂宮嘉安之曲太常卿引王詣上帝神位前北向跪奠訖執圭俛伏興少退北向再拜訖登歌止太常卿引王少東東向立配座太祝以幣授侍中侍中奉幣北向進王搢圭受幣登歌作大呂宮仁安之曲太常卿引王詣配座前東向跪奠訖執圭俛伏興少退東向再拜訖登歌止太常卿引王軒架奏黃鍾宮正安之曲王降自南陛還版位西向立樂止初王將奠配位之幣五帝太祝各奉玉幣跪奠神座前祝史燔牲首訖出詣饌所各奉毛血豆立於門外於登歌止

祝史奉毛血豆入就壇下諸太祝各由其陛迎取於壇上俱
進奠神座前　進熟王升奠玉幣太官令出帥進饌者奉饌
各陳於壝門外謁者引司徒出詣饌所司徒奉上帝之俎太
官令引饌入俎初入門軒架奏黃鍾宮豐安之曲饌至陛樂
止太祝俱進徹毛血之豆自東陛授祝史以出司徒升自午
陛詣上帝神座前跪奠俎諸太祝一時各奠俎上帝饌升自
午陛配位饌升自卯陛五帝饌各由其陛諸太祝迎奠於神
座前籩豆蓋羃先徹乃升簠簋既奠却其蓋於下設訖謁者
引司徒降自東陛復位太官令退復位諸太祝各還尊所太
常卿引王詣罍洗位軒架奏黃鍾宮正安之曲王至洗位樂
止殿中監進受圭侍中跪取匜興沃水內侍官跪取盤承水
王盥手黃門侍郞跪取巾於篚興以進王帨手黃門侍郞受
巾跪奠於篚祝史以篚取爵進跪於洗西黃門侍郞取爵於
篚以進王受爵侍中酌罍水內侍官奉盤承水王洗爵黃門
侍郞跪取巾於篚興以進王拭爵訖黃門侍郞受巾奠於篚
侍中以篚受爵授祝史祝史傳授太祝大祝受篚取爵置尊
所坫上殿中監進圭王執圭太常卿引王軒架奏黃鍾宮正
安之曲王自南陛升壇訖樂止謁者引司徒升自東陛立於
尊所王詣上帝尊所侍中取爵於坫進王受爵太祝去羃侍
中贊酌太尊之泛齊登歌作大呂宮嘉安之曲王詣上帝前
跪奠爵俛伏興太常卿引王少退北向立樂止太祝持祝版
進神座右東向跪讀祝文訖俛伏興樂作王再拜太祝奠版
於坫樂止太常卿引王詣配位尊所侍中取爵於坫進王受
爵太祝去羃侍中贊酌著尊之泛齊登歌作大呂宮仁安之
曲王詣配位前奠爵俛伏興五帝太祝取爵於坫酌太尊之
泛齊各進奠神座前訖太常卿引王少退東向立樂止配位
太祝持祝版進神座左北向跪讀祝文訖俛伏興樂作王再
拜訖樂止太常卿引王詣飮福位北向立登歌作黃鍾宮禧
安之曲太祝各以爵酌上尊福酒合置一爵一太祝持爵授
侍中侍中西向奉以立王再拜訖侍中跪以爵酒進王跪搢
圭受爵祭酒三祭于地啐酒奠爵太祝各持俎進減神前胙
肉皆取前脚第二骨合置一俎上又太祝各以籩進減黍稷
飯合置一籩以授司徒司徒西向跪以進王受以授內侍內
侍二人立於午陛下王受胙肉籩飯內侍升詣王位之左受

退謁者引司徒降復位王跪取爵遂飮卒爵侍中受虛爵以授太祝太祝受爵復於坫還尊所王俛伏興再拜樂止太常卿引王降自午陛軒架奏黃鍾宮正安之曲至版位西向立樂止文舞退軒架奏黃鍾宮崇安之曲退訖樂止武舞進軒架奏黃鍾宮崇安之曲舞者立定樂止初王將復位謁者引太尉詣罍洗位北向立齋郎二人贊洗太尉盥手帨手祝史以篚取爵立於洗西太尉取爵於篚洗爵拭爵祝史以篚受爵傳授太祝太祝受篚取爵置尊所坫上謁者引太尉自東陛升壇詣上帝尊所太尉取爵於坫太祝去冪太尉酌著尊之醴齊軒架奏黃鍾宮武安之曲武舞作鄕樂交奏詣上帝神座前北向跪奠爵俛伏興少退北向再拜訖又就配位前酌犧尊之醴齊如上儀少退東向再拜初太尉酌配位尊時五帝太祝各酌著尊之醴齊進奠神座前訖樂止謁者引太尉詣飮福位諸太祝各以爵酌罍福酒合置一爵一太祝持爵進太尉之右西向立太尉再拜受爵跪祭酒遂飮卒爵太祝進受虛爵復於坫太尉興再拜訖謁者引太尉降復位初太尉獻將畢謁者引光祿卿詣罍洗盥手洗爵升酌盎齊終獻如亞獻儀謁者引光祿卿降復位諸太祝各進跪徹籩豆興還尊所籩豆各一少移故處登歌作大呂宮肅安之曲卒徹樂止奉禮曰賜胙再拜在位官皆再拜飮福者不拜送神軒架奏夾鍾宮永安之曲鄕樂交奏太常卿前奏請再拜王再拜訖奉禮曰再拜衆官再拜樂一成止太常卿前奏請就望燎位太常卿引王軒架奏黃鍾宮正安之曲王就望燎位南向立樂止初賜胙再拜訖諸太祝各執篚進詣神座前取玉帛祝版以俎載牲體黍稷飯及爵酒各由其陛降壇南行詣柴壇自南陛升以玉帛祝版饌物置於燎柴奉禮曰可燎東西各六人擧炬火火燎半柴太常卿前奏禮畢引王還大次軒架奏黃鍾宮正安之曲出中壝門外太常卿奏請釋圭殿中監跪受圭以授尙衣奉御王至大次樂止謁者贊引各引祀官通事舍人分引從祀群官以次出贊引引御史太祝以下俱復執事位奉禮曰再拜御史以下皆再拜贊引引出太樂令引工人以次出將士不得輒離部伍　鑾駕還宮其日祀事禮畢王還齋殿停一刻頃奏初嚴所司轉仗衛鹵簿於還途如來儀奏二嚴樞密以下左右侍臣及文武百官各

就位立定太樂令陳樂部於齋宮南門外王將出奏三嚴王服絳紗袍出坐殿禁衛大喝再拜樞密左右侍臣常起居訖閤門引太子公侯伯宰臣入就位常起居訖閤門以次引出侍中版奏外辦王出齋宮門外南向立乘黃令進輅於齋宮門外南向王乘輅千牛將軍馭駕如來儀百官常起居訖黃門侍郞請鑾駕進發退復位鑾駕動侍衛如常儀黃門侍郞千牛將軍夾輅而趨至侍臣上馬所黃門侍郞奏請鑾駕少駐勑侍臣上馬侍中前承制退稱曰制可黃門侍郞退稱曰侍臣上馬舍人喝侍臣再拜上馬黃門侍郞奏請勑車右升侍中承制退稱曰制可黃門侍郞退復位車右再拜升訖黃門侍郞奏請鑾駕進發退復位鑾駕動鼓吹樂部振作而還至昇平門外少駐侍臣下馬車右降訖鑾駕入昇平門留守百官參再拜

有司攝事儀齋戒在上親祀儀其祀官已齋而闕者通攝行事前祀一日太尉帥群官具公服詣大觀殿庭王出親授祝版太尉受訖具儀衛帥祀官詣祀所

陳設前祀二日宅宮署設行事執事官次於壇東壝門之外及齋坊之內隨地之宜設饌幔於內壝東門之外道南北向前一日郊社令帥其屬掃除壇之上下積柴於燎壇掌牲令具牲牢太樂令陳登歌之樂於壇上稍南北向設軒架於壇南立舞表於軒架之北郊社令設望燎位於柴壇之北南向設權火於柴壇之東北南向奉禮設太尉群官位於壇下東南西向執事者位於其後每等異位俱重行西向北上監察御史位二於壇下一於東南西向一於西南東向設奉禮位於樂懸東北贊者二人在南差退俱西向協律郞位於壇上樂虡之西北東向太樂令位於軒架之北北向設獻官飮福位於午陛之上稍西北向又設奉禮位於燎壇東北西向北上設牲牓於東壝門外當門西向牲七羊牲一居前豕牲五在北少退南上羊牲一在南少退又設掌牲令位於牲西南吏陪其後俱北向設諸祝史位於牲東各當牲後俱西向設太常卿省牲位於牲前近北又設御史位於太常卿之西俱南向神位及祭器牲牢陳設並如親祀儀設洗二於卯陛南北向盥洗在東爵洗在西罍在洗東沓加勺篚在洗西南肆篚實以巾爵

省牲器省牲之日午後八刻諸衛之屬禁斷行人未後二刻郊社令帥其屬掃除壇之上下帥齋郞以尊坫篚

羃入設於位升壇者自東陛未後三刻執禮官先入奉禮師贊者俱入就位謁者贊引各引祀官御史俱就位隷儀掌牲令以牲就牓位謁者引太常卿贊引引御史入詣壇東陛升視滌濯祝史去羃告潔訖引降就省牲位南向立掌牲令少前曰請省牲退復位太常卿省牲掌牲令又前擧手曰腯還本位諸祝史各巡牲一匝西向擧手曰充俱還本位諸祝史與掌牲令以次牽牲詣廚授太官謁者引光祿卿詣廚省鼎鑊申視滌濯監取明水火贊引引御史詣廚省饌具協律郞展視樂器各還齋所祀日未明五刻太官令帥宰人以鸞刀割牲取牲首七各盛於盤入設於壇上尊罍所太官令入實籩豆時奉設七座豆右之南祝史以豆取毛血各置於饌所遂烹牲

奠玉帛祀日未明三刻諸祀官各服其服執禮官先人壇下郊社良醞令各帥其屬入實尊罍玉幣祝史以玉幣置於篚太官令帥進饌者實諸籩豆簠簋郊社令以祝版各置於坫監察御史按視壇之上下糾察不如儀者還出未明二刻奉禮師贊者先入就位再拜贊引引御史郊社令諸祀官諸祝史及齋郞與執尊罍篚羃者入自東門當壇南重行北向西上立定奉禮曰再拜贊者承傳御史以下皆再拜訖執尊罍篚羃者各就位贊引引御史諸祝史詣壇東陛升御史行掃除於上令史掃除於下訖復位謁者贊引各引祀官俱就門外位太樂令帥工人二舞入就位文舞入陳於懸北武舞立於懸南道西謁者引司空入就位立定奉禮曰再拜司空再拜訖謁者引司空詣壇東陛升行掃除於上降行樂懸於下訖引復位謁者贊者贊引各引獻官入就位奉禮曰再拜獻官皆再拜其先拜者不拜謁者進太尉之左白有司謹具請行事退復位協律郞跪俛伏擧麾興工鼓柷軒架奏夾鍾宮景安之曲三成文德之舞六成偃麾戛敔樂止祝史升烟燔牲首樂六成訖祝史擧牲首盤各由其陛授齋郞齋郞詣燎壇上別加柴燔之奉禮曰再拜在位者皆再拜祝史取玉幣於篚立於樽所謁者引太尉自南陛升壇北向立祝史以玉幣東向授太尉太尉受玉幣登歌作大呂宮嘉安之曲太尉進上帝神座前北向跪奠俛伏興少退北向再拜訖樂止太尉進配位神座前東向立配座祝史以幣授太尉登歌作大呂宮仁安之曲太尉進配位神座前東向跪奠俛

伏興少退東向再拜初太尉將奠配位之幣諸祝史奉玉幣各奠於五方帝神座前訖樂止謁者引太尉降自南陛還本位爓牲首訖齋郎出詣饌所各奉毛血豆立於門外登歌止奉毛血豆入各由其陛升諸祝史迎取於壇上俱進奠神座前退立於尊所

進熟太尉升奠玉幣太官令出帥進饌者奉饌各陳於壝門外謁者引司徒出詣饌所司徒奉上帝之俎太官令引饌入俎初入門軒架奏黃鍾宮豐安之曲饌至陛樂止祝史俱進徹毛血之豆自東陛授齋郎以出司徒升自午陛詣上帝神座前跪奠俎諸祝史各奠俎諸位饌升諸祝史迎奠於神座前籩豆蓋冪先徹乃升簠簋既奠却其蓋於下設訖謁者引司徒降自東陛復位太官令退復位諸祝史還尊所謁者引太尉至洗位盥手帨手齋郎以篚取爵立於洗西太尉取爵於篚洗爵拭爵以授齋郎齋郎以爵篚授祝史祝史受篚取爵置尊所坫上謁者引太尉自南陛升壇取爵於坫祝史去冪太尉酌太尊之泛齊登歌作大呂宮嘉安之曲太尉詣上帝前跪奠爵俛伏興少退北向立樂止祝史進神座右東向跪讀祝文訖樂作太尉再拜祝史奠版於坫樂止太尉詣配位尊所祝史去冪太尉酌著尊之泛齊登歌作大呂宮仁安之曲太尉詣配位前跪奠爵俛伏興少退東向立樂止祝史進神座左北向跪讀祝文訖樂作太尉再拜訖樂止初太尉酌配位尊時五帝祝史各酌太尊之泛齊進奠神座前謁者引太尉詣飮福位北向立諸祝史各以爵酌罍福酒合置一爵一祝史持爵進太尉之右西向立太尉再拜受爵跪祭酒啐酒奠爵又祝史以俎進減神座前胙肉皆取前脚第二骨共置一俎上又以籩進減黍稷飯合置一籩以授太尉太尉受以授齋郎取爵遂飮卒爵祝史進受虛爵復於坫太尉興再拜訖謁者引太尉降復位文舞退軒架奏黃鍾宮崇安之曲退訖樂止武舞進軒架奏黃鍾宮崇安之曲舞者立定樂止謁者引太常卿詣罍洗位盥手帨手洗爵拭爵以授齋郎齋郎受以授祝史謁者引太常卿自東陛升壇詣上帝尊所北向立祝史去冪太常卿酌著尊之醴齊軒架奏黃鍾宮武安之曲武舞作鄕樂交奏奠爵訖俛伏興少退北向再拜次詣配位前酌犧尊之醴齊如上儀初太常卿酌配位尊時五帝祝史各酌著尊之醴齊進奠神座前訖

樂止謁者引太常卿詣飮福位諸祝史各以爵酌罍福酒合置一爵一祝史持爵進太常卿之右西向立太常卿再拜受爵跪祭酒遂飮卒爵祝史進受虛爵復於坫太常卿興再拜謁者引太常卿降復位初太常卿獻將畢謁者引光祿卿詣罍洗升酌盎齊終獻如亞獻之儀訖謁者引光祿卿降復位諸祝史各進跪徹籩豆籩豆各一小移故處登歌作大呂宮肅安之曲卒徹樂止祝史還尊所奉禮曰賜胙再拜在位者皆再拜飮福者不拜送神軒架奏夾鍾宮永安之曲鄕樂交奏奉禮曰再拜衆官在位者皆再拜樂一成止謁者引大尉詣望燎位南向立衆官將拜諸祝史執篚各詣神座前取玉幣祝版齋郎以俎載牲體黍稷飯爵酒各由其陛降壇南行詣燎壇自南陛升以玉帛祝版饌物置於燎壇奉禮曰可燎東西各六人擧權火火燎半柴謁者進太尉之左白禮畢引太尉出謁者贊引各引祀官以次出贊引引御史以下俱復執事位立定奉禮曰再拜御史以下皆再拜贊引引出工人二舞以次出

孟夏親雩如親祀祈穀儀但誓文曰今年四月某日王親雩祀圜丘云云有司攝事如祈穀攝事儀

成宗二年正月辛未王親祀圜丘祈穀配以太祖祈穀之禮始此

方澤

顯宗二十二年正月親祭方澤　靖宗二年二月庚戌朔祭方澤十年十月丙申祭神州地祇　仁宗五年三月戊午制方澤祭地祇四郊迎氣

社稷

社稷壇社在東稷在西各廣五丈高三尺六寸四出陛五色土爲之瘞坎二各在兩壇子陛之北南出陛方深取足容物祭日仲春仲秋上戊及臘神位祭大社以后土氏配祭大稷以后稷氏配大社大稷位壇上北方南向席皆以藁秸后土后稷位壇上西方東向席皆以莞玉幣玉以兩圭有邸幣以黑長一丈八尺牲牢社稷豕各一獻官太尉爲初獻太常卿爲亞獻光祿卿爲終獻太尉八座爲之　齋戒前祭七日平明太尉誓祭官公卿已下於尙書省曰某月某日上戊祭于大社大稷各揚其職不供其事國有常刑凡預祭之官散齋

五日致齋二日散齋皆於正寢致齋二日一日於本司一日於祭所無本司者於尙書省前祭一日諸衛令其屬未後一刻各以其方器服守衛社壇門每門二人太樂工人俱淸齋一宿於太常司　陳設前祭一日守宮署設太尉亞終獻次於社壇西門外從祭群官次於其側設饌幔於東門之外道北南向郊社令帥其屬掃除壇之上下掌牲令具牲牢太樂令陳軒架之樂於壇南陳登歌於兩壇之閒前祭一日奉禮設祭官公卿以下位於西門之內執事位於其後每等異位俱重行東向北上設御史位二於壇下一於大社壇東南西向一於大稷壇西南東向令史各陪其後設奉禮郎位於樂懸北贊者二人在南差退俱東向北上設協律郎位於太社壇上東南西向設太樂令位於軒架之北北向設牲牓於東門之外當門西向又設掌牲令位於牲西南吏陪其後俱北向設諸祝史位於牲東各當牲後俱西向設太常卿省牲位於牲前近北又設御史位於太常卿之西俱南向設酒尊之位大社太尊二著尊二罍二在壇上東南隅北向后土氏象尊二著尊二罍二在大社酒尊之東俱北向西上尊皆加勺冪設坫以置爵設大稷后稷酒尊於其壇上如大社后土之儀設洗於大稷壇西南北向罍水在洗東篚在洗西南肆篚實以巾爵執尊罍篚冪者各位於其後設玉帛之篚於壇上尊坫之所祭日未明五刻太史郊社令各服其服升設大社大稷神座各於壇上近北南向設后土氏神座於大社神座之右后稷氏神座於大稷神座之右俱東向　省牲器前祭一日晡後郊社令帥齋郎以尊坫罍洗篚冪入設於位升壇者各自西陛埶禮官先入壇下亞終獻以下竝入肄儀訖掌牲令以牲就牓位贊引引御史謁者引太常卿詣大社壇西陛升視滌濯埶尊者皆擧冪告潔次詣大稷壇如大社之儀訖引降就省牲位南向立掌牲令少前曰請省牲退復位太常卿省牲掌牲令又前北向擧手曰腯還本位諸祝史各巡牲一匝西向擧手曰充還本位諸祝史與掌牲令以次牽牲詣廚授太官令謁者引光祿卿詣廚省鼎鑊申視滌濯盥取明水火贊引引御史詣廚省饌具訖俱還齋所祭日未明十刻太官令帥宰人割牲取牲左髀盛於盤置於尊罍所入實籩豆時奉設各座籩南祝史以豆取毛血各置於饌所　奠

玉帛祭日未明三刻諸祭官各服其服郊社良醞令各帥其屬入實尊罍玉幣太尊爲上實以醴齊著尊次之實以盎齊罍爲下實以淸酒配座之尊亦如之齊皆加明水酒皆加玄酒各實於上尊太官令帥進饌者實諸籩豆簠簋簠簋各二居前簠實稻粱在左簋實黍稷在右籩十二在左爲三行右上第一行實形鹽在前魚鱐糗餌粉餈次之第二行榛子在前乾棗白餅黑餅次之第三行菱仁在前芡仁栗黃鹿脯次之豆十二在右爲三行左上第一行實芹菹在前筍菹脾析菁菹次之第二行韭菹在前酏食魚醢兎醢次之第三行豚拍在前鹿醢鴈醢糝食次之鉶二在籩豆閒實以羹加芼滑俎一一載牲體一載左胖匏爵三在籩豆南每爵有坫又豆一實以毛血未明二刻奉禮帥贊者先入就位贊引引御史諸祝史與執尊罍篚羃者入自西門當大社壇南重行北向東上立定奉禮曰再拜贊者承傳御史以下皆再拜訖執尊罍篚羃者皆就位贊引引御史諸祝史詣大社壇西陛升行掃除於上令史掃除於下又詣大稷壇行掃除如大社之儀訖各就位未明一刻謁者贊引引祭官俱就門外位太樂令帥工人二舞入就位文舞入陳於懸北武舞人立於懸南道西謁者引司空入就位立定奉禮曰再拜司空再拜訖謁者引司空詣壇西陛升行掃除於上大稷壇亦如之降行樂懸於下引復位謁者贊引各引祭官入就位立定奉禮曰再拜祭官以下皆再拜其先拜者不拜謁者進太尉之左白有司謹具請行事退復位協律郎跪俛伏擧麾興工鼓柷軒架奏林鍾宮寧安之曲文舞八成奉禮曰再拜衆官在位者皆再拜訖祝史取玉帛於篚各立於尊所謁者引太尉詣大社壇升自南陛北向立祝史以玉帛西向授太尉太尉受玉帛登歌作應鍾宮嘉安之曲太尉進北向跪奠於大社神座前俛伏興少退北向再拜訖詣配位前西向立祝史以幣北向授太尉太尉受幣進跪奠於后土神座前少退西向再拜訖登歌止謁者引太尉降自西陛詣大稷壇升奠玉幣如大社后土壇儀引太尉降復位初衆官拜訖齋郎各奉毛血之豆立於門外於登歌止齋郎奉毛血入各由其陛諸祝史迎取於壇上俱進奠於神座前退立於尊所

進熟太尉旣升奠玉幣太官令出帥進饌者奉饌陳於西門外謁者引司徒出詣

饌所奉大社之俎太官令引饌入俎初入門軒架奏大簇宮豐安之曲饌至陛樂止祝史俱進徹毛血之豆自西陛授齋郎以出司徒升自午陛進奠俎於大社神座前諸祝史一時各奠俎大社大稷之饌升自南陛配位之饌升自西陛諸祝史迎取於壇上各設神座之前籩豆蓋冪先徹乃升簠簋旣奠却其蓋於下設訖謁者引司徒降自西陛復位太官令退復位諸祝史還尊所謁者引太尉詣罍洗盥手齋郎以篚取爵授太尉太尉洗爵拭爵授齋郎齋郎傳授祝史祝史受篚取爵詣尊所坫上謁者引太尉詣大社壇升自南陛詣大社尊所取爵於坫執尊者舉冪太尉酌醴齊登歌作應鍾宮嘉安之曲太尉進大社神座前北向跪奠爵俛伏興少退北向立樂止祝史持版進於神座之右東向跪讀祝文訖樂作太尉再拜訖樂止祝史奠版於坫還尊所太尉詣后土氏酒尊所執尊者舉冪太尉酌醴齊樂作太尉進后土氏神座前西向跪奠爵興樂止少退西向立祝史持版進於神座之右北向跪讀祝文訖樂作太尉再拜訖樂止祝史奠版於坫還尊所謁者引太尉詣飮福位北向立祝史各以爵酌罍福酒合置一爵一祝史持爵進太尉之右西向立太尉再拜受爵跪祭酒三祭于地啐酒奠爵祝史各持俎進減神座前胙肉皆取前脚第二骨合置一俎上又以籩進減黍稷飯合置一籩以授太尉太尉受以授齋郎取爵遂飮卒爵祝史進受虛爵復於坫太尉俛伏興再拜謁者引太尉降自西陛詣罍洗盥手洗爵訖謁者引太尉詣大稷壇升自南陛酌獻樂作止飮福受胙並如大社壇之儀謁者引太尉降復位文舞出軒架奏大簇宮崇安之曲出訖樂止武舞入軒架奏大簇宮崇安之曲舞者立定樂止初太尉將復位謁者引太常卿詣罍洗盥手洗爵訖謁者引太常卿自西陛升壇詣大社酒尊所執尊者舉冪太常卿酌盎齊武舞作軒架奏大簇宮武安之曲鄕樂交奏太常卿進大社神座前北向跪奠爵興少退北向再拜訖詣后土氏酒尊所執尊者舉冪太常卿酌盎齊進后土氏神座前西向跪奠爵興少退西向再拜訖樂止謁者引太常卿詣飮福位北向立祝史各以爵酌罍福酒合置一爵一祝史持爵進太常卿之右西向立太常卿再拜受爵跪祭酒遂飮卒爵祝史進受虛爵復於坫太常卿興再拜謁者引

太常卿降自西陛詣彝洗盥手洗爵訖詣大稷壇升獻樂作止飮福並如大社之儀訖謁者引太常卿降復位初太常卿獻后稷將畢謁者引光祿卿盥手洗爵升酌盎齊終獻如亞獻之儀訖謁者引光祿卿降復位武舞止祝史各進徹豆還尊所奉禮曰賜胙再拜衆官再拜飮福受胙者不拜送神軒架奏林鍾宮寧安之曲鄕樂交奏奉禮曰再拜衆官在位者皆再拜樂一成止謁者進太尉之左白請就望瘞位引太尉就望瘞北向立於衆官將拜祝史執篚進神座前取玉幣齋郞以俎載牲體稷黍飯爵酒各由其陛降壇北行當瘞坎西行諸祝史以玉幣饌物置於坎訖奉禮曰可瘞坎東西各四人寘土半坎謁者進太尉左白禮畢遂引太尉出謁者贊引各引祭官以下以次出贊引引御史祝史以下俱復執事位立定奉禮曰再拜御史以下皆再拜贊引引出工人二舞以次出其祝板燔於齋坊

成宗十年閏二月敎曰予聞社土地之主也地廣不可盡敬故封上爲社以報功也稷五穀之長也穀多不可徧祭故立稷神以祭之禮曰王爲群姓立社曰大社自爲立社曰王社諸侯爲百姓立社曰國社自爲立社曰侯社大夫以下成群立社曰置社故有國有家者不可不立社稷上自天子下至大夫示本報功不可不備爰自聖祖至于累朝未置夏松之祀尙虧周栗之禮朕纘承以來凡所施爲必依禮典予穆父昭之室髣髴經營春祈秋報之壇方將創立其令群公擇地置壇於是始立社稷　顯宗五年七月中樞使姜邯贊請修社稷壇令禮司撰定儀注從之然儀文史無傳焉　文宗六年二月新築社稷壇於皇城內西戊子親行祀事八月乙酉制社壇配以后土勾龍氏其題主及祝文不宜稱名改勾龍爲后土氏　宣宗四年正月己巳祭社稷以祈神兵助戰　仁宗八年四月戊子日官奏今旱甚宜祈岳鎭海瀆諸山川及宗廟社稷每七日一祈不雨則還從岳瀆如初旱甚則修雩從之　九年十一月癸酉祈雪十二月甲子祈雪　忠惠王後二年十二月乙巳有事社稷享需皆闕

志卷第十三

高麗史六十

志卷第十四

正憲大夫工曹判書集賢殿大提學知經筵春秋館事兼成均大司成臣鄭麟趾奉敎修

禮二

吉禮大祀

太廟

太廟享有常日者寒食臘臘兼薦魚無常日者並擇日四孟月三年一祫以孟冬五年一禘以孟夏其禘祫之月即不時享冊祝親享用玉冊竹冊每冊二十四簡長尺有一寸闊一寸玉冊貫以銀絲竹冊貫以紅絲條裝以紅錦太祖室用玉冊餘八室用竹冊攝事用祝版以松木爲之長二尺廣一尺厚六分曾祖以上室並稱孝曾孫嗣王臣祖室稱孝孫嗣王臣禰室稱孝子嗣王臣敢明告攝事云謹遣某官臣姓名玉幣以祼圭圭有瓚於圭頭爲器可以挹鬯牲牢每室各豕一七祀豕一配享功臣豕一獻官太子若公侯伯爲亞獻太尉爲終獻或太尉爲亞獻光祿卿爲終獻太尉宰臣爲之攝事太尉爲初獻太常卿爲亞獻光祿卿爲終獻　禘祫親享儀

齋戒如親祀圜丘儀但誓文曰今年某月某日王親禘享于太廟若祫則言祫享工人二舞諸衛之屬守衛廟門者淸齋一宿於各屬官司前享一日並集享所　陳設前享三日尙舍局設大次於廟東門外道北南向小次於阼階東稍北南向鋪王座如常儀守宮設文武侍臣行事陪享官及有司次於廟門之內隨地之宜設饌幔於東門外前享二日宮闈令帥其屬埽除廟之內外掌牲令牽牲詣享所太廟令帥其屬布昭穆之座於堂上戶外自西以東太祖位在西東向惠宗文宗睿宗爲昭在北南向顯宗順宗宣宗肅宗仁宗爲穆在南北向每位皆設黼扆莞席紛純藻席繢純次席黼純左右玉几太樂令陳登歌之樂於廟堂上前楹外稍南北向設軒架於廟庭前享一日奉禮郎設王位版於東階東南西向飮福位於堂上前楹外近東西向亞終獻飮福位於王位之後贊者設亞終獻享官及七祀配享功臣獻官位於王位之後稍南執事者位於其後每等異位俱重行西向北上設盥

察御史位二一於西階下東向一於東階下西向設奉禮位於樂縣東北贊者二人在南差退俱西向協律郎位二一於堂上前楹外近西一於軒架西北俱東向太樂令位於軒架之北北向文班九品以上位於東門之內廟庭東階下每等異位俱重行西向北上武班九品以上位於西門之內廟庭西階下當文官每等異位俱重行東向北上設門外位享官公卿位於東門外道南每等異位重行北向西上文班九品以上位於享官公卿之東每等異位重行北向西上武班九品以上位於西門之外道南每等異位重行北向東上設牲牓於東門外當門西向以南爲上設掌牲令位於牲西南吏陪其後設諸大祝位於牲東各當牲後祝史各陪其後俱西向設太常卿省牲位於牲前近北又設御史位於太常卿之西俱南向太廟令帥其屬設籩豆簠簋之位於神座前凡祭器皆藉以席籩豆簠簋又加盖羃每位籩十二在左爲二行右上豆十二在右爲二行左上俎二一在籩南一在籩豆之閒簠簋各四在籩豆閒簋居前簠次之瓹鉶各六分在籩豆閒瓹居前鉶次之玉爵六在籩豆南又設尊彝之位每位堂上蜼彝一虎彝一犧尊二象尊二箸尊二山罍二爲二重彝各有坫以置瓚爵在神座之左以右爲上俱加勺羃堂下又設豆二壺尊二太尊二山罍四俱北向西上加羃皆設而不酌每位設瓚盤一於堂上尊彝之所設冊案於神座之右設爐炭於尊彝外稍前設福酒爵有坫胙肉俎飯籩各一於尊彝前又饌幔內每位各設毛血豆肝膋豆蕭籩稷黍籩各一飯簋羹鉶肉盤各一第一位又設俎一毛血肝膋之豆與蕭稷黍之籩直設於饌幔其飯簋羹鉶肉盤俎於各位陳設告潔後進饌者入徹出設於饌幔俟迎饌時入奠又設七祀位於廟庭之西稍南東向北上神席皆以莞位版各設於座首司命戶竈中霤門厲行遍祭之祫享亦同設祭器每位左二籩右二豆俎一在神座前木爵一次之簠二簋二在籩豆之閒簠在左簋在右壺尊二設於神座之左加勺羃設祝坫於神座之右又設配享功臣位於廟庭西向北上神席皆以莞位版各設於座首其版文各具題官爵姓名設祭器准七祀設王洗二於東階東南北向盥洗在東爵洗在西罍在洗東加勺篚在洗西南肆篚實以珪瓚巾爵俱以副篚覆之亞

終獻爵篚亦同又設亞終獻洗二於王洗東南如上儀凡洗王及王太子行事皆有盤匜亞終獻以下及攝事者皆無盤匜又設七祀獻官洗於七祀神位之南北向罍在洗東篚在洗西南肆篚實以巾爵配享功臣洗於七祀洗之東北向設爵篚如七祀儀其執尊罍篚羃者各位於尊罍篚羃之後

鑾駕出宮是日有司具別廟冊文以進王署訖親授獻官後詣齋宮其親授禮如別儀前享一日未明七刻奏一嚴未明五刻奏二嚴所司陳大駕鹵簿如儀諸衛之屬各督其隊與鈒戟入陳於殿庭樞密以下左右侍臣就殿庭位太子公侯伯宰臣各就殿門外次文武兩班九品以上各就儀鳳門外位文官在東武官在西俱北上太樂令陳樂部於大觀殿門外並如常儀王將出奏三嚴王服赭黃袍出坐殿稱警蹕禁衛大喝再拜訖舍人喝樞密侍臣常起居訖閤門引太子公侯伯宰臣入就位立定舍人喝太子以下再拜訖閤門以次引出訖侍中版奏外辦王降殿乘輿以出樂部懸而不作至興禮門外守宮宰臣奉辭至儀鳳門內王降輿入幄次乘黃令進象輅於儀鳳門外階前南向千牛將軍一人執長刀立於輅前北向黃門侍郎在侍臣前太僕卿攝衣而升正立執轡千牛將軍前執轡侍中跪奏外辦王出幄乘輅稱警蹕如常儀舍人喝文武百官常起居訖黃門侍郎奏請勑侍臣上馬侍中前承制退稱曰制可黃門侍郎退稱侍臣上馬舍人喝文武侍臣再拜訖百官留守奉辭太僕卿立授綏黃門侍郎進當鑾駕前跪稱黃門侍郎臣某言請鑾駕進發俛伏興退復位鑾駕動稱警蹕侍中黃門侍郎夾侍千牛將軍夾路而趍鑾駕出昇平門權駐侍臣上馬訖黃門侍郎奏請勑車右升陪乘樞密上將軍各二員侍中前承制退稱曰制可黃門侍郎退復位車右再拜升訖鑾駕動稱警蹕不鳴鼓吹不得喧譁其從享之官在玄武隊後如常儀鑾駕將至齋宮其先到諸執事官執禮及御史以下諸執事官俱朝服就齋宮門外道南東上立鑾駕至再拜奉迎鑾駕至齋宮南門外廻輅南向車右降立輅前侍中進當鑾駕前跪奏稱侍中臣某言請降輅俛伏興退復位王降輅入門繖扇華蓋侍衛如常儀至東門外褥位西向再拜舍人喝太子公侯伯宰臣樞密侍臣群官皆再拜訖王至齋宮入殿宿衛如式通事舍人承

旨勅群臣各就次　省牲器省牲之日午後八刻廟所禁斷
行人宮闈令整拂神幄執事者以祭器入設於神位如陳設
儀未後三刻執禮官奉禮贊者先入庭謁者贊引各引享官
御史俱就位隸儀訖掌牲令牽牲就牓位謁者引太常卿贊
引引御史自阼階升堂視滌濯執尊者皆去冪告潔訖引降
就省牲位南向立掌牲令小前曰請省牲退復位太常卿省
牲掌牲令又前舉手曰腯還本位諸大祝各巡牲一匝西向
舉手曰充還本位諸大祝與掌牲令以次牽牲詣廚授太官
謁者引光祿卿詣廚省鼎鑊申視滌溉監取明水火贊引引
御史詣廚省饌具協律郎展視樂器訖各還齋所司空以下
每事訖即還齋所進饌者入徹籩豆簠簋鉶俎以出置饌所
享日未明五刻太官令帥宰人以鸞刀割牲祝史以豆取毛
血又取肝洗於鬱鬯並膟膋實於豆各置饌所遂烹牲　晨
祼享日未明四刻諸享官及從享之官各服其服執禮官先
入廟庭太廟令良醞令各帥其屬入實尊彝雞彝實明水虎
彝實鬱鬯犧尊二一實明水一實泛齊象尊二一實明水一
實醴齊著尊二一實明水一實盎齊山罍二一實玄酒一實
清酒堂下壺尊二一實明水一實醍齊太尊二一實明水一
實沉齊山罍四二實玄酒一實事酒一實昔酒祫享尊彝亦
同太官令帥進饌者實豆籩簠簋第一行實以形鹽魚鱐乾
棗栗黃榛子菱仁第二行芡仁鹿脯白餅黑餅糗餌粉餈豆
第一行實以韭菹醓醢菁菹鹿醢芹菹兎醢第二行筍菹魚
醢脾析菹豚拍酏食糝食簠實以稻粱簋實以稷黍甄實以
大羹鉶實以肉羹加芼滑籩南俎載牲左脇盤籩豆閒俎載
熟肉盤堂下豆二在尊罍西一實糯油餅一實片肉凡享神
之物當時所無者以時物代之太廟令設燭於神位前又良
醞令太官令帥其屬人實七祀位及配享功臣位禮饌籩實
以栗黃鹿脯豆實以菁菹鹿醢簋實以稷黍簠實以稻粱壺
尊二皆實祠祭法酒俎載牲牢盤監察御史按視堂之上下
糾察不如儀者還出謁者贊引各引太尉以下諸享官皆就
門外位奉禮贊者先入就位再拜贊引引御史太廟令大祝
宮闈令祝史齋郎執尊罍篚冪者及七祀配享功臣祝史齋
郎執尊罍篚冪者入自東門當階閒樂懸北重行北向西上
立定奉禮曰再拜贊者承傳御史以下皆再拜訖執尊罍篚

羃者各就位贊引引御史諸大祝詣東階升堂御史行掃除於上令史掃除於下訖復位未明二刻太廟令陳腰輿於東階之東每室各二皆西向北上贊引引太廟宮闈令帥執事者以腰輿自東階升堂詣太祖室入開𥧌室太祝宮闈令奉出神主各置於輿出詣座前奉神主置於座訖以次奉出惠宗以下如太祖儀后妃神主南向竝座而處左北向竝座而處右太祝薦香酒俱復位駕將至謁者贊引引享官通事舍人分引文武從享之官皆就門外位太樂令帥工人二舞入就位其升堂坐者皆脫履於下降納如常文舞入陳於懸北武舞立於懸南道西訖謁者引司空入就位立定奉禮曰再拜司空再拜謁者引司空詣東階升堂行掃除於上降行樂懸於下引復位謁者贊引各引太尉以下享官及七祀配享功臣獻官通事舍人分引從享群官入就位未明一刻侍中版奏外辦王服袞冕以出繖扇華盖侍衛如常儀至大次入次簾降有司具祝冊太廟令以祝冊進王署訖近臣奉出令受冊函奠於案若祝板則奠於坫侍中版奏外辦簾捲王出次侍衛如常儀太常博士引太常卿太常卿前導王至東門外尙衣奉御以圭授殿中監凡殿中監進圭受圭皆尙衣奉御副之監受進王執圭華盖侍衛停於門外王入自正門堂下協律郎跪俛伏擧麾興工鼓柷軒架奏無射宮正安之曲至版位西向立樂止每王立定太常卿與博士退立於左太常卿前奏稱請再拜退復位王再拜奉禮曰再拜衆官在位者皆再拜其先拜者不拜太常卿前奏有司謹具請行事退復位軒架奏黃鍾宮興安之曲文德之舞作黃鍾三奏大呂大簇應鍾各再奏樂九成而止太常卿前奏稱請再拜王再拜奉禮曰再拜衆官在位者皆再拜太常卿前導王詣盥洗位軒架奏無射宮正安之曲至洗位北向立樂止殿中監進受圭侍中跪取匜興沃水內侍跪取盤興承水王盥手黃門侍郎跪取巾於篚興以進王帨手黃門侍郎受巾跪奠於篚祝史以篚取瓚進跪於洗西黃門侍郎取瓚於篚興以進王受瓚侍中酌罍水內侍跪取盤興承水王洗瓚黃門侍郎跪取巾於篚興以進王拭瓚訖黃門侍郎受巾跪奠於篚侍中以篚跪受瓚以授祝史祝史傳受詣泰階以授太祝太祝受篚取瓚以置坫上殿中監進圭王執圭太常卿前導王軒架

奏無射宮正安之曲升自阼階訖樂止侍中中書令以下及左右量人從升太常卿前導王詣太祖尊彝所登歌作來鍾宮順安之曲執尊者去羃侍中取瓚於盤跪進王搢圭執瓚侍中贊酌鬱鬯太常卿前導王詣太祖神座前西向跪以鬯祼地訖侍中受瓚以授太祝太祝以盤受瓚訖王執圭俛伏興太常卿前導王小退西向再拜訖太常卿前導王詣惠宗位北向次詣顯宗位南向次詣文宗位北向次詣順宗位南向次詣宣宗位南向次詣肅宗位南向次詣睿宗位北向次詣仁宗位南向祼鬯竝如上儀訖登歌止太常卿前導王降自阼階軒架奏無射宮正安之曲至版位西向立樂止初衆官再拜訖祝史各奉毛血及肝膋之豆立於東門外齋郞奉蕭稷黍各立於肝膋之後於登歌止祝史奉毛血肝膋與奉蕭稷黍者以次入自正門詣泰階諸太祝各迎取毛血肝膋於階上俱進奠於神座前其蕭稷黍各置於爐炭側諸太祝俱取肝燔於爐炭還尊所　饋食王旣升祼太官令出帥進饌者奉饌陳於東門之外重行西向以南爲上謁者引司徒出詣饌所司徒奉太祖之俎初王旣至版位樂止太官令引饌入自正門俎初入門軒架奏無射宮豐安之曲饌至泰階樂止太祝俱進徹毛血之豆自阼階授祝史以出司徒升自泰階詣太祖神座前西向跪奠俛伏興諸太祝各奠俎饌升諸太祝各迎取於階上設神座前籩豆盖羃先去乃升簠簋旣奠却其盖於下設訖謁者引司徒降自阼階復位太官令退復位諸太祝各取蕭稷黍擩於脂燔於爐炭還尊所太官丞引七祀及配享功臣饌入祝史迎引於座首各設於神座前太官丞退復位太常卿前導王詣盥洗位軒架奏無射宮正安之曲至洗位北向立樂止殿中監進受圭王盥手洗爵侍中黃門侍郞內侍贊洗如晨祼之儀訖殿中監進圭王執圭太常卿前導王軒架奏無射宮正安之曲升自阼階訖樂止太常卿前導王詣太祖尊彝所太祝去羃侍中取爵於坫進王搢圭受爵侍中贊酌犧尊之泛齊祫享如之軒架奏無射宮大定之曲文德之舞作太常卿前導王詣太祖神座前西向跪奠爵小北俛伏興太常卿前導王詣尊所侍中又進副爵贊酌訖太常卿前導王詣后妃神座前跪奠爵小南俛伏興太常卿引王小退西向立樂止太祝進於神座之右北

向跪讀冊祝訖俛伏興樂作王小北再拜又小南再拜訖樂止太常卿前導王詣次位酌獻並如上儀凡昭位北向奠爵小西奠副爵小東太祝東向跪讀王小西再拜小東又再拜凡穆位南向奠爵小西奠副爵小東太祝西向跪讀王小西再拜小東又再拜訖樂止太常卿前導王至飮福位西向立登歌作禧安之曲王獻將訖謁者引司徒詣阼階升立於飮福位之南北向內侍二人從升立於司徒之右俱北向王獻訖諸太祝以爵酌上尊福酒合置一爵一太祝持爵授侍中侍中受北向進王再拜受爵跪祭酒啐爵奠爵諸太祝持胙俎進減神座前胙肉合置一俎又以籩減稷黍飯於籩合置一籩以籩飯授司徒司徒受北向跪以進王受以授內侍太祝又以胙肉授司徒司徒受進王受以授內侍內侍跪受訖謁者引司徒降復位侍中以爵酒進王受爵遂飮卒爵侍中受虛爵以授太祝太祝受爵復於坫還尊所王俛伏興再拜訖登歌止太常卿前導王降自阼階軒架奏無射宮正安之曲至版位西向立樂止文舞退軒架奏無射宮崇安之曲出訖樂止武舞進軒架奏無射宮崇安之曲舞者立定樂止初王將復位謁者引亞獻詣罍洗位北向立齋郎二人贊洗亞獻盥手祝史以篚取爵立於洗西亞獻取爵於篚洗爵拭爵以授祝史祝史以篚受爵詣泰階以授太祝太祝受篚取爵置尊所坫上謁者引亞獻升自阼階詣太祖尊彝所軒架奏無射宮武安之曲鄕樂交奏武功之舞作太尉取爵於坫太祝去冪亞獻酌象尊之醴齊祫享如之詣太祖神位前西向跪奠爵俛伏興又詣尊所酌醴齊進后妃神座前跪奠爵俛伏興少退再拜又再拜以次酌獻並如上儀訖樂止謁者引亞獻詣飮福位西向立諸太祝各以爵酌罍福酒合置一爵一太祝持爵進亞獻之左北向立亞獻再拜受爵跪祭酒遂飮卒爵太祝進受虛爵復於坫亞獻興再拜謁者引降復位初亞獻將畢謁者引終獻官詣罍洗盥洗升酌著尊之盎齊祫享如之終獻如亞獻之儀訖樂止引終獻官降復位初終獻將升贊引引配享功臣獻官詣罍洗盥洗詣酒尊所執尊者去冪獻官酌酒諸助奠者皆酌酒贊引引獻官進詣首座前東向奠爵諸助奠者各進奠於座前九室功臣奠爵畢祝史持敎書進首座之右立讀訖獻官揖贊引引獻官還本位

初功臣獻官將詣洗位贊引引七祀獻官詣罍洗盥洗詣酒尊所執尊者去冪獻官酌酒贊引引獻官進跪奠於司命神位前小退西向立獻官唯獻司命餘座齋郎助奠祝史持祝版進神座之右北向跪讀訖獻官再拜贊引引獻官還本位登歌作夾鍾宮恭安之曲諸太祝進徹豆還尊所籩豆各一小移故處配享功臣祝史及七祀祝史各進徹豆還尊所登歌止奉禮曰賜胙再拜在位官皆再拜已飮福者不拜送神軒架奏黃鍾宮永安之曲鄉樂交奏太常卿前奏請再拜王再拜奉禮曰再拜在位官皆再拜樂一成止太常卿前奏禮畢太常卿前導王還太次軒架奏無射宮正安之曲出門樂止殿中監受圭以授尙衣奉御華盖侍衛如常儀謁者贊引引享官通事舍人分引從享群官以次出贊引引御史以下俱復執事位立定奉禮曰再拜御史以下皆再拜太樂令帥工人二舞以次出太廟令與太祝宮闈令以腰輿升納神主如常儀册函各藏於室內若祝版則燔於齋坊　鑾駕還宮享日禮畢王還齋殿停一刻頃奏一嚴所司轉仗衛鹵簿於還途如來儀奏二嚴樞密以下左右侍臣及文武百官各就位立班太樂陳樂部於齋宮南門外王將出奏三嚴王服絳紗袍出坐殿禁衛大喝再拜樞密侍臣常起居訖閤門引太子公侯伯宰臣入就位常起居訖閤門以次引出侍中版奏外辦王出齋宮至廟東門外褥位西向再拜舍人喝太子公侯伯宰臣樞密侍臣皆再拜訖乘黃令進輅於齋宮南門外南向王乘輅千牛將軍馭駕如來儀百官常起居訖黃門侍郎請鑾駕進發退復位鑾駕動侍衛如常儀黃門侍郎千牛將軍夾路而趨至侍臣上馬所黃門侍郎奏請鑾駕小駐勅侍臣上馬侍中前承制退稱曰制可黃門侍郎退稱曰侍臣上馬舍人喝侍臣再拜上馬黃門侍郎奏請勅車右升侍中承制退稱曰制可黃門侍郎退復位車右再拜升訖黃門侍郎奏請鑾駕進發退復位鑾駕動鼓吹樂部振作而還至昇平門外小駐侍臣下馬車右降訖鑾駕入昇平門留守百司參再拜

有司攝事儀

齋戒前享七日質明有司設香案於尙書省庭之西北置誓文於案之西又設太尉以下享官行事執事官位太尉在北當香案西向司徒司空太常光祿行事執事官及別廟獻官執事官在南每等異位重行北向

西上御史二在西東向太尉讀誓文曰今年某月某日禘享于太廟若祫則言祫享各揚其職不供其事國有常刑讀訖並再拜退散齋四日宿於正寢致齋三日二日於本司一日於享所無本司者宿尙書省凡散齋理事如故唯不弔喪問疾作樂判署刑殺文書決罰罪人及預穢惡致齋之日唯享事得行其餘悉禁工人二舞諸衛之屬守衛廟門者淸齋一宿於各屬官司前享一日並集享所是日有司陳鹵簿於尙書省門前太尉以下諸享官執事官各服其服並集大觀殿門外太尉及別廟獻官就殿庭受祝版以出其祝版各置舁擔諸享官執事官隨太尉至尙書省門前以次上馬備鹵簿軍士捧舁擔前行不得擊鼓吹角不得喧嘩行至齋坊南門外下馬入門至廟東門外再拜各就齋所

陳設前享三日守宮設太尉以下享官次於齋坊之內設饌幔於東門外前享二日宮闈令帥其屬掃除廟之內外掌牲令牽牲詣享所神位及席並如親享儀太樂令陳登歌之樂於廟堂上前楹外稍南北向設軒架於廟庭前享一日奉禮郞設太尉位版於東階東南西向飮福位於堂上前楹外近東西向設享官公卿及七祀配享功臣獻官位於太尉之後稍南執事者位於其後每等異位俱重行西向北上設監察御史位二一於西階下東向一於東階下西向設奉禮位於樂懸東北贊者二人在南差退俱西向協律郞位於堂上前楹外近西東向太樂令位於軒架之北北向設門外位太尉以下諸享官及執事者位於東門外道南每等異位重行北向西上設牲牓於東門外當門西向以南爲上設掌牲令位於牲西南史陪其後設諸祝史位於牲東各當牲後齋郞各陪其後俱西向設太常卿省牲位於牲前近北又設御史位於太常卿之西俱南向太廟令帥其屬設籩豆簠簋之位於神座前凡祭器皆藉以席籩豆簠簋又加盖羃每室籩十二在左爲二行右上豆十二在右爲二行在上俎二一在籩南一在籩豆之閒簠簋各四在籩豆閒簋居前簠次之㽅鉶各六在籩豆閒㽅居前鉶次之玉爵六在籩豆南設尊彝之位每位堂上雞彝一虎彝一犧尊二象尊二著尊二山罍二尊彝皆有坫以置瓚爵在神座之左以右爲上俱加勺羃堂下又設豆二壺尊二太尊二山罍四俱北向西上加羃皆設而不酌每位設瓚

盤一於堂上尊彝之所設祝坫於神座之右設爐炭於尊彝外稍前設福酒爵有坫胙肉俎飯籩各一於尊彝前又饌幔內每位各設毛血豆肝膋豆蕭籩稷黍籩各一飯簋羹鉶肉盤各一第一位又設俎一毛血肝膋之豆與蕭稷黍之籩直設於饌幔其飯簋羹鉶肉盤俎於各位陳設告潔後進饌者入徹出設於饌幔俟迎饌時入奠又設七祀位於廟庭之西稍南東向北上神席皆以莞位版各設於座首司命戶竈中霤門厲行遍祭之設祭器每位左二籩右二豆俎一在神座前木爵一次之簠二簋二在籩豆之閒簠在左簋在右壺尊二設於神座之左加勺冪設祝坫於神座之右又設配享功臣位於廟庭西向北上神座皆以莞位版各設於座首其版文各具題官爵姓名設祭器准七祀設罍洗於東階東南北向盥洗在東爵洗在西罍在洗東加勺篚在洗西南肆篚實以珪瓚巾爵俱以副篚覆之又設七祀獻官洗於七祀神位之南北向罍在洗東篚在洗西南肆篚實以巾爵配享功臣洗於七祀洗之東北向設爵篚如七祀儀執尊罍篚冪者各位於尊罍篚冪之後

省牲器省牲之日午後八刻廟所禁斷行人宮闈令整拂神幄執事者以祭器入設於神位如陳設儀掌牲令牽牲就牓位謁者贊引各引享官就東門外執禮官奉禮贊者先入廟庭謁者贊引各引享官御史以下俱就位隸儀訖謁者引太常卿贊引引御史自阼階升堂視滌濯執尊者皆去冪告潔訖引降就省牲位南向立掌牲令少前曰請省牲退復位太常卿省牲掌牲令又前舉手曰腯還本位諸太祝各巡牲一匝西向舉手曰充還本位諸太祝與掌牲令以次牽牲詣廚授太官謁者引光祿卿詣廚省鼎鑊申視滌溉監取明水火贊引引御史詣廚省饌具協律郎展視樂器訖各還齋所進饌者入徹籩豆簠簋鉶俎以出設饌幔內享日未明五刻太官令帥宰人以鸞刀割牲祝史以豆取毛血又取肝洗於鬱鬯并膟膋實於豆各置饌所遂烹牲

晨祼享日未明四刻諸享官及從享之官各服其服執禮官先入廟庭太廟令良醞令各帥其屬入實尊彝蜼彝實明水虎彝實鬱鬯犧尊二一實明水一實泛齊象尊二一實明水一實醴齊著尊二一實明水一實盎齊山罍二一實玄酒一實淸酒堂下壺尊二一實明水一實醍齊太尊二一實明

水一實沉齊山罍四二實玄酒一實事酒一實昔酒太官令
帥進饌者實諸籩豆簠簋籩實以形鹽魚鱐乾棗栗黃榛子
菱仁芡仁鹿脯白餅黑餅糗餌粉餈豆實以韭菹醓醢菁菹
鹿醢芹菹兔醢筍菹魚醢脾析菹豚拍酏食糝食簠實以稻
粱簋實以稷黍甑實以大羹鉶實以肉羹加芼滑籩南俎載
牲左胖籩豆閒俎載熟四盤凡享神之物當時所無者以時
物代之太廟令設燭於神位前又良醞令太官令帥其屬入
實七祀位及配享功臣位禮饌籩實以栗黃鹿脯豆實以菁
菹鹿醢簠實以稻粱簋實以稷黍壺尊二皆實祠祭法酒俎
載牲牢盤監察御史按視堂之上下糾察不如儀者還出謁
者贊引引太尉以下諸享官皆就門外位奉禮贊者先入就
位再拜贊引引御史太廟令宮闈令祝史齋郞執尊罍篚冪
者及七祀配享功臣祝史齋郞執尊罍篚冪者入自東門當
階閒樂懸北重行北向西上立定奉禮曰再拜贊者承傳御
史以下皆再拜訖執尊罍篚冪者各就位贊引引御史諸祝
史詣東階升堂御史行掃除於上令史掃除於下訖復位未
明二刻太廟令陳腰輿於東階之東皆西向北上贊引引太
廟宮闈令帥執事者以腰輿自東階升堂詣太祖室入開埳
室宮闈令祝史奉出神主各置於輿出詣座前奉神主置於
座訖以次奉出惠宗以下如太祖儀后妃神主南向並座而
處左北向並座而處右太祝薦香酒俱復位太樂令帥工人
二舞人就位其升堂座者皆脫屨於下降納如常文舞入陳
於懸北武舞立於懸南道西訖謁者引司空入就位奉禮曰
再拜司空再拜訖謁者引司空詣東階升堂行掃除於上降
行樂懸於下引復位謁者引太尉贊引引諸享官及七祀配
享功臣獻官入就位奉禮曰再拜太尉以下衆官在位者皆
再拜其先拜者不拜謁者進太尉之左白有司謹具請行事
退復位協律郞俛伏擧麾興軒架奏黃鍾宮興安之曲文德
之舞作黃鍾三奏大呂大簇應鍾各再奏樂九成偃麾樂止
奉禮曰再拜太尉以下衆官在位者皆再拜謁者引太尉詣
洗位北向立齋郞沃水太尉盥手帨手訖齋郞以篚取瓚進
立於洗西太尉取瓚於篚齋郞酌罍水太尉洗瓚拭瓚以授
齋郞齋郞以篚受瓚詣泰階以授祝史祝史受篚取瓚以置
尊所瓚盤謁者引太尉升自東階詣太祖尊彝所登歌作夾

鍾宮順安之曲祝史以瓚授太尉太尉執瓚祝史去冪太尉酌鬱鬯謁者引太尉進太祖神座前西向跪以鬯祼地訖以瓚授祝史祝史受瓚訖太尉俛伏興謁者引太尉小退西向再拜訖謁者引太尉詣惠宗位北向次詣顯宗位南向次詣文宗位北向次詣順宗位南向次詣宣宗位南向次詣肅宗位南向次詣睿宗位北向次詣仁宗位南向祼鬯並如上儀訖登歌止謁者引太尉降復位初衆官拜訖齋郎各奉毛血及肝膋之豆立於東門外又齋郞奉蕭稷黍各立於肝膋之後於登歌止奉毛血肝膋與奉蕭稷黍者以次入自正門詣泰階諸祝史各迎取毛血肝膋於階上俱進奠於神座前其蕭稷黍各置爐炭側諸祝史俱取肝燔於爐炭還尊所　饋食太尉旣升祼太官令出帥進饌者奉饌陳於東門之外重行西向以南爲上謁者引司徒出詣饌所司徒奉太祖之俎太官令引饌入自正門俎初入門軒架奏無射宮豐安之曲饌至泰階樂止諸祝史進徹毛血之豆自東階授齋郞以出司徒升自泰階詣太祖神座前西向跪奠俛伏興諸祝史各奠俎饌升諸祝史各迎取於階上進設於神座前設訖謁者引司徒降自東階復位太官令退復位諸祝史各取蕭稷黍擩於脂燔於爐炭還尊所太官丞引七祀配享功臣饌入祝史迎引於座首各設於神座前太官丞退復位謁者引太尉詣洗位北向立齋郞以篚取爵立於洗西太尉取爵於篚洗爵拭爵以授齋郞齋郞以篚受爵詣泰階以授祝史祝史受篚取爵置尊所坫上謁者引太尉升自東階詣太祖尊彝所登歌作夾鍾宮大定之曲文德之舞作祝史取爵於坫授太尉太尉搢笏執爵祝史去冪太尉酌犧尊之泛齊謁者引太尉詣太祖神座前西向跪奠爵小北執笏俛伏興謁者引太尉詣尊所祝史又授副爵太尉搢笏執爵酌泛齊訖謁者引太尉跪奠爵小南執笏俛伏興謁者引太尉小退西向立樂止祝史持祝版進神座之右北向跪讀祝文訖俛伏興樂作太尉小北再拜小南又再拜訖樂止謁者引太尉詣次位酌獻並如上儀昭穆諸位奏曲及奠爵讀祝拜禮並如親享儀謁者引太尉詣飮福位西向立諸祝史各以爵酌罍福酒合置一爵一祝史持爵進太尉之左北向立太尉再拜受爵跪祭酒啐酒奠爵諸祝史持胙俎進減神位前胙肉合置一俎

又以籩減稷黍飯於籩合置一籩以授太尉太尉受以授齋郎取爵遂飲卒爵祝史進受虛爵復於坫太尉興再拜謁者引太尉降復位文舞退軒架奏無射宮崇安之曲出訖樂止武舞進軒架奏無射宮崇安之曲舞者立定樂止初太尉將復位謁者引太常卿詣洗位盥手洗爵訖謁者引太常卿升自東階詣太祖尊彝所軒架奏無射宮武安之曲鄕樂交奏武功之舞作祝史去冪太常卿酌象尊之醴齊詣太祖神座前西向跪奠爵俛伏興又詣尊所酌醴齊進后妃神座前跪奠爵俛伏興小退再拜又再拜以次酌獻並如上儀訖樂止謁者引太常卿詣飮福位西向立諸祝史各以爵酌罍福酒合置一爵一祝史持爵進太常卿之左北向立太常卿再拜受爵跪祭酒遂飮卒爵祝史進受虛爵復於坫太常卿興再拜訖謁者引太常卿降復位初太常卿獻將畢謁者引光祿卿詣洗位盥洗升酌著尊之盎齊終獻如亞獻之儀訖樂止引光祿卿降復位初光祿卿將升贊引引配享功臣獻官詣罍洗盥洗詣酒尊所執尊者去冪獻官酌酒諸助奠者皆酌酒贊引引獻官進詣首座前東向奠爵諸助奠者各進奠於座前九室功臣奠爵畢祝史持教書進首座之右立讀訖獻官揖贊引引獻官還本位初功臣獻官詣洗位贊引引七祀獻官詣罍洗盥洗詣酒尊所執尊者去冪獻官酌酒贊引引獻官進跪奠於司命神位前少退西向立獻官唯獻司命餘座齋郎助奠祝史持祝版進神座之右北向跪讀訖獻官再拜贊引引獻官還本位登歌作夾鍾宮恭安之曲諸祝史進徹豆還尊所配享功臣祝史及七祀祝史各進徹豆還尊所登歌止奉禮曰賜胙再拜在位官皆再拜受福酒者不拜送神軒架奏黃鍾宮求安之曲鄕樂交奏奉禮曰再拜衆官在位者皆再拜樂一成止謁者詣太尉之左白禮畢謁者引太尉贊引引諸享官以次出贊引引御史以下俱復執事位立定奉禮曰再拜御史以下皆再拜贊引引出太樂令帥工人二舞以次出太廟令與祝史宮闈令以腰輿升納神主如常儀祝板燔於齋坊

太尉復命太尉以下諸享官執事者各還齋所住一刻頃有司陳鹵簿於齋坊南門外如來儀太尉與群官詣太廟東門外再拜至南門外以次上馬鼙鼓吹角行至昇平門外下馬入門序立再拜訖各退

禘祫功臣配享於庭

太祖室太師開國武烈公裴玄慶太師開國忠烈公洪儒太師開國武恭公卜智謙太師開國壯節公申崇謙太師開國忠節公庾黔弼太傅熙愷公崔凝　惠宗室太師開國嚴毅公朴述希太師開國克翼公金堅術　定宗室守太師開國威靜公王式廉　光宗室太師匡衛公劉新城太師內史令開國貞敏公徐弼　景宗室太師開國匡益公朴良柔太師開國敏休公崔知夢　成宗室太師內史令匡彬公崔亮太師內史令文貞公崔承老太尉內史令貞憲公李夢游太師內史令章威公徐熙司徒內史令李知白　穆宗室太師內史令貞信公韓彥恭太師門下侍中忠懿公崔肅太尉門下侍中金承祚　顯宗室太師門下侍中仁憲公姜邯贊太師贈門下侍中節義公崔沆太師內史令貞肅公崔士威太師中書令英肅公王可道　德宗室太尉門下侍郎平章事襄懿公柳韶　靖宗室太師內史令元肅公徐訥太師門下侍中景文公黃周亮太師中書令文憲公崔冲守司徒門下侍中貞簡公金元冲　文宗室太尉門下侍中順恭公崔齊顏太師中書令章和公李子淵太師中書令景肅公王寵之太師中書令文和公崔惟善　順宗室守司徒門下侍中文忠公李靖恭　宣宗室守太尉門下侍中長淵縣開國伯貞獻公文正守司徒門下侍中匡肅公柳洪守太尉門下侍郎平章事文貞公金上琦　獻宗闕　肅宗室守太尉門下侍中忠謙公邵台輔守司空左僕射參知政事景烈公王國髦守太尉中書令忠景公崔思諏　睿宗室守司空中書侍郎平章事貞簡公柳仁著守太師門下侍中鈴平伯文肅公尹瓘守太傅門下侍中文成公金仁存守太保門下侍中忠烈公魏繼廷　仁宗室守太傅中書令樂浪侯文烈公金富軾守太尉門下侍郎平章事莊景公崔思全　毅宗室平章事崔允儀平章事恭肅公庾弼平章事文公元　明宗室平章事文定公尹鱗瞻平章事忠肅公文克謙　神宗室門下侍中文景公趙永仁　熙宗室平章事文懿公崔詵平章事良淑公任濡　康宗室參知政事翊烈公鄭克溫　高宗室平章事文正公趙冲侍中李沆侍中威烈公金就礪　元宗室平章事李世材平章事蔡楨　忠烈王室中贊文敬公許珙中

贊文良公薛公儉　忠宣王室中贊忠正公洪子藩中贊文
靖公鄭可臣　忠肅王闕　忠惠王室政丞思肅公韓渥參
理李揆　忠穆王闕　忠定王室鐵城府院君文貞公李嵓
興安府院君文忠公李仁復　恭愍王室政丞正獻公王煦
雞林府院君文忠公李齊賢益城府院君文忠公李公遂夏
城府院君襄平公曹益清瑞寧君文僖公柳淑

志卷第十四

志卷第十五　高麗史六十一

正憲大夫工曹判書集賢殿大提學知經筵春秋館事兼成均大司成臣鄭麟趾奉
教修

禮三

太廟

太廟四孟月及臘親享儀　齋戒前享七日行事執事官誓戒散齋致齋並如禘享儀　陳設前享三日尙舍局設大次於廟東門外道北南向少次於阼階東稍北南向鋪王座如常儀守宮設文武侍臣行事官及有司次於廟門之內隨地之宜設饌幔於東門外前享二日官闈令帥其屬掃除廟之內外掌牲令牽牲詣享所太樂令陳登歌之樂於廟堂上前楹間稍南北向設軒架於廟庭前享一日奉禮郎設王位版於東階東南西向飮福位於堂上前楹外近東西向亞終獻飮福位在王位之後贊者設亞終獻享官及七祀獻官位於王位之後稍南西向執事者位於其後每等異位俱重行西

向北上設監察御史位二一於西階下東向一於東階下西向設奉禮位於樂懸東北贊者二人在南差退俱西向協律郎位二一於堂上前楹外近西一於軒架西北俱東向太樂令位於軒架之北北向文班九品以上位於東門之內廟庭東階下每等異位俱重行西向北上武班九品以上位於西門之內廟庭西階下當文官每等異位俱重行東向北上設門外位享官公卿位於東門外道南每等異位重行北向西上文班九品以上位於享官公卿之東每等異位重行北向西上武班九品以上位於西門之外道南每等異位重行北向東上設牲牓於東門外當門西向以南爲上掌牲令位於牲西南吏陪其後設諸太祝位於牲東各當牲後祝史各陪其後俱西向設太常卿省牲位於牲前近北又設御史位於太常卿之西俱南向太廟令帥其屬設籩豆簠簋之位於室戶內神座前凡祭器皆藉以席籩豆簠簋又加蓋羃每室籩十二在左爲二行右上豆十二在右爲二行左上俎二一在籩南一在籩豆之閒簠簋各四在籩豆閒簋居前簠次之甑鉶各六分在籩豆閒甑居前鉶次之玉爵六在籩豆南又設

尊彝之位於室戶外之左每室春夏雞彝一鳥彝一犧尊二象尊二山罍二爲四行第一行雞彝鳥彝第二行犧尊第三行象尊第四行山罍秋冬及臘斝彝一黃彝一著尊二壺尊二山罍二爲四行皆加勺羃第一行斝彝黃彝第二行著尊第三行壺尊第四行山罍以右爲上各有坫以置瓚爵每室設瓚盤一於尊所坫上設爐炭於前楹閒設祝坫於每室戶外之右稍前設福酒爵有坫胙肉俎飯籩各一於尊彝前又饌幔內每位各設毛血豆肝膋豆蕭籩稷黍籩各一飯簋羹鉶肉盤各一第一位又設俎一毛血肝膋之豆與蕭稷黍之籩直設於饌幔其飯簋羹鉶肉盤俎於各室陳設告潔後進饌者入徹出設於饌幔俟迎饌時入奠又設七祀位於廟庭之西稍南東向北上神席皆以莞位版各設於座首春祀司命戶夏祀竈季夏祀中霤秋祀門厲冬祀行唯臘享遍祭之設祭器每位左二籩右二豆俎一在神座前木爵一次之簠二簋二在籩豆之閒簠在左簋在右壺尊二設於神座之左加勺羃設祝版於神座之右設王洗二於東階東南北向罍洗在東爵洗在西罍在洗東加勺篚在洗西南肆篚實以珪

瓚巾爵俱以副篚覆之亞終獻爵篚亦同又設亞終獻洗二
於王洗東南如上儀凡洗王及王太子行事皆有盤匜亞終
獻以下及攝事者皆無盤匜又設七祀獻官洗於七祀神位
之南北向罍在洗東篚在洗西南肆篚實以巾爵執尊罍篚
羃者各位於尊罍篚羃之後鑾駕出宮如禘享儀　省牲器
省牲之日午後八刻廟所禁斷行人宮闈令整拂神幄執事
者以祭器入設於神位如陳設儀未後三刻執禮官奉禮贊
者先入庭謁者贊引各引享官御史俱就位肄儀訖掌牲令
牽牲就牓位謁者引太常卿贊引引御史自阼階升堂視滌
濯執尊者皆去羃告潔訖引降就省牲位南向立掌牲令小
前曰請省牲退復位太常卿省牲掌牲令又前舉手曰腯還
本位諸太祝各巡牲一匝西向舉手曰充還本位諸太祝與
掌牲令以次牽牲詣廚授太官謁者引光祿卿詣廚省鼎鑊
申視滌漑監取明水火贊引引御史詣廚省饌具協律郎展
視樂器訖各還齋所進饌者入徹籩豆簠簋鉶俎以出置饌
所享日未明五刻太官令帥宰人以鸞刀割牲祝史以豆取
毛血又取肝洗於鬱鬯并膟膋實於豆各置饌所遂烹牲

晨祼享日未明四刻諸享官及從享之官各服其服執禮官
先入廟庭太廟令良醞令各帥其屬入實尊彝春夏雞彝實
明水鳥彝實鬱鬯犧尊二一實明水一實醴齊象尊二一實
明水一實盎齊山罍二一實玄酒一實清酒秋冬與臘斝彝
實明水黃彝實鬱鬯著尊二一實明水一實醴齊壺尊二一
實明水一實盎齊山罍之實如春夏太官令帥進饌者實諸
籩豆簠簋籩第一行實以形鹽魚鱐乾棗栗黃榛子菱仁第
二行芡仁鹿脯白餅黑餅糗餌粉餈豆第一行實以韭菹醓
醢菁菹鹿醢芹菹兎醢第二行筍菹魚醢脾析菹豚拍酏食
糝食簠實以稻粱簋實以黍稷甑實以大羹鉶實以肉羹加
芼滑籩南俎載牲左脇盤籩豆閒俎載熟肉盤凡享神之物
當時所無者以時物代之太廟令設燭於神位前又良醞令
太官令帥其屬入實七祀位禮饌籩實以栗黃鹿脯豆實以
菁菹鹿醢簋實以黍稷簠實以稻粱壺尊二皆實祠祭法酒
俎載牲牢盤監察御史按視堂之上下糾察不如儀者還出
謁者贊引引太尉以下諸享官皆就門外位奉禮贊者先入
就位再拜贊引引御史太廟令太祝宮闈令祝史齋郞執尊

罍篚冪者及七祀祝史齋郎執尊罍篚冪者入自東門當階閒樂懸北重行北向西上立定奉禮曰再拜贊者承傳御史以下皆再拜訖執尊罍篚冪者各就位贊引引御史諸太祝詣東階升堂御史行掃除於上令史掃除於下訖復位贊引引太廟宮闈令自東階升堂詣太祖室入開埳室太祝宮闈令奉出神主置於座以次奉出惠宗以下如太祖儀后妃神主俱就座而處右太祝薦香酒俱復位駕將至謁者贊引引享官通事舍人分引文武從享之官俱就門外位太樂令帥工人二舞入就位文舞入陳於懸北武舞入陳於懸南道西訖謁者引司空入就位立定奉禮曰再拜司空再拜謁者引司空詣東階升堂行掃除於上降行樂懸於下引復位謁者贊引各引太尉以下享官及七祀獻官通事舍人分引從享群官入就位未明一刻侍中版奏外辦王服袞冕以出繖扇華盖侍衛如常儀至大次入次簾降有司具祝版太廟令以祝版進王署訖近臣奉出太廟令受各奠於坫侍中版奏外辦簾卷王出次侍衛如常儀太常博士引太常卿太常卿前導王至東門外尙衣奉御以圭授殿中監監受進王執圭華盖侍衛停於門外王入自正門堂下協律郎跪俛伏擧麾興工鼓柷軒架奏無射宮正安之曲至版位西向立樂止王立定太常卿與博士退立於左太常卿前奏稱請再拜退復位王再拜奉禮曰衆官再拜在位者皆再拜其先拜者不拜太常卿前奏有司謹具請行事退復位協律郎擧麾興軒架奏黃鍾宮興安之曲文德之舞作黃鍾三奏大呂大簇應鍾各再奏樂九成偃麾樂止太常卿前奏稱請再拜王再拜奉禮曰衆官再拜在位者皆再拜太常卿前導王詣盥洗位軒架奏無射宮正安之曲至洗位北向立樂止殿中監進受圭侍中跪取匜興沃水內侍跪取盤興承水王盥手黃門侍郎跪取巾於篚興以進王帨手黃門侍郎受巾跪奠於篚祝史以篚取瓚進跪於洗西黃門侍郎跪取瓚於篚興以進王受瓚侍中酌罍水內侍跪取槃興承水王洗瓚黃門侍郎跪取巾於篚興以進王拭瓚訖黃門侍郎受巾跪奠於篚侍中以篚跪受瓚祝史傳受詣泰階授太祝太祝受篚取瓚置坫上瓚盤殿中監進圭王執圭太常卿前導王軒架奏無射宮正安之曲升自阼階訖樂止侍中中書令以下及左右量人從升

太常卿前導王詣太祖尊彝所登歌作夾鍾宮順安之曲執尊者去冪侍中取瓚於盤西向跪進王搢圭執瓚侍中贊酌鬱鬯太常卿前導王入詣太祖神座前北向跪以鬯祼地訖侍中受瓚以授太祝太祝以盤受瓚訖王執圭俛伏興太常卿前導王出戶北向再拜訖太常卿前導王以次詣惠宗以下諸室祼鬯並如上儀訖登歌止太常卿前導王降自阼階軒架奏無射宮正安之曲至版位西向立樂止初衆官拜訖祝史各奉毛血及肝膋之豆立於東門外齋郞奉蕭稷黍各立於肝膋之後於登歌止祝史奉毛血肝膋與奉蕭稷黍者以次入自正門詣泰階諸太祝各迎取毛血肝膋於階上俱入奠於神座前其蕭稷黍各置爐炭側諸太祝俱取肝出燔於爐炭還尊所　饋食王既升祼太官令出帥進饌者奉饌陳於東門之外重行西向以南爲上謁者引司徒出詣饌所司徒奉太祖之俎初王既至版位樂止太官令引饌入自正門俎初入門軒架奏豐安之曲饌至泰階樂止太祝俱進徹毛血之豆自阼階授祝史以出司徒升自泰階入詣太祖神座前北向跪奠諸太祝各奠俎饌升諸太祝各迎取於階上入設神座前設訖謁者引司徒降自阼階復位太官令退復位諸太祝各取蕭稷黍擩於脂燔於爐炭還尊所太官丞引七祀饌入祝史迎引於座首各設於神座前太官丞退復位太常卿前導王詣盥洗位軒架奏無射宮正安之曲至洗位北向立樂止祝史奉爵篚跪於洗西黃門侍郞取爵於篚以進王洗爵拭爵侍中黃門侍郞內侍贊洗如晨祼之儀訖殿中監進圭王執圭太常卿前導王軒架奏無射宮正安之曲升自阼階訖樂止太常卿前導王詣太祖尊所太祝去冪侍中取爵於坫進王搢圭受爵侍中贊酌犧尊之醴齊秋冬與臘酌著尊之醴齊軒架奏無射宮大定之曲文德之舞作太常卿前導王入詣太祖神座前北向跪奠爵小東俛伏興太常卿前導王出尊所侍中又進副爵贊酌訖太常卿前導王入奠爵小西俛伏興太常卿引王出戶北向立樂止太祝持祝板進室戶外之右東向跪讀祝文訖俛伏興樂作王小東再拜小西又再拜訖樂止太常卿前導王詣次室酌獻並如上儀惠宗以下各室奏曲並如親禘訖樂止太常卿前導王至飮福位西向立登歌作禧安之曲王獻將訖謁者引司徒

詣阼階升立於飮福位之南北向內侍二人從升立於司徒之右俱北向王獻訖諸太祝以爵酌上尊福酒合置一爵一太祝持爵授侍中侍中受北向進王再拜受爵跪祭酒啐酒奠爵諸太祝持胙俎進減神座前胙肉合置一俎又以籩減稷黍飯於籩合置一籩以授司徒司徒受北向跪以進王受以授內侍太祝又以胙肉授司徒司徒受進王受以授內侍內侍跪受訖謁者引司徒降復位侍中以爵酒進王受爵遂飮卒爵侍中受虛爵以授太祝太祝受爵復於坫還尊所王俛伏興再拜訖登歌止太常卿前導王降自阼階軒架奏無射宮正安之曲至版位西向立樂止文舞退軒架奏無射宮崇安之曲出訖樂止武舞進軒架奏無射宮崇安之曲舞者立定樂止初王將復位謁者引亞獻官詣罍洗位北向立齋郎二人贊洗亞獻盥手祝史以篚取爵立於洗西亞獻取爵於篚洗爵拭爵以授祝史祝史以篚受爵詣泰階以授太祝太祝受篚取爵置尊所坫上謁者引亞獻升自阼階詣太祖尊彝所軒架奏無射宮武安之曲武功之舞作鄕樂交奏太祝去冪亞獻酌象尊之盎齊秋冬與臘則酌壺尊之盎齊詣太祖神座前北向跪奠爵俛伏興又詣尊所酌盎齊進后妃神座前跪奠爵俛伏興出戶外北向再拜以次酌獻並如上儀訖樂止謁者引亞獻詣飮福位西向立諸太祝各以爵酌罍福酒合置一爵一太祝持爵進亞獻之左北向立亞獻再拜受爵跪祭酒遂飮卒爵太祝進受虛爵復於坫亞獻興再拜謁者引降復位初亞獻將畢謁者引終獻官詣罍洗盥洗升酌象尊之盎齊樂作秋冬與臘酌壺尊之盎齊終獻如亞獻之儀訖樂止引終獻官降復位初終獻官將升贊引引七祀獻官詣罍洗盥洗詣酒尊所執尊者去冪獻官酌酒贊引引獻官進西向跪奠於神位前以次奠訖小退西向立祝史持祝版進神座之右北向跪讀祝文訖獻官再拜贊引引獻官還本位登歌作夾鍾宮恭安之曲諸太祝入室徹豆還尊所七祀祝史進徹豆還尊所登歌止奉禮曰賜胙再拜在位官皆再拜已飮福者不拜送神軒架奏黃鍾宮永安之曲鄕樂交奏太常卿前奏請再拜王再拜奉禮曰衆官再拜在位官皆再拜樂一成止太常卿前奏禮畢太常卿前導王還大次軒架奏無射宮正安之曲出門樂止殿中監受圭以授尙

衣奉御華盖侍衞如常儀謁者贊引引享官通事舍人分引從享群官以次出贊引引御史以下俱復執事位立定奉禮曰再拜御史以下皆再拜太樂令帥工人二舞以次出太廟令與太祝宮闈令納神主如常儀祝版燔於齋坊鑾駕還宮如禘享儀　有司攝事　齋戒及受祝版並如禘享攝事儀

陳設前享三日守宮設太尉以下享官次於齋坊之內設饌幔於東門外前享二日宮闈令帥其屬掃除廟之內外掌牲令牽牲詣享所太樂令陳登歌之樂於廟堂上前楹閒稍南北向設軒架於廟庭前享一日奉禮郎設太尉位版於東階東南西向飮福位於堂上前楹外近東西向設享官公卿及七祀獻官位於太尉之後稍南執事者位於其後每等異位俱重行西向北上設監察御史位二一於西階下東向一於東階下西向設奉禮位於樂縣東北贊者二人在南差退俱西向協律郎位於堂上前楹外近西東向太樂令位於軒架之北北向設門外位太尉以下諸享官及執事者位於東門外道南每等異位重行北向西上設牲牓於東門外當門西向以南爲上設掌牲令位於牲西南史陪其後設諸祝史位於牲東各當牲後齋郞各陪其後俱西向設太常卿省牲位於牲前近北又設御史位於太常卿之西俱南向太廟令帥其屬設籩豆簠簋之位於室戶內神座前每室籩十二在左爲二行右上豆十二在右爲二行左上俎二一在籩南一在籩豆之閒簠簋各四在籩豆閒簋居前簠次之甄鉶各六在籩豆閒甄居前鉶次之玉爵六在籩豆南又設尊彝之位於室戶外之左每室春夏雞彝一鳥彝一犧尊二象尊二山罍二爲四行第一行雞彝鳥彝第二行犧尊第三行象尊第四行山罍秋冬及臘斝彝一黃彝一著尊二壺尊二山罍二爲四行第一行斝彝黃彝第二行著尊第三行壺尊第四行山罍以右爲上加勺冪尊彝皆有坫以置瓚爵每室設瓚盤一於尊彝之所設爐炭於前楹閒設祝坫於每室戶外之右稍前設福酒爵有坫胙肉俎飯籩各一於尊彝前又饌幔內每位各設毛血豆肝膋豆蕭籩稷黍籩各一飯簋羹鉶肉盤各一第一位又設俎一毛血肝膋之豆與蕭稷黍之籩直設於饌幔其飯簋羹鉶肉盤俎於各室陳設告潔後進饌者入徹出設於饌幔俟迎饌時入奠又設七祀位於廟庭之西稍

南東向北上神席皆以莞位版各設於座首春祀司命戶夏祀竈季夏祀中霤秋祀門厲冬祀行臘享遍祭設祭器每位左二籩右二豆俎一在神座前爵一次之簠二簋二在籩豆之間簠在左簋在右壺尊二設於神座之左加勺冪設祝坫於神座之右設罍洗於東階東南北向盥洗在東爵洗在西罍在洗東加勺篚在洗西南肆篚實以珪瓚巾爵俱以副篚覆之又設七祀獻官洗於七祀神位之南北向罍在洗東篚在洗西南肆篚實以巾爵執尊罍篚冪者各位於尊罍篚冪之後省牲器並如禘享攝事儀　晨祼享日未明四刻諸享官及從享之官各服其服執禮官先入廟庭太廟令良醞令各帥其屬入實尊彝春夏雞彝實明水鳥彝實鬱鬯犧尊二一實明水一實醴齊象尊二一實明水一實盎齊山罍二一實玄酒一實清酒秋冬與臘斝彝實明水黃彝實鬱鬯著尊二一實明水一實醴齊壺尊二一實明水一實盎齊山罍之實如春夏太官令帥進饌者實諸籩豆簠簋甑鉶及俎如親享儀太廟令設燭於神位前又良醞令太官令帥其屬入實七祀位禮饌籩實以栗黃鹿脯豆實以菁菹鹿醢簋實以

黍稷簠實以稻粱壺尊二皆實祠祭法酒俎載牲牢盤監察御史按視堂之上下糾察不如儀者還出謁者贊引引太尉以下諸享官皆就門外位奉禮贊者先入就位再拜贊引引御史太廟令宮闈令祀史齋郎執尊罍篚冪者及七祀祝史齋郎執尊罍篚冪者入自東門當階閒樂懸北重行北向西上立定奉禮曰再拜贊者承傳御史以下皆再拜訖執尊罍篚冪者各就位贊引引御史諸祝史詣東階升堂御史行掃除於上令史掃除於下訖復位贊引引太廟宮闈令自東階升堂詣太祖室入開埳室宮闈令祝史捧出神主置於座以次奉出惠宗以下如太祖儀后妃神主但竝坐處右太祝薦香酒俱復位太樂令帥工人二舞入就位文舞入陳於懸北武舞立於懸南道西訖謁者引司空入就位立定奉禮曰再拜司空再拜謁者引司空詣東階升堂行掃除於上降行樂懸於下引復位謁者引太尉贊引引諸享官及七祀獻官入就位奉禮曰再拜太尉以下衆官在位者皆再拜其先拜者不拜謁者進太尉之左白有司謹具請行事退復位協律郎俛伏擧麾興軒架奏黃鍾宮興安之曲文德之舞作黃鍾三

奏大呂大簇應鍾各再奏樂九成偃麾樂止奉禮曰再拜太尉以下衆官在位者再拜謁者引太尉詣洗位北向立齋郎沃水太尉盥手帨手訖齋郎以篚取瓚進立於洗西太尉取瓚於篚齋郎酌罍水太尉洗瓚拭瓚以授齋郎齋郎以篚受瓚詣泰階以授祝史祝史受篚取瓚以置尊所坫上謁者引太尉升自東階詣太祖尊彝所登歌作夾鍾宮順安之曲祝史以瓚授太尉太尉執瓚祝史去冪太尉酌鬱鬯謁者引太尉入詣太祖神座前北向跪以鬯祼地訖以瓚授祝史祝史受瓚訖太尉俛伏興謁者引太尉出戶北向再拜訖謁者引太尉以次詣惠宗以下各室祼鬯並如上儀訖登歌止謁者引太尉降復位初衆官拜訖齋郎各奉毛血及肝膋之豆立於東門外又齋郎奉蕭黍稷各立於肝膋之後於登歌止奉毛血肝膋與奉蕭稷黍者以次入自正門詣泰階諸祝史各迎取毛血肝膋於階上俱入奠於神座前其蕭稷黍各置爐炭側諸祝史俱取肝出燔於爐炭還尊所　饋食太尉既升祼太官令出帥進饌者奉饌陳於東門之外重行西向以南爲上謁者引司徒出詣饌所奉太祖之俎太尉旣降復位太官令引饌入自正門俎初入門軒架奏無射宮豐安之曲饌至泰階樂止諸祝史進徹毛血之豆自東階授齋郎以出司徒升自泰階詣太祖神座前北向跪奠俛伏興諸祝史各奠俎饌升諸祝史各迎取於階上入設於神座前設訖謁者引司徒降自東階復位太官令退復位諸祝史各取蕭黍稷擩於脂燔於爐炭還尊所太官丞引七祀饌入祝史迎引於座首各設於神座前太官丞退復位謁者引太尉詣洗位北向立盥手訖齋郎以篚取爵立於洗西太尉取爵於篚洗爵拭爵以授齋郎齋郎以篚受爵詣泰階以授祝史祝史受篚取爵置尊所坫上謁者引太尉升自東階詣太祖尊彝所登歌作夾鍾宮大定之曲文德之舞作祝史取爵於坫授太尉太尉執爵祝史去冪太尉酌犧尊之醴齊秋冬與臘酌著尊之醴齊謁者引太尉入詣太祖神座前北向跪奠爵小東俛伏興謁者引太尉出尊所祝史又授副爵太尉執爵酌醴齊訖謁者引太尉入奠爵小西俛伏興謁者引太尉出戶北向立樂止祝史持祝版進竅戶外之右東向跪讀祝文訖俛伏興樂作太尉小東再拜小西又再拜訖謁者引太尉詣次室酌

獻並如上儀惠宗以下各室奏曲並如親享樂止謁者引太尉詣飲福位西向立諸祝史各以爵酌罍福酒合置一爵一祝史持爵進太尉之左北向立太尉再拜受爵跪祭酒啐酒奠爵諸祝史持胙俎進減神位前胙肉合置一俎又以籩減稷黍飯於籩合置一籩以授太尉太尉受以授齋郎取爵遂飲卒爵祝史進受虛爵復於坫太尉興再拜謁者引太尉降復位文舞退軒架奏無射宮崇安之曲出訖樂止武舞進軒架奏無射宮崇安之曲舞者立定樂止初太尉將復位謁者引太常卿詣洗位盥手洗爵如上儀謁者引太常卿升自東階詣太祖尊彝所軒架奏無射宮武安之曲武功之舞作鄉樂交奏祝史去冪太常卿酌象尊之盎齊秋冬與臘酌壺尊之盎齊詣太祖神座前北向跪奠爵俛伏興又詣尊所酌盎齊入奠爵俛伏興出戶北向再拜又再拜以次酌獻如上儀訖樂止謁者引太常卿詣飲福位西向立諸祝史各以爵酌罍福酒合置一爵一祝史持爵進太常卿之左北向立太常卿再拜受爵跪祭酒遂飲卒爵祝史進受虛爵復於坫太常卿興再拜訖謁者引太常卿降復位初太常卿獻將畢謁者引光祿卿詣洗位盥洗升酌盎齊終獻如亞獻之儀樂止引光祿卿降復位初光祿卿將升贊引引七祀獻官詣洗位盥手洗爵訖詣酒尊所執尊者去冪獻官酌酒贊引引獻官進神位前西向跪奠少退西向立祝史持祝版進神座之右北向跪讀祝文訖獻官再拜贊引引獻官還本位登歌作夾鍾宮恭安之曲諸祝史入室徹豆還尊所七祀祝史進徹豆還尊所登歌止奉禮曰賜胙再拜在位官皆再拜已受福酒者不拜送神軒架奏黃鍾宮永安之曲鄉樂交奏奉禮曰再拜衆官在位者皆再拜樂一成止謁者詣太尉之左白禮畢謁者引太尉贊引引諸享官以次出贊引引御史以下俱復執事位立定奉禮曰再拜御史以下皆再拜太樂令帥工人二舞以次出太廟令與祝史宮闈令納神主如常儀祝版燔於齋坊太尉復命如禘享攝事儀

朔望薦新祈禱及奏告儀

前享三日應行事執事官散齋一日宿於正寢淸齋一日於本司致齋一日於享所前享一日宮闈令先到享所帥其屬掃除廟室之內外設享官行事執事位於廟庭東階之南西向北上贊者在南差退及辦饌具朔祭則具小牢饍羞庶

品祈禱報祀如之望祭則鐥差數同唯不用肉奏告並以淸酌二月望薦冰若春分之日在望後則以別日薦之四月望薦麥櫻桃七月望薦黍稷粱米八月望薦麻子九月望薦稻米十二月望薦魚每朔皆用中氣若中氣在望後則用來月朔各設祝版加坫上置於神座之右享日丑前五刻贊者謁者引御史太廟宮闈令祝史齋郎入廟庭當中北向西上再拜各就位宮闈令與祝史升自阼階詣太祖室入開埳室祝史奉出神主置於座東王西后以次奉出惠宗以下神主訖謁者引獻官入就拜位西向立贊者喝獻官再拜謁者引獻官升自阼階詣太祖室神座前上香酒俛伏興少退北向立祝史持祝版進神座之右東向跪讀訖獻官再拜小西又再拜以次八室上香酌獻如上儀訖出就飮福位西向立祝史酌福酒就獻官之左獻官再拜飮卒爵置於坫再拜降階就拜位西向立贊者喝獻官再拜謁者引出祝史納神主於埳室如帝儀祝版藏於齋坊謁者引御史以下就庭中拜位再拜如初引出

別廟毅宗時太廟太祖惠宗顯宗文宗順宗宣宗肅宗睿宗仁宗別廟定宗光宗景宗成宗穆宗德宗靖宗

別廟禘祫享四時常享及臘享攝事儀　齋戒凡享官及預事官隨太廟獻官誓戒如式　陳設前享三日守宮設獻官及諸執事官次於齋坊之內設饌幔於廟室東前享二日宮闈令帥其屬掃除廟之內外掌牲令牽牲詣享所奉禮設獻官位版於廟庭東南西向飮福位於堂上前楹外近東西向諸享官位於獻官之後稍南西向執事者位於其後設奉禮位於獻官西南贊者在南差退俱西向太官令帥其屬入設籩豆簠簋於室內神座前左十二籩右上右十二豆左上俱爲二行俎二一在籩南一在籩豆之閒簠簋各四在籩豆閒簠居前簋次之甄鉶各六在籩豆閒甄居前鉶次之玉爵六在籩豆南又設尊彝位於室戶外之左蜼彝一虎彝一犧尊二象尊二著尊二山罍二爲二重以右爲上尊彝皆有坫以置瓚爵俱加勺冪時享則春夏雞彝一鳥彝一犧尊二象尊二山罍二秋冬斝彝一黃彝一著尊二壺尊二山罍二臘享與冬享同設瓚盤一於尊彝之所設爐炭於前楹閒設祝坫於室戶外之右稍前設福酒爵有坫胙肉俎飯籩各一於尊彝前又饌幔內設毛血豆肝膋豆蕭籩稷黍籩各一飯簋羹

鉶肉盤各一毛血肝膋之豆與蕭稷黍之籩直設於饌幔其飯籩羹鉶肉盤俎於陳設告潔後進饌者入徹出設於饌幔俟迎饌時入奠又設配享功臣位於南階東南西向北上席皆以莞位版各設於座首每位設左二籩右二豆俎一在神座前木爵一次之簠一簋一在籩豆之閒簠在左簋在右壺尊二設於神座之左加勺羃設獻官洗於南階東南北向盥洗在東爵洗在西罍在洗東加勺篚在洗西南肆篚實以珪瓚巾爵有副篚又設功臣獻官洗於獻官洗之東南北向罍在洗東篚在西南肆篚實以巾爵其執尊罍篚羃者各立於尊罍篚羃之後　省牲器前享一日午後八刻禁斷行人宮闈令整拂神幄執事者以祭器入設於神位未後三刻奉禮贊者先入庭謁者贊引各引享官俱就位肆儀謁者引獻官及諸執事官自東階升視滌濯執尊者皆去羃告潔引降視牲之肥腯授太官令進饌者入徹籩豆簠簋鉶俎以出設饌幔內享日未明五刻太官令帥宰人以鸞刀割牲祝史以豆取毛血又取肝洗於鬱鬯并膟膋實於豆置饌所遂烹牲享日未明四刻獻官及從享之官各服其服良醞令帥其屬入實尊罍雞彝實明水虎彝實鬱鬯犧尊二一實明水一實泛齊象尊二一實明水一實醴齊著尊二一實明水一實盎齊山罍二一實玄酒一實淸酒堂下壺尊二一實明水一實醍齊太尊二一實明水一實沉齊山罍四二實玄酒一實事酒一實昔酒時享則雞彝斝彝及犧尊象尊著尊壺尊之上尊皆實以明水山罍之上尊實以玄酒鳥彝黃彝實以鬱鬯犧尊著尊實以醴齊象尊壺尊實以盎齊山罍實以淸酒太官令帥進饌者實諸籩豆簠簋㽅鉶及俎如時享太廟儀宮闈令設燭於神座前又太官令帥其屬入實配享功臣禮饌如禘享太廟儀謁者引獻官及諸享官皆就門外位奉禮贊者先入就位再拜贊引引宮闈令祝史齋郞執尊罍篚羃者功臣祝史齋郞執尊罍篚羃者入立於南階之南重行北向西上立定奉禮曰再拜贊者承傳宮闈令以下皆再拜執尊罍篚羃者各就位宮闈令自東階升堂詣室入開埳室祝史宮闈令奉出神主置於座東王西后訖祝史薦香酒復位謁者引獻官功臣獻官至版位西向立奉禮曰再拜諸享官皆再拜其先拜者不拜謁者引獻官詣盥洗位齋郞以篚取瓚授獻官

獻官洗瓚拭瓚以授齋郎齋郎以篚受瓚詣南階以授祝史謁者引獻官升自東階詣尊彝所執尊者去冪祝史取瓚於盤以授獻官獻官執瓚酌鬱鬯謁者引獻官詣神座前北向跪以鬯祼地訖祝史以盤受瓚獻官再拜謁者引獻官降階至版位西向立初諸享官再拜訖齋郎奉毛血及肝膋之豆立於南階下之東奉蕭稷黍者各立於肝膋之後以次詣南階祝史各迎取毛血肝膋於階上俱就奠於神座前其蕭稷黍各置於爐炭側祝史取肝燔於爐炭還尊所　饋食獻官既升祼太官令帥進饌者陳於門外謁者引太官令奉俎至南階奉饌者次之祝史進徹毛血之豆授齋郎以出太官令升自南階詣神座前北向跪奠訖謁者引太官令降復位祝史取蕭稷黍擩於脂燔於爐炭還尊所饌至階祝史迎奠於神座前齋郎奉配享功臣饌入祝史迎奠於神座前謁者引獻官詣洗位盥手訖齋郎以篚取爵授獻官獻官洗爵拭爵授齋郎齋郎以篚受爵詣南階授祝史謁者引獻官升自東階詣尊彝所祝史以爵授獻官獻官受爵祝史去冪獻官酌犧尊之泛齊四時及臘享則酌醴齊謁者引獻官入詣神座前北向跪奠爵小東俛伏興謁者引獻官出尊所祝史又授副爵獻官受爵酌泛齊訖謁者引獻官入奠於后妃神座前小西俛伏興謁者引獻官出戶北向立祝史持祝版進室戶外之右東向跪讀祝文訖獻官小東再拜小西又再拜訖亞獻酌醴齊四時及臘酌盎齊終獻酌盎齊酌獻如上儀訖謁者引獻官詣飮福位西向立祝史酌福酒持籩飯俎肉就獻官之左獻官再拜跪祭酒啐酒奠爵受籩飯俎肉授齋郎遂飮卒爵置於坫再拜降階就位西向立有使副則使爲初獻副使爲終獻俱受福酒獨使則三獻訖受福酒終獻將升謁者引功臣獻官詣洗位盥洗詣酒尊所執尊者去冪獻官酌酒助奠者皆酌酒謁者引獻官進詣座首東向奠爵諸助奠者各進奠祝史持敎書進座首之右立讀獻官揖謁者引獻官復位祝史入室徹豆還尊所配享功臣祝史進徹豆還尊所奉禮曰賜胙再拜享官皆再拜受福者不拜送神奉禮曰再拜衆官在位者皆再拜謁者詣獻官之左白禮畢謁者引獻官及諸享官以次出祝史納神主如常儀祝版燔於齋坊若后妃別廟則無功臣配享禮器不設則以常享器皿行之

景靈殿

景靈殿正朝端午秋夕重九親奠儀其日四更末內侍茶房及指諭先入內殿庭次承宣入庭肅拜訖內侍茶房及指諭次次拜謁次重房入庭肅拜訖承宣重房合班中心爲頭一行拜謁次入直閣門及侍臣入庭次中官出齊事傳承宣承傳令中禁出傳指諭奉青陽傘立左尙舍別監捲帳大將軍扶策左右玉靴袍出內殿前楹外立上將軍奏看中禁奏山呼肅拜扶策大將軍下庭復位次承宣重房內侍茶房指諭一時肅拜訖承宣秉燭前引王下庭出南殿坐紋床牽龍都知奏山呼肅拜舍人喝入直省員閣門肅拜祇候引樞密入庭就褥位舍人喝再拜訖王詣集禧殿尙衣別監奉笏承宣傳奉入殿拜位樞密贊王三拜內侍員奉香合承宣傳奉樞密奉笏王點香三拜訖至景靈殿入就東階下西向再拜上殿詣太祖室戶外再拜訖舍人喝從官再拜王退從二室戶入詣太祖前再拜承宣奉香合進王搢笏點香承宣奉洗盞器王洗盞傳授樞密承宣奉注子進王斟酒大小盞各一酌奉獻訖再拜次詣二室入戶再拜上香獻酌如上儀出詣第三四五室拜禮獻爵上香同上又從二室戶入詣太祖前俛伏省郎自西階上殿詣太祖室戶外讀祝文訖王再拜茶房別監奉福酒盞承宣傳奉授樞密承宣奉注子斟酒承宣又進爵酒器王爵酒三滴飲福酒訖再拜出詣太祖室戶外再拜訖舍人喝從官再拜王退還東階下西向再拜承宣秉燭前引次承宣受笏尙衣別監傳受王還至內殿坐紋床閣門望龍顏承傳云宣賜侍臣員將酒果舍人喝員將肅拜訖王入內次中官出勞傳承宣重房內侍茶房指諭肅拜而退無時奏告如大廟奏告儀

諸陵

拜陵儀將拜陵所司承制內外宣攝隨職供辦王御別殿齋心兩日凡行事執事官及從駕衆官各於本司淸齋一日無本司者於公所前發一日奏告太廟如常儀所司預掃除所拜之陵及室內務極潔淨不得喧雜尙舍局於陵近所設行宮鋪王座如常儀行宮皆於前所量地之宜又於陵室之側量設小次奉禮設王拜位於陵東南隅西向其有山谷隱映則隨地設位望陵而拜又設拜位於陵室階下之東南西向

設行事官位於王位之南稍東又設隨駕兩府拜位於門外以西爲上門非南向則量地之宜設文武百官位於其後兩班相對爲首所司備珍羞庶品務極豐潔前一日晡時王至行宮繖扇華盖導從如常儀若拜日至行宮則未明五刻鑾駕動如常儀王至望陵拜所侍臣退合班立太常博士引太常卿太常卿引王至拜位立太常卿前奏請再拜王再拜奉禮曰再拜贊者承傳宰臣樞密侍臣及隨駕衆官皆再拜訖王至行宮齋宿其日未明一刻王至小次陵令持祝版進近臣奉入小次王署訖近臣奉出授陵令令受進奠於案行事官及兩府衆官皆就位訖侍中版奏外辦王改服靴袍步出小次仗衛停於小次之左右太常卿前導王至陵室階下之位西向立太常卿前奏請再拜王再拜奉禮曰再拜衆官在位者皆再拜訖太常卿引王升階當神座前北向再拜又當王后神座前再拜訖入進省服玩拂拭床帳訖齋郎進饌太祝升階迎奠於神座前太常卿引王詣尊所太祝及近臣贊酌酒王進神座前奠酒三爵又於王后神座前奠酒三爵訖少退北向立太祝持祝版詣神座右跪讀訖退立於階下若更薦奠服玩則躬自執陳太常卿請再拜王再拜又再拜太常卿引王降詣拜位西向立太常卿前奏請再拜王再拜奉禮曰再拜衆官在位者皆再拜訖太常卿引王入小次祝版燔於齋坊通事舍人引陵令寢宮侍衛人謁見若有宣賜則臨時奏聽進止訖王還齋宮侍衛如常　成宗七年十二月始定五廟八年四月始營太廟十一年十一月太廟成命儒臣議定昭穆位次及禘祫儀遂行祫禮十二年三月教曰般以十二君爲六代唐以一十帝爲九室晉書所云兄弟旁及禮之變也則宜爲主立室不可以室限神兄弟一行禮文斯在況我惠宗若論同世豈可異班宜奉惠定光景四主通爲一廟祔於太廟十三年四月親禘祔太祖惠定光戴景宗于廟各以功臣配享　顯宗二年太廟災每値時祭各祭於本陵五年四月始修齋坊權安神主親禘十八年二月修太廟復安神主顯宗末年六月癸巳德宗命有司改定太廟三陵祝文式第一室太祖及王后皇甫氏稱孝曾孫嗣王臣某第二室惠宗及王后林氏第三室定宗及王后朴氏第四室光宗及王后皇甫氏第五室戴宗及王太后柳氏並稱孝孫嗣

王臣某第六室景宗及王后金氏第七室成宗及王后劉氏第八室穆宗及王后劉氏並稱嗣王臣某王考顯宗及王后金氏稱孝子嗣王臣某昌陵世祖及王后韓氏稱孝曾孫王臣某乾陵安宗元陵王太后皇甫氏稱孝孫王臣某　靖宗二年十二月祔德宗於太廟王嘗問昭穆之義翰臣徐訥黃周亮等言顯宗之祔也以兄弟同昭穆之文惠定光戴同班爲昭景成爲穆穆宗爲昭而顯宗祔於穆廟則二昭二穆與太祖之廟而五今祔德宗數過五廟請遷惠定光三宗藏于太祖廟西壁戴追王之主遷祭於其陵可也劉徵弼言太祖在曾祖行親未盡故惠定光三宗不必遷唯遷戴宗於陵而祔德宗於次室可矣周亮等言徵弼論親未盡之義亦以一時四廟難於遷毀其言如是臣聞前典云親過高祖則毀其廟由是觀之自禰祖曾高而上論親盡未盡非以旁親論惠定光在從祖行不可比於親祖昔晉鍾雅奏言景皇帝不以伯祖而祭於廟宜除伯祖之文朝廷從之則從祖不入於廟明矣惠定光戴俱宜遷毀其後王謂一時而遷四神主意所未安欲更從徵弼所奏周亮復言太祖爲二廟惠定光戴爲昭一廟景成爲穆一廟穆宗爲昭顯宗爲穆五廟之數於是乎備若以派系次第論之顯宗於穆宗爲叔若先即位可與景成同一行然繼穆宗位故顯宗祔於穆宗下第二穆位今祔德宗則惠定光戴四神主可以遷毀徵弼唯論四廟遷毀之難不論昭穆之數宗廟之禮國之大事胡可臆斷若以德宗爲昭則三昭二穆與太祖爲六廟非古制也若論派系次第以顯宗爲第一穆次于景成而降穆宗於其下則公羊所謂僖閔逆祀也徐訥曰周亮之奏合於古制然魯以諸侯昭穆之外有文世室武世室惠定光三宗亦不可遷毀從之八年三月戊申尙書禮部奏今四月當行禘祫而二十一日將行王后冊封禮其禘祫請行攝事內史門下奏禘祫固有定期封冊自可從宜請先行禘禮從之　文宗十年正月己巳禮官上言太廟祭器年久破缺不堪陳用曲禮曰祭服弊則焚之祭器弊則埋之其籩簠玄衣赤舃命御史臺焚埋之從之十月辛亥王太子見于太廟三師以下導從庶子二人爲左右贊者率更令請拜注寧告辦初詣廟時引樂懸而不作謁畢樂作還宮戊午有司言今月當禘祫于宗廟禮禘祫之

月則停時享乞依禮制停冬享從之十二年六月尙書禮部奏順安憲三陵聖祖之兄弟也稱孫以祭似未合義按唐書宣宗饗穆宗室文稱皇兄大常博士閔慶之奏曰夫禮有尊卑而不敍親親祝文稱謂未當請改爲嗣皇帝從之穆宗宣宗同父異母也宣宗之祀穆宗稱皇兄未合於禮故改稱嗣皇帝臣某明告于某宗今順安憲三廟祝文宜稱嗣王臣某明告于某宗從之　仁宗二年七月親禘于太廟太祖東向德靖文睿爲昭顯順宣肅爲穆議者曰禘非秋祭也又惠宗有功德不宜毁而毁之皆非禮　毅宗時禘祫太祖東向惠文睿並南向爲昭顯順宣肅仁並北向爲穆四時臘享朔望寒食並室內南向　熙宗二年二月祔神宗于太廟本朝廟制九室而有新祔之主則奉遷主安於本陵崔忠獻與宰樞議據古典有功者不遷親盡者毁之以爲順宗親盡無嗣當出以神宗祔于第九室太祖在西東向惠顯同爲第一昭宣肅同爲第二昭仁宗爲第三昭文宗爲第一穆睿宗爲第二穆神宗爲第三穆四年十月詔曰往年聖考祔廟之日改定昭穆位序有所乖戾令宰樞侍臣禁官國學致仕文儒等據典籍與本朝禮制參酌各上封事衆論紛紜竟不改焉識者曰漢書云父昭子穆孫復爲昭公羊傳曰父爲昭子爲穆孫從王父則昭穆之序一定不易者明矣豈可隨時而變易乎今遷第一穆顯宗於第一昭與惠宗同一位遷第二昭文宗於第一穆遷第二穆宣肅二室於第二昭遷第三昭睿宗於第二穆遷第三穆仁宗於第三昭而以神宗祔第三穆昭穆之序大紊況惠顯二主皆有功德若周之文武故太祖東向惠爲太宗顯爲世宗百世不遷其餘則昭常爲昭穆常爲穆庶合於禮　忠烈王元年五月命宰臣洪祿遒攝事于景靈殿籩豆缺假內殿淨事色以祭二年閏三月庚申命有司夏享于太廟將以四月朝京師故先時行之　忠宣王二年九月太廟五室東西置夾室安惠顯二宗于西室文明二宗于東室三年正月丙戌以寢園春享將誓戒祭前七日誓戒例也今則三日也凡享官自太尉以下皆不至糾正及時到享官七人同議不誓而罷十月乙亥攝事于寢園不宰牛　忠肅王五年正月癸酉王命僉議贊成事金士元以溫泉所獲禽薦于太廟司膳典儀不至糾正後至士元以聞王曰祭先所

以報本予躬獲禽以獻而有司乃爾耶是祭也內豎朴仁平竊其禽代以其家猪肉王不能罪十七年六月丁未祔忠宣王于寢園遷仁王主權安康王主于東夾室是祭衆閧入廟庭爭奪奠物而去法司不能禁凡行事皆不如儀日昏乃畢初典理佐郎趙廉言本國昭穆之序有乖古制宜以太祖居中室高宗爲第一昭元宗爲第一穆忠烈王爲第二昭忠宣王爲第二穆惠王明王居東夾室如周制武王居東北夾室之例顯王康王居西夾室如周制文王居西北夾室之例如是則惠顯二主分居東西爲不遷之主明康父子亦分東西爲假安之位於禮便而昭穆之序亦合古制不從　忠穆王三年四月辛卯命參理安子由攝事于太廟子由不宰犧牛以與願刹僧科正白元石不據禮以爭時人非之　忠定王三年十二月辛丑恭愍王即位壬寅王親傳諸陵祝版昌陵享官皆不至命侍臣一人授祝版遣之二年正月甲申王將春享寢園百官侍衛至寢園次於園東乙酉王乘輦入自南俠門文官敍立於東階下武官西階下王立於月臺東亞獻丹陽大君珛立王之後終獻右政丞李齊賢立於丹陽大君之後齋郎立於最後行牲牢牛一羊五豕九鹿十祭畢退御幄次受賀禮而還成均及十二徒諸生各獻歌謠教坊伎樂陳於路傍迎之五年正月壬午朔寢園春享享官誓于三司太尉樂安君李遷善司徒典儀令金義烈不至改命金海府院君李齊賢爲太尉六年八月命李齊賢定昭穆之次齊賢上議曰謹按宗廟之制天子七廟諸侯五廟太祖百世不遷太祖而下父爲昭居左子爲穆居右昭穆左右則百世亦不變故春秋左氏傳有太王之昭王季之穆文之昭武之穆之文而尙書謂文王曰穆考謂武王曰昭考是其昭穆不變之明證也其兄弟相代者春秋公羊傳以爲昭穆同班大宋祫享位次圖太祖與太宗哲宗與徽宗欽宗與高宗各位一世是則兄弟同班之法也二十二陵蓋自江都去水而陸倉卒所置其制一堂五室而二十二陵神主一行而列所宜拓而廣之釐而正之然而不可造次而就未就之閒四時之事無所於享且於五室略依東漢以來同堂異室之制其二十二神主一一各爲一房以別之太祖惠宗顯宗在太廟不遷則太祖之昭定光戴安於此無先之者居中室而以西爲上光

宗之穆景宗戴宗之穆成宗爲從兄弟居西第一室之第一房第二房成宗之昭穆宗顯宗之昭德靖文居東第一室之第一第二第三第四房亦從兄弟也文宗之穆順宣肅居西第一室之第三第四第五房宣宗之昭獻宗肅宗之昭睿宗爲從兄弟居東第五第六房睿宗之穆仁宗居西第六房仁宗之昭毅明神居東第七第八第九房神宗之穆熙宗明宗之穆康宗亦爲從兄弟居西第七第八房康宗之昭高宗居東第十房合於左昭右穆兄弟同班之義若夫五室拓而廣之昭穆釐而正之則乞下中書令禮官博士博議詳定施行八年六月辛未御史臺上言曰殿下躬享宗廟祭禮祭器一皆新之奉先之意至矣自國都遷徙之後國家多事典祀之官不共其職用脫粟飯沽酒市脯不腆之甚至於此極而就野爲壇享官或年老神昏豈其誠敬盡禮者乎宜令有司就壇傍立舍以庇風雨令諸陵直於太常寺更日直宿以充祀史又令都祭庫典廐署併隸太常寺祭物魚果各道按廉使以時輸納祭器亦令新之以副殿下誠敬之實從之十二年正月王在福州命奉安九廟假主於新鄉校置諸陵署於舊鄉校各行春享紅賊之後假安九廟神主于崇仁門彌陁房太祖忠宣忠肅忠穆神主失於兵難十月新作所失四神主十二年五月庚午敎曰國之大事惟祀爲重經亂以後宗廟祭器禮服多有虧缺可刻日營造以備情文犧牲粢盛務要蠲潔丁亥還安九室神主于太廟以象輅載太祖主平輅載八廟主百官公服侍衛時經亂離具冠帶者僅四十餘其還安祭王不親行祼版亦不親押命一內侍奉香九室合薦一牛太祖室羊豕各一八室豕一而已祭將灌雨作獻官執事並升堂東立避之雨止乃復位初獻訖於各室戶外飲福北向拜執禮譏之曰初獻官就位樂九成再拜升行灌禮今何無此禮耶諸獻官獻畢出就前楹取各室酒合酌一爵飲福西向再拜何其各室飲福北向拜乎七祀位在庭向東功臣位庭東向西都監官皆設於庭西向東或譏之曰何其兩位皆向東乎都監官驚駭遽改之誤設七祀位於庭東向西應鼓不縣工人擧而擊之如俳優戲樂章登歌禮也當亞獻都監官令登歌者皆下工人爭之曰前此樂章皆登歌强下之科正執禮無敢非之者十六年三月辛未王詣顯陵毅陵善

陵行別祭奏樂三獻每獻三拜百官皆拜至正陵亦如之膳羞豐潔倍於三陵七月辛巳宰樞奏樂於仁熙殿上食二十年十二月庚辰朔始復行朔望祭丁顯陵二十一年正月乙卯王幸仁熙殿奏樂行祭命大臣祭正陵用樂仁熙殿正陵每祭皆三行內行國行都評議司行也　辛禑七年四月壬戌攝事于諸陵獻官皆不至　辛昌元年三月壬午重房祭太祖眞殿舊制三月三日祭之歲以爲常　恭讓王二年正月禮曹上議曰按朱文公論天子宗廟假諸侯之制明之天子諸侯勢殊而理同今西原君以下四代封崇立園置祠官事宜謹依前代典故議之漢末王莽僭位光武中興匡復漢室孝元皇帝世在第八光武皇帝世在第九故以元帝爲考廟別立四親廟於洛陽祀父南頓君以上至舂陵節侯宋英宗以仁宗從兄濮王之子入繼大統詔議崇奉濮王典禮司馬光等議爲人後者爲之子宜尊以高官大爵稱皇伯而不名呂氏引程子之論曰爲人後者謂其所後者爲父母謂所生者爲伯叔父母此天地之大經生人之大倫不可得而變易也然所生之義至尊至大雖當專意於正統豈得盡絕於私恩要當揆量事体別立殊稱惟我太祖統合三韓四百餘年傳至恭愍王不幸無子而薨辛禑父子得奸王位其禍不減王莽殿下受命中興同符光武而入承大統以奉祖宗之祀西原以下當依漢宋尊以高官大爵立園置祠官別子奉祀而子孫襲爵在禮當然請尊定原府院君爲三韓國大公淳化侯爲馬韓國公妃爲馬韓國妃益陽侯爲辰韓國公妃爲辰韓國妃西原侯爲卞韓國公妃爲卞韓國妃立園曰積慶置祠官曰積慶署祭享以朔望四孟月爲制從之遂置園于成均館西分遣宗親七人詣四親墓祭告封崇迎神入安于積慶園三韓國大公奉使道卒無兆域設帳殿于迎賓館迎神以入命定陽府院君瑀及各司一員公服侍衛仍行祭牛一羊一豕七其儀仗祭品樂器與景靈殿同又於園外立碑使瑀主祀閏四月都評議使司奏積慶園七位祔廟安神祭及四時祭享器物禮儀一依諸陵署從之二年九月癸卯王命弟瑀率百官奉三韓國大公眞入安于陽陵寺仍名孝愼殿祭儀與四時大享同

志卷第十五

志卷第十六　　高麗史六十二

正憲大夫工曹判書集賢殿大提學知經筵春秋館事兼成均大司成臣鄭麟趾奉
教修

禮四

吉禮中祀

籍田

先農籍田壝方三丈高五尺四出陛兩壝每壝二十五步瘞埳在內壝之外壬地南出陛方深取足容物祭日孟春吉亥神位設神農氏位于壇上北方南向配以后稷氏位于壇上東方西向席皆以莞祝版稱高麗國王臣王某敢明告幣以青長丈八尺牲牢正配座各用牛羊豕各一攝事無牛羊獻官同圜丘　親享儀　齋戒前享五日散齋三日於別殿致齋二日一日於正殿一日於行宮餘同祈穀圜丘儀　陳設前享二日尙舍局設大次於齋宮南殿設小次於壇東陛東南西向又設王太子次於大次東南守宮署設諸享官及從享群官次於齋宮內外並隨地之宜設饌幔於壝東門之外道北南向郊社令帥其屬掃除壇之上下瘞埳東西賓守埳客四人掌牲令具牲牢太樂令陳登歌於壇上設軒架於壇南俱北向前享一日奉禮設門外位亞終獻官位於東門之外道南諸享官各位於其後每等異位俱重行北向西上設王位於壝下東南西向亞終獻官位於王位之南稍東西向執事者位於其後每等異位俱重行西向北上設御史位二於壇下一於東南西向一於西南東向奉禮位於樂懸東北贊者二人在南差退俱西向協律郎位二一於壇上樂虡之西一於軒架西北俱東向太樂令位於軒架之北北向從享群官位於壝門內東西道南每等異位重行文東西向北上武西東向北上又設王飮福位於壇上南陛之西北向亞終獻飮福位在王位之後設望瘞位於瘞埳之南北向奉禮贊者位於西南東向太史令設神位版郊社令設神位席設祭器皆藉以席帝神農氏簠簋各二簠實稻粱在左粱在稻前簋實黍稷在右稷在黍前並居前甄三在籩豆閒實以大羹鉶三在甄前實以羹加芼滑籩十在左爲三行右上第一行

乾棗形鹽魚鱐白餠第二行鹿脯榛實黑餠第三行菱仁芡
仁栗黃豆十在右爲三行左上第一行芹菹筍菹脾析菁菹
第二行韭菹兎醢魚醢第三行豚拍鹿醢醓醢俎三一在豆
右載牛牲一在籩南載羊牲一在豆南載豕牲木爵三在籩
豆南每爵有坫又豆一在鉶南實以毛血犧尊二一實明水
一實醴齊象尊二一實明水一實盎齊山罍二一實玄酒一
實淸酒爲一重在神位東南隅北向幣篚設於尊坫之所祝
坫在豆南后稷氏神位前亦如之尊罍在神農氏尊罍東俱
北向西上尊皆加勺冪有坫以置爵設王洗於南陛東南亞
終獻洗於王洗東南俱北向罍水在洗東篚在洗西南肆篚
實以巾爵奉禮又設王耕籍位於壇南門外十步所南向隨
地之宜尙舍局設王觀耕座於齋宮南門設從耕王太子三
公諸尙書諸卿位於王位東南其尙書卿等非耕者位於耕
者之東俱重行西向北上尙舍設王耒席於三公之北小西
南向司農卿位於王耒席東小南西向掌牲令位於司農卿
之南差退奉靑箱官位於掌牲令之後靑箱制如常箱不施
蓋兩頭設欂櫨飾以靑色內有九隔設九穀覆以靑帊諸執
耒者位於公卿耕者之後非耕者之前西向王耒耜一具王
太子三公諸尙書諸卿各一具共十具太子助耕三員三公
助耕各二員以下從耕群官每員各一人竝服絳衣介幘又
設庶人耕位於從耕官位之南小東十步外庶人四十人竝
靑衣耕牛八十每兩牛隨牛人一人耒耜四十具畚二十具
鍤一十具以木爲刃晡後執禮先入壇下亞終獻以下竝集
肄儀謁者引光祿卿贊引引御史詣廚省鼎鑊視濯及祝
牲充腯光祿卿監取明水火俱還齋所享日未明十五刻太
官令帥宰人割牲祝史以豆取毛血實於饌所遂烹牲　鑾
駕出宮與圜丘儀同唯文武兩班常起居訖乘黃令進耒耜
車右上將軍奉耒耜以載輅右降復位　饋享享日未明三
刻諸享官及從享之官各服其服郊社令良醞令帥其屬入
實尊罍及幣太官令帥進饌者實諸籩豆簠簋未明二刻奉
禮帥贊者先入就位贊引引御史郊社令諸太祝及祝史令
史與執尊罍篚冪者入自東門當壇南重行北向西上立定
奉禮曰再拜贊者承傳御史以下皆再拜訖各就位贊引引
御史諸太祝詣壇東陛升御史行掃除於上令史掃除於下

訖復位謁者贊引各引諸享官俱就門外位太樂令帥工人
二舞入就位謁者引司空入就位立定奉禮曰再拜司空再
拜訖謁者引司空詣壇東陛升行掃除於上降行樂懸於下
訖引復位謁者贊引各引享官通事舍人分引從享群官入
就位侍中版奏外辦王服袞冕以出繖扇華蓋侍衛如常儀
太常博士引太常卿太常卿引王入大次郊社令以祝版進
王署訖近臣奉出郊社令受各奠於坫初王降輅訖乘黃令
以耒耜授掌牲令掌牲令橫執之左其耜至耕所實於席遂
守之凡執耒耜皆橫之授則先其耒後其耜王停大次半刻
頃侍中版奏外辦王出次華蓋侍衛如常儀太常卿引王至
內壝門外尙衣奉御以桓圭授殿中監監受進王執圭華蓋
侍衛停於門外近侍齋戒者陪從如常儀王入自正門協律
郎跪俛伏擧麾興工鼓柷軒架奏大簇宮正安之曲至版位
西向立偃麾戞敔樂止太常卿前奏請再拜退復位王再拜
訖奉禮曰再拜衆官在位者皆再拜先拜者不拜太常卿前
奏稱有司謹具請行事退復位軒架奏姑洗宮凝安之曲文
德之舞作三成而止太常卿前奏請再拜王再拜奉禮曰再
拜衆官在位者皆再拜諸太祝奉幣篚立於尊所太常卿引
王詣壇軒架樂作自南陛升壇訖樂止侍中中書令以下左
右侍衛量人從升王將詣奠幣位登歌作大簇宮明安之曲
王就位北向立太祝以幣授侍中侍中奉幣東向進王搢圭
受幣太常卿引王北向跪奠帝神農氏座前訖執圭俛伏興
太常卿引王少退北向再拜訖太常卿引王於西方東向立
太祝以幣授侍中侍中奉幣北向進王搢圭受幣東向跪奠
后稷氏座前訖執圭俛伏興太常卿引王少退東向再拜訖
登歌止太常卿引王軒架樂作王降自南陛還版位西向立
樂止初群官拜訖祝史各奉毛血豆立於門外於登歌止以
次入各由其陛升太祝迎取於壇上俱進奠神座前初王旣
升奠幣太官令出帥進饌者奉饌各陳於壝門外謁者引司
徒出詣饌所司徒奉帝神農氏之俎太官令引饌入自正門
俎初入門軒架奏大簇宮豐安之曲饌至階樂止太祝進徹
毛血之豆自東陛授祝史以出司徒升自南陛奠俎於帝神
農氏座前配座太祝一時奠俎訖神農氏之饌升自南陛配
座之饌升自東陛太祝迎取於壇上各設於神座前設訖謁

者引司徒降復位太官令退復位太常卿引王詣罍洗軒架樂作王至洗位北向立樂止殿中監進受圭侍中跪取匜興沃水內侍官跪取盤承水王盥手黃門侍郎跪取巾於篚興以進王帨手訖黃門侍郎受巾跪奠於篚祝史奉爵篚進跪於洗西侍中酌罍水黃門侍郎取爵於篚以進王受爵內侍官奉盤承水王洗爵黃門侍郎跪取巾於篚興以進王拭爵訖黃門侍郎受巾奠於篚侍中以篚受爵授祝史祝史傳授太祝太祝受篚取爵置尊所坫上太常卿引王軒架樂作殿中監進圭王執圭詣壇升自南陛訖樂止謁者引司徒升自東陛立於尊所王詣帝神農氏尊所執尊者去冪侍中取爵於坫進王受爵侍中贊酌犧尊之醴齊登歌作大簇宮成安之曲王詣帝神農氏座前跪奠爵俛伏興太常卿引王少退北向立樂止太祝持祝版進神座右東向跪讀祝文訖登歌作王再拜太祝奠版於坫王拜訖樂止太常卿引王詣后稷氏尊所酌獻樂作止並如神農氏唯王東向立太祝北向讀祝文爲異太常卿引王詣飮福位北向立登歌作大簇宮禧安之曲太祝各以爵酌上尊福酒合置一爵一太祝持爵授侍中侍中奉爵西向立太常卿奏請再拜王再拜侍中跪以爵酒進王搢圭受爵跪祭酒啐酒奠爵太祝各持俎進減神座前三牲胙肉合置一俎上又太祝各以籩進減黍稷飯合實一籩以次授司徒司徒西向跪以進每受以授內侍內侍二人立於南陛下之西王將受胙肉籩飯內侍升詣王位之左跪受退謁者引司徒降復位王取爵遂飮卒爵侍中進受虛爵以授太祝太祝受爵復於坫王俛伏興太常卿奏請再拜王再拜樂止太常卿引王降自南陛軒架樂作至版位西向立樂止文舞退軒架奏大簇宮崇安之曲出訖樂止武舞進軒架奏大簇宮崇安之曲舞者立定樂止初王將復位謁者引太尉詣罍洗祝史以篚取爵授太尉太尉盥手洗爵以授祝史祝史受爵篚傳授太祝太祝受篚取爵置尊所坫上謁者引太尉自東陛升壇詣帝神農氏尊所軒架奏大簇宮武安之曲武舞作鄉樂交奏執尊者去冪太尉酌象尊之盎齊詣神座前北向跪奠爵小退北向再拜訖詣后稷氏座前酌獻如初樂止謁者引太尉詣飮福位北向立太祝各以爵酌罍福酒合實一爵一太祝持爵進太尉之右西向立太尉

再拜受爵跪祭酒遂飲卒爵太祝進受虛爵復於坫太尉興再拜訖謁者引太尉降復位初太尉獻將畢謁者引光祿卿詣罍洗盥手洗爵升酌盎齊終獻如亞獻之儀樂止降復位登歌作大簇宮肅安之曲太祝各進跪徹豆興還尊所樂止奉禮曰賜胙再拜衆官在位者皆再拜已受福者不拜送神軒架奏姑洗宮凝安之曲鄉樂交奏太常卿前奏請再拜王再拜奉禮曰再拜衆官在位者皆再拜樂一成止太常卿前奏請就望瘞位太常卿引王軒架樂作就望瘞位北向立樂止初群官將拜太祝各執篚進神座前跪取幣祝史以俎載牲體黍稷飯爵酒各由其陛降壇寘之於埳奉禮曰可瘞寘土半埳太常卿前奏禮畢請就耕籍位奉禮帥贊者還本位其祝板燔於齋坊　耕籍初王將詣望瘞位謁者分引王太子以下應從耕侍耕者各就耕位司農卿先就位諸執耒耜者皆就位太常卿引王出自南壝門軒架樂作至耕籍席位南向立樂止太常卿詣王席位前北向奏請行耕籍之禮奏訖退復位王初詣耕位掌牲令進詣王耒席南北向俛伏跪搢笏解耒韜出耒執耒起少退以授司農卿司農卿搢笏受

耒以授侍中侍中奉耒進殿中監前受圭以授尙衣奉御太常卿奏請受耒王受五推訖侍中受耒授司農卿司農卿以授掌牲令還本位掌牲令復耒於韜寘於席退復位王初耕諸執耒耜者以耒耜各授從耕者太常卿詣王耕籍位前北向奏請升座觀耕奏訖太常卿前導王詣觀耕座太常博士太常卿近東西向立北上王太子七推三公尙書卿各九推訖執耒耜者前受耒耜退復位太常卿前奏禮畢引王還大次樂作入大次樂止謁者贊引各引諸享官及從享群官以次出贊引引御史太祝以下俱復執事位立定奉禮曰再拜御史以下皆再拜贊引引出太樂令帥工人二舞以次出司農少卿帥庶人以次耕于千畝次奉青箱官以青箱授司農卿司農卿奉青箱重稑之種詣耕所灑之訖次司農少卿帥郊社令檢校終千畝次司農卿省功訖詣齋殿下北向俛伏跪奏省功畢奏訖俛伏興退　鑾駕還宮其日享事禮畢王還齋宮停一刻頃奏初嚴所司轉仗衛鹵簿於還途如來儀奏二嚴樞密以下左右侍臣及文武百寮各就位立班以俟太樂令陳樂部於齋宮南門外王將出奏三嚴王服絳紗袍

以出升座禁衛大喝再拜樞密左右侍臣常起居訖閤門引太子公侯伯宰臣入就位常起居訖閤門以次引出侍中版奏外辦王出齋宮門外乘黃令進輅於齋宮門前南向王升輅千牛將軍御駕如來儀文武百寮常起居訖黃門侍郎奏請鑾駕進發退復位鑾駕動侍衛如常儀黃門侍郎千牛將軍夾路而趍至侍臣上馬所黃門侍郎奏請鑾駕少駐勑侍臣上馬侍中前承制退稱曰制可黃門侍郎退稱曰侍臣上馬舍人喝侍臣再拜上馬黃門侍郎奏請勑車右升侍中承制退稱曰制可黃門侍郎退復位車右再拜升訖黃門侍郎奏請鑾駕進發退復位鑾駕動鼓吹樂部振作而還至昇平門外少駐侍臣下馬車右降訖入昇平門留守百寮叅再拜鑾駕至儀鳳門前如耕籍後頒德音事具別儀王移御平輦至興禮門前留守宰臣叅再拜訖王入大觀殿庭降輦升殿閤門贊各祗候樞密以下揖以次退

有司攝事儀

齋戒

前享五日凡應享之官散齋三日皆於正寢致齋二日一日於本司一日於享所無本司者於尚書省散齋理事如故唯不弔喪問疾不作樂不判署刑殺文書不行刑罰不經穢惡致齋日唯享事得行其餘悉斷其享官已齋而闕者通攝行事太樂工人俱淸齋一宿於太常司前享一日諸衛令其屬未後一刻各以其方器服守衛壝門

陳設

前享一日守宮署設太尉亞終獻次於東壝門外及從享群官次於其側設饌幔於內壝東門之外道北南向郊社令帥其屬掃除壇之上下瘞埳東西賓守埳各四人掌牲令具牲牢太樂令陳登歌於壇上設軒架於壇南俱北向奉禮設門外位太尉亞終獻官位於東門之外道南諸享官各位於其後每等異位重行北向西上設太尉亞終獻位於壇下東南西向北上執事者位於其後每等異位俱重行西向北上御史位二於壇下一於東南西向一於西南東向奉禮位於樂懸東北贊者二人在南差退俱西向恊律郎位於壇上樂簴之西北東向太樂令位於軒架之北北向又設獻官飮福位於壇上南陛之西北向設望瘞位於瘞埳之南北向奉禮贊者位於西南東向南上太史令設神位版郊社令設神位席又設祭器及篚坫並如親享儀設洗於南陛東南北向罍水在洗東篚在洗西南肆篚實以巾爵哺後執禮官先入壇下亞終獻以下竝

集隸儀謁者引光祿卿贊引引御史詣厨省鼎鑊視滌濯及視牲充腯光祿卿監取明水火俱還齋所享日未明十五刻太官令帥宰人割牲祝史以豆取毛血實於饌所遂烹牲

饋享享日未明三刻諸享官各服其服郊社令良醞令帥其屬入實尊罍及幣太官令帥進饌者實諸籩豆簠簋未明二刻奉禮帥贊者先入就位贊引引御史郊社令諸祝史及令史齋郎入自東門當壇南重行北向西上立定奉禮曰再拜贊者承傳御史以下皆再拜訖各就位贊引引御史諸祝史詣壇東陛升御史行掃除於上令史掃除於下訖復位謁者贊引各引享官俱就門外位太樂令帥工人二舞入就位文舞入陳於懸北武舞立於懸南道西謁者引司空入就位立定奉禮曰再拜司空再拜訖謁者引司空詣壇東陛升行掃除於上降行樂懸於下訖引復位謁者贊引各引享官入就位奉禮曰再拜衆官在位者皆再拜先拜者不拜謁者進太尉之左白有司謹具請行事協律郎跪俛伏擧麾興工鼓柷軒架奏姑洗宮凝安之曲三成偃麾戛敔樂止奉禮曰再拜衆官在位者皆再拜謁者引太尉詣壇自南陛升北向立登歌作大簇宮明安之曲祝史以幣授太尉太尉詣帝神農氏座前北向跪奠俛伏興少退再拜訖退就西方東向立配座祝史以幣授太尉太尉詣后稷氏座前東向跪奠俛伏興少退再拜訖登歌止謁者引太尉降自南陛復位初衆官再拜齋郎各奉毛血豆立於門外於登歌止以次入各由其陛升諸祝史迎取於壇上俱進奠神座前初太尉升奠幣太官令出帥進饌者奉饌各陳於壝門外謁者引司徒出詣饌所司徒奉帝神農氏之俎太官令引饌入俎初入門軒架奏大簇宮豐安之曲饌至陛樂止祝史進跪徹毛血之豆自東陛授齋郎以出司徒升自南陛進奠俎於帝神農氏座前配座祝史一時奠俎神農氏之饌升自南陛配座之饌升自東陛祝史迎取於壇上各設於神座前設訖謁者引司徒降復位太官令退復位謁者引太尉詣罍洗盥手帨手齋郎以篚取爵授太尉太尉取爵於篚洗爵拭爵以授齋郎齋郎受爵篚以授祝史祝史受篚取爵置尊所坫上謁者引太尉自南陛升壇詣帝神農氏尊所登歌作大簇宮成安之曲太尉取爵於坫祝史去羃太尉酌犧尊之醴齊詣帝神農氏座前跪奠爵

俛伏興少退北向立樂止祝史持祝版進神座右東向跪讀祝文訖登歌作太尉再拜祝史奠版於坫太尉拜訖樂止太尉詣后稷氏尊所酌獻樂作止竝如神農氏唯太尉東向立太祝北向讀祝文爲異謁者引太尉詣飮福位北向立祝史各以爵酌罍福酒合實一爵一祝史持爵進太尉之右西向立太尉再拜受爵跪祭酒啐酒奠爵祝史各持俎進減神座前胙肉合實一俎上又以籩進減黍稷飯合實一籩以次授太尉太尉以授齋郎取爵遂飮卒爵祝史進受虛爵復於坫太尉俛伏興再拜訖謁者引太尉降復位文舞退軒架奏大簇宮崇安之曲出訖樂樂止武舞進軒架奏大簇宮崇安之曲舞者立定樂止初太尉獻將畢謁者引太常卿詣罍洗齋郎以篚取爵授太常卿太常卿盥手洗爵以授齋郎齋郎傳授祝史謁者引太常卿自東陛升壇詣帝神農氏尊所軒架奏大簇宮武安之曲武舞作鄕樂交奏祝史去冪太常卿酌象尊之盎齊詣神座前北向奠爵訖俛伏興小退北向再拜次詣后稷氏前酌獻如上儀訖樂止謁者引太常卿詣飮福位北向立祝史各以爵酌罍福酒合置一爵一祝史持爵進太常卿之右西向立太常卿再拜受爵跪祭酒遂飮卒爵祝史受虛爵復於坫太常卿興再拜謁者引太常卿降復位初太常卿獻將畢謁者引光祿卿詣罍洗盥洗訖升酌盎齊終獻如亞獻之儀樂止降復位登歌作大簇宮肅安之曲祝史各進跪徹豆興還尊所樂止奉禮曰賜胙在位者皆再拜飮福者不拜送神軒架奏姑洗宮凝安之曲鄕樂交奏奉禮曰再拜衆官在位者皆再拜樂一成止謁者引太尉詣望瘞位奉禮帥贊者轉就瘞埳西南位初送神樂畢祝史各執篚進神座前跪取幣齋郎以俎載牲體黍稷飯爵酒各由其陛降壇北行實於埳奉禮曰可瘞埳東西各四人實土半埳奉禮白禮畢謁者贊引各引太尉以下諸享官以次出初白禮畢奉禮帥贊者贊引引御史祝史以下俱復執事位立定奉禮曰再拜御史以下皆再拜訖出自東門工人二舞以次出祝版燔於齋坊成宗二年正月乙亥王親耕籍田祀神農配以后稷籍田之禮始此　顯宗二十二年正月王親耕籍田赦流罪以下　仁宗二十二年正月乙亥親耕籍田王五推諸王三公七推尙書列卿九推　恭愍王八年六月辛卯御史

臺上言凡祭醮者不犯僧尼葷盃享應令籍田享官因祭壇無宇宿于甑山寺當祭之時出而行之恐神明之不格宜令都評議使給材瓦於太常寺構祭廚及齋宿之室約日爲之可也從之十九年三月乙巳王欲躬耕籍田令有司講求儀注以儀物未備命守侍中李仁任攝行仁任祭訖遂行耕籍之禮

先蠶

先蠶壇方二丈高五尺四出陛壝埳在內壝之外壬地南出陛方深取足容物享日季春吉巳祝版稱高麗國王王某敢明告幣以黑長丈八尺牲牢豕一獻官太常卿爲初獻禮部郎中爲亞獻太常博士爲終獻　享儀　齋戒同先農攝事儀　陳設前享一日守宮署設太常卿禮部郎中太常博士次於東壝門外從享群官次於其側設饌幔於內壝東門之外道北南向郊社令帥其屬掃除壇之上下瘞埳東西置守埳各四人掌牲令具牲牢太樂令陳登歌於壇上設軒架於壇南俱北向奉禮設門外位三獻官位於東門之外道南諸享官各位於其後每等異位俱重行北向西上設三獻官位於壇下東南西向北上執事者位於其後每等異位俱重行西向北上御史位於壇下東南西向奉禮位於樂懸東北贊者二人在南差退俱西向協律郞位於壇上樂虡之西北東向太樂令位於軒架之北北向又設獻官飮福位於壇上南陛之西北向設望瘞位於瘞埳之南北向奉禮贊者位於西南東向南上郊社令設神位席以莞太史令設先蠶舒陵氏神位版於壇上北方南向又設祭器皆藉以席簠簋各二竝居前簠實稻粱在左粱在稻前簋實黍稷在右稷在黍前甑三在籩豆閒實大羹鉶三在甑前實以羹加芼滑籩十在左爲三行右上第一行乾棗形鹽魚鱐白餠第二行鹿脯榛實黑餠第三行菱仁芡仁栗黃豆十在右爲三行左上第一行芹菹筍菹脾析菁菹第二行韭菹兔醢魚醢第三行豚拍鹿醢醓醢俎一在籩豆閒載牲體木爵三在籩豆南每爵有坫又豆一在鉶南實毛血犧尊二一實明水一實醴齊象尊二一實明水一實盎齊山罍二一實玄酒一實清酒爲二重在神位前稍東北向西上尊加勺冪有坫以置爵幣篚設於尊所祝坫在豆南設洗於東陛東南北向罍水在洗東篚在洗

西南肆篚實以巾爵晡後執禮官先入壇下亞終獻以下並
集隷儀謁者引禮部郎中贊引引御史詣廚省鼎鑊視滌濯
及視牲充腯禮部郎中監取明水火俱還齋所享日未明十
五刻太官令帥宰人割牲祝史以豆取毛血實於饌所遂烹
牲　饋享享日未明三刻諸享官各服其服郊社令良醞令
帥其屬入實尊罍及幣太官令帥進饌者實諸籩豆簠簋未
明二刻奉禮帥贊者先入就位贊引引御史郊社令祝史及
令史齋郎入自東門當壇南重行北向西上立定奉禮曰再
拜贊者承傳御史以下皆再拜訖各就位贊引引御史祝史
詣壇自東陛升御史行掃除於上令史掃除於下訖復位謁
者贊引各引享官俱就門外位太樂令帥工人二舞入就位
謁者引禮部郎中入就位立定奉禮曰再拜郎中再拜訖謁
者引郎中詣壇東陛升行掃除於上降行樂懸於下訖引復
位謁者贊引各引享官以次入就位立定奉禮曰再拜衆官
在位者皆再拜先拜者不拜謁者進太常卿之左白有司謹
具請行事退復位協律郎跪俛伏擧麾興工鼓柷軒架奏姑
洗宮格安之曲三成偃麾戞敔樂止奉禮曰再拜衆官在位
者皆再拜謁者引太常卿詣壇自東陛升北向立登歌作南
呂宮容安之曲祝史以幣授太常卿太常卿詣先蠶氏座前
北向跪奠俛伏興少退再拜訖登歌止謁者引太常卿降復
位初衆官再拜齋郎奉毛血豆立於門外於登歌止奉豆以
入由南陛升祝史迎取於壇上進奠神座前初太常卿升奠
幣太官令出帥進饌者奉饌陳於東門外太常卿旣奠幣降
復位太官令奉俎引饌外俎初入門軒架奏南呂宮豐安之
曲饌至陛樂止祝史進跪徹毛血豆授齋郎齋郎奉豆出太
官令升自南陛進奠俎於神座前饌升祝史迎奠於神座前
設訖太官令降自東陛復位謁者引太常卿至罍洗盥手帨
手齋郎以篚取爵立洗西太常卿洗爵拭爵以授齋郎齋郎
以篚受爵詣南陛以授祝史祝史受篚取爵置於尊所坫上
謁者引太常卿自東陛升壇詣尊所登歌作南呂宮和安之
曲祝史去冪太常卿酌犧尊之醴齊詣神座前跪奠爵俛伏
與少退北向立樂止祝史持祝版進神座右東向跪讀祝文
訖登歌作太常卿再拜祝史奠版於坫太常卿拜訖樂止謁
者引太常卿詣飮福位北向立祝之以爵酌罍福酒進太常

卿之右西向立太常卿再拜受爵跪祭酒啐酒奠爵祝史持俎進減神座前胙肉又以籩進減黍稷飯以次授太常卿太常卿受以授齋郎取爵遂飲卒爵祝史進受虛爵復於坫太常卿俛伏興再拜訖謁者引太常卿降復位文舞退軒架奏南呂宮桓安之曲出訖樂止武舞進軒架奏南呂宮桓安之曲舞者立定樂止初太常卿將復位謁者引禮部郎中詣罍洗盥洗如上儀訖謁者引郎中升壇詣尊所軒架奏南呂宮歆安之曲武舞作鄉樂交奏祝史去羃郎中酌象尊之盎齊奠爵訖俛伏興少退北向再拜樂止謁者引郎中詣飮福位北向立祝史以爵酌罍福酒進郎中之右西向立郎中再拜受爵跪祭酒遂飲卒爵祝史進受虛爵復於坫郎中興再拜訖謁者引郎中降復位初亞獻將畢謁者引太常博士詣罍洗升酌盎齊終獻如亞獻之儀訖降復位次祝史進跪徹豆興還尊所奉禮曰賜胙衆官在位者皆再拜已受福者不拜送神軒架奏姑洗宮靖安之曲鄉樂交奏奉禮曰再拜衆官在位者皆再拜樂一成止謁者引太常卿詣望瘞位奉禮帥贊者轉就瘞埳西南位初送神樂畢祝史執篚進神座前跪取幣降自南陛西行實於埳奉禮曰可瘞埳東西各四人實土半埳奉禮白禮畢謁者贊引各引太常卿以下諸享官以次出初白禮畢奉禮帥贊者還本位贊引引御史祝史以下俱復執事位立定奉禮曰再拜御史以下皆再拜訖出自東門工人二舞以次出祝版燔於齋坊

文宣王廟

文宣王廟瘞埳在殿北壬地方深取足容物釋奠日仲春仲秋上丁神位文宣王設位于殿上北壁當中南向以兗國公顏回配瑯琊公閔損東平公冉耕下邳公冉雍臨淄公宰予郕伯曾參竝東壁黎陽公端木賜彭城公冉求河內公仲由丹陽公言偃河東公卜商鄒國公孟軻竝西壁文昌侯崔致遠弘儒侯薛聰竝南壁潁昌侯顓孫師金鄉侯澹臺滅明單父侯宓不齊任城侯原憲高密侯公冶長汝陽侯南宮縚北海侯公晳哀萊蕪侯曾點曲阜侯顏無繇須商侯商瞿共城侯高柴平與侯漆彫開壽長侯公伯寮睢陽侯司馬耕益都侯樊須鉅野侯公西赤平陰侯有若東阿侯巫馬施南頓侯陳亢千乘侯梁鱣陽穀侯顏辛臨沂侯冉儒諸城侯冉季沐

陽侯伯虔枝江侯公孫龍新息侯秦冉甄城侯秦商濮陽侯
漆彫哆雷澤侯顔驕高苑侯漆徒父上邽侯壤駟赤長山侯
林放鄒平侯商澤成紀侯右作蜀當陽侯任不齊毛平侯公
良孺文登侯甲根上蔡侯曹卹濟陽侯奚容箴滏陽侯句井
彊淄川侯申黨竝東厯即墨侯公祖句茲厭次侯榮期成武
侯縣成南華侯左人郢汧原侯燕伋朐山侯鄭國華亭侯秦
非臨漢侯施常濟陽侯顔會博昌侯步叔乘宼句侯顔之僕
內黄侯蘧瑗博平侯叔仲會堂邑侯顔河林慮侯狄墨高堂
侯邽巽鄆城侯孔忠臨朐侯公西擧如徐城侯公西箴陽平
侯琴張中都伯左丘明蘭陵伯荀况臨淄伯公羊高睢陵伯
穀梁赤乘氏伯伏勝萊蕪伯高堂生考城伯戴勝樂壽伯毛
萇曲阜伯孔安國彭城伯劉向中牟伯鄭衆成都伯楊雄維
氏伯杜子春扶風伯馬融良都伯盧植高密伯鄭玄滎陽伯
服虔歧陽伯賈逵任城伯何休司空王肅偃師伯王弼司徒
杜預新野伯范甯並西廡祝版稱高麗國王王某謹遣某官
臣姓名敢明薦幣以白長丈八尺牲牢正配位各豕一從享
位共豕二獻官釋奠祭酒爲初獻司業爲亞獻博士爲終獻

視學酌獻儀　陳設視學前一日所司灑掃廟殿及學堂
之內外尙舍局帥其屬設大次於廟殿東門之外南向又設
王太子次於大次之南守宮設宰臣樞密以下次於國子監
門內外皆量地之宜其日執禮官閤門設從駕官班於殿下
如常視朝儀有司設祭器於文宣王神座前左籩一實以鹿
脯右豆一實以鹿臡爵一在籩豆南犧尊一加坫上在殿上
前楹東南加勺實以淸酒設香爐於神座前又設配享及從
享位各左籩一實以鹿脯右豆一實以鹿臡爵一在籩豆南
共設象尊四一設殿上前楹東一設前楹西其二分兩廡並
加坫俱加勺尙舍局又設王位於敦化堂上稍北當中南向
又設小次於王座東北又設王太子座於王座東南西向設
講書官座於王座西近南東向設宰臣座於王太子之後近
南西向北上設樞密座於講書官座西當宰臣座東向北上
又設侍臣座於宰臣樞密之後俱重行東西相向北上閤門
設王太子及臣僚班於堂下如常儀　酌獻其日王服絳紗
袍乘輦將至國子監執禮官本監并學官學生奉迎於路左
車駕至權停執禮監學官諸生皆再拜訖車駕由監門入降

輦入大次執禮官太常博士太常卿立大次前西向北上閤門引王太子及宰臣樞密以下侍從官并本監長貳各入詣殿下位又引博士以下學官及諸生於殿門內皆重行北向東上立定閤門報班齊太常卿進大次前俛伏跪奏請行酌獻之禮奏訖俛伏興王服韠袍出大次太常博士太常卿前導入自東門升自東階詣至聖文宣王神座前北向立太常卿奏請再拜王再拜通事舍人贊拜王太子及宰臣樞密以下凡在位者皆再拜太常卿奏請上香王上香近臣贊酌酒王詣先聖神座前北向跪奠訖俛伏興太常卿奏請再拜王再拜通事舍人贊拜王太子以下凡在位者皆再拜太常卿前導王降自東階還大次監官學官分詣配享及從享位酌獻如儀　視學左右廡分獻訖太常卿跪奏禮畢王改服出大次太常卿前導至敦化堂入小次侍臣及監學官諸生各立於堂下東西相向閤門報班齊王出次升座仗衛奏山呼訖閤門官以次分引王太子及宰臣樞密入就位立定通事舍人贊拜王太子宰樞以下凡在位者皆再拜閤門使進詣王座前承旨降詣王太子之右西向宣曰升堂舍人贊拜王太子宰樞及侍臣皆再拜分左右升堂各就座後立侍臣不應升堂者分立東西廊舍人引講書官就階下北向位閤門使宣曰升堂舍人贊拜講書官再拜由西階升堂立於座後又引監學官諸生就北向位舍人贊拜監學官諸生皆再拜分立於東西廊皆北上內侍官進書案牙籤執經官以經稍前進於案上訖退舍人宣曰各就座上下在位者皆再拜就座講書官又再拜就座講書畢舍人曰可起群官皆起降階就位立定舍人引講書官就拜位贊拜講書官再拜進步致辭退復位再拜舞蹈又再拜訖舍人引西出又舍人贊拜王太子及宰樞以下皆再拜班首出行陳賀訖還位舍人贊拜在位官皆再拜舞蹈又再拜監官學官學生陳賀亦如之拜訖學生無舞蹈閤門使傳宣就座賜茶舍人贊拜王太子宰樞以下群官及監學官學生皆再拜訖王太子以下群官升堂各就座後立舍人稱各就座王太子以下皆就座賜茶畢監學官學生於庭下立受茶舍人引降階就位舍人贊拜王太子及宰樞以下群官及監學官學生皆再拜訖舍人分引以次出王降座還大次乘輿還內如來儀　仲春仲秋上丁

釋奠儀　齋戒前享五日凡應享之官散齋三日皆於正寢致齋二日一日於本司一日於享所無本司者於尚書省監官學官學生及太樂工人俱淸齋一宿監學官於本司學生於各齋樂工於太常司散齋理事如故唯不弔喪問疾不作樂不判署刑殺文書不行刑罰不經穢惡致齋唯享事得行其餘悉斷其享官已齋而闕者通攝行事前享一日諸衛令其屬未後一刻各以其方器服守衛殿門　陳設前享二日國子監帥其屬掃除殿之內外守宮設獻官以下次於國子監量地之宜太樂令陳登歌之樂於殿階上設軒架之樂於殿庭俱北向前享一日有司設祭器皆藉以席先聖神位前簠簋各二簠實稻粱在左粱在稻前簋實黍稷在右稷在黍前竝居前甑三在籩豆閒實以大羹鉶三在甑南實以羹加芼滑籩十在左爲三行右上第一行乾棗形鹽魚鱐白餠第二行鹿脯榛實黑餠第三行菱仁芡仁栗黃豆十在右爲三行左上第一行芹菹筍菹脾析菁菹第二行韭菹兔醢魚醢第三行豚拍鹿醢醓醢俎一在籩豆閒載豕牲爵三在籩豆南每爵有坫又豆一在俎南實以毛血犧尊二一實明水一實醴齊象尊二一實明水一實盎齊山罍二一實玄酒一實淸酒爲二重在殿內神位之左稍南北向西上加勺冪尊皆有坫以置爵幣篚設於尊坫之所祝坫在神座之右先師配座前亦如之尊罍在神座之左東向北上又設諸從享位各籩二在左一實栗黃在前一實鹿脯次之豆二在右一實菁菹在前一實鹿醢次之俎一在籩豆閒載豕牲簠簋各一在籩豆閒竝居前簠實稷簋實黍爵三在籩豆南每爵有坫從享位禮器殿上及兩廡竝同殿上從享東西及南位各犧尊二一實明水一實醴齊象尊二一實明水一實盎齊皆在神位之左兩廡各設犧尊四二實明水二實醴齊象尊四二實明水二實盎齊又設洗於東階東南北向罍水在洗東篚在洗西南肆篚實以巾爵執尊罍篚冪者各位於尊罍篚冪之後奉禮設門外位三獻官位於東門之外道南分獻官執事者在其後監官學官在獻官東南俱重行北向西上又設三獻官位於殿庭東階東南分獻官執事者各位於其後每等異位俱重行西向北上御史位於東階下西向令史陪其後監官學官位於西階西南學生位於學官之後俱重行東向

北上設奉禮位於樂懸東北贊者二人在南差退俱西向設協律郎位於殿上樂虡之西東向太樂令位於軒架之北北向設獻官飲福位於殿上東階之東西向又設望瘞位於殿東北當瘞埳西向又設奉禮贊者位於瘞埳東北南向東上晡後執禮先入殿庭亞終獻官以下行事執事官並執肄儀謁者引司業贊引引御史詣廚省鼎鑊視滌濯及視牲充腯俱還齋所太官令監取明水火享日未明十五刻帥宰人割牲祝史以豆取毛血置於饌所遂烹牲其牲正座及先師配座俎皆升左胖體其餘析分餘體升之　饋享享日未明二刻諸享官各服祭服諸從享監官學官學生各服其服郊社令良醞令各帥其屬入實尊罍及幣太官令帥其屬實諸籩豆簠簋未明二刻奉禮帥贊者先入就位贊引引御史及祝史令史與執尊罍篚冪者入自東門當階閒重行北向西上立定奉禮曰再拜贊者承傳御史以下皆再拜訖各就位贊引引御史祝史詣東階升殿御史行掃除於上令史掃除於下訖引就位謁者贊引各引享官及從享監學官等就門外位學生皆入就門內位太樂令率工人二舞入就位文舞入

陳於懸北武舞立於懸南道西未明一刻謁者引司業入就位立定奉禮曰再拜司業再拜訖謁者引司業詣東階升殿行掃除於上降行樂懸於下訖引復位初司業行樂懸謁者贊引各引享官及監學官以次入就位立定奉禮曰再拜衆官在位者及學生皆再拜先拜者不拜謁者進祭酒之左白有司謹具請行事退復位協律郎跪俛伏舉麾興工鼓柷軒架奏姑洗宮凝安之曲三成偃麾戞敔樂止奉禮曰再拜衆官在位者及學生皆再拜祝史各跪取幣於篚立於尊所謁者引祭酒升自東階詣先聖神座前北向立登歌作夾鍾宮明安之曲仲秋奏南呂宮祝史以幣授祭酒祭酒北向跪奠先聖神座前俛伏興少退北向再拜訖詣先師配座前東向立祝史以幣授祭酒祭酒東向跪奠先師配座俛伏興少退東向再拜訖登歌止謁者引祭酒降復位初衆官再拜訖齋郎各奉毛血豆立於東門外於登歌止奉毛血升自東階祝史迎取於階上各進奠於先聖先師座前退立於尊所初祭酒升奠幣太官令出帥進饌者奉饌陳於東門之外祭酒既奠幣降復位太官令奉俎引饌入俎初入門軒架奏無射宮

豐安之曲饌至階樂止祝史各進跪徹毛血之豆授齋郎齋郎奉豆出太官令升自東階進奠俎於先聖神座前配座祝史一時奠俎訖饌升祝史迎取於階上各設於神座前設訖太官令降復位祝史還尊所謁者引祭酒詣罍洗盥手帨手齋郎以篚取爵授祭酒祭酒洗爵拭爵以授齋郎齋郎以爵篚授祝史祝史受篚取爵置尊所坫上謁者引祭酒升自東階詣先聖酒尊所登歌作夾鍾宮成安之曲仲秋奏南呂宮祭酒取爵於坫祝史去冪祭酒酌犧尊之醴齊進詣先聖神座前北向跪奠爵俛伏興少退北向立樂止祝史持祝版進神座右東向跪讀訖登歌作祝史奠版於坫祭酒再拜訖樂止又詣先師酒尊所登歌作夾鍾宮成安之曲祝史去冪祭酒酌醴齊進詣先師配座前東向跪奠爵俛伏興少退東向立樂止初祭酒洗爵升殿訖分獻官從升祭酒獻配位訖瑯瑯公以下及左右廡分獻官酌獻亞終獻亦如之祝史持祝版進先師配座之右南向跪讀訖樂作祝史奠版於坫祭酒再拜訖樂止謁者引祭酒詣飮福位西向立祝史各以爵酌罍福酒合實一爵一祝史持爵進祭酒之左北向立祭酒再拜受爵跪祭酒啐酒奠爵祝史各以俎進減神座前胙肉共實一俎上又以籩取黍稷飯共實一籩以次授祭酒祭酒受以授齋郎取爵遂飮卒爵祝史進受虛爵復於坫祭酒俛伏興再拜訖謁者引祭酒降復位文舞出軒架奏無射宮崇安之曲出訖樂止武舞入軒架奏無射宮崇安之曲舞者立定樂止初祭酒將復位謁者引司業詣罍洗盥手洗爵以授齋郎齋郎傳授祝史謁者引司業詣先聖酒罇所軒架奏無射宮武安之曲武舞作鄕樂交奏祝史去冪司業酌象尊之盎齊詣神座前北向奠爵俛伏興少退北向再拜訖又詣先師配座前酌獻如上儀少退東向再拜訖樂止謁者引司業詣飮福位西向立祝史各以爵酌罍福酒合實一爵一祝史持爵進司業之左北向立司業再拜受爵跪祭酒遂飮卒爵祝史進受虛爵復於坫司業興再拜謁者引司業降復位初司業獻將畢謁者引博士詣罍洗盥洗升酌盎齊終獻如亞獻之儀樂止降復位分獻官並降復位次祝史各進跪徹豆興還尊所奉禮曰賜胙衆官在位者及學生皆再拜已受福者不拜送神軒架奏姑洗宮凝安之曲鄕樂交奏奉禮曰再拜

衆官在位者及學生皆再拜樂一成止謁者引祭酒詣望瘞位奉禮帥贊者轉就瘞埳東北南向東上初在位者將拜祝史各執篚進神座前取幣降自西階以幣實於埳訖奉禮曰可瘞埳東西各四人實土半埳奉禮白禮畢謁者贊引各引祭酒以下諸享官以次出初白禮畢奉禮帥贊者還本位贊引引御史祝史以下俱復執事位立定奉禮曰再拜御史以下皆再拜訖贊引引出監學官學生及工人二舞以次出其祝版燔於齋坊

宣宗八年九月庚戌禮部奏國學壁上圖畫七十二賢其位次依宋國子監所讃名目次　其章服皆倣十哲從之　肅宗六年四月癸巳國子監奏文宣王廟左右廊新畫六十一子二十一賢請從祀于釋奠從之　睿宗九年八月乙卯王詣國學酌獻于先聖先師御講堂命翰林學士朴昇中借大司成講說命三篇百官及生員七百餘人立庭聽講各進歌頌御製詩一首宣示左右令各和進十一年七月追贈新羅執事省侍郎崔致遠內史令從祀先聖廟庭　忠宣王三年二月丁巳釋奠祭酒司業皆不至博士兼行三獻　忠定王三年八月丁丑釋奠唐人林巨不知禮以祝板爲誤別取板使成均官書之不押于王而行之薛聰崔致遠削去不享牲本牛一羊一去牛用羊二　恭愍王十二年八月丁酉釋奠博士以下無有一人唯明經博士學諭各一人而已十六年七月庚子移文宣王塑像于崇文館文武百官冠帶侍衛十八年八月丁卯命三司右使李穡釋奠于文廟自辛丑播遷之後禮文廢墜釋采之儀不中法式穡考正其失選諸生爲執事肄儀三日禮度可觀二十二年三月始命復行朔望祭自十年南遷以後廢而不行今復舉之八月丁亥釋奠以節氣用仲丁二十三年二月丁未釋奠以日食用仲丁

志卷第十六

志卷第十七　高麗史六十三

正憲大夫工曹判書集賢殿大提學知經筵春秋館事兼成均大司成臣鄭麟趾奉
敎修

禮五

吉禮小祀

風師雨師雷神靈星久雨則禜祭國門

風師壇高三尺廣二十三步四出陛燎壇在內壝之外二十步丙地廣五尺戶方二尺開上南出在國城東北令昌門外立春後丑日祀之祝版稱高麗國王臣王某敢明告牲牢豕一　雨師及雷神同壇高三尺四出陛燎壇在內壝之外二十步丙地廣五尺方二尺開上南出在國城內西南月山立夏後申日並祀之祝版稱高麗國王臣王某敢明告牲牢豕各一　靈星壇高三尺周八步四尺四出陛燎壇在內壝之外二十步丙地廣五尺戶方二尺開上南出立秋後辰日祀之祝版稱高麗國王臣王某敢明告牲牢豕一　祀儀前祀三日應行事執事官散齋二日一日於正寢一日於本司致齋一日於祀所前祀一日郊社令太官令先到祀所郊社令帥其屬掃除壇之上下內外積柴於燎壇上太官令具牲牢及辦饌具守宮設祀官行事執事次於祀所奉禮設祀官以下行事位於壇東陛之南西向北上設奉禮位於祀官西南贊者在南差退俱西向未後一刻郊社令設神位板於壇上北方南向席以莞設祝板於神座之右加坫上設幣篚於樽坫之所設樽罍於壇上東南藉以席設洗於南陛東南北向罍在洗東篚在洗西南肆篚實以巾爵太官令帥宰人割牲遂烹牲祀日丑前五刻太官令入實饌左八籩以右爲上爲三行第一行形鹽魚鱐第二行榛實乾棗栗黃第三行鹿脯菱仁芡仁右八豆以左爲上爲三行第一行芹菹筍菹第二行菁菹韭菹葵菹第三行兔醢魚醢鹿醢俎一載牲體簠二在左實以稻粱簋二在右實以黍稷良醞令入實樽罍太樽二著樽二山罍二太樽二一實明水一實醴齊著樽二一實明水一實盎齊山罍二一實玄酒一實淸酒丑前七刻祀官各服其服就門外位奉禮帥贊者先入就位再拜贊引引祝

史齋郎入當壇南重行北向西上立定奉禮曰再拜贊者承傳祝史以下皆再拜訖祝史升自東陛立於樽所謁者引祀官以下入就位立定奉禮曰再拜在位者皆再拜訖謁者引獻官詣洗位齋郎以篚取爵授獻官獻官洗爵訖齋郎以篚受爵詣陛授祝史祝史受置樽所謁者引獻官升詣神位前北向立祝史以幣授獻官獻官受幣北向跪奠於神座前俛伏興再拜詣樽所祝史去羃獻官酌醴齊詣神位前北向跪奠爵俛伏興祝史持祝板詣神座右跪讀祝文訖獻官再拜二獻三獻酌盎齊如初儀訖祝史以爵酌福酒進獻官之右西向立獻官再拜跪祭酒飲卒爵祝史受虛爵復於坫獻官俛伏興再拜謁者引復位祝史進徹豆興奉禮曰賜胙衆官再拜飲福者不拜贊者引獻官就望燎位南向立祝史詣神座前取幣祝板齋郎以俎載牲體黍稷飯爵酒降壇詣燎壇上燔之火燎半柴奉禮曰禮畢謁者贊引各引祀官以次出祝史齋郎俱復執事位奉禮曰再拜祝史以下皆再拜贊引引出太官令帥其屬收徹禮饌乃退　禜祭國門儀前祭三日諸祭官散齋二日一日於正寢一日於本司致齋一日於祭所前祭一日郊社令掃除祭所太官丞先具酒脯醢其日質明郊社丞帥其屬設神座皆內向設酒樽於神座之左設罍洗及篚於酒樽之左俱內向並實以巾爵奉禮設獻官位於洗位之左右向執事者於其後皆以近神爲上郊社丞與良醞之屬入實酒樽太官令監設饌物獻官以下俱就位立定謁者贊拜獻官以下皆再拜祝史與執樽罍篚羃者各就位太官丞出詣饌所謁者進獻官之左白有司謹具請行事退復位太官丞引饌入祝史跪迎設於神座前訖太官丞以下還本位謁者引獻官詣洗位盥手洗爵詣樽所酌酒進神座前跪奠爵俛伏興少退向神座跪祝史持板進神座之右跪讀祝文訖獻官再拜祝史跪奠版於坫俛伏興還樽所亞終獻如初獻儀但不讀祝文三獻訖祝史以爵酌福酒立於獻官之右獻官再拜受爵跪祭酒三祭于地遂飲卒爵再拜訖謁者引還本位祝史進跪徹豆俛伏興還樽所祝史與執樽罍篚羃者俱復位謁者贊拜獻官以下皆再拜謁者進獻官之左白禮畢遂引獻官以下出祝板燔於齋所若雨止報祠用少牢　靖宗五年正月辛丑祭雨師非時日也

馬祖

馬祖壇廣九步高三尺四出陛壝二十五步燎壇在神壇丙地廣五尺戶方二尺開上南出仲春擇吉祀之祝版稱高麗國王謹遣某官姓名敬祭牲牢豕一　祀儀前祀三日諸預祀之官散齋二日一日於正寢一日於本司無本司者宿尙書省致齋一日於祀所前祀一日守宮設祀官次於齋坊郊社令積柴於燎壇上太官令具小牢之饌祀日未明二刻太史郊社令升設馬祖天駟神座於壇上北方南向席以莞奉禮設獻官位於壇東南執事位又於東南俱西向北上設奉禮位於獻官西南贊者二人在南差退又設奉禮贊者位於燎壇東北俱西向北上設望燎位於燎壇北南向郊社令設酒尊於壇上東南隅北向設洗位於壇下東南北向設幣篚於尊所未明一刻獻官以下各服其服郊社良醞令入實酒尊及幣質明奉禮帥贊者先入就位贊引引祝史齋郎與執尊罍篚冪者入當壇南重行北向西上立定奉禮曰再拜贊者承傳祝史以下俱再拜祝史升自東陛詣尊所謁者引獻官以下入就位立定奉禮曰再拜在位者俱再拜謁者進獻官之左白有司謹具請行事退復位太官令出詣饌所祝史跪取幣於篚興立於尊所謁者引獻官升自南陛詣神座前北向立祝史奉幣東向授獻官獻官受幣進北向跪奠於神座俛伏興少退再拜謁者引獻官還本位太官令引饌入自南陛升祝史迎引於壇上設於神座前訖太官令降復位祝史還尊所謁者引獻官詣洗位盥手洗爵訖謁者引獻官升自南陛詣酒尊所酌酒祝史贊酌獻官進神座前北向跪奠爵俛伏興少退北向立祝史持祝板進神座之右東向跪讀祝文訖興獻官再拜祝史奠板於坫俛伏興還尊所亞終獻如初獻儀三獻訖祝史以爵酌福酒進獻官之右西向立獻官再拜受爵跪祭酒遂飲卒爵祝史進受虛爵復於坫獻官俛伏興祝史以俎進減神座前胙肉以授獻官獻官跪受以授齋郎獻官再拜謁者引獻官降自南陛還本位祝史進跪徹豆俛伏興還尊所奉禮曰再拜在位者皆再拜已飲福受胙者不拜謁者引獻官就望燎位南向立奉禮又帥贊者退立於燎壇東北祝史進神座前跪取制幣祝版爵酒又以俎載牲體黍稷飯興降自南陛當燎壇東南行自南陛登燎壇

以幣酒祝版饌物置柴上訖奉禮曰可燎東西各二人以炬投壇上火半柴謁者進獻官之左白禮畢遂引獻官以下出奉禮帥贊者還本位贊引引祝史以下俱復執事位立定奉禮曰再拜祝史以下皆再拜贊引引出

先牧馬社馬步

先牧馬社馬步壇各廣九步高三尺四出陛壝並二十五步瘞埳皆在神壇之壬地南出陛方深取足容物享日先牧仲夏馬社仲秋馬步仲冬並擇吉神位各設於壇上北方南向席皆以莞祝版稱高麗國王謹遣某官姓名敬祭牲牢各豕一　享儀前享三日應享之官散齋二日一日於正寢一日於本司無本司者宿尚書省致齋一日於享所前享一日郊社令掃除壇之內外太官令具小牢之饌享日未明二刻太史令郊社令設神座奉禮設獻官位於壇東南執事位於獻官東南俱西向北上設奉禮位於獻官西南贊者二人在南差退俱西向北上郊社令設酒罇於壇上東南隅北向設洗位於壇下東南北向未明一刻享官以下各服其服郊社良醞令入實酒尊及幣篚明奉禮帥贊者先入就位再拜贊引引祝史與執尊罍篚冪者入當壇南重行北向西上立定奉禮曰再拜贊者承傳祝史以下俱再拜祝史升自東陛立於尊所謁者引獻官以下入就位立定奉禮曰再拜在位者皆再拜謁者進獻官之左白有司謹具請行事退復位太官令出詣饌所祝史跪取幣於篚興立於尊所謁者引獻官升自南陛詣神座前北向立祝史奉幣東向授獻官獻官受幣進跪奠於神座俛伏興少退北向再拜謁者引獻官還本位太官令引饌升自南陛祝史迎設於神座前訖太官令降復位祝史還尊所謁者引獻官詣洗位盥手洗爵訖謁者引獻官升自南陛詣酒尊所酌酒祝史贊酌獻官進神座前跪奠爵俛伏興少退北向立祝史持版進神座右東向跪讀祝文訖獻官再拜祝史跪奠版於坫俛伏興還尊所亞終獻如初獻之儀三獻訖祝史以爵酌福酒進獻官之右西向立獻官再拜受爵跪祭酒遂飲卒爵祝史進受虛爵復於坫獻官俛伏興祝史以俎進減神座前胙肉以授獻官獻官跪受以授齋郎獻官再拜謁者引獻官降自南陛還本位祝史進跪徹豆俛伏興還尊所奉禮曰再拜在位者皆再拜已飲福受胙者

不拜謁者引獻官就望瘞位北向立奉禮帥贊者就瘞埳西南東向立祝史進神座前跪取幣爵酒又以俎載牲體黍稷飯與降自南陛以幣酒饌置於埳訖奉禮曰可瘞東西各二人實土半埳謁者進獻官之左白禮畢遂引獻官以下出奉禮帥贊者還本位贊引引祝史以下俱復執事位立定奉禮曰再拜祝史以下皆再拜贊引引出其祝版燔於齋坊

司寒

司寒孟冬及立春藏冰春分開冰享之神位設於壇上北方南向席以莞祝版稱高麗國王謹遣某官姓名敬祭牲牢豕一　祭儀前祭三日諸享官散齋二日一日於正寢一日於本司無本司者宿尙書省致齋一日於享所前享一日郊社令掃除享所守宮陳設如常享日未明太官丞具少牢之饌郊社令帥其屬設酒樽於神座東南設洗位於壇東南北向上林令設桃弧棘矢於冰室戶內之右祭訖遂留之奉禮設上林令位於神座東南執事者位又於東南俱重行西向北上質明上林令以下各服其服郊社良醞令入實酒尊太官丞監設饌物贊引引祝史與執尊罍篚冪者先入立於神座前北向俱再拜訖各就位贊引引上林令及執事者俱入就位立定贊拜上林令以下皆再拜太官丞出詣饌所贊引進上林令之左白有司謹具請行事退復位太官丞引饌入祝史迎引於壇上設於神座前訖太官丞還本位贊引引上林令詣洗位盥手洗爵詣酒尊所上林令酌酒進神座前北向跪奠爵俛伏興少退北向立祝史持版進神座之右東向跪讀祝文訖興上林令再拜祝史跪奠版於坫俛伏興還尊所亞終獻如上儀祝史以爵酌福酒進上林令之右西向立上林令再拜受爵跪祭酒遂飮卒爵祝史進受虛爵復於坫上林令俛伏興再拜贊引引還本位祝史進跪徹豆俛伏興還尊所祝史與執尊罍篚冪者俱復位贊引贊拜上林令以下皆再拜贊引進上林令之左白禮畢贊引引上林令以下出其祝版焚於齋所

諸州縣文宣王廟

釋奠儀　齋戒前享三日三獻官（牧都護知州府郡事則使以下相次爲三獻官若防禦鎭使縣令鎭將監務三獻官不備則兼攝行事）及諸預享之官散齋二日致齋一日散齋皆於正寢致齋三獻官於廳事預享官各於本司散齋理事如

故唯不弔喪問疾不作樂不判署刑殺文書不行刑罰不經穢惡致齋唯享事得行其餘悉斷助敎及生徒皆淸齋一宿於學館若有樂工則亦淸齋一宿於享所

陳設行事附

前享二日本司掃除廟之內外又爲瘞埳於堂之壬地方深取足容物設三獻官次於門外隨地之宜前享一日晡後本司帥其屬守門設三獻位於東階東南每等異位俱西向設掌事位於三獻官東南西向設助敎位於西階西南當掌事位生徒位於助敎之後俱東向北上設贊唱者位於三獻官西南西向北上助敎以文師差充若無文師則以敎授生徒者代之本司掌醞者以學院吏贊禮贊唱者以禮院吏亦閑習禮文者爲之設望瘞位於堂之東北當瘞埳西向贊唱者位於瘞埳東北南向東上祭器之數先聖神座前簠簋各二簠實稻粱在左粱在稻前簋實黍稷在右稷在黍前竝居前籩八在左爲二行右上第一行石鹽乾魚乾棗栗黃第二行榛仁菱仁芡仁鹿脯豆八在右爲二行左上第一行韭菹醓醢菁菹鹿醢第二行芹菹兎醢筍菹魚醢俎一在籩豆間載豕牲又豆一實毛血在俎前木爵三在籩豆南每爵有坫罇二一實明水一實醴齊在神座東南西上加勺幂篚設於罇坫所幣以白長丈八尺祝坫設於神座右先師座亦如之罇在神座之左北上又設從享位各籩二在左一實栗黃一實鹿脯豆二在右一實菁菹一實鹿醢俎一在籩豆間載豕牲簠簋各一在籩豆間竝居前簠實稷簋實黍爵三在籩豆南每爵有坫罇四分左右二實明水二實醴齊又設洗於東階之東罍水在洗東加勺篚在洗西南肆篚實以巾爵享日未明烹牲於廚祝以豆一取毛血夙興掌饌者實祭器質明諸享官及生徒各服其服本司帥掌事者入實罇罍及幣祝版各實於坫贊唱者先入就位祝二人與執罇罍篚洗者入立於庭重行北向西上立定贊唱者曰再拜祝以下皆再拜執罇罍篚洗者各就位祝升自東階行掃除訖各立於罇所三獻官將至助敎生徒竝入就位三獻官至門外次改服出次贊禮者引三獻官以下諸享官以次入就位立定贊唱者曰再拜在位者皆再拜贊禮者進初獻官之左北向白請行事退復位本司帥執饌者奉饌陳於門外贊禮者引獻官升自東階詣先聖神座前北向立祝跪取幣東向授初獻官初獻官北

向跪奠於先聖神座俛伏興少退再拜訖又詣先師配座前東向立祝以幣北向授初獻官初獻官東向跪奠於先師座俛伏興少退再拜訖贊禮者引降復位本司引饌入升自東階祝迎引於階上各設於神座前設訖本司與執饌者降出祝還尊所贊禮者引初獻官詣罍洗盥手洗手洗爵拭爵訖升自東階詣先聖酒尊所執尊者去羃獻官酌醴齊詣先聖神座前北向跪奠訖俛伏興少退立祝持祝版進神座之右東向跪讀訖初獻官再拜祝跪奠版於坫與還尊所初獻官又詣先師尊所執尊者去羃獻官酌醴齊詣先師配座前東向跪奠爵俛伏興以次詣左右從享位酌獻訖詣配座前東向立東西廡分獻祝持祝版進配座之左北向跪讀訖初獻官再拜祝跪奠版於坫與還尊所贊禮者引初獻官詣飮福位西向立祝各以爵酌福酒合實一爵一祝持爵進初獻官之左北向立初獻官再拜受爵跪祭酒啐酒奠爵俛伏興祝各持俎進減神座前胙肉共置一俎上又以籩取稷黍飯共置一籩以次授初獻官每受以授執饌者取爵遂飮卒爵祝進受虛爵復於坫初獻官興再拜贊禮者引降復位贊禮者引亞獻官詣罍洗盥手洗爵升獻並如初獻之儀訖贊禮者引亞獻官詣飮福位西向立祝各以爵酌福酒合置一爵一祝持爵進亞獻官之左北向立亞獻官再拜受爵跪祭酒遂飮卒爵祝進受虛爵復於坫亞獻官興再拜贊禮者引亞獻官降復位初亞獻將畢贊禮者引終獻官詣洗升獻如亞獻之儀訖降復位祝各進神座前跪徹豆興還尊所贊唱者曰賜胙再拜在位者皆再拜已受福者不拜送神贊唱者曰衆官再拜在位者皆再拜贊禮者進獻官之左白請望瘞引就望瘞位西向立贊唱者轉就瘞埳東北位初在位者將拜祝各以篚進神座前跪取幣降自西階就瘞埳以幣實於埳訖贊唱者曰可瘞埳東西各二人實土半埳贊禮者白禮畢遂引初獻官以下諸享官以次出祝與執尊罍篚洗者俱復庭下位北向立贊唱者曰再拜祝以下俱再拜訖出祝版燔於齋坊

大夫士庶人祭禮

文宗二年七月壬寅制大小官吏四仲時祭給暇二日　恭讓王二年二月判大夫以上祭三世六品以上祭二世七品以下至於庶人止祭父母並立家廟朔望必奠出入必告四

仲之月必享食新必薦忌日必祭當忌日不許騎馬出門接對賓客其俗節上墳許從舊俗時享日期一二品每仲月上旬三四五六品仲旬七品以下至於庶人季旬八月庚申朔頒行士大夫家祭儀四仲月祭曾祖考妣祖考妣考妣三代嫡長子孫主祭衆子孫親伯叔父及子孫堂伯叔祖及子孫並於主祭家與祭與祭者之祖考不得與享此祭者則別作神主各於其家奉祀嫡長子孫無後次嫡子孫之長者主祭主祭者秩卑衆子孫內有秩高者祭品從秩高者祖考秩卑主祭者秩高祭品從主祭者之秩主人初獻主婦亞獻衆兄弟終獻主婦有故衆兄弟代之三獻人各致齋一日其餘宗族散齋主祭子孫奉神主別居遠地其衆子孫以俗祭儀祭於其室若神主在主祭家主祭者因事遠出則次嫡子孫就其家行祭如常儀旁親之無後者以其班祔之用紙錢無神主妻先夫亡者亦同有子孫則以紙錢祭於其家除四仲月正祭外如正朝端午中秋宜獻時食奠酒不用祝文如祖考忌日只祭祖考及祖妣祖妣忌日只祭祖妣不必徧舉仍請神主出中堂饗祭餘位忌日同祭品隨時損益不必視時祭儀外祖父母及妻父母無主祭者當於正朝端午中秋及各忌日用俗祭儀祭之行禮儀式一依朱文公家禮隨宜損益一品至二品設蔬果各五楪肉二楪麪餅各一器羹飯各二器匙筯盞各二三品至六品設蔬菜三楪果二楪麪餅魚肉各一器七品至庶人在官者菜二楪果一楪魚肉各一器羹飯盞匙筯並同兩位共一卓右宗子祭法自今中外遵守以成禮俗其中有人情事勢不便者不必拘宗法其見存族長奉神主主祠其餘嫡衆子孫並於其家與祭衆子孫所生父母各作神主祭於其家致齋如常儀三年六月己巳命中行家廟之制

雜祀

穆宗十一年十月改軷祭爲壓兵祭　顯宗二年二月以丹兵至長湍風雪暴作紺岳神祠若有旌旗士馬丹兵懼不敢前令所司修報祀三年十二月作西京木覓祠神象七月大醮于毬庭國家故事往往遍祭天地及境內山川于闕庭謂之醮十六年五月以海陽道定安縣再進珊瑚樹陞南海神祀典　靖宗元年五月甲辰祈晴于川上每水旱祭百神於

松岳溪上號曰川上祭五年二月壬午祀老人星於南郊九年九月壬申親醮于毬庭十二年六月己未親醮本命星宿于內殿　文宗二年二月己丑行壓兵祭于西京北郊七月己未親醮北斗于內殿五年四月戊申親醮于毬庭十二月戊子制大雪之候雪不盈尺宜令諏日祈雪於川上禮部奏仲冬以來雖無盈尺之雪雨復霈然況今節近立春不宜祈雪從之七年四月丁酉親醮于毬庭九年三月壬申宣德鎭新城置城隍神祠賜號崇威春秋致祭十年九月己丑祀太一於壽春宮以禳火災十四年五月甲午親醮于毬庭十八年五月己未親醮本命星宿于內殿十九年八月戊子朔木火二星失度醮于毬庭以禳之二十年三月戊午親醮于毬庭二十五年四月癸酉親醮于毬庭二十七年二月甲午行天祥祭以禳災變五月己酉醮百神於毬庭以禳災變　宣宗二年四月甲申親醮于毬庭三年十一月壬戌親醮祈雪四年正月甲戌親醮于會慶殿三月丙子親醮太一于文德殿以祈風雨調順五月己卯親醮于會慶殿禱雨七月丙辰醮于內庭十月乙酉親醮于內庭五年三月己酉遣使醮于氈城在鹽州東古祭天壇也六年二月辛酉親祀天地山川于毬庭十年六月甲子親醮于內殿祈穀十一年三月丁亥醮于毬庭　肅宗元年五月丙申醮于會慶殿二年五月丁卯醮于會慶殿三年二月甲申親醮于毬庭五月辛酉醮于會慶殿五年正月癸巳親醮于毬庭六月戊午祭五溫神於五部以禳溫疫六年二月甲午遣使秩祭于山川丙申祭溫神于五部以禳溫疫三月丙戌祭五溫神四月戊申合祭己卯年辛三角山所過名山大川于開城及楊州七年二月丙申命太子醮三界百神于毬庭十月壬子朔禮部奏我國敎化禮義自箕子始而不載祀典乞求其墳塋立祠以祭從之九年十一月丁亥醮太一祈雪十二月甲子祈雪于山川十年二月癸丑命太子醮三界靈祇于毬庭八月甲申遣使祭東明聖帝祠獻衣幣　睿宗三年五月辛酉王率近侍三品以上醮昊天五方帝于會慶殿八月丙戌命有司祀老人星于南壇六年二月己亥祀老人星于南壇十一年四月丁卯遣使祈雨於上京川上松岳東神諸神廟朴淵及西京木覔東明祠道哲嵒梯淵　仁宗元年二月甲午親醮于闕庭十

二月壬午秩祭山川七年三月甲申遣使醮于鹽州氈城明宗十四年五月丙戌以太字無嗣遣使禖祭于白馬山二十年十月甲申遣使西都祭藝祖廟西都藝祖之所興也至今衣冠猶在其廟故後王每於燃燈八關遣大臣致祭　高宗四十五年四月乙酉親醮三界　元宗十四年討三別抄于耽羅也無等山神有陰助之驗命春秋致祭　忠烈王元年六月戊辰遣使于忠淸慶尙全羅東界等道遍祭山川二年十月癸亥親醮于康安殿三年二月庚申朔親醮于本闕五月壬辰以耽羅之役錦城山神有陰助之驗令所在官歲致米五石以奉其祀四年二月庚申親醮于本闕九月辛卯遣使于平壤享太祖東明木覔廟五年三月庚戌親醮于康安殿五月丁卯用樂祀竹坂宮新殿鷲瓦六年三月戊申親醮三界于本闕七年三月甲子以將征日本祭纛于宮南門八年三月甲子親醮于本闕九年三月甲子親醮三界于本闕九月庚申親醮于本闕十年三月戊午親醮三界于康安殿十月丙午親醮于康安殿十一年三月己卯親醮三界于康安殿十二年三月丁丑親醮于康安殿十三年三月壬辰朔親醮三界于康安殿六月己巳將助征乃顔親祭纛于宮門十四年二月甲申親醮于康安殿十二月丙辰幸九曜堂醮十一曜十六年九月庚申將征日本祭纛于壽康宮十八年四月癸亥親醮三界于康安殿二十一年二月甲辰親醮三界于康安殿　忠肅王十二年十月令平壤府立箕子祠以祭　恭愍王五年六月令平壤府修營箕子祠宇以時致祭八年十二月丙子以賊起祭中外山川於神廟以求助九年三月甲午祭諸道州郡城隍于諸神廟以謝戰捷十年十月禱兵捷于群望二十年十二月命平壤府修箕子祠宇以時祭之　辛禑三年七月丙申都評議司言往歲玄陵將親討紅賊始立纛每月朔望祭之其弊不細請停罷從之四年五月甲戌以時令不和醮太一于福源宮五年三月辛未遣使醮摩利山甲申命淨事色大醮三界六年八月辛未命淨事色醮開福神于闕庭十一年三月丙子命醮于毬庭及淨事色十四年四月丙辰遣使醮助兵六丁

志卷第十七

志卷第十八　高麗史六十四

正憲大夫工曹判書集賢殿大提學知經筵春秋館事兼成均大司成臣鄭麟趾奉

禮六

凶禮

國恤

高麗人不立國恤之儀至國有大故則皆臨時采掇附比以從事事已則諱而不傳故其見於史者特梗槩而已　太祖二十六年五月丙午王疾大漸御神德殿命學士金岳草遺詔有頃而薨太子諸王及宗室近臣皆擗地哀號乃令百官列位於內議省門外宣遺命惠宗即位率群臣擧哀六月戊申發喪於詳政殿宣遺詔己酉殯于詳政殿之西階庚午行祖奠太常卿讀謚冊攝侍中元甫行禮賓令王仁澤奉大牢之奠壬申葬于顯陵以遺命喪葬園陵制度依漢魏故事悉從儉約　景宗六年七月王疾彌留甲辰遺詔服紀以日易月十三日周祥二十七日大祥西京安東安南登州等諸道鎭守各於任所擧哀三日釋服丙午薨于正寢葬于榮陵成宗即位　顯宗二十二年五月辛未王疾篤薨于重光殿德宗即位居翼室朝夕哀臨甲戌王率群臣成服百姓玄冠素服六月丙申葬于宣陵群臣公除戊戌王釋服十月戊寅宰輔表請復常膳許之元年五月己丑王以皇考中祥祭齋七日居翼室凉闇反哭擧哀一如唐德宗故事二年八月祔顯宗于太廟　文宗三十七年七月辛酉王疾篤薨于重光殿殯于宣德殿是日順宗即位八月甲申葬文宗于景陵十月乙未王疾篤遺詔在外州鎭官吏止於本處擧哀喪服以日易月薨于喪次是日殯于宣德殿丙申宣宗即位戊戌王率百官成服詣宣德殿行祭十一月庚申王親臨啓殯哭盡哀葬于成陵二年九月壬子王親奠于順宗魂殿九年九月壬午王太后李氏薨于西京歸葬戴陵乙酉遼遣王鼎來賀生辰有司奏古典天子諸侯三年之喪旣葬釋服心喪終制不與士大夫同禮今賀節使已至伏望以日易月二十七日後釋服迎命從之十年九月丁丑王詣仁睿太后返魂殿行小

祥祭從晉制奉安神主於本殿　肅宗十年十月王還自西京丙寅至長平門外以疾薨于輦中到西華門發喪太子群臣哭踊奉入延英殿即日移殯于宣德殿遺詔方鎭州牧止於本處擧哀服喪之制以日易月是日睿宗即位甲申葬于英陵元年三月乙卯王詣肅宗虞宮七年七月己巳王太后柳氏薨殯于大內八月丙申葬于崇陵王祖送于闕庭十七年四月王疾革丙申遺詔喪服以日易月方鎭州牧止於本處擧哀成服三日而除遂薨殯于宣政殿仁宗即位朝夕奠殯哭踊盡哀甲寅葬于裕陵七月己卯虞八月壬寅虞十月癸卯虞十二月朔丙戌虞元年四月癸巳小祥己酉虞十月乙酉虞二年四月甲戌祔于太廟二十四年二月王疾大漸丁卯遺詔喪服以日易月薨于保和殿是日毅宗即位三月甲戌王及百官國人成服甲申葬于長陵癸巳王以下釋服丙戌虞二年二月丁巳大祥　明宗三年十月庚申李義旼弑毅宗于雞林五年五月丙申發毅宗喪百官玄冠素服三日壬寅葬于禧陵十三年十一月癸未王太后任氏薨殯于義昌宮旁私第王朝夕哭臨閏月甲寅葬于純陵王導轜車自義昌宮步至彌勒寺釋服十四年二月壬戌卒哭禮官奏按仁睿太后喪制一依文廟故事卒哭之後上及群臣應帶紅鞓者皆服皂帶今太后之喪亦依此制中書省駁議王后喪制不宜與國王同王曰人子之於父母其心一也豈可重父而輕母哉卒哭之後朕雖許卿等帶紅而卿等宜引禮固辭況祥期之內朕常帶皂而卿等獨帶紅耶夏四月壬申燃燈翼日大會觀樂燃燈上元事也以國恤權停至是行之唯禁插花諸伎五月甲午金祭奠使太府監完顏亶來初至西郊亭接伴使大將軍張博仁舞蹈行問上禮亶以國恤舞蹈譏之曰何失禮也博仁猶不悟丁巳王宴金使使不入曰今日之事是謂花宴況王既起復禮宜從吉結彩棚奏樂插花可也不則不受享禮王使人荅曰雖受起復練祥未闋可從吉禮乎金使怒不赴宴六月戊辰宴金使竟不結棚插花奏樂八月王以嬖妾死久不御肉人譏之曰丁母后喪未五旬而復常膳今反乃爾何失禮之甚也十一月甲午虞己亥設八關會王觀樂于毬庭以太后祥月除賀禮及舞蹈工人庭舞歌曲初禮官奏仲冬乃王太后忌日請於孟冬行八關禮

王以問相府參知政事文克謙曰太祖始設八關蓋爲神祇也後世嗣王不可以他事進退之況太祖禱于神明曰願世世仲冬無令有國忌若不幸有忌則疑國祚將艾也故自統合以來仲冬無國忌今有之是國之災也而又以孟冬設八關固非太祖意禮官所奏不可許從之翼日大會王又觀樂于毬庭十五年八月壬申行八關祭十六年正月丙午祔于太廟　神宗五年十一月戊午明宗薨于昌樂宮宰樞及常參官以上皂帶詣闕陳慰宗室百官及士庶人玄冠素服三日唯葬禮都監服至葬日己巳金遣戶部侍郎李仲元來賀生辰十二月朔辛未王受詔于大觀殿先遣左承宣于承慶謂金使曰前王在殯迎詔及宴不敢擧樂金使曰迎天子之命豈可以私喪徹樂乎遂用之丙辰宴金使先遣人告曰前王在殯未敢宴於正殿金使不聽再告乃許之閏月壬寅葬明宗于智陵王初欲葬以王禮崔忠獻堅執不可降從其妃景順王后葬儀閒用仁廟葬禮時太子斥在江華未得襄事國人哀之七年正月己巳王背疽御千齡殿詔太子嗣位是爲熙宗丁丑薨戊寅殯于靖安宮崔忠獻會宰樞於其第議減禮司所奏服喪二十六日爲十四日二月庚申葬于陽陵二年二月己未祔于太廟　康宗二年八月王不豫丁丑遺詔易月之服三日而除薨于壽昌宮戊寅高宗即位九月丙寅葬于厚陵十九年六月朔庚戌王妃王氏薨百官玄冠素服三日辛酉葬王后四十六年六月壬寅王薨于柳璥第遺詔太子嗣位太子奉使未還聞太孫監國易月之服三日而除太子即元宗七月乙卯有事于太廟以國恤除牲牢樂懸九月丙辰蒙使如大只大等來太孫傳令旨曰大朝使來不可以凶服迎當服皂鞓以迎其留使外館以待終制己未葬高宗于洪陵太孫釋服元宗在元聞訃服喪三日而除元年二月己酉燃燈太孫如奉恩寺除黃紅傘水精鉞鈇駕前儀仗及引駕其他諸王宰樞兩班士卒侍衛如常儀入康安殿與諸王分坐東西看樂許諸王宰樞文武兩班服吉服紅鞓三月甲申元宗還戊子即位六月丙寅小祥十五年六月王不豫癸亥遺詔易月之服三日而除諸鎭州縣毋得越疆奉遵朝廷哀制至於科擧昏姻一切如舊薨于堤上宮八月戊辰瀋王至自元詣堤上宮謁殯殿己巳王幸本闕服黃袍即

位于康安殿是謂忠烈王九月壬午王詣殯殿始服斬衰麻經率群臣哭乙酉葬于韶陵王釋喪服元年十一月乙未王行七虞祭於魂殿二年六月乙丑祔于景靈殿七月乙未祔于太廟二十三年五月壬午安平公主薨于賢聖寺殯于壽寧宮令國中士庶素衣白帽至葬八月丙午世子成服己未葬于高陵三十四年五月王不豫七月己巳薨於神孝寺是夜殯于淑妃金氏第八月壬子瀋陽王自元來奔喪詣殯殿入哭設奠百官以玄冠素服侍立甲寅瀋陽王服紫袍詣景靈殿告嗣位遂至壽寧宮即位是爲忠宣王九月辛卯王祭殯殿癸巳祭殯殿乙未王祭殯殿大斂三臨盡哀百官皆縞素停朝市十月丁酉葬于慶陵諸司設奠道次祖送梓宮初發王衰麻經手擎香爐步至十川橋乃乘肩輿至山陵葬訖率百官大臨侍魂輿而返安於靈眞殿二年九月丁丑祔于寢園攝太尉大寧君權有滄前一日詣靈眞殿齋宿其日早行告事由祭攝司徒政丞柳淸臣典儀判事李之氐與諸享官受祝版徑詣寢園百官具儀衛會靈眞殿門外敘立奉木主出安于輅密直二人坐於前攝上護軍二人坐於後內侍常參二人又坐其後百官前後導從至寢園太尉司徒及典儀判事先入庭分立左右右上諸享官及侍臣入庭分立奉主去輅就輿樂作及門樂止齋郎奉主置拜位攝侍中俯伏致告訖奉主復乘輿堂上執禮官引入正室先見太祖次見惠顯二祖次見仁明二祖訖奉安于位堂下樂作太尉洗爵初獻司徒亞獻典儀終獻其禮實王之所制也　忠肅王二年十一月薊國大長公主在元不豫十二月甲午薨庚子柩東還仁宗皇帝命中書省御史臺百官奠于道三年二月丙子公主喪至百官玄冠素服迎于郊殯于永安宮庚寅葬公主十二年五月辛酉太尉王(即忠宣王)薨于燕邸甲戌訃至遣三司使尹莘傑萬戶姜融迎梓宮于平壤七月癸酉梓宮至百官玄冠素服郊迎殯于淑妃宮十一月甲寅葬于德陵十七年六月丁未祔于寢園　忠惠王後五年正月王在元丙子薨于岳陽縣閏二月己巳訃至停朝市三日六月癸酉梓宮至八月庚申葬于永陵忠穆王二年正月丁未奉安木主于魂殿五月乙酉祔于太廟　恭愍王元年三月辛亥忠定王遇鴆薨于江華七月癸酉葬于聰陵諸司一員服斬衰奉安

神御于宣明殿辛禑元年四月己酉祔于太廟　恭愍王十四年二月甲辰徽懿公主薨輟朝三日百官玄冠素服置殯殿國葬造墓都監及山所靈飯法威儀喪帷轜車祭器喪服返魂服玩小造棺槨墓室鋪陳眞影等十三色以供喪事又命諸司設奠四月壬辰葬于正陵百官玄冠素服送至陵及返魂改吉服從還王手寫公主眞日夜對食悲泣三年不御肉膳二十三年九月甲申洪倫等弑王丙戌殯于賓房辛禑與宰樞發喪擧哀十月庚申葬于玄陵百官皆喪服秉燭導轜車前行諸司設奠道次禑以喪服出演福寺西街迎拜肩輿前導至宣義門外拜送平笠白衣乘馬而還百官至山陵葬訖以吉服返魂於賓源庫　辛禑元年三月甲戌貞順淑儀公主薨百官玄冠素服輟朝市四月甲辰葬于頃陵百官又玄冠素服送至山陵公服侍魂輿而返安於魂殿

陳慰儀

其日百官並皀鞓閤門先立殿門外東邊祗候分引兩班中心爲頭異位重行北向立定侍臣隨品交立祗候引宰臣就褥位舍人喝宰臣兩班再拜閤使出行詣宰臣右立宰臣搢笏跪進表閤使揖搢笏奉表押笏奉表入門揖落笏趍進一拜跪搢笏呈表於几上膝退面拜趍退出門外揖就位揖云奉宣卿等所慰已知舍人喝皆再拜祗候引宰臣出次引兩班出訖閤門橫行再拜行頭進步復位拜揖退

祔太廟儀

其日承宣開殿實魂殿都監判官秉燭先升拂匱筵趺几踏臺訖太祝入室啓匱出神主安於趺上行告祔廟祭訖太祝入室奉神主還安匱內闔戶而出承宣封室戶儀仗樂部列於門外尙舍設褥位於殿庭指諭牽龍各著錦衣陪腰輿置褥位上又設褥位於外庭置綵帛樓子又設褥位於大門外置大輅於褥位南承宣重房備身將軍指諭內侍茶房序立於內紫門階下執禮命尙賛閤門祗候引傘扇入陳於外庭侍臣左右分立宰臣密直一行西上太史局奏時員報某時承宣開室戶攝侍中詣匱前跪奏云請降座升輿內侍一員奉靈匱一員奉趺几太祝宮闈令奉神主匱降自西階安於腰輿殿侍衛及巡檢等陪立次殿中禁服其服左右分立指諭牽龍陪立於紫門階上次承宣重房備身將軍內侍茶房

詣謚肅拜訖殿都知着錦衣奉鈍子左右分立陪腰輿出門外小駐舍人喝宰臣密直左右侍臣肅拜訖攝侍中跪請降輿升樓子安於樓子如前儀進行至大路前褥位小駐攝侍中跪奏請降樓子升輅安於輅上如前儀舍人喝百官再拜勑侍奉員將文步兩班上馬黃門侍郎奏上馬舍人喝百官再拜訖上將軍一員佩刀就輅前立奏神主路上行李萬福升祔太廟再拜訖密直二員上將軍二員內侍叅上四員叅乘密直輅外前面上將軍後面別監輅內稍後左右陪奉到太廟外駐輅叅乘官俱下前到享官肅拜訖輅至門外攝侍中跪奏請降輅升輿安於輿上如前儀尙舍於門外先設幕次幕前設褥位腰輿到褥位上以樓子邀之尙舍別監捲簾安於幕內床褥上如前儀廟庭執禮俟廟內諸事畢詣幕次舍人喝宰樞侍臣再拜權退引腰輿置幕前褥位上別監又捲簾廟庭大祝奉神主匱安於腰輿齋郎陪腰輿贊者引入廟門廟庭執禮曰魂殿侍衛員將人吏掌固退散出門外再拜退散後齋郎等陪腰輿入安于廟庭東邊褥位大祝齋郎奉木主歷見太祖而下先王先后訖入安于當祔之室享官行祭禮畢闔戶而出祔景靈殿儀放此

上國使祭奠贈賻弔慰儀

文宗之喪宋遣祭奠使左諫議大夫楊景略副使禮賓使王舜封弔慰使右諫議大夫錢勰副使西上閤門副使宋球來祭奠使設奠于魂殿使副就位執事告陳設畢使副即席再拜使搢笏焚香酹酒讀祝文本國上陪官捧祝文俛伏興使副再拜訖嗣王向闕立使稱有勑嗣王再拜使口傳宣訖嗣王再拜使搢笏捧贈賻詔書嗣王跪受俛伏興祭奠禮畢弔慰使副少進嗣王向闕立使宣有勑嗣王再拜口宣及授弔慰詔書並如祭奠使儀訖與祭奠使副展慰陳狀如常儀仁睿太后之喪金遣太府監完顏亶來賜祭將祭亶問曰太后畫象坐耶立耶對曰坐亶曰諸侯王母座而天子使拜可乎必藏影幀乃入行事王遣人陳諭再三亶從之王立庭下亶登堂再拜奠爵安平公主之喪元遣火魯忽孫來弔王與世子素衣短帽黃帶群臣玄冠素服與火魯殯忽入孫臨殿

先王諱辰眞殿酌獻儀

其日質明禮司奏初嚴所司陳仗衛於殿庭內外如常儀樞

密以下左右侍臣就大觀殿庭文武百寮就泰定門外立班以俟侍中詣宣仁殿門版奏外辦禮司奏二嚴王出御大觀殿鳴鞭內外仗衛大喝再拜舍人喝樞密以下左右侍臣再拜次閤門員引宰臣就拜位舍人喝宰臣再拜西出黃門侍郞就庭中俛伏跪奏請動駕奏訖俛伏興退復位王降殿升輦出利賓門外禮司奏三嚴出泰定門黃門侍郞出就輦前俛伏跪奏請駐輦俛伏興舍人喝文武百寮再拜次黃門侍郞復就輦前俛伏跪奏請勑侍臣百寮上馬侍中傳宣曰可黃門侍郞俛伏興傳侍臣員將文武兩班宣許上馬傳訖舍人喝樞密以下侍臣及近臣百寮應騎者俱再拜訖黃門侍郞復出俛伏跪奏請動駕俛伏興退復位鳴鞭侍臣前導出昇平門前後導從應騎者皆乘馬駕至眞殿門外降輦入幄次殿內酌獻並與燃燈小會駕幸儀同酌獻時宰臣以下文武百寮皆着皂鞓

成宗八年十二月敎太祖及王考戴宗王妣宣義王后忌月禁屠殺斷肉膳　靖宗三年七月壬戌以王妣元成太后諱辰百官就乾德殿上表陳慰諱辰陳慰始此自後考妣諱辰宰臣進表三品以上黑帶假紅以下犀帶陳慰如儀　文宗三十一年五月甲戌王以顯考忌服素襴避正殿令中外斷音樂禁弋獵終月　恭讓王三年正月辛丑禮曹啓曰安慶公淐以元王母弟簒立元朝遣使奉元王復位則淐不當稱爲英宗亦不當載諸祀典今遇忌日致祭有乖大義請罷之且忠肅王妃洪氏乃忠惠王恭愍之母后忠惠王妃尹氏乃忠定王之母后以正統君王有後之妃迄今不祀實爲闕典乞兩妃忌日及眞殿祭享悉倣近代先后禮從之

上國喪

顯宗二十二年七月己未契丹報哀使工部郞中南承顏來告聖宗喪宣詔於顯宗魂堂辛酉德宗引契丹使擧哀於內殿十月辛巳遣工部郞中柳喬如契丹會葬　文宗九年九月癸亥契丹告哀使鴻臚少卿張嗣復來告興宗喪王聞嗣復過鴨綠江減常膳徹音樂禁屠宰斷弋獵禮司奏禮世子不爲天子服又童子不緦乞太子及樂浪開城國原侯並不服平壤公以下文武常參以上服喪從之乙丑王服素襴率百官出昌德門前嗣復傳詔擧哀行服輟朝市三日丙子遣

知中樞院事崔惟善工部侍郎李得路如契丹弔喪會葬
仁宗十三年二月辛丑金報哀使檢校右散騎常侍王政來告太祖喪百官玄冠素服癸卯王受詔與國人服喪三日閏月丁未報哀使還附表陳慰乙卯遣少卿金端侍御史李時敏如金弔喪十四年二月丙辰金遣使來告太皇太后喪擧國素服三日丁卯遣殿中監尹彥植左司諫崔允儀如金弔祭　明宗十九年正月金世宗崩三月戊午遣奉慰使及祭奠兼會葬使如金己未金遣使來告喪庚申王素服率百官迎詔于都省廳擧哀四月壬戌釋服二十一年二月乙未金遣完顏臣來告皇太后喪遣大將軍韓正修郎中崔敦禮如金弔喪大將軍文得呂司業李世長致祭丁酉王率群臣發哀於都省　熙宗四年冬金章宗崩五年正月丁酉遣奉慰使史洪紀祭奠使李淳中如金　忠烈王二十年正月癸酉世祖皇帝崩王與公主以羊十馬一祭于殯殿二十六年正月丙寅元皇太后崩四月庚戌遣同知密直司事薛景成如元弔喪戊午王如元弔喪六月癸酉王祭太后殯殿　恭讓王四年六月己卯王聞大明皇太子薨欲發喪廷臣啓曰皇太子未成爲君不可服喪於是輟朝三日百官布帶

隣國喪

太祖七年九月新羅王昇英薨來告喪王擧哀遣使弔之

諸臣喪

高麗大臣之卒賻贈恩恤極爲優厚然其儀制史闕未詳略擧其見於史者以著其凡　太祖十九年十二月大匡裴玄慶疾篤王親幸其第問疾王出門而玄慶卒王駐駕命官庀葬事而後還　成宗六年三月內史令崔知夢卒王聞訃震悼賻布千匹米三百石麥二百石茶二百角香二百斤官庀葬事贈太子太傅謚敏休八年五月守侍中崔承老卒王慟悼下敎褒其勳德贈太師賻布千匹麪三百石粳米五百石乳香百斤腦原茶二百角大茶十斤十四年四月平章事崔亮卒王慟悼贈太子太師賻米三百石麥二百石腦原茶千角以禮葬之謚匡彬　穆宗元年七月內史令徐熙卒賻布千匹麰麥三百石米五百石腦原茶二百角大茶十斤栴香三百兩謚章威以禮葬之七年六月侍中韓彥恭卒賻米五百石麰麥三百石平布八百匹中布四百匹茶二百角贈內

史令諡貞信以禮葬之　顯宗八年五月戶部尙書金殷傅卒輟朝一日後贈侍中十五年六月平章事崔沆卒王悼甚賻絹三百匹布五百段米麥各千石諡節義二十二年八月侍中姜邯贊卒輟朝三日諡仁憲命文武兩班會葬弔誄賻贈加禮　靖宗八年六月內史令徐訥卒王御重光殿廊下擧哀貴臣擧哀與諸王同其異者一擧哀而止耳　文宗元年十月平章事皇甫潁卒賜米百石麥五十石布四百匹大茶三百斤香十斤　肅宗九年九月參知政事朴寅亮卒賜弔慰敎及誄書賻贈以禮諡文烈　睿宗五年七月平章事李顥卒輟朝三日遣使弔祭官庀葬事諡文良十年二月中書令崔思諏卒王震悼輟朝三日賻恤優厚令百官會葬諡忠景　仁宗十四年十一月樞密院知奏事鄭沆卒王悼甚輟朝弔祭賻米百石布二百匹御筆特諡文安　毅宗十一年二月平章事高兆基卒輟朝三日命有司護喪賜諡　明宗十六年四月政堂文學崔汝諧卒官庀葬事輟朝三日諡文貞十九年九月平章事文克謙卒輟朝三日諡忠肅　高宗四年三月樞密副使蔡靖卒官庀葬事以賞平賊之功六年八月崔忠獻死十二月丙子以忠獻死輟朝三日　元宗四年十一月永安公僖卒五年四月辛未以僖卒輟朝三日十四年九月平章事張信卒十一月庚子以信卒輟朝三日

恭愍王十七年密直副使李岡卒王悼甚賜厚賻樞密例不得諡特諡文敬

五服制度

斬衰三年給暇百日正服子爲父女子在室及已嫁而返室者爲父義服妻爲夫妾爲君加服嫡孫父卒承重者爲祖父曾玄孫承重者爲曾高祖齊衰三年給暇百日正服子爲母加服嫡孫父卒承重者爲祖母曾玄孫承重者爲曾高祖母公侯以下三日而葬十三月小祥二十五月大祥二十七月禫祭齊衰周年給暇三十日正服爲祖父母爲伯叔父及妻爲姑姉妹在室爲姉妹適人無夫子爲兄弟爲長子及妻爲衆子及女子爲姪及姪女在室爲嫡孫及嫡孫女爲嫡曾孫庶母爲其子及君之衆子降服父卒母嫁（爲父後者無服）報服亦如之義服嫁繼母爲子外族正服爲外祖父母義服爲繼母慈母義母長母爲妻大功九月給暇二十日長殤正服爲伯叔

父及姑爲兄弟姊妹爲子及女子爲姪及姪女爲嫡孫成人正服爲堂兄弟爲堂姊妹在室爲衆子妻爲庶子及妻爲姪妻降服爲姑姊妹姪女適人外族正服爲舅爲姨在室小功五月給暇十五日正服爲曾祖父母爲伯叔祖父母爲從祖母在室爲堂伯叔及妻爲堂姑在室爲兄弟妻爲再從兄弟爲再從姊妹在室爲堂姪及堂姪女爲嫡孫妻爲姪孫及姪孫女在室爲嫡曾孫妻殤正服爲伯叔父及姑之中殤爲兄弟姊妹之中殤爲子及女子姪及姪女之中殤爲嫡孫之中殤爲衆孫之長殤爲嫡曾孫之長殤降服爲堂姊妹適人外族正服爲舅妻爲外甥及外甥女在室義服爲妻父母爲女壻緦麻三月給暇七日正服爲高祖父母爲堂伯叔祖父母爲再從伯叔及妻爲再從姑爲堂兄弟妻爲親表兄弟及姊妹爲再從姪及姪女在室爲堂姪孫女爲曾孫女爲衆孫女爲曾姪孫爲嫡玄孫降服爲從祖母及堂姑適人爲再從姊妹及姪孫女適人殤正服爲伯叔父及姑之下殤爲堂叔堂姑之長殤爲兄弟姊妹之下殤爲堂兄弟姊妹之長殤爲子及女子姪及姪女之下殤爲嫡孫之下殤爲衆孫之中殤外族降服爲姨及外甥女適人正服爲堂舅爲舅姨兄弟及姊妹爲外甥妻爲外孫義服爲庶母乳母凡五服聞喪給暇三分分之二有剩日入暇限成宗四年初定此制十一年六月制六品以下不入常參官父母喪百日後所司勸令出仕除起復銜以黲服烏角遙謝行公十五年七月定朝官遭喪給暇式忌暇各三日每月朔望祭暇各一日大小祥祭暇各七日大祥後經六十日行禫祭暇五日　穆宗六年六月制五品以下官吏父母喪百日後所司勸令出仕即上讓表不允遙謝後起復結銜以黲服烏角出仕　顯宗九年五月制文武官遭喪第十三月初忌日小祥齋給暇三日其月晦日小祥祭給暇三日第二十五月二忌日大祥齋給暇七日其月晦日大祥祭給暇七日自翼日計六十日至二十七月晦日禫祭給暇五日二十八月一日以吉服正角出官行公十九年四月制京外官吏父母喪大祥齋後禫暇前依前出仕
靖宗三年正月制外任及東西兵馬官吏之妻在京身死令坊里報吏部除奏聞并行喪式限行移界兵馬使及界員無事時則所管事體酌量許令上京以爲恒式又官吏及軍其

人等有父母墳墓改葬者給暇三十日來往程途其官遠近參酌施行六年八月制各道起復領軍員當驂服者權著吉服正角還軍歸家依制驂服九年六月制罪不及孥前典彝訓誅殺人等無罪之子禮當行服其三年大喪依制行服其他五服勿令給暇　文宗三年九月丙申制外方官吏遭兄弟姉妹喪者若在遠州除申請京官直於外官請暇妻父母服不論妻之先後並令給暇四年正月制外官父母在京身死除奏達許令上京軍與時則所管事體商量兼考兵馬使給暇移文酌量裁決其別命員及隨使記事者亦依此例八年正月制防禦官父母喪百日已滿以吉服正角遙謝赴任二十二年十月制嫁母之喪前式無服然人子不服其喪似忘劬勞膝下之恩自今行百日服後以吉服正角出仕三十年六月制先亡有後之妻及同居妻父母服制依式給暇三十三年八月制外任官大祥祭給暇外方立魂堂者許於魂堂在處行禮仍留行禫以吉服正角還任九月制奉使入朝官吏父母身死廻還後雖已過百日自聞喪日給暇百日三十五年二月制諸州縣長吏受武散階者小喪依制給暇以下以導信義葬時給暇三十七年十二月制宮城內各衙門官吏驂服出入不合儀制凶服者不入公門之義宮城外官准資換任其不得已任宮城官者依書儀入朝但吉服之文入宮城吉服歸家依制行服　宣宗二年六月制異國投化官吏父母在本國身死自聞喪日依制給暇六年十二月制嫁母之服前制只給百日暇其餘心喪嫁母自有區別其大祥祭外任之子勿許上京　睿宗五年三月制起復外官異朝使臣迎接者權著吉服正角　仁宗十四年二月制同宗支子及遺棄小兒三歲前節付收養者爲收養父母並服三年喪遺棄小兒仍繼其姓同宗支子爲親父母期年異姓族人之子收養者服喪之制禮雖無據恩義俱重不可無服其令服大功九月四十九日　明宗十四年七月制文武入流以上者妻之父母依親伯叔之妻齊衰周年給暇二十日

忠烈王三年正月辛卯中贊金方慶持妻母服命權宜後行宰相服制後行古無其例時軍國務繁始有是命七年四月庚午敎士卒雖遭父母喪過五十日即從軍　恭愍王四年十二月辛未罷三年丁憂之制六年十月辛巳諫官李穡等

請行三年喪從之八年十二月辛未以兵興除忽赤忠勇三都監五軍三年喪九年六月丁亥命百官親喪三年八月丙戌敎四方兵興軍務方殷其除三年喪制前此雖許行三年喪然百日衰絰之習如舊但解官不仕而已 恭讓王三年五月庚子更定服制一遵 大明律服制式唯外祖父母妻父母服與親伯叔同無後□以三歲前遺棄小兒冒姓付籍者即同己子其以同宗之子親近爲先繼後者亦許行服三年之喪天下之通喪自今許終其制其中關係國家要務必合起復者啓聞取旨奪情起復大小軍官及不許丁憂者止行百日喪其父母喪二十五月內每月行朔望祭至十三月初忌日行小祥祭二十五月第二忌日行大祥祭二十七月晦行禫祭二十八月一月始服吉服喪三年內不許娶婦及宴飮四年四月甲戌除軍官三年喪

百官忌暇

景宗六年十二月制父母忌日依書儀一日兩宵給暇 成宗元年十二月制百官遇父母忌給暇一日兩宵祖父母忌無親子則亦依父母例 顯宗十一年閏六月制無親子祖父母忌日除庶人外文武入仕人並給暇一日兩宵 文宗三十年六月制先亡有後之妻及同居妻父母忌日依制給暇 明宗十四年七月制文武入流以上者妻父母忌日依外祖父母式一日兩宵給暇 恭讓王三年五月庚子敎近設家廟旣令六品以上祭三代自今許行曾祖考妣忌日之祭

重刑奏對儀

王便服出坐內殿南廊牽龍都知肅拜訖承宣重房院房六局員次次肅拜閤門去靴笏着絲鞋侍臣皆同入庭橫行自喝再拜行頭進步復位各祗候後左邊立刑部奏對員省郎丹筆員入庭舍人喝再拜出外祗候引宰臣樞密至門執禮傳引就褥位立定執禮徵喝再拜執禮承傳云賜座執禮徵喝再拜引上殿坐東邊褥位茶房參上員從夾戶入進茶內侍七品員去盖子執禮上殿前楹外面拜勸茶放後下殿次院房八品以下進宰樞茶執禮又上殿伏面請茶出次丹筆奏對員入奏丹筆制斬決除入有人島畢後勸御藥及宰樞藥執禮引宰樞下庭褥位徵喝再拜執禮承傳云宣賜酒果執禮

徼喝再拜引出奏對員省郎丹筆員入庭舍人喝再拜執禮承傳云宣賜酒果舍人喝再拜出次閤門橫行再拜執禮云侍奉員將宣賜酒果舍人喝再拜執禮舍人皆再拜以次出

軍禮

遣將出征儀

遣將出征宜大社告太廟竝有司行事如奏告之儀出鉞還鉞王皆親告景靈殿前一日尙舍局設王座於大觀殿上如常儀設元帥副元帥褥位於殿庭中心北向守宮署設元帥副元帥次於殿門外朝堂其日依時刻仗衛入陳於殿庭如儀樞密及左右侍臣入就殿庭位元帥副元帥服戎服前一日有司奉宣賫征袍戎衣到尙書兵部准舊例頒賜元帥以下從軍文武員寮宰兵馬鈴轄以承制充之及諸軍從事官俱詣殿門外重行北向立訖王服絳紗袍出坐殿鳴鞭仗衛奏山呼再拜訖舍人喝樞密以下侍臣常起居訖閤門引宰臣入就位舍人喝宰臣再拜訖閤門引宰臣自東側階升殿近東西向北上立次引宰樞自西側階升殿近西東向北上立訖引元帥副元帥入殿庭就褥位北向立舍人喝元帥副元帥再拜閤門稱有勅舍人喝再拜躬聽口宣訖舍人喝元帥副元帥再拜閤門引元帥自西階升殿進王座之右稟諸方略上將軍奉斧鉞詣王座右跪進王降座執斧鉞授元帥元帥跪受降自西階閤門引元帥副元帥由正門出郎將傳奉斧鉞在前先導閤門引兵馬鈴轄及諸軍使副判官以上入殿庭重行北向東上立舍人喝鈴轄以下再拜又再拜訖閤門引自西偏門出錄事以下於殿門外禮數如上儀王入內殿宰臣樞密以下左右侍臣及仗衛以次出元帥副元帥出泰定門外樂作至兵部樂止鈴轄以下諸軍使副判官於階上俱重行再拜錄事以下階下祗揖吏拜訖便行師如
軍令式

師還儀

師還前一日尙舍局設王座於大觀殿設元帥副元帥拜位於殿庭守宮署設元帥副元帥次於殿門外朝堂又於宿亭設元帥副元帥座於東邊筵伴宰臣座於西邊又設拜命褥位於庭中筵伴到宿亭閤門引元帥以下出門相揖入門各就褥位鈴轄及諸軍使副判官錄事每等異位重行立定舍人喝元帥以下向闕再拜問聖體舍人喝元帥以下再拜筵

伴口宣訖舍人喝元帥以下又再拜訖閤門引筵伴及元帥副元帥各從東西階升亭上就褥位立定執禮官交呈起居狀筵伴及元帥起居訖閤門引各就座赴勞宴禮畢閤門引筵伴及元帥副元帥以下降就庭中褥位舍人喝元帥以下再拜元帥奉謝表詣筵伴前跪進筵伴小前接表俱退復位舍人喝元帥以下又再拜訖筵伴以表傳於持函持函者先出元帥及筵伴伴行出門相揖分位其日畫亭設筵伴公侯伯座於東邊元帥副元帥座於西邊其餘拜命勞宴附表禮數如上儀元帥勒所部兵衛鼓吹令押凱歌分左右二部以次陳列鼓吹振作至廣化門樂止依時刻禁衛入陳於殿庭如常儀樞密以下左右侍臣入就殿庭位元帥副元帥率諸軍寮佐至殿門外閤門引元帥副元帥入次訖近臣奏外辦王服絳紗袍出坐殿禁衛奏山呼再拜舍人喝樞密以下侍臣常起居訖閤門引宰臣入就位舍人喝宰臣再拜訖閤門各引宰臣樞密自東西側階升殿就位立閤門引諸軍使副判官錄事諸領府郎將以上入殿庭每等異位重行立定閤門引元帥捧斧鉞入殿庭自西階升殿詣御座之右跪上斧鉞王降座執斧鉞傳授上將軍訖元帥降自西堦就拜位舍人喝元帥以下再拜閤門引出殿門外元帥副元帥及諸軍使副判官錄事從事官各服公服閤門分引元帥以下入就殿庭重行北向立定舍人喝元帥以下再拜舞蹈又再拜奏聖躬萬福舍人喝元帥以下再拜元帥出行致辭復位舍人喝元帥以下群官再拜舞蹈又再拜訖近臣承旨降自東階詣元帥東北西向傳宣稱定難功業惟朕乃嘉元帥以下再拜舞蹈又再拜閤門傳宣賜酒食舍人喝元帥以下再拜舞蹈又再拜訖閤門引元帥以下西出王入內殿宰臣樞密左右侍臣及仗衛以次退

睿宗二年十月壬寅命尹瓘爲元帥吳延寵副之往伐女眞十二月朔壬午王御威鳳樓瓘延寵率三軍將士以次入庭拜訖賜鈇鉞遣之三年春瓘等平女眞築六城立碑于公嶮鎭以爲界至四月己丑瓘延寵凱還命具鼓吹軍衛迎之遣帶方侯俌齊安侯偦勞宴於東郊瓘等詣景靈殿復命還鈇鉞王御文德殿引瓘延寵上殿問邊事未幾女眞侵犯六城之地四年四月命副元帥吳延寵復征之戊寅延寵陛辭王

詣景靈殿親授鈇鉞遣之　仁宗十三年正月西京反命金富軾討之甲寅王御天福殿富軾以戎服入見命上陛親授鈇鉞遣之十四年二月戊午西京降四月庚子富軾凱還王詣景靈殿告平西賊賜富軾甲第一區　高宗三年閏七月契丹寇西北境轉掠州郡十月命參知政事鄭叔瞻爲行營中軍元帥樞密院副使趙冲爲副往擊之十二月己未幸順天館御文德殿群臣入謁分立左右叔瞻冲以戎服率諸惣管入庭行禮王親授鈇鉞遣之　恭愍王五年五月遣評理印璫等往攻鴨江以西八站九月癸未以曲城伯廉悌臣爲都元帥刑部尙書柳淵等副之以備西北賜貂裘金帶授鉞遣之十三年二月戊戌西北面都元帥慶千興都巡慰使崔瑩等卻德興兵凱還王命有司郊迓如迎賀儀十八年十一月辛未以守門下侍中李仁任爲西北面都統使賜大纛以遣之

救日月食儀

其日應陪侍群臣並玄冠素服伺候王素服出坐絞床承宣重房肅拜訖分立閤門入庭橫行再拜行頭進步復位揖左邊立祗候引樞密就褥位橫行立定舍人喝再拜訖分立王入歇待時刻復出下殿立尙舍別監點香王拜禮後還上殿閤使承傳云賜樞密坐舍人喝再拜閤使又云賜侍奉員將坐舍人喝再拜就坐救食訖王下殿尙舍別監點香王拜禮訖還上殿入內　文宗元年二月乙亥朔日食御史臺奏舊制日月食太史局預奏告諭中外伐鼓於社上素服避殿百官素服各守本局向日拱立以待明復今太史官昏迷天象不預聞奏請科罪從之

季冬大儺儀

大儺之禮前一日所司奏聞選人年十二以上十六以下爲侲子著假面衣赤布袴褶二十四人爲一隊六人作一行凡二隊執事者十二人着赤幘褠衣執鞭工人二十二人其一方相氏著假面黃金四目蒙熊皮玄衣朱裳右執戈左執楯其一爲唱帥著假面皮衣執捧鼓角軍二十爲一隊執旗四人吹角四人持鼓十二人以逐惡鬼于禁中有司先於儀鳳廣化朱雀迎秋長平門備設酒果禳物又爲瘞埳各於門之右方深稱其事前一日夕儺者各赴集所具其器服依次陳

布以待事其日未明諸衛依時刻勒所部屯門列仗入陳於階下如常儀儺者各集於宮門外內侍詣王所御殿前奏侲子備請逐疫訖出命儺者以次入鼓譟以進方相氏執戈揚楯唱率侲子和曰甲作食殉赫胃食疫雄伯食魅騰簡食不祥覽諸食咎伯奇食夢强梁祖明共食磔死寄生委隨食觀錯斷食巨窮奇騰根共食蠱凡使十二神追惡鬼凶赫汝軀拉汝肝節解汝肌肉抽汝肺腸汝不急去後者爲糧周呼訖前後鼓譟而出諸隊各趣門以出出郭而止儺者將出大祝布神席當中門南向出訖齋郎陳神座籍以席北首齋郎酌酒大祝受而奠之祝史持版於座右跪讀祝文祭以大陰之神祝版以大祝名訖興奠版於席乃舉牲物并酒瘞於埳訖退

靖宗六年十一月戊寅詔曰朕即位以來心存好生欲使鳥獸昆虫咸被仁恩歲終儺禮磔五雞以驅疫氣朕甚痛之可貸以他物司天臺奏瑞祥志云季冬之月命有司大儺旁磔土牛以送寒氣請造黃土牛四頭各長一尺高五寸以代磔雞從之　睿宗十一年十二月己丑大儺先是宦者分儺爲左右以求勝王又命親王分主之凡倡優雜伎以至外官遊妓無不被徵遠近坌至旌旗亘路充斥禁中是日諫官叩閤切諫乃命黜其尤怪者至晩復集王將觀樂左右紛然爭先呈伎無復條理更黜四百餘人

志卷第十八

志卷第十九　　高麗史六十五

正憲大夫工曹判書集賢殿大提學知經筵春秋館事兼成均大司成臣鄭麟趾奉

教修

禮七

賓禮

迎北朝詔使儀

王出坐乾德殿閤門副使以上先入殿庭肅拜次宰臣侍臣閤門南班肅拜敘立後屈使館伴執事俱入殿庭肅拜訖閤門舍人就閤辭位奏北朝使臣已到閤門伏候聖旨閤門使傳宣曰屈閤門員引使臣持詔函者前導入中門使臣就殿門西王出殿門東相揖入殿庭使臣就傳命位向南立定王西向再拜問皇帝體使臣荅傳王拜舞拜舍人喝宰臣以下侍臣拜舞拜訖使臣稱有命王再拜使臣傳詔於王王授宰臣宰臣跪授於持函員王拜舞拜舍人喝宰臣及侍臣拜舞拜訖國信物色過庭王再拜訖閤門員引使臣出殿門王出殿門外揖送閤門引使臣接翰林廳幕次王權御殿門內看詔書次閤門使呈使臣精儀物狀王荅傳訖物色過庭閤門使呈使臣參狀王復狀閤門員引到殿門外王出殿門相揖入殿上使臣再拜奏聖體又再拜進步致辭又再拜訖就座後舍人呈上中節參狀舍人引就拜位王起立舍人喝再拜奏聖體舍人喝再拜進步致辭舍人喝再拜閤使傳有敎賜客省茶酒食舍人喝再拜引出殿門王就座後閤門員引下節入殿庭再拜奏聖體再拜閤使傳有敎賜所司酒食喝再拜出門訖進茶初盞親勸使臣還酬再拜就座飲訖相揖還就座賜中下節酒食畢使臣再拜進步致辭再拜閤門員引降出殿門王出殿門揖送歸館

迎北朝起復告勑使儀

王出坐乾德殿閤門副使以上先入庭敘立次宰臣以下及侍臣南班入殿庭拜位舍人喝宰臣以下肅拜訖就位屈使監館事入殿庭肅拜而出舍人就閤辭位奏北朝某使已到閤門伏候宣旨閤使宣傳屈閤使出到閤門引使臣王出殿門外使臣就門外相揖入殿庭詔書官告先行各就殿庭本

位王再拜向使臣問聖體傳皇帝安王拜舞拜起居舍人喝宰臣以下拜舞拜使臣傳有勅王再拜使臣宣傳王拜舞拜使臣取詔傳王接授宰臣使臣取官告傳王接授宰臣王拜舞拜使臣揖出王相揖出送門外閤使引使臣接翰林廳王上殿看詔書官告訖使臣以閤使上參狀王回送起居狀出殿門迎接依前揖入上殿行私禮使臣先行致辭王荅拜王東邊使臣西邊坐定閤使進使下人參狀訖舍人引使下人就拜位舍人喝再拜時喧舍人喝再拜進步致辭舍人喝再拜閤使宣傳有敎使臣茶酒舍人喝再拜引出使臣茶酒禮畢致謝王荅拜訖引使臣下殿王相揖出殿門外揖送服色並用玄冠素服除綵棚樂部揷花

迎 大明詔使儀

使臣入國境先遣關人馳報於王王遣官遠接詔書前期令有司於國門外公館設幄結彩設龍亭於正中設香案於龍亭之南備金鼓儀仗鼓樂伺候迎引又於國城內街巷結綵於王宮內設闕庭於殿上正中設香案於闕庭之前設司香二人位於香案之左右設詔使立位於香案之東設開讀案於殿陛之東北設王拜位於殿庭中北向設衆官拜位於王拜位之南異位重行北向設奉詔官位於開讀案之北宣詔官位於捧詔官之南展詔官二人於宣詔官之南俱西向司禮二人位於王拜位之北東西相向引禮二人位於司禮之南東西相向引班四人位於衆官拜位之北東西相向陳儀仗於殿庭之東西設樂位於衆官拜位之南北向遠接官接見詔書迎至館中奉安於龍亭中遣使馳報王是日王率國中衆官及耆老出迎於國門外迎接官迎詔書出館至國門金鼓在前次耆老行次衆官具朝服行次王具冕服行次儀仗鼓樂次詔書龍亭使臣常服行於龍亭之後迎至宮中金鼓分列於外門之左右耆老衆官分立於庭中之東西置龍亭於殿上正中使臣立於龍亭之東引禮引王入就拜位引班引衆官及耆老各入就拜位使臣詣前南向立稱有制司贊唱四拜樂作王及衆官以下皆四拜樂止引禮引王由西階升詣香案前北向立引禮唱跪王跪司禮唱衆官跪衆官以下皆跪引禮唱上香司香奉香跪進於王之左王三上香訖司贊唱俯伏興平身王及衆官以下皆俯伏興平身引禮

引王復位司贊唱開讀宣詔官展詔官升案使臣詣龍亭捧詔書授捧詔官捧詔官受詔捧至開讀案授宣詔官宣詔官受詔展詔官對展司贊唱跪王及衆官以下皆跪宣詔官宣詔訖捧詔官於宣詔官前捧詔書仍置於龍亭司贊唱俯伏興平身王及衆官以下皆俯伏興平身司贊唱四拜樂作王及衆官以下皆四拜樂止司贊唱搢笏鞠躬三舞蹈跪左膝三叩頭山呼萬歲山呼萬歲再山呼萬萬歲出笏俯伏興樂作四拜樂止禮畢引禮引王退引班引衆官以次退王及衆官釋服使臣以詔書付所司頒行王與詔使分賓主行禮

迎　大明賜勞使儀

使臣至國境先遣關人入報王遣官遠接前期有司於國門外公館設幄結綵設龍亭於館之正中備金鼓儀仗鼓樂於館所以伺迎引又於國城內街巷結綵又於王宮設闕庭於殿上正中設香案於闕庭之前設王受賜予位於香案之前設王拜位於殿庭正中北向衆官拜位於王拜位之南異位重行北向設樂位於衆官拜位之南北向司贊二人於王拜位之北東西相向引禮二人於司贊之南東西相向引班四人於衆官拜位之北東西相向陳儀仗於殿庭之東西遠接官接見使臣迎至館所以上賜安奉於龍亭中遣使馳報王是日王率衆官出迎於國門外遠接官迎上賜出館至國門金鼓在前次衆官常服乘馬行次儀仗鼓樂次上賜龍亭使臣常服乘馬行於龍亭之後迎至宮中金鼓分列於殿外門之左右衆官分立殿庭之東西置龍亭於殿上正中使臣立於龍亭之東引禮引王引班引衆官各就拜位立定司贊唱四拜樂作王及衆官皆四拜樂止引禮引王詣龍亭前使臣稱有制引禮贊跪司贊唱跪王與衆官皆跪使臣宣制云云宣畢使臣捧所賜物西向授王王跪受以授左右訖引禮贊俯伏興平身司贊唱俯伏興平身王與衆官皆俯伏興平身引禮引王出復位司贊唱四拜樂作王及衆官皆四拜樂止司贊唱禮畢凡行禮畢王入殿西立東向使臣東立西向引禮唱再拜使臣與王皆再拜及出使臣降自東階王降自西階遣使送使臣還館

迎　大明無詔勅使儀

使臣入國境守關官馳報王遣官遠接使臣近王京前期令

有司於迎賓館設幄帳城門街路結綵至日王備儀衛出迎於城外幄次世子以下百官皆從並常服使臣至百官以次立待于迎賓館道南北向異位重行王出立於幄外使者下馬與王對揖後相讓上馬偕行使臣由道左王由道右至王宮俱下馬偕入王入門自西使臣入門自東至正殿中對立使臣立東王立西有口宣聖旨則使臣立宣王北向跪聽仍受賚來公牒訖叩頭興平身王進使臣前稍躬身問聖躬萬福使臣荅後王北向跪叩頭興平身東西相向再拜訖略敘寒暄東西對坐設茶後王入內小歇世子與使臣相見再拜次諸君次宰樞次百官皆同訖王出就坐饗使臣後有口宣使臣則王親送至館或令世子送之無口宣使臣則命宰樞送至館若有手詔勑符則不用此禮依朝廷頒降儀

成宗九年六月宋遣光祿卿柴成務太常少卿趙化成等來冊王國俗拘忌陰陽每朝廷使至必擇月日受詔成務在館踰月詰責之翌日王乃出拜命自是止擇日迎之　宣宗七年九月遼遣利州管內觀察使張思說來賀生辰庚辰再宴遼使于乾德殿令三節人坐殿內左右有司奏再宴使臣古無此例三節人坐殿內亦所未聞王曰使臣賚御製天慶寺碑文來宜加殊禮不從　睿宗五年六月辛巳宋遣兵部尚書王襄中書舍人張邦昌來癸未王命帶方侯俌往順天館迎詔到闕庭王出神鳳門拜詔先入會慶殿幕次王襄等至王出迎入殿庭受詔及衣帶段匹金玉器弓矢鞍馬訖上殿使副就王前傳宣諭　明宗八年正月己酉金遣僕散懷忠來賀生辰己丑宴金使舊制中下節人於殿門外賜酒不許親參至是使臣請令赴宴後入殿庭拜謝從之　神宗二年四月乙酉金遣封冊使大理卿完顏愈尚書兵部侍郎趙琢等來辛丑王乘輦出至昇平門入幄次有司以侍立員少聚文武散職員具冠服立毬庭愈等入廣化門詔函至御史臺前王出昇平門外望詔還入門乘輦入大觀殿庭愈等奉詔函及禮物入自昇平門升殿王行受冊禮　元宗十年十一月癸亥王宴黑的等使坐上座黑的等讓曰今王太子已許尙帝女我等帝之臣也王乃帝駙馬大王之父也何敢抗禮王西面我等北面王南面我等東面王辭曰天子之使豈可下坐固請東西相對　忠烈王元年五月甲戌王聞詔使來

率宰樞侍臣時服迎于西門外王旣尙公主雖詔使未嘗出城而迎舌人金台如元省官語之曰駙馬王不迎詔使不爲無例然王是外國之主也詔書至不可不迎至是迎之十二月丁酉副達魯花赤入京王以軍服率侍臣出迎于宣義門外入沙坂宮開詔達魯花赤歸館百官咸詣謁見三品以上階上行揖禮四品以下階下拜禮五年十月丁丑元使吾丹赤塔納必闍赤哈伯那來督脩戰艦戊寅王與公主宴元使于新殿二使拜于階下七年三月丙辰王與忻都茶丘議事王南面忻都等東面事大以來王與使者東西相對今忻都茶丘不敢抗禮國人大悅　忠宣王三年十月乙丑順正君璹奉御香還自元故事迎香不用禮服璹遣人强之百官用禮服　恭愍王十三年十月辛丑元遣翰林學士承旨奇田龍詔王復位群臣請王郊迎王不允曰吾有所受止命百官迎之且曰詔使若問寡人不郊迎宜對曰寡君嘗獲罪天朝貶爵今雖復位未承明命不敢迎詔使入國寡君親承復爵之命然後當冕服更受明命使至問之果以爲然王以便服出行省聽旨乃具冕服拜命　辛禑三年二月甲寅北元封冊使至禑欲冕服郊迎前密直副使朴成亮曰不可昔元復命敬孝王爲王詔使來王不郊迎以便服出行省聽旨乃具冕服拜命今元使來宜遵先王舊制禑從之　恭讓王三年大明遣前元中政院使韓龍等來王率百官出宣義門外迎至壽昌宮行迎命禮設宴韓龍等皆國人也擧酒前爲壽曰我輩本國奴耳今殿下禮待至此敢不銘感請殿下坐受跪而進之王坐受至夜乃罷都評議使司啓曰西北面朝廷使臣往來之處大小宮相接公私禮及酒禮並依朝廷禮制迎命禮依本國例從之

嘉禮

冊太后儀

麗正宮遣使上冊日王將坐殿閤門引令公宰樞侍臣就殿庭百官就殿門外肅拜左右分立次都監員服便服入殿庭肅拜訖閤門引太尉司徒及執事官就位肅拜持節者立於殿左右階上脫節衣閤使奏宣曰太尉司徒上殿祇候贊者喝再拜訖遂引太尉司徒由東階就殿上兩楹之南北向俛伏興樞密奉制曰朕若稽古尊母爲王太后今遣卿等備禮

物上冊者宣訖內侍擧冊函印寶物狀宰樞傳奉前跪王親傳太尉跪受冊函司徒跪受印寶物狀並內侍擡擧降自西階安於殿庭之西案上東向冊在北印在南持節者下殿中階衣節衣閤使引太尉司徒就本位喝再拜訖持節者引冊寶物狀執事官擡擧前導出自中門安於樓子太尉司徒從出王入內進物擔床前行次行爐茶擔次絞床水灌子次散馬鞍次紫繡大盖紅小盖延平輦次引冊樂官次玉冊印璽物狀樓子持節次太尉司徒以下備儀衛動樂入自景門陳冊寶物狀樓子於大觀殿門外禮物擔床於大定門之內太尉司徒入幕次以俟　大觀殿上冊王將御大觀殿執禮內給事內侍內常侍謁者內謁者典謁典儀贊者先入殿庭分左右立閤門引文武三品以下參以上由東西門入庭中心爲頭異位重行北向立參外員立於殿門外引宰樞由東門入庭次引令公諸王入庭俱北向東上立祗揖侍奉兩部樂官入殿庭拜太后入幕尙儀奏外辦司言引尙宮尙宮引太后將坐正殿尙服就簾內之左西向立司言司賓就簾內之右東向立恊律郎擧旗樂作太后坐殿樂止王於殿上肅拜訖贊者喝令公宰樞文武班肅拜閤門引令公宰樞就庭東邊西向北上立次都監判官以下服便服肅拜還出引冊兩部樂官自東西門入押冊官入自正門引冊寶物狀前導入殿庭之右立定典謁引太尉以下行禮員及押冊官由東門入肅拜訖太尉司徒就內給事前跪稱太尉臣某司徒臣某等承遣備物典冊訖內給事上殿俛伏受令下殿曰可太尉司徒俛伏興復位贊者喝太尉司徒再拜持節者先詣東階分左右立擡冊持璽物狀者前導升就簾外位太尉司徒上殿北向東上立持節者升立於殿左右階邊脫節衣讀冊官就位俛伏跪太尉以下皆跪讀冊官讀訖俛伏興太尉司徒奉冊授尙宮尙宮授司言司徒以璽及物狀授尙服尙服授司賓訖太尉以下降自西階還本位以延平輦及紫繡大蓋紅小蓋絞床水灌子行爐茶擔由中門入庭列立進物過庭後還出典謁引太尉以下行禮員隨班訖令公宰樞橫行東上北向立王於殿上行賀禮贊者喝令公宰樞以下再拜訖致辭贊者喝再拜內給事受令稱有令贊者喝再拜內給事宣令曰公等推崇寶位深用感愧贊者喝再拜戶部員及西

京溟州押物員進物狀舍人引外官持表員入殿庭取表傳授殿府員引出殿門外行禮訖典儀就太后前奏禮畢太后降座樂作司言引尙宮尙宮引太后入內樂止王入幕令公宰樞文武班遂賀再拜進步致賀拜舞拜訖閤使引出　宴群臣上冊禮畢尙舍設座又設壽尊於殿上東南邊群臣酒尊於階下東西邊訖侍臣先入分立太樂令師工人入就位協律郞入就位王將出協律郞擧旗樂作王坐殿樂止舍人引令公宰樞及文武常參以上初入門樂作各就閤辭位樂止閤使奏閤辭曰令公宰樞及文武官祗候朝賀舍人引令公以下就拜位舍人喝再拜進步奏稱臣等伏審聖上玉冊備儀璇宮薦號協拜家之同慶實社稷之永圖臣等無任蹈躍懽呼之至奏訖復位舍人喝閤門引令公上殿就拜位舍人喝令公以下再拜跪奏言伏審尊奉慈闈封崇大位臣等不勝大慶謹上千萬歲壽酒閤使傳曰可舍人喝令公以下百官再拜令公退盥手直詣王前斟酒以進樂作王擧酒訖樂止令公下殿就位舍人喝令公以下百官後進閤使傳曰所賀已知卿等各赴座舍人喝拜舞拜令公宰樞文武三品以上省臺侍臣諸司知制誥以上坐殿上四品以下常參以上官坐西廊訖閤門引外官持表員入殿庭列立取表後行禮宴後又行謝恩禮訖令公以下群臣各就位舍人喝再拜令公爲首者進步致辭舍人引出閤使奏禮畢王降座樂作入內樂止

宣宗三年二日丙寅王上冊于王太后御乾德殿受中外賀賜群臣宴自祖宗以來冊禮多廢至是復之　熙宗三年三月庚子王御乾德殿遣使上冊寶於王太后遂宴諸王宰樞　恭愍王二十一年正月乙丑王服黃袍遠遊冠詣太后殿奉玉冊金寶上尊號曰崇敬王太后　恭讓王二年四月乙巳冊恭愍王定妃王以絳紗袍遠遊冠御大殿南視朝降立路臺上動樂向北再拜親奉冊寶授使副向南再拜使副奉冊寶出大門外王乃入執事皆公服各司一員侍冊寶進定妃殿肅拜上尊號曰王太妃丙午王以絳紗袍遠遊冠親傳國太妃冊寶禮與冊王太妃同

冊王妃儀

告大廟別廟景靈殿並有司行事如常告之儀　大觀殿陳

設前一日尙舍局鋪王座於大觀殿如常儀設書案於王座前兩楹閒少南設璽綬案於王座之左近東設門下侍中門下侍郎中書侍郎位於王座東南西向北上設樞密位於王座西南東向北上又設傳制位於殿庭中心之左西向設受制位於殿庭中心北向東上設册使副及宰臣樞密拜位於受制位之南設讀册官以下行事官位於册使副拜位之南每等異位俱重行北向東上典儀設宰臣樞密閤辭位於拜位之東西向北上左右侍臣位於殿庭東西如常儀典儀位於讀册拜位之東贊者二人在南差退俱西向文武百官閤辭位於殿庭東西俱相向北上設文武官拜位於殿庭之南兩班相對爲首如常儀太樂令位於百官之南北向協律郎位於西階之西東向　臨軒發册將行册禮所司奏請太尉爲使司徒爲副册日有司陳仗衛於殿庭內外如常儀量時刻宰臣樞密以下文武百官册使副及應行禮官各服朝服俱就大觀殿門外位以俟近臣奉詔書先置王座前書案上有司奉册函璽綬陳設於王座之左册在北璽綬在南持節者立於璽案之南西向北上訖典儀贊者先入就殿庭位左

右侍臣俱就位立定閤門各引宰臣樞密文武百官入就閤辭位太樂令帥工人入就位協律郎入就擧麾位攝侍中詣宣仁殿門外版奏外辦王服黃袍至殿鳴鞭禁衛奏山呼再拜協律郎擧麾樂作卽座偃麾樂止閤門各引宰臣樞密文武百官就拜位立定典儀曰再拜宰臣以下左右侍臣群官皆再拜訖閤門分引宰臣樞密自東西側階升殿立通事舍人引册使副以下行禮官初入門樂作入就拜位北向立樂止典儀曰再拜使副以下皆再拜侍中詣詔案南北向俛伏跪近臣詣詔案東奉詔函以授侍中侍中傳授持函者俛伏興引詔書降自東階持詔函者隨後侍中詣傳制位西向立持詔者立於侍中之右小退通事舍人引册使副就受制位北向東上立定侍中稱有制典儀曰再拜册使副再拜侍中宣制曰册某氏爲王妃命卿等持節展禮宣制訖取詔函以授册使册使跪受以授副使副使跪受以傳持函者持函者跪受册使副俛伏興典儀曰再拜使副再拜興持函者退立於册使副之南侍中升復位門下侍郎帥掌節二人脫節衣降詣傳制位西向立取節授册使册使跪受以授副使副使

跪受以傳持節者持節者跪受退立於詔函之南分左右門下侍郎升復位中書侍郎引冊函璽綬降詣傳制位持冊函案璽綬者隨後中書侍郎西向舉冊函以授使副使副跪受以傳持冊者持冊二人跪受對舉退立於詔函之北其冊案殿上持案者隨冊函後傳於行禮持案者中書侍郎取璽綬授冊使冊使跪受以授副使副使跪受以傳持璽綬者持璽綬者跪受退立於冊函之北中書侍郎升復位通事舍人引冊使副還拜位典儀曰再拜冊使副以下文武百寮凡在位者皆再拜通事舍人引冊使副以下出協律郎舉麾樂作持節者前導持詔冊璽綬者以次由中道出門持節者加節衣使副竝自正門出偃麾樂止讀冊官以下由西偏門出通事舍人止門內攝侍中版奏禮畢王降座鳴鞭協律郎舉麾樂作入閤訖樂止冊使副備儀衛樂部行詣南宮初樂止閤門贊揖宰臣樞密以下侍臣文武百官揖退便詣南宮各就位如常儀　宮庭陳設前一日守宮設冊使副次於南宮中門外道西東向竝鋪床席設受冊位於宮庭中心北向設香案於受冊位之北冊使位於受冊位之北少西南向副使位於冊使位之西南東向讀冊官位於副使之南差退持詔函者次之持冊者次之持印者又次之俱東向持節者位於冊使位之東南西向贊引位於副使之西少絕宣冊位於讀冊位之東東向執事位於受冊位之東南北向西上　宮庭受冊冊日有司陳儀衛於宮門內外如式詔冊將至宮門執禮官引受冊者出宮門外詣拜詔位詔冊至執禮贊拜受冊者再拜執禮引受冊者詣宮門外之左南向立定贊引引冊使副持節者前導而入持詔冊函案璽綬者相次入就位謁者引冊使副至門外之右北向立執禮贊揖冊使副與受冊者相揖伴行入宮庭位立定執禮喝受冊者再拜奏聖躬萬福再拜舞蹈又再拜訖冊使稱有制受冊者再拜躬身冊使口宣訖副使取詔函以授冊使冊使奉詔函少前南向立受冊者進冊使之南北向跪受詔書以授持函者持函二人跪受退立於受冊位之右稍南北向立受冊者興復位冊使退復位受冊者再拜舞蹈又再拜執笏跪持節者脫節衣持冊函案者置褥位上去函覆訖退復位讀冊官就宣冊位東向跪讀受冊者跪聽宣冊訖受冊者俛伏興讀冊官退復位持節者

加節衣持冊還置函覆擧冊函以授冊使副使副對擧少進跪傳受冊者持冊函案者授衛受冊者少前跪接授宮官訖冊使奉璽綬傳受冊者受冊者跪受以授宮官宮官持冊印者叙立於詔書之東受冊者復位冊使副俱復位立定執禮喝受冊者再拜舞蹈又再拜搢笏跪押物領宣頭物擔過庭東入西出受冊者再拜訖贊引引使副持節者前導出宮門執禮引受冊者伴行出門相揖分位　會賓冊禮畢宮官設筵伴座於廳上北壁當中南向設冊使副座於南壁使在東副使在西設讀冊勸花使座於冊使副之後俱北向每座各設果案設訖筵伴呈屈狀冊使副復狀執禮官引筵伴出門外之左南向立又引冊使副以下讀冊詣門外之右北向立相揖入門升詣廳上褥位立定執禮官交呈起居狀訖贊再拜賓主俱再拜進步又再拜再進步又再拜訖各就位立定執禮官呈押物以下行事執事官起居狀訖押物以下以次就位參訖各退就次執禮官贊揖賓主相揖就座進茶訖酒至執禮官引賓主出就褥位筵伴請獻賓辭筵伴請獻至于三賓稱不敢辭凡賓主之辭執禮皆相之執禮官贊揖賓主相揖執注子盞者詣筵伴之左西向立執禮官贊揖賓主相揖筵伴搢笏酌酒訖出笏又相揖搢笏執盞進跪授賓賓進跪搢笏受盞以授執盞者賓之執盞者受盞詣冊使之左北向立賓主俱興執笏相揖立獻副使讀冊亦如之賓請酬筵伴辭賓請酬至于三筵伴稱不敢辭執禮官贊揖賓主相揖執注子盞者詣賓之右西向立冊使與筵伴相揖搢笏取盞以授副使副使搢笏執盞冊使出笏又相揖搢笏酌酒訖出笏又相揖冊使搢笏執盞副使出笏相揖搢笏酌酒次讀冊官酌酒如副使之儀訖冊使進跪授筵伴副使讀冊俱進跪筵伴進跪搢笏受盞以授執盞者執盞者受盞詣筵伴座之左南向立賓主俱興執笏退復位立定執禮官贊拜賓主俱再拜各就座訖執禮官贊飲樂作飲訖樂止執禮官引賓主出就褥位相揖訖就座以次進酒食至五盞後宣送花酒使至宮門外之右北向立筵伴出宮門外之左南向立執禮贊揖賓主相揖訖持宣花酒者先入宮庭位南向西上立定執禮官引賓主入宮庭勸花使就兩階間近西東向立押花酒使在勸花使之南差退東向立初筵伴出門迎勸花使冊使

副讀冊官俱降階詣庭南拜命位筵伴詣拜命位每等異位俱北向立定執禮官贊拜冊使副讀冊官及筵伴俱再拜勸花使口宣訖冊使以下俱再拜舞蹈又再拜訖執禮官引賓主俱上階押花使以宣花授勸花使勸花使傳受以次傳冊使副讀冊官及筵伴戴花訖勸花使酌宣酒以次授冊使副讀冊官及筵伴冊使以下及筵伴以宣花酒酬勸花使訖各就位立執禮官贊飮樂作飮訖樂止執禮官引賓主俱降階就宮庭位立定執禮官贊拜冊使副讀冊官勸花使及筵伴俱再拜舞蹈又再拜訖執禮官引賓主俱上階就位立交呈起居狀訖執禮官贊拜筵伴與勸花使再拜進步又再拜再進步又再拜押花酒使及引花擔員以次上階參訖各出就次賓主俱就座進酒食樂作止竝如儀其行事執禮官及押物以下執事官竝宣花使於宴次監賜花酒執禮官及押物以下拜命謝恩竝下庭再拜舞蹈又再拜次押花酒使及引花擔員戴花受酒謝恩拜舞竝如上儀至八味後執禮官引賓主俱興相揖分位各就次歇宮庭別送花酒宮官詣賓幕傳宮旨賓戴花飮酒訖宮官退冊使副讀冊官勸花使行事執禮官每等異幕宮官送花酒竝同其押物以下不設歇幕宮庭花酒竝送宴次賓就幕歇一刻頃迎仙樂作執禮官引賓主去靴笏俱上階就褥位樂止謝宮庭花酒執禮官贊拜賓主再拜進步又再拜訖各就座進茶行酒設食如初會賓訖執禮官引賓主各出就幕次具靴笏入就宮庭位筵伴附謝表如別儀附表訖賓主俱上階就座押物以下行事官呈辭狀各就位再拜又再拜訖退賓主俱就褥位執禮官贊拜賓主俱再拜進步又再拜立定交呈狀辭達賓主俱再拜又再拜執禮官引賓主出門外送酒訖相揖分位其幣帛筐篚宮官具狀各授賓之從者　附表宮官設受冊者拜表位於宮庭中心北向設香案於拜表位之北設冊使位於受冊位之北少西南向副使位於冊使位之西南勸花使位於副使之右差退俱東向宮庭持函二人奉兩表函先置於香案上訖執禮引冊使副及勸花使就宮門外之右北向立又執禮引受冊者出宮門外之左南向立相揖伴行入宮庭就位持詔函二人對擧空函隨後入庭就冊使之右少退南向立受冊者就拜表位再拜宮庭持函二人詣香案東跪取表函詣

受冊者之右西向跪受冊者取表詣冊使之前北向跪進冊使少前南向立受表退復位受冊者又取謝花酒表詣勸花使之前跪進勸花使少前東向立受表退復位受冊者復位再拜舞蹈又再拜冊使及勸花使置表於函訖執禮引出持表函者先行由中道出冊使副勸花使與受冊者伴行出門外相揖分位洎辭違送酒禮畢後冊使副及勸花使奉表詣殿門近臣接表進呈冊使俛伏跪復曰奉詔冊王妃禮畢再拜訖乃出　百官朝賀冊後一日宰臣樞密帥文武百官奉表詣大觀殿陳賀如常朝賀之儀　王妃受百官賀宰臣樞密及文武百官大觀殿朝賀畢便詣王妃殿門奉賀其辭言王妃肅雍夙著至德膺期令月吉日光膺寶冊某等不勝大慶謹奉賀以聞　王會群臣其日上壽辭曰具官臣某等稽首言王妃坤儀配天德崇厚載令月吉日光膺寶冊臣等不勝大慶謹上千萬歲壽酒餘如群臣宴儀

元子誕生賀儀

元子生三日王前後殿除視事至第四日於大觀殿陳設及拜數竝如節日正至賀儀致辭如有宣答則又再拜王不坐殿則宰臣樞密領文武群官以都表進賀如常儀王太后在則宰樞領百官以片狀詣殿門以賀　告景靈殿王受賀訖齋於別殿至第七日五鼓後王服靴袍詣景靈殿加歲日饗告之儀　降使是日有司具詔書進呈內出璽寶函封訖使副詣殿庭受命奉詔書以出備樂部儀衛詔書貯以小樓子至延德宮門外受命者出詣拜詔位再拜訖先入以俟謁者引使副就宮門之左贊禮引受命者出於門外之右相揖持詔函者先入贊禮引使副入宮庭就褥位使東向立副使立於使之右持詔函者在南少退俱東向次受命者入立於香案之南北向贊禮喝受命者再拜奏聖躬萬福再拜舞蹈又再拜訖太使稱奉宣受命者再拜太使口宣訖副使取詔書授太使太使奉詔傳受命者受命者跪受詔傳於持函者俛伏興再拜舞蹈又再拜訖搢笏跪押物領宣物過庭東入西出訖受命者執笏俛伏興再拜訖持詔函者就殿階下跪內人接取詔書入訖贊禮引使副以出受命者出宮門外揖送引使副入次受命者還入　會賓附表使副入次少頃以狀進呈銜官受狀詣王后殿階下跪內人出受狀以入宮官遂

奉傳王后旨引使副就宮庭位再拜進步致賀又再拜宮衙官傳稱賜宴使副又再拜就廳事受命者爲主人使副在南北向主人在北南向相揖上階就褥位交呈起居狀執禮贊拜賓主再拜進步後再拜再進步又再拜訖各就位立定押物持函引擔以次呈參狀於主人押物於廳上楹閒稍東北向拜持函引擔於楹外之西北向拜參訖各赴隔階廳幕每等異帷席賓主相揖就坐訖進茶酒酒至賓主俱興獻酬訖設食禮畢罷宴賓主俱興下階各就初傳詔位立定受命者再拜興奉表詣太使前跪太使少前接表退復位主人復位再拜舞蹈又再拜訖太使以表授副使副使授持函者執禮引賓主相揖上階辭違後押物以下相次辭退如初參禮致幣訖賓主相伴出門對坐送酒訖分位王子王姬誕生則無除視朝無告景靈殿唯降使以下儀同但無副耳

志卷第十九

志卷第二十　高麗史六十六

正憲大夫工曹判書集賢殿大提學知經筵春秋館事兼成均大司成臣鄭麟趾奉教修

禮八

嘉禮

冊王太子儀

告太廟景靈殿諸陵祠並有司行事如常告之儀　殿庭陳設如冊王妃儀　臨軒發冊其日諸衛勒所部仗衛入陳於殿庭內外如常儀量時刻宰臣樞密以下文武百官冊使副及應行禮官各服朝服俱就大觀殿門外位以俟近臣奉詔書先置王座前書案上有司奉冊函印寶陳設於王座之左冊在北印在南持節者立於印案之南西向北上訖典儀贊者先入就殿庭位左右侍臣俱就位立定閤門各引宰臣樞密文武百官入就聞辭位太樂令帥工人入就位協律郎入就舉麾位攝侍中詣宣仁殿門外版奏外辦王服黃袍至殿

鳴鞭禁衛奏山呼再拜協律郞擧麾樂作卽座樂止閤門各引宰臣樞密文武百官俱就拜位立定典儀曰再拜宰臣以下左右侍臣在位者皆再拜閤門分引宰臣樞密自東西側階升殿立定通事舍人引册使副以下行禮官初入門樂作至位樂止典儀曰再拜使副以下皆再拜侍中詣詔案南北向俛伏跪近臣詣詔案東取詔函以授侍中侍中傳授持函者俛伏興引詔書降自東階持詔函者隨後侍中詣傳制位西向立持詔者立於侍中之右少退通事舍人引册使副就受制位北向東上立定侍中稱有制典儀曰再拜册使副再拜侍中宣制曰册元子爲王太子命卿等持節展禮宣訖取詔函以授册使册使跪受以授副使副使跪受以傳持函者持函者跪受册使副俛伏興典儀曰再拜使副再拜持函者退立於使副之後侍中升復位門下侍郞帥掌節二人脫節衣降詣傳制位西向立取節授册使册使跪受以授副使副使跪受以傳持節者持節者跪受退立於詔函之南分左右門下侍郞升復位中書侍郞引册函印寶降詣傳制位持册函案印寶者隨後中書侍郞西向擧册函以授使副使副跪受以傳押册者押册者帥持册二人跪受對擧退立於詔函之北其册案殿上持案者隨册函後傳於行禮持案者中書侍郞取王太子印授册使又取左春坊印授副使使副各跪受以傳持印者持印二人各跪受退立於册函之北中書侍郞升復位通事舍人引册使副還拜位典儀曰再拜册使副以下文武百官凡在位者皆再拜通事舍人引册使副以下出協律郞擧麾樂作持節者前導持詔册印寶者以次由中道出門持節者加節衣使副竝自正門出偃麾樂止讀册以下由西偏門出通事舍人止門內攝侍中版奏禮畢王降座鳴鞭協律郞擧麾樂作入閤訖偃麾樂止册使副備儀衛而行便詣東宮初樂止閤門贊揖宰臣樞密以下侍臣文武百官揖退　宮庭陳設前一日守宮設使副次於東宮門外道西重明門內道北南向所司設王太子羽儀於東宮門內外竝如常儀掌儀設王太子望詔拜位於宮門外道西東向又設受册位於麗正殿庭中心北向設香案於受册位之北北向太尉位於殿階閒少西南向司徒位於太尉位之西南東向讀册官押册官位於司徒之南差退持詔函者位於押册

位之南持冊函案者次之持印者又次之俱東向宣冊位於讀冊位之東東向持節者位於太尉位之東南西向贊引位於司徒之西少絕設左庶子位於受冊位之左右庶子位於左庶子之西中舍人位於左庶子之南中允位於中舍人之西俱北向宮臣執事位於受冊位之東南三師三少及宮官位於受冊位之南每等異位俱北向如儀　宮庭受冊冊日衛率勒所部屯門列仗如式宮官於冊使未到之前量時刻俱就麗正門外位以俟詔冊將至宮門左右庶子引王太子東宮侍衛司禦上將軍二人夾侍王太子出宮門外詣拜詔位春坊通事舍人引三師三少以下文武宮官就拜詔位詔冊至左庶子贊拜王太子再拜三師以下宮官皆再拜訖左右庶子引王太子詣宮門外之左西向立贊引引持節者前導而入持詔冊函案印寶者相次由正門入就位通事舍人引冊使副至門外之右東向立舍人贊揖冊使副東向揖王太子對揖伴行入麗正門典直承引冊使副王太子伴行入就宮庭位讀冊押冊以下行禮官俱入就位立定左庶子贊再拜王太子再拜舍人喝三師以下宮官再拜訖冊使口宣訖副使取詔函以授冊使冊使奉詔函進王太子之前少西南向跪王太子進冊使之南北向跪受詔書以授左庶子左庶子進王太子之左跪受詔書以傳持函者持函二人退立於受冊位之西南北向立王太子復受冊位冊使退復位持節者脫節衣押冊引冊函案以置褥位去函覆退復位讀冊官就宣冊位東向跪讀王太子跪聽宣冊訖讀冊官退復位持節加節衣持冊還置函覆舉冊函冊使副奉函少進跪傳王太子王太子少前跪受以授右庶子中舍人右庶子中舍人傳授擡冊訖冊使副各奉印寶跪傳王太子王太子跪受以授左庶子中允左庶子受王太子印中允受左春坊印以次傳持印者其擡冊函案持印者斂立於詔書之東王太子復位冊使副俱復位立定左庶子贊再拜王太子再拜舍人喝宮官再拜左庶子贊跪王太子跪押物領宣頭物擔過庭東入西出訖左庶子贊再拜王太子再拜訖通事舍人引三師以下宮官出門外位西向北上立定贊引引持節者前導典直引冊使副左右庶子引王太子上將軍二人夾侍如初出殿門通事舍人承引冊使副出麗正門外東向立王太子

出門西向立通事舍人贊揖冊使副東向揖左庶子贊揖王太子西向揖訖分位舍人引冊使以下入幕次左右庶子引王太子入閤　會賓冊禮畢宮官設筵伴座於殿上東壁當中西向設冊使副座於西壁使在南副使在北設讀冊押冊官勸花使座於冊使副之後俱東向每座各設果案設訖筵伴呈屈狀冊使副復狀訖宮庭執禮官引筵伴出門外之左西向立又引冊使副以下讀冊押冊官詣門外之右東向立相揖入門升詣殿上褥位立定執禮官交呈起居狀訖贊再拜賓主俱再拜進步又再拜再進步又再拜訖各就位立定執禮官呈押物以下行事執事官起居狀訖押物以下以次就位參訖各退就次執禮官贊揖賓主相揖就坐進茶訖酒至執禮官引賓主出就褥位筵伴請獻賓辭筵伴請獻至于三賓稱不敢辭凡賓主之辭執禮皆相之執禮官贊揖賓主相揖執注子盞者詣筵伴之左北向立執禮官贊揖賓主相揖筵伴搢笏酌酒訖出笏又相揖搢笏執盞進跪授賓賓進跪搢笏受盞以授執盞者賓之執盞者受盞詣冊使座之左東向立賓主俱與執笏相揖立獻副使讀冊押冊官亦如之

賓請酬筵伴辭賓請酬至于三筵伴稱不敢辭執禮官贊揖賓主相揖執酒子盞者詣賓之右北向立冊使與筵伴相揖搢笏取盞以授副使副使搢笏執盞冊使出笏又相揖搢笏酌酒訖出笏又相揖冊使搢笏執盞副使出笏相揖搢笏酌酒次讀冊押冊官酌酒如副使之儀訖冊使進跪授筵伴副使讀冊押冊官俱進跪筵伴進跪搢笏受盞以授執盞者執盞者受盞詣筵伴座之左西向立賓主俱與執笏退復位立定執禮官贊拜賓主俱再拜各就座訖執禮官贊飲樂作飲訖樂止執禮官引賓主出就褥位相揖訖就座以次進酒食至五盞後宣送花酒使至宮門外之右東向立筵伴出宮門外之左西向立執禮官贊揖賓主相揖訖持宣花酒者先入就宮庭西東向北上立執禮官引賓主入宮庭勸花使就兩階間近北南向立押花酒使在勸花使之西差退南向立初筵伴出門迎勸花使冊使副讀冊押冊官俱降階詣庭東拜命位筵伴詣拜命位每等異位俱西向立定執禮官贊拜冊使副讀冊押冊官及筵伴俱再拜勸花使口宣訖冊使以下俱再拜舞蹈又再拜訖執禮官引賓主俱上階押花使以宣

花授勸花使勸花使傳受以次傳冊使副讀冊押冊官及筵伴戴花訖勸花使酌宣酒以次授冊使副讀冊押冊官及筵伴冊使以下及筵伴以宣花酒酬勸花使訖各就位立執禮官贊飮樂作飮訖樂止執禮官引賓主俱降就宮庭位立定執禮官贊拜冊使副讀冊押冊官勸花使及筵伴俱再拜舞蹈又再拜訖執禮官引賓主俱上階就位立交呈起居狀訖執禮官贊拜筵伴與勸花使再拜進步又再拜再進步又再拜押花酒使引花擔員以次上階參訖各出就次賓主俱就座設酒食樂作止竝如儀其行事執禮官押物以下執事官竝宣花使於宴次監賜花酒執禮及押物以下拜命謝恩竝下庭再拜舞蹈又再拜次押花使及引花擔員戴花受酒謝恩拜舞竝如上儀至八未後執禮官引賓主俱興相揖分位各就歇幕宮庭別送花酒宮官奉令旨詣賓幕賓戴花飮訖宮官退冊使副讀冊押冊官勸花使行事執禮官每等異幕宮官送花酒竝同其押物以下不設歇幕宮庭花酒竝送宴次初賓就幕歇一刻頃迎仙樂作執禮官引賓主去靴笏俱上階就褥位樂止謝宮庭花酒執禮官贊拜賓主再拜進步又再拜訖各就座進茶進酒食如初會賓訖執禮官引賓主各出就幕次具靴笏入就宮庭位筵伴附謝表如別儀附表訖賓主俱上階就座押物以下行事官呈辭狀各就位再拜又再拜訖退引賓主俱就褥位執禮官贊拜賓主俱再拜進步又再拜立定交呈狀辭違賓主俱再拜又再拜執禮官引賓主出門外送酒訖相揖分位其幣帛筐篚宮官具狀各授賓之從者

附表掌儀設王太子拜表位於麗正殿庭中心北向設香案於拜表位之北北向設冊使位於殿兩階間南向副使位於冊使之西南勸花使位於副使之右差退俱東向宮庭持函二人奉兩表先置於香案上訖王太子將出通事舍人引宮官俱就門外位立定通事舍人引冊使副及勸花使就宮門外之右東向立左右庶子引王太子出宮門外之左西向立舍人贊揖冊使副勸花使東向揖王太子對揖伴行人麗正門典直承引冊使副勸花使就宮庭位持詔函二人對擧空函隨後入宮庭就副使之右少退東向立左庶子引王太子入就拜表位通事舍人引三師三少以下文武官官入詣初拜命位北向立定左庶子贊再拜王太子再拜

宮庭持函二人詣香案東跪取表函詣右庶子之左北向跪右庶子跪以次取表詣王太子之右跪進王太子取表詣冊使之南北向跪進冊使少前南向跪受表退又取謝花酒表授勸花使勸花使跪受表退俱復位立左庶子引王太子復位贊再拜王太子再拜冊使及勸花使置表於函訖舍人喝三師以下文武宮官皆再拜訖舍人引宮官出門外位立定持表函者先行由中道出典直引冊使副西出舍人承引出麗正門外左庶子引王太子侔行出門外揖送如初左右庶子引王太子入內閣冊使副表奉詣殿門附近臣聞奏復曰奉詔冊王太子禮畢再拜訖退　朝謁其日冊禮訖王太子著絳紗袍詣王所御殿如常內朝之式至殿門外近臣引入殿庭北向再拜進步致辭又再拜訖近臣引退詣王后殿前北向再拜進步致辭又再拜訖出還宮如常儀　百官朝賀冊後一日宰臣樞密率文武百官奉表詣大觀殿如常朝賀之儀賀辭云王太子歧嶷夙著令月吉日光膺寶冊臣等不勝大慶云云　王后受百官賀宰臣樞密及文武百官大觀殿朝賀畢便詣王后殿門奉賀其賀辭同上但不稱臣稱某等爲異　王會群臣其日上壽辭曰具官臣某等稽首言王太子歧嶷夙著令月吉日光膺寶冊臣等不勝大慶謹上千萬歲壽酒

王太子稱名立府儀

奏告其日五鼓後王躬詣景靈殿享告如儀太廟及別廟神祠遣使奏告大觀殿陳設臨軒遣使竝如封冊儀唯侍中宣制曰以元子稱名立府命公等展禮無節印爲異其日宮臣集東宮門外賓客以上俱就次府率整衛士屯門列仗如儀詹事以下春坊通事舍人等先入殿庭分左右立定通事舍人及東宮侍衛先至寢門王太子將出舍人等自喝再拜引王太子升麗正殿東壁下當中西向坐舍人侍衛退復位將卒以下大喝再拜訖舍人喝詹事以下再拜舍人出引賓客以上入殿庭至西階下三師以下東向北上立王太子降自東階就東邊位西向立三師以下躬身王太子升自東階就位三師以下升自西階三師三少在西東向北上賓客在南北向東上舍人引左右庶子以下文武群官入殿庭文東武西立班如式三師以下初再拜王太子荅拜訖舍人引三師

以下出王太子降階立還上殿升座舍人喝文武宮臣拜數如式訖舍人分引以出左庶子進王太子座前俛伏興稱禮畢王太子入內　宮庭陳設前一日有司設王太子受命位於殿庭東邊西向設太尉位於殿階閒少西南向司徒位於太尉位之西南東向設三師以下文武宮官位於受命位之南如儀每等異位俱重行北向　宮庭受命詔書將至宮門左右庶子引王太子下殿庭就東邊位西向立三師三少率宮府坊寮出宮門外拜詔訖謁者引太尉司徒詣宮門外之右東向立通事舍人引太師詣宮門外之左西向立持詔函者先入太師與使副伴行入門使副詣傳命位立定太師退復位初使副入門舍人引三師以下入就殿庭南邊位北向立班如式左右庶子引王太子就受命位北向立左庶子贊拜王太子再拜奏聖躬萬福又再拜三師以下俱再拜太尉口宣訖副使取詔書以授使使奉詔書少前南向跪王太子進步跪受詔書右庶子進王太子之右傳受詔書以傳持函者持函二人退立於受命位之右北向太尉退復位左庶子引王太子退復位贊再拜王太子再拜宮官再拜王太子跪押物引宣物過庭東入西出左庶子贊再拜王太子俛伏興再拜訖左右庶子引王太子就殿庭東邊位西向立謁者引使副舍人引太師伴行出門外揖送左右庶子引王太子上殿升座　太子受賀受命禮畢舍人引三師三少賓客升自西階三師三少在西東向北上賓客在南北向東上舍人引左右詹事庶子以下文武群官就拜位立定舍人喝三師以下文武群官上下初再拜王太子荅拜舍人喝三師以下又再拜班首進步致辭退復位舍人喝三師以下又再拜王太子俱荅拜訖舍人引三師以下降階躬身王太子降階三師以下將出門左庶子前稱禮畢退復位通事舍人引王太子入內閤東宮侍衞挾侍如式群官以次出　會賓附表朝謁竝如封冊儀　忠烈王二十一年九月甲子世子署事于都僉議司世子坐南向中贊向西侍郎贊成事以下向東世子還百官進賀世子荅拜

王太子加元服儀

告太廟別廟景靈殿竝有司行事如常告之儀　大觀殿陳設所司預奏請大尉一員爲賓尙書一員爲贊冠有司承以

戒之前一日尙舍局設王座於大觀殿如常儀設書案於王座前兩楹閒小南設宰臣位於王座東南西向北上樞密位於王座西南東向北上又設傳制褥位於殿庭中心之左西向受制褥位於殿庭中心北向設賓及宰臣樞密拜位於受制位之南設贊冠拜位於賓拜位之南行禮執事官位於贊冠拜位之南每等異位俱重行北向東上典儀設宰臣樞密閤辭位於拜位之東西向北上設左右侍臣位於殿庭東西如常儀典儀位於太樂令位之東北贊者二人在南差退俱西向文武百官閤辭位於殿庭東西相向北上設文武官拜位於殿庭之南兩班相對爲首如常儀太樂令位於百官之南北向協律郎位於西階之西東向　臨軒命賓贊其日諸衛勒所部列衛仗如常儀群官依時刻各服其服俱就大觀殿門外以俟近臣奉詔書先置王座前書案上掌節者立於王座東南西向典儀帥贊者先入就位左右侍臣俱就位立定閤門各引宰臣樞密文武百官入就閤辭位太樂令師工人入就位協律郎入就擧麾位攝侍中詣宣仁殿門外版奏外辦王服黃袍以出曲直華盖侍衛警蹕如常儀王將出近臣樞密殿內起居禁衛以次奏山呼再拜亦如常儀王至殿協律郎擧麾樂作王卽座樂止閤門各引宰臣樞密文武百寮俱就拜位立定典儀曰再拜在位官皆再拜訖閤門分引宰臣樞密自東西側階升殿立定通事舍人引賓贊行禮執事官入就位賓贊初行入門樂作至位樂止典儀曰再拜賓贊以下皆再拜侍中及通事舍人前承制降自東階至傳制位西向立稱有制賓再拜侍中傳制曰將加冠於元子卿其將事賓進詣受制位北向再拜稽首辭曰臣不敏恐不能供事敢辭侍中升奏又承制降稱制卿將事無辭賓再拜退復位侍中升復位通事舍人至贊冠東北西向稱有制贊冠再拜舍人稱將加冠於元子卿宜贊冠贊冠再拜舍人退門下侍郎引主節者脫節衣降詣傳制位西向立賓就受制位再拜門下侍郎取節授賓賓跪受以傳持節者再拜持節者立於賓後門下侍郎退中書侍郎詣詔案南北向俛伏跪近臣詣詔案東取詔書以授中書侍郎中書侍郎傳授持函者俛伏興降詣傳制位西向立賓再拜跪受詔書以傳持函者俛伏興又再拜持函者立於賓後中書侍郎升復位典儀曰再

拜賓贊以下文武百寮凡在位者皆再拜舍人引賓贊出持節者前導持詔函者次之賓又次之由中道出門持節者加節衣贊冠以下由西偏門出賓贊初行樂作出門樂止攝侍中版奏稱禮畢俛伏興還侍位王興樂作王降座侍衛警蹕如常儀入閤樂止舍人引在位者以次出初賓贊出門備儀衛而行詣東宮入次文武百寮詣東宮就位如常儀　麗正宮陳設前一日守宮設賓次及贊冠次於麗正門外道西俱南向有司設王太子羽儀於殿庭內外如常儀典儀設主人望詔拜位於宮門外道西東向又設王太子受宮官拜位於殿上東壁下西向受三師三少拜位於殿庭東西向三師位於殿庭西三少位於三師之南少退賓客位於三少之南少退俱東向設王太子位於東階東南西向又設受制位於殿庭南北向設賓位於殿階閒南向贊冠位於賓西南東向設詔案於贊冠西南東向持節位於賓東南西向主人位於太樂令位之東北西向文武群官位於殿庭文東武西北上太樂令位於殿庭近南北向工人分立於後舉麾位於西階之西東向奉禮郎設盥洗於東階東南罍在洗東加勺冪篚在洗西實以巾執罍洗者公服立於罍洗之南北向典設郎鋪王太子冠席於殿上東壁下近南西向設賓席於西階上東向設主人席於王太子席西南西向設三師席於冠席北南向三少席於冠席南北向張帷幄於東序內設褥席於帷中又張帷於序外擬置饌物內直郎陳三加之服於帷內東領北上初加梔黃衣再加紫羅窄袖袍三加公服纚箱在服南櫛箱又在南又陳三加冠箱於殿庭西北以北爲上初加皂羅通頂幘再加帽子三加幞頭奉禮三人位於冠箱西各當其後俱東向北上序外帷內設罍洗罍在洗北加勺冪篚在洗南實巾爵各一加冪良醞令實尊醴加勺冪在爵洗之西執罍洗器皿者公服各立其所　冠其日三師三少文武群官及宮官皆服其服竝集於麗正門外位以俟詔書至宮門外主人及三師三少以下文武群官以次入就位拜詔訖典謁引宮官入就宮庭位賓贊至入宮門外次工人及諸行事之官各入就位典謁引群官以次入就位左庶子奏外備王太子着帽子絳紗衣出自東序升座群官及宮官再拜訖通事舍人引三師三少入就位洗馬引王太子樂作降自東階

就宮庭東位西向立樂止左庶子贊再拜王太子再拜三師
三少及賓客皆再拜訖通事舍人引主人入就殿庭西位主
人再拜王太子荅拜舍人引主人出門迎賓洗馬引王太子
樂作就階東南位西向立樂止三師訓導在前三少訓從於
後千牛仗二人夾左右主人贊冠升自東階詣東序帷內少
北戶東西向立主人迎賓於門東西向賓立於門西東向賓
主相揖入門持節者前導持詔函者次之樂作俱就位立定
樂止賓就案取制書復位洗馬引王太子詣受制位北向立
王太子初行樂作至位樂止主節脫節衣賓稱有敎左庶子
贊拜王太子再拜賓稱敎王太子某吉日元服率由舊章命
太尉某就加元服宣訖王太子又再拜詣賓前跪受詔書授
少傅少傅進王太子之右跪受詔以傳持函者持函者承受
立於王太子之右少南王太子復位再拜訖洗馬引王太子
升東階三師三少導從如式初行樂作上階樂止入東序帷
內近北西向立三師三少各就殿上席位訖賓升西階主人
升東階各立席後初賓升舍人引賓贊冠詣罍洗盥手升自
東階詣東序帷內立於主人贊冠之南俱西向主人贊冠引

王太子出立於冠席東西向賓贊冠取纚櫛二箱出跪奠於
王太子冠席南興詣席北少東西向立賓揖太子太子升筵
西向坐賓贊冠進筵前東向跪脫王太子帽子置於箱櫛畢
設纚興少北南向立賓降盥主人從降樂作賓升樂止主人
從升執初加冠者升西階賓降一等受之右執頂左執前進
王太子席前東向立祝曰令月吉日始加元服棄厥幼志愼
其成德壽考維祺以介景福乃跪冠興復位東向立賓贊冠
進席前東向跪結纓興復位王太子興賓揖王太子主人贊
冠引王太子入東序帷內着梔黃衣以出立於席東西向賓
揖王太子太子升筵西向坐賓贊冠進席前東向跪脫初加
冠置於箱櫛纚依舊不解興復位執再加冠者升西階賓降
二等受之右執頂左執前進王太子席前東向立祝曰吉月
令辰乃申嘉服克敬威儀式明厥德眉壽萬年永受祺福乃
跪冠興復位東向立賓贊冠進席前東向跪正帽興復位王
太子興賓揖王太子主人贊冠引王太子入東序帷內看紫
羅窄袖袍以出立於席東西向賓揖王太子太子升筵西向
坐賓贊冠進席前東向跪脫再加冠置於箱櫛纚依舊不解

興復位執三加冠者升西階賓降三等受之右執頂左執前進王太子席前東向立祝曰以歲之正以月之令咸加其服以成厥德萬壽無疆承天之慶乃跪冠興復位東向立賓贊冠跪正幞頭興復位王太子興賓揖王太子主人贊冠引王太子入東序帷內賓贊冠徹纚櫛二箱入於帷內主人贊冠又設王太子醴席於殿上稍東南向設訖王太子著公服以出主人贊冠引升筵南向坐贊冠退賓及賓贊冠降自西階詣序外帷內盥手洗爵爵以玉盞代之承以玉面葉賓升復位典膳郎酌醴以授賓贊冠贊冠受爵升自西階立於醴席西南北向賓進受醴進王太子筵前北面立祝曰甘醴惟厚嘉薦令芳拜受祭之以定厥祥承天之休壽考不忘王太子搢笏受醴樂作賓贊冠與太官令奉饌陳於筵前王太子飲醴奠爵訖樂止賓退復位東向立太官令徹饌王太子執笏降筵西向再拜賓荅拜訖通事舍人引賓降立於西階之西近北東向賓贊冠從降立於賓西南東向洗馬引王太子降自西階樂作立於西階之東南向樂止賓少進字之曰禮儀既備令月吉日明告厥字君子攸宜宜之於嘏永受保之奉勑字某王太子再拜曰某雖不敏敢不祗奉又再拜通事舍人引賓贊及主人出門洗馬引王太子樂作至阼階下位西向立樂止三師在南北向三少在北南向王太子再拜三師三少答再拜以出洗馬引王太子自阼階升殿西向坐典儀曰再拜群臣在位者皆再拜左庶子前稱禮畢主人贊冠引王太子入閤　會賓贊如冊封後會賓儀　朝謁冠禮訖左庶子洗馬引王太子詣殿北向左庶子贊拜王太子再拜近臣宣勑戒曰事親以孝接下以仁使人以義養人以惠訖王太子再拜舞蹈又再拜進步稱臣雖不敏敢不祗奉退復位又再拜訖便詣王后閤前北向立再拜尙宮前承令降詣王太子西北東向稱令旨王太子再拜戒詞上同王太子再拜少進稱臣夙夜祗奉不敢失墜退復位又再拜訖出

睿宗十六年正月辛亥王太子加元服于壽春宮百官表賀先是太子在行宮欲加冠平章事金緣奏曰冠者禮之始事之重故冠於阼三加彌尊所以尊其禮而著成人之義也今以元子之貴行事於外非所以法先王示後代宜令有司擧禮以行從之

王太子納妃儀

采擇告期竝內降指揮遣使如儀告大廟如常告之儀　醮戒所司鋪王座於正殿如臨軒之儀又設王太子褥位於殿西階上東向又設拜位於殿庭北向王服赭黃袍出即座近臣及近仗常起居訖近臣引王太子入就位請再拜王太子再拜舞蹈又再拜奏聖躬萬福又再拜訖近臣引王太子升自西階進立於褥位西東向內侍取盞又內侍以酒注於盞進詣王太子座前王太子跪搢笏受盞又內侍奉饌設於座前王太子即座飮食訖降階北向又再拜近臣引王太子升自東階詣王座前北向跪王命之曰往迎爾相承我宗事勗率以敬王太子曰臣謹奉制近臣引王太子降階北向再拜訖出　妃入內是日所司設妃氏次於麗正宮閤內王降指揮遣近臣逆之於妃氏之第所司具繖扇羽儀仗衛如式妃氏升穩輿上鑰以出行至麗正宮中門內下鑰降輿儀衛止於門外司閨引妃氏入次扇燭量人從入少頃王太子出殿庭司閨引妃氏出次王太子在東西向妃氏在西東向俛伏興各自階升殿相對又俱俛伏興司閨前引妃氏自西入寢筵　同牢初昏掌事者設巾洗各二一於東階南一於室之北水在洗東置罇於室中實四爵兩巹於篚執扇燭者陳列於前後王太子盥於南洗妃從者沃之妃盥於北洗太子從者沃之掌事者設酒饌匕著從設若不設饌則無匕著之設臨時從宜爲之又設對位王太子與妃皆即座童侍二人各以酒注於盞授王太子及妃王太子及妃受盞飮訖童侍受虛盞遂進饌再飮三飮如初儀王太子及妃俱興再拜掌事者跪言禮畢帥其屬徹酒饌以退　降使納妃第三日王御殿即座近臣內仗起居如常儀樞密院閤門班起居亦如之訖閤門引使副入殿庭舍人喝使副再拜訖近臣詣王座前俛伏跪取詔書興降詣使副東北西向稱有制舍人喝使副再拜近臣宣制曰王太子納妃三日命公等展禮宣訖以詔書授使使跪受以授副使副使跪受以傳持函者舍人喝使副俱再拜訖引出備儀衛樂部出泰定門以行自麗景門以入先是東宮衛率勒所部屯門列仗所司設王太子受宮官拜位於麗正殿上如儀又設王太子拜詔褥位於麗正門外香案在褥位前設使副次於麗正門外路西南向又設王太

子受詔褥位於宮庭北向又設使副傳詔位於宮庭北少西南向持詔函者在使副之西南東向又設宮臣位版於宮庭如式使副既受命至詣門外下馬左庶子引王太子出就殿上位三師以下起居如常儀詔函貯以小樓子至麗正門內舍人引三師以下出麗正門外列班詔函至麗正門外路東左庶子引王太子出就褥位左庶子贊拜王太子再拜舍人喝三師以下再拜左庶子引王太子就門外之左謁者引使副就門外之右相揖入門持詔函者先入三師以下宮官隨入就殿庭位訖左庶子引王太子就受詔位贊再拜王太子再拜奏聖躬萬福再拜舞蹈又再拜訖舍人喝三師以下宮官再拜舞蹈又再拜太師稱有詔左庶子贊拜王太子再拜躬身大使口宣訖奉詔書進步跪王太子少前搢笏跪受以授右庶子右庶子接詔以傳持函者持函者受詔立於王太子之右西向王太子執笏俛伏興左庶子贊拜王太子再拜舞蹈又再拜訖舍人喝宮官皆再拜舞蹈又再拜訖王太子搢笏跪膝押物引宣頭物擔過庭東入西出訖左庶子贊拜王太子再拜訖左庶子引詣東階下西向立典直引使副至西階下東向相揖分位謁者引使副入中門外次會賓如常儀訖宮官以表置殿庭案上謁者引使副出次典直引就殿庭位左庶子引王太子就拜表位左庶子贊拜王太子再拜右庶子取表跪進王太子受表進步跪於褥位前大使進步跪受表退就位王太子執笏興退復位左庶子贊拜王太子再拜舞蹈又再拜訖舍人喝宮官皆再拜舞蹈又再拜大使以表授副使副使授持函者典直引使副持函者先導以出王太子在東使副在西相揖以出至門外揖送左庶子引王太子以入　妃朝拜其日夙興盥洗盛服至御殿及王后殿朝拜如常儀王及王后醴妃亦如常儀　冊妃如冊公主儀制詞云冊某氏爲王太子妃命公等持節展禮

恭讓王三年四月丙寅定世子妃朝謁儀妃夙興齋沐備儀詣闕王便服王妃盛服坐殿女史引妃侍女奉棗脯脩笲以從妃入再拜司賓女史引升殿進笲降又再拜宦者酌酒以進妃啐酒再拜女史引妃出如有筵宴及賜賚世子及妃坐以家人禮酌獻極懽妃朝謁後王會群臣禮如元會儀群臣上壽曰王世子嘉聘禮成克崇景福臣等不勝慶抃謹上千

秋萬歲壽

志卷第二十

志卷第二十一　高麗史六十七

正憲大夫工曹判書集賢殿大提學知經筵春秋館事兼成均大司成臣鄭麟趾奉
敎修

禮九

嘉禮

冊王子王姬儀

大觀殿陳設冊日質明尙舍局鋪王座於大觀殿上如常儀設書案於王座前又設印案於王座之左設門下侍中門下侍郎中書侍郎位於王座東南西向北上設樞密位於王座西南東向北上內侍持詔冊印者位於王座東北又設宰臣樞密冊使副拜位於殿庭中心讀冊以下行事官位於使副之後每等異位俱北向東上又設冊使副受制位於拜位之北北向又設傳制位於受制位東北西向典儀設侍臣文武官位於殿庭如常儀協律郎位於殿庭西北東向典儀位於文官北贊者二人在南差退俱西向　發冊陳設訖近臣奉

詔書先置王座前書案上有司奉冊函印寶設於王座之左案上冊函在北印寶在南持節者立於印案之南西向北上訖大樂令帥樂工入陳於殿庭近南北向立定典儀贊者先入就位閤門引宰臣樞密以下侍臣文武常參官入就殿庭位典儀曰再拜贊者喝宰臣以下群官再拜閤門分引宰臣樞密自東西側階升殿訖通事舍人引冊使副以下至拜位立定典儀曰再拜贊者喝冊使副以下應行事官再拜訖侍中詣王座前俛伏跪近臣詣詔案東奉詔函以授侍中侍中受詔函授內侍持函者侍中引詔降自東階持詔函者對擧從後詣傳制位西向立初侍中將降階通事舍人引冊使副就受制位北向立侍中稱有制冊使以下群官躬身典儀曰再拜贊者喝冊使副以下應行事官皆再拜訖侍中宣制曰冊第幾王子某爲某公侯王姬則云冊第幾王姬爲某公主命卿等持節展禮宣訖取詔書以授冊使冊使跪受以授副使副使以授持函者持函者跪受退立於副使之後冊使副俛伏興典儀曰再拜贊者喝冊使副再拜侍中升復位門下侍郞帥掌節者脫節衣降詣傳制位西向立以節授冊使冊使跪受以授副使副使跪受以授持節者持節者跪受退立於詔函之南分左右門下侍郞升復位中書侍郞引冊印內侍持冊案者擧案從冊函後降詣傳制位擧冊函以授使副使副跪受以授持冊者持冊者跪受退立於詔函之北內侍持冊案者以案授行事持案者行事持案者對擧退立於冊函之北中書侍郞又取印以授冊使冊使跪受以授副使副使跪受以授持印者持印者跪受退立於冊案之北中書侍郞升復位通事舍人引冊使副還拜位典儀曰群官再拜贊者喝冊使副以下群官再拜訖通事舍人引冊使副出持節者前導持詔冊印者以次由正門出至門外持節者加節衣冊使副竝自正門出讀冊官以下由西偏門出訖閤門引宰臣樞密侍臣文武群官以次出大樂令帥樂工西出

宮庭受冊冊日所司設詔冊樓子褥位於宮門外之西東向設望詔拜位於宮門外之東西向設香案於宮庭階間近北設受冊褥位於宮庭近南北向設冊使副褥位於受冊位之東北使在南副使在北俱西向持節者立於冊使之左去節衣者立於其後俱西向設讀冊褥位於副使之右少前西向設讀

冊官位於副使之右差退西向持詔函者位於讀冊官之右少前持冊者次之持印者又次之俱西向設贊引謁者位於使副之後每等異位俱西向南上設宮官持函位於受冊者之左少南擡冊案者次之持印者又次之俱北向詔冊至宮門外受冊者出詣望詔拜位再拜訖使詣宮門外之左西向立定贊引先引持節者前導持詔函冊案印寶者以次入就宮庭位謁者引冊使副詣宮門外之右東向立與受冊者相揖訖宮庭執禮官承引入就宮庭褥位舍人喝受冊者再拜奏聖躬萬福再拜舞蹈又再拜訖冊使稱有制受冊者再拜躬身冊使口宣訖副使取詔函以授冊使冊使受傳於受冊者受冊者跪受傳於持函者持函者奉詔書立於受冊者之左受冊者再拜舞蹈又再拜執笏跪持冊函者以函案置於讀冊褥位持節者脫節衣讀冊官就位西向跪讀訖退復位受冊者俛伏興持節者加節衣冊使副對舉冊函以授受冊者持冊函案者援衛受冊者跪受以授擡冊者擡冊者舉函案立於詔函之次副使取印寶以授冊使冊使受以授受冊者受冊者受以授持印者持印者奉印寶立於冊函之次受冊者俛伏興舍人喝受冊者再拜舞蹈又再拜搢笏跪膝押物官引宣物過庭東入西出訖受冊者俛伏興舍人喝受冊者再拜訖贊引先引持節者前導冊使副以下以次出受冊者出宮門外揖送　會賓冊禮畢冊使副讀冊官皆出就次宮官設主人座於廳上東壁當中西向設冊使副座於西壁使在南副使在北設讀冊官勸花使座於冊使副之後俱東向每座各設果案設訖主人呈屈宴狀賓復狀訖執禮官引主人出門外之左西向立又引賓詣門外之右東向立相揖入門升詣廳上褥位立定執禮官交呈起居狀訖贊再拜賓主俱再拜進步又再拜再進步又再拜訖各就位立定執禮官受贊引以下行事執事官起居狀呈主人訖贊引以下以次就位參訖各退就次執禮官贊揖賓主相揖就座進茶訖酒至執禮官引賓主出就褥位主人請獻賓賓辭主人請獻至于三賓稱不敢辭凡賓主之辭執禮皆相之執禮官贊揖賓主相揖執注子盞者詣主人之左北向立執禮官贊揖賓主相揖主人搢笏執注子酌酒授注子訖出笏又相揖搢笏執盞進跪授賓賓進跪搢笏受盞以授執盞者賓之執盞者

受盞詣冊使座之左東向立賓主俱興執笏相揖立次獻副使讀冊官亦如之賓請酬主人主人辭賓請酬至于三主人稱不敢辭執禮官贊揖賓主相揖執注子盞者詣賓之右北向立冊使與主人相揖搢笏取盞以授副使副使搢笏執盞冊使出笏又相揖搢笏取盞以授副使副使搢笏執盞冊使出笏又相揖搢笏執注子酌酒授注子訖出笏又相揖冊使搢笏執盞副使出笏相揖搢笏執注子酌酒次讀冊官酌酒如副使之儀訖冊使進跪授主人副使讀冊官俱進跪主人進跪搢笏受盞以授執盞者執盞者受盞詣主人座之左少退西向立賓主俱興退復位立定執禮官贊拜賓主俱再拜各就座訖執禮官贊飲樂作飲訖樂止執禮官引賓主出就褥位相揖訖就座以次設酒食至五盞後宣送花酒使至宮門外之右東向立主人出宮門外之左西向立執禮官贊揖賓主相揖訖持宣花酒者先入就宮庭北南向東上立定執禮官引賓主入宮庭勸花使就香案之東西向立押花酒使在勸花使之右差退西向立初主人出門迎勸花使冊使副讀冊官俱降階詣庭南拜命位主人詣拜命位每等異位俱北向立定執禮官贊拜冊使副讀冊官及主人俱再拜勸花使口宣訖冊使以下俱再拜舞蹈又再拜訖執禮官引賓主俱上階押花使以宣花授勸花使勸花使傳受以次傳冊使副讀冊官及主人戴花訖勸花使酌宣酒以次授冊使副讀冊官及主人冊使以下及主人以宣花酒酬勸花使訖各就位立執禮官贊飲樂作飲訖樂止執禮官引賓主俱降就宮庭位立定執禮官贊拜冊使副讀冊官及主人俱再拜舞蹈又再拜執禮官引賓主俱上階就褥位交呈起居狀訖執禮官贊拜主人與勸花使再拜進步又再拜再進步又再拜訖押花酒使及引花擔員以次上階參訖各退就次賓主俱就座設酒食樂作止竝如儀其行事執禮官及押物以下執事官竝宣花酒使於宴次監賜花酒執禮以下拜命謝恩竝下庭再拜舞蹈又再拜次押花酒使及引花擔員戴花受酒謝恩拜舞竝如上儀至八味後執禮官引賓主俱興相揖分位各就次歇宮庭別送花酒宮官奉台旨詣賓幕賓戴花飲酒訖宮官退冊使副讀冊官勸花使行事執禮官每等異幕宮庭送花酒竝同其押物以下不設歇幕宮庭花酒竝送宴次

初賓就幕歇一刻頃迎仙樂作執禮官引賓主去靴笏俱上階就褥位樂止謝宮庭花酒執禮官贊拜賓主再拜進步又再拜訖各就座進茶設酒食如初會賓訖執禮官引賓主各就幕次具靴笏入就宮庭位主人附謝表訖賓主俱上階就座押物以下行事執事官呈辭狀各就位再拜又再拜訖退賓主俱興就褥位執禮官贊拜賓主俱再拜進步又再拜立定交呈狀辭違賓主俱再拜又再拜執禮官引賓主出門外送酒訖相揖分位其幣帛筐篚宮官具狀各授賓之從者拜表宮官設拜表位於宮庭近南北向設香案於拜表位之北北向設冊使位於宮庭之東副使位於冊使之右勸花使位於副使之右差退俱西向宮庭持函二人以函奉兩表先置於香案上訖執禮官引受冊者與冊使副及勸花使俱就位立定持詔函二人對擧空函隨冊使入宮庭就冊使之右少退西向立執禮官贊再拜受冊者再拜宮庭持函二人詣香案西跪取表函詣受冊者之左東向跪受冊者搢笏跪取謝冊表詣冊使之西東向跪進冊使少前西向立搢笏受表退復位受冊者執笏興退搢笏跪取謝花酒表詣勸花使之西東向跪進勸花使少前西向立搢笏受表退復位受冊者執笏復位執禮官贊再拜舞蹈又再拜訖冊使及勸花使置表於函持函者受先出賓主俱上階謝宴辭違禮數具在會賓儀

公主下嫁儀

親迎前一日所司於御殿東門外量地之宜設壻次其日質明壻之父告於其父母曰國恩貺室於某以某親迎敢告再拜若父母亡則設位於廳事而告之子將行父醮子於廳事設父位於中閒南向設子位於父位之西近南東向父即座子公服升自西階進立於位前執事者注酒於盞西向授子子再拜跪受執事者又奉饌設於位前子擧酒興即坐飮食訖降再拜贊禮者引立於父位前父命之曰往迎肅雍以惠我宗親子再拜曰祗率嚴命又再拜降出晡後乘馬至闕門外下馬執禮引就次有司陳公主鹵簿儀衛內東門外公主將升車代以昇擔執禮引壻出次立於內東門外躬身公主升車訖壻向闕再拜先還第下馬以俟公主至降車壻對公主俛伏公主荅之輿入寢門升階執扇執燭者量人從入陳

列前後女相者引公主入於室　同牢執事者引壻盥於南洗公主從者沃之公主盥於北洗壻從者沃之掌事者設酒饌匕箸亦布對位女相者引公主就座壻亦就座相俛伏皆即座贊禮二人俱酌酒於盞以授壻及公主壻及公主受盞飲訖贊禮者受虛盞遂薦饌再三飲如初儀壻及公主俱興再拜訖贊禮者徹酒饌具畢退　拜舅姑其日公主夙興盛服以俟執事者設舅姑位於堂上東西相向舅位於東姑位於西舅姑各服其服就位相禮者引公主升自西階詣舅前東向再拜又引詣姑前西向再拜訖引退醴婦如別儀　降使使臣詣殿庭受命奉詔書以出備樂部儀衛詔書擔詔書貯以小樓子至公主宮門外壻出詣拜詔位再拜訖先入以俟執禮引使臣就宮門外之左執禮引壻出於門外之右相揖持詔函者先入執禮引使臣入就宮庭褥位持詔函者在使之西少退次壻入立於受命位執禮喝壻再拜奏聖躬萬福再拜舞蹈又再拜訖使臣稱奉宣壻再拜使臣口宣訖取詔傳授壻壻跪受詔傳於持函者俛伏興再拜舞蹈再拜訖搢笏跪押物領宣頭物擔過庭東入西出訖壻俛伏興再拜執禮引使臣以出壻出宮門外揖送使臣入次壻還入少頃壻先呈屈宴狀使臣答訖執禮引使臣就門外之右東向壻就門外之左西向相揖入門上階就褥位立定執禮以起居狀交呈訖贊拜賓主再拜進步又再拜再進步又再拜訖各就位立定次押物次持函次引擔各呈參狀於主人押物於廳上楹閒稍南東向拜持函引擔於楹外北向拜參訖各赴隔階廳幕每等異帷席賓主相揖就座訖設茶酒酒至賓主俱興獻酬訖設食禮畢罷宴賓主俱興下階各就初傳詔位立定壻再拜興奉表詣使臣前跪使臣少前接表退復位壻復位再拜舞蹈再拜訖使臣以表授持函者執禮引賓主相揖上階辭違後押物以下相次辭退如初參禮致幣訖賓主相伴出門對座送酒訖相揖分位諸公侯納妃三日降使受命附表儀竝同

進大明表箋儀

前期所司於王宮殿之內外及國城內街巷結綵設闕庭於殿上正中設表箋案於闕庭之前設香案於表箋案之前司香二人位於香案之左右王拜位於殿庭正中北向衆官拜

位於王位之南異位重行北向設司禮二人位於拜位之北東西相向引禮二人位於王位之左右引班四人位於衆官之左右設使者立位於香案之東捧表箋執事二人位於香案之西設樂於衆官拜位之後設龍亭於殿庭之南正中及儀仗鼓樂伺候迎送是日侵晨司印者陳印案於殿中滌印訖以表箋及印俱置於案上王具冕服及衆官各具朝服詣印案前司印者用印訖用黃袱裹表紅袱裹箋各置於匣中仍以黃紅袱重裹之捧表箋官捧置於案使者及捧表箋官各就立位引禮引王入就拜位引班引衆官各就拜位司贊唱再拜樂作王與衆官皆再拜樂止引禮引王詣香案前引禮贊跪司贊唱衆官皆跪王與衆官皆跪引禮贊三上香司香捧香跪進於王之左王三上香訖引禮唱進表捧表官詣案取表東向跪進于王王受表以進於使者使者西向跪受表與復置於案引禮唱俯伏興平身司贊唱俯伏興平身王與衆官皆俯伏興平身引禮引王復位司贊唱再拜樂作王與衆官皆再拜樂止司贊唱禮畢引禮引王退立於西引班引衆官立於左右使者取表箋各捧前行王與衆官後送至龍亭前使者以表箋置於龍亭中金鼓儀仗鼓樂前導使者與王及衆官送至宮門外王還宮釋服衆官仍具朝服送至國門外使者捧表箋以行

忠烈王二十八年八月甲子百官備禮儀拜賀聖節表送于迎賓館拜表之禮始此　恭愍王元年閏三月甲申拜賀聖壽節表舊例唯文官冠帶侍衛至是王命文武八九品冠帶分左右侍衛二十一年十一月辛未王以冕服拜謝恩表還內百官亦以朝服侍表出門外拜送　辛禑十四年禑出正門率百官拜表箋禮畢送表箋于大門外百官送于宣義門外

元正冬至上國聖壽節望闕賀儀

前期執事者設闕庭於王宮正殿南向香燭案於闕庭之前王拜位於殿庭中北向及褥位於香案前衆官拜位於王位之南每等異位重行北向司禮司贊位於衆官拜位之北司禮在西司贊在東俱相向司香二人位於香案前東西相向是日執事陳甲士軍仗旗幟於王宮門之外樂工陳樂於拜位之南引班引衆官朝服入齊班於王宮門外之東西司禮

司贊司香俱入就位引禮啓請王於後殿具冕服引班引衆官入立於殿庭之東西引禮導王出樂作王由西階詣拜位樂止引禮立於拜位之左右引班引衆官入就拜位司贊唱四拜樂作王與衆官皆四拜樂止引禮導王由東門入樂作至闕庭香案前拜位樂止引禮立於拜位之左右引禮贊跪司贊唱跪王與衆官皆跪引禮贊三上香司香以香跪進於王之左王三上香畢引禮贊俯伏興平身司贊唱俯伏興平身王與衆官皆俯伏興平身引禮導王由西門出樂作復位樂止司贊唱四拜樂作王與衆官皆四拜樂止司贊唱搢笏鞠躬三舞蹈跪左脚三叩頭山呼萬歲山呼萬歲再山呼萬萬歲出笏俯伏興樂作四拜樂止司贊唱禮畢引禮啓禮畢引王出引班引衆官以次出如有朝廷官遇正朝冬至聖壽節出使在國中者常服先行禮不在王與衆官行禮之列

元正冬至節日朝賀儀

前一日尚舍局鋪王座於大觀殿如常儀設二獸爐於前楹外左右守宮設宰臣樞密次於朝堂典儀設宰臣樞密位於殿庭中心北向東上設群官版位文官三品以下於殿庭近南少東俱重行北向西上武官三品以下於殿庭近南少西俱重行北向東上左侍臣位於東階之南少東右侍臣位於西階之南少西設御史位二於東西階下之左右設攝侍中戶部尚書禮部尚書殿中監光祿卿尚食奉御位於左侍臣之後西向北上冬至節日無戶部尚書設典儀位於左侍臣之南左贊者在南差退俱西向右贊者在右侍臣之南差退東向太樂令位於樂工之北北向協律郎位於殿西階之上東向太官令位於左贊者之南北向其日依時刻尚乘局陳繖扇華蓋於殿庭左右水精杖在左鉞斧在右其殿門內外儀衛所司隨職供辦並如常儀宰臣樞密俱集朝堂文武群官集泰定門外朝服以俟侍中量時刻版奏請中嚴太樂令帥工人就位協律郎入就擧麾位典儀帥贊者先入就位左右侍臣監察御史行禮執事官以次入就位侍中版奏外辦王服赭黃袍以出協律郎跪俛伏擧麾興樂作王即座樂止閤門引宰臣樞密以下文武百寮入就閤辭位閤使奏閤辭訖閤門各引宰臣樞密以下就拜位典儀曰再拜群官皆再拜舞蹈又再拜奏聖躬萬福再拜班首進步致辭退復位典

儀曰再拜宰臣以下再拜舞蹈又再拜訖閤門引宰臣自東階上殿西向北上立定樞密自西階上殿東向北上立閤門分引文武百寮以出次戶部尙書持進奉物狀就殿庭中心北向跪閤門接上戶部尙書俛伏退聖節冬至無此禮閤門引諸道表賀員就位閤辭訖就庭中心橫行北向東上跪閤門接表訖拜數如常儀舍人傳宣賜酒食舍人喝再拜舞蹈又再拜訖引出王降座樂作入訖樂止宰臣樞密以下左右侍臣行禮執事官以次退若有旨宣賜酒果則閤門傳宣及宰臣樞密侍臣員將以下禮數並如坐殿朝會儀王若不坐殿陳設如式閤門引宰臣樞密以下百寮入就殿庭北向位班首俛伏跪奉賀狀攝侍中詣宰臣東北接取狀宰臣俛伏興攝侍中自東階上殿奏訖降詣宰臣東北向殿揖西向稱奉宣放朝賀殿儀曰各祗候宰臣樞密以下文武百寮揖訖閤門引宰臣樞密文武群官以次出其行禮執事官及左右侍臣殿內儀衛並不退次戶部尙書持進奉物狀就殿庭中心北向跪閤門接上戶部尙書俛伏退又閤門引奉表員入殿庭中心橫行北向東上奉表跪閤門接上訖奉表員俛伏興從西偏門出典儀曰侍臣等各祗候左右侍臣及凡行事官皆揖退奉表員詣殿門外位北向東上立舍人喝再拜舞蹈又再拜奏聖躬萬福再拜進步致賀退復位舍人喝再拜舞蹈又再拜次舍人稱宣賜酒食舍人喝再拜舞蹈又再拜禮畢揖退其元正諸領中郞將以下隊正以上皂衫冠帶各以衛次序立毬庭奏山呼肅拜而退

元會儀

其日早陳繖扇水精鉞斧於殿庭如常儀尙食茶房宿設壽尊所於殿階上東邊有同設臣僚尊所於殿階下西邊時至侍中版奏中嚴太樂令帥工人入就位協律郞典儀贊者各就位舍人引文武四品以下常參以上官入殿庭位參外文班九品以上有祿諸權務武班散員以上分立殿門外侍中奏外辦王將出仗動協律郞擧旗樂作王坐殿樂止近仗軍儀樂官入肅拜奏山呼訖侍中典儀贊者肅拜復位侍臣序立訖監察御史二人先入肅拜就殿階前相對立定舍人引三品以上入閤辭位閤使引太子令公宰臣初入樂作就閤辭位樂止閤使奏閤辭訖閤使引太子令公宰臣就中心位

北向合班立典儀曰再拜太子以下拜舞拜奏聖體又再拜太子進步致辭稱賀復位典儀曰再拜太子以下拜舞拜訖閤使引太子令公升自東階就殿上中心立定典儀曰再拜太子以下及殿庭在位者皆再拜訖太子跪奏稱臣某等元正首祚臣等不勝大慶謹上千萬歲壽酒閤使傳奏近侍承制曰可閤使傳宣許太子令公奏山呼再拜文武班皆再拜太子令公就洗所盥手如常儀茶房先進茶後行酹酒訖太子令公宰臣詣王座前近東俛伏興令公佐尊太子酌壽酒茶房員俠盞太子俛伏興復就殿上位典儀曰再拜太子以下及殿庭在位者皆再拜太子令公更詣王座前太子奉盞令公佐尊王執爵協律郎擧旗樂作盡爵樂止閤使引太子令公降自東階就階下拜位典儀曰再拜太子以下拜舞拜訖閤使傳宣許赴座兼賜酒食典儀曰再拜太子以下拜舞拜各赴座舍人引諸道持表員就殿庭東邊西向立奏聞辭訖舍人引就拜位跪呈表舍人接表俛伏興舍人喝拜舞拜奏聖體舍人喝再拜行頭進步致辭復位舍人喝拜舞拜太子以下合班如初儀舍人喝太子以下拜舞拜進步致辭謝恩復位舍人喝太子以下拜舞拜各祗候次引侍中前跪奏臣某言禮畢俛伏興退復位王入自東方樂作入訖樂止

王太子元正冬至受群官賀儀

前一日有司鋪王太子座於麗正殿上東壁下當中西向又設三師三少及宰臣樞密以下文武群官拜位於殿上殿庭如常儀其日府率整衛士屯門列仗如儀三師三少文武群官俱集宮門外位以俟侍衛之官及伶官樂工先入就位王太子服靴袍出自閤樂作升座訖樂止侍衛之官凡在位者陳賀訖通事舍人引三師三少賓客以下文武宮臣入門樂作左庶子引王太子降立於東階下三師以下至西階樂止左庶子引王太子升殿樂作至位西向立樂止三師以下上殿東向北上立初王太子升殿通事舍人引賓客以下文武宮臣入就位賓客以上就殿上西南位北向東上宮臣四品以下就殿庭兩班相對爲首北向立定舍人喝群臣上下皆再拜王太子答拜班首一人進步致辭元正則云元正首祚景福惟新伏惟王太子殿下與時同休冬至則云天正長至伏惟殿下與時同休退復位再拜王太子答拜左庶子前承

令詣班首之左宣令云元正首祚與公等均慶冬至則云天正長至舍人喝群臣上下皆再拜王太子答拜賀訖通事舍人引三師以下降自西階樂作左庶子引王太子降立於東階下三師出訖樂止舍人引賓客以下宮臣以次出左庶子引王太子升殿樂作至位樂止通事舍人引宰臣樞密文武群官入就位宰臣樞密上殿就東向位三品以上就北向位文武四品以下就殿庭位舍人喝群官上下拜賀如初儀賀訖通事舍人以次引出舍人引持牋員入就殿庭位北向東上奉牋跪舍人接牋訖持牋員俛伏興舍人喝持牋員再拜行頭進步致辭退復位又再拜左庶子傳令旨賜酒食持牋員再拜訖舍人引出王太子降座樂作入閤樂止侍衛之官以次出

王太子節日受宮官賀幷會儀

前一日有司鋪王太子座於殿上東壁下當中西向又設臣寮版位於麗正宮庭如常儀其日早朝仗衛入陳於宮庭伶官帥兩部工人就位伶官一人就擧麾位通事舍人引宮官俱就宮門外位文臣在東西向北上武臣在西東向北上俱重行立定通事舍人等行禮官先入就位王太子服靴袍將出閤伶官擧麾樂作坐定偃麾樂止仗衛伶官等各自喝再拜通事舍人行禮官等陳賀訖就位分立舍人引三師三少賓客以上入宮庭樂作王太子降自東階三師以下就西階上殿樂止三師三少在西北上賓客在南東上北向再拜王太子答拜行頭進步致辭又再拜王太子答拜訖降自東階樂作三師以下降自西階王太子還上殿樂止舍人引三師以下就門外次王太子升座訖舍人引宮官六品以上入就位舍人喝臣寮再拜行頭進步致辭復位又再拜初王太子升座坐典饌設案于筵前備饌具器皆用常使金銀舍人引行頭就西階升詣尊所宮官進茶酒訖典膳郎酌酒行頭搢笏執盞詣太子前跪授左庶子左庶子受盞置於王太子前行頭執笏東向跪稱臣某等稽首言幸當某節臣等不勝大慶謹上千萬歲壽酒俛伏興再拜宮臣上下皆再拜左庶子前承令少退宣令稱敬擧公等之觴訖宮臣上下又再拜左庶子取爵奉進王太子擧酒樂作飮畢樂止臣寮再拜第二第三盞並如初儀三爵畢舍人引臣寮出門又舍人引持牋

員入就位跪奉牋舍人接牋舍人喝持牋員再拜行頭進步致辭又再拜左庶子傳令旨賜酒食持牋員再拜舍人引出訖舍人引三師三少賓客以上就殿西階王太子降自東階樂作上殿樂止三師以下俱就位再拜王太子答拜三師以下就座舍人引宮官文武常參以上入殿庭位如初儀舍人喝臣寮再拜左庶子傳令旨賜坐衆賜酒食舍人喝臣寮再拜各就座訖典膳郎奉酒進王太子王太子擧酒樂作飲訖樂止食官令行群官酒樂作飲訖樂止以次進酒食禮畢舍人引臣寮就宮庭合班如初儀三師三少起座再拜致謝又再拜王太子答拜下階樂作舍人引三師三少以出王太子還上殿樂止舍人喝臣寮再拜舍人引出王太子還入樂作簾降樂止若王太子不出則除三師三少唯宮官排班如式通事舍人承令至班首之右西向稱放賀群官揖退舍人引持牋員入庭行禮如常儀　宣宗十年八月丁巳制曰我國舊制生辰元正冬至百官賀禮唯宰相入直者一人押班其餘並不就班近閱宋朝儀制凡放賀之日其禮與坐殿日不殊自今一依宋朝儀式　睿宗十年十月庚子禮司請以太子生日爲永貞節令宮官僚屬進賀兩界三京八牧三都護府上箋以爲恒式　忠烈王二十五年十二月行省官寮及百官肄賀正儀於奉恩寺三日肄儀始此三十三年六月丙午以壽元天聖節似涉僭擬改以誕日稱之　恭愍王六年正月丙子朔百官備禮服欲陳賀命停賀宴宗室公侯宰樞及耆老侍臣皆以戎服入侍十一年四月乙酉以農務方殷停諸道賀生辰五月庚戌罷生辰百官獻馬二十一年十一月丁巳冬至王具冕服率百官向闕拜賀山呼萬歲後百官又行本朝賀禮　恭讓王四年二月癸酉禮曹上言每當朝會禮畢王坐殿而百官先出非禮也請自今禮畢上入內群臣鞠躬祗送訖乃出從之

人日賀儀

其日殿門外有司陳設如儀閤門員先立東邊祗候引兩班中心爲頭異位重行北向立定侍臣隨品交立閤使出行揖入門一拜跪先插人勝面拜出門就位揖云奉宣舍人喝兩班再拜閤使又云賜卿等人勝祿牌舍人喝兩班拜舞拜訖分授人勝祿牌兩班跪受其人勝三品以上則祗候分授四

品以下太府人吏分上祿牌判事以上則三司判官分授以下人吏分上訖舍人喝兩班再拜各祗候引出訖閤門橫行自喝拜舞拜各受人勝祿牌如上訖再拜揖退

立春賀儀

與人日賀儀同但立春受春幡子

新雪賀儀（小雪後大雪前有雪則賀 小雪前有雪則佐雪無賀）

雪後第三日閤門先立殿門外東邊祗候分引兩班中心爲頭異位重行北向立定侍臣隨品交立祗候引宰臣就褥位舍人喝宰臣兩班再拜閤使出行詣宰臣右立宰臣搢笏跪進表閤使揖搢笏奉表立舍人喝宰臣兩班拜舞拜閤使抽笏奉表入門揖落笏趁進一拜跪搢笏呈表於几上膝退面拜趁退出門外揖就位揖云奉宣卿等所賀已知舍人喝皆再拜祗候引宰臣出次引兩班出訖閤門橫行再拜行頭進步復位拜舞拜揖退

宥旨賀儀

殿上陳設訖僉議府備制書函置簾內案上閤門入立於殿庭之東祗候引文武班入殿庭中心爲頭侍臣隨班交立次引僕射次引樞密次引宰臣東上立定舍人喝躬身拜舞訖閤使出行揖上殿揖落笏趁進簾前跪入內監拜搢笏取制書函出簾外授持函者持函者跪受降立階下閤使下殿揖搢笏取制書授讀制官復位讀制官跪受置於案上再拜揖云有制舍人喝文武班再拜讀制官讀訖再拜復位舍人喝文武班再拜行頭進步拜舞拜訖閤門橫行拜舞拜行頭進步拜舞拜乃出

一月三朝儀

前一日尙舍局鋪王座於大觀殿上如常儀設宰臣位於王座東南樞密位於王座西南俱相向北上設二獸爐於前楹外左右設宰臣樞密拜位於殿庭中心北向東上閤辭位於殿庭東邊西向北上閤門設左右侍臣位於殿庭東西俱北上監察御史位二於殿東西階下左右俱相向協律郞位於殿西階上東向文官閤辭位於殿庭東近南西向西上武官閤辭位於殿庭西當文官東向東上設文武群官位於殿庭南兩班相對爲首每等異位俱重行北向文武六品以下位於殿門外如正至之儀其日依時刻尙乘局陳繖扇華盖於

殿庭左右水精杖在左鉞斧在右其殿門內外儀衛所司隨職供辦並如常儀宰臣樞密俱集朝堂文武群官集泰定門外朝服以俟左右侍臣監察御史協律郞及行禮執事官先入殿庭就位訖閤門引文武群官入就大觀殿門外立定攝侍中版奏外辦王出御大觀殿升座鳴鞭殿庭內外衛仗大喝再拜衙仗再拜奏山呼又再拜次閤門副使以上先入殿庭橫行行頭自喝再拜舞蹈又再拜奏聖躬萬福又再拜訖詣左侍臣之西稍南西向北上立定閤使自東階升殿當王座前俛伏跪奏報平降復位副使一員出引樞密及通事舍人以下及南班員入就閤辭位奏閤辭訖引就拜位典儀曰再拜樞密及左右侍臣監察御史閤門南班員等再拜舞蹈又再拜奏聖躬萬福又再拜樞密從西階升殿東向北上立通事舍人以下詣東邊與閤門副使位少絕西向立南班員分立左右近南俱相向閤門各引宰臣及文武群官入就閤辭位立定奏閤辭訖引宰臣及文武群官就拜位贊者喝宰臣以下再拜舞蹈又再拜奏聖躬萬福又再拜訖閤門引宰臣從東階升殿西向北上立次閤門分引文武群官以出如有新及第朝參閤門引入閤辭位奏閤辭訖引就拜位立定舍人喝再拜奏聖躬萬福又再拜壯元出行致辭退復位又再拜閤使傳宣賜酒食舍人喝又再拜訖閤門引卷班西出次閤門奏閤門無公事若有臺諫上疏則不奏無事王降座入內殿宰臣樞密及左右侍臣凡行禮執事官以次揖退閤門引出有旨則閤使升殿傳宰臣樞密宣賜酒果閤使喝宰臣樞密再拜閤使降階傳侍臣員將宣賜酒果舍人喝侍臣及凡行禮官員將俱再拜次傳兩部樂官殿庭內外禁衛軍人宣賜酒果並如儀

顯宗三年六月甲辰以時座宮庭湫溢令常參官五日一見　德宗三年六月癸巳敎曰聖考朝置諸王升降所於會同門前今諸王年紀稍壯東則春德門外俠小門西則大初門外俠小門爲升降所當進見時且止閤門廳事閤門使引入殿庭行禮令五日一參　文宗七年七月戊午禮司上言乞依唐制每閏月朔御便殿視朝制可　仁宗九年五月戊戌制每四孟月初視朝命官讀時令　辛禑六年五月辛亥憲府上疏曰朝會禮儀國之大事近來凡諸朝會每令停罷及

至上國使命迎送等不得已朝會百官不知班次亂行失序朝班不肅請自今雨雪及大故外一月兩衙勿許放朝禑納之　十四年四月庚子禮儀司請依　皇朝禮群臣每月用六衙日朝參從之　恭讓王二年正月禮曹啓凡朝會百官昧爽入殿庭平明行禮三年六月辛未初令成均館生員五部生徒參朔望朝會從都堂之啓也憲府以無依貼駁之竟不行

親祀圜丘後齋宮受賀儀

祭畢王旣還齋殿侍衛如常儀太子公侯伯宰臣樞密及文武從祀群官並朝服詣齋宮門外合班以俟王坐殿禁衛大喝再拜訖閤門員先入殿庭横行行頭自喝再拜訖就殿庭東邊西向北上立閤門分引王太子公侯伯宰臣樞密侍臣文武群官入就殿庭位立定文武班參外員就門外位舍人喝太子以下文武群官再拜舞蹈又再拜奏聖躬萬福再拜行頭進步致辭退復位皆再拜舞蹈又再拜訖閤門引太子以下以次出閤門分引外官持表員入就殿庭聞辭位西向北上立定閤門奏聞辭訖折方就北向位東上跪奉表閤門接表以進訖俛伏興引出門外位北向東上立舍人喝皆再拜舞蹈又再拜奏聖躬萬福再拜行頭進步致辭退復位皆再拜舞蹈又再拜訖退閤門官就殿庭位北向東上立行頭自喝陳賀如群官之儀訖王降座入齋殿如放賀則百官就班立定閤門官上殿承旨降階西向立稱制曰放賀舍人贊各祗候太子以下揖訖以次退雩祀圜丘禘祫享及時享太廟享先農耕籍親幸後齋宮受賀並同此儀

志卷第二十一

志卷第二十二　高麗史六十八

正憲大夫工曹判書集賢殿大提學知經筵春秋館事兼成均大司成臣鄭麟趾奉
教修

禮十

嘉禮

大觀殿宴群臣儀

陳設前期都校中尙署設綵棚於殿座近南前一日尙舍局鋪王座於大觀殿上當中南向設便次於王座東少北設二獸爐於殿階上左右設太子座於王座東南西向設公侯伯座於王座東西稍南設宰臣樞密座於太子公侯後設文官三品及承制侍臣座於宰臣後武官三品座於樞密後每等異位俱北上相向尙衣尙舍局設花案於王座前楹閒左右茶房尙食局具御酒御食御果案其群臣酒食有司隨職供辦守宮署設文武四品以下座於殿下左右廊尙舍局設太子閤辭位於殿庭近東西向公侯伯位次之宰臣樞密位又次之俱差退西向北上文武三品以下常參官以上位於殿庭之南俱重行相向北上閤門設太子版位於殿庭中心近北公侯伯位於太子後宰臣樞密位於公侯後俱北向東上文武官三品以下常參以上位於宰臣後兩班相對爲首俱重行北向設侍中禮部尙書殿中監光祿卿典儀贊者位於殿庭之東近北西向北上監察御史位二於殿東西階下左右俱相向太樂令位於殿庭之南北向協律郎位於西階之上東向　大宴其日量時刻繖扇仗衛入陳於殿庭太樂令帥敎坊樂官入就位協律郎典儀贊者御史凡行事執事官俱入就位閤門各引太子公侯伯及宰臣樞密文武常參以上入就閤辭位立定侍中奏外辦王服赭黃袍至殿鳴鞭爐煙升協律郎跪俛伏擧麾興樂作仗衛奏山呼再拜王升座樂止閤門奏閤辭訖閤門各引太子公侯伯宰臣樞密文武群官俱就拜位北向立典儀曰再拜太子以下群官再拜舞蹈又再拜奏聖躬萬福再拜太子進步致詞退復位贊者喝太子以下再拜舞蹈又再拜訖閤門各引太子及上公自東階升殿執禮官承引就拜位贊者喝太子公侯伯及文武群

官再拜太子跪奏稱臣某等伏値某節日聖節日則云某節
日冊太后則云聖上尊奉慈闈封崇禮畢郊天則云郊祀禮
畢冊太子則班首云冊立儲位臣等不勝大慶謹上千萬歲
壽酒伏候聖旨執禮官詣王座東南俛伏跪傳奏承制傳宣
曰可執禮俛伏興詣太子東北西向傳宣許太子以下俛伏
興贊者喝太子以下文武群官再拜訖太子及上公出詣洗
所盥手近侍官進茶執禮官躬身勸每進酒進食執禮官皆
躬身勸酹酒訖殿中監奉盞近侍官奉注子先升太子上公
便詣王座東南俛伏跪太子奉盞上公奉注子酌酒王擧盞
樂作擧酒訖樂止太子受虛盞殿中監近侍官承受盞注子
少退立太子及上公俛伏興降詣殿庭拜位贊者喝太子以
下文武群官再拜舞蹈又再拜訖執禮官前承制降自東階
詣太子東北西向傳宣曰擧卿等壽酒與卿等同慶仍賜赴
座贊者喝太子以下群官再拜舞蹈又再拜訖閤門分引太
子公侯伯宰臣樞密文武三品及諸侍臣各從東西側階上
殿兩班四品以下分入左右廊文東武西俱重行並於席後
相向立次賜太子以下群官茶太子以下群臣再拜執禮官
贊飮太子以下飮訖揖次行太子以下群官酒執禮官贊飮
太子以下再拜執盞樂作飮訖揖樂止司宰卿進御食次設
太子以下群官食王擧食樂作執禮官贊拜太子以下再拜
俱就座受食食訖起揖樂止殿中監進御酒王擧酒樂作擧
酒訖樂止殿中監司宰卿就殿庭東邊再拜舞蹈又再拜訖
各就座次行群官酒執禮官贊飮群官揖執盞樂作飮訖樂
止以次進御酒御食又以次行群官酒設群官食禮數樂作
止如上儀至茶食敎坊呈致語口號訖太子以下群官降就
殿庭拜位贊者喝太子以下再拜太子進步致詞退復位贊
者喝太子以下群官再拜舞蹈又再拜訖各就座近侍官以
次進御酒御食及行群官酒設群官食樂作止竝如上儀至
三味王入便次戴花太子公侯伯宰臣樞密各就幕次戴花
訖兩班三品以下常參以上殿門外戴花閤門各引太子以
下群官入就殿庭拜位立定少頃王坐殿鳴鞭爐煙升贊者
喝太子以下群官再拜舞蹈又再拜閤門引樞密以上自東
階上殿執禮官承引就拜位立定贊者喝太子以下群官再
拜太子跪奏獻天壽執禮官傳奏承制傳宣曰可執禮官詣

太子東北西向傳宣許太子以下俛伏興贊者喝太子以下群官再拜訖樞密以上出詣洗所盥手便詣王座東南俛伏跪太子奉盞公侯伯宰臣樞密以次奉注子跪酌壽酒王擧盞樂作擧酒訖樂止太子受虛盞近侍官承受盞注子少退立太子公侯伯宰臣樞密俛伏興降就殿庭拜位贊者喝太子以下群臣再拜舞蹈又再拜每至別盞兩班三品及侍臣獻壽禮數並如上儀執禮官稱躬身樞密以上皆躬身群官就本位執禮官傳迴賜別盞贊者喝樞密以上再拜訖閤門引樞密以上自東階上殿近侍官奉迴賜盞注子先升太子詣王座左俛伏跪承制奉注子近侍官奉盞承制贊酌酒盞太子少前跪受盞近侍官傳受詣殿上東壁太子飮位立太子俛伏興退立於飮位公侯伯宰臣樞密以次進受盞如上儀執禮官贊飮樞密以上向王座揖執盞樂作飮訖樂止執禮官引太子以下出詣殿上拜位再拜舞蹈又再拜訖各就座執禮官傳宣行群官別盞群官席後再拜近侍官監賜群官執盞樂作飮訖樂止又再拜執禮官承旨傳侍立員將兩部樂官宣賜花酒把門軍人宣賜酒果訖相次進御酒御食群官行酒設食至別盞三及品或侍臣已上獻壽如上儀有旨則進別盞八味後近侍官道湯及賜群官官藥訖王入便次太子公侯伯宰臣樞密各出就幕次群官俱出少頃閤門引太子公侯伯宰臣樞密及群官入就殿庭位立定王再坐殿鳴鞭爐烟升贊者贊揖太子以下群藥揖訖近侍官進茶承制傳宣禮數並如上儀有旨則近侍官進酒閤門分引太子公侯伯宰臣樞密上殿請上壽酒執禮官傳奏閤門引太子公侯伯宰臣樞密上殿請上壽酒執禮官傳奏子以下群官各就座訖相次進酒進食及群官行酒設食訖近侍官進湯藥禮畢閤門分引太子公侯伯宰臣樞密及群官就殿庭拜位立定贊者喝太子以下群官再拜太子進步致辭退復位贊者喝太子以下群官再拜舞蹈又再拜訖執禮官傳宣賜宴幣贊者喝太子以下群官再拜訖王降座鳴鞭樂作入訖樂止閤門各引太子以下文武群官以次退

老人賜設儀

前一日尙舍局設王幄於儀鳳門內又設王幄於閤門廳上設年八十以上宰臣樞密文武三品官及命婦坐於閤門廳守宮署設文武四品官以下坐於左同樂亭孝子順孫有官

品者預坐設命婦坐於右同樂亭設孝子順孫無官品者坐於同樂亭左右廊廡其日質明奏初嚴諸仗衛入陳於殿庭奏二嚴樞密以下左右侍臣俱詣大觀殿立班以俟王服絳紗袍出坐殿鳴鞭禁衛大喝再拜訖舍人喝樞密以下常起居訖閤門各引太子公侯伯宰臣入就位舍人喝太子以下再拜訖閤使引西出訖侍中奏外辦俛伏興王降殿乘小輦出殿門華蓋侍衛如式樂部分列振作禮司奏三嚴駕至閤門降輦入幄樂止有頃王出幄舍人喝老人拜一坐再至承制傳宣老人又拜一坐再至舍人引就坐王南向立命伴食若眞宰則命眞宰若樞密則命樞密若八座以下則命三品官仍命樞密勸酒食兩部樂振作宣花酒訖王乘輦至儀鳳門降輦入幄樂止太子公侯伯宰臣樞密及侍臣閤門班就毬庭分列左右文武兩班東西相對立執事官在文官之東南少退尙舍局設王座於門中心南向王出門升座鳴鞭舍人喝文武兩班及諸執事官俱再拜訖樞密以下左右侍臣前導樂作王行至左同樂亭舍人喝老人拜一座再至孝子順孫於階下再拜舞蹈又再拜舍人傳宣喝老人拜一坐再至孝子順孫再拜舞蹈又再拜訖各就坐賜酒食樂作命承制一員勸訖樂止駕至右同樂亭勸如儀有司給例物有差王行至泰定門前南向立閤使出班南承旨勑諸執事官賜酒果舍人喝執使官再拜訖侍中前跪奏稱侍中臣某言禮畢俛伏興退復位王入泰定門升輦警蹕侍衛如式駕至大觀殿降輦升殿閤門贊各祗候樞密以下以次退翌日守宮署設鰥寡孤獨廢疾座於毬庭左右廊有司設酒食訖退其宰樞三品致仕官每四季月殿中省奉詔遣使具公服賷賜酒果于私第州府郡縣賜設前期尙書禮部奏奉指揮牒尙書都省都省傳牒三京諸都護州牧設給酒食賜布穀皆准前例

穆宗十年七月御毬庭集民男女年八十以上及篤廢疾六百三十五人臨賜酒食布帛茶藥有差　肅宗六年三月癸未親饗國老於閤門七年十月王在西京禮部奏王制曰五年一巡狩問百年者就見盖王者尊老尙齒之盛禮也乞令西京留守及先排使西海按察使先問年八十以上人賜設制可遂召年八十以上男女賜設于闕庭命太子侑酒食賜

物有差　熙宗四年十月乙亥饗國老庶老孝順節義王親侑之丙子又大酺鰥寡孤獨篤廢疾賜物有差州府郡縣亦倣此例比因國家多難饗禮久廢至是詔立都監復遵舊制未八十歲宰臣樞密三品員八十歲以上宰樞三品員母妻三品員節婦有司於禮賓省主廳設王幄命宰樞坐於左俠廳各賜酒十盞果十五楪味十三器宴幣幞頭紗二枚生紋羅一匹厚羅一匹衣綾二匹鄉大絹二匹錬綵二斤腰帶銀一斤金一目五刀紅鞓皮一腰人參十兩花八枝紅蠟燭三丁包裹黃絹複子五三品員坐於左俠連廊各賜酒十盞果十四楪味十三器宴幣幞頭紗二枚生紋羅一匹厚羅一匹衣綾一匹鄉大絹二匹錬綵一斤腰帶銀十二兩金一目紅鞓皮一腰人參十兩花六枝燭二丁包裹黃絹複子五宰樞三品員母妻三品員節婦坐於右俠廳酒果味與三品員廳同各賜宰樞母妻及節婦衣綾二匹鄉大絹四匹錬綵二斤人參十兩花六枝燭二丁包裹黃絹複子各三賜三品員母妻衣綾二匹鄉大絹三匹錬綵一斤人參十兩花六枝燭二丁包裹黃絹複子三又命八十歲未滿四品員八十歲以上參上員參外有無職僧俗孝子坐於左同樂亭各賜四品參上員酒六盞果九楪味六器廣平布十匹綵子十兩參外有無職僧俗酒六盞果五區味六器有職小平布五匹綵子十兩無職小平布五匹綵子六兩孝子酒果味與僧俗同有職廣平布十匹小平布十匹無職小平布十匹造米二石八十以上有職女有無職節婦坐於右同樂亭酒果味並與左同樂亭同鰥寡孤獨篤廢疾僧俗男女男坐於左同樂亭女坐於右同樂亭各給酒四盞果五區味四器米一石命都監員吏監賜西京八十歲男女孝子順孫鰥寡孤獨篤廢疾各給酒果味各三器八十男女布五匹孝子順孫布七匹鰥寡孤獨篤廢疾租一石東北西南界孝子順孫租六石八十男女鰥寡孤獨篤廢疾租一石其酒果味與西京同

宣赦儀

前一日尙舍局鋪王座於大觀殿上設案於王座南設二獸爐於前楹外左右又設詔案於殿庭中心近北北向其日依時刻尙乘局陳繖扇華蓋於殿庭諸仗衛陳列於殿門內外如常儀設訖閤門先入殿庭東邊西向北上立有司奉詔函

先置於王座前案上訖閤門引文武群官入就殿庭兩班相對爲首每等異位俱重行北向立定閤門引讀詔官就詔案前北向立閤使上殿詣王座前俛伏跪取詔函以授持函者持函者先行降自東階就案東北西向立閤使降階南向稱聖上不坐殿兩班皆躬身應諾閤使詣詔案之東取詔於函西向授讀詔官讀詔官跪受興置於案上閤使帥持函者退復位讀詔官再拜興稱有詔舍人喝兩班再拜次披詔二人就立詔案左右展詔讀詔官北向立讀畢又再拜興退復位舍人喝兩班再拜訖閤門分引以出訖閤門揖退諸仗衛以次出

德宗元年八月丁巳宣麻舊制宣麻於家至是集百官宣於乾德殿從有司請也二年三月辛未敎曰頃以有司論請停宣送官告然念恩禮由此漸踈今後文武正三品以上中樞員皆令差人到家宣制　文宗元年四月丁未宣麻舊制宣麻日宰臣一員引詔案授讀詔者至是五宰同日宣麻特命閤門引案仍爲恒式

東堂監試放牓儀

其日殿上陳設如儀王御隱幕承宣入直重房便服入庭肅拜中官承傳宣許上殿又再拜上殿簾前賜坐內侍茶房參上參外皂衫一時肅拜分立牽龍中禁都知肅拜分立侍臣皂衫入庭橫拜再拜行頭進步復位揖左右分立侍臣在前內侍次之牽龍都知在後祇候引學士就褥位副學士差退立舍人喝拜舞拜不出行再拜各祇候閤使承傳云上學士上殿賜坐舍人喝再拜祇候引上學士上殿西邊坐褥副學士就右侍臣行頭少前立監試則上學士與副學士同承宣令中禁出傳諸生入庭唱牓員橫行再拜訖就東廊階下立內侍參外員執卷內侍文臣三品以下員次次唱牓中禁出喚生姓名諸生入庭祇候兩員在左右指揮立行唱畢諸生肅拜宣賜酒果訖肅拜出唱牓員下庭橫行再拜訖還本位祇候引學士就褥位舍人喝再拜進步復位拜舞拜躬身承宣下殿至學士前北向立傳慰諭舍人喝拜舞拜閤使承傳云宣賜酒果舍人喝再拜各祇候引出訖侍臣橫行再拜行頭進步復位再拜而出

元宗十四年十月甲寅命參知政事金坵知貢擧右承宣李

顓同知貢擧取進士舊制二府知貢擧卿監同知貢擧試日未明知貢擧坐北牀南向同知貢擧坐西牀東向監察及奉命別監坐南少西東上北向將校執旗分立階下擧子旣集即鎻門貢院吏名呼擧子分處東西兩廡各立木懸板書所試題分掛于其上日至禺中承宣奉金印至同知貢擧迎之庭中相揖而進知貢擧避于北壁之後承宣與同知貢擧升堂再拜叙寒溫又再拜知貢擧出坐北牀下席上承宣北向再拜知貢擧亦再拜承宣進伏叙寒溫知貢擧即其座答之承宣退又再拜知貢擧亦再拜然後相揖而坐承宣坐東牀西向與同知貢擧相對吏抱擧子卷子以進承宣開金印印之內侍賫進宣醞知貢擧同知貢擧與承宣拜賜就牀飮畢又拜謝承宣迴同知貢擧揖送于庭三塲皆如之知貢擧各於入格卷子背上望科次貼黃標函封平明詣闕王坐便殿承宣二員至門內知貢擧奉函授之傳奉至王前坼封文儒承宣讀過其科次上下並依貢院之望放牓

儀鳳門宣赦書儀

前二日都校令帥其屬立金雞竿於儀鳳門之東南設讀詔臺於雞竿之西儀鳳樓之南中尙署設案於詔臺之上北向前一日尙舍局設幄於儀鳳樓上尙書禮部令監門衛置大鼓於毬庭東西各十五在兩班行外有司陳列衛仗鹵簿如常儀閤門設文武百官板位於儀鳳門前宰臣樞密以下侍臣文武百寮俱就位肄儀其日質明奏初嚴閤門設太子聞辭位於儀鳳樓之前近北公侯伯在南差退宰臣位又在南差退俱西向北上文官三品位在宰臣之南差退四品以下位次之皆西上西向每等異位俱重行設武官三品位於殿庭之西與文官三品相對四品以下次之皆東上東向每等異位俱重行又設太子拜位於儀鳳樓前近北公侯伯位於太子後宰臣位於公侯後北向東上設左樞密位於東左侍臣位在樞密之東左奉禮贊者在南差退設右樞密位於西右侍臣位在樞密之西右奉禮贊者在南差退設文官三品位於宰臣東南少絕四品以下位次之設武官三品位於宰臣西南少絕四品以下次之俱北向兩班相對爲首設閤門副使以上位於左侍臣之前舍人以下次之設行事執事中書令侍中禮部尙書刑部尙書戶部尙書刑部侍郞黃門侍

郎位於左侍臣之後北上設協律郎位於儀鳳樓上近西東向攸時刻鹵簿仗衛陳列於毬庭衛仗自大觀殿庭左右陳列至儀鳳門訖尙舍局設輦褥於殿庭中心東向引駕官引軺輅輦入殿庭置褥位訖禮司奏中嚴樞密以下左右侍臣閤門班俱入殿庭分列左右以俟王服赭黃袍出御大觀殿鳴鞭禁衛大喝再拜訖奉禮曰再拜樞密以下侍臣再拜訖侍中版奏外辦俛伏興退復位王降殿乘軺輅輦訖黃門侍郎出庭中俛伏跪奏黃門侍郎臣某等言請動駕興出就位仗動鳴鞭樞密及侍臣前導出殿門兩部樂官奏山呼再拜皷吹振作禮司奏三嚴駕至儀鳳門降輦鳴鞭上樓承制近臣及千牛上大將軍紅黃小傘各一靜鞭承旨等從升樞密以下左右侍臣出毬庭各就位立定軺輅平兜輦繖扇旌節前後導從皷吹儀衛出毬庭環列文武群官及致仕以理解官應在庭者各就本班文東武西就閤辭位相對立訖閤門各引王太子公侯伯宰臣就閤辭位西向立定王出御幄升座稱警蹕協律郎俛伏跪擧麾興樂作仗衛奏山呼再拜訖協律郎跪偃麾俛伏興再拜東向立樂止衛仗再拜奏山呼又再拜閤門奏閤辭訖閤門各引王太子公侯伯宰臣以下群官就拜位立定奉禮曰再拜王太子以下群官再拜舞蹈又再拜班首奏聖躬萬福再拜進步致辭退復位王太子以下群官再拜舞蹈又再拜訖刑部尙書立於群官之東西向侍郎領囚徒立於群官之後北向立定鳳詔自樓上降下持節持函官前行閤門引中書令至下詔所中書令北向立閤門取鳳詔授中書令中書令俛伏興跪受鳳詔置函訖持節持函者前行閤門引中書令至庭中心班首之右西向稱有制奉禮曰再拜王太子及群官再拜訖中書令取詔書傳於讀赦官讀赦官俛伏興跪受置函訖再拜興持節官前導持函官次之讀赦官至臺下北向再拜持節持函先升讀赦官升臺披詔官二員從升持節官脫節衣分立於左右披詔官對立於案東西披詔讀赦官讀訖持節官加節衣協律郎跪俛伏擧麾興監門衛振皷軍民懽呼協律郎偃麾止又擧麾振皷懽呼三而止讀赦官以下降臺奉禮曰再拜讀赦官再拜奉赦書付刑部尙書尙書跪受置於函退復位持函官立於尙書之後訖禁衛大喝再拜奉禮曰再拜王太子以下群

官再拜班首進步致辭退復位王太子以下群官再拜舞蹈
又再拜訖閤門各引王太子公侯伯宰臣及文武群官卷班
出獄吏詣班南北向躬身稱脫枷囚徒懽呼再拜西出閤門
引戶部尙書就位尙書跪奉物狀奏稱臣某言諸道貢物請
付所司侍中前承制少退西向曰制可侍中還復位閤門就
接物狀進呈訖尙書俛伏興退復位閤門又引禮部尙書就
位尙書跪奉諸方物狀奏稱臣某言諸方貢物請付所司侍
中前承制少退西向曰制可侍中復位訖閤門就接物狀進
呈訖尙書俛伏興退復位閤門引諸道奉表員就東邊西向
立舍人奏閤辭訖閤門引就拜位北向奉表跪呈閤門接表
進呈奉表員俛伏興奉禮曰再拜奉表員再拜舞蹈又再拜
行頭奏聖躬萬福再拜進步致辭退復位奉禮曰再拜奉表
員再拜舞蹈又再拜西出內外學生跪呈歌謠閤門就接進
呈諸生俛伏興再拜進步致辭又再拜訖西出閤門引諸方
客使進賀訖西出進奉方物以次陳列於東仁德門外承尙
書戶部指揮過庭訖侍中跪奏稱侍中臣某言禮畢請鑾駕
還闕俛伏興退復位王下樓升平兜輦警蹕侍衛如常儀駕

至大觀殿降輦升殿閤門贊各祗候樞密以下以次退

親祀圜丘後肆赦儀

祭後鑾駕還至儀鳳門前廻輅南向仗衛鹵簿以次環列左
右監門衛設鼓於左右刑部典獄署以囚徒集於仗外尙舍
局設案於輅前太子公侯伯宰臣樞密文武百官各就位立
定讀赦書官進立於案之南北向近臣進當輅前再拜搢笏
跪受赦書內侍二人對舉函詣近臣之右近臣置赦書於函
俛伏興少退立於案北俛伏取赦書於函興以授讀赦書官
讀赦書官搢笏跪受赦書捧立於案北北向近臣進輅前再
拜還本位讀赦書官宣曰有制舍人喝太子以下再拜訖持
函二人對舉函詣讀赦書官之右讀赦書官置赦書於函持
函官跪受興置函於案退復位讀赦書官退立於案南再拜
啓赦書封披詔官二人進立於案之左右對披赦書讀赦書
官讀訖少退再拜歸本班協律郞俛伏舉麾興監門衛振作
鼓軍民懽呼偃麾即止又舉麾振鼓懽呼三而止獄吏詣班
南北向躬身稱脫枷訖刑部尙書跪受赦書以授所司歸本
班訖舍人喝太子以下文武百寮皆再拜行頭進步致辭退

復位皆再拜搢笏舞蹈又再拜訖王移御平兜輦至興禮門留守宰臣參訖王入大觀殿庭降輦升殿閤門贊各祗候樞密以下揖訖以次退雩祀圜丘禘祫享及時享太廟享先農耕籍親幸後肆赦並同此儀

朝野通行禮儀

辛禑十四年昌立九月癸未都評議使司據朝廷頒降儀注及本國舊儀參定群臣見殿下稽首四拜三品見一品四品見二品五品見三品六品見四品七品見五品八品見六品九品見七品拜禮則頓首再拜揖禮則躬身擧手齊眼下致敬上官居上下官居下行禮上官隨坐隨立無荅路次下官避馬不及避馬則下馬上官不下馬放鞭過行憲司省郎所屬六部官及師長親戚不在此限其上官從優荅禮亦許任意行私禮自一品至九品差一等者拜禮則頓首再拜上官控首荅拜揖禮則躬身擧手齊口下致敬上官擧手齊心荅禮路次下官避馬不及避則下馬上官亦下馬揖禮如上儀諸官品相等者拜禮則控首再拜揖禮則左右各擧手齊口下致敬東西相對行禮路次馬上擧鞭相揖凡民閒拜禮子孫弟姪甥壻見尊長生徒見師範婢僕見本使行頓首四拜其長幼親戚照依等次行頓首再拜禮荅受從宜平交者行控首再拜禮凡民閒揖禮驗尊卑長幼行上中下禮凡官民相見不許行胡禮跪見路次不許行拜禮止行揖禮

宰樞謁諸王儀

仁宗二年閏三月判宰臣樞密於諸王相對禮拜僕射以下南行禮拜

兩府宰樞合坐儀

先至者離席北向立後至者依其位一行揖同至席前再拜離席北向伏敍寒暄還至席前南向再拜離席北向一行揖乃坐知僉議以上至則密直下庭東向北上立俯首佌手僉議立于其上一行揖升堂拜揖坐如前儀既得僉議一員同坐更無庭迎之禮唯首相至亞相以下皆下庭東向北上以迎首相西向對揖訖升堂拜揖亦如前儀首相獨坐於東謂之曲坐亞相以下一行坐首相非政丞不曲坐無庭迎　忠烈王三十三年六月丙午判僉議密直咨議權授者坐於本官同品之下又權授者坐於咨議之下諸曹判事東西從三

品亦從上例其咨議權授者若非邀請並不得參署本官公
事

六官諸曹官相謁儀

睿宗十年三月判六官諸曹尙書入則知部以下祗迎折席
拜謁知部以下員外以上一行拜一行坐七寺三監判事卿
監入則少卿少監以下丞以上隱身一行拜直長注簿以下
祗迎南行拜少卿少監入則丞北向立候一行拜少卿以下
丞以上入則直長注簿以下祗迎折席拜折席坐諸署局六
品以上入則直長祗迎折席拜折席坐

諸都監各色官相會儀

仁宗十九年四月判諸都監使入則副使隱身判官錄事祗
迎副使入則判官隱身錄事祗迎於使副使一行拜判官錄
事折席拜於副使判官一行拜錄事折席拜判官錄事則一
行拜使坐東副使坐西判官錄事北行坐各色則勿論職次
雖參外員並一行拜一行坐

參上參外人吏掌固謁宰樞及人吏掌固謁參上參
外儀

肅宗二年五月判凡內外衙門員以上坐床治事大朝會日
進步起居平時揖而不拜宰樞廳參上廳內參外階上人吏
掌固沒階行禮參上廳參外廳內人吏掌固沒階行禮參外
廳人吏階上掌固沒階行禮外官廳長典記官並沒階行禮
西班則攝郎將以上准參上散員以上准參外校尉隊正准
人吏旗頭都典准掌固庶人見常參以上起身唱喏經過
辛禑元年十二月丁亥始令各司胥吏着白方笠道遇六曹
佐郎以上官馬前三拜

文武員將人吏起居儀

仁宗二十二年九月判文武員將人吏祗迎起居隔日一敍
賀謝二敍祗揖過半躬身

監獄日臺省內侍坐起儀

睿宗十六年八月判監獄臺省內侍皆一時斂定並以職次
交坐

按察使別銜及外官迎行幸儀

大駕入界按察使別銜以本服於駕前令隨使呈參狀無隨
使別銜自手呈參狀奉翊以上留守牧使令幕下參外員呈

參狀中禁傳受指諭披奏按察使別銜拜舞拜不出行再拜進步致賀訖拜舞拜揖畢外官則境上設香爐參以上親呈參狀餘如上儀若命除禮服則再拜不出行再拜進步致賀再拜揖禮畢次行從都監宰樞承宣重房進拜其拜時勿論職次隔一行一時拜

外官迎本國詔書儀迎香儀同

其日外官備樓子出城外亭子就拜席虛揖再拜進香卓前跪上香退復位再拜揖外官先行次樓子次使臣至官門使臣捧詔書先入從西階升正廳檻內近東立外官至東階揖升進拜席揖再拜訖上香還拜位奉笏跪聞詔訖再拜舞蹈又再拜進步再拜揖出進步或在舞蹈前

外官問聖儀

使臣先入正廳外官入庭中揖就階下揖升就拜席揖再拜擧笏出柱外詣使臣前落笏躬身問上體若何使臣答云千歲外官少退跪承傳仍伏後落笏趍退又擧笏就拜席再拜進步後又再拜揖畢其餘揖如初凡問聖外官於銜命宰臣及受鈇鉞都統則距官門三千步內常番兵馬行首銜命承宣則二千步內以下員一千步內出行禮其屬縣過行使臣不用此禮

新及第進士榮親儀

新及第入州日州官先送將校伶人于近境次帥州吏出五里亭具公服設香卓及拜位新及第至亭下馬州官出門相揖入亭新及第立東北隅州官行問上禮訖新及第由西階先出判官亦出副使移立於東壁新及第呈參狀升正廳向北折席再拜少進又再拜又少進敍寒暄再拜少伏乃出副使隱身判官還入廳立東壁新及第又從西俠門升廳一行行禮如上儀訖新及第先行州官隨至本家略設酒果令新及第上壽父母乃出州官從行父母隨至館舍南廳父北末新及第南行父若鄕吏則接房新及第北末副使東壁判官北壁隨宜而坐酒第一行州官親酌獻父母次進酒食奏樂雜技宴罷新及第謝再拜寒暄又再拜出若無兩親則代以養父母妻父母皆無則代以伯叔父行禮如上儀

外官出官儀

外官入正廳就拜席聽喝再拜進步又再拜又進步再拜揖

就座放笏奉藥訖三班行禮畢正朝及每朔朝亦同

三品使臣按察使相會儀

三品使臣將至按察使立於館門內使臣下馬按察使呈參狀再拜使臣先入就座按察使吏呈參狀從西階入楹內差退斜行拜坐則使臣北邊按察使東壁

按廉諸別銜相會儀

按廉諸別銜至則先至者出中門祇迎相揖入廳一行拜一行坐參上官西壁參外別銜無揖一行拜一行差退坐

兵馬使及軍官拜坐儀

使若上將軍判事則南向知兵馬事東壁副使西壁俱設床坐判官錄事南行業師及內廂都領指諭北壁皆設席坐拜時副使以上前楹外判官階上沙地錄事庭沙地朔朝行禮則判官錄事庭東邊業師西邊內廂左右都領指諭分左右立副使以上坐西廊兵馬使坐東上房待諸使一齊訖出廳行禮還入房副使以上升詣廳上判官錄事出西廊若兵馬使知兵馬一時行禮則知兵馬後行副使以上次後行判官錄事次一行行禮訖判官錄事先下立本位後以次出若不許一時行禮則副使以上行禮後判官錄事業師出南廳東西相對坐左右內廂十將以下執旗而進分立待行禮訖兵馬使出廳坐以次受拜禮其官牧大都護則副使從階上沙地判官以下從庭沙地出入兵馬使若大將軍及單三品而無知兵馬則使南向副使東壁判官錄事西壁拜時出入則副使從前楹外判官階上沙地錄事從庭沙地兵馬使雖上將軍判事若知兵馬以下分道而坐則知兵馬南向副使東壁判官錄事西壁雖三品員無兵馬錄事隨使丁吏則爲單使坐東壁分道將軍按廉相會則隔一席一行坐兵馬判官錄事相會則坐西壁拜時出入則分道將軍按廉使兵馬判官從前楹外錄事從階上沙地其官牧大都護則副使從前楹外判官從階上沙地參外從庭沙地小都護知官則副使從階上沙地參外從庭沙地

北界營主副使及幕下員相會儀

營主北壁副使將軍東壁臺監倉兵馬錄事西邊各城行首南邊於兵馬知兵馬事副使將軍拜於副使兵馬判官安北都護府使相揖錄事各城行首員以下拜副使及兵馬員相

會則副使東邊臺監倉兵馬錄事西邊各城行首員北邊迎營主則副使立於外門之內待營主下馬呈參狀拜營主先入就座副使更呈參狀從西階入楹內近南拜訖坐東邊兵馬判官錄事謁副使則並從西階入楹內判官相揖錄事斜行拜坐則副使東邊判官錄事西邊於各城行首參上參外並從西階入楹內斜行拜坐則北邊各城判官以下從沙地進退別命內侍參上處兵馬副使一行坐參外則兵馬副使處拜坐於判官之下錄事之上

兩界兵馬使廳行禮儀

使南向坐知兵馬事從西俠門入北向拜訖坐東壁兵馬副使將軍二人紫衣佩刀從沙地上階依前拜後判官錄事並以次坐巡行則兵馬錄事處分營兵馬副使佩刀上階折席拜大小別銜員出入禮並依兵馬使格

外方城上錄事謁宰臣及外官迎宰臣儀

宰臣發京日錄事於宰臣前隨官行禮翌日朝謁宰臣發行錄事祗送隨行入各官境中道其官員於宰臣前錄事處各呈禮私狀及官中公狀參外員於遠亭參上員於近亭各親呈參狀宰臣過行錄事處亦呈參狀錄事答以入官相謁令先行外官徑到官門外又呈參狀祗迎宰臣入廳有南廳則令錄事於南廳閱視官員行禮錄事立東北隅以次閱視無南廳則宰臣入東上房於大廳閱視訖以告宰臣退出西上房宰臣出廳南向坐錄事入謁次隨使丁吏入謁其官員長吏以次入謁宰臣若除問聖行禮則錄事以下行禮又除錄事以下行禮則外官入謁宰臣接房後錄事接房參上參外員以次入謁參上員則交呈參狀出房戶外祗迎相讓以入設席一行拜還坐呈外員呈參狀則橫席受拜公私禮畢還坐銜前長吏以下入謁

諸道計點使中護評理尹使相會儀

三品以下新命別銜至中護評理尹使行問上禮別銜退出三品則立於西廊待尹使南向坐呈參狀從西階入楹內南邊俯伏尹使差退斜行拜提察等四品以下別銜依出使宰臣參謁禮從沙地進退坐則中護評理尹使北邊南向三品別銜東邊提察以下參上別銜西邊無三品別銜則提察等三品別銜東邊各官參上員西邊若別命參外別銜於東邊

差退坐

平壤府尹迎觀察使儀

觀察使至府尹郊迎庭下行禮呈參狀捲幔入一行拜一行坐使在東尹在西各官員行禮則奉翊以下從沙地入南行拜奉翊通憲以上安撫使萬戶從俠門下半沙地入南行拜南行坐鹽鐵使於都觀察使都節制使及兩府以上節制使從俠門下半沙地入南行拜坐於東壁牧都護府使若奉翊通憲以上則交呈參狀相對拜鹽鐵使南向坐牧都護府使東壁坐正順以下從沙地入南行拜南行坐

牧都護知州員同坐儀

牧都護判官以上知州防禦副使判官以上同廳坐牧都護掌書記法曹知州防禦法曹別廳坐奉命使臣處問聖禮及有名日行禮則法曹以下醫文師後行敍立

外官迎兵馬使及兵馬使外官迎銜命宰樞儀

兵馬使至牧都護知州事出五里亭祗迎從沙地南行拜兵馬錄事則半身呈參狀錄事爲頭一行拜東西相對坐若銜命宰樞及元帥至兵馬與諸別銜外官並於五里亭祗迎從沙地入南行拜於錄事除參狀

外官遙謝改銜儀

其日設香爐外官上香就席末揖就席再拜不出行再拜訖舞蹈或進步後再拜搴袖膝進云今授某職臣無任誠惶誠恐膝退俛伏興再拜舞蹈又再拜揖出

西京官寮加職遙謝儀

西京受散官者會長樂宮向闕再拜奏聖體拜舞拜訖謝恩致詞拜舞拜稱新銜

防禦員將謁按廉及參上官儀

別抄將校及凡別差官於按廉及界首官沒階祗揖

志卷第二十二

志卷第二十三　高麗史六十九

正憲大夫工曹判書集賢殿大提學知經筵春秋館事兼成均大司成臣鄭麟趾奉
教修

禮十一

嘉禮雜儀

上元燃燈會儀

小會日坐殿前期都校署設浮階於康安殿階前尙舍局率其屬設王幄於殿上設便次於王幄東設二獸爐於前楹外尙衣局設花案於王座左右楹前殿中省列燈籠於浮階之上下左右設彩山於殿庭內庫使列尊罍於殿庭左右其日王服梔黃衣出御便次牽龍官中禁都知殿門內外衛仗奏山呼再拜訖承制員近侍官俱服便服以次升詣陛上拜位行頭自喝再拜訖退立於階上西邊東向北上次閤門員入殿庭橫行北向東上行頭自喝再拜訖俱就庭東西向北上立次上將軍以下宿衛入殿庭橫行北向東上行頭自喝再拜訖分立於東西次殿中省六尙局諸後殿官入殿庭就位再拜訖就庭西東向北上立次百戲雜伎以次入殿庭連作訖出退次敎坊奏樂及舞隊進退具如常儀　謁祖眞儀便殿禮畢禮司奏初嚴鹵簿儀仗陳列於毬庭繖扇衛仗自康安殿庭左右陳列至泰定門尙舍局設輦褥於殿庭中心近北東向設太子公侯伯宰臣拜位於輦褥南近南俱北向東上引駕官引軺韜輦入置褥位訖禮司奏中嚴樞密以下侍臣入殿庭分列左右左右承制千牛上大將軍就殿東西階下備身將軍中禁都知指諭各分左右升立於浮階上以俟王服赭黃袍出坐殿鳴鞭禁衛奏山呼再拜太史局奏時刻板左右承制千牛上大將軍自東西階升立於斧扆左右舍人喝樞密以下侍臣再拜次閤門各引太子公侯伯宰臣入就位舍人喝太子以下再拜訖閤門引太子公侯伯宰臣卷班西出次攝侍中就殿庭中心俛伏跪奏外辦俛伏興退復位王降殿御軺韜輦尙衣奉御進手衣尙乘奉御進案訖黃門侍郞進當輦前俛伏跪奏請動駕俛伏興退復位仗動鳴鞭樞密左右侍臣前導出殿門敎坊樂鼓吹振作禮司奏三

嚴駕至泰定門黃門侍郎奏請駐輦舍人喝文武群官再拜次黃門侍郎請勑群官上馬攝侍中傳宣曰可黃門侍郎傳侍臣將相文武兩班宣許上馬舍人喝樞密以下侍臣及兩班承制員以下近侍官應騎者及六尙局諸後殿官俱再拜次黃門侍郎奏請動駕侍臣引駕至昇平門外導從群官皆上馬駕至奉恩寺三門外群官皆下馬侍臣引駕入三門內王下輦入幄次閤門引太子以下先詣眞殿門外布立以俟王行至眞殿門內北向立閤門引太子公侯伯宰臣各就階下褥位北向西上立侍臣於宰臣後合班北向西上立定文武群官於侍臣後兩班相對爲首北向立定訖樞密贊拜王拜舍人喝太子以下群官皆再拜每王拜後舍人喝太子以下俱拜下皆倣此王入殿庭閤門引太子公侯伯宰臣升階上褥位立定王至殿戶外樞密贊拜王拜太子以下群官再拜王入戶內再拜酌獻訖又再拜太子以下群官再拜樞密進福酒王再拜飮訖又再拜飮福前後臣下無拜出殿戶再拜太子以下群官再拜閤門引太子公侯伯宰臣下階就拜位王出詣門內位北向立樞密贊拜王拜太子以下群官再拜訖宰密引王還幄次閤門引太子公侯伯宰臣俱出就幕侍臣兩班出三門外陳列如常儀引駕官引平兜輦入置於輦褥訖禮司奏嚴王服赭黃袍出御平兜輦鳴鞭黃門侍郎奏請動駕仗動駕出三門外黃門侍郎奏請駐輦黃門侍郎請勑群官上馬攝侍中傳宣曰可黃門侍郎傳侍臣將文武兩班宣許上馬舍人喝樞密以下侍臣兩班應騎者俱再拜如來儀次黃門侍郎奏請動駕群官皆上馬駕行入泰定門至康安殿庭降輦升殿閤門贊侍臣等各祗候樞密以下左右侍臣揖退

大會日坐殿王出御便次承制員近侍官閤門員及諸宿衛中禁都知牽龍官殿門內外衛仗等禮數及敎坊奏樂並如小會儀便殿禮畢茶房設果安於王座前設壽尊案於左右花案南尙舍局設王太子位於王座東南西向設公侯伯位於王座西南東向北上太子不進則公侯伯分左右設左右樞密位於浮階上近北相向左侍臣位在左樞密之東右侍臣位在右樞密之西太子公侯伯果案未坐前先設尙乘局陳蟠龍孔雀紅繡扇於殿庭左右水精仗在左鉞斧在右尙舍局以次設太子公侯伯樞密拜褥於殿

庭中心近南北向東上侍臣位在樞密之後橫行合班俱北向東上設訖左右承制近侍官閤門員六尙局諸後殿官改服公服千牛上大將軍備身將軍牽龍班中禁都知等諸衛仗各服其器服左右承制千牛上大將軍就殿東西階下備身將軍中禁都知指諭各分左右升立於浮階上以俟王服赭黃袍出坐殿鳴鞭禁衛奏山呼再拜太史局奏時刻版左右承制千牛上大將軍自北西階升立於斧扆左右閤門員就殿庭橫行北向東上立行頭自喝再拜舞蹈又再拜奏聖躬萬福又再拜訖分立於左右閤門各引太子公侯伯樞密侍臣入就拜位舍人喝太子以下再拜舞蹈又再拜奏聖躬萬福再拜太子進步致辭謝喚退復位舍人喝再拜舞蹈又再拜左執禮官前承旨下殿就太子東北向殿揖西向傳上來舍人喝太子以下再拜閤門員分東西引上殿左右執禮官承引就席後立定公侯伯分東西位取上命近侍官進茶執禮官向殿躬身勸每進酒進食執禮官皆向殿躬身勸後皆倣此次賜太子以下侍臣茶茶至執禮官贊拜太子以下再拜執禮官贊飮太子以下皆飮訖揖每設太子以下侍臣

酒食左右執禮贊拜贊飮贊食後皆倣此次執禮官引太子及公侯伯樞密侍臣就拜位每太子以下欲獻壽尙舍局鋪褥於拜位已則徹去後皆倣此執禮官喝太子以下再拜每獻壽員在階上拜皆執禮官喝後皆倣此跪奏云臣某等伏値上元盛會不勝大慶謹上千萬歲壽酒伏俟聖旨執禮官自東階升殿就王座東南俛伏跪奏承制傳奏訖傳宣曰可執禮官俛伏興退就太子東北向殿揖西向傳宣許凡執禮官進退禮數後皆倣此喝太子以下再拜訖引太子及上公出詣洗所盥手次爵酒訖近侍官二人奉盞及注子先升每獻壽則近侍官奉注子盞先升太子及上公自東階上殿俛伏興詣王座左西向跪太子奉盞上公奉注子酌酒王擧盞樂作擧酒訖樂止太子受虛盞近侍官承受盞注子少退跪太子及上公俛伏興下殿就拜位執禮喝太子以下侍臣再拜舞蹈又再拜訖各就位次行太子以下侍臣酒執禮贊飮太子以下再拜執盞樂作飮訖揖樂止次近侍官進酒進食及太子以下侍臣行酒設食禮數樂作止如儀進三味雙下後執禮引太子公侯伯樞密侍臣就拜位喝太子以下再拜

跪奏請上千萬歲壽酒執禮官詣王座前跪奏承制傳宣曰可執禮官承傳喝太子以下侍臣再拜太子公侯伯樞密出詣洗所盥手王入便次少頃出坐殿近侍官以函奉花又近侍官二人奉盞及注子先升太子以下樞密以上上殿俛伏興太子詣王座左西向跪承制員取花一枝授太子太子奉花跪進樂作承制員又取一枝授太子太子跪進御花一番凡十二枝獻壽員或獻二枝或獻三四枝量獻壽員多少分獻王戴花太子少退俛伏跪公侯伯樞密繼進獻花如上儀訖樂止太子俛伏興詣王座左奉盞跪公侯伯樞密以次奉注子酌酒樂官上階奏樂王擧盞樂作擧酒訖樂止太子受虛盞近侍官承受盞注子少退跪太子以下俛伏興下殿就拜位執禮喝太子以下侍臣再拜舞蹈又再拜舞蹈又再拜執禮官稱躬身樞密以上皆躬身執禮官傳廻賜別盞樞密以上皆再拜近侍官二人以函奉廻賜花及封藥宣果注子盞先升太子詣王座左俛伏跪承制取花進王手賜樂作太子揷訖俛伏退跪公侯伯樞密以次進受花如上儀訖樂止太子詣王座左俛伏跪承制取封藥跪進王手賜太子受訖承制奉注子近侍官奉盞承制贊酌酒太子少前受盞近侍官傳受詣殿上東壁太子飮位立又承制以宣果授太子太子受訖俛伏興退立於飮位公侯伯樞密以次進受廻賜如上儀執禮官贊飮太子以下向王座揖樂作飮訖樂止近侍官各受虛盞太子以下揖下殿就拜位喝再拜舞蹈又再拜各就位次執禮官傳左右侍臣宣賜花酒侍臣皆再拜近侍官監賜花酒宣果侍臣戴花執盞樂作飮訖樂止侍臣又再拜次傳侍立員將宣賜花酒次傳兩部樂官及山臺樂人宣賜花酒侍奉軍人宣賜酒果訖執禮官承旨稱賜坐太子以下侍臣再拜赴座進酒食及太子以下侍臣行酒設食樂作止如常儀至別盞侍臣獻壽執禮官引侍臣就拜位合班立執禮喝侍臣再拜跪奏請上千萬歲壽酒執禮官上殿跪奏承制傳宣侍臣盥洗並如上儀王入便次少頃出坐殿近侍官奉注子盞先升侍臣上殿以次獻壽王擧酒樂官上階奏樂擧酒訖樂止侍臣下殿就拜位執禮喝侍臣再拜舞蹈又再拜執禮稱躬身侍臣皆躬身執禮傳廻賜別盞侍臣再拜近侍官以函奉封藥宣果及盞注子先升侍臣上殿詣王座

左俛伏跪承制跪取封藥進王手賜侍臣受訖近侍官奉盞承制贊酌酒侍臣受盞傳授奉盞者又近侍官以宣果授侍臣受訖俛伏退侍臣以次受酒及封藥宣果訖詣飲位執盞樂作飲訖樂止下殿就拜位執禮喝侍臣再拜舞蹈又再拜訖各就位次傳侍立員將兩部樂官侍奉軍人宣賜酒果如初訖次近侍官進酒進食及太子以下侍臣行酒設食禮數樂作止如儀至禮畢王入便次有旨放謝則太子以下公侯伯樞密侍臣揖退執禮官引出

顯宗元年閏二月復燃燈會國俗自王宮國都以及鄉邑以正月望燃燈二夜成宗以煩擾不經罷之至是復之二年二月設燃燈會于清州行宮是後例以二月望行之　文宗二年二月甲申燃燈以望日癸未寒食至是日行之　恭愍王二十三年正月壬午燃燈初太祖以正月燃燈顯宗以二月爲之至是有司以公主忌日請復用正月

仲冬八關會儀

小會前期都校署設三級浮階於儀鳳門東殿階下尙舍局率其屬設幄於殿上當中南向鋪王座如常儀設便次於幄東尙衣局設花案於王座前楹閒左右茶房設果案於王座前設壽尊案於左右花案南尙舍局設王太子位於王座東南西向設公侯伯位於殿上東西壁俱北上相向設二獸爐於楹外左右又設左右樞密位於上階近北左右侍臣分在樞密之後俱北上相向設協律郎位於上階西近南東向設中階侍臣位於階左右俱北上相向設樂卓於左右侍臣之後設饌及茶房幔於中階東又設茶房幔於中階西內庫使列大尊罍於沙墀左右以北爲上禮部率其屬植黃龍大旗二於沙墀東西近階閤門設太子闢辟褥位於沙墀中近東西向公侯伯位次之宰臣位又次文俱差退西向北上文官三品位在南差退四品以下位次之俱西上每等異位重行西向設武官三品位於沙墀西四品以下位次之俱東上當文官每等異位重行東向又設太子拜位於沙墀中近北公侯伯位於太子後宰臣位於公侯後皆北向東上設左樞密位於東階南左侍臣在其東左奉禮贊者在南差退設右樞密位於西階南右侍臣在其西右奉禮贊者在南差退皆北上設文官三品位於宰臣後東南少絕四品以下在三品後

設武官三品位於宰臣後西南少絕四品以下在三品後俱北向兩班相對爲首設閤門副使以上位於左侍臣西南少絕通事舍人以下在南差退北上前一日左右樞密侍臣仗衛樂部自大觀殿陳列出儀鳳門宰臣以下文武百寮俱就沙墀位肄儀訖揖退　鑾駕出宮其日質明尙舍局鋪王座於大觀殿上鋪鞶褥於殿庭中心東向禮司依時刻奏初嚴鹵簿儀仗出陳於毬庭繖扇衛仗自大觀殿庭左右陳列至儀鳳門訖引駕官引軺輅輦入置褥上訖禮司奏中嚴樞密以下侍臣閤門班入殿庭左右分列以俟千牛上大將軍備身將軍各服其器服入侍王服赭黃袍出御宣仁殿禁衛奏山呼承制以下近侍官以次朝賀訖左右承制引王出御大觀殿升座鳴鞭殿內外衛仗大喝再拜次舍人喝樞密侍臣再拜訖侍中版奏外辦俛伏興退復位王降殿御軺輅輦黃門侍郎跪奏請動駕俛伏興退復位仗動鳴鞭樞密及左右侍臣前導出殿門敎坊樂作禮司奏三嚴駕至儀鳳門降輦便御樓上樞密及左右承制執禮官從升王入樓上幄次改服靴袍樞密引王詣祖眞前北向再拜酌獻又再拜訖自閤道御幄殿便次樞密及承制執禮官並出就位　坐殿受賀群臣獻壽王御便次有頃左右承制千牛上大將軍備身將軍內侍茶房御廚員寮協律郞水精鉞斧杖銀斡斫子持節持旌官牽龍靜鞭掌扇承旨中禁班導應上階者各升階左右承制千牛上大將軍就幄殿東西階下北向立以俟水精鉞斧杖銀斡斫子分在殿階下水精杖在左鉞斧在右盤龍孔雀扇分在東西彩屏內旌節分在其前千牛備身將軍又分在其前俱北上相向立內侍茶房御廚員寮分左右在東西彩屛之外近南相向立牽龍官在南軒內以中爲首分左右北向立中禁二人分在東西側階檢督升者雙龍鳳扇分在中階左右樂卓前先排中禁六人就中階分左右北向立其餘中禁分就各階左右檢督御前敎坊樂官就沙墀分左右在侍臣後北向立樞密以下左右侍臣俱就沙墀位閤門各引太子公侯伯宰臣文武百寮就聞辟位立定軺輅輦平兜輦曲直華盖前後導從鼓吹儀衛並出沙墀就群官拜位後北向陳列王服赭黃袍將出近侍官褰簾鳴鞭協律郞俛伏擧麾興敎坊奏樂鼓吹振作王升座鳴鞭左右承制千牛

上大將軍自東西階升殿分立斧扆左右爐烟升太史局奏時刻板協律郎跪偃麾俛伏興再拜樂止衙仗再拜奏山呼又再拜訖分就沙墀侍臣位後北上立次閤門員就奏聞辭位奏稱太子公侯伯宰臣樞密及文武兩班等祗候朝賀奏訖退復位閤門引太子以下群官就拜位立定舍人喝太子以下群官再拜舞蹈又再拜太子奏聖躬萬福舍人喝太子以下群官皆再拜太子進步致辭辭云臣某等幸值八關盛會不勝大慶臣某等無任誠懽誠忭激切之至退復位舍人喝太子以下群官再拜舞蹈又再拜訖閤門引太子及上公太子不進則獻壽公侯及宰臣唯上所命升自東階至上階左執禮官承引就褥位舍人喝太子上公及沙墀群官皆再拜太子上公跪奏云臣某等幸值八關盛會不勝大慶謹上千萬歲壽酒伏候聖旨左執禮官自東階升殿就王座東南俛伏跪奏承制傳奏訖傳宣曰可執禮官俛伏興下階就太子東北向殿揖西向稱宣許舍人喝太子上公及沙墀群官皆再拜左執禮官引太子上公出詣洗所盥手近侍官進茶執禮官向殿躬身勸次酹酒訖殿中監奉盞近侍官奉注子先升太子上公自東階升殿俛伏興詣御座左西向跪太子奉盞上公詣太子之左奉注子酌酒王舉盞協律郎舉麾樂官奏歌曲天醞香王舉酒訖太子受虛盞殿中監承受盞近侍官受注子少退跪協律郎偃麾樂止太子上公俛伏興下殿閤門引就沙墀拜位舍人喝太子以下群官再拜舞蹈又再拜訖立定初獻壽訖司宰卿進食殿中監進酒三進食後右執禮自西階升上階就位北向立左執禮承旨下階詣太子東北向殿揖西向傳宣云卿等所賀已知仍賜所司茶酒舍人喝太子以下群官再拜舞蹈又再拜訖閤門各引太子公侯伯樞密升階侍臣隨之左右執禮官承引太子公侯伯就殿上位樞密及侍臣給舍中丞正四品知制誥及待制以上就上階位其在中階者並分左右以北爲上就位立閤門引宰臣及文武三品以下群官分詣左右同樂亭及左右廊訖閤門引三京留守東西兵馬使八牧四都護奉表員入就閤辭位西向北上立定閤門奏閤辭云持表某官臣某等祗候朝賀訖引就拜位北向東上奉表跪閤門接上持表員俛伏興舍人喝持表員再拜舞蹈又再拜奏聖躬萬福再拜進

步致辭退復位再拜舞蹈又再拜閤門傳宣賜坐看樂兼賜酒食舍人喝再拜舞蹈又再拜卷班西出次閤門班近階橫行北向東上立行頭自喝再拜舞蹈又再拜奏聖躬萬福再拜進致辭退復位再拜舞蹈又再拜訖正四品知閤以上升上階少卿知閤以下副使以上升中階通事舍人以下就沙墀分左右立訖殿省六尙局諸後殿官自西側階升上階在西彩屛後近南東向立承制傳宣差降上階左侍臣一員中階左右侍臣各一員分遣左右同樂亭宰臣及文武三品官幕傳宣賜坐承命者皆再拜下階上階侍臣詣宰臣幕階下傳命位南向立宰臣皆下階就拜位向殿立定將命者稱奉宣宰臣再拜躬身口宣訖宰臣又再拜皆赴坐將命者升復位再拜其中階侍臣口宣及文武三品官拜命禮數並如上儀又沙墀閤門官二員承旨分詣文武四品以下幕其口宣及四品以下官拜命禮數又如上儀次左執禮官承旨在上階向殿揖西向傳兩部樂官宣許上階次傳近仗十人宣許上階兩部樂官及衛仗將士並山呼再拜以次各升階分左右俱北上重行立都知班升中階自甲仗升下階分左右立

次曲直華盖分東西升階軺輅輦平兜輦及符寶等還列儀鳳門內協律郞擧麾太樂令板奏百戲協揚百戲俱進少頃協律郞偃麾百戲俱退次設樞密以下兩階侍臣及沙墀閤門員等果案殿上太子公侯伯果案未坐前設近侍官進茶食次設太子公侯伯及樞密兩階侍臣茶食左右執禮官贊拜太子以下樞密侍臣皆再拜就座受食食訖起揖中階侍臣立受食次近侍官進茶次賜太子公侯伯樞密侍臣茶執禮官贊拜太子以下樞密侍臣皆再拜受茶飲訖揖太樂令板奏萬邦呈奏九成雅樂沙墀衆樂以次迭作如式次近侍官進食次設太子以下侍臣食執禮官贊食王擧食樂作太子以下侍臣揖就座食訖起揖樂止次近侍官進酒王擧酒樂作擧酒訖樂止次行太子以下侍臣酒執禮官贊飮太子以下侍臣再拜受酒樂作飮訖樂止次進食次設太子以下侍臣食禮數樂作止竝如上儀次進酒王擧酒樂作擧酒訖樂止次行太子以下侍臣酒執禮贊飮太子以下揖執盞樂作飮訖揖樂止次進雙下次設太子以下侍臣食樂作食訖樂止每受酒受食前後皆揖唯別盞前後皆再拜執禮官引

太子公侯伯下殿與樞密及上階侍臣各就拜位俱北向東上立中階侍臣於其階各出立於果案前下倣此執禮官喝太子以下兩階侍臣再拜跪奏云臣某等請上千萬歲壽酒伏候聖旨執禮官升殿跪奏承制傳奏訖傳宣曰可執禮下殿稱宜許太子以下侍臣皆再拜引太子公侯伯樞密出詣洗所盥手兩階侍臣在拜位跪以俟王入便次少頃王出坐殿爐烟升太子公侯伯樞密便升殿俛伏興太子詣王座左奉盞公侯伯樞密以次奉注子酌酒王擧酒樂作擧酒訖樂止太子受虛盞近侍官承受盞注子少退跪太子以下俛伏興下殿就拜位喝再拜舞蹈又再拜拜訖兩階侍臣就本位執禮官稱躬身樞密以上皆躬身執禮官傳廻賜別盞樞密以上皆再拜近侍官奉注子盞先升樞密以上升殿俛伏跪承制奉注子近侍官奉盞承制贊酌酒太子少前受盞近侍官傳受詣殿上東壁太子飮位立太子俛伏興退立於飮位次公侯伯樞密以次進受廻賜如上儀執禮官贊飮樞密以上向王座揖受盞樂作飮訖樂止近侍官各受虛盞樞密以上揖下殿就拜位執禮贊拜樞密以上皆再拜舞蹈又再拜獻壽後廻賜禮數後皆倣此各就位次差降承制一員中階左右侍臣各一員分遣左右同樂亭宰臣幕及文武三品官幕賜別盞承命者皆再拜下階承制將詣宰臣幕茶房人吏二人具注子奉別宣酒與宣送敎坊樂官俱隨後承制至幕階下傳命位南向立樂官東向陳列宰臣皆下階就拜位承制稱奉宣宰臣再拜躬身口宣訖宰臣又再拜升階上少前向西立承命者升階於宰臣北南向立尙食局設果案茶房人吏一人奉盞又一人斟酒樂作飮訖樂止承制下階南向立宰臣就拜位再拜舞蹈又再拜還就位承制率樂官升階復命再拜其中階侍臣口宣及文武三品官拜命禮數並如上儀但無樂官爲異又沙墀閤門官二員分詣文武四品以下幕其口宣及四品以下拜命禮數如三品儀初太子以下受廻賜後拜訖就位執禮官承旨傳左右侍臣宣賜別盞執禮官贊拜兩階侍臣皆再拜酒至侍臣皆揖受酒樂作飮訖樂止再拜次傳侍立員將兩部樂官侍奉軍人宣賜酒果訖左右承制千牛上大將軍內侍茶房參上員殿上左右執禮以次就殿上西壁東向北上立再拜受酒飮訖再拜各就位

每宣賜別盞及大會日受花封藥宣果皆倣此執禮官承旨稱賜坐太子以下上階侍臣再拜赴坐舞隊進三味三盞後退此後進酒進食及太子以下侍臣行酒設食樂作止並如常至別盞上階侍臣就拜位合班立執禮贊拜侍臣皆再拜跪奏臣等請上千萬歲壽酒執禮官升殿跪奏承制傳宣侍臣盥洗禮數並如上儀王入便次少頃王出坐殿侍臣升殿以次獻壽如上儀王擧酒樂作擧酒訖樂止侍臣下殿就拜位喝兩階侍臣再拜舞蹈又再拜中階侍臣就本位執禮官稱躬身上階侍臣皆躬身執禮官傳廻賜別盞侍臣再拜升殿以次受廻賜如上儀如有旨太子公侯伯中階侍臣賜別宣酒則各在座後受酒如常儀下殿就拜位喝再拜舞蹈又再拜訖各就位次傳侍立員將兩部樂官侍奉軍人宣賜酒果如上儀王入便次少頃協律郞擧麾鼓吹振作動臺訖偃麾鼓吹止閤門引太子公侯伯樞密侍臣下沙堀與宰臣文武群官各就位立定舍人喝太子以下文武群官再拜太子進步致辭退復位再拜舞蹈又再拜每有旨放謝閤門贊各祗揖群官揖退　大會日坐殿王初御宣仁殿承制以下近侍官及後殿官起居訖出御大觀殿侍臣起居及御儀鳳樓上行香酌獻後近侍官以下升階太子以下公侯伯宰臣樞密侍臣文武群官序立王坐殿後聞辭獻壽傳宣賜坐並如小會儀唯奏聞辭不稱朝賀而稱起居班首奏聖再拜後無進步拜舞拜持表員隨群官進退爲異次曲直華盖分東西上階輿輦符寶等並還列儀鳳門內訖閤門引宋綱首等就聞辭位立定閤門奏聞辭云大宋都綱某等祗候朝賀訖引就拜位跪進物狀閤門接上俛伏興舍人喝再拜行頭奏聖躬萬福奏山呼再拜行頭進步退復位奏山呼再拜次傳宣賜坐看樂兼賜所司酒食訖奏山呼再拜卷班西出就幕次次引東西蕃子次引耽羅人朝賀及傳宣禮並與宋綱首同次引四方貢物與諸蕃貢物入自東仁德門驟奔過庭出自西義昌門訖閤門禮數及階上沙堀就位如小會儀唯無進步致辭拜舞拜爲異次兩部樂官近仗軍人以次升階各就本所又如小會儀次近侍官進御茶食執禮官向殿躬身勸次設太子以下侍臣茶食至執禮官贊拜太子以下侍臣皆再拜就座受食食訖起揖殿上進茶進酒進食及太子以

下侍臣賜茶行酒設食禮數樂作止並如小會儀進御食至雙下後引太子公侯伯下殿與樞密上階侍臣就舞位中階侍臣於其階亦如之執禮官喝太子以下侍臣皆再拜跪奏請上千萬歲壽酒執禮官升殿俛伏跪奏承制傳奏訖傳宣曰可執禮官俛伏興下殿就太子東北向殿揖西向稱宣許喝太子以下侍臣皆再拜引樞密以上出詣洗所盥手上中階侍臣在拜位跪以俟王入便次少頃王出座殿鳴鞭爐烟升近侍官以函奉御花又近侍官二人奉御盞及注子先升詣王座東北少退跪太子以下樞密以上升殿俛伏興太子詣王座左西向跪承制員取花一枝授太子太子奉花跪進樂作承制員又取一枝授太子太子奉進獻壽員獻御花或二枝或三四枝量獻壽員多少分獻王戴花太子少退俛伏跪公侯伯樞密繼進獻花如上儀訖樂止太子俛伏興詣王座左奉盞跪公侯伯樞密以次奉注子酌酒王擧酒樂作擧酒訖樂止太子進受虛盞近侍官承受盞注子少退跪太子以下俛伏興下殿就拜位喝太子以下兩階侍臣再拜舞蹈又再拜獻花酒禮下倣此執禮官稱躬身樞密以上皆躬身

執禮官傳廻賜別盞樞密以上皆再拜近侍官以函奉廻賜花及注子盞先升樞密以上升殿詣王座左俛伏跪承制奉花進王手賜樂作太子揷訖俛伏退跪公侯伯樞密以次進受花如上儀訖樂止太子詣王座左俛伏跪承制奉注子近侍官奉盞承制贊酌酒太子少前受盞近侍官傳受詣殿上東壁太子飮位立太子俛伏興退立於飮位公侯伯樞密以次進受廻賜如上儀執禮官贊飮太子以下向王座揖樂作飮訖樂止近侍官各受虛盞太子以下揖下殿就拜位喝再拜舞蹈又再拜各就位次差降承制一員及中階左右侍臣各一員分遣左右同樂亭宰臣幕及文武三品官幕賜別宣花酒承命者皆再拜下階承制將詣宰臣幕茶房人吏具注子奉別宣藥酒及奉宣果宣花者宣送教坊樂官等並隨後承制至幕階下傳命位南向立樂官東向陳列宰臣下階拜命及承制口傳禮數與尙食局設果案並如小會儀宰臣拜訖升階就位向殿立定承制於宰臣北南向立奉花函者詣承制右跪承制取花以次傳授宰臣樂作宰臣跪受花揷訖樂止尙食局設果案茶房人吏一人奉盞又一人斟酒訖奉

宣果者各升階當宰臣位東向立樂作飮訖樂止承制下階南向立宰臣就拜位再拜舞蹈又再拜訖還就位承制率樂官升復位再拜其中階侍臣口宣及文武三品官拜命受花酒及宣果與侍臣復命禮數並如上儀唯無果合與樂官爲異又沙墀閤門二員承旨分詣文武四品以下幕其口宣及拜命受花酒禮數又如上儀文武三品以下大府花支賜初太子以下拜訖就位執禮官承旨傳左右侍臣宣賜花酒喝再拜近侍官監賜花酒宣果侍臣揷花執盞樂作飮訖樂止侍臣又再拜次傳侍立員將兩部樂官宣賜花酒次傳侍奉軍人宣賜酒果訖執禮官承旨稱賜坐喝太子以下上階侍臣再拜赴座舞隊進退如小會儀進酒進食及太子以下侍臣行酒設食樂作止如常儀至別盞上階侍臣就拜位合班立中階侍臣於其階如小會儀喝侍臣皆再拜跪奏請上千萬歲壽酒執禮官升殿跪奏承制傳宣侍臣盥洗禮數並如上儀王入便次少頃坐殿鳴鞭侍臣升殿以次獻壽王擧酒樂作擧酒訖樂止侍臣下殿就拜位喝兩階侍臣再拜舞蹈又再拜執禮官稱躬身上階侍臣皆躬身執禮官傳廻賜別盞侍臣皆再拜近侍官以函奉封藥宣果及盞注子先升侍臣升殿詣王座左俛伏跪承制跪取封藥進王手賜侍臣受訖近侍官奉盞承制酌酒侍臣受盞傳授奉盞者又近侍官以宣果授侍臣侍臣受訖俛伏退侍臣以次受酒及封藥宣果訖詣飮位揖執盞樂作飮訖樂止下殿就拜位喝侍臣再拜舞蹈又再拜訖各就位如有旨太子公侯伯及中階侍臣賜別宣酒則各在座後受酒如上儀次傳侍立員將兩部樂官侍奉軍人宣賜酒果如上儀王入便次少頃協律郎俛伏擧麾興鼓吹振作動臺訖偃麾鼓吹止一刻頃王坐殿閤門引宰臣升階執禮官自上階承引就位喝宰臣再拜班首進步致辭謝喚退復位再拜舞蹈又再拜次引樞密與宰臣合班立執禮官前承旨傳上來宰臣樞密再拜引升殿太子公侯伯詣王座東北西上南向立公侯伯在西者自斧扆後就東合班宰臣樞密詣王座東北上西向立次近侍官進茶樂官奏口號畢引太子公侯伯宰臣樞密下殿與上階侍臣就拜位立中階侍臣在其階亦如之喝再拜太子進步致辭賀口號退復位再拜舞蹈又再拜並跪奏請上千萬歲壽酒執

禮官升殿跪奏承制傳宣曰可執禮官下殿稱宣許喝再拜訖引太子以下宰臣樞密詣洗所盥手升殿詣王座左以次跪獻御花壽酒如上儀王擧酒樂作擧酒訖樂止太子以下下殿就拜位喝再拜舞蹈又再拜執禮官稱躬身樞密以上躬身執禮官傳廻賜別盞太子以下宰臣樞密再拜升殿受廻賜花酒及封藥宣果樂作止如上儀訖下殿喝再拜舞蹈又再拜引太子公侯伯升殿就位次引宰臣下階閤門接引詣左同樂亭就位次傳左右侍臣宣賜別盞上中階侍臣再拜飮訖再拜次傳侍立員將兩部樂官侍奉軍人宣賜酒果次命文武三品官升殿合班獻壽進退禮數樂作止及受廻賜禮數並如上儀廻賜時亦有宣果次執禮官傳侍立員將兩部樂官侍奉軍人宣賜酒果訖執禮官引太子以下樞密及左右侍臣下階閤門引宰臣以下文武群官就沙墀立班舍人喝太子以下通班再拜太子進步致辭謝宴退復位舍人喝再拜舞蹈又再拜每有旨放謝王下殿御平兜輦黃門侍郞奏請動駕侍臣前導如上儀入自泰定門入大觀殿兩部樂官停於殿門外王下輦上殿閤門贊侍臣等各祗候樞密以下侍臣揖退

太祖元年十一月有司言前主每歲仲冬大設八關會以祈福乞遵其制王從之遂於毬庭置輪燈一座列香燈於四旁又結二綵棚各高五丈餘呈百戲歌舞於前其四仙樂部龍鳳象馬車船皆新羅故事百官袍笏行禮觀者傾都王御威鳳樓觀之歲以爲常　成宗六年十月命有司停兩京八關會　顯宗元年十一月復八關會　德宗三年十月遣輔臣賜西京八關會酺二日西京例以孟冬設此會十一月設八關會御神鳳樓賜百官酺翌日大會又賜酺觀樂東西二京東北兩路兵馬使四都護八牧各上表陳賀宋商客東西蕃耽羅國亦獻方物賜坐觀樂後以爲常　文宗五年十一月庚申設八關會月食在望以十三日爲初會　忠烈王元年十一月庚辰幸本闕設八關會改金龍山額聖壽萬年四字爲慶曆千秋其一人有慶八表來庭天下太平等字皆改之呼萬歲爲呼千歲輦路禁鋪黃土　恭愍王六年十一月甲寅八關大會凡八關大會以十一月十五日爲之今以十四日爲大會者以司天臺言子卯不樂故也七年十一月己酉

八關小會庚戌大會以十三日冬至故也

志卷第二十三

志卷第二十四　高麗史七十

正憲大夫工曹判書集賢殿大提學知經筵春秋館事兼成均大司成臣鄭麟趾奉
教修

樂一

夫樂者所以樹風化象功德者也高麗太祖草創大業而成宗立郊社躬禘祫自後文物始備而典籍不存未有所考也睿宗朝宋賜新樂又賜大晟樂恭愍時太祖皇帝特賜雅樂遂用之于朝廟又雜用唐樂及三國與當時俗樂然因兵亂鍾磬散失俗樂則語多鄙俚其甚者但記其歌名與作歌之意類分雅樂唐樂俗樂作樂志

雅樂

親祠登歌軒架

登歌金鍾架一在東玉磬架一在西俱北向柷一在金鍾北稍西敔一在玉磬北稍東搏拊二一在柷北一在敔北東西相向一絃三絃五絃七絃九絃琴各一瑟二在金鍾之南西

上玉磬之南亦如之東上又於壇下東南太廟則在前楹階下設笛二篪一巢笙一和笙一爲一列西上塤一在笛南簫一在巢笙南又於壇下西南設笛二篪一巢笙一和笙一爲一列東上塤一在笛南簫一在巢笙南鍾磬柷敔搏拊琴瑟工各坐於壇上太廟則在堂上前楹閒塤篪笙笛簫工竝立於壇下太廟則在前楹階下樂正一人在鍾磬閒北向協律郞一員在樂簴之西東向歌工四人在柷敔閒俱東西相向

軒架三方各設編鍾三編磬三東方編磬起北編鍾閒之東向西方編鍾起北編磬閒之西向北方編磬起西編鍾閒之北向植立鼓二一於樂縣東南一於樂縣西南設柷敔於北架內柷在東敔在西瑟十四爲二行一行在柷東一行在敔西次一絃琴七左四右三次三絃琴一十次五絃琴十二次七絃琴十四次九絃琴十四竝分左右次巢笙十四次簫十四次竽笙十二次篪十六次塤十四次笛十四竝分左右晉鼓一在巢笙閒小南北向樂正一人在柷敔之前北向歌工十二人次柷敔東西相向列爲四行左右各二行協律郞一員在樂簴之西北東向文舞四十八人執籥翟武舞四十八人執干戚俱爲六佾文舞分立於表之左右各三佾引文舞二人執纛在前東西相向引武舞執旌二人鼗二人單鐸二人雙鐸二人持金錞四人奏金錞二人鐃二人鉦二人相二人雅二人分立於軒架之東西北向北上武舞在其後

有司攝事登歌軒架

登歌鍾架一在東磬架一在西柷一在鍾北稍西敔一在磬北稍東搏拊二一在柷北一在敔北東西相向一絃三絃五絃七絃九絃琴各一瑟一在鍾架之南西上磬架之南亦如之東上又於壇下東南太廟則泰階西設笛一篪一巢笙一和笙一爲一列西上塤一在笛南簫一在巢笙南又於壇下西南設笛一篪一巢笙一和笙一爲一列東上塤一在笛南簫一在巢笙南鍾磬柷敔搏拊琴瑟工各坐於壇上塤篪笙笛簫工竝立於壇下樂正一人在柷敔之前北向歌工二人在柷敔閒東西相向協律郞一員在樂簴之西東向　軒架三方各設編鍾一編磬一東方編鍾起南編磬次之東向西方編磬起南編鍾次之西向北方編鍾起東編磬次之北向設柷敔於北架內柷在東敔在西瑟四爲二行一行在柷東

一行在敔西次一絃琴二三絃琴二五絃琴二七絃琴二九絃琴二並分左右次巢笙二簫四箎四竽笙二塤四笛四並分左右晉鼓一在巢笙閒少南北向樂正一人在鍾磬閒北向歌工四人在柷敔閒東西相向文舞三十二人執籥翟武舞三十二人執干戚文舞分立於表之左右引文舞二人執纛在前東西相向引武舞執旌二人鼗二人單鐸二人雙鐸二人持金錞四人奏金錞二人鐃二人分竽於軒架之東西北向北上武舞在其後

睿宗十一年六月乙丑王字之還自宋徽宗詔曰三代以還禮廢樂毀朕若稽古述而明之百年而興乃作大晟千載之下聿追先王比律諧音遂致羽物雅正之聲誕彌率土以安賓客以悅遠人迯惟爾邦表玆東海請命下吏有使在庭古之諸侯敎尊德盛賞之以樂肆頒軒簴以作爾祉夫移風易俗莫若於此往祗厥命御于邦國雖疆殊壤絕同底大和不其美歟今賜大晟雅樂

登歌樂器

編鍾正聲一十六顆中聲一十二顆各紅線條結全擔床全樂架事件搭腦一條頰柱二條中正聲串各二條脚桄二條脚趺二隻耀葉板五段五珠流蘇二件五色線結造各鈒花鍍金鍮石華月一副流珠三十顆盤子七箇紅線條全牌一面角槌一對編磬正聲一十六枚中聲一十二枚各紅線條結全擔床全樂架事件搭腦一條頰柱二條中正聲串各二條脚桄二條脚趺二隻耀葉板五段五珠流蘇二件五色線結造各鈒花鍍金鍮石華月一副流珠三十顆盤子七箇紅線條全牌一面角槌一對琴一絃三絃五絃七絃九絃各二面瑟二面箎遍地寶粧絃鴈柱幷紅錦襯絃金鍍銀鐸子四箇紅線條結箎中正聲各二管各鍍金銀絲札纏二道紅絃一十道篴中正聲各二管各鍍金銀絲札纏二道紅絃一十三道簫中正聲各二面並綵畫飛鳳鍍金鈒花鐸子四箇花環鏂鉞結子巢笙中正聲各二鑽各鍍金銀鈒花稜蚪頂鍍金銀束子和笙中正聲各二鑽各鍍金銀鈒花稜蚪頂鍍金銀束子壎中正聲各二枚各縷金花鳳搏拊二面各綵畫花鳳紅線條全柷一隻五綵閒金座全幷鍍金銀鈒花稜槌一柄敔一隻五綵閒金座錦裏柄戛子全麾幡一首銷金生色

竽子仝

軒架器樂

編鍾九架每架正聲一十六顆中聲一十二顆各紅線條結仝擔床仝樂架事件每架用搭腦一條頰柱二條中正聲串各二條脚桄二條脚趺二隻耀葉板五段五珠流蘇二件五色線結造各鍮石華月一副流珠三十顆盤子七箇紅線條仝牌一面角槌一對紫紬條二條鐵釘㙇四箇黑漆交床一隻靑條結編磬九架每架正聲一十六枚中聲一十二枚各紅線條結仝擔床仝樂架事件每架用搭腦一條頰柱二條中正聲串各二條脚挄二條脚趺二隻耀葉板五段五珠流蘇二件五色線結造各鍮石華月一副流珠三十顆盤子七箇紅線條仝牌一面角槌一對紫紬條二條鐵釘㙇四箇黑漆交床一隻靑條結琴一絃五面三絃一十三面五絃一十三面七絃一十六面九絃一十六面瑟四十二面各實粧兩頭鍮石鐸子紅線條結絃鴈柱勇紅錦襯絃筅中正聲各二十四管各紅絃札纏一十三道篴中正聲各二十四管各紅絃札纏一十五道簫中正聲各二十二面綵畫雲鶴紅線結子鍮石鐶巢笙中正聲各二十一攢竽笙中正聲各一十五攢壎中正聲各一十四枚各綵畫雲鶴晉鼓一面五綵裝畫雲鳳皷座紅絹褥幷鼓竿二條槌幷牌仝立鼓二座每座各十字師子座仝立鼓一面鼙鼓一面應鼓一面鼓乘一鼓斛一方輪一圓輪一鼓竿一額二道白鷺子一隻彫木蓮花座仝木槌三柄七珠流蘇四件五綵線結造各鍮石華月一副流珠四十二顆盤子七箇竿子條索仝紫紬條四條鐵釘㙇四箇牌一面柷一隻平畫山水幷槌仝敔一隻五綵裝畫座幷憂子仝麾幡一首生色幷竿子仝抹碌梯一具抹碌高脚一具鐵槌二柄紫絹緣燈心薦六十領四項並係排設樂架通用樂舞執擎法物引文舞色長執銀頭杖子共二條武舞通用旌二條袋仝文舞籥翟各三十六件引武舞纛二件上有麾幡二首袋仝鼗鼓二面鐃鈴二柄雙頭鐸二柄金錞二隻各架幷座手把梅紅條仝相鼓二面各梅紅條一條金鉦二面圈條槌仝雅鼓二面武舞干戈各三十六件衣冠舞衣等樣各一副舞色長一副紫繡抹額一條紫絁繡鸞袍一領引武舞一副武弁冠一頂緋繡抹額一條緋絁繡鸞衫一領

錦臂鞲一對白絹抹帶一條銅革帶一條烏皮履一緉文舞武舞執旌纛一副平冕冠一頂皂絁繡鸞衫一領銅革帶一條烏皮履一緉黑漆表竿四條

登歌軒架樂迭奏節度

圜丘親祀王入門詣罍洗升降壇詣望燎位還大次軒架奏正安之曲王飲福登歌作禧安之曲並黃鍾宮迎神軒架奏夾鐘宮景安之曲三成黃鐘角大簇徵姑洗羽各一成文舞作六成送神夾鐘宮永安之曲武舞一成奠玉幣酌獻上帝登歌作嘉安之曲配位及五帝仁安之曲徹籩豆肅安之曲並大呂宮進俎軒架奏豐安之曲文舞退武舞進皆奏崇安之曲亞終獻武安之曲並黃鐘宮有司攝事同唯入門詣洗位升降壇詣望燎位飲福並不奏樂

社稷迎送神軒架奏林鐘宮寧安之曲迎文舞八成送武舞一成奠玉帛酌獻登歌作應鐘宮嘉安之曲進俎軒架奏豐安之曲文舞出武舞入皆奏崇安之曲亞終獻皆奏武安之曲並大簇宮

太廟禘祫享時享臘享王入門詣盥洗位升降階還大次軒架奏正安之曲進俎豐安之曲文舞退武舞進皆奏崇安之曲酌獻奏諸室之曲亞終獻皆奏武安之曲並無射宮諸室之曲太祖曰太定惠宗曰紹聖顯宗曰興慶文宗曰大明順宗曰翼善宣宗曰淸寧肅宗曰重光睿宗曰美成仁宗曰理安迎神奏黃鐘宮興安之曲三成大呂大簇應鐘各二成文德之舞作九成送神黃鐘宮永安之曲武舞一成祼鬯登歌作順安之曲徹籩豆恭安之曲並夾鐘宮飲福作禧安之曲有司攝事同唯酌獻登歌作夾鐘宮入門詣盥洗位升降階飲福並不奏樂

先農親享王入門詣罍洗升降壇詣望瘞位詣耕籍位還大次軒架奏正安之曲進俎豐安之曲文舞退武舞進皆奏崇安之曲奠幣登歌作明安之曲酌獻成安之曲飲福禧安之曲徹籩豆肅安之曲亞終獻軒架奏武安之曲並大簇宮迎送神奏姑洗宮凝安之曲迎文德之舞三成送武舞一成有司攝事同唯入門詣罍洗位升降壇詣望瘞位飲福並不奏樂

先蠶迎神軒架奏格安之曲文舞三成送神靖安之曲武舞

一成並姑洗宮奠幣登歌作容安之曲酌獻和安之曲進俎軒架奏豐安之曲文舞退武舞進皆奏桓安之曲亞終獻飮安之曲並南呂宮

文宣王廟迎送神軒架奏姑洗宮凝安之曲迎文舞三成送武舞一成奠幣登歌作明安之曲酌獻成安之曲並夾鍾宮進俎軒架奏豐安之曲文舞出武舞入皆奏崇安之曲亞終獻武安之曲並無射宮

軒架樂獨奏節度

迎詔書及賜勞王與衆官拜冊太后太后升降座冊後宴群臣王升降座群臣入門進酒冊王后王太子王升降座冊使副以下行禮官入門及出受冊後會賓冊使副勸花使䢜伴擧酒進食王太子加元服王升降座賓贊入門及出王太子升降階就階東南位詣受制位至阼階下位賓入門及升降階太子擧醴冠訖會賓賓贊勸花使䢜伴擧酒進食冊王子王姬陳而不作冊訖會賓冊使副勸花使䢜伴擧酒進食進上國表箋王及衆官拜元正冬至上國聖壽節望闕賀王詣拜位升降座王及衆官拜王受元正冬至節日賀王升降座元會王升降座擧酒太子令公宰臣入門王太子元正冬至受群臣賀太子升降座三師三少賓客以下宮臣入門及出王太子節日受宮官賀并會太子升降座及階擧酒三師三少賓客出入門升降階三師以下宮官受酒宴群臣王升降座擧酒食群臣受酒食儀鳳門宣赦王升降座並獨奏軒架樂睿宗十一年六月庚寅王御會慶殿召宰樞侍臣觀大晟新樂八月己卯制曰文武之道不可偏廢近來蕃賊漸熾謀臣武將皆以繕甲鍊卒爲急昔者帝舜誕敷文德舞干羽于兩階七旬有苗格朕甚慕焉況今大宋皇帝特賜大晟樂文武舞宜先薦宗廟以及宴享十月戊辰親閱大晟樂于乾德殿癸酉親祼太廟薦大晟樂　仁宗十二年正月乙亥祭籍田始用大晟樂　明宗十八年二月壬申制樂工逃所隷冒居他肆者令還本業史臣曰樂之缺亂甚矣太常近取旨請從聖考代所行之制有司遷延莫肯施行識者恨之以謂是樂宋朝以新樂賜睿廟者也本非宋太祖所制之樂樂之行不久而宋朝亂況辛巳年本朝儒臣狂瞽擅改而進退其次序錯亂其上下干戚籥翟致有盈縮不等之差其太常編制

有云宋朝唯寄衣冠樂器本朝不知肄習承旨徐溫入宋私習舞儀而傳敎之其進退踈數之節無所憑依似不可盡信又樂工願從初來時所行而至今無所施行雖主司取旨而舊籍未改旋又如初八音之中絲土二聲闕如也歌師但誦譜之高低略不鮮其詞語可謂欺神人也又鄉樂土風也凡祭自始事奏之以迄于終今乃至於亞終獻奏之未免有偏擧之失登歌但以搏拊節樂實之以糠不令作聲則無舞明矣詳定擅許爲舞乃以晉鼓節之樂在前舞在後尊卑相亂下之聲掩於上矣三月乙酉遣平章事崔世輔攝事行夏禘用大晟樂酌獻以籥翟亞終獻並用干戚之舞加以鄉音鄉舞　恭愍王八年六月辛卯御史臺上言自國都遷徙之後樂工散去聲音廢失宜令有司新制樂器從之十九年五月成准得還自京師

太祖皇帝賜樂器編鍾十六架全編磬十六架全鍾架全磬架全笙簫琴瑟排簫一七月遣姜師贊如京師請樂工精通衆音兼備諸伎者發送傳業二十年五月辛未姜師贊還自京師

帝命太常樂工赴京習業二十一年三月甲寅遣洪師範移咨中書省曰近因兵後雅樂散失朝廷所賜樂器只用於宗廟其餘社稷耕籍文廟所用雅樂內鐘磬並闕今賫價赴京收買九月丙子習太廟樂於毬庭戊寅習太廟樂於毬庭十月庚辰朔習太廟樂於毬庭　恭讓王元年三月乙酉禮曹請朝會用樂從之

太廟樂章

睿宗十一年十月新製九室登歌樂章

太祖第一室

正聲太定之曲

受天靈符　寵綏多方　德合三無　功超百王　燕及後昆　承玆積累　於萬斯年　恪修祀事

中聲

應天開基　鴻圖克昌　聖德神功　巍巍堂堂　積厚流光　子孫千億　廟貌蒸嘗　永永無極

惠宗第二室

正聲紹聖之曲

諒彼先王　時惟桓桓　肆除兇殘　鼎定三韓　巍巍乎其　丕顯成德　子孫享之　欲報罔極

中聲

勇智傑然　翼扶祖功　虔虔之下　三韓率同　長發其祥　光于列聖　禋嚴以時　孝孫之慶

顯宗第三室

正聲興慶之曲

丕顯烈祖　潛德飛天　累歷難險　紹興聖賢　龍山玉爵　泗水浮磬　曾孫孝敬　福祿來定

中聲

於穆聖祖　潛躍陟元　拔亂反正　神武睿文　中興王業　啓佑後昆　蒸嘗勿替　子子孫孫

德宗第四室

正聲嚴安之曲

德由天生　勇無與京　威動雷霆　隣邦震驚　開其國疆　旣長而袤　于今邊陲　戍邏虛候

中聲

震德離潛　龍飛于天　威其遼邦　敷勇無前　殊俗聞風　來庭奉贄　爰拓邊疆　世受其福

靖宗第五室

正聲元和之曲

繼理受成　而邦其昌　聖孝神謨　烝烝洋洋　築彼五城　以綏邊境　於乎德加　令聞惟永

中聲

恭讓允塞　多得俊乂　啓封拓疆　功德萬世　爰陳樂章　告于宗廟　惟此歆格　罔極思孝

文宗第六室

正聲大明之曲

允文文王　聰明允塞　躋民於仁　倉盈庾億　布政優優　神明其德　慶流雲孫　與天無極

中聲

美哉於乎　明明我祖　乃武乃文　功施恩普　有樂在庭　崇牙樹羽　賫我思成　綏之多祜

順宗第七室

正聲翼善之曲

惟王奉天 恭順爲先 撫軍監國 三十餘年 繼炤方興 乘雲既遠 盛德形容 流於歌管

中聲

於穆先王 德由元良 溫文天縱 慈惠日彰 救民以醫 承考惟孝 時修祀儀 式瞻廟貌

宣宗第八室

正聲淸寧之曲

堯仁舜孝 其道趨然 臨朝一紀 賓天幾年 餘烈遺風 洋溢千古 瞻言凡筵 依俙若覩

中聲

有樂在庭 其音惟新 邦家之光 實賴乃神 爰修厥祀 告于宗廟 永惟格思 歆我來孝

肅宗第九室

正聲重光之曲

惟皇肅考 之義之仁 謳歌歸我 威靈如神 重興慶基 保有英冑 鍾皷享兮 時延純祜

中聲

於鑠皇考 淸明憲天 爲道敬勤 秉心塞淵 英謨神斷 風行雷鼓 我其收之 以介斯祜

恭愍王十二年五月丁亥還安九室神主于太廟新撰樂章

太祖第一室

於皇太祖 景命是膺 奄有三韓 仁滂政凝 後嗣不類 時艱荐興 居歆引逸 永永其承

惠宗第二室

天造我家 或不來庭 左右太祖 弓矢經營 觀德在廟 凜然英靈 濟屯開泰 永仰皇明

顯宗第三室

天扶景業 用否而昌 三韓再造 百度孔彰 丕謨盛烈 迺今彌光 於千萬年 祚我無疆

元宗第四室

明明我祖 德合乾坤 不顯其德 垂裕後昆 克禋克祀 黍稷惟馨 是歆是享 永保康寧

忠烈王第五室

朝彼元朝　始尙公主　王姬之車　降于東土　子孫緜緜　受天之祜　於千萬年　爲母爲父

忠宣王第六室

念玆先祖　陟降庭止　克陳薄儀　仰止敬止　爾肴旣嘉　爾酒旣旨　享于克誠　惠我孫子

忠肅王第七室

於皇烈祖　厥德侯純　我其嗣服　夙夜惟寅　吁何遭寇　廟貌蒙塵　以妥以侑　天休玆臻

忠惠王第八室

徂玆戎平　寢廟載寧　以享以祀　以安厥靈　於乎不顯　陟降于庭　庶歆庶顧　惟黍稷馨

忠穆王第九室

英明果斷　有赫其光　於乎休矣　懷允不忘　矧當扳亂　宗禋是張　顧我明禋　惟誠之將

恭愍王十六年正月丙午幸徽懿公主魂殿告錫命仍設大享敎坊奏新撰樂章

初獻

思齊承懿　文武之孫　魏王之子　君王之妃　俔天之妹　肅肅雍雍　允矣王姬　聿來胥宇　百祿是宜

亞獻

思齊承懿　肅肅其德　駿惠我王　莫匪爾極　永言在天　嗚呼不忘　我將我享　以洽百禮　永觀厥成

三獻

嗚呼承懿　德音不已　勉勉我王　聿追祀事　樂旣和奏　以妥以侑　神嗜飮食　日監在玆　胡臭亶時

四獻

明明承懿　允恭允明　淑愼爾止　厥類惟彰　於論伐鼓　以禋以祀　以假以享　賚我思成　穆穆厥聲

五獻

奏鼓簡簡　衎我承懿　或歌或咢　磬管以閒　昭格不遲　懷我好音　介爾景福　禮儀卒度　鮮不爲則

終獻

其禮伊何　烝烝皇皇　或肆或將　不吳不揚　旣敬旣戒　執事有恪　伊嘏承懿　於千萬年　永永無斁

二十年十月乙未親享太廟新撰樂章
王入門奏闋之曲
於穆淸廟　我享我將　威儀反反　鍾鼓喤喤　至止
肅肅　休有烈光　必恭敬止　介福無疆
王盥洗奏闋之曲
有冽軓泉　實惟何期　可以濯漑　維淸緝熙　旣敬
旣戒　攝以威儀　式序在位　曾孫篤之
王升殿降殿奏闋之曲
於穆淸廟　載見辟王　明明黼黻　肅肅班行　苾芬
是潔　登降偕臧　何以賜我　萬壽無疆
王出入小次奏闋之曲
維玆孝敬　小次敢忘　出入有節　威儀孔彰　精禋
服服　雅樂洋洋　何以綏我　降之百祥
迎神奏闋之曲
維精維純　盛服齊明　感通肸蠁　樂焉九成　僾乎
有聞　烝烝孝誠　神之格思　來燕來寧
奠幣奏闋之曲
彝倫攸序　匪報維親　孝思不匱　有嚴淸純　惟恭
奉幣　嘉玉載陳　感格如響　休祥畢臻
司徒奉俎奏闋之曲
於薦廣牡　籩豆大房　或肆或將　以孝以享　誰其
尸之　曾孫之將　旣右享之　惠我無疆
闋　第一室奏闋之曲
於乎皇王　受命溥將　遂荒大東　四方之綱　克開
厥後　繼序其皇　於萬斯年　降福無疆
闋　第二室奏闋之曲
於皇武王　荷天之龍　旣右烈考　耆定爾功　小東
大東　亦是率從　勿替引之　福祿攸同
闋　第三室奏闋之曲
休矣皇考　將受厥明　允文允武　以赫厥靈　有震
且業　迄用有成　萬有千年　保我後生
闋　第四室奏闋之曲
允王維后　穆穆皇皇　天命匪懈　萬民所望　夙夜
敬止　祀事孔明　綏我眉壽　自天降康

闋　第五室奏闋之曲
皇王烝哉　百祿是遒　允也天子　世德作俅　子孫千億　優游爾休　永言孝思　於乎悠哉
闋　第六室奏闋之曲
勉勉我王　不顯其德　宣昭義問　順帝之則　王此大邦　臨下有赫　貽厥孫謀　以介景福
闋　第七室奏闋之曲
於乎皇考　其德克明　永言配命　則篤其慶　綏予孝子　茀祿爾康　本支百世　永觀厥成
王飮福奏釐成之曲
閟宮有侐　祀事孔明　神嗜飮食　賚我思成　酌彼康爵　孝孫有慶　於萬斯年　受福無疆
文舞退武舞進奏肅寧之曲
嗟嗟烈祖　赫赫厥聲　允文允武　保我後生　植其鷺羽　干戈戚揚　萬舞有奕　展也大成

宋新賜樂器

睿宗九年六月甲辰朔安稷崇還自宋徽宗詔曰樂與天地同流百年而後興功成而後作自先王之澤竭禮廢樂壞由周迄今莫之能述朕嗣承累聖基緖永惟盛德休烈繼志述事告厥成功乃詔有司以身爲度由度鑄鼎作樂薦之天地宗廟羽物時應夫今之樂猶古之樂朕所不廢以雅正之聲播之今樂肇布天下以和民志卿保有外服慕義來同有使至止願聞新聲嘉乃誠心是用有錫今因信使安稷崇回俯賜卿新樂鐵方響五架幷卓子槌子朱漆縷金架子錦裏冊條金鍍銀鐸子條結紫羅夾帊紫絹單帊全石方響五架幷卓子槌子朱漆縷金架子錦裏冊條金鍍銀鐸子條結紫羅夾帊紫絹單帊全琵琶四面金鍍鍮石鳳鉤朱漆縷金架子金鍍銀鐸子條結幷縷金撥子紫羅夾袋全五絃二面金鍍鍮石鳳鉤朱漆縷金架子金鍍銀鐸子條結幷縷金撥子紫羅夾袋全雙絃四面金鍍鍮石鳳鉤朱漆縷金架子箏四面幷車子並縷金各金鍍銀鐸子條結銷金生色襯絃紫羅夾袋全箜篌四座並縷金鷺槃二十管金鍍銀絲札纓各用紫羅夾袋一匣盛紅羅褥子紫羅夾複子全笛二十管箎二十管簫一十面朱漆縷金裝金鍍銀鐸結子各用紫羅夾袋一

匣盛紅羅褥子紫羅夾複全匏笙一十攢金鍍金束子各用紫羅夾袋二匣盛紅羅褥子紫羅夾複全壎四十枚三匣盛大鼓一面桐油遍地花幷座鼓槌紫絹衣全杖鼓二十面金鍍鍮石鉤條索幷杖子紫單絹帊複全栢板二串金鍍銀鐸結子一匣盛紅羅褥子紫羅夾複全曲譜一十冊黃綾裝䙚紫羅夾帊全指訣圖一十冊黃綾裝䙚紫羅夾帊全是年十月丁卯親祫于太廟兼用宋新樂

用鼓吹樂節度

祀圜丘先農享太廟燃燈八關會鑾駕出宮鼓吹陳而不作及還振作迎詔書及賜勞設於國門外詔書至導行振作至宮庭而止冊太后王麗正宮遣使引冊振作至大觀殿門而止元子誕生王降詔陳於別殿門外導詔書振作至延德宮門而止王太子納妃王降詔設於殿門外導詔書振作出泰定門入麗景門至麗正門而止公主下嫁王降詔陳於殿門外導詔書振作至公主宮門而止進上國表箋列於庭中導表箋振作至國門外而止老人賜設分列於大觀殿門外王出至閤門幄次還至儀鳳門幄次遂至左右同樂亭並振作導從既至而止老人受花酒又作受訖而止儀鳳門宣赦書陳於大觀殿門外王出至儀鳳門上樓振作導從還亦如之遣將出征師還於書亭陳列導元帥振作還至廣化門而止

志卷第二十四

志卷第二十五　高麗史七十一

正憲大夫工曹判書集賢殿大提學知經筵春秋館事兼成均大司成臣鄭麟趾奉教修

樂二

唐樂

唐樂高麗雜用之故集而附之

樂器

方響(鐵十六)　洞簫(八孔)　笛(八孔)　觱篥(九孔)　琵琶(四絃)　牙箏(七絃)　大箏(十五絃)　杖鼓
教坊鼓　拍(六枚)

獻仙桃

舞隊(皂衫)率樂官及妓(樂官黑衣幞頭　妓黑衫紅帶)立于南樂官及妓重行而坐妓一人為王母左右各一人為二挾齊(行)橫列奉蓋三人立其後引人丈二人鳳扇二人龍扇二人雀扇二人尾扇二人左右分立奉旌節八人每一隊間立樂官奏會八仙引子奉竹竿子二人先舞蹈而入左右分立樂止口號致語曰邈在龜臺來朝鳳闕奉千年之美實呈萬福之休祥敢冒宸顏謹進口號訖左右對立樂官又奏會八仙引子奉威儀十八人如前舞蹈而進左右分立王母三人奉蓋三人舞蹈而進立定樂止樂官一人奉仙桃盤授妓一人(擇年少者)妓傳奉進王母王母奉盤唱獻仙桃元宵嘉會詞曰

元宵嘉會賞春光盛事當年憶上陽堯顙喜瞻天北極舜衣深拱殿中央懽聲浩蕩連韶曲和氣氤氳帶御香壯觀大平何以報蟠桃一朶獻千祥

訖樂官奏獻天壽慢王母三人唱日暖風和詞曰

日暖風和春更遲是太平時我從蓬島整容姿來降賀丹墀　幸逢燈夕眞佳會喜近天威神仙壽筭遠無期獻君壽萬千斯

訖樂官仍奏獻天壽令(嗺子)

閬苑人間雖隔遙聞聖德彌高西離仙境下雲霄來獻千歲靈桃　上祝皇齡齊天久猶舞蹈賀聖朝梯航交湊四方來端拱永保宗祧

訖樂官又奏金盞子慢王母不出隊周旋而舞訖樂止王母

少進奉袂唱麗日舒長詞曰

麗日舒長正葱葱瑞氣遍滿神京九重天上五雲開處丹樓碧閣峥嶸盛宴初開錦帳繡幕交横應上元佳節君臣際會共樂昇平　廣庭羅綺紛盈動一部笙歌盡新聲蓬萊宮殿神仙景浩蕩春光邐迤王城烟收雨歇天色夜更澄清又千尋火樹燈山參差帶月鮮明

訖退立樂官奏金盞子令嗺子兩挾舞舞進舞退復位樂止兩挾舞唱東風報暖詞曰

東風報暖到頭嘉氣漸融怡巍峩鳳闕起鼇山萬仞爭聳雲涯　梨園弟子齊奏新曲半是損箎見滿筵簪紳醉飽頌鹿鳴詩

訖樂官奏瑞鷓鴣慢三成訖王母少進唱海東今日詞曰

海東今日太平天喜望龍雲慶會筵尾扇初開明黼座畫簾高捲罩祥烟　梯航交湊端門外玉帛森羅殿陛前妾獻皇齡千萬歲封人何更祝遐年

訖復位樂官奏瑞鷓鴣慢嗺子兩挾舞齊行舞進舞退復位樂止兩挾舞唱北暴東頑詞曰

北暴東頑納欵慕義爭來日新君德更明哉歌詠載衢街　清寧海宇無餘事樂與民同燕春臺一年一度上元回願醉萬年杯

樂官奏千年萬歲引子奉威儀十八人回旋而舞三匝退復位樂止奉竹竿子少進致語曰斂霞裾而少退指雲路以言旋再拜階前相將好去訖樂官奏會八仙引子竹竿子舞蹈而退奉盖王母各三人亦從舞蹈而退奉威儀十八人亦如之

壽延長

舞隊樂官及妓衣冠行次如前儀樂官奏宴大淸引子妓二人奉竹竿子足蹈而進立于前樂止口號致語曰虹流遶殿布禎祥瑞氣雲霞暎聖光萬方歸順來拱手梨園樂部奏中腔訖左右分立樂官又奏宴大淸引子妓十六人分四隊隊四人齊行舞蹈而進立定唱中腔令彤雲暎彩色詞曰

彤雲暎彩色相暎御座中天簇簪纓萬花鋪錦滿高庭慶敞需宴懽聲　千齡啓統樂功成同意賀元珪豐擎寶觴頻擧俠群英萬萬載樂昇平

樂官奏中腔令各隊回旋而舞三匝訖各隊頭一人隊隊分立爲四人或面或背而舞訖退坐伍頭以手控地各隊第二人如前儀訖各隊第三人亦如之各隊第四人亦如之循環而舉如前儀向北立樂官奏破字令各隊四人不出隊一面一背而舞奉袂唱破字令靑春玉殿詞曰

靑春玉殿和風細奏簫韶絕繹瑞遶行雲飄飄曳泛金尊流霞豔溢　瑞日暉暉臨丹扆廣布慈德宸遐邇願聽歌聲舞綴萬萬年仰瞻宴啓

樂官奏中腔令竹竿子二人少進于前口號致語曰大平時節好風光玉殿深深日正長花雜壽香薰綺席天將美祿泛金觴三邊奠枕投戈戟南極明星獻瑞祥欲識聖朝多樂事梨園新曲奏中腔訖樂官又奏中腔令如前儀足蹈而退各隊四人亦從舞蹈而退

五羊仙

舞隊皂衫率樂官及妓樂官朱衣妓丹粧立于南樂官重行而坐妓一人爲王母左右各二人爲四挾齊頭橫列奉蓋五人立其後引人丈二人鳳扇二人龍扇二人雀扇二人尾扇二人左右分立奉旌節八人每一隊間立立定舞隊攦拍樂官奏五雲開瑞朝引子奉竹竿子二人先入左右分立樂止口號致語曰雲生鵠嶺日轉鼇山悅逢羊駕之眞仙並結鸞驂之上侶雅奏值於儀鳳華姿妙於翩鴻冀借優容許以入隊訖對立奉威儀十八人前進左右分立王母五人奉蓋五人前進立定王母少進致語曰式歌且舞聊申頌禱之情俾熾而昌用贊延洪之祚妾等無任激切屛營之至訖退樂官又奏五雲開瑞朝引子王母五人斂手足蹈而進立樂官奏萬葉熾瑤圖令慢王母五人齊行橫立而舞王母向左而舞左二人對舞右二人在後向右而舞右二人對舞左二人在後舞訖樂官奏嘽子令王母舞而中立餘四人舞而立四隅樂官奏中腔令王母五人不出隊周旋而舞訖唱步虛子令碧烟籠曉詞曰

碧烟籠曉海波閑江上數峯寒佩環聲裏異香飄落人間弭絳節五雲端　宛然共指嘉禾瑞開一笑破朱顏九重曉闕望中三祝高天萬萬載對南山

訖急拍樂隨之訖又奏步虛子令中腔王母向前左而舞前左回旋對舞王母向前右亦如之向後左亦如之向後右亦如

之舞訖就位樂官仍奏中腔令奉威儀十八人歌中腔令彤雲映彩色詞舞蹈而回旋三匝唱訖退位樂官奏破字令王母五人舞訖奉袂唱破字令縹緲三山詞曰

縹緲三山島十萬歲方分昏曉春風開遍碧桃花爲東君一笑祥飆暫引香塵到祝高齡後天難老瑞烟散碧歸雲弄暖一聲長嘯

訖樂官奏中腔令竹竿子少進立口號致語曰歌清別鶴舞妙回鸞百和沈烟紅日晚一聲遼鶴白雲深再拜階前相將好去訖舞蹈而退十八人相對少進舞蹈而退王母五人齊頭橫列王母少進口號致語曰寰海塵淸共感昇平之化瑤臺路隔遽回汗漫之遊伏候進止舞蹈而退奉盖五人亦從舞蹈而退

抛毬樂

舞隊皂衫率樂官及妓樂官朱衣妓丹粧立于南東上重行而坐奏折花令妓二人奉竹竿子立于前樂止口號致語曰雅樂鏗鏘於麗景妓童部列於香階爭呈婥約之姿共獻蹁躚之舞冀容入隊以樂以娛訖左右分立樂官又奏折花令妓十二人分左右隊隊六人舞入竹竿子後分四隊立樂止唱折花令三臺詞曰

翠幕華筵相將正是多懽宴舉舞袖回旋遍羅綺簇宮商共歌淸羨瓊漿泛泛滿金尊莫惜沉醉永日長遊衍願樂嘉賓嘉賓式燕

訖樂官又奏折花令隊頭妓二人對舞進花瓶前作折花狀舞退樂官奏水龍唫令兩隊十二人回旋而舞訖唱水龍唫令洞天景色詞曰

洞天景色常春嫩紅淺白開輕蕚瓊筵鎭起金爐烟重香凝錦幄窈窕神仙妙呈歌舞攀花相約彩雲月轉朱絲網徐在語笑抛毬樂　繡袂風翻鳳舉轉星眸柳腰柔弱頭籌得勝懽聲近地光容約滿座佳賓喜聽仙樂交傳觥爵龍唫欲罷彩雲搖曳相將歸去寥廓

訖樂官奏小抛毬樂令左隊六人舞一面一背訖齊立樂止全隊唱小抛毬樂令兩行花竅詞曰

兩行花竅占風流縷金羅帶繫抛毬玉纖高指紅絲網大家着意勝頭籌

訖隊頭一人進毬門前唱
滿庭簫鼓簇飛毬絲竿紅網惣臺頭
作抛毬戲中則全隊拜訖右隊六人舞一面一背訖齊立樂
止全隊唱小抛毬詞訖隊頭一人進毬門前唱前詞作抛毬
戲中則全隊拜訖左二人如上儀唱
頻歌覆手抛將過兩行人待看回籌
訖右二人如上儀唱前詞訖左三人如上儀唱
五花心裏看抛毬香腮紅嫩柳烟稠
訖右三人如上儀唱前詞訖左四人如上儀唱
清歌疊鼓連催促這裏不讓第三籌
訖右四人如上儀唱前詞訖左五人如上儀唱
簫鼓聲聲且莫催彩毬高下意難裁
訖右五人如上儀唱前詞訖左六人如上儀唱
恐將脂粉均粧面羞被狂毫抹汚來
訖右六人如上儀唱前詞訖樂官奏清平令左右隊向北立
舞破子訖唱
滿庭羅綺流粲清朝晝樸開宴似初發芙蓉正爛熳金尊
莫惜頻勸近看柳腰似折更看舞回流雪是懽樂宴遊時
節且莫催歡歌聲闋
訖樂官奏小抛毬樂令竹竿子二人少進樂止口號致語曰
七般妙舞已呈飛燕之奇數曲清歌且冀貫珠之美再拜階
前相將好去訖退左右十二人以次舞退

蓮花臺

舞隊樂官及妓衣冠行次如前儀置二蛤笠于前兩童女齊
行橫立樂官奏五雲開瑞朝引子妓二人奉竹竿子分左右
入于前童女坐樂止竹竿子口號曰綺席光華卜晝開千般
樂事一時來蓬房化出英英態妙舞妍歌不世才訖對立樂
官奏衆仙會引子童女入舞訖退復位奏白鶴子訖左童女
起而與右童女唱微臣詞住在蓬萊下生蓮蘂有感君王之
德化來呈歌舞之懽娛訖樂官奏獻天壽令慢左童女左右
手三跪舞訖樂止兩童女唱獻天壽令日暖風和詞訖樂官
奏嗺子令左童女舞訖兩童女唱嗺子令閬苑人間詞訖樂
官奏三臺令左童女舞訖樂官奏賀聖朝左先舞訖右舞訖
樂官奏班賀舞兩童女或面或背三進退舞蹈而進跪而取

竿起着舞如前儀三進退訖樂官奏五雲開瑞朝別子竹竿子少進而立口號曰雅樂將終拜辭華席仙軺欲返遙指雲程訖退兩童女再拜而退

蓮花臺本出於柘跋魏用二女童鮮衣帽帽施金鈴抃轉有聲其來也於二蓮花中藏之花坼而後見舞中之雅妙者其傳久矣

惜奴嬌曲破

春早皇都冰泮宮沼東風布輕暖梅粉飄香柳帶弄色瑞靄祥烟凝淺正値元宵行樂同民物無閒肆情懷何惜相邀是處裏容欵

無弄仗委東君遍有風光占五陵閑散從把千金五夜繼賞並徹春宵遊翫借問花燈金瑣瓊瑰果曾罕洞天裏一掠蓬瀛第恐今宵短

誇帝里萬靈咸集永衛紫陌靑樓富臻旣庶矣四海昇平文武功勳蓋世賴聖主興賢佐恁致理　氣緒凝和會景新訪雅致列群公錫宴在邇上元循典勝古高超榮異望絳霄龍香飄飄旖旎

景雲披靡露浥輕寒若冰盡是遊人才美陌塵潤寶沉迹笑指揚鞭多少高門勝會況是只有今夕誓無寐

盛日凝理羽巢可窺閬苑金關啓扉燼連宵寧防避暗塵隨馬明月逐人無際調戲相歌穠李末闌已

鶡輪縱勸翠羽花鈿比織並雅同陪共越九衢遍儘遨逸料峭雲容香惹風縈懷袂遍寓目幾處瑤席繡帟

莫如勝槩景壓天街際彩鼇擧百仭聳倚鳳舞龍驤滿目紅光寶翠動霽色餘霞暎散成綺　漸灼蘭膏覆滿靑烟罩地簇宮花搁蕩紛委萬姓瞻仰苒苒雲龍香細共稽首同樂與衆方紀

樓起霄宮裏五福中天紛絳瑞絃管齊諧淸宛振逸天外萬舞低回紛繞羅紈搖曳頃刻轉輪歸去念感激天意　幸列熙臺洞天遙遙望聖梓五夕華胥魚鑰並開十二聖景難逢無比人間動且經歲婉娩躊躇再拜五雲池邐

萬年歡慢

禁籞初晴見萬年枝上工囀鶯聲藻殿連雲萍曦高熠簷楹好是簾開麗景裊金爐香暖烟輕傳呼道天蹕來臨兩行拱

引響纓　看看筵敞三淸洞賓玉杯中滿酌犀觥爛熳芳葩
斜響慶快春情更有簫韶九奏簇魚龍百戲俱呈吾皇顯永
保洪圖四方長樂昇平
當今聖主理化感四塞永滅狠烟太平朝野無征戰國內晏
然風調雨順歌聲喧簫韶韻九奏鈞天願王永壽比南山更
奏延年
婥妁要肢輕婀娜學內樣深深梳果如五鳳雙鸞相對舞隨
腰帶乍遊瑣　鶯幕滿頭花見綠楊摸蔌金堦獻一庭細管
繁絃裏誰把鑁抛過
舞鸞雙翥香獸低散瑞景烟微投袂翩翩趂拍遲遲按曲度
瑤池　曲遍新聲歛繡衣跪綵袖高捧瓊巵指月中丹桂春
難老祝仙壽維祺

憶吹簫慢

血洒霜羅淚薄艶錦伊方敎我成行漸望斷斜橋噴柳曲水
歸雲月暗風高露冷獨自纔抵孤城江南遠今夜就中愁損
行人　愁人舊香遺粉空淡淡餘暖隱隱殘痕到這裏思量
是我忒瞅無情水更無情侶我催晝航一日三程休煩惱相
見定約新春

洛陽春

紗窓未曉黃鶯語蕙爐燒殘炷錦帷羅幕度春寒昨夜裏三
更雨　繡簾閑倚吹輕絮歛眉山無緒把花拭淚向歸鴻問
來處逢郎不

月華淸慢

雨洗天開風將雲去極目都無纖翳當遇中秋夜靜月華如
水素光晃金屋樓臺淸氣徹玉壺天地此際比無常三五嬋
娟特異　因念玉人千里待盡把愁腸分付沉醉只恐難當
漏盡又還經歲最堪恨獨守書幃空對景不成歡意除是問
姮娥覓取一枝仙桂

轉花枝令

平生自負風流才調口兒裏道得些知張鄭趙唱新詞改難
令惚知顚倒解刷扮能techn嗽表裏都俏每遇着飲席歌筵人
人盡道可惜許老了　閻家大伯曾敎來道人生但寬懷不
須煩惱遇良辰當美景追歡買笑剩活取百千年只恁厮好
若恨滿鬼使來追臨待倩箇掩通着到

感皇恩令

騎馬踏紅塵長安重到人面依前似花好舊懽才展又被新愁分了未成雲雨夢巫山曉　千里斷腸關山古道回首高城似天杳滿懷離恨付與落花啼鳥故人何處也青春老和袖把金鞭腰如束素騎介驢兒過門去禁街人靜一陣香風滿路鳳鞋弓樣小彎彎露　驀地被他回眸一顧便是兮人斷腸處願隨鞭鐙又被名韁勒住恨身不做个閑男女

醉太平

厭厭悶着厭厭悶着奴兒近日聽人咬把初心忘却　教人病深謾摧拙憑誰與我分説破仔細思量怎奈何見了伏些弱

夏雲峯慢

宴坐深軒檻雨輕壓暑氣低沉花洞彩舟泛斝坐遶清濤楚臺風快湘潭冷永日披襟坐久覺疎絃脆管時換新音　越娥蘭態蕙心呈妖豔泥歡邀寵難禁筵上笑歌間發舄履交侵醉鄉歸處須盡與滿酌高陰向此免名韁利鎖虛費光陰

醉蓬萊慢

漸亭皋葉下隴首雲飛素秋新霽華闕中天鎖葱葱佳氣嫩菊黃深拒霜紅淺近寶階香砌玉宇無塵金莖有露碧天如水　正值昇平萬機多暇夜色澄鮮漏聲迢遞南極星中有老人呈瑞此處宸遊鳳輦何處度管絃清脆太液波翻披香簾卷月明風細

黃河清慢

晴景初昇風細細雲收天澹如洗望外鳳凰雙闕葱葱佳氣朝罷香烟滿袖近臣報天顏有喜夜來連得封章奏大河徹底清泚　君王壽與天齊馨香動上穹頻降佳瑞大晟奏功六樂初調角徵合殿春風乍轉萬花福千官盡醉內家傳勅重開宴未央宮裏

還宮樂

喜賀我皇有感蓬萊盡降神仙到乘鸞駕鶴御樓前來獻長壽仙丹玉殿階前排筵會今宵秋日到神仙笙歌寥亮呈玉庭爲報聖壽萬年

淸平樂

眞主玉曆成康德澤寧安國中良時和歲豐稔民阜樂何情

泚瑞木呈日五色月華重有光更羽鶴來儀鳳凰萬邦鄉齊
供明皇祝遐齡聖壽無疆

荔子丹

鬪巧宮粧掃翠眉相喚折花枝曉來深入艶芳裏紅香散露
浥在羅衣盈盈巧笑詠新詞舞態畫嬌姿㚟娜文回迎宴處
簇神仙會赴瑤池

水龍吟慢

玉皇金闕長春民仰高天欣載年年一度定佳期風情多感
慨綺羅競交會爭折花枝兩相對舞袖翩翩歌聲妙掩粉面
斜窺翠黛　錦額門開彩架毬兒裳先秀神仙隊融香拂席
霓裳動鏗鏘環珮寶座巍巍五雲密歡呼爭拜退管絃衆作
欲歸去願吾皇萬年恩愛

傾杯樂

禁漏花深繡工日永蕙風布暖漸韶景都門十二元宵三五
銀蟾光滿連雲複道凌飛觀聳皇居麗佳氣瑞烟葱蒨翠華
宵倖是處層城閬苑龍鳳燭交光星漢對咫尺鼇山開雉扇
會樂府兩籍神仙梨園四部絃管漸曉色都人未散盈萬井
山呼鼇抃願歲歲天仗裏鎮瞻金輦

太平年慢　中腔唱

皇州春滿群芳麗散異香旖旎鼇宮開宴賞佳致舉笙歌鼎
沸永日遲遲和風媚柳色烟凝翠唯恐日西墜且樂歡醉

金殿樂慢　踏歌唱

翳紫鸞軿乘風縹緲遊仙紅霓蘸影近瑤池鶴戲芝田　臨
蕙圃飲瓊泉上蕭臺遙瞻九天對眞人藥書親授已向南宮
佳長年
清夜無塵月色如銀酒斟時須滿十分浮名浮利休苦勞神
嘆隙中駒石中火夢中身　雖把文章開口誰親且逍遙樂
取天眞幾時歸去作箇閑人對一張琴一壺酒一溪雲

安平樂

開瓊筵慶佳辰綵鸞當中月華明笙歌樂如夢幻望丹山彩
鳳飛舞邃庭　遐艶異壽盃同斟抃舞謳歌洪歡聲方今永
永太平更衍多男共集錫昌壽恩

愛月夜眠遲慢

禁鼓初敲覺六街夜悄車馬人稀暮天澄淡雲收霧捲亭亭

皎月如珪冰輪碾出遙空無私照臨千里最堪怜有情風送
得丹桂香微唯願素魄長圓把流霞對飮滿泛觥觴醉凭欄
處賞翫不忍辜却好景良時淸歌妙舞連宵踟躕懶入羅幃
任佳人儘嗔我愛月每夜眠遲

惜花春早起慢

向春來覩林園綉出滿檻鮮葩流鶯海棠枝上弄舌紫燕飛
遶池閣三眠細柳垂萬條羅帶柔弱爲思量昨夜去看花猶
自斑駁　須拌盡日罇前當媚景良辰且恁歡謔更闌夜深
秉燭對花酌莫辜輕諾隣雞唱曉驚覺來連忙梳掠向西園
惜群葩恐怕狂風吹落

帝臺春慢

芳草碧色萋萋遍南陌暖絮亂紅也似知人春愁無力憶得
盈盈拾翠侶共携賞鳳城寒食到今來海角逢春天涯爲客
愁旋釋還似織淚暗拭又偸滴漫遍倚危欄儘黃昏也只
是暮雲凝碧拌則而今已拌了忘則怎生便忘得又還問鱗
鴻試重尋消息

千秋歲令

想風流態種種般般媚恨別離時大容易香牋欲寫相思意
相思淚滴香牋字畫堂深銀燭暗重門閉　似當日歡娛何
日遂願早早相逢重設誓美景良辰莫輕拌鴛鴦帳裏鴛鴦
被鴛鴦枕上鴛鴦睡似恁地長恁地千秋歲

風中柳令

愛鬢雲長惜眉山尋乍相見一時眠起爲伊尙驗未欲將言
相戲早罇前會人深意　霎時閒阻眼兒早巴巴地便也鮮
封題相寄怎生是欵曲終成連理管勝如舊來識底

漢宮春慢

春日遲遲稱遊人盡日賞燕芳菲新荷泛水漸入夏景雲奇
炎光易息又早是零落風西白露點黃金菊蘂朝雲暮雪霏
霏　光陰迅速如飛邀酒朋共歡且恁開眉淸歌妙舞更兼
玉管瑤篪人生易老遇太平且樂嬉嬉莫待鮮朱顏頓覺年
來不似當時

花心動慢

署逼芳襟甚全無因依便教人惡賴有枕溪百尺朱樓映日
數重香箔欹冰圍定猶嫌暖紅日綻雨收殘脚漫試取紅綃

弄雪碎瓊推削　粧罷低雲未穏葉葉地仙衣剪輕裁薄汗洒淚珠急捧金盤向前顆顆盛却鳳凰雙扇相交扇越擱就越腰肢弱待做箇青紗罩昬罩着

仙苑春濃小桃枝枝已堪攀折乍雨乍晴輕暖輕寒漸近賞花時節柳搖臺榭東風軟簾櫳靜幽禽調舌斷魂遠閑尋翠徑頓成愁結　此恨無人共說還立盡黃昏寸心空切強整繡衾獨掩朱扉簟枕爲誰鋪設夜長宮漏傳聲遠紗窓暎銀缸明滅夢回處梅梢半籠淡月

雨淋鈴慢

寒蟬凄切向長亭晚驟雨初歇都門帳飲無緒方留戀處蘭舟初催發執手相看淚眼竟無語凝咽念去去千里烟波暮靄沉沉楚天闊　多情自古傷離別更那堪冷落清秋節今宵酒醒何處楊柳岸曉風殘月此去經年應是良辰好景虛設便縱有千種風情更與何人說

行香子慢

瑞景光融換中天霽烟佳氣葱葱皇居崇壯麗金碧輝空彤霄外瑤殿深處簾捲花影重重迎步輦幾簇眞仙賀慶壽新宮　方逢聖主飛龍正休盛大寧朝野歡同何妨宴賞奉宸意慈容韶音按露觴將進蕙爐颺馥香濃長願承顏千秋萬歲明月清風

雨中花慢

宴闌倚欄郊外乍別芳姿醉登長陌漸覺聯綿離緒淡薄秋色寶馬頻嘶寒蟬晚正傷行客念少年蹤迹風流聲價泪珠偸滴從前與酒朋花侶鎭賞畫樓瑤席今夜裏清風明月水村山驛往事悠悠似夢新愁苒苒如織斷腸望極重逢何處暮雲凝碧

迎春樂令

神州麗景春先到看看是韶光早園林深處東風過紅杏裏鶯聲好　漠漠青烟遠遠道觸目是綠楊芳草莫惜醉重遊逡巡又年華老

浪淘沙令

有箇人人飛燕精神急將環珮上華茵捉拍畫隨袖紅舉風柳腰身　簌簌輕裙妙畫尖新曲終獨立斂香塵應是四肢嬌困也眉黛雙顰

御街行令

燔柴烟斷星河曙寶輦回天步端門羽衛簇雕欄六樂舜韶先舉鶴書飛下雞竿高聳恩霈均寰宇　赤霜袍爛飄香霧喜色成春煦九儀三事仰天顏八彩旋生眉宇椿齡無盡羅圖有慶常作乾坤主

西江月慢

烟籠細柳暎粉墻垂絲輕裊正歲稍暖律風和裝點後苑臺沼見乍開桃若燕脂染便須信江南春早又數枝零亂殘花飄滿地未曾掃　幸到此芳菲時漸好恨閒阻佳期尙杳聽幾聲雲裏悲鴻動感怨愁多少謾送目層閣天涯遠甚無人音書來到又只恐別有深情盟言忘了

遊月宮令

當今聖主座龍樓聖壽應天長寶錢噴香烟玄宗遊月宮海晏河淸盛朝侍群臣喜呼萬歲萬人民開樂業願吾皇增福壽

少年遊

芙蓉花發去年枝雙燕欲歸飛蘭堂花軟金爐香暖新曲動簾帷

桂枝香慢

暖風遲日正韶陽時節淑景明媚一霎雨打紅桃花落滿地閨獨坐簾高捲困春容懶臨香砌自從檀郎金門獻賦不絕朱翠　聞上國纔有書回應賢良明庭已擢高第拆破香牋離恨却成新喜早赦宴罷瓊林苑願歸來永同連理這回良夜從他桂枝香惹鴛被

慶金枝令

莫惜金縷衣勸君惜少年時花開堪折直須折莫待折空枝一朝杜宇纔鳴後便從此歇芳菲有花有酒且開眉莫待滿頭絲

百寶粧

一抹絃器初宴畫堂琵琶人把當頭鬢雲腰素仍占絕風流輕攏慢撚生情艶態翠眉黛顰無愁謾似愁變新聲曲自成獲索共聽一奏梁州　彈到遍急敲韻分明似語爭知指面纖柔坐中無語惟斷續金虬曲終暗會王孫意轉步蓮徐徐卸鳳鉤捧瑤觴爲喜知音勸佳人沉醉遲留

滿朝歡令

未央宮闕丹霞住十二玉樓揮錦繡雲開雉扇捲珠簾烟粉龍香添瑞獸　瑶觴一擧蕭韶奏環珮千官齊拜首南山翠應北華高共獻君王千萬歲

天下樂令

壽星明久壽曲高歌沉醉後壽燭熒煌手把金爐燃一壽香滿斟壽酒我意慇懃來祝壽問壽如何壽比南山福更多

感恩多令

羅帳半垂門半開殘燈孤月照窻臺北斗漸移天欲曙漏更催　携手勸君離別酒泪和紅粉滴金盃嗚咽問君今夜去幾時廻

臨江仙慢

夢覺小庭院冷風漸漸踈雨蕭蕭綺窻外秋聲敗葉狂飄心搖奈寒漏永孤幃悄燭淚空曉無端處是綉衾鴛枕閑過清宵蕭條　牽情惹恨爭向年少偏饒覺豜來憔悴舊日風標魂消念懽娛事烟波阻後約方遙還經歲問怎生奈得如許無憀

辯佩令

臉兒端正心兒峭俊眉兒長眼兒入鬢鼻兒隆隆口兒小舌兒香軟耳垛兒就中紅潤　項如瓊玉髮如雲鬢眉如削手如春笋妳兒甘甜腰兒細脚兒去緊那些兒更休要問

俗樂

高麗俗樂考諸樂譜載之其動動及西京以下二十四篇皆用俚語

樂器

玄琴絃六 琵琶絃五 伽倻琴絃十二 大琴孔十二 杖鼓 牙拍六枚 無㝵有粧飾 舞鼓 嵇琴絃二 觱篥孔七 中笒孔十二 小笒孔七 拍六枚

舞鼓

舞隊皂衫 率樂官及妓樂官朱衣妓丹粧 立于南樂官重行而坐樂官二人奉鼓及臺置於殿中諸妓歌井邑詞鄉樂奏其曲妓二人先出分左右立於鼓之南向北拜訖跪斂手起舞俟樂一成兩妓執鼓槌起舞分左右俠鼓一進一退訖繞鼓或面或背周旋而舞以槌擊鼓從樂節次與杖鼓相應樂終而止樂徹兩妓如前俛伏興退

舞鼓侍中李混謫宦寧海乃得海上浮査制爲舞鼓其聲宏壯其舞變轉翩翩然雙蝶繞花矯矯然二龍爭珠最樂部之奇者也

動動

舞隊樂官及妓衣冠行次如前儀妓二人先出向北分左右立斂手足蹈而拜俛伏興跪奉牙拍唱動動詞起句或無諸執拍妓從而和之鄕樂奏其曲兩妓跪揷牙拍於帶間俟樂終一腔起而立樂終二腔斂手舞蹈樂終三腔抽拍一進一退一面一背從樂節次或左或右或膝或臂相拍舞蹈俟樂徹兩妓如前斂手足蹈而拜俛伏興退

動動之戲其歌詞多有頌禱之詞盖效仙語而爲之然詞俚不載

無㝵

舞隊樂官及妓衣冠行次如前儀妓二人先出向北分左右立斂手足蹈而拜俛伏擧頭唱無㝵詞訖仍跪諸妓從而和之鄕樂奏其曲兩妓俟樂終一腔執無㝵擧袖坐而舞樂終二腔起舞足蹈而進樂終三腔弄無㝵從樂節次齊行進退而舞俟樂徹兩妓如前斂手足蹈而拜俛伏興退

無㝵之戲出自西域其歌詞多用佛家語且雜以方言難於編錄姑存節奏以備當時所用之樂

西京

西京古朝鮮即箕子所封之地其民習於禮讓知尊君親上之義作此歌言仁恩充暢以及草木雖折敗之柳亦有生意也

大同江

周武王封殷太師箕子于朝鮮施八條之敎以興禮俗朝野無事人民懽悅以大同江比黃河永明嶺比嵩山頌禱其君

此入高麗以後所作也

五冠山

五冠山孝子文忠所作也忠居五冠山下事母至孝其居距京都三十里爲養祿仕朝出暮歸定省不少衰嘆其母老作是歌李齊賢作詩解之曰木頭雕作小唐雞筯子拈來壁上插此鳥膠膠報時節慈顏始似日平西

楊州

楊州即高麗漢陽府北據華山南臨漢水土地平衍富庶繁華非他州比州人男女方春好遊相樂而歌之也

月精花

月精花晉州妓也司錄魏齊萬惑之令夫人憂恚而死邑人哀之追言夫人在時不相親愛以刺其狂惑也

長湍

太祖巡省民風補助不給與民同樂民思其德久而不忘後王遊長湍工人歌祖聖之德因以頌禱而規戒之

定山

定山公州屬縣縣人作是歌以樛木錯節比之頌禱福祿也

伐谷鳥

伐谷鳥之善鳴者也睿宗欲聞已過及時政得失廣開言路猶恐群下不言作此歌以諷諭之也

元興

元興鎭東北面和寧府屬邑濱于大海邑人船商而還其妻悅而歌之

金剛城

契丹聖宗侵入開京焚燒宮闕顯宗收復開京築羅城國人喜而歌之或曰避蒙兵入都江華復還開京作是歌也金剛城言其城堅如金之剛也

長生浦

侍中柳濯出鎭全羅有威惠軍士愛畏之及倭寇順天府長生浦濯赴援賊望見而懼即引去軍士大說作是歌

叢石亭

叢石亭奇轍所作也轍以元順帝中宮之弟仕爲平章奉使東還至江陵登此亭覽四仙之迹臨望大海作是歌也

居士戀

行役者之妻作是歌托鵲蟢以冀其歸也李齊賢作詩解之曰鵲兒籬際噪花枝蟢子床頭引網絲余美歸來應未遠精神早已報人和

處容

新羅憲康王遊鶴城還至開雲浦忽有一人奇形詭服詣王前歌舞讚德從王入京自號處容每月夜歌舞於市竟不知其所在時以爲神人後人異之作是歌李齊賢作詩解之曰

新羅昔日處容翁見說來從碧海中貝齒赬脣歌夜月鳶肩紫袖舞春風

沙里花

賦斂繁重豪强奪攘民困財傷作此歌托黃鳥啄粟以怨之李齊賢作詩解之曰黃雀何方來去飛一年農事不曾知鰥翁獨自耕芸了耗盡田中禾黍爲

長巖

平章事杜英哲嘗流長巖與一老人相善及召還老人戒其苟進英哲諾之從位至平章事果又陷罪貶過之老人送之作是歌以譏之李齊賢作詩觧之曰拘拘有雀爾奚爲觸着網羅黃口兒眼孔元來在何許可憐觸網雀兒癡

濟危寶

婦人以罪徒役濟危寶恨其手爲人所執無以雪之作是歌以自怨李齊賢作詩觧之曰浣沙溪上傍垂楊執手論心白馬郎縱有連簷三月雨指頭何忍洗餘香

安東紫青

婦人以身事人一失其身人所賤惡故作此歌以絲之紅綠青白反覆比之以致取舍之決焉

松山

松山開京之鎭也自太祖都開京累世相承國祚延長歌之所由作也

禮成江 歌有兩篇

昔有唐商賀頭綱善棊嘗至禮成江見一美婦人欲以棊賭之與其夫棊佯不勝輸物倍其夫利之以妻注頭綱一擧賭之載舟而去其夫悔恨作是歌世傳婦人去時粧束甚固頭綱欲亂之不得舟至海中旋回不行卜之曰節婦所感不還其婦舟必敗舟人懼勸頭綱還之婦人亦作歌後篇是也

冬栢木

忠肅王朝蔡洪哲以罪流遠島思德陵作此歌王聞之卽日召還或曰古有此歌洪哲就加正焉以寓己意

寒松亭

世傳此歌書於瑟底流至江南江南人未觧其詞光宗朝國人張晉公奉使江南江南人問之晉公作詩觧之曰月白寒松夜波安鏡浦秋哀鳴來又去有信一沙鷗

鄭瓜亭

鄭瓜亭內侍郎中鄭敍所作也敍自號瓜亭聯昏外戚有寵於仁宗及毅宗即位放歸其鄉東萊曰今日之行迫於朝議也不久當召還敍在東萊日久召命不至乃撫琴而歌之詞極悽惋李齊賢作詩觧之曰憶君無日不霑衣政似春山蜀子規爲是爲非人莫問只應殘月曉星知

風入松

海東天子當今帝佛補天助敷化來理世恩深遐邇古今稀外國躬趍盡歸依四境寧淸罷槍旗盛德堯湯難比　且樂大平時是處笙簫聲鼎沸并闐樂音家家喜祈祝焚香抽玉穗惟我聖壽萬歲永同山嶽天際　四海昇平有德咸勝堯時邊庭無一事將軍寶劒休更揮　南蠻北狄自來朝百寶獻我天墀金階玉殿呼萬歲願我主長登寶位對此大平時節絃管歌謠聲美　主聖臣賢邂逅河淸海宴　梨園弟子奏霓裳白玉簫我皇前仙樂盈庭皆應律君臣共醉大平筵帝意多懽是此日銀漏莫催頻傳　文武官寮拜賀共祝皇齡　天臨玉輦廻金闕碧閣繞祥烟繽紛花黛列千行笙歌寥亮盡神仙爭唱還宮樂詞爲報聖壽萬歲

夜深詞

風光暖風光暖向春天上元嘉節設華筵燈殘月落下群仙宮漏促水涓涓花盈瓶酒盈觴君臣君臣共醉大平年懽醉夜深雞唱曉人心甚厚留連待人難待人難何處在深閉洞房待人難長夜不寐君不到羅幃繡幕是仙閒

風入松有頌禱之意夜深詞言君臣相樂之意皆於終宴而歌之也然未知何時所作

翰林別曲

元淳文(兪元淳)仁老詩(李仁老)公老四六(李公老)李正言(李奎報)陳翰林(陳澕)雙韻走筆冲基對策(劉冲基)光鈞經義(閔光鈞)良鏡詩賦(金良鏡)偉試塲景何如琴學士(琴儀)玉筍門生云云(俚語)(俚語凡歌詞中以俚語不載者倣此)唐漢書莊老子韓柳文集李杜集蘭臺集白樂天集毛詩尙書周易春秋周戴禮記云云(俚語)太平廣記四百餘卷偉歷覽景何如眞卿書飛白書行書草書篆籒書蝌蚪書虞世南書羊鬚筆鼠鬚筆云云(俚語)吳生劉生兩先生偉走筆景何如黃金酒柏子酒松酒醴酒竹葉酒梨花酒五加皮酒鸚鵡盞琥珀杯云云

俚語劉伶陶潛兩仙翁云云俚語紅牡丹白牡丹丁紅牡丹紅芍藥白芍藥丁紅芍藥御榴玉梅黃紫薔薇芷芝冬柏偉間發景何如合竹桃花云云俚語偉相映景何如阿陽琴文卓笛宗武中岑帶御香玉肌香雙伽耶琴金善琵琶宗智嵇琴薛原杖鼓偉過夜景何如一枝紅云云俚語蓬萊山方丈山瀛州三山此三山紅樓閣婥妁仙子綠髮額子錦繡帳裏珠簾半捲偉登望五湖景何如綠楊綠竹裁亭畔偉囀黃鶯景何如唐唐唐唐楸子皂莢木云云俚語削玉纖纖云云俚語偉携手同遊景何如

此曲高宗時翰林諸儒所作

三藏

三藏寺裏點燈去有社主兮執吾手倘此言兮出寺外謂上座兮是汝語

蛇龍

有蛇含龍尾聞過太山岑萬人各一語斟酌在兩心

右二歌忠烈王朝所作王狎群小好宴樂倖臣吳祈金元祥內僚石天補天卿等務以聲色容悅以管絃房太樂才人爲不足遣倖臣諸道選官妓有姿色伎藝者又選城中官婢及女巫善歌舞者籍置宮中衣羅綺戴馬鬃笠別作一隊稱爲男粧教閱此歌與群小日夜歌舞褻慢無復君臣之禮供億賜與之費不可勝記

紫霞洞

家在松山紫霞洞雲烟相接中和堂喜聞今日耆英會來獻一杯延壽漿一杯可獲千年算願君一杯復一杯世上春秋都不管池塘生春草園柳徧鳴禽三韓元老開宴中和堂白髮戴花手把金觴相勸酒雖道風流勝神仙亦何傷月留琴奏太平年願公酩酊莫辭醉人生無處似尊前斷送百年無過酒杯行到手莫留殘般勤爲公歌一曲是何曲調萬年懽此生無復見羲皇願君努力日日飲太平身世惟醉鄉紫霞洞中和堂管絃聲裏滿座佳賓皆是三韓國老白髮戴花手把金觴相勸酒蓬萊仙人却是未風流云云俚語

侍中蔡洪哲所作也洪哲居紫霞洞扁其堂曰中和日邀耆老極懽乃罷作此歌令家婢歌之詞皆仙語盖托紫霞之仙出耆老會中和堂來歌此詞也

三國俗樂

新羅百濟高勾麗之樂高麗並用之編之樂譜故附著于此詞皆俚語

新羅

東京 即雞林府

新羅昇平日久政化醇美靈瑞屢見鳳鳥來鳴國人作此歌以美之其所謂月精橋白雲渡皆王宮近地世傳有鳳生巖

東京

東京頌禱之歌也或臣子之於君父卑少之於尊長婦之於夫皆通其所謂安康即雞林府屬縣而亦名東京統於大也

木州 今清州屬縣

木州孝女所作女事父及後母以孝聞父惑後母之譖逐之女不忍去留養父母益勤不怠父母怒甚又逐之女不得已辭去至一山中見石窟有老婆遂言其情因請寄寓老婆哀其窮而許之女以事父母者事之老婆愛之嫁以其子夫婦協心勤儉致富聞其父母貧甚邀致其家奉養備至父母猶不悅孝女作是歌以自怨

余那山

余那山在雞林境世傳書生居是山讀書擢第聯昏世族後掌試設宴其昏家喜而歌之自後掌試者設宴先歌此焉

長漢城

長漢城在新羅界漢山北漢江上新羅置重鎭後爲高勾麗所據羅人擧兵復之作此以紀其功焉

利見臺

世傳羅王父子久相失及得之築臺相見極父子之懽作此以歌之號其臺曰利見蓋取易利見大人之意也王父子無相失之理或出會隣國或爲質子未可知也

百濟

禪雲山

長沙人征役過期不至其妻思之登禪雲山望而歌之

無等山

無等山光州之鎭州在全羅爲巨邑城此山民賴以安樂而歌之

方等山

方等山在羅州屬縣長城之境新羅末盜賊大起據此山良家子女多被擄掠長日縣之女亦在其中作此歌以諷其夫不即來救也

井邑

井邑全州屬縣縣人爲行商久不至其妻登山石以望之恐其夫夜行犯害托泥水之汚以歌之世傳有登岾望夫石云

智異山

求禮縣人之女有姿色居智異山家貧盡婦道百濟王聞其美欲內之女作是歌誓死不從

高勾麗

來遠城

來遠城在靜州即水中之地狄人來投置之於此名其城曰來遠歌以紀之

延陽 延山府

延陽有爲人所收用者以死自效比之於木曰木之資火必有戕賊之禍然深以收用爲幸雖至於灰燼所不辭也

溟州

世傳書生遊學至溟州見一良家女美姿色頗知書生每以詩挑之女曰婦人不妄從人待生擢第父母有命則事可諧矣生即歸京師習學業女家將納壻女平日臨池養魚魚聞謦欬聲必來就食女食魚謂曰吾養汝久宜知我意將帛書投之有一大魚跳躍含書悠然而逝生在京師一日爲父母具饌市魚而歸剝之得帛書驚異即持帛書及父書徑詣女家壻已及門矣生以書示女家遂歌此曲父母異之曰此精誠所感非人力所能爲也遣其壻而納生焉

用俗樂節度

祀圜丘社稷享太廟先農文宣王廟亞終獻及送神並交奏鄉樂冊王妃王太子王子王姬王太子加元服賓就幕歇引賓主去靴笏出就位並奏迎仙樂　文宗二十七年二月乙亥敎坊奏女弟子眞卿等十三人所傳踏沙行歌舞請用於燃燈會制從之十一月辛亥設八關會御神鳳樓觀樂敎坊女弟子楚英奏新傳抛毬樂九張機別伎抛毬樂弟子十三人九張機弟子十人三十一年二月乙未燃燈御重光殿觀樂敎坊女弟子楚英奏王母隊歌舞一隊五十五人舞成四

字或君王萬歲或天下太平　恭愍王十四年十月庚戌初王命有司習正陵祭樂及是日親閱之壬子命宰樞祭正陵奏所習之樂十五年十二月甲寅宰樞享河南王使郭永錫奏鄉唐樂以請觀我樂也十六年正月丙午告錫命于徽懿公主魂殿初獻奏太平年之曲亞獻奏水龍吟之曲終獻奏憶吹簫之曲二十一年正月乙卯王幸仁熙殿行祭奏鄉唐樂

志卷第二十五

志卷第二十六　高麗史七十二

正憲大夫工曹判書集賢殿大提學知經筵春秋館事兼成均大司成臣鄭麟趾奉
教修

輿服

東國自三韓儀章服飾循習土風至新羅太宗王請襲唐儀是後冠服之制稍擬中華高麗太祖開國事多草創因用羅舊光宗始定百官公服於是尊卑上下等威以明及顯宗南行文籍散逸制度施爲莫知其詳毅宗朝平章事崔允儀裒集祖宗憲章雜采唐制詳定古今禮上而王之冕服輿輅以及儀衛鹵簿下而百官冠服莫不具載一代之制備矣事元以來開剃辮髮襲胡服殆將百年及　大明
太祖高皇帝賜恭愍王冕服王妃群臣亦皆有賜自是衣冠文物煥然復新彬彬乎古矣謹採國史作輿服志

冠服 王冠服　祭服　視朝之服　王妃冠服　王世子冠服　百官祭服　朝服　公服　長吏公服　冠服通制

王冠服靖宗九年十一月契丹主賜冠服　文宗三年正月

契丹主賜冠服　九年五月契丹主賜冠服圭　十一年三月契丹主賜冠服　十九年四月契丹主賜九旒冠九章服玉圭　三十二年六月宋神宗賜衣二對各金銀葉裝朱匣盛一對紫花羅夾公服一領淺色良羅汗衫一領紅花羅繡夾三襜一條紅花羅繡夾包肚一條紅花羅繡勒帛一條白絲綾夾袴一腰靴一緉紅透背袋盛紅羅繡夾複二條腰帶二條各紅透背袋盛羅繡複一條金鍍銀匣盛一條玉一十六稻鏤塵百戲孩兒頭尾共一十事玳瑁襯金鑤紅鞓成釘一條透犀一十七稻頭尾共一十事玳瑁襯金鑤紅鞓成釘

宣宗二年十一月遼主賜冠冕衣帶圭　肅宗二年十二月遼主賜冠冕章服圭　九年四月遼主賜衣對　睿宗三年二月遼主賜冠冕衣帶　仁宗二十年五月金主賜九旒冠一頂九章服一副玉圭一面　明宗二年五月金主賜九旒冕一頂九章服一副玉圭一面　神宗二年四月金主賜冠服　康宗元年七月金主賜冠服

祭服仁宗十八年四月詔定禘禮服章王服冕九旒七章

毅宗朝詳定凡祀圜丘社稷大廟先農服袞冕九旒每旒十二玉玉用赤白蒼相閒繅亦如之版廣八寸長一尺六寸前圓後方前高八寸五分後高九寸五分前俛後仰玄表朱裏前後邃延青紘青紞青瑱青纊犀簪導長一尺二寸袞服玄衣五章繪以山龍華虫火宗彝纁裳四章繡以藻米黼黻纁色紕以爵韋今以帛代純以素紃以五采繡山火貫於革帶白羅中單繡黼領大帶素紕辟紐約用組組用赤白蒼三色織其垂與紳齊革帶白玉雙佩朱組綬絲網玉環繫衣上朱綠帶繫中單上素襪綦帶赤舃赤繶赤純青絇綦帶　恭愍王十九年五月

太祖高皇帝賜冕服圭九寸冕青珠九旒青衣纁裳九章畫龍山華虫火宗彝五章在衣繡藻粉米黼黻四章在裳白紗中單黼領青緣袖襴蔽膝纁色繡火山二章革帶金鉤鰈玉佩赤白縹綠四綵綬小綬二閒施金環大帶表裏白羅紅綠白襪赤履奉祀朝覲之服也

視朝之服國初制用柘黃袍文宗十二年四月禮司奏伏准制旨御服備禮之時當服紅黃色其餘色可服者博考前典以奏今按律曆志黃者中之色君之服也唐史云天子服用

赤黃遂禁士庶不得以三黃爲服又曰絳紗衣朔日受朝服
之開元禮云皇帝祈穀圜丘服絳紗袍古史云一染謂之絳
註縓紅也然則帝王之服備禮則黃赭絳三色如宴饗小會
取其便宜今所服紅黃外更無餘色　毅宗朝詳定凡正至
節日朝賀大觀殿大宴儀鳳門宣赦奉恩寺謁祖眞八關會
燃燈大會祈穀圜丘出宮王太子納妃醮戒冊王妃王太子
臨軒發冊服赭黃袍燃燈小會則服梔黃衣　忠烈王二十
七年五月服色擬於上國以芝黃代赭袍未幾復用黃袍
恭愍王十九年五月
太祖高皇帝賜遠遊冠七梁加金博山附蟬七首上施珠翠
犀簪導絳紗袍紅裳白紗中單黑領青緣袖帬襦紗蔽膝白
假帶方心曲領紅革帶金鉤䚢白襪黑舃受群臣朝賀服之
王妃冠服恭愍王十九年五月
太祖高皇帝孝慈皇后賜冠服冠飾以七翬二鳳花釵九樹
小花如大花之數兩博鬢九鈿翟衣青質繡翟九等素紗中
單黼領羅縠爲緣以紅色蔽膝如裳色以緅爲領緣繡翟二
等大帶隨衣色革帶金鉤䚢珮綬青襪青舃
王世子冠服文宗十一年三月契丹主賜冠服　十九年四
月契丹主賜九旒冠九章服牙笏　肅宗五年十月遼主賜
衣帶　九年四月遼主賜衣對
百官祭服仁宗十八年四月詔定禘禮服章之制一品服亞
獻以下侍中以上六員七旒冕五章二品服大常卿以下五
祀獻官以上十五員五旒冕三章三品服功臣獻官通事舍
人監察御史以下四十一員無旒冕　毅宗朝詳定七旒冕
每旒十二玉玉用赤白蒼相閒纊亦如之前俛後仰玄表朱
裏前後邃延青紘青紞青瑱青纊犀簪導玄衣繪以華虫火
宗彝纁裳繡以藻粉米黼黻紱纁色紕以爵韋純以素紃以
五采繡山火貫於革帶白羅中單大帶素紗辟紐約用組組
用赤白蒼三色織其垂與紳齊革帶玉佩繫玄衣上朱綠帶
繫中單上玉佩朱組綬素襪綦帶赤舃赤繶赤純青絇綦帶
亞獻以下大尉司徒司空中書令侍中服之五旒冕每旒十
二玉玉用赤白蒼相閒纊亦如之前俛後仰玄表朱裏前後
邃延青紘青紞青繽青纊角簪導玄衣繪以宗彝藻粉米纁
裳繡黼黻紱纁色紕以爵韋純以素紃以五采繡山貫於革

帶白羅中單大帶素紕辟紐約用組組用赤白蒼三色織其
垂與紳齊革帶玉佩繫玄衣上玄黃帶繫中單上玉佩緇組
綬素襪綦帶赤舃赤繶赤純青約綦帶大常卿光祿卿黃門
侍郎殿中監籍田則有司農卿等服之三旒冕三章服衣畫
藻粉米裳繡黻大祝太史令大常博士執禮奉禮堂上協律
黻尙衣奉御贊引贊者通事舍人御史圜丘則五帝大祝等
服之平冕無旒衣裳無章革帶堂下協律大樂令七祀功臣
獻官謁者大官令良醞令守宮令郊社令掌牲令大官丞祝
史等大廟則大廟令宮闈令服之黑介幘緋絹衣緋絹袴韈
塗銅赤革帶緋韋舃齋郎服之　恭愍王十九年五月
太祖高皇帝賜群臣陪祭冠服比中朝臣下九等遞降二等
王國七等通服青羅衣白紗中單皀領袖襴紅羅裙皀緣紅
羅蔽膝紅白大帶方心曲領革帶綬環白襪黑履冠五頂五
梁至一梁角簪導服樣一副羅衣中單裙蔽膝大帶方心曲
領白襪黑履全服叚青羅十一匹白羅十一匹紅羅六匹皀
羅四匹青絹三十五匹白絹三十五匹紅絹十七匹皀絹十
四生絹七十一匹綬樣三副紫錦綬一副銀環二赤錦綬一
副鍮石銅環二綠錦綬一副鍮石銅環二綬料紫錦綬五副
赤錦綬六副綠錦綬三十五副五色線七斤革帶銀鉤艓一
副鍮石銅鉤艓一副第一等秩比中朝第三等服五梁冠革
帶銀鉤艓紫錦綬銀環第二等秩比中朝第四等服四梁冠
餘同前第三等秩比中朝第五等服三梁冠革帶銅約艓紫
錦綬銅環第四等第五等秩比中朝第六等第七等服二梁
冠赤錦綬銅環第六等第七等秩比中朝第八等第九等服
一梁冠綠錦綬銅環

朝服毅宗朝詳定凡正至節日朝賀每朔三大朝賀等事服
之　恭愍王二十一年十一月敎象笏紅鞓皀鞓綃羅朝服
皆非本國之產今後侍臣外東西班五品以下用木笏角帶
紬紵朝服

公服光宗十一年三月定百官公服元尹以上紫衫中壇卿
以上丹衫都航卿以上緋衫小主簿以上綠衫　毅宗朝詳
定文官四品以上服紫紅鞓佩金魚常參六品以上服緋紅
鞓佩銀魚官未至而特賜者不拘此例九品以上服綠閤門

班武臣皆紫而不佩魚內侍茶房等官除本服外亦皆紫而不佩魚西京留守視尚書副留守視三品以下各依本品東南京副留大都護牧副使以上服紫佩金魚都護牧判官知州事以上衣帶魚從本品借紫緋不佩魚知州副使以下服紫緋者不得着紅鞓凡帶公侯伯通犀金玉班犀不佩魚宰臣樞密金玉班犀及方團毬路文官八座左右常侍御史大夫翰林學士承旨侍臣三品以上武官上將軍以上金班犀文武三品及侍臣給舍中丞以上班犀金塗銀文武四品以下常參官金塗銀犀閤門通事舍人以下祇候以上金塗銀參外官不許著犀兩府及承制文武二品以上四品知制誥翰林東宮侍講侍讀學士寶文閣直學士侍制正四品知閣門內侍行頭員茶房侍郎以上皂衫紅鞓官未至而特賜者不拘此例凡笏服紫緋者以象服綠者以木其制上挫下方長吏公服顯宗九年定長吏公服州府郡縣戶長紫衫副戶長以下兵倉正以上緋衫戶正以下司獄副正以上綠衫幷靴笏州府郡縣史深靑衫兵倉史諸壇史天碧衫無靴笏冠服通制　成宗八年三月始定東西北面兵馬使玉帶紫襟兵馬副使紫衣帶劒　德宗三年正月詔百官衙仕常服紫衣無益於事若非扈從皆着皂衫　神宗元年五月防戍中郎將許着有角幞頭防戍中郎將本非使命故無角至是並許揷角　五年四月始令文班五六品丞令帶犀爲參秩　高宗三十九年王許崔沆蒼頭著幞頭舊例唯諸王宗室宮宅蒼頭著幞頭謂之紫門假着權勢兩班家奴着幞頭自沆始

忠烈王元年七月定朝官服章宰樞以上玉帶六品以上犀帶七品以下黑帶　四年二月令境內皆服上國衣冠開剃蒙古俗剃頂至額方其形留髮其中謂之開剃時自宰相至下僚無不開剃唯禁內學館不剃左承旨朴恒呼執事官諭之於是學生皆剃　忠惠王後五年七月監察司令五敎兩宗僧皆著緇衣　恭愍王六年閏九月司天少監于必興上書玉龍記云我國始于白頭終于智異其勢水根木幹之地以黑爲父母以靑爲身若風俗順土則昌逆土則灾風俗者君臣百姓衣服冠盖是也今後文武百官黑衣靑笠僧服黑巾大冠女服黑羅以順土風從之　十六年七月敎曰我國群臣冠服旣以土風所宜制定俾有上下之辨不可易也

近來輕改趨便尊卑混淆今後諸君宰樞代言判書上大護軍判通禮門三司左右尹知通禮門黑笠白玉頂子三親從諸摠郞三司副使八備身前陪後殿護軍黑笠青玉頂子諸正佐郞黑笠水精頂子省臺成均典校知製敎員及外方各官員黑笠隨品頂子縣令監務黑笠無臺水精頂子　九月百官始着笠朝謁　二十一年五月命代言班主以上皆戴黑草方笠　二十三年四月命宰相臺省重房閤門著笠

辛禑元年十二月始令各司胥吏著白方笠　八年七月憲府與書雲觀啓我國木性不宜服黃白赤色衣　十三年六月始革胡服依　大明制自一品至九品皆服紗帽團領其品帶有差一品重大匡以上鈒花金帶二品兩府以上素金帶自開城尹及三品大司憲至常侍鈒花銀帶判事至四品素銀帶五六品至七品門下錄事注書密直堂後三司都事藝文春秋館典校寺成均館八九品外方縣令監務角帶東西班七品以下氈帽絲帶西班五六品高頂笠氈帽絲帶其仕諸都監各色者紗帽品帶指諭行首內侍茶房及承命出外者東西班時散勿論參以上紗帽品帶參外角帶兩府代言班主臺諫諸道按廉雨雪則高頂笠頂玉三都監五軍錄事宰樞所知印有角頭巾祿官仕時同三館各領尉正㧞頭高頂笠直領纓帶白甲牽龍引駕及京外前銜正順以下高頂笠絲帶兩府前銜與見任同兩府封君前銜奉翊通憲本品冠服成均生員京外學生權務及無職士人高頂帽平頂頭巾絲帶別監小親侍給事紫羅頭巾細條纓帶樂官綠羅頭巾飯房水房燈燭上所（主宮中燈燭之人謂之燈燭上所）高頂笠直領氈帽纓帶㧞頭諸司胥吏平頂頭巾工商同百姓雖有職者高頂笠絲帶直領纓帶巡軍螺匠團領皀衣纓帶唯所由團領皀衣丁吏黃衣抄紫衣其頭巾與帶仍元制以其微賤不改（抄者大內使令奴之名常著紫衣烏巾內侍奉命出使者率行）　恭讓王三年正月都評議使司請定平壤府土官冠服東西班爲頭各一人紗帽品帶其餘五六品高頂笠品帶七品以下高頂笠條兒知印主事平頂巾

輿輅

（王輿輅　命婦車）　王世子輿輅

王輿輅靖宗九年十一月契丹主賜車輅　文宗三年正月契丹主賜車輅九年五月又賜之十一年三月又賜之　十九年四月契丹主賜象輅　宣宗二年十一月遼主賜車輅

肅宗二年十二月遼主賜車輅九年四月又賜之　睿宗
三年二月遼主賜車輅　仁宗二十年五月金主賜象輅十
月有事于大廟乘之　二十二年正月乘象輅祀圜丘　毅
宗朝詳定象輅朱漆金塗銀裝以象飾諸末駕赭白馬六祀
郊廟乘之軺輼輦以椶梠爲屋朱漆金塗銅龍鳳裝金銀線
織成黃盤龍㡡褥一案一長竿一並朱漆案鋪以紅繡長竿
飾以銀龍頭上元燃燈八關會御樓大赦乘之其還闕乘平
輦其制如軺輼而無屋　明宗二年五月金主賜象輅　神
宗即位問宰輔云嗣王謁大廟例乘上國所賜象輅今未受
賜而卜禘有日將修舊耶抑新製乎宰輔曰宜用仁宗舊物
從之　二年四月金主賜車輅　康宗元年七月金主賜車
輅王世子輿輅　文宗十一年三月契丹主賜車輅　十九
年四月契丹主賜革輅　肅宗五年十月遼主賜車輅九年
四月又賜之
命婦車忠烈王二十九年五月依上國體例定諸王宰樞承
旨班主夫人乘朱漆車三四品夫人黑漆車事竟不行

印章　王印章　王世子印章　諸衙門印　符驗

王印章靖宗九年十一月契丹主賜印綬　文宗三年正月
契丹主賜印綬　宣宗二年十一月遼主賜印　肅宗二年
十二月遼主賜印　仁宗二十年五月金主賜金印一面
明宗二年五月金主賜金印一面駝紐　神宗二年四月金
主賜金印　康宗元年七月金主賜金印　忠烈王七年三
月元賜駙馬國王宣命征東行中書省印先是王奏曰臣旣
尙公主乞改宣命益駙馬二字許之　八年九月元賜駙馬
國王印　恭愍王十九年五月
太祖高皇帝賜金印一顆龜紐盭綬其文曰高麗國王之印
王世子印章肅宗五年十月遼主賜印綬　忠烈王十七年
九月元賜金印
諸衙門印忠烈王五年五月元賜僉議府正四品銅印一顆
　七年九月元陞僉議府爲從三品鑄印賜之　十九年三
月元賜兩臺銀印一顆　恭愍王十八年六月以諸衙門印
信体小並收禮儀司改鑄新印賜之　辛禑二年九月改鑄
六曹印以舊印小也　七年九月以中外官印制無等改鑄
之

符驗辛禑十二年正月
太祖高皇帝收納前元給付鋪馬蒙古文字八道　頒降符
驗雙馬四道玄字四十七號玄字四十八號玄字四十九號
玄字五十號單馬二道洪字二十二號洪字二十三號起船
二道安字一千三百三十六號安字一千三百三十七號

儀衛

(朝會儀仗　法駕衛仗　燃燈衛仗　八關衛仗　西南京巡幸衛仗　奉迎衛仗　宣赦儀仗)

凡遇大禮大朝會則有內外儀仗毅宗朝詳定大觀殿朝會
節日正至賀禮殿庭水精杖一在左鉞斧一在右都將各二
人(放角紫衣束帶)大傘一在左陽傘一在右軍士六人(皂紗帽子紫小袖衣束帶)罕
一在左畢一在右軍士四人(衣帶同前)狂嚴弓十二將校十二人
分左右(放角紫衣束帶)白甲隊領都將二人(放角紫衣佩刀執旗)將校二人(衣服同前)
軍士五十人分左右(衣甲把小旗槍)銀粧長刀隊領將校二人(放角紫衣
束帶佩刀執旗)軍士十人分左右(立角寶祥花衣假銀帶)銀骨朶子隊領將校二人
(服執同前隊)軍士十人分左右(皂紗帽子紫小袖衣束帶)黑簳斫子紅羅號隊領將
校二人(服執同銀粧長刀隊)軍士十人分左右(紫冠紅背子緣羅汗衫)哥舒捧二十軍
士二十人分左右(立角寶祥花大袖衣假銀帶)絞床一軍士二人(皂紗帽子紫小袖衣束帶)
筆研案一軍士二人(衣服同前)銀毬仗殿省南班員二十人分左
右(紫公服紅鞋)衙仗一百人(放角紫公服皂鞋執杖子)中禁班領指諭二人(放角紫衣束帶佩刀)
行首二人(衣帶同上執旗)班士十四人(放角紫衣束帶八人佩刀先排六人執彈弓)都知班領指
諭二人(衣帶與中禁指諭同)行首二人(衣服與中禁行首同)班士十人(放角紫衣束帶把黑簳紅羅號斫子)
殿上上將軍二人千牛大將軍二人並分左右(放角紫衣紅鞋)千牛
備身將軍四人備身將軍四人各分左右(放角紫衣束帶佩刀)殿門外儀
衛如常儀宣麻朝會則上將軍二人大將軍二人(紫衣紅鞋)備身
將軍八人分立於殿上左右(紫衣束帶佩刀)中禁十人都知十人各
分立於殿庭左右儀衛只設陽雨傘絞床筆研案若立春及
人日尻殿門外朝會上將軍二大將軍二備身將軍八分立
於殿庭左右中禁十人都知十人分立於殿門內外凡儀注
如上儀　高宗十六年十一月詔諸備身將軍上大將軍指
諭牽龍引駕復著錦衣　恭讓王二年正月衛尉判事李敏
道倣中國制製新儀仗持仗人皆着青紅染布衣畫以錦紋
或着帽或着笠文宗元年七月門下省奏謹按前典載之爲
制如槍兩岐施刃其端魏武帝門戟用蝦蟆頭以懸旛旗長
一丈二尺雜以青黃今宮殿及太廟門戟皆作鬼面實無所
據乞依古制改畫爲蝦蟆頭從之

凡法駕衛仗毅宗朝詳定先排隊領將軍一(錦衣束帶佩長刀執旗騎)將校六人(放角紫衣束帶佩刀執旗)軍士一百人分左右(紫衣執長刀)淸遊隊領都將二人(紫衣佩長刀執旗騎)將校　人(紫衣束帶佩刀執旗騎)軍士二百人(靑衣同心彍弩騎)金吾折衝都尉將軍二人(衣紫甲佩長刀執旗騎)將校四人(衣服同前)軍士八十人(彍弩鐵甲騎)金吾果毅將校二人(服色同前隊)軍士八十人分左右(甲騎與折衝隊同)行漏輿一中道淸道一人(揷角紫衣束帶執杖)軍士八人(立角紫寶祥花衣假銀帶)太史局吏二人分左右(放角紫衣)虞候佽飛隊領將校二人(衣甲佩刀執旗騎)軍士四十八人分左右(彍弩甲騎)防牌隊領都將二人(衣甲佩刀執旗騎)將校六人(衣服同前)軍士一百人(衣皮甲持小旗槍)佽飛將校二人(鐵甲執旗騎)軍士二十四人分左右(衣甲佩刀騎)前行繡鞍馬十二匹甲馬八匹控軍士四十人(立角紫寶祥花大袖衣假銀帶)景靈殿判官中道淸道一人(揷角紫衣紅鞓束帶執杖子)軍士九人(皁紗帽紫小袖衣束帶)行爐茶擔各一軍士四人(服與前行馬控軍士同)彩羅幡十分左右軍士二十人(立角繡抹額隨幡色大袖衣銅鍍金帶)引將校二人(放角紫衣佩刀執旗)黃繡幡十分左右軍士二十人引將校二人(衣服並同前)靑曲柄大傘一中道靑陽繖二分左右拱鶴八人(金畫帽子錦衣束帶)平輦一引駕一人(放角錦衣束帶執杖子)護輦都將二人將校二人分前後(並放角錦衣束帶佩長刀)拱鶴二十二人(立角寶祥花衣假銀帶)銀毬仗四十殿省南班員分左右(紫公服紅鞓騎)御甲擔一中道拱鶴四人(立角寶祥花大袖衣假銀帶)靑曲柄大傘一中道黃傘一在左紅傘一在右拱鶴八人(金畫帽子錦衣束帶)軺輅一中道引駕一人護軍都將二人將校二人拱鶴四十八人(衣帶並如擎平輦人)銀粧長刀隊領將校二人(放角紫衣束帶佩刀執旗)軍士二十人(立角寶祥花大袖衣假銀帶)絞床水灌子各一分左右軍士四人(金畫帽子錦衣假銀帶)國印書詔寶擔各一分左右中書主寶吏一人(紫衣皁鞓陪其後)軍士十六人(立角紫寶祥花大袖衣假銀帶)符寶郎一在道右(具公服騎)中衛軍旗一在左軍士二人(衣甲兜牟)拱鶴軍旗一在右軍士二人(衣服同前)靑龍幢二白虎幢二朱雀幢二玄武幢二紅繡幢二分左右軍士二十人(立角繡抹額大袖衣各隨幢色假銀帶)靑幢十赤幢十白幢十黃幢十黑幢十分左右軍士一百人(服色同前)引將校二人(服色與銀粧長刀隊將校同)銀骨朶子隊領將校二人(衣服同前)軍士四十人(金畫帽子紫窄袖衣假銀帶)銀粧長刀隊領將校二人(放角紫衣束帶佩刀執旗)軍士二十人分左右(立角寶祥花大袖衣假銀帶)銀斫子紅羅號隊領將校二人(服執同前隊)軍士二十人(紫羅冠緋羅背子綠羅汗衫紫繡色肚)絲戟小旗槍隊領將校二人(服執同前隊)軍士四十人分左右(衣鐵甲)銀斫子紅羅號四軍士八人(衣朱甲)莊嚴弓十二將校十二人分左右(放角錦衣束帶)戟幡四軍士八人(衣白甲)窣一在左畢一在右軍

士四人錦帽子錦衣紅鞓帶靜鞭承旨四人分左右放角錦衣束帶節六旌二各
分左右旌節郎八人紫公服紅鞓騎水精杖一在左郎將一員鉞斧
一在右郎將一員竝放角錦衣束帶中禁班領指諭二人放角錦衣束帶佩刀行首
二人衣紫甲佩刀執旗班士三十六人竝分左右衣紫甲佩刀先排執彈弓都知班領
指諭二人衣服與中禁指諭同班士二十人分左右放角錦衣把黑辟紅羅號斫子行首二
人佩刀執旗紅繡扇十二孔雀扇四蟠龍扇二承旨三十六人分
左右放角錦衣束帶孔雀傘二分左右黃傘一在左紅傘一在右軍
士十二人金畫帽子錦衣束帶御牽龍二十二人金畫帽子錦衣金塗銀束帶御輅一中
道奉輅都將二人將校二人放角錦衣束帶佩刀拱鶴一百五十人武弁冠緋
寶祥花衣銅鍍金帶銀斫子紅羅號四郎將四人分左右金畫帽子錦衣或別將充內侍
官分左右御弓箭將軍一人中道錦衣束帶騎承制員仗內橫行
雨傘二在玄武幢後分左右夾傘四人金畫帽子錦衣束帶後行馬八匹
控軍士十六人立角寶祥花大袖衣假銀帶後擁馬四匹分左右控軍士八
人錦帽子寶祥花衣假銀帶左上將軍一人右上將軍一人千牛大將軍二
人分左右竝錦衣紅鞓騎千牛備身將軍四人備身將軍四人分左
右竝衣紫甲佩長刀執旗騎龍虎衛身隊領都將二人衣甲佩刀執旗騎將校三十人
衣甲佩刀執旗騎軍士六百人弢鞬甲騎白鐵甲小旗槍隊領都將二人將
校十二人竝衣甲佩刀執旗軍士二百人分左右後殿祗應官分左右
監察御史二人分左右駕後金吾折衝都尉二人衣皮甲佩刀執旗騎將
校四人衣服同上騎軍士八十人衣鐵甲騎玄武隊領都將二人衣甲佩刀執旗
將校六人衣服同前軍士二百人衣甲翊衛鷹揚軍充太僕馬二十匹控軍士
四十人帽子小袖衣束帶雨傘二十軍士二十人衣服同前後殿領將軍一
錦衣紅鞓束帶佩刀執旗騎將校五人放角紫衣佩長刀執旗軍士二百人紫衣執長刀郊廟則
冊祝敎書樓子若干在鹵簿赤龍大旗之次中道淸道一人
揷角紫衣執杖子護樓子將校若干放角紫衣束帶佩刀執旗軍士若干立角緋大袖衣假銀帶引
駕敎坊樂官一百人分左右放角紫公服紅鞓安國伎一部雜伎一部
各四十人分左右高昌伎一部十六人在左天竺伎一部十
八人在右宴樂伎一部四十人分左右吹角軍一部二十人
分左右並在駕前立角紫寶祥花大袖衣假銀帶吹螺軍一部二十四人在駕
後皂紗帽子紫衣假銀帶駕後中道太子公侯伯宰臣左文班右武班郊
廟親祀回駕至儀鳳門頒德音環列爲充庭之儀　高宗十
二年九月王幸乾聖寺崔瑀在其家樓上望見駕前拱駕軍
着黑帽曰此亦近衛不宜着黑帽因奏請蓋陪拱鶴軍依牽
龍例着金畫帽從之非法駕着金畫帽始此　忠烈王二十

七年五月黃傘僭擬上國以紅傘代之遂除舞蹈警蹕之禮

三十年復用黃傘

上元燃燈奉恩寺眞殿親幸衛仗毅宗朝詳定先排隊領將軍一錦衣束帶佩刀執旗騎將校六人放角紫衣束帶佩刀執旗軍士一百人分左右紫衣把長刀清遊隊領都將二人紫衣束帶佩刀執旗騎將校六人衣服同前軍士一百人靑衣同心發鞬騎防牌隊領將校十人衣甲佩刀執旗軍士二百人分左右衣甲白䘏小旗槍白甲隊領都將二人將校十人衣服同前隊軍士一百五十人分左右衣鐵甲把小旗槍銀骨朶子隊領將校二人放角紫衣佩刀執旗軍士四十人分左右皂紗帽子紫小袖衣景靈殿判官中道清道一人揮角紫衣執杖子軍士九人皂紗帽子紫小袖襴衫假銀帶行爐茶擔中道軍士四人立角寶祥花大袖衣假銀帶前行馬十四四引將校二人放角紫衣佩刀執旗拱軍士二十八人分左右服同行爐茶擔軍士銀粧長刀隊領將校二人服執同銀骨朶子隊軍士二十人分左右服同前行馬控軍士絞床水灌子各一分左右軍士四人錦帽子錦衣假銀帶御甲擔一中道軍士四人服同銀粧長刀隊銀䘏斫子紅羅號隊領將校二人服同銀粧長刀隊軍士二十人分左右紫羅冠紅背子緣羅汗衫紫繡色肚國印書詔寶擔各一分左右軍士十二人皂紗帽子小袖襴衫假銀帶銀毬杖四十殿省南班員分左右紫公服紅鞓騎莊嚴弓十二將校十二人

分左右放角錦衣束帶次左右侍臣罕一在左畢一在右軍士四人錦帽子錦衣束帶戟幡四軍士四人分左右白甲兜牟紅羅號銀斫子四軍士四人分左右朱衣甲孔雀傘一中道軍士四人金畫帽子錦衣束帶黃傘一在左紅傘一在右各軍士二人衣服同前引駕一人放角錦衣束帶執杖子平兜輦一中道護輦都將二人將校二人放角錦衣束帶佩刀軍士三十二人服同御甲擔紅繡扇十二孔雀扇四盤龍扇二各分左右承旨十八人放角錦衣束帶水精杖一在左鉞斧一在右郞將各二人服同前靜鞭承旨四人服同前節六旌二各分左右旌節郞八人紫公服紅鞓騎孔雀傘一中道軍士四人金畫帽子錦衣束帶黃傘一在左紅傘一在右各軍士二人衣服同前引駕一人服執同平兜輦引駕軺輅輦一中道護輦都將二人將校二人軍士四十八人衣服與護平輦人同中禁班領指諭二人放角錦衣束帶佩刀行首二人衣紫甲佩刀執旗班士二十人衣甲十二人佩刀先排八人執彈弓都知班領指諭二人衣服與中禁指諭同行首二人放角錦衣束帶佩刀執旗班士二十人放角錦衣束帶把黑䘏紅羅號斫子御牽龍二十二人金畫帽子錦衣束帶紅羅號銀斫子四郞將四人金畫帽子錦衣束帶內侍官分左右御弓箭將軍一人中道錦衣束帶騎承制員丈內橫行左右上將軍二人錦衣紅鞓騎左右千牛大將軍二人衣服同前千牛備身將軍四人備身將軍四人

各分左右錦衣束帶佩刀騎後殿祇應官分左右監察御史二分左右
玄武隊領都將二人衣紫甲佩刀執旗將校十人衣服同前軍士一百人分
左右衣皮甲把長刀後行馬四匹控軍士八人皁紗帽子小袖衣腰帶衛身馬隊領
都將二人衣甲佩刀執旗騎將校二人分左右服執同上騎軍士四百八人分左
右弢鞬甲騎後殿隊領將軍一放角錦衣佩刀執旗騎將校五人紫衣束帶佩刀執旗軍士
一百人分左右紫衣執刀引駕敎坊樂官一百人分左右安國伎
雜伎各四十人分左右吹角軍士十六人分左右並在駕前
吹螺軍士二十四人在駕後
仲冬八關會出御看樂殿衛仗毅宗朝詳定儀衛士三千二
百七十六人左右黃龍大旗各一植在殿階之東西稍南護
旗將校二人放角紫衣束帶佩刀執旗軍士四十人平巾幘抒袴緋衣衙仗將校一百
人放角紫公服執藤杖子坐殿後分立銀毬仗之次先排隊領將軍一錦衣束帶佩刀執旗將校六人
放角紫衣束帶佩刀執旗軍士一百人紫衣束帶執刀淸遊隊領都將二人將校六
人衣佩並同前隊軍士一百人靑衣同心束帶弢鞬防牌隊領都將二人衣甲佩刀執旗
將校十人衣服同前軍士二百人衣甲防牌執小旗槍在白甲隊外白甲隊領都將二
人將校十二人衣服並同前隊軍士一百五十人衣甲執旗槍至駕後環
衛坐殿後擁立第三階左右前行馬十四匹引將校二人放角

紫衣束帶執旗佩刀控軍士二十八人立角紫寶䄻花大袖衣假銀帶分左右在仗內駕前景靈殿員
一中道國印書詔寶擔各一分左右軍士十六人皁紗帽子紫小袖衣束帶御甲擔
中書主寶吏一人陪其後行爐茶擔各一軍士四人御甲擔
一中道軍士四人立角寶䄻花大袖衣假銀帶絞床水灌子各一軍士四人
衣服同前孔雀大傘一在輦前中道拱鶴四人黃傘一在左紅傘
一在右軍士六人金畫帽子錦衣束帶平兜輦一引駕一人放角錦衣束帶執杖子奉
輦都將二人放角錦衣束帶佩長刀將校二人衣服同前拱鶴三十二人立角寶䄻花大
袖衣假銀束帶骨朶子隊領將校二人放角紫衣佩刀執旗軍士四十人分左右
黑帽子紫小袖衣在毬仗外銀毬仗四十殿省南班員分左右紫公服紅鞋銀粧
長刀隊領將校二人服執同前隊軍士二十人在侍臣行外服與奉蹕
拱鶴同銀斫子紅羅號四軍士四人朱衣甲粧嚴弓十二將校十二
人放角錦衣紅鞋束帶戟幡四軍士八人白衣甲銀鐴斫子紅羅號隊領將
校二人服執同銀粧長刀隊軍士二十人分左右紫羅冠紅背子綠羅汗衫紫繡包肚罕一在
左畢一在右拱鶴軍士四人錦帽子錦衣紅鞋束帶靜鞭承旨四人分左
右放角錦衣束帶旌二節六分左右旌節郞八人紫公服紅鞋具穿執水精杖一
在左鉞斧一在右郞將各二人並放角錦衣束帶郞將或別將充中禁班領指
諭二人分左右放角錦衣束帶佩刀行首二人衣紫甲佩刀執旗班士二十人衣紫甲先

排六人執彈弓十四人佩刀 都知班領指諭二人分左右〔放角錦衣束帶佩刀〕行首二人〔放角錦衣束帶佩刀執旗〕班士二十人分左右〔放角錦衣束帶把黑䩮紅羅號斫子〕紅繡扇八孔雀扇四蟠龍扇二承旨十四人分左右〔放角錦衣束帶〕孔雀大傘一在輦前中道指諭將校一人〔服同前〕拱鶴軍士四人〔金甍帽子錦衣束帶〕千牛備身將軍四人備身將軍四人各分左右〔衣紫甲佩刀執旗〕坐殿後升上階分左右左右上將軍二人千牛大將軍二人並分左右〔錦衣紅鞓〕坐殿後升立負扆左右黃傘一在左紅傘一在右軍士六人〔金甍帽子錦衣束帶〕軺䡱輦一引駕及都將將校與平輦同奉輦拱鶴四十八人〔衣服與奉平輦軍士同〕銀斫子四分左右都將四人〔金甍帽子錦衣束帶〕御牽龍班二十二人〔服同前〕玄武隊領都將二人〔衣紫甲佩刀執旗〕將校十人〔衣佩同前〕軍士一百人〔青衣同心束帶把長刀〕衛身隊領都將二人將校二十人分左右〔衣甲佩長刀執旗〕軍士四百人分左右〔衣甲佩弓箭〕後殿隊領將軍一〔錦衣束帶佩長刀執旗〕將校五人〔放角紫衣佩刀執旗〕軍士一百人〔紫衣束帶執長刀並在環衛後〕引駕敎坊樂官一百人分左右坐殿後第二階左右升立吹角軍士三十人在駕前分左右吹螺軍士三十人在駕後宣勅後敎坊樂官曲直華盖近仗儀衛以次上階

西南京巡幸衛仗毅宗朝詳定先排隊領將軍一〔放角紫衣束帶佩刀執旗騎〕將校二人〔紫衣束帶佩刀執旗〕軍士二十人分左右〔紫衣執刀〕五方旗各一引將校五人〔服執同前隊〕夾軍士十人〔平巾幘緋衣扞袴〕清遊隊領都將四人〔放角紫衣束帶佩刀執旗騎〕將校四人〔紫衣束帶佩刀執旗騎〕軍士四十人分左右〔青衣同心束帶弢鞬騎〕白甲隊領都將二人〔放角紫衣佩刀執旗〕將校二人〔紫衣束帶佩刀執旗〕軍士八十人分左右〔青衣同心束帶把緣戟小旗槍〕骨朶子隊領將校二人〔服執同前隊〕軍士十二人分左右〔皂紗幞子紫紬小袖衣束帶〕景靈殿判官中道淸道一人〔插角紫衣束帶執杖子〕軍士六人〔服與骨朶子隊軍士同〕行爐茶擔各一中道軍士六人〔立角寶祥花大袖衣假銀帶〕前行馬十二匹控軍士二十四人分左右〔衣帶同前〕銀粧長刀隊領將校二人〔紫衣佩刀執旗〕軍士十人分左右〔立角寶祥花大袖衣束帶〕絞床水灌子各一中道軍士四人〔服與骨朶子隊軍士同〕御甲擔一中道軍士四人〔服同前隊〕白䩮斫子紅羅號隊領將校二人〔紫衣佩刀執旗〕軍士十二人分左右〔紫羅冠紅背子綠羅汗衫〕國印書詔寶擔各一分左右中書主賓吏一人陪其後軍士十二人〔服與絞床水灌子軍士同〕細弓箭將校六人〔紫衣束帶〕紫繡扇一十分左右承旨十人〔放角紫衣束帶〕青大傘一夾軍士六人〔皂紗幞子紫衣束帶〕陽傘一軍士四人〔衣服同前〕靜鞭承旨四人〔服與前隊承旨同〕水精杖一在左鉞斧一在右都將二人〔紫衣放角束帶〕引駕一人〔放角紫衣束帶執杖子〕中禁班領指諭二人〔紫衣束帶佩刀〕行首二人〔紫衣束帶佩刀執旗〕班士

二十人分左右紫衣束帶佩刀先排執彈弓 都知班領指諭二人放角紫衣束帶佩刀 行首一人紫衣束帶佩刀執旗 班士十六人分左右紫衣束帶把紅羅號黑鞚斫子 御輦中道護輦牽龍班班士十四人金畫帽子紫衣束帶 拱鶴二十四人紫羅冠紫衣束帶 轎子一中道護轎子將校一人紫衣束帶佩刀 軍士三十人服與御輦拱鶴同 內侍官分左右御弓箭將軍一人中道放角紫衣束帶騎 承制員仗內橫行左右上將軍二人放角紫衣束帶騎 千牛大將軍二人千牛備身將軍四人備身將軍四人並分左右衣服同前 後殿官監察御史分左右玄武隊領都將二人放角紫衣束帶佩刀執旗 將校二人紫衣束帶佩刀執旗 軍士三十人分左右青衣同心束帶執刀 後行馬四匹控軍士十二人皂紗帽子紫紬小袖衣束帶 衛身馬隊領都將二人放角紫衣束帶佩刀執旗騎 將校二人紫衣束帶佩刀執旗騎 軍士三十人青衣同心弸韄騎 細弓箭軍士四十六人分左右青衣束帶 雨傘一軍士四人服與後行馬控軍士同 後殿隊領將軍一人都將二人並放角紫衣束帶佩刀執旗騎 將校二人紫衣束帶佩刀執旗 軍士三十人分左右紫衣束帶佩刀 巡檢左右府領都將二人放角紫衣佩刀執旗騎 指諭六人郞將別將散員交差衣佩同上 軍士一百五十人青紫衣執兵仗 隨駕敎坊樂官四十五人渡樂五人吹角軍士一十人在駕前分左右吹螺軍士一千人在駕後

西南京巡幸回駕奉迎衛仗毅宗朝詳定先排隊領將軍一

錦衣束帶佩刀執旗騎 將校六人放角紫衣束帶佩刀執旗 軍士一百人分左右紫衣執刀 淸遊隊領都將二人放角紫衣束帶佩刀執旗騎 將校六人衣服同前 軍士一百人分左右青衣同心弸韄騎 防牌隊領將校十人衣甲佩刀執旗 軍士二百人分左右衣甲白粹小旗槍 白甲隊領都將二人將校十人服執並同前隊 軍士一百五十人分左右衣甲絲戟小旗槍 銀骨朶子隊領將校二人放角紫衣束帶佩刀執旗 軍士四十人分左右皂紗帽子紫小袖衣 景靈殿判官中道淸道一人揷角紫衣執杖子 軍士九人皂紗帽子紫小袖衣假銀帶 行爐茶擔各一軍士四人立角寶祥花大袖衣假銀帶 前行馬十四匹控軍士二十八人分左右服色與行爐茶擔軍士同 銀粧長刀隊領將校二人放角紫衣佩刀執旗 軍士二十人分左右服色與前行馬軍士同 絞床水灌子各一分左右軍士四人錦帽子錦衣假銀帶 御甲擔一中道軍士四人服同銀粧長刀隊 銀鞚斫子紅羅號隊領將校二人放角紫衣束帶佩刀執旗 軍士二十人分左右紫羅冠紅背子綠羅汗衫 國印書詔寶擔各一分左右軍士十二人皂紗帽子紫小袖衣假銀帶 莊嚴弓十二將校十二人放角錦衣束帶 孔雀傘一中道軍士六人黃傘一在左紅傘一在右軍士四人金畫帽子錦衣束帶 引駕一人放角錦衣束帶執杖子 平輦一中道護輦都將二人將校二人放角錦衣束帶佩刀 軍士三十二人立角寶祥花大袖衣假銀帶 銀毬仗殿省南班員四十人分左右紫公服紅鞓騎 孔雀傘一中道軍

士六人紅黃傘各一如平兜輦前軺輺輦一中道護輦都將二人將校二人軍士四十八人(衣服與護平輦人同)罕一在左畢一在右軍士四人(錦帽子錦衣束帶)靜鞭承旨四人(放角錦衣束帶)水精杖一在左鉞斧一在右都將二人(服同靜鞭承旨)銀斫子紅羅號四軍士四人(朱衣甲)戟幡四分左右軍士八人(白衣甲)中禁班指諭二人(放角錦衣束帶佩刀)行首二人(衣甲佩刀執旗)班士二十人(衣甲佩刀先排執彈弓)都知班領指諭二人(衣服與中禁都將同)行首二人(放角錦衣束帶佩刀執旗)班士二十人(放角錦衣束帶把紅羅號黑紵斫子)紅繡扇十二孔雀扇四蟠龍扇二承旨十八人分左右(放角錦衣束帶)青曲柄大傘一中道夾軍士四人(金畫帽子錦衣束帶)陽傘一中道夾軍士二人(衣帶同前)御輦中道牽龍班行首二人軍士二十人(衣帶並同前)銀斫子紅羅號四郎將四人(服同青曲柄大傘夾軍士)上將軍二人大將軍二人(錦衣紅鞓騎)千牛備身將軍四人各分左右(錦衣束帶佩刀騎)後行馬四匹控軍士八人(皂紗帽子紫小袖衣假銀帶)玄武軍隊領都將二人(衣紫甲佩刀執旗)將校十人(衣服同前)軍士一百人分左右(衣皮甲執刀)衛身馬隊領都將二人(衣甲佩刀執旗騎)將校二十人(服執騎同前)軍士四百人分左右(弢鞓甲騎)後殿隊領將軍一(放角錦衣束帶佩刀執旗騎)將校五人(紫衣束帶佩刀執旗)軍士一百人分左右(紫衣執刀)雨傘二軍士二人(皂紗帽子紫小袖衣假銀帶)敎坊樂官一百人分左右安國伎四十人雜劇伎一百六十人各分左右吹角軍士十人並在駕前吹螺軍士十人在駕後各分左右駕至儀鳳門頒德音環衛爲克庭之儀

宣赦儀仗高宗八年十月御儀鳳樓宣赦儀仗用執鑾軍一千六百九十三人指諭將校一百四人中禁都知二十人左右旌節南班員十人左右銀毬仗南班員四十人並分毬庭左右其儀軺輺輦指諭二人軍士四十八人平兜輦指諭二人軍士三十二人大傘指諭一人軍士八人追傘軍士四人陽傘軍士八人雨傘軍士四人戟幡白甲軍八人銀槍朱甲軍八人黃繡幡軍士四人御甲擔軍士四人絞床水灌子軍士四人書冊筆硯軍士四人行爐茶擔軍士四人紅背子二十人指諭二人長刀軍士二十人指諭二人骨朶子軍士四十人指諭二人金畫帽子軍士四人指諭二人注陪軍士十二人前行馬軍士二十八人指諭二人後行馬軍士八人彩羅幡十軍士二十人指諭二人黃羅幡六軍士十二人指諭二人白羅幡四軍士八人指諭二人黑羅幡黃羅幡靑幡幢紅羅幡白幡幢各十軍士各二十人指諭各二人印陪軍士

十二人秘書省清坪軍士四人尙舍倚子軍士九人馬一軍士四人先排軍一百人指諭六人前遊馬軍一百人指諭六人防牌軍二百人玄武軍一百五十人指諭各十人白甲軍一百五十人指諭十二人衞身馬軍四百人指諭五人弓箭將校十二人敎旨都監直將校二人

鹵簿（法駕鹵簿　燃燈鹵簿　八關鹵簿　巡幸奉迎鹵簿　宣赦鹵簿　小駕鹵簿　王太子鹵簿　百官儀從　外官衙從）

法駕鹵簿毅宗朝詳定第一引開城令中道清道拱鶴一人（挿角紫衣束帶執杖）錦絡縫衣軍十人冷里軍六人分左右（皂紗帽子紫小袖衣假銀帶）散手軍十人分左右（立角寶祥花大袖衣假銀帶）第二引開城尹中道清道拱鶴一人錦絡縫衣軍十人冷里軍十人散手軍十人並分左右（衣服與令儀注同）第三引御史大夫中道清道控鶴一人（儀注與開城尹同）指揮儀仗使正郞二員（具公服騎）指揮員二十二（紫衣）清道電吏二十八分左右（放角紫衣執杖子）紅門大旗二分左右引將校各一人（放角紫衣束帶佩長刀執旗）夾軍士各二十人（平巾幘抹額緋衣扞袴）五方旗各一依其方色在紅門大旗閒引將校各一人夾軍士十人朱雀中旗一中道引將校一人夾軍士十人彩旗十分左右引將校二人

白澤旗二分左右夾軍士二十四人黃麒麟中旗一中道引將校一人夾軍士十人白象大旗二分左右引將校各一人夾軍士四十人左右龍旗各五引將校二人左右彩旗各五引將校二人夾軍士四十人白龍大旗二分左右引將校二人夾軍士四十人天下大平大旗一中道引將校一人左右西王母大旗各一引將校二人夾軍士六十人駕雲執拍仙人大旗二分左右引將校二人夾軍士四十人彩旗十分左右引將校二人夾軍士二十人捧寶珠仙人大旗分左右引將校二人夾軍士四十人四海永清大旗一中道引將校一人夾軍士二十人白澤大旗二分左右引將校二人夾軍士四十人彩旗十分左右引將校二人夾軍士二十人二儀交泰大旗一中道引將校一人夾軍士二十人捧如意珠仙人大旗二分左右引將校二人夾軍士四十人五方龍中旗五各依方色引將校各一人夾軍士五十人彩旗十分左右引將校二人夾軍士二十人雙舞仙人大旗二分左右引將校二人夾軍士四十人彩旗二十分左右引將校四人夾軍士四十人赤龍大旗一中道引將校一人夾軍士二十人孔雀

大旗二分左右引將校二人夾軍士四十人彩旗十分左右引將校二人夾軍士二十人左青龍中旗一右白虎中旗一引將校二人夾軍士二十人碧鳳大旗二分左右引將校二人夾軍士四十人彩旗十分左右引將校二人夾軍士二十人金雞旗二寶珠旗二火珠旗二赤豹旗二胡人旗二各分左右引將校二人夾軍士二十人駕雲吹笛仙人大旗二分左右引將校二人夾軍士四十人火珠旗二神龜負書旗二彩旗十分左右引將校四人夾軍士二十八人黃龍大旗二引將校二人夾軍士四十人君王萬歲中旗二引將校二人夾軍士二十人角端旗二白象旗二玄鶴旗二鳳旗二夾軍士十六人寶珠仙人大旗二分左右引將校各一人夾軍士四十人金雞旗二分左右引將校二人夾軍士二十人鸞大旗二引將校二人夾軍士四十人白麒麟旗二神龜含珠旗二鸞旗二黃獅子旗二赤獅子旗二赤豹旗二各分左右引將校二人夾軍士二十四人龍馬大旗二引將校二人夾軍士四十人黑獅子旗二白獅子旗二青獅子旗二麒麟旗二鳳旗二各分左右引將校二人夾軍士二十人五色龍旗各二分左右引將校二人夾軍士二十人黃龍負圖旗二孔雀旗二騶牙旗二獬豸旗二天鹿旗二各分左右引將校二人夾軍士二十人神龍含珠旗二辟邪圖旗二黃龍負圖旗二白鶴旗二玄鶴旗二各分左右引將校二人夾軍士二十人鸑鷟旗二周匝旗二三角獸旗二龍馬旗二黑旗二各分左右引將校二人夾軍士二十人玄旗一中道繡龜蛇合形引將校一人夾軍士十人白澤旗二龍馬旗二一角獸旗一白鶴旗一綵旗五引將校一人夾軍士十八人在左白澤旗一三角獸旗一周匝旗一天鹿旗一綵旗五引將校一人夾軍士十八人在右黑大旗四分左右引將校四人夾軍士八十人已上衣服並與紅門大旗隊同弓箭二十軍士二十人纏頭冠衣服同前豹尾槍二十軍士二十人分左右金鉦十軍士十人掆鼓十軍士三十人分左右鼙鼓二十軍士二十人分左右銀粹槍二十軍士二十人分左右班劒二十軍士二十人分左右已上衣服與夾旗軍士同哥舒捧二十軍士二十人分左右立角寶祥花衣假銀帶銀斫子二十軍士二十人分左右平巾幘抹額排衣扞袴鐙杖子二十鍮石鉞斧二十各分左右軍士四十人衣服同前蛙蟆幡二十軍士二十人分左右銀粧

長刀二十領將校二人 放角紫衣束帶佩刀執旗 軍士二十人 立角緋寶䌷花大袖衣假銀帶
上元燃燈奉恩寺眞殿親幸鹵簿毅宗朝詳定第一紅門大旗二分左右引將校二人 放角紫衣束帶佩刀執旗凡將校服色下並同 夾軍士四十人 平巾幘抹額緋衣扞袴凡夾旗人服色下並同 天下大平大旗一中道引將校一人夾軍士二十人四海永淸大旗一中道引將校一人夾軍士二十人二儀交泰大旗一中道引將校一人夾軍士二十人五方旗各一引將校一人夾軍士十人白澤大旗二分左右引將校二人夾軍士四十人彩旗一百分左右引將校二十人夾軍士二百人一角獸大旗二騶牙大旗二黃龍大旗二天鹿大旗二捧寶珠仙人大旗二交龍大旗二白龍大旗二龍馬大旗二鸑鷟大旗二並分左右引將校各二人夾軍士各四十人後殿黑大旗四分左右引將校四人夾軍士八十人弓箭二十軍士二十人分左右 貍頭冠緋衣扞袴 豹尾槍二十軍士二十人分左右 平巾幘緋衣扞袴 金鉦十軍士十人分左右掆鼓十軍士三十人分左右鼗鼓二十軍士二十人分左右銀幹小旗槍二十軍士二十人分左右 衣服並同前 哥舒捧二十軍士二十人分左右 立角紫寶䌷花衣假銀帶 斫子二十軍士二十人分左右 平巾幘抹額緋衣扞袴 鐙杖二十鍮石鉞斧二十軍士四十人各分左右蛙蟆幡二十軍士二十人分左右 衣服並同前 銀粧長刀二十領將校二人 放角紫衣束帶佩刀執旗 軍士二十人分左右 立角緋寶䌷花袖衣假銀帶 塗金粧長刀二十領將校二人軍士二十人分左右 衣服並同前

仲冬八關會出御看樂殿鹵簿毅宗朝詳定左右紅門大旗一引將校二人 放角紫衣束帶佩刀 軍士四十人 平巾幘扞袴緋衣 弓箭隊軍士三十人 貍頭冠扞袴緋衣 彩旗一百軍士二百人 服與紅門大旗軍士同 引旗將校二十人 服色與紅門大旗同 豹尾槍二十軍士二十人 平巾幘扞袴緋衣 鐙杖二十軍士二十人鼗鼓二十軍士二十人掆鼓一十軍士三十人金鉦一十軍士十人 衣服並與豹尾槍軍士同 吹角軍士十人 立角寶䌷花衣假銀帶 蛙蟆幡二十軍士二十人鍮石鉞斧二十軍士二十人小旗銀幹槍二十軍士二十人黑幹斫子二十軍士二十人 衣服並同執鉦人 銀粧長刀二十軍士二十人 衣服與吹角軍士同 塗金粧長刀二十軍士二十人 衣服與銀粧長刀同 領將校二人 服色與護旗將校同 哥舒捧二十軍士二十人 衣服與塗金粧長刀執軍士同 白紅門大旗至哥舒捧並相次分左右排列左右小龍旗各一夾軍士四人 平巾幘扞袴緋衣 五方旗各一引將校五人 放角紫衣束帶佩刀執旗 夾軍士十人 衣服與夾小龍旗軍士同

西南京巡幸還闕奉迎鹵簿毅宗朝詳定紅門大旗二分左右引將校各一(放角紫衣佩刀執旗)夾軍士各二十人(平巾幘抹額緋衣扞袴)天下大平大旗一中道引將校一人(服同紅門旗將校)夾軍士二十人(服同前夾軍士)四海永淸大旗一二儀交泰大旗一並中道(引將校夾軍士衣服並與天下大平旗同)五方旗各一引將校各一人夾軍士十人(並衣服與大旗同)白澤大旗二分左右引將校各一人夾軍士各二十人彩旗九十分左右引將校十八人夾軍士一百八十人白獅子大旗二分左右引將校各一人夾軍士四十人胡人大旗二分左右引將校各一人夾軍士各二十人靑龍大旗二分左右引將校各一人夾軍士各二十人赤象大旗二分左右引將校各一人夾軍士各二十人彩鳳大旗二分左右引將校各一人夾軍士各二十人黃獅子大旗二分左右引將校各一人夾軍士各二十人鴛龜仙人大旗二分左右引將校各一人夾軍士各二十人白麒麟大旗二分左右引將校各一人夾軍士各二十人彩鳳大旗二分左右引將校各一人夾軍士各二十人後殿黑大旗二分左右引將校各一人夾軍士各二十人(衣服並同上)冷里一十分左右軍士十人(皂紗帽子紫紬小袖衣假銀帶)豹尾槍一十分左右軍士十人鐙杖子一十分左右軍士十人(衣服並同上)弓箭一十分左右軍士十人(狸頭冠餘衣服同上)蛙蟆幡槍一十分左右軍士十人銀鐏槍一十分左右軍士十人鍮石鉞斧一十分左右軍士十人鼙鼓一十分左右軍士十人掆鼓一十分左右軍士三十人金鉦六分左右軍士六人黑鐏斫子一十分左右軍士十人(衣服並與冷里軍同)銀粧長刀一十分左右軍士十人(立角寶祥花大袖衣假銀帶)塗金粧長刀一十分左右軍士一十人哥舒捧一十分左右軍士十人(衣服並同上)

宣赦鹵簿高宗八年十月御儀鳳樓宣赦用儀仗軍一千三百八十人鳳曳軍六十人盤車軍二十人指諭將校六十二人並着繡衣分列毬庭左右紅門大旗二分左右隊正各一人夾軍士各二十人五方中旗各一依其方色排列紅門大旗閒隊正各一人夾軍士各二人彩旗十分左右隊正各一人夾軍士各十人冷里軍二十人散手軍二十人並分左右黃質白澤大旗二分左右(隊夾同紅門大旗)彩旗十分左右(隊夾同紅門隊彩旗)豹尾槍二十軍士二十人分左右綠質一角獸大旗二彩旗十並分左右(隊夾並同前隊)引口吹幡二十軍士二十人分左右碧質

騶牙大旗二彩旗十並分左右(隊夾並同前隊)鐙杖二十軍士二十人分左右天下大平旗一中道隊正一人夾軍士二十人紅質黃龍大旗二彩旗十並分左右(隊夾與騶牙大旗同)貍頭弓箭二十軍士二十人分左右四海永淸大旗一中道隊正一人軍士二十人黃質天鹿大旗二彩旗十並分左右(隊夾與黃龍大旗同)搊鼓十分左右軍士各五人金鉦十分左右軍士各五人二儀交泰大旗一中道(隊夾與四海永淸旗同)白質捧寶珠仙人大旗二彩旗十並分左右(隊夾並同天鹿大旗)搖鼓槍二十軍士二十人吹角二十軍士二十人並分左右紅質鳥隼大旗二彩旗十並分左右(隊夾並同前隊)鉞斧二十軍士二十人分左右五方龍中旗各依方色排列中道隊正各一人夾軍士各二人藍黃質白龍大旗二彩旗十並分左右(隊夾並同鳥隼大旗)銀槍二十軍士二十人分左右黃質龍馬大旗二彩旗十並分左右(隊夾並同前隊)斫子二十軍士二十人分左右碧質鸑鷟大旗二分左右(隊夾同前隊)銀粧長刀二十鍍金長刀二十哥舒捧二十軍士各二十人並分左右黑大旗四黃龍大旗二並分左右隊正各一人夾軍士各二十人

小駕鹵簿毅宗朝詳定只設紅門大旗二後殿黑大旗二其餘以次差減凡儀仗有司各以令式排列如常儀

王太子鹵簿文宗十年六月禮司奏隊仗鼓吹當減大駕之半乞令衛尉寺分隷詹事府從之　毅宗朝詳定先排隊領將校四人(放角紫衣束帶佩刀執旗)軍士一百人分左右(紫衣執長刀)淸道電吏八人分左右(放角執杖子)白澤中旗二三角獸中旗一白獅子中旗二騶牙中旗二引將校二人夾軍士各二人雜彩旗二十引將校四人夾軍士各二人並分左右(引將校皆放角紫衣束帶佩刀執旗軍士皆平巾幘抹額緋衣扞袴)銀骨朶子隊領將校二人(放角紫衣束帶佩刀執旗)軍士二十人(皂紗帽子紫小袖衣假銀帶)銀粧長刀隊領將校二人軍士八人(衣服各與銀骨朶子隊同已上並分左右)行爐茶擔各一軍士四人中道(玄角寶䙆花大袖衣假銀帶)絞床水灌子各一分左右軍士四人(衣服同前)書函筆研案各一軍士四人(衣服同前)銀斫子隊軍士十六人分左右(紫羅冠緋羅背子綠羅汗衫紫繡色肚)都知班十二人分左右(放角錦衣束帶把斫子)行首二人(佩刀執旗)中禁班十人分左右(衣甲佩刀行首執旗先排執彈弓)大傘二拱鶴四人(金畫帽子錦衣束帶)靑陽傘二拱鶴四人(衣服同前)牽龍班指諭二人將校八人分左右(金畫帽子錦衣金塗銀束帶)雨傘二拱鶴四人茶房衣房軍士各十五人(靑衣)後擁馬二匹控軍士十四人(立角寶䙆花大袖衣假銀帶)玄武隊領將校四人軍士一百

人分左右衣服並如先排隊

百官儀從顯宗十四年六月式目都監奏定詹事府丞給從三人司直以下錄事以上各給從二人　獻宗元年九月詔自今宰相樞密隨駕者許令張傘以爲恒式　明宗二十年判守太師太傅太保各丘史二十二守太尉守司徒司空十六公侯二十伯子男十四中書令門下侍中二十二門下中書侍郎平章事二十參知政事十六知省事政堂文學十五左右常侍十直門下給事中左右諫議八起居注起居舍人左右司諫六左右正言五尙書令二十二左右僕射十四知省事八左右丞七左右司郎中六左右司員外郎五樞密院事十六使十五知院事同知院事十四副使十三密直學士十知奏事九承宣八六尙書官判事十五六尙書上將軍十殿中監近仗諸衛大將軍卿監祭酒八六尙書官知部事八近仗諸衛將軍諸曹侍郎七近仗諸衛中郎將諸曹郎中六近仗諸衛郎將諸員外郎五三司判事十五使知司事八副使六判官五御史臺判臺事十二大夫十知臺事八中丞七雜端侍御史殿中侍御史六監察御史五秘書殿中禮賓衛尉司宰太僕太府少府將作國子判事九少卿少監司業六秘書殿中丞五內給事國子博士四翰林院判院事十學士承旨八翰林學士七侍講侍讀六史館監修國史十五修國史十三修撰官六軍器大醫監判事八監七少監六閤門判事八引進使知閤門事七使六副使通事舍人五祇候四詹事府詹事八少詹事六尙食尙衣尙舍尙乘尙藥知局事六大史局判事七知局事五令四司天臺判事八監七少監五四官正四諸陵大廟令四以下參外六品及近仗諸衛別將東南班七品員三近仗諸衛散員及東班八九品員二諸權務官甲科使同科副使四乙丙科使四同科副使三泰定棣通門靜德康安殿侍衛將軍三直翰林史館錄事判官留院校監以上有祿諸權務二以下諸權務員一兩班致仕員尙書中書令門下侍中侍郎平章事各丘史五此外宰臣樞密院員及守三公以上四僕射六尙書上將軍三大將軍卿監一判賓文閣學士七直學士六待制五直閣四此皆兼官減半定付　恭讓王元年四月禮儀司請更定群臣儀從蓋扇有差侍中十二人省宰九人密直八人六部判書代言班主

七人上將判事六人單三品五人四品四人五六品三人參外二人捕盜巡綽官不在此限又暑月只着紗帽觸熱甚艱自四月至八月兩府用重簷靑色蓋六部判書代言班主通憲散騎以上用單簷靑色蓋臺省用平簷皂蓋三品用圓扇四品至六品用鶴翎扇以上顯任官雨雪外不許着高頂帽文武官朝覲會同禁用灰白色事竟不行

外官衙從顯宗九年正月定大小各官守令衙從大都護府牧官使六副使五判官四司錄法曹各三醫文師各二中都護府使副使判官法曹醫文師衙從(並同大都護府)防禦鎭使知州府郡事官使五副使四判官法曹各三縣令鎭將三副將尉二　恭愍王十五年十二月定外官衙從馬匹留守官尹衙從九馬五疋判官衙從四馬三疋參軍法曹各衙從三馬二疋大都護府使衙從六馬四疋判官衙從四馬三疋司錄衙從三馬二疋牧官使判官司錄衙從馬匹(並同大都護府)中都護府使衙從五馬三疋司錄衙從三馬二疋知州事衙從四馬三疋判官衙從二馬二疋縣令衙從三馬二疋監務衙從二馬二疋

志卷第二十六

志卷第二十七　　高麗史七十三

正憲大夫工曹判書集賢殿大提學知經筵春秋館事兼成均大司成臣鄭麟趾奉
教修

選擧一

三國以前未有科擧之法高麗太祖首建學校而科擧取士未遑焉光宗用雙冀言以科擧選士自此文風始興大抵其法頗用唐制其學校有國子大學四門又有九齋學堂而律書算學皆肄國子其科擧有製述明經二業而醫卜地理律書算三禮三傳何論等雜業各以其業試之而賜出身其國子升補試亦所以勉進後學也雖名卿大夫未必不由科目進而科目之外又有遺逸之薦門蔭之敍成衆愛馬之選補南班雜路之陞轉所進之途非一矣原其立法定制之初養育之方選取之制銓注之法井然有條累世子孫憑藉而維持之東方文物之盛擬諸中華自權臣私置政房政以賄成銓法大壞而科目取士亦從而汎濫於是黑册之謗粉紅之誚傳播一時而高麗之業遂衰矣其制度節目之詳遺失殆盡姑採見於史册者隨其詳略條分類聚作選擧志

科目一

光宗九年五月雙冀獻議始設科擧試以詩賦頌及時務策取進士兼取明經醫卜等業　十一年只試詩賦頌　十五年復試以詩賦頌及時務策　景宗二年親試進士　成宗二年始臨軒覆試然不爲常例親試覆試例用詩賦　六年除頌試以詩賦及時務策　穆宗七年三月改定科擧法先時每春月試取秋冬放榜至是定以三月開塲鎖闈貼禮經十條明日試詩賦越一日試時務策至十日定奏科第乃開鎖其明經以下諸業上年十一月畢選與進士同日放榜

顯宗元年四月國子司業孫夢周奏只試詩賦不試時務策

二年禮部侍郎周起奏定糊名試式　八年十月判東堂監試給暇兩大業試前三朔醫卜律書業二朔算業一朔

十年六月翰林學士郭元奏除對策試以論必用禮記中義爲題　十五年十二月判諸州縣千丁以上歲貢三人五百丁以上二人以下一人令界首官試選製述業則試以五言

六韻詩一首明經則試五經各一机依例送京國子監更試入格者許赴擧餘並任還本處學習如界首官貢非其人國子監考覈科罪　靖宗二年七月判生徒入學滿三年方許赴監試　十一年四月判五逆五賤不忠不孝鄕部曲樂工雜類子孫勿許赴擧　文宗二年十月判各州縣副戶長以上孫副戶正以上子欲赴製述明經業者所在官試貢京師尙書省國子監審考所製詩賦違格者及明經不讀一二机者其試貢員科罪若醫業須要廣習勿限戶正以上之子雖庶人非係樂工雜類並令試解　九年十月內史門下奏氏族不付者勿令赴擧　十六年三月國子司業黃抗之考試國學諸生署科甚濫命中書舍人鄭惟產改試惟產請行封彌之法貢闈封彌始此　三十三年六月判三禮何論政要業監試於諸業畢試後國子監與本業員試取　宣宗即位詔進士以下諸業自今許三年一試　元年十一月判三禮三傳業亦前代取人之典不可停廢三禮業以禮記二十卷爲偏業大經貼經十處通六以上插籌十處破文通口問口對義理通六以上以周禮儀禮爲小經一經插籌十處破文通義理通六以上一經破文讀二机三傳業以左傳爲肆業大經貼經十處通六以上插籌十處破文通義理通六以上以公羊穀梁傳爲小經一傳插籌十處破文通義理通六以上一傳只讀二机　八年十二月判內侍人吏行卷依披鑑赴擧例試前爲限納之又進士遭父母喪者其業未選前服闋則行卷家狀修送貢院雖限內姓名未錄許令赴試諸業擧人亦依此例　獻宗定製述明經諸業監試隔一年試選

肅宗七年閏六月式目都監奏三禮三傳業出身者不別錄用漸致衰微今後爲先量敍後生業此者國子監勸勵　睿宗五年二月除論試以詩賦策　九月判製述明經諸業新擧者屬國子監三年仕滿三百日者各業監試許赴西京則留守官選上鄕貢則東南京八牧三都護等界首官依前式試選申省　十一年十一月判諸業擧人十一月始明經爲先選取進士則明年二月晝夜平均時選取諸生行卷家狀及試官差定諸事都省及樞密院國子監敬稟施行諸業初擧及一度停擧者依式問覈連次赴擧者只考家狀痕瑕赴試遭父母喪者屬部坊里典及本鄕其人事審官處問覈

二十七朔已滿則考其家狀痕瑕赴擧凡姓名記錄進士則
限十二月二十日家狀行卷終明經以下則限十一月終限
外雖暇已滿者及因公出使限內不及上京者試日爲限修
送貢院、十四年東堂始用經義　十六年五月判明經業
以下諸業監試同業以上官同各業員試選　仁宗五年三
月詔復用詩賦論　九年三月判防丁監試雖入仕必以詩
賦選取　十四年八月中書門下奏國學諸生行藝分數十
四分以上直赴第三場十三分以下四分以上赴詩賦場
十一月判凡製述業經義詩賦連卷試取凡明經業試選式
貼經二日內初日尙書偏業貼周易周易偏業貼尙書各十
條翌日毛詩貼十條各通六條以上第三日以後讀大小經
各十机破文兼義理通六机每義六問破文通四机又周易
偏業讀尙書毛詩春秋各秩一机例隨秩揷籌小經謂業經
大經禮記凡明法業式貼經二日內初日貼律十條翌日貼
令十條兩日並全通第三日以後讀律破文兼義理通六机
每義六問破文通四机讀令破文兼義理通六机每義六問
破文通四机凡明算業式貼經二日內初日貼九章十條翌
日貼綴術四條三開三條謝家三條兩日並全通讀九章十
卷破文兼義理通六机每義六問破文通四机讀綴術四机
內兼問義二机三開三卷兼問義二机謝家三机內兼問義
二机凡明書業式貼經二日內初日貼說文六條五經字樣
四條並全通翌日書品長句詩一首眞書行書篆書印文一
篁讀說文十机內破文兼義理通六机每義六問破文通四
机凡醫業式貼經二日內初日貼素問經八條甲乙經二條
翌日貼本草經七條明堂經三條兩日各通六條以上讀脉
經十卷破文兼義理通六机破文通四机針經九卷難經一
卷并十卷破文兼義理通六机破文通四机又讀灸經破文
通二机凡呪噤業式貼經二日內初日貼脉經十條翌日貼
劉涓子方十條並通六條以上讀小經瘡疽論七卷明堂經
三卷內兼義理通六机讀大經針經十机內兼義理通六机
又讀七卷本草經二机凡地理業式貼經二日內初日貼新
集地理經十條翌日劉氏書十條兩日並通六條以上讀地
理決經八卷經緯令二卷并十卷破文兼義理通六机破文
通四机讀地鏡經四卷口示決四卷胎藏經一卷謌決一卷

幷十卷破文兼義理通六机破文通四机又讀蕭氏書十卷內破文一机凡何論業式眞書奏狀小貼喫算讀何論十机孝經曲禮各二机律前後帙各一机凡明經業監試格庄丁十二机以周易尙書毛詩各二机禮記春秋各三机白丁九机以周易尙書各一机毛詩禮記各二机春秋三机凡書業監試字說文三十卷內白丁三冊庄丁五冊各破文試讀又令眞書凡算業監試白丁業經三机算二机庄丁業經五机算二机凡律業監試白丁律二机令三机庄丁律三机令三机凡醫卜地理業各其本司試選凡諸州貢士依前定額數若有才堪貢選不限其數所貢之人將申送日行鄉飲酒禮牲用小牢以官物充　十七年十月禮部貢院奏范仲淹云先策論以觀其大要次詩賦以觀其全才以大要定其去留以全才升其等級斯擇才之本致理之基也我朝製述業於第三決塲迭試策論之無着韻偶對者因此詩賦學漸爲衰廢今後初塲試經義二塲論策相遞三塲詩賦永爲格式且國學未立前初塲試以貼經立學以後兼試大小經義擧子難之今後除兼經義只試本經義　十八年閏六月中書門下奏明法業但讀律令其登科甚易且於外敍必六經州牧實爲出身捷徑緣此兩班子弟及貢士求屬者漸多製述明經兩大業及醫卜地理業國家所不可廢而今赴擧者少今後明法業出身者淸白爲公政譽著聞方許擢用仍禁貢士求屬是業　二十年二月判東堂監試赴擧諸生須赴冬夏天都會許錄姓名在外生徒各於界首官鄉校都會給狀赴試　毅宗八年五月更定初塲迭試論策中塲試經義終塲試詩賦又國學生考以六行積十四分以上者許直赴終塲不拘其額仍除三塲連卷法國制以藍衫就試者例不過三赴時文克謙以刪定都監判官屢擧不中乃曰白衣且十赴藍衫何止三赴請以五赴爲限朝議從之遂爲恒規　忠烈王六年五月王親試文臣賜黃牌籍內侍王留意詩文或諸生之登第者親試之中者謂之殿試門生待遇異常殿試之制唯試當年登第者僧祖英得幸於王其姪子及所親舊不限登第久近競依勢赴之　十四年九月宰相蔡仁規子禑中第居同進士領國制科擧之目乙科三人丙科七人同進士二十三人世以同進士頭宦不達人皆惡之指爲同頭王

爲禑嫌之間於承旨李混混云可加丙科八人置禑其末從之　忠肅王二年正月瀋王改東堂爲應擧試　七年六月李齊賢朴孝修典擧革詩賦用策問　七月敎曰近以選上國應擧秀才而廢考藝試成均七館諸生皆赴初場未合古制其令依舊皆赴考藝試定其分數直赴中場　十七年十二月始令擧子誦律詩四韻一百首通小學五聲字韻乃許赴試　忠穆王即位之年八月改定初場試六經義四書疑中場古賦終場策問　九月令將軍郭允正領忽只呵禁試闈　恭愍王十一年洪彥博柳淑掌試復用詩賦　十四年十月李仁復李穡建議禁擧子挾冊易書試卷以防假濫　十六年林樸上書請科擧一依中朝搜撿通考之法　十七年親試用經義　十八年始用元朝鄉試會試殿試之制定爲常式　二十年三月敎自今年未滿二十五歲者毋得赴擧　二十三年三月敎各道鄉試諸生各於本貫赴擧已有成規今諸生或有赴他道試者毋赴會試　四月擧子於試卷或有不錄年甲者王怒其違制停放牓　辛禑二年五月政堂文學洪仲宣革林樸所建對策取士之法復以詩賦取士罷鄉試會試殿試議者非之　五年正月諫官上言玄陵崇信經學養士取人近年以來詩賦取士專尙詞章經學漸廢今後一遵玄陵己酉年科擧之法　十二年五月李穡知貢擧復用策問嚴立禁防擧子年未滿二十不許赴擧　辛昌敎科擧之法一依己酉年之規以時擧行州縣之學貢士不充額數者罪及守令　恭讓王元年十二月大司憲趙浚等上書曰今之學者以彫篆之學幸中科第取榮一身自以爲足從仕之後盡棄所業昧於施措以負國家崇儒重道之意願自今聚各年及第四品以下對策殿庭中者使掌製敎不中者左遷以振儒風

凡選場或比年或間歲未有定期其取士亦無定額光宗九年五月翰林學士雙冀知貢擧取進士賜甲科崔暹等二人明經三人卜業二人及第　十一年三月雙冀知貢擧取進士賜甲科崔光範等七人明經一人醫業三人及第　十二年四月雙冀知貢擧取進士賜王擧等七人明經一人及第　十五年三月翰林學士趙翌知貢擧取進士賜金策及明經卜業各一人及第　十七年翰林學士王融知貢擧取進

士賜甲科崔居業等二人及第　二十三年王融知貢擧金
梶同知貢擧取進士賜楊演等四人及第　二十四年二月
王融知貢擧取進士賜白思柔等二人及第　二十五年三
月王融知貢擧取進士賜韓藺卿等二人及第　景宗二年
三月親試進士賜甲科高凝等三人乙科三人及第　四年
三月王融知貢擧取進士賜甲科元徵衍等及第　成宗二
年五月王融知貢擧取進士賜崔行言等五人及第　十二
月正匡崔承老左執政李夢游兵官御事劉彥儒左丞盧奕
取進士王覆試賜甲科姜殷川乙科二人明經一人及第
三年三月王融知貢擧取進士賜乙科李琮丙科二人及第
四年五月王融知貢擧取進士賜乙科秦亮丙科二人及
第　五年三月李夢游知貢擧取進士賜崔英藺等及第
六年三月李夢游知貢擧取進士八月下敎賜夢游所擧甲
科鄭又玄明經一人卜業一人醫業二人明法業二人及第
七年三月王融知貢擧取進士九月下敎賜乙科李緯等
二人丙科二人醫業二人及第　八年三月王融知貢擧取
進士十二月下敎賜乙科崔得中等十人丙科八人明經一
人卜業二人及第　十年閏二月翰林學士白思柔知貢擧
取進士賜甲科崔沆乙科六人明經三人及第　十二年三
月翰林學士崔暹取進士八月下敎賜甲科李維賢等二人
乙科三人同進士五人明經三人明法三人及第　十三年
三月王融知貢擧取進士八月覆試賜甲科崔元信等四人
乙科四人明經九人及第　十四年三月白思柔知貢擧取
進士九月覆試下敎賜甲科李子琳乙科四人明經三人及
第　十五年三月崔暹爲都考試官取進士十二月下敎賜
甲科郭元等四人乙科三人明經六人及第　十六年八月
禮部侍郞柳邦憲知貢擧取進士　穆宗元年正月賜邦憲
所擧甲科周仁傑等二人乙科三人明經七人明法五人明
書三人明筭四人三禮十人三傳二人及第　三月左司郞
中崔成務知貢擧取進士賜甲科姜周載等七人乙科二十
五人同進士十八人恩賜一人明經二十人明法二十三人
明書五人明筭十一人及第　三年柳邦憲取進士賜甲科
宋翃等八人乙科七人明經八人及第　五年三月崔成務
知貢擧取進士八月下敎賜乙科朴元徵等三人丙科六人

明經十九人及第　七年四月內史舍人崔沆知貢擧取進士下敎賜甲科黃周亮等五人乙科十人明經四人及第　八年三月崔沆知貢擧取進士四月下敎賜甲科崔沖等七人乙科十人明經三人及第　十年六月禮部侍郞高凝取進士賜乙科趙元等二人丙科四人明經三人及第　十一年三月中樞院直學士蔡忠順取進士賜甲科孫元仙等四人乙科五人明經二人及第　顯宗初即位禮部侍郞姜邯贊知貢擧取進士賜甲科安昌齡乙科四人同進士三人明經二人及第　元年四月國子司業孫夢周知貢擧取進士賜甲科徐崧丙科六人同進士一人明經三人及第　四年八月左僕射金審言知貢擧取進士覆試賜乙科林維幹等三人丙科三人同進士二人明經一人及第　五年四月秘書監周佇知貢擧取進士賜禹賢符等十一人及第　七年七月禮賓卿李龔知貢擧取進士覆試賜金顯等九人明經五人及第　八年三月禮部侍郞郭元知貢擧取進士賜乙科鄭倍傑丙科五人同進士五人及第　九年五月給事中金猛知貢擧取進士賜乙科黃靖丙科四人同進士四人明經人十及第　十一年五月國子祭酒劉徵弼知貢擧取進士覆試賜乙科李元顯丙科三人同進士六人明經三人及第　十二年八月散騎常侍李龔知貢擧取進士覆試賜甲科趙覇丙科一人同進士五人明經四人及第　十四年六月黃周亮知貢擧取進士覆試賜丙科張喬等二人同進士二人明經二人及第　十五年三月禮部尙書劉徵弼知貢擧取進士賜丙科李子淵等二人同進士七人明經十人及第　十七年三月內史舍人崔沖知貢擧取進士賜甲科崔晛等二人丙科二人同進士七人明經一人及第　十九年三月郞中李作仁知貢擧取進士覆試賜乙科鄭在元丙科二人同進士七人明經一人及第　二十一年四月禮部郞中朴有仁知貢擧取進士覆試賜乙科崔惟善等十八人及第　德宗元年二月尙書左丞李作忠知貢擧取進士賜乙科白可易等三人丙科六人恩賜四人及第　二年三月禮部侍郞朴有仁知貢擧取進士賜丙科崔希稷等五人同進士三人明經二人恩賜二人及第　靖宗元年三月刑部尙書崔沖知貢擧取進士賜乙科金無滯等四人丙科四人同

進士六人明經一人及第　三年三月禮部尙書黃周亮知貢擧取進士下詔賜乙科盧延覇等四人丙科四人同進士三人明經二人及第　五年二月左諫議大夫林惟幹知貢擧取進士賜乙科黃杭之等五人丙科八人同進士五人明經二人恩賜一人及第　七年二月門下侍郎黃周亮知貢擧取進士賜乙科兪暢丙科四人明經五人及第　十年四月內史侍郎李作忠知貢擧取進士賜乙科金元鉉等四人丙科五人同進士七人明經二人恩賜二人及第　十二年三月門下侍郎崔融知貢擧取進士賜乙科李仁挺等四人丙科六人同進士七人明經一人及第　文宗元年四月中樞院副使鄭倍傑知貢擧取進士賜乙科金鼎新等二人丙科九人同進士六人明經三人及第　三年五月中樞院使金廷俊知貢擧取進士覆試賜乙科朴仁壽等二人丙科七人同進士六人恩賜一人明經四人及第　五年四月內史侍郎李子淵知貢擧取進士下詔賜乙科崔錫等七人丙科六人同進士六人明經三人及第　七年三月刑部尙書崔惟善知貢擧取進士下詔賜乙科禹相等六人丙科九人同進士六人明經二人及第　八年四月知中樞院事金顯知貢擧取進士賜乙科柳善餘等六人丙科八人同進士十一人明經二人及第　十年四月尙書右僕射李令幹知貢擧取進士覆試賜乙科李幹方等二人丙科四人同進士七人恩賜二人明經四人及第　十一年四月左散騎常侍趙覇知貢擧取進士賜乙科李俊等三人丙科九人同進士二人明經四人及第　十三年二月翰林學士金化崇知貢擧取進士覆試賜丙科楊信麟等八人同進士九人明經四人恩賜四人及第　十五年三月翰林學士崔惟善知貢擧取進士賜乙科羅繼含等六人丙科八人同進士六人明經二人及第　十七年五月翰林學士金行瓊知貢擧取進士覆試下詔賜乙科洪器等四人丙科十四人同進士十二人明經一人恩賜五人及第　二十年四月起居舍人盧寅知貢擧取進士下詔賜乙科高仲臣等三人丙科七人同進士四人明經二人及第　二十二年四月崔尙知貢擧取進士覆試下詔賜乙科崔翮等二人丙科五人同進士十人明經二人恩賜一人及第　二十四年四月尙書左僕射金行瓊知貢

舉取進士覆試下詔賜乙科崔翼臣等三人丙科七人同進士十一人恩賜二人明經一人及第　二十六年三月秘書監李成美知貢舉取進士覆試下詔賜乙科朴維恪等二人丙科十一人同進士九人明經二人及第　二十七年十月以翰林學士鄭惟產爲明年知貢舉　二十八年四月命太子覆試惟產所取進士下詔賜乙科李蝦等二人丙科十人同進士十四人明經二人及第　三十年三月禮部尙書李靖恭知貢舉取進士覆試賜乙科李昱等二人丙科七人同進士二十一人明經二人及第　三十二年三月參知政事文正知貢舉取進士命太子覆試下詔賜乙科禹元齡丙科七人同進士十二人明經三人及第　三十四年五月禮部尙書盧旦知貢舉取進士賜乙科金尙磾等二人丙科九人同進士七人明經三人及第　三十六年三月吏部尙書崔奭知貢舉取進士崔淵等十九人放牓時有大學生田德祖等於論塲私拆官封詩賦名紙事覺命來春改試　三十七年三月中書侍郎崔奭知貢舉侍講學士朴寅亮同知貢舉取進士賜乙科陰鼎等二人丙科六人同進士六人明經三人恩賜一人及第　宣宗元年五月同知中樞院事崔思諒知貢舉吏部侍郎金上琦同知貢舉取進士下詔賜乙科高旻翼等三人丙科七人同進士六人明經四人及第　二年四月中樞院使盧旦知貢舉尙書禮部侍郎李預同知貢舉取進士下詔賜乙科金晙等三人丙科七人同進士十二人明經三人恩賜二人及第　三年五月中樞院副使李子威知貢舉禮部侍郎金覲同知貢舉取進士覆試下詔賜乙科朴景伯等四人丙科八人同進士十八人明經三人及第　五年三月判尙書吏部事崔奭知貢舉禮賓少卿崔思諏同知貢舉取進士賜乙科金富弼等五人丙科七人同進士十一人明經三人恩賜一人及第　七年四月門下侍郎金良鑑知貢舉諫議大夫孫冠同知貢舉取進士覆試下詔賜乙科李景泌等三人丙科九人同進士十四人明經二人恩賜三人及第　九年四月吏部尙書金上琦知貢舉禮部侍郎伍咸庶同知貢舉取進士覆試下詔賜乙科金成等五人丙科十人同進士八人明經三人恩賜二人及第　十一年三月知中樞院事李預知貢舉禮部侍郎魏繼廷同知貢舉取

進士下詔賜乙科鄭克恭等二人丙科九人同進士十七人明經四人恩賜四人及第　獻宗元年四月參知政事柳奭知貢擧左承宣崔弘嗣同知貢擧取進士下詔賜乙科俞進等三人丙科九人同進士十四人明經三人恩賜三人及第

肅宗元年三月參知政事崔思諏知貢擧禮部侍郎林成槩同知貢擧取進士覆試下詔賜乙科金輔臣等五人丙科十人同進士十五人明經四人恩賜四人及第　二年四月參知政事黃瑩知貢擧吏部尙書庾晳同知貢擧取進士覆試下詔賜乙科林元通等五人丙科十人同進士十八人明經四人恩賜四人及第　三年四月禮部尙書魏繼廷知貢擧國子祭酒洪器同知貢擧取進士下詔賜乙科李德允等三人丙科八人同進士十六人明經三人恩賜五人及第　五年四月同知樞密院事李顥知貢擧知奏事柳伸同知貢擧取進士覆試下詔賜乙科韓淑旦等三人丙科十一人同進士二十二人明經三人恩賜六人及第　七年三月知奏事尹瓘知貢擧司宰卿李宏同知貢擧取進士覆試下詔賜乙科康滌等五人丙科十一人同進士十七人明經三人恩賜五人及第并召試投化宋進士章忱賜別頭乙科及第仍賜紅牌鞍馬　九年二月翰林學士鄭文知貢擧禮部侍郎劉載同知貢擧試進士命太子覆試下詔賜宋瑋等三人丙科八人同進士十六人明經二人恩賜五人及第　睿宗元年四月門下侍郎崔弘嗣知貢擧禮部侍郎金緣同知貢擧取進士賜皇甫許等三十四人及第　二年任懿知貢擧朴景綽同知貢擧取韓卽由等　三年五月禮部尙書李瑋知貢擧國子祭酒李載同知貢擧取進士覆試賜盧顯庸等三十四人明經三人恩賜三人及第　四年三月門下侍郎李顥知貢擧禮部尙書金商祐同知貢擧取進士覆試下詔賜乙科李正升等四人丙科九人同進士十六人恩賜六人明經三人及第　七年三月平章事吳延寵知貢擧侍郎林彥同知貢擧取進士賜乙科鄭之元等三人丙科六人同進士十六人明經三人及第　九年三月平章事金緣知貢擧左承宣韓皦如同知貢擧取進士四月覆試賜乙科白曘等五人丙科十一人同進士二十二人明經三人及第宋進士林完別賜乙科　十年五月平章事趙仲璋知貢擧翰林學士

朴昇中同知貢擧取進士其合格人對策頗蹈襲古作落第者訴之王覆試賜金精等三十九人及第　十一年四月知樞密院事金晙知貢擧直門下省李壽同知貢擧取進士合格者二十四人王覆試進士二十四人及前赴御試十人鎖廳四人進士八擧不中二十人別喚四人并六十二人賜裴祐等三十八人及第　十三年五月政堂文學李軌知貢擧禮賓卿金沽同知貢擧取進士賜金福允等二十三人及第　十五年五月韓安仁知貢擧金富佾同知貢擧取進士覆試賜李之氐等三十八人及第是擧并試策武學生　十七年八月左散騎常侍朴昇中知貢擧知奏事金仁揆同知貢擧取進士賜羅景純等三十一人及第　仁宗元年四月中書侍郎林有文知貢擧禮部尙書洪灌同知貢擧取進士賜卞純夫等三十人及第　二年四月中書侍郎金若溫知貢擧兵部侍郎金富軾同知貢擧取進士賜高孝冲等三十七人及第　三年五月同知樞密院事李之美知貢擧知奏事金富佾同知貢擧取進士賜李陽仲等三十七人及第　五年六月李公壽知貢擧金富轍同知貢擧取進士賜王佐材等三十三人及第　六年四月文公仁知貢擧崔濡同知貢擧取進士賜李元哲等二十九人及第　八年四月金富軾知貢擧康候顯同知貢擧取進士賜朴東柱等三十二人及第　十年閏四月平章事崔滋盛知貢擧吏部侍郎林存同知貢擧取進士賜崔光遠等二十五人及第　十一年八月禮部尙書金富儀知貢擧知奏事洪彝敍同知貢擧取進士賜金于蕃等二十五人及第　十二年五月參知政事任元敳知貢擧右承宣鄭沆同知貢擧取進士賜許洪材等二十九人及第　十五年三月同知樞密院事李仲知貢擧尙書左丞康滌同知貢擧取進士賜李信等二十八人及第　十六年三月平章事崔濡知貢擧尙書右丞李之氐同知貢擧取進士賜李大有等二十九人及第　十七年六月平章事金富軾知貢擧禮部侍郎金端同知貢擧取進士賜崔伋等二十人及第　十八年五月知樞密院事李之氐知貢擧國子祭酒林光同知貢擧取進士賜彭希密等二十六人及第　二十年三月樞密院使王冲知貢擧刑部侍郎權迪同知貢擧取進士賜高儔等三十八人明經二人恩賜五人及第

二十二年五月韓惟忠知貢擧崔惟淸同知貢擧取進士賜金敦中等二十六人及第　二十三年五月任元敳知貢擧尹彥頤同知貢擧取進士賜趙文振等三十二人及第　二十四年李仁實知貢擧崔誠同知貢擧取黃文富等　毅宗元年五月金永寬知貢擧金子儀同知貢擧取進士賜李愈昌等三十二人及第　二年閏八月高兆基知貢擧庾弼同知貢擧取進士賜柳廷堅等二十五人及第　四年文公元知貢擧李之茂同知貢擧取安永有等　六年四月庾弼知貢擧任克忠同知貢擧取進士賜金儀等二十七人及第　五月親試取劉義等三十五人及第　七年八月金永錫知貢擧劉錫同知貢擧取進士賜郭元等三十人明經三人及第　八年四月門下省事崔允儀知貢擧左承宣金存中同知貢擧取進士賜皇甫倬等及第　十年六月李之茂知貢擧李元膺同知貢擧取進士賜黃文莊等二十七人及第　十二年五月樞密院使李陽升知貢擧右承宣李公升同知貢擧取進士賜金正明等二十七人及第　十四年五月金永夫知貢擧李知深同知貢擧取進士賜崔孝著等三十三人明經三人及第　十六年四月中書侍郎崔允儀知貢擧秘書監李德壽同知貢擧取進士賜李繼元等二十九人明經三人及第　十七年九月同知樞密院事金永胤知貢擧左承宣金諹同知貢擧取進士賜李純祐等二十八人明經三人及第　十八年九月中書侍郎李之茂知貢擧左承宣許洪材同知貢擧取進士賜金元禮等二十八人明經三人及第　二十年五月知門下省事金永胤知貢擧禮部尙書徐淳同知貢擧取進士賜朴紹等三十人及第　二十二年三月金永胤知貢擧金光中同知貢擧取張含才等二十七人明經四人　二十三年四月許洪材知貢擧金于蕃同知貢擧取李翼忠等二十九人　明宗元年五月政堂文學韓就知貢擧右諫議金莘尹同知貢擧取進士賜林遂等二十八人明經四人及第　二年七月同知樞密院事金闡知貢擧右諫議韓彥國同知貢擧取進士賜張聞慶等二十九人及第　三年六月平章事尹鱗瞻知貢擧禮部侍郎文克謙同知貢擧取進士賜崔時幸等三十二人及第　五年十月樞密副使閔令謨知貢擧諫議大夫郭陽宣同知貢擧取進

士賜白龍變等二十八人明經三人及第　六年八月禮部尙書李文鐸知貢舉大府卿韓文俊同知貢舉取進士賜秦幹公等三十人明經四人及第　七年四月樞密院副使文克謙知貢舉判大府事康信若同知貢舉取進士賜崔基靜等三十五人明經四人及第　八年六月樞密院副使韓文俊知貢舉右諫議大夫李應招同知貢舉取進士賜陳光恂等三十人明經三人恩賜四人及第　十年六月門下平章事閔令謨知貢舉國子祭酒尹宗諴同知貢舉取進士賜李得玉等二十九人明經三人及第　十二年六月政堂文學韓文俊知貢舉右散騎常侍李知命同知貢舉取進士賜許徵等三十人明經四人及第　十四年九月參知政事文克謙知貢舉知奏事林民庇同知貢舉取進士賜琴克儀等三十一人明經五人及第宋進士王逢辰別賜乙科　十六年四月林民庇知貢舉皇甫倬同知貢舉取進士賜宋惇光等三十三人明經五人及第　十八年六月參知政事林民庇知貢舉崔鉦同知貢舉取進士賜李唐髦等二十九人及第　二十年五月政堂文學李知命知貢舉左承宣任濡同知貢舉取進士賜皇甫緯等三十人明經五人恩賜七人及第　二十二年四月參知政事趙永仁知貢舉翰林學士柳公權同知貢舉取進士賜孫希綽等二十九人及第　二十四年四月樞密院使崔瑜賈知貢舉判秘書事崔詵同知貢舉取進士賜金君綏等三十一人及第　二十六年七月樞密院使崔詵知貢舉國子祭酒李資文同知貢舉取進士賜趙挺觀等三十七人及第　二十七年五月參知政事崔讜知貢舉左諫議大夫閔公珪同知貢舉取進士賜房衍實等三十人及第　神宗元年六月中書侍郎任濡知貢舉國子祭酒崔孝著同知貢舉取進士賜田敏儒等三十三人及第　二年九月參知政事崔詵知貢舉秘書監金平同知貢舉取進士賜崔得儉等三十三人及第　三年任濡知貢舉白光臣同知貢舉取趙文稜等　四年五月簽書樞密院事閔公珪知貢舉國子大司成金平同知貢舉取進士賜崔宗俊等三十三人及第　五年五月樞密院使金平知貢舉右承宣趙準同知貢舉取進士賜黃克中等三十三人明經四人及第　七年十月樞密院使閔公珪知貢舉右承宣安有孚同

知貢舉取進士賜印得侯等三十人及第　熙宗元年七月簽書樞密院事李桂長知貢舉判禮賓省事崔洪胤同知貢舉取進士賜馬仲奇等三十人及第　二年六月門下侍郎任濡知貢舉右承宣崔坦同知貢舉取進士賜庾亮才等三十三人及第　四年閏四月參知政事李桂長知貢舉右副承宣琴儀同知貢舉取進士賜皇甫瓘等三十三人明經六人恩賜二人及第　六年六月樞密院副使崔洪胤知貢舉秘書監柳澤同知貢舉取進士賜金泓等三十三人明經七人恩賜七人及第　七年十月門下侍郎李桂長知貢舉大司成趙沖同知貢舉取進士賜姜昌瑞等三十八人明經五人及第　康宗元年六月政堂文學崔洪胤知貢舉知奏事琴儀同知貢舉取進士賜田慶成等二十九人明經六人及第　二年七月同平章事李桂長知貢舉左諫議大夫崔甫淳同知貢舉取進士賜許受等三十一人明經五人及第
高宗元年五月簽書樞密院事琴儀知貢舉右散騎常侍蔡靖同知貢舉取進士賜金莘鼎等二十二人明經五人恩賜三人及第　二年五月平章事崔洪胤知貢舉左諫議大夫朴玄圭同知貢舉取進士賜廉翊等三十一人明經七人恩賜五人及第　三年五月樞密院副使蔡靖知貢舉殿中監任永齡同知貢舉取進士賜庾碩等三十人及第　六年五月政堂文學趙沖知貢舉國子祭酒李得紹同知貢舉取進士賜金仲龍等二十八人明經一人恩賜七人及第　七年六月樞密院副使韓光衍知貢舉大司成李宗規同知貢舉取進士賜朴承儒等二十九人明經二人及第　九年四月參知政事崔甫淳知貢舉右承宣金良鏡同知貢舉取進士賜梁橔等三十一人及第　十年六月右僕射柳澤知貢舉殿中監崔溥同知貢舉取進士賜曹均正等二十九人明經三人恩賜九人及第　十一年三月樞密院副使韓光衍知貢舉判秘書省事崔正份同知貢舉取進士賜孫琉等三十三人明經四人恩賜六人及第　十二年三月門下平章事崔甫淳知貢舉衛尉卿崔宗梓同知貢舉取進士賜林長卿等三十人明經三人恩賜七人及第　十三年四月簽書樞密院事崔正份知貢舉秘書監兪升旦同知貢舉取進士賜吳乂等三十二人明經一人恩賜九人及第　十五年三月

平章事崔甫淳知貢擧判衛尉事李奎報同知貢擧取進士賜李敦等三十一人及第　十七年三月政堂文學俞升旦知貢擧國子祭酒劉沖奇同知貢擧取進士賜田慶等三十三人明經恩賜各三人及第　十九年五月翰林學士承旨金仁鏡知貢擧翰林學士金台瑞同知貢擧取進士賜文振等二十九人明經二人及第　二十一年五月知門下省事李奎報知貢擧大司成李百順同知貢擧取進士賜金錬成等三十一人明經二人恩賜八人及第　二十三年五月參知政事李奎報知貢擧判禮部事朴廷揆同知貢擧取進士賜乙科朴曦等三人丙科八人同進士十八人明經三人及第　二十五年四月簽書樞密院事李方茂知貢擧刑部尙書任景肅同知貢擧取進士賜乙科池珣等三人丙科七人同進士二十人明經三人及第　二十七年五月樞密院副使任景肅知貢擧右承宣崔璘同知貢擧取進士賜乙科張天驥等三人丙科七人同進士四人明經四人及第　二十八年四月參知政事宋恂知貢擧國子祭酒鄭晏同知貢擧取進士賜乙科崔宗均等三人丙科七人同進士二十三人明經二人及第　二十九年四月樞密院副使金敞知貢擧判禮賓省事薛愼同知貢擧取進士賜乙科洪之慶等三人丙科七人同進士十七人明經二人恩賜八人及第　三十一年四月左僕射任景肅知貢擧秘書監洪均同知貢擧取進士賜魏珣等三十二人明經二人恩賜九人及第　三十三年四月樞密院副使崔璘知貢擧國子祭酒朴暄同知貢擧取進士賜梁貯等三十一人及第　三十五年三月樞密院使洪均知貢擧大僕卿閔仁鈞同知貢擧取進士賜金鈞等三十三人明經三人恩賜二人及第　三十七年五月平章事任景肅知貢擧尙書左丞金孝印同知貢擧取進士賜金應文等二十九人明經三人恩賜八人及第　三十九年四月樞密院副使崔滋知貢擧判大府事皇甫琦同知貢擧取進士賜乙科柳成梓等三人丙科七人同進士三十三人明經五人恩賜六人及第　四十一年六月知樞密院事趙脩知貢擧左副承宣尹克敏同知貢擧取進士賜尹正衡等三十三人明經二人恩賜五人及第　四十二年六月樞密院副使崔溫知貢擧判司宰監事金之岱同知貢擧取進士賜

乙科郭王府等三人丙科七人同進士二十三人明經二人恩賜二人及第　四十五年六月平章事崔滋知貢擧諫議大夫洪縉同知貢擧取進士賜張漢文等三十三人及第

元宗元年九月參知政事李藏用知貢擧同知樞密院事柳璥同知貢擧取進士賜乙科魏文卿等三人丙科七人同進士二十一人明經二人及第　二年五月知樞密院事金之岱知貢擧禮部尙書鄭芝同知貢擧取進士賜乙科鄭謙等四人丙科七人同進士十九人明經一人及第　三年柳璥知貢擧兪千遇同知貢擧取趙得珠等　五年四月知中樞院事崔允愷知貢擧右承宣朴倫同知貢擧取進士賜金周鼎等二十五人及第　七年五月洪縉知貢擧郭汝益同知貢擧取進士賜閔漬等二十七人明經一人恩賜二人及第　九年四月門下侍郞柳璥知貢擧國子祭酒金皚同知貢擧取進士賜尹承琯等三十三人明經二人恩賜八人及第　十三年九月元傅知貢擧許珙同知貢擧賜金涀等三十三人恩賜七人明經一人及第　十四年十月參知政事金坵知貢擧右承宣李頣同知貢擧取進士賜鄭賢佐等二十九人明經一人及第　十五年五月中書侍郞兪千遇知貢擧同知樞密院事張鎰同知貢擧取進士賜朱錠等二十五人明經一人恩賜三人及第

忠烈王元年十月左僕射韓康知貢擧承宣朴恒同知貢擧取進士賜崔之甫等二十五人明經一人及第　二年十月密直司使許珙知貢擧右副承宣薛恭儉同知貢擧取進士賜李益邦等三十三人明經一人恩賜三人及第　五年六月贊成事朴恒知貢擧典法判書郭汝弼同知貢擧取進士賜趙簡等三十三人明經二人恩賜八人及第　六年四月贊成事元傅知貢擧大司成白文節同知貢擧取進士賜李伯琪等三十三人明經一人恩賜一人及第　五月親試文臣取書籍店錄事趙簡等九人　八年十一月知密直司事李尊庇知貢擧承旨郭預同知貢擧取進士賜崔伯倫等三十二人及第　十年十月判密直司事金周鼎知貢擧判衛尉寺事權暄同知貢擧取進士賜趙宣烈等三十三人明經二人恩賜一人及第　十一年十月知僉議府事薛公儉知貢擧左承旨崔守璜同知貢擧取進士賜郭麟等三十一人及第　十二年十月贊成事

韓康知貢擧國子祭酒李益培同知貢擧取進士賜李博等三十一人及第　十四年九月中贊許珙知貢擧左承旨安珦同知貢擧取進士賜尹宣佐等三十三人及第　十六年五月政堂文學鄭可臣知貢擧判秘書事金賆同知貢擧取進士賜崔咸一等三十一人及第　二十年十月安珦知貢擧閔漬同知貢擧取進士賜尹安庇等三十三人及第　二十一年十月鄭可臣知貢擧金恂同知貢擧取進士賜姜暄等二十七人及第　二十六年九月金昇知貢擧鄭允宜同知貢擧取進士賜李資蔵等三十三人及第　二十七年五月密直司事權永知貢擧左副承旨趙簡同知貢擧取進士賜盧承緖等三十三人及第　二十八年四月密直司事吳祈知貢擧三司左使池瑀功同知貢擧取進士賜崔凝等三十三人及第　五月親試取乙科曹匡漢等二人丙科五人

二十九年六月密直司事金台鉉知貢擧秘書尹金祐同知貢擧取進士賜朴理等三十三人及第　三十一年五月贊成事鄭瑎知貢擧知申事宋璘同知貢擧取進士賜張子贇等三十三人及第　三十三年十一月密直司事許有全知貢擧版圖惣郎李顗同知貢擧取進士賜安奮等三十三人及第　忠宣王五年八月權漢功知貢擧崔誠之同知貢擧取進士賜安震等三十三人及第　忠肅王二年正月李瑱考試官尹奕同考試官取進士賜朴仁幹等三十三人及第　四年九月延興君朴全之考試官摠部典書白元恒同考試官取進士賜洪義孫等及第　七年六月李齊賢考試官朴孝修同考試官取進士九月賜崔龍甲等三十三人及第　十三年權準朴瑗取崔元遇等　十七年十月順興府院君安文凱知貢擧右代言李湛同知貢擧取進士賜宋天鳳等三十三人明經恩賜各二人及第　忠惠王元年四月密直提學韓宗愈知貢擧右代言李君侅同知貢擧取進士賜周贇等三十三人及第　忠肅王後五年正月蔡洪哲知貢擧安珪同知貢擧取進士賜南宮敏等三十三人及第

忠惠王後元年金永旽知貢擧安軸同知貢擧取李公遂等

後二年七月密直副使李君侅知貢擧判典儀寺事金光載同知貢擧取進士賜安元龍等三十三人及第　後三年七月政堂文學金稹知貢擧知申事辛裔同知貢擧取進士

賜李資乙等三十三人及第　後五年十一月朴忠佐知貢
舉李脩同知貢舉取進士賜河乙沚等三十三人及第　忠
穆王三年十月陽川君許伯知貢舉韓山君李穀同知貢舉
取進士賜金仁埴等三十三人及第　恭愍王二年五月金
海君李齊賢知貢舉贊成事洪彥博同知貢舉取進士賜乙
科李穡等三人丙科七人同進士二十三人明經二人及第
四年二月贊成事李公遂知貢舉密直提學安輔同知貢
舉取進士賜安乙起等三十三人及第　六年四月政堂文
學李仁復知貢舉簽書樞密院事金希祖同知貢舉取進士
賜廉興邦等三十三人及第　九年十月政堂文學金得培
知貢舉樞密院直學士韓方信同知貢舉取進士賜鄭夢周
等三十三人及第　十一年十月右侍中洪彥博知貢舉知
都僉議柳淑同知貢舉取進士賜朴實等三十三人及第
十四年閏十月興安府院君李仁復知貢舉簽書密直司事
李穡同知貢舉取進士賜尹紹宗等二十八人及第　十七
年四月幸九齋親試賜李詹等七人及第　十八年六月興
安伯李仁復知貢舉三司左使李穡同知貢舉取進士賜柳
伯濡等三十三人及第　二十年三月李穡知貢舉田祿生
同知貢舉取進士六月親試賜金潛等三十一人及第　二
十三年四月政堂文學李茂芳知貢舉密直副使廉興邦同
知貢舉取進士王親試取金子粹等三十三人至十二月賜
及第　辛禑二年政堂文學洪仲宣知貢舉知密直韓脩同
知貢舉取進士賜鄭摠等三十三人明經四人及第　三年
四月竹城君安克仁知貢舉政堂文學權仲和同知貢舉取
進士賜成石瑚等三十三人及第　六年五月瑞城君廉興
邦知貢舉密直使朴形同知貢舉取進士賜李文和等三十
三人明經六人及第　八年五月順興君安宗源知貢舉判
厚德府事尹珍同知貢舉取進士賜柳亮等三十三人及第
九年四月門下評理禹玄寶知貢舉政堂文學李仁敏同
知貢舉取進士賜金漢老等三十三人及第　十一年四月
瑞城君廉國寶知貢舉政堂文學鄭夢周同知貢舉取進士
賜禹洪命等三十三人及第　十二年五月韓山府院君李
穡知貢舉三司左使廉興邦同知貢舉取進士賜孟思誠等
三十三人及第　辛昌即位之年十月密直提學鄭道傳知

貢擧知申事權近同知貢擧取進士賜李致等三十三人及
第　元年九月判開城府事柳源知貢擧厚德府尹李種學
同知貢擧取進士賜金汝知等三十三人及第　恭讓王二
年六月門下評理成石璘知貢擧評理趙浚同知貢擧取進
士覆試賜李愷等三十三人及第　四年五月判三司事偰
長壽知貢擧政堂文學李元紘同知貢擧取進士覆試賜金
綣等三十三人及第

志卷第二十七

志卷第二十八　高麗史七十四

正憲大夫工曹判書集賢殿大提學知經筵春秋館事兼成均大司成臣鄭麟趾奉
敎修

選擧二

科目二

凡試官光宗始命雙冀爲知貢擧自後命文臣一人爲知貢
擧二十三年增置同知貢擧尋罷之　景宗二年以王融爲
讀卷官親試則稱讀卷官　成宗十五年改知貢擧爲都考
試官明年復稱知貢擧　文宗三十七年復增置同知貢擧
一人遂以爲常　仁宗十年閏四月崔滋盛知貢擧林存同
知貢擧存出賦題云聖人耐以天下爲家省奏按耐古能字
奴登切今以奴代爲韻非是請改命他人再試不允因命滋
盛等更試之又命題云天道不閑而能久省臺又奏按禮記
云天道不閉而能久鄉本家語以不閉爲不閑者蓋謬語耳
今貢院不考正經而據錯本請罷兩貢擧職仍停今年選擧

王不允命簡取經義論中格者　元宗十四年十月參知政事金坵知貢擧舊制二府知貢擧卿監同知貢擧其赴試諸生卷首寫姓名本貫及四祖糊封試前數日呈試院試前日午後貢擧具三場題脚於狀詣闕實封進呈王親自拆封各於題上落點封押而出貢擧賫奉到試院試日未明放題承宣奉金印至同知貢擧庭迎知貢擧避位待之詳在禮志越一日承宣又往拆名而後放榜第二場亦如之至第三場貢擧各於入格卷子背上望科次以啓並依貢院之望而放榜焉至是初場日承宣洪子藩至貢院詰曰予承命而來知貢擧必庭迎金坵不得已下階　忠肅王二年改知貢擧爲考試官同知貢擧爲同考試官十七年復稱知貢擧同知貢擧

國俗掌試者謂之學士門生稱之則曰恩門門生座主之禮甚重學士有父母若座主在旣放榜必具公服往謁而門生綴行隨之學士拜於前門生拜於後衆賓雖尊長皆下堂庭立俟禮畢揖讓而升以次拜賀於是學士邀至其第奉觴稱壽

凡崇獎之典光宗始取進士親御威鳳樓放榜　十五年御天德殿宴群臣命新及第金策釋褐賜公服赴宴　景宗二年親試進士即令釋褐　成宗六年三月放榜下敎曰省今所擧諸生詩賦策文辭踳駁格律猥瑣皆不堪取唯進士三人詩賦策及明經以下諸業通計六人對義名狀一如所奏進士鄭又玄五夜方闌二篇已就雖非卓異之才亦是敏捷之手宜置前列用勸後來明經以下諸業學生各勤本業方成厥志宜降優柔之澤俾升擢用之科其令有司准例斜用自今進士諸生不依考官格式放縱違律者勿許試取永以爲式放榜下敎始此　顯宗十年正月定新及第榮親之法無兩親者代以待養父母妻父母皆無則代以伯叔父母二十一年四月王製詩賜新及第特加奬異　文宗三十年十二月判凡州縣闕榜至三十年或四五十年登製述明經科者給田十七結百年後登者給田二十結奴婢各一口是月判國制製述明經明法明書算業出身初年給田甲科二十結其餘十七結何論業出身義理通曉者第二年給田其他手品雜事出身者亦於四年後給田唯醫卜地理業未有定法亦依明法書算例給田　宣宗七年七月引見新及

第賜酒食仍賜公服各一襲　肅宗二年九月引見新及第林元通等賜酒食衣服　是年賜金富轍母米四十石舊制三子登科歲給母大倉米三十石以富轍兄弟四人登科加賜十石遂以爲常　七年七月式目都監奏由三傳三禮業出身者宜授官勸後制可　十一月引見新及第賜衣服酒食　九年十月引見新及第宋瑋等賜酒食　睿宗二年四月引見新及第皇甫許等　四年二月引見新及第盧顯庸等賜衣酒　八年三月引見新及第鄭之元等命左正言胡宗旦押賜酒食于閤門仍令釋褐　十一年二月引見新及第金精等賜酒食于閤門仍令釋褐　十一月新及第林許允等許令釋褐賜酒食及衣各一襲　仁宗十一年十二月判四子登製述明經科者令五部兩京諸州府郡縣辦報其父母別賜米三十石已沒者超一等封爵　毅宗三年正月判兄弟三人登製述明經科者其父授職其母別賜米二十石沒者封贈　五年四月引見乙丑年以來新及第等賜宴閤門仍令釋褐　十年六月詔今年壯元黃文莊乃丙寅科狀元文富之弟也兄弟俱占魁科在古罕聞宜准三子登科例歲給母粟三十石　明宗六年八月新及第看榜許於街路張樂以爲榮觀比因兵亂久廢至是復之　八年六月御史臺奏舊制新及第紅牌降使就賜于家迎待煩費寒士不克供辦自今請於簾前賜牌中書門下府駁奏先王之制必降賜于家者將以榮耀里閭使人歆羨勸學況行之已久仍舊便制可　二十二年四月丙科第四人崔祇義兄祇元祇禮弟祇忠先已登第舊制三子登第者賜母米二十七石今以四子登科命有司加賞　高宗十七年崔璘始造新及第儀物以寵之　元宗元年九月以魏文卿兄弟俱爲狀元廩其母　七年五月命新及第綴行令八坊廂父老士庶笙歌盛服隨從以寵之　忠烈王二十八年五月親試各賜白銀三斤馬一匹　忠穆王三年十月金仁琯連魁三場賜馬紅鞓許着金花帽王親授紅牌寵渥尤厚　是月命新及第四日成行尋令六日成行國制凡登科者特賜藍袍犀帶戴花張蓋以榮之

凡恩例穆宗即位詔進士明經十擧不第及書者地理學生滿十年者並許脫麻　元年三月取恩賜一人東堂取恩賜

自此始然不爲常例　二年十月鎬京醫卜業生在學滿二十年年踰五十者並許脫麻　顯宗四年八月擧人崔弘正以赴擧年滿特賜釋褐　五年四月石邦賓等二人以赴擧度滿並賜釋褐　文宗十九年六月參知政事金義珍知貢擧取進士王覆試以盧旦奏事忤旨怒不設科惟取十上不第者賜李元長等五人恩賜出身又賜明經二人及第　肅宗詔進士明經十擧不第者許令脫麻　高宗四十年六月詔諸業東堂監試各一度進士明經各十度已滿者一度中場入格許令脫麻　忠宣王即位敎曰諸業東堂監試各許一度進士明經赴擧已滿十度者亦許脫麻

制科景宗元年遣金行成如宋入學國子監二年行成在宋登第　五年遣崔罕王琳如宋入學十一年罕琳登賓貢科授秘書郞　穆宗元年金成積入宋登第　肅宗四年二月宋詔許擧子賓貢　睿宗十年七月遣金端甄惟底趙奭康就正權適如宋赴大學十二年適奭端登上舍及第　忠肅王元年正月元頒科擧詔令選合格者三人貢赴會試　二年正月遣朴仁幹等三人應擧皆不第　四年十二月遣安震應擧五年震中制科第三甲十五名　七年十月遣安軸崔瀣李衍宗應擧八年瀣中制科勅授遼陽盖州判官　十年十二月遣安軸趙廉崔龍甲應擧十一年軸中制科　後二年李穀中制科第二甲授翰林國史院檢閱官　忠惠王後三年李仁復中制科授大寧路錦州判官　忠穆王初年十一月遣尹安之安輔郭珚應擧明年輔中制科　三年九月遣尹安之白彌堅朴中美應擧　忠定王元年安之中制科授大寧路判官　二年遣白彌堅金仁琯應擧　恭愍王二年以李穡充書狀官應擧三年穡中制科第二甲第二名授應奉翰林文字　十九年六月

大明頒科擧詔令就本國鄕試貢赴京師至會試不拘額數選取　八月李仁復李穡爲考試官通考三場文字取李崇仁朴實權近金濤柳伯濡以充貢士崇仁近以年未滿二十五不遣　二十年濤中制科第二十五名授東昌府丞　二十二年六月白文寶權仲和取應擧試金潛宋文中權近曹信金震陽近又以年少不赴

武科恭愍王元年四月進士李穡上書請設武擧之科事未

施行　恭讓王二年閏四月都評議使司奏文武二道不可偏廢本朝只取文科不取武科故武藝成材者少當以寅申巳亥試武科其試官則以兩府以上一員同考試官則以三四品中文武各一員試取給牌一如文科儀一等三人取諸家兵書俱通且精武藝者二等七人取粗習武藝通兵書者三等二十三人取或通兵書或精一藝者永爲恒式從之

國子監試即進士試德宗始置試以賦及六韻十韻詩厥後或稱成均試或稱南省試文宗二十五年只試六韻十韻詩毅宗二年試以賦及十韻詩忠宣王廢之忠肅王四年以九齋朔試代之七年稱擧子試恭愍王十七年王欲選通經者爲試官辛旽欲以監察大夫孫湧爲之宦者李剛達欲以判典校寺事李茂芳權思復爲之王惡其爭乃曰監試所取例皆童蒙非經明行修之士無益國家罷之辛禑二年復之

凡國子試試員以三品以下官爲之高宗十四年三月庚敬玄掌試以相如一奮其氣威信敵國爲十韻詩題擧子請解題敬玄誤解信字爲誠信之信有一生前詰是非敬玄怒黜之時人欺之忠烈王十三年五月林貞杞掌試出律賦題曰太宗好堯舜之道如魚依水不可暫無以好堯舜道不可暫無爲韻諸生進曰韻中六字皆則音何如貞杞慚改之曰好堯之道如魚依水諸生又進曰韻中五字皆平音何如貞杞大慚又改之曰好堯舜道如魚依水辛禑十一年三月尹就掌試所取皆勢家乳臭之童時人欺之爲粉紅榜以其兒童好著粉紅衣也

凡國子試之額無定制德宗初年命右拾遺廉顯取鄭功志等六十人　文宗三年二月右副承宣金尙賓取韓復等三十九人　二十五年十月秘書少監高維取七十五人　宣宗八年三月禮部郎中李頫取金藎等九十一人　肅宗元年三月中書舍人李載取安之忠等八十九人　十一年二月國子祭酒洪瓘取兪坦升等九十九人　十二年三月文德殿學士金沾取王存等一百三人　仁宗十七年林光取林景等　十八年崔諴取韓梓等　十九年三月禮部侍郎李仁實取卓光裕等　二十一年朴景山取皇甫存等　二十三年金永寬取朴彥猷等　二十四年四月張脩取金大年等　毅宗元年李之茂取朴綏等　二年四月崔允儀取

詩賦梁忠贊等十一人十韻詩朴有時等八十人　三年五
月左承宣鄭襲明取詩賦吳光允等十四人十韻詩趙梃時
等四十人　五年四月金永胤取詩賦高英瑾等十五人十
韻詩河梴材等七十二人　七年三月知奏事劉碩取詩賦
金世賴十韻詩李東粹等　八年四月右承宣李元膺取詩
賦朴世南等十八人十韻詩金遇等九十三人明經五人
九年五月御史中丞李公升取詩賦金端賓十韻詩黃文莊
等百餘人　十一年四月給事中崔應淸取李陽秀等一百
餘人　十三年五月國子祭酒李德壽取七十八人　十五
年五月金諹取高克中等八十三人明經五人　十七年四
月起居注尹鱗瞻取鄭成澤等九十四人　十八年四月大
府少卿崔祐甫取金謀直等一百人　十九年五月右常侍
徐淳取詩賦金縢等十五人十韻詩九十人明經五人　二
十一年金敦中取閔湜等　二十二年鄭肅忠取王光純等
　二十三年金敦時取林廷等　明宗元年正月大僕卿柳
德林取詩賦李希祐等十三人十韻詩李世卿等七十六人
明經八人　二年三月判衛尉事高子思取金光祖等一百
十五人　三年三月將作監廉信若取詩賦金徵魏等二十
八人十韻詩李滋祐等七十八人　五年六月刑部侍郞閔
令謨取詩賦承丘源等十二人十韻詩方希進等六十人
六年六月國子祭酒崔汝諧取詩賦李晉升等八人十韻詩
鄭世俊等三十八人明經一人　七年四月諫議大夫崔遇
淸取詩賦朴敦章等十五人十韻詩金角章等六十八人明
經三人　九年五月左副承宣李文中取李陟高等八十一
人　十一年四月林民庇取洪永植等八十九人　十三年
五月尙書左丞崔讜取詩賦吳夢霖等十人十韻詩金琋等
八十九人明經六人　十五年五月右承宣趙永仁取詩賦
崔文牧等十韻詩丁光祐等明經五人　十六年閏七月大
司成皇甫倬左散騎常侍李知命判將作監崔詵取梁公俊
等三十二人明經五人　十七年七月秘書監金英富取池
宗濬等八十人明經九人　十九年五月右承宣柳公權取
詩賦鄭守剛等十九人十韻詩李奎報等六十二人　二十
一年李純祐取洪儆等　二十五年六月禮部侍郞張自牧
取詩賦申敍等二十一人十韻詩李膺賁等八十六人明經

十三人　二十七年四月諫議大夫王儀取百人　神宗元年四月秘書監金平取詩賦智大成等十九人十韻詩段世儒等七十二人明經七人　二年四月秘書監李桂長取詩賦陸永儀等二十人十韻詩李唐仁等七十五人明經五人　三年閏二月禮賓卿高瑩中取詩賦陳滂等二十二人十韻詩魯元規等七十三人明經七人　四年三月禮部侍郞崔弘胤取詩賦鄭公札等二十二人十韻詩朴維弼等七十人明經五人　五年四月左承宣安有孚取詩賦秦陽胤等十四人十韻詩宋咸等七十三人明經五人　六年五月國子祭酒崔孝思取詩賦金命予等二十一人十韻詩李世輿等七十二人明經七人　熙宗元年四月判小府監事李頤取李葳等九十人　三年五月大司成張允文取詩賦金南石十韻詩權時偉等九十餘人（缺）五年六月國子祭酒趙冲取詩賦秋永壽等十六人十韻詩申季伯等五十人　七年三月大司成蔡靖取詩賦鄭宗譜等二十人十韻詩鄭弘柱等六十九人　康宗元年五月右諫議大夫崔甫淳取詩賦閔懋等二十八人十韻詩魏大輿等六十二人明經二人

二年四月秘書監李淳中取詩賦陳璬十韻詩金革良等八十一人明經十五人　高宗元年四月左諫議大夫朴玄圭取詩賦尹得之等二十五人十韻詩張貂等六十二人明經十八人　二年四月大司成任永齡取金文老等八十六人明經六人　三年三月國子祭酒李得紹取文昌瑞等五十八人明經六人　六年四月衛尉卿崔宗靜取詩賦金守堅十韻詩蘇文悅等六十七人明經五人　七年五月右承宣金良鏡取詩賦陳昌德等二十四人十韻詩徐子敏等三十六人明經一人　八年四月右諫議大夫崔先旦取李陽茂等八十六人　十年四月左諫議大夫劉冲基取韓景允等六十人　十一年三月右諫議大夫俞升旦取詩賦金璨十韻詩梁龍藏等七十四人明經一人　十二年二月國子祭酒李奎報取詩賦李惟信十韻詩元良允等六十六人明經三人　十三年三月右副承宣崔宗藩取詩賦庾松栢十韻詩張良允等五十九人明經二人　十四年三月右諫議大夫庾敬玄取詩賦兪亮十韻詩高宗賚等七十一人明經二人　十六年五月取詩賦金良純等二十人十韻詩盧希管等

五十三人　十八年四月任景謙取詩賦李且等二十五人十韻詩李仁等四十一人　二十年將作監李百順取詩賦康洪正十韻詩曹伯等七十人明經一人　二十四年四月大僕寺事金儆取詩賦吳壽十韻詩曹希甫等八十一人明經四人　二十七年四月判秘書省事宋國瞻取詩賦吳恂十韻詩李石崇等四十一人　二十九年三月大司成閔仁鈞取詩賦權珝十韻詩劉勃忠等七十四人明經二人　三十年六月右承宣趙伯琪取詩賦韓璞等二十人十韻詩六十人明經二人　三十二年五月左承宣庾弘取詩賦閔陽宣等二十九人十韻詩朴文正等五十八人明經二人　三十四年四月大僕卿崔滋取詩賦鄭淳十韻詩廉守貞等九十人明經五人　三十六年四月判秘書省事趙修取詩賦孫昌衍十韻詩鄭一麟等九十五人明經六人　三十八年四月判秘書省事李淳牧取詩賦盧元等三十九人十韻詩明經并六十人　四十年四月大司成李藏用取詩賦金仲偉等三十八人十韻詩金命等六十人明經八人　四十一年四月秘書監河千旦取詩賦李邵等三十三人十韻詩郭洪祚等五十二人明經三人　四十二年五月大僕卿柳璥取詩賦王胤等三十四人十韻詩李受庚等五十四人明經四人　四十四年閏四月尙書右丞崔允愷取詩賦林椿壽等十七人十韻詩黃公石等二十七人明經一人　四十五年三月大僕寺事韓就取李源等六十五人　元宗元年五月許遂取詩賦吳漢卿等八十人十韻詩金得鈞等二十五人明經一人　二年五月尙書右丞兪千遇取詩賦金守衎等二十一人十韻詩林杞等三十五人　四年五月左諫議大夫鄭義取金良裕等五十五人　六年任睦取朴安等　八年金坵取李綸等　十年四月元傅取方宣老等九十人　十二年五月大司成韓康取梁淳等五十三人　十四年九月翰林侍讀學士任翊取詩賦文貫之等十九人十韻詩梁均等三十九人明經一人　忠烈王元年四月尙書右丞李仁成取詩賦金台鉉等二十一人十韻詩趙戩等四十九人明經二人　二年八月判秘書事朱悅取詩賦李之桓等三十八人十韻詩李緣等二十八人　三年左諫議大夫金周鼎取詩賦鄭公旦等三十一人十韻詩鄭龜等三十九人明經

三人　五年五月右司議大夫鄭興取詩賦白元恒等三十二人十韻詩鄭時等三十一人明經二人　八年三月右司議大夫潘阜取詩賦朴文靖等三十八人十韻詩安碩等五十一人明經二人　九年五月秘書少尹金應文取詩賦李樽等三十八人十韻詩李膺等四十六人　十一年四月判秘書事安戩取詩賦尹莘傑等三十一人十韻詩二十四人　十二年五月崔甸取詩賦任弘基等三十六人十韻詩四十人　十三年五月林貞杞取李摎等八十五人　十五年十月右副承旨李混取金承印等七十人　十八年六月左承旨鄭瑎取李彥忠等六十一人　二十一年九月金晅取李瑄等七十餘人　二十二年九月左承旨尹琥取崔凝等七十餘人　二十五年九月金台鉉取李儒等七十餘人　二十六年三月右副承旨吳祈取金琅韻等六十九人　二十七年四月鄭僐取李鳳龍等七十七人　二十八年三月朴顥取梁成祥等七十人　二十九年五月吳演取具桓等九十九人　三十一年三月右承旨安于器取李文彥等七十三人　忠肅王四年朴孝修掌九齋朔試取金玄具等

七年八月右代言許富取古賦鄭乙輔十韻詩裴仲輔等八十餘人　十三年辛蕆取李達中等　十七年九月代言尹之賢取孫光嗣等九十九人　忠惠王元年四月成均祭酒金右鏐取卓光茂等九十人　忠肅王後八年正月尹澤取安元龍等九十九人　忠惠王後元年金稹取梁允軾等二年金光載取成元達等　三年取金鷹等九十九人　忠穆王初年祭酒田淑蒙取安保麟等九十九人　三年四月代言鄭思度取詩賦朴形等五十二人十韻詩金得齊等四十六人　恭愍王二年四月執義宋天鳳取韓達漢等八十二人明經五人　四年正月右代言柳淑取全翊等九十五人　六年三月御史大夫申君平取李竴等九十八人　九年九月御史大夫李嶠取朴季陽等九十九人　十一年九月知申事元松壽取許時等百一人　十四年十月典理判書韓蕆取古賦閔安仁等五十五人十韻詩林幹等四十一人　辛禑二年五月知申事郭樞取鄭熙等九十九人　三年三月知申事金濤取鄭悛等九十九人　六年五月右代言徐均衡取李汝良等九十九人　八年四月上護軍李崇

仁取李升商等九十九人　九年四月知申事廉廷秀取禹洪命等九十九人明經六人　十一年四月左代言尹就取任公緯等九十九人　十二年四月知申事權執經取鄭坤等九十九人　辛昌即位之年八月知申事李種學取孟思誠等九十九人　元年八月知申事權鑄取黃訥等九十九人　恭讓王二年閏四月知申事閔開取李遜等九十九人

四年三月知申事李詹取李孟畯等九十九人

升補試即生員試毅宗元年始置試以詩賦經義取任裕公等五十五人　六年七月取吳世文等二十五人　十二年九月命國子祭酒廉直諒司業崔婁伯取尹敦敍等十六人

明宗二年九月取李鳴鶴等三十八人　六年十月取皇甫沆等四十五人明經三人　八年八月取高得一等四十一人　十年九月取朴仲臧等四十餘人　二十年九月取安社基等三十二人　二十二年九月取李仲誠等三十人

神宗五年九月取崔天祐等四十三人　七年二月取鄭承祖等四十一人　八年五月取金守剛等五十二人　十五年八月取石延年等四十七人　元宗五年六月取李方衍等四十七人　七年六月取鄭試等三十一人　忠烈王十年十一月諫議大夫潘阜取南宣用等三十三人　十一年十一月取李瑞等三十八人　十二年取鄉貢進士權烋等二十九人　二十七年七月國子祭酒安于器取崔凝等一百五十人　忠肅王七年十月右常侍林仲沇取鄭宗輔等　忠穆王元年五月典儀令甲諿取李天驥等十九人

忠定王二年五月成均祭酒全卿取李玖等　恭愍王二年六月祭酒李挺取楊以時等五十人　十年十月大司成許佺取八人　十一年十一月大司成金安利取鄭天益等五人　十七年八月取金伯英等三十七人　二十三年四月取李就等一百人　辛禑三年五月取文駿等　六年六月祭酒權近取洪尚彬等百十人　八年五月取鄭龜晉等一百人　九年四月取王昇等百九人　十一年五月司藝鄭摠取崔蠲等六十餘人　恭讓王四年五月取許遏等一百二十人

學校

太祖十三年辛酉京創置學校命秀才廷鶚爲書學博士別

創學院聚六部生徒教授後太祖聞其興學賜綵帛勸之兼置醫卜二業又賜倉穀百石爲學寶　成宗詔令諸州郡縣選子弟詣京習業　五年七月教曰朕素慚薄德尙切崇儒欲興周孔之風冀致唐虞之理庠序以養之科目以取之今諸州所上學士慮有思鄕之人皆令從便去留其歸寧學生二百七人可賜布一千四百匹願留者五十三人亦賜幞頭一百六枚米二百六十五石仍差通事舍人高榮嵓就客省宣諭賜酒果　六年八月以前年許還學生無師教授敎選通經閱籍者爲經學醫學博士於十二牧各遣一人敦行教諭其諸州郡縣長吏百姓有兒可敎學者幷令訓戒若有勵志明經孝弟有聞醫方足用者令牧宰知州縣官依漢家故事具錄薦貢京師以爲恒式　八年四月教曰大學助教宋承演南海道羅州牧經學博士全輔仁誨人不倦宜加獎擢承演可超九等授國子博士仍賜緋公服一襲輔仁可賜公服一襲米五十石自今凡文官有弟子十人以下者有司於政滿遷轉之時具錄奏聞以爲褒貶其十二牧經學博士無一箇門生赴試者雖在考滿復令留任責其成効量授官階以爲恒式　八年下教申勸十二牧諸州府經學醫學博士仍賜酒食　十一年十二月教有司相得勝地廣營書齋學舍量給田莊以充學粮又創國子監　穆宗六年正月教令三京十道博士師長奬勸生徒有勤効者錄名申聞管內有才學者逐年薦擧勿墜恒規　文宗十七年八月制國子監諸生近多廢業責在學官自今精加勉勵至年終較臧否定去留儒生在監九年律生六年荒昧無成者並令屛黜　肅宗七年閏六月宰相邵台輔等奏國學養士糜費不貲實爲民弊且中朝之法難以行於我國請罷之不報　睿宗即位制三京八牧通判以上及知州事縣令由文科出身者兼管勾學事　二年制曰置學養賢三代以降致治之本也而有司議論未定宜速疾施行睿宗方嚮文學遂下此制士類莫不欣然大臣無一人奉承時議惜之　四年七月國學置七齋周易曰麗擇尙書曰待聘毛詩曰經德周禮曰求仁戴禮曰服膺春秋曰養正武學曰講藝試取大學崔敏庸等七十人武學韓自純等八人分處之　九年二月國子生張仔等六十人詣闕請立國學　十一年四月制曰文武兩學國家

敎化之根源早降指揮欲令立其兩學養育諸生以備將來將相之舉而有司各執異論未有定議宜速奏定施行　十四年七月國學始立養賢庫以養士自國初肇立文宣王廟于國子監建官置師至宣宗將欲敎育而未遑睿宗銳意儒術詔有司廣設學舍置儒學六十人武學十七人以近臣管勾事務選名儒爲學官博士講論經義以敎導之　仁宗朝式目都監詳定學式國子學生以文武官三品以上子孫及勳官二品帶縣公以上并京官四品帶三品以上勳封者之子爲之大學生以文武官五品以上子孫若正從三品曾孫及勳官三品以上有封者之子爲之四門學生以勳官三品以上無封四品有封及文武官七品以上之子爲之三學生各三百人在學以齒序凡係雜路及工商樂名等賤事者大小功親犯嫁者家道不正者犯惡逆歸鄉者賤鄉部曲人等子孫及身犯私罪者不許入學其律學書學算學皆肄國子學律書算及州縣學生並以八品以上子及庶人爲之七品以上子情願者聽國子大學四門皆置博士助敎必擇經學優長景行修謹堪爲師範者分經敎授諸生每授一經必令終講未終講者不得改業年終計講授多少以爲博士助敎考課等第律書算學只置博士律學博士掌敎律令書學掌敎八書算學掌敎算術凡經周易尙書周禮禮記毛詩春秋左氏傳公羊傳穀梁傳各爲一經孝經論語必令兼通諸學生課業孝經論語共限一年尙書公羊穀梁傳各限二年半周易毛詩周禮儀禮各二年禮記左傳各三年皆先讀孝經論語次讀諸經并算習時務策有暇兼須習書日一紙幷讀國語說文字林三倉爾雅　五年三月詔諸州立學以廣敎道　八年六月國學奏近年以來明經浸衰宜選取三十人以下入學養育兼差敎導官參上參外各一員以勸學　七月國子諸生詣闕上書曰臣等竊聞御史臺奏國學養士大多供給甚費請簡留行修業成者若干人在學餘悉出之臣等上爲國家惜之夫崇學育才乃理國之本古之聖賢必以是爲先務焉孔子雖不得位周流四方猶養三千之徒唐韓文公謫守潮州潮下州也猶曰州學廢久不聞業成貢于王庭亦州之恥也乃命趙德秀才掌州學以聚生徒出己俸以給廚饌況我國家奄有三韓旣富而敎風俗文物擬諸三代

而國學生徒不過二百有司以爲費財而欲削之豈吾君尊道崇儒之意耶且佛氏寺觀周遍中外齊民逃役飽食逸居者不知其幾千萬焉有司曾不是思而反言國學之費非公言至論也願陛下却而不用詔可　九年三月中書門下奏參外文臣各定業經注錄政案量差學官從之　十一年正月判武學齋生赴擧者少故策論雖不合格隨分選取得第甚易諸學生爭屬武學棄本逐末非徒士風僥倖率皆才器駑下或委兵事有名無實且武學漸盛將與文學人角立不和深爲未便自今已登第者與文士一體敍用武學取士及齋號並停罷　十三年判國學諸生四季私試通考分數直赴科場大寒大熱兩朔免試　十五年九月門下省奏國學六齋諸生各持所講大小經升堂博士學諭執經升講每日不過五人每人不過二問從容論難悟疑辨惑　毅宗二十二年三月詔曰化民成俗必由學校自祖宗以來於外官差遣文師一員又有儒臣爲守則兼管勾學事以勸學近聞任是職者但以謀利爲先勸學之方略不留意志學之士無由聞達朕甚憫焉如有各官文師及管勾學事者勸學育才以副朕意則兩界兵馬使各道按察使注名馳報朕將不待政滿隨即擢用　高宗五年七月中軍宰樞議生徒未登仕版者試以詩選取八十人其不中者皆令從軍　元宗二年三月置東西學堂各差別監敎學敎導　忠烈王六年三月敎今儒士唯習科擧之文未有博通經史者其令通一經一史者敎授國子　三十年五月安珦建議令各品出銀布有差以充國學贍學錢王亦出內庫錢穀以助之珦以餘貲送江南購六經諸子史以來於是願學之士七管十二徒諸生橫經受業者動以數百計　六月國學大成殿成初使臣耶律希逸以殿宇隘陋甚失泮宮制度言於王新之　忠宣王即位賜養賢庫銀五十斤令藝文館召致郡縣有茂才者給牒任以訓導　忠肅王十二年敎曰學校風化之源嚴加勸勵以備擢用　恭愍王元年二月敎曰學校庠序風化之源國學名存實無十二徒東西學堂頹圮不修宜令葺治養育生徒其有能通一經者錄名以聞　四月進士李穡上疏請外而鄉校內而學堂考其才而陞諸十二徒十二徒又揔而考之陞之成均限以日月程其德藝貢之禮部中者依例與官

不中者亦給出身之階除在官而求舉者其餘非國學生不得與試　六年正月命修中外學校　十二年五月敎曰近因干戈敎養頗弛自今成均十二徒東西學堂諸州郡鄉校嚴加敎誨作成人才其土田人口或被豪强所兼幷者官爲析辨以贍學用　十六年成均祭酒林樸上言請改造成均館命重營國學于崇文館舊址令中外儒官隨品出布以助其費增置生員常養一百始分五經四書齋　二十年十二月敎曰文武之用不可偏廢內自成均外至鄉校開設文武二學養成人才以備擢用　恭讓王元年十二月大司憲趙浚等上疏曰學校風化之源國家理亂政治得失莫不由斯近因兵興學校廢弛鞠爲茂草鄉愿之托儒名避軍役者至五六月閒集童子讀唐宋絕句至五十日乃罷謂之夏課爲守令者視之泛然曾不介意如此欲得經明行修之士以補國家之盛理其可得乎願自今以勤敏博學者爲敎授官分遣五道各一人周行郡縣其馬疋供億並委鄉校主之又以外方閑居業儒者爲本官敎導令子弟常讀四書五經不許讀詞章而敎授官循環周行嚴立課程身自論難考其通否登名書籍誘掖獎勸以成實材其有得人才之多者擢以不次若不能敎誨而無成効者亦將論罰　二年二月置京中五部及西北面府州儒學敎授官三年正月各道牧府亦置之　六月金瞻等上疏請元子及宗室子弟入學

凡私學文宗朝大師中書令崔沖收召後進敎誨不倦靑衿白布塡溢門巷遂分九齋曰樂聖大中誠明敬業造道率性進德大和待聘謂之侍中崔公徒衣冠子弟凡應擧者必先肄徒中而學焉每歲暑月借僧房結夏課擇徒中及第學優才贍而未官者爲敎導其學則九經三史也閒或先進來過乃刻燭賦詩榜其次第呼名而入仍設酌童冠列左右奉樽俎進退有儀長幼有序竟日酬唱觀者莫不嘉歎自後凡赴擧者亦皆肄名九齋籍中謂之文憲公徒又有儒臣立徒者十一曰弘文公徒侍中鄭倍傑一稱熊川徒曰匡憲公徒參政盧旦曰南山徒祭酒金尙賓曰西園徒僕射金無滯曰文忠公徒侍中殷鼎曰良愼公徒平章金義珍一云郎中朴明保曰貞敬公徒平章黃瑩曰忠平公徒柳監曰貞憲公徒侍中文正曰徐侍郎徒徐碩曰龜山徒未詳幷文憲公冲徒世

稱十二徒然冲徒最盛　仁宗十一年六月判各徒儒生背
曾受業師移屬他徒者東堂監試毋得許赴　十七年六月
判東堂監試後諸徒儒生都會日時國子監知會使習業五
十日而罷曾接寺三十日私試十五首以上製述者教導精
加考覈各其名下注接寺若干日私試若干首論報方許赴
會諸徒教導不離接所勸學者學官有闕爲先塡差以示褒
奬　恭愍王六年七月翰林院言前者夏課之終必使知制
誥爲試員以考諸生能否近來廢不行請復之　七年六月
十二徒朔試　恭讓王三年六月罷十二徒

志卷第二十八

志卷第二十九　高麗史七十五

正憲大夫工曹判書集賢殿大提學知經筵春秋館事兼成均大司成臣鄭麟趾奉
教修

選舉三

銓注

凡選法成宗八年四月始令京官六品以下四考加資五品
以上必取旨以爲當式　明宗時吏部員點初筮仕者姓名
入奏號曰點奏於是求入仕者皆賂白銀以爲贄上自判事
下至令史習以爲常競占下點　十一年正月中書門下郞
舍諫奏舊制文吏散官外補者皆有年限非有功不得超遷
今有一二年而超受者有三十餘年而不調者政濫人怨請
限及第登科者閑五年自胥吏爲員者閑八年以上許得施
行餘皆追寢之詔可時政出權門奔競賄賂無復廉恥自重
房上將及宿衛之臣有氣勢者各舉一人占官請調如不得
詣執政家張拳極口爭詰執政畏縮許之銓注猥濫故有是

議然其追寢者亦行賂遺故崔忠烈韓文俊之徒力排其議曰前朝文臣各執己意臧否人物以至於敗何復踵往轍耶即命吏疾速施行諸郎無復詰之　二十年增省宰爲八員先是省宰增至七時論謂非古制及是又增爲八里巷謂曰皇國寶無寺省中置七齋七齋今夫了八齋復入來盖宰與齋聲相近爲廋辭以譏之　神宗三年二月重房奏門下錄事中書注書堂後官二員並令周年拜叅職然唯注書與堂後之文官者周年　五年四月式目都監使崔詵等奏文班叅外五六品並令帶犀爲叅秩王曰員數大多豈可一時陞秩乃增叅秩六七人　熙宗時崔忠獻專權頒政無常舊例頒政六月謂權務十二月謂大政吏兵部判事與諸僚會本部陟功黜罪皆稟王命過此時雖有闕不補又吏部每歲調選百司胥吏有仍有徙名爲動靜　高宗十二年崔瑀置政房於私第擬百官銓注選文士屬之號曰必者赤舊制吏部掌文銓兵部掌武選第其年月分其勞逸摽其功過論其才否具載于書謂之政案中書擬升黜以奏之門下承制勑以行之自崔忠獻擅權置府與僚佐私取政案注擬除授授其

黨與爲承宣謂之政色承宣僚佐之任此者三品謂之政色尙書四品以下謂之政色少卿持筆橐從事於其下者謂之政色書題其會所謂之政房　忠烈王初承宣朴恒掌銓注始留宿禁中除授訖乃出故事政房員每當除授晨入暮出干謁塡門至是改之　二十四年正月忠宣王即位敎曰本朝三品之階貳於宰相未嘗輕授雖至四品容有年滿而未拜者近來或以五品超授致仕受祿者倍於顯官各領校尉以下困於國役而有終年未受祿者誠爲未便其以五品超授者有司論罷　四月忠宣罷政房以翰林院主選法　三十三年七月典理軍簿更定選法　忠宣王二年十月文武銓選分委選摠部以首亞相領之然一二幸臣以他官兼之久而不易　忠肅王七年復政房　十六年九月密直金之鏡掌銓注專擅除授及批目下用事者爭相塗抹竄定朱與墨至不可辨時人謂之黑冊政事（黑冊者兒輩用厚紙黑而油之以習寫字）　忠穆王即位之年十一月命典理軍簿五品以下點望申聞　十二月罷政房歸文武銓注于典理軍簿尋復政房　恭愍王元年二月復罷之　三月典理判書白文寶上書曰爲政之要

在於得人知人之難聖賢所重孔子曰舉爾所知書曰無求備于一人若指瑕掩善則人無可用隨器授任則士無可棄莫若使在位達官各舉所知則克協至公野無遺賢矣乞依司馬光所議設十科以舉士其一科行義純固可爲師表二科經術該博可備顧問三科方正識大體可爲臺諫四科文章典麗可備著述五科獄訟法令盡公得失六科廉義理財賦公私俱便七科公正有風力可寄方面八科愛民礪節可作守令九科智勇才略防禦將帥十科行止合度可爲典禮應職事官自兩府諸奉翊至從三品以上侍從官自僉議監察提學外製六品以上每歲須於十科內舉堪當一科者一人有堪舉者不必拘於一科舉非其人以致敗與舉主俱免典理軍簿古之政府也古者文武異路世官不相交文資則典理武資則軍簿各任銓注宜矣自毅王以後文武世通官亦交授故兩司政官於大內別廳一會議政宜當文武官資一時注擬此所謂政貴變通酌古準今者也近代選法大壞不論資序功罪隨代番吏官類積薪前職滿國故奔競僥倖者滔滔皆是又先王制定衙門之外別立諸色冗員都目數多不量勤慢競求冒進宜當減併衙門沙汰不急之任合錄都目庶絶爭名之路　五年六月敎曰政房設自權臣豈爵人於朝之意今宜永罷其三品以下與宰相共議進退七品以下吏兵部擬議奏聞　六年正月命都目去官人通四書者使赴任不通者爲校尉隊正定爲恒式然今注擬日逼未易遽學四書姑令畢讀千字文千字內能書百字者許赴任不能者年雖久不許錄用　十二月復歸銓選于吏兵部

十年二月王召吏部郎中李岡曰爾參銓選其臺諫曠職者黜之賢才遺逸者陟之丁憂終制者亦須擢用　十一年密直提學白文寶上箚子曰自九品至一品每品各給職牒所以防奸近世品職朝謝初則僉署終則一官署故始難終易吏緣爲奸今後六品以上各自寫牒投省具署經印七品以下典理軍簿具署經印每品同品轉移者只給謝牒　十七年十二月用循資格　辛禑元年十月憲司請革箚子房以文武二選分隸吏兵部從之不果行　二年九月權臣弄權隱政批累日而下時謂之隱批　六年六月諫官李崇仁等言近年官爵濫添相雜其謝牒但有堂後署而無印信恐後

日必有假濫乞東班典理司西班軍簿司各令印信署給

九年三月憲司言本朝以從仕久近勞逸多小循資升秩以賞勞功比來奔競成風名器日賤有勞者不敍無功者冒受願今自精加檢察循次敍用以明銓選之法

辛昌即位之年八月始復銓選法舊制府衛則自隊正以上諸司則自九品以上與夫府史胥徒皆錄歲月功過每於歲抄升黜謂之都目政自禑時權奸竊國官爵一出私門都目政久廢至是追錄其勞

是月趙浚請公卿士大夫之幼弱子弟不許拜東班九品以上之官其有冒受者父母論罪

恭讓王元年十二月門下府郎舍具成祐等上疏曰名器爵祿所以養賢而待士也官職自有定制銓選亦有成法我太祖統三之初省五樞七之設國人所傳聞也自事元之後省樞之合坐始而添設倍多東西各品無不繁冗不幸甲寅以來奸臣擅政籍蒼赤田宅以賄之則不論人之賢不肖擢以省樞賄賂多而官數小遂稱商議數至七八十矣其爲省樞者則雖有合坐之名旅進旅退不與國政者多於是名器混淆而官爵亂矣夫人主之職論相而已相得其人則治不得其人則亂宰相之職論道經邦燮理陰陽正心以正百官進君子退小人而已今之五六十宰相果能一一如是乎古者無其人則闕其位願殿下遵太祖之成法勿以親疎新舊之殊惟賢不肖之爲察以官擇人則官有餘而人不足其省五樞七之制何患不復乎宜自今非論道經邦燮理陰陽正已以正百官者非淸白忠直國耳忘家者非戰勝攻取勇冠三軍威加敵國者則不許入兩府

二年十二月都評議使司奏曰先王設都目政以差年到宿錄用近來各司各成衆愛馬以至府史胥徒冒受官爵工商賤隷亦濫呈都目乞依古制令吏兵曹考覈功勞授職其有名無實任者删去所任同而去路異名者倂合從之

三年五月頒京外官解由格

十一月都堂啓曰三載考績三考黜陟是古今通規本國選官之制京外官員三十箇月吏員九十箇月已滿者許遷轉自事元以來官制紊亂用人無法數相遞代因此成効未著曠廢官職願令都堂與吏兵曹尙瑞寺參酌古今定爲選法今姑依舊制京外官滿三年成衆愛馬別差及各司人吏滿九年者許錄用從之

凡薦擧之制成宗十一年正月敎曰殷宗之於傅岩徵用胥靡周王之於渭水登庸漁師或任之耳目之司或授以台衡之職故能匡扶社稷經濟邦家朕自摠萬機思齊七政非積學無以知善非任賢無以成功是用內開庠序外置學校闢較藝之塲廣取士之路猶未致懷寶出衆之士安知無蔽賢防能之人凡有文才武略者聽詣闕自擧　五月敎曰王者旁求多士爰備百僚以才俊爲先匪格勤勿授今欲克明俊德無曠庶官京官五品以上各擧一人所擧者德行才能具疏名下以奏　十六年八月命有司奇才異能隱滯丘園者搜訪以聞　仁宗五年三月詔侍從官各擧一人所擧無狀則罪之　八年十二月詔侍從官各擧遺逸一人　十六年令有司擧淸白守節者　毅宗二十二年三月詔曰近世薦擧路絕賢不肖混淆其文筆可以華國者兩府宰樞臺省侍臣諸司知制誥及留守官各上書奏薦　忠宣王即位敎曰用人不可專用世家子弟其有茂才碩德孝廉方正之士退居巖谷者所在官薦達貧不能行者官給衣粮敦遣　忠肅王十二年十月敎茂才碩德孝廉方正之士側微無聞者所在官司錄名升薦　恭愍王元年二月敎曰山林鄕曲如有經明行修茂才苦節之士按廉使以聞典理軍簿隨才擢用　五年六月敎曰懷才抱道肥遁不仕者所在官錄其德行敦遣赴朝　十年二月命宰相百官各薦賢良二人　辛禑十四年正月令宗室耆老臺省六曹擧文武賢良　恭讓王二年十二月令百官各擧賢良二人　三年六月金瞻等上疏請擧用茂才孝廉　十一月令臺省六曹各擧賢良三人

凡考課之典顯宗九年八月判凡官吏自正月初一日至十二月晦日實仕及諸暇日數具錄呈考功謂之年終都歷　文宗元年八月制尙書考功職在考績百僚今只按胥吏能否自今可悉考中外見官殿最　二年四月制各司巳初赴衙酉初罷巳有成規然四時晷刻短長不同自今日永辰初日短巳初赴衙　毅宗十八年七月詔近百僚庶司不肯夙夜瀆官竊祿有違委任責成之意有司考其勤怠以黜陟　忠烈王六年十月令監察司檢諸司勤怠謂之衙時每以冬夏孟月行之　三十三年十二月忠宣在元敎曰聞諸司員吏怠於供職務行非理自今每於月終考覈賢否勤怠以聞

恭愍王五年六月敎監察典法都官長官每朔課員吏決訟多少至六朔以殿最黜陟　十九年十一月正言李詹請令考功考各司公座簿凡在官者日出而聚日午而散有不法如憲司糾察　恭讓王元年十二月趙浚上言京外大小官吏除目旣下不卽上官赴任以致公事稽遲願自今除臺省政曹外自下批後京官限三日外官限十日進闕謝恩卽行上官赴任稱權知行事新舊相對將文書錢穀契券手相交付以憑考課待出謝卽眞　三年四月都堂請考臺省勤慢一不仕者抵罪三不仕者削職

凡選用守令成宗元年六月崔承老上書曰王者理民非家至而日見之故分遣守令往察百姓利害太祖統合之後欲置外官盖因草創未遑今竊見鄉豪每假公務侵暴百姓民不堪命請置外官雖不得一時盡遣先於十數州縣并置一官官各設兩三員以委撫字　穆宗九年四月詔文班常參以上各擧才堪治民者一人視所擧當否賞罰　顯宗九年二月新定諸州府員奉行六條一察民庶疾苦二察黑綬長吏能否三察盜賊姦猾四察民犯禁五察民孝弟廉潔六察吏錢穀散失　明宗八年四月兵部集武散官試閱奏以擬外補　元宗元年十月中書省奏大官自求補外侵漁百姓令官高者不差外任制可　忠烈王元年六月王欲武官交差守令承宣李汾成言武人可臨民者少如有才兼文武寬猛相濟者宜勿論東西班授之王納之自庚癸以來權臣柄國倡爲文武交差之例每以武官補外及朴恒掌銓注白王曰外寄是東班仕路故東班必補外然後得授朝官西班則循次以進何必求外寄遂不補外至是武官托左右請復之

恭愍王三年十二月敎曰沿海守令職兼防禦誠難其人自奉翊以下代言以上各擧淸白有武才者二人　四年七月命兩府各擧堪爲守令者　五年八月命宰相選廉公諳吏治者爲守令　八年全以道請監務縣令專任文士舊制監務縣令皆用登科士流近世專以諸司胥吏爲之貪汚虐民且階皆七八品秩卑人微豪强輕之恣行不法鄕邑殘弊王納以道之言以五六品爲安集欲革舊弊然安集非出於批目皆用時宰所擧以白牒之任其後軍功添設之官與工商之賤皆得爲之　十一年五月令省郞薦六品以上可外

任者　十月臺諫上言田里休戚在於守令雖有臺諫政曹保擧之令皆徇私情所薦至有不識字者願自今臨軒引見核其名實擧非其人擧主必罰　十二年五月敎曰守令賢否民之休戚係焉今後僉議監察及六曹五品以上各擧所知以備擢用所擧非人罪及擧主　二十二年九月命都堂各擧才堪守令者數人　辛禑元年二月敎守令考績之法以田野闢戶口增賦役均詞訟簡盜賊息五事爲殿最其遞任者必待新官交付去任朝參　十二月令宰相及六曹臺省各擧才兼文武可爲守令者　四年十二月憲司上言守令分憂重任自古必選有名望者近因軍國事殷安集不擇賢否故侵漁病民者甚衆請令臺諫擬議差遣　六年六月諫官李崇仁等言守令遞代大速雖得其人未見其效請倣三載考績之法滿三年方許遞代令按廉殿最以聞如有政迹尤著者不次擢用　八年二月令臺省及各司擧可當外任者　九年三月憲司言守令近民之職不可不謹近年奸佞貪暴之徒付托權勢求爲守令恣行不法憑公營私塗炭生民州府郡縣日就彫弊願自今令臺省六曹擧廉正寡欲純良勤儉者分遣郡縣使都巡問使按廉使黜陟賢否以明罰賞如有謬擧罪及擧主黜陟不明憲司糾理　辛昌即位之年六月令都評議使司臺省六曹各擧所知務得公廉有才幹者以委外任仰都巡問按廉使嚴加考覈以憑黜陟其貪汚不材者痛行懲罰　八月趙浚言近日所除守令頗有士林所不知者願自今非經各司顯秩有名望者非歷試中外有聲績者不許除授監務縣令職又近民近世仕出多門人恥爲之乃以府史胥吏除之使不學墻面之輩以毒其民願以臺諫六曹所擧有材幹者差遣陞階參官使與州牧同批以重其任安集一切罷之　是月令臺諫六曹擧堪爲守令者又復以士人爲縣令監務自禑時權奸秉政競用私人隨喜怒以爲黜陟或一年三四易諸州縣安集例多不識字者奪人田民納之權門至養權臣馬牛鷹犬求媚媒進貪殘之禍甚於胥吏至是始用士流　恭讓王二年十二月憲司上言守令遞任頻數雖有才能未布政令民未受惠且送舊迎新其弊不貲願自今三年已滿有聲績者擢授京官不勝其任者貶黜以勵士風

凡選用監司文宗十年八月諸州牧刺史通判縣令尉及長吏政績勤慢淸濁百姓貧富苦樂遣使按撿　仁宗五年三月詔曰遣使郡國廉察刺史縣令賢否以褒貶之　明宗十一年九月以往年察訪使黜陟多有乖戾其被黜官吏依舊敘用國制重外寄遣按察使巡察州縣問民疾苦以春秋更代而又閒發察訪使黜陟幽明自仁宗壬戌以後不遣察訪唯委按察爲按察者但循故常不能彈擧故官吏略無畏忌務爲侵漁流亡相繼庚癸之後政令益苛民生愈困歲戊戌宰相宋有仁李光挺等建議奏發十道察訪使俾往升黜坐贓落職者九百九十餘人至是原之　十八年三月因宰樞所奏下制曰百姓乃國家根本朕欲其安土樂業故遣朝臣分憂宣化近聞守令因公事不急之務侵漁勞擾民不堪弊流移逃散轉于溝壑朕甚愍之其令兩界兵馬使五道按察使巡察吏理斯於覈實各官員吏廉貪勤怠精究巡問小有割民受贈憑公自利遍問驗實以罪貶奏其有淸白守節興利除害獄訟平決者以功褒奏　恭愍王五年六月敎曰存撫按廉州縣官所以分憂共治者也存撫按廉憑公營私以害吾民及罷軟不事事者都評議司監察司聞奏黜削州縣官員不能其任存撫按廉體察糾理　辛禑四年十二月憲司上言各道按廉軍國重事民生疾苦守令得失刑獄爭訟皆委統察所任至重今六朔更代故凡行公事未畢見遞以至廢弛且一年兩度送迎有弊願自今滿一歲方許遞代　十三年十一月令諸道按廉使考將帥能否殿最月季報都堂　辛昌卽位之年七月趙浚言按廉之職國初節度使也摠攝軍民專制方面守令奉職而民安其業方鎭懾服而戰守必力事權歸一人無異望至今號爲一方統察今賊破州郡而方鎭無所畏憚擁兵養威坐視而不戰賊勢日益張守令自恣公行賄賂流連聲色百姓塗炭而不之恤爲按廉者區區於簿書錢穀之閒而未能嚴於黜陟賞罰之典以振起軍民之政者無他知官皆正順奉順之員方鎭府尹州牧都護亦兩府之大臣奉翊之達官故按廉不以王人大體爲念反以秩卑小節爲嫌紀綱不振願法祖宗遺兩府之成憲體唐室遣大臣之故事擇兩府有廉威明幹四善者爲都按廉黜陟大使以田野闢戶口增詞訟簡賦役均學校興巡察州

郡而黜陟之以號令嚴器械精兵卒鍊屯田修海寇息巡臨
方鎭而賞罰之而軍官敗績沒一州郡守令貪汚招納賄賂
者斬次罪罷職論罪次罪論罰行公以振紀綱守令三年迺
任不被都按廉譴責者即除京職其都按廉使許令臺諫薦
擧侯依貼出乃遣之自元帥以下皆郊迎呈參不許坐雖以
五六品爲廉使者一年相遞之期黜陟考課之法與都按廉
同更相迭遣不爲常例都按廉不能黜陟州郡方鎭者司憲
士府申聞罷職痛理　八月諸道都觀察黜陟使皆用臺諫
之薦

凡宦寺之職毅宗五年以鄭誠權知閣門祗候御史臺以宦
者參朝官無古制爭之　高宗四十五年七月宦者金仁宣
有衞社之功然其官極于南班七品金仁俊請除參職王亦
欲授之恐後人援以爲例終不許　元宗元年六月下制宦
者閔世冲自予幼時以至今日再救睽疾功不可負限六品
敍用宦官拜參始此　恭愍王元年五月諫官上疏閹人授
檢校官食祿者大多請加汰減　辛禑六年六月諫官李崇
仁言設官分職各有攸當故先王置內侍府以待中官是爲
令典不可改也乞復置此官將中官之小心謹愼者隨品轉
用毋與朝官不聽　恭讓王元年十二月臺諫交章請依舊
制宦官不許拜六品在僞朝已拜參官者追奪告身放還田
里　趙浚上言宦者自國初至慶陵朝不得參官近來以宮
中傳命之任得與論道經邦之列非所以尊朝廷願遵慶陵
之制不許拜朝官　左司議吳思忠等言祖宗之制宦寺無
官文廟之世宦寺給事不過十數人亦未嘗食祿忠烈王朝
亦不拜參官至于玄陵使宦寺得與兩府八衞之列卒致萬
生之變今復立內侍府階三品復蹈亡國之轍願宮中給事
者只給衣食罷內侍府判曰自今不許朝官毋革內侍府

凡限職靖宗六年四月判南班及流外人吏將校等子不付
工匠案者依父祖有痕咎人例入仕　文宗七年十月判樂
工有三四子者以一子繼業其餘屬注膳幕士驅史轉陪戎
副尉校尉限至曜武校尉　十年十二月判雜路人子孫從
父祖曾祖出身仕路外孫許屬南班若祖母之父係雜路者
許敍東班　十二年五月式目都監奏製述業康師厚十舉不
中例當脫麻然是堂引上責曾孫堂引是驅史之官伏審戊

子年制電吏所由注膳幕士驅史門僕子孫登製述明經及
雜科或成軍功者許升朝行又丙申年制雜路入子孫蒙恩
入仕者合依父祖仕路今師厚不宜脫麻從之　是月判嫁
大功親所產禁仕路　十六年判僧人之子仕路禁錮至孫
方許通　二十七年正月有司奏按令典工商家執技事上
專其業不得入仕與士齒軍器注簿崔忠幸良醞令同正梁
惲並工人外孫別將羅禮隊正禮順亦皆工人嫡孫自慕九
流去其所業已登朝行不可復充工匠乞各限時職不許遷
除制曰可依辛亥年郞將忠孟限大將軍例許通任用中書
省駁奏忠幸等無大功能掩匿世累冒入流品不宜與忠孟
邊功例論制曰除淸要理民職外一如前制　宣宗二年四
月判同父異母姊妹犯嫁所產仕路禁錮　肅宗元年二月
判嫁小功親所產依大功親例禁仕路　七月判注膳幕士
所由門僕電吏杖首等雜類雖高祖以上三韓功臣只許正
路南班限內殿崇班加轉　六年十月判嫁大小功親所產
並許通　睿宗十一年八月判大小功親犯嫁者禁錮　仁
宗三年正月判電吏杖首所由門僕注膳幕士驅史大丈等

子孫依軍人子孫許通諸業選路例赴擧其登製述明經兩
大業者限五品醫卜地理律算業者限七品若堅貞節操有
名聞者所業特異者擢大業甲乙科則許授淸要理民職丙
科同進士則三品職醫卜地理律算業則四品職其非登科
入仕者亦限七品至玄孫許通　十二年十二月判嫁大小
功親所產曾限七品今後仕路一禁　十八年六月判工商
樂人之子雖有功只賜物禁仕路　毅宗元年十二月判大
小功親內只禁四寸以上犯嫁五六寸親黨不曾禁嫁緣此
多相昏嫁遂成風俗未易卒禁已前犯產人許通仕路今後
一皆禁錮　六年二月判京市案付恣女失行前所產限六
品職失行後所產禁錮　三月判僧人子孫限西南班七品
　高宗四十五年二月崔竩以家奴李公柱爲郞將舊制奴
婢雖有大功賞以錢帛不授官爵崔沆秉政欲收人心始除
其家殿前公柱崔良伯金仁俊爲別將聶長壽爲校尉金承
俊爲隊正至是奴等曰公柱身事三世年老有功請加參職
奴隸拜參始此　元宗元年四月下旨散員康俊才以本系
微賤限在七品然能通蒙古語宜限五品　忠烈王二年閏

三月僉議府上言近內竪微賤者以隨從之勞許通仕路混
雜朝班有乖祖宗之制請收成命不允國制內僚之職限南
班七品謂之常式七品如有大功異能只加賞賜未有至五
六品者元宗朝始通其路然拜將軍郞將者不過一二及忠
烈即位內人無功者拜豐官高爵腰鞓帶黃至子孫許通臺
省政曹者甚多若別將散員不可勝數　辛禑五年正月諫
官言工匠之徒雖或有勞勿許授職其已授者追奪職牒
凡蔭敍諸以蔭出身者皆限年十八以上穆宗即位敎文武
五品以上子授蔭職　顯宗五年十二月敎兩班職事五品
以上子孫若弟姪許一人入仕　肅宗即位詔職事四品以
上及致仕員戶爵一子　五年二月詔兩京文武顯職四品
及給舍中丞諸曹郞中致仕見存者許一子蔭職　睿宗三
年二月詔兩京文武班五品以上各許一子蔭官無直子者
許收養子及孫　仁宗五年二月判收養同宗支子許承蔭
收養遺棄小兒良賤難辨者東西南班並限五品　十二年
六月判致仕見任宰臣直子軍器注簿同正收養子及內外
孫甥姪良醞令同正前代宰臣直子良醞令同正內外孫令
史同正樞密院直子良醞令同正收養子及內外孫甥姪良
醞丞同正左右僕射六尙書以下文武正三品直子良醞令
同正收養子及內外孫甥姪主事同正從三品直子良醞令
同正收養子及內外孫甥姪令史同正正從四品直子良醞
丞同正正從五品直子主事同正　十三年閏二月判前代
宰臣直子良醞丞同正內孫令中同正外孫史同正　高宗
四十年六月詔宰樞及文武三品致仕見存者各許一子蔭
官無直子許姪甥女婿收養子內外孫一名承蔭先代宰樞
內外無名之孫一名許初職文武四品給舍中丞諸曹郞中
中郞將以上各許一子蔭職　忠烈王八年五月文武致顯
三品以上許蔭一子無子者甥姪婿若過房付籍者許一名
初職先代宰臣密直內外孫無名者亦戶許一名初職文武
職事四品中事典書侍丞諸曹正郞以上勿論解官試攝許
蔭一子外敍員用前所任朝官降等許蔭　忠宣王即位敎
曰宰樞及文武三品以上致仕見存者各許一子蔭官無子
則甥姪女婿內外孫及收養子許一名初職先代宰樞內外
孫無名者許文武初職四品及給舍中丞諸曹郞中中郞將

解官者勿論試攝各授一子蔭官凡實行後爲外官者亦降
等許蔭　忠宣王復位敎曰宰臣直子許一名初授七品顯
官致仕三品各許一子職事無子者甥姪女壻一名許蒙文
武四五品顯官解官各許一子蔭職

凡敍祖宗苗裔肅宗即位詔太祖苗裔在軍籍者免無職者
許入仕　三年十月賜祖宗苗裔無職者爵一級　五年二
月詔太祖內玄孫之孫外玄孫之子及太祖同胞昆弟玄孫
之子及外玄孫後代正統君王玄孫之子及外玄孫各戶爵
一人　睿宗三年二月詔太祖內玄孫之孫外玄孫之子許
初入仕一人屬南班者改屬東班　四月詔大廟十陵諸孫
無官者許初職　毅宗十六年太祖之裔未得祿仕者令有
司選補　二十一年九月詔太祖苗裔許初職　二十三年
四月詔太祖內外苗裔敍用　神宗即位詔太祖苗裔太祖
同産兄弟正統君王子孫並許入仕　高宗四十年六月詔
太祖苗裔挾十一女一戶一名許初入仕已爲員者政抄別
錄敍用充軍者許免　忠烈王八年五月敎聖祖苗裔雖挾
二十女一戶例許一名入仕已爲員者政抄別錄若在南班
改東班勿差國仙在軍行者除軍籍聖祖親兄弟之孫一戶
例許一名入仕　忠宣王即位敎曰太祖苗裔無名者例以
一戶一名許初入仕太祖同胎兄弟賞延于世內外五世玄
孫之曾孫各許一戶一名初入仕正統君王內外孫亦如之
忠宣王復位敎曰祖王苗裔無名者雖挾二十二女例以
一戶一名許初職已入仕者別錄敍用屬南班者改東班勿
差國仙亦免充軍祖王親兄弟內玄孫之玄孫之孫外玄孫
之玄孫之子及歷代先王內玄孫之玄孫之子外玄孫之玄
孫例以一戶一名許初職　忠肅王十二年敎祖王苗裔雖
挾三女許初入仕屬南班者改屬東班勿差國仙仍免軍役

凡敍功臣子孫顯宗五年十二月錄太祖功臣子孫無官者
文宗六年十月制裴玄慶等六功臣佐我太祖肇開大業
功德勤于鍾鼎其後嗣至于曾玄男女僧尼無官者授初職
有官者增級　三十七年閏六月判三韓功臣承蔭者其功
臣職牒雖或遺失的是功臣子孫許初入仕　肅宗即位詔
太祖代及三韓功臣內外孫無職者戶許一人入仕顯廟功
臣河拱辰將軍宋國華及庚戌年如契丹見留使副許其子

孫一人入仕　睿宗三年二月詔祖代六功臣三韓前後功臣代代配享功臣西京與化龜宣慈州仇比江潘嶺等固守員將子孫各許初入仕一人　四月詔配享功臣內外孫無官者許初職　六年爵太祖功臣子孫　仁宗八年十二月判功臣子孫付薄點職　毅宗二十一年九月歷代功臣之後皆許初職　二十三年四月三韓壁上功臣子孫許初職

神宗即位詔曰祖代六功臣三韓功臣子孫並許入仕

高宗四十年六月詔祖代六功臣三韓功臣內玄孫之玄孫之孫外玄孫之玄孫之子挾七女未蒙戶一名許初入仕三韓後壁上功臣內玄孫之玄孫之玄孫之子外玄孫之玄孫之玄孫挾六女未蒙戶一名許初入仕代代配享功臣內玄孫之玄孫外玄孫之曾孫挾五女未蒙戶一名初入仕　忠烈王八年五月聖祖代六功臣三韓壁上功臣歷代壁上功臣配享功臣戰沒功臣亦許其孫戶各一名入仕　忠宣王即位敎曰祖代功臣之內外五世玄孫之子代代配享功臣內外五世玄孫之曾孫太祖代衛社戰亡金樂金哲申崇謙及能使丹兵還退徐熙河拱辰盧戩楊規等內外孫與玄孫中一名許初入仕顯宗南幸時有功者及始終隨從功臣與西京與化龜宣慈州仇比江盤嶺成功戰亡者交戰將校典軍人等內外孫與玄孫中一名例許初職甲申丁亥年東蕃元帥尹瓘吳延寵爲國亡身庾益懷節寵方崔甫及出衆成功對戰亡身兩班軍人及行諜未還記事儒一內外玄孫中例許一名初職乙卯年西事成功及戰亡兩班員將庚戌年昌化軍衛社景純李雄等內外孫中一名許初職平章事崔思專於先代救難使王孫繇遠其內外玄孫錄用丙申年衛社吳卓尹先甫麟寵珍李作李儒始終衛社亡身金縝辛忠內外孫與玄孫許初職壬寅年衛社亡身平章事韓安仁郎中李中若內外孫與玄孫賞職侍郎庾應圭告奏北朝七日不食專對有功又當闕內救火時能奉遷景靈殿五室神御郎中黃文裳於乙卯年西事爲宣諭使亡身郎中崔均於甲午年爲宣諭使亡身內外孫一名許初職是年權有之郊先入賊軍沒陣而亡別將崔淑散員守磯白仁壽裴龍甫校尉趙叔甫錢義忠辛卯年龜州宣諭使朴文成金仲溫金慶孫癸巳年南路捉賊李子晟宣諭使鄭義朴錄金甲午年西京

兵馬使閔曦丁酉年南路逆賊處置使金慶孫皆於內外孫中許初職錄用凡功臣子孫以賤技落在工商匠樂者推明許通屬南班者改東班　忠宣王復位敎曰祖王代六功臣壁上功臣顯王南幸時侍奉功臣等內外玄孫之玄孫歷代配享功臣內外玄孫之曾孫例以戶一名許初職祖王代衛社功臣金樂金哲申崇謙及成王代功臣徐熙顯王代功臣河拱辰盧戩楊規等內外玄孫之玄孫例以一戶一名許初職仁王代功臣崔思全奮策救難其功重大其內外玄孫之孫別錄敍用父王代己巳年及四年隨從臣僚功勞旣著宜加錄用延及子孫　忠肅王十二年敎歷代功臣蔭職並依舊制其甲戌年以來有戰功人及戰亡人子孫各加敍用

恭愍王五年六月敎太祖以來歷代功臣錄其子孫優加奬用　十二年五月敎陣亡軍吏子孫屢命擢用有司視爲文具予甚痛焉各具姓名以聞　二十年三月敎兵興以來戰亡將士官其子孫　辛禑元年二月敎兵興以來戰沒軍士令都評議司追錄子孫

凡封贈之制成宗七年十月敎文武常參官以上父母妻封爵　穆宗即位敎常參官以上及職事七品以上父母妻各加官封　二年十月鎬京文武三品以上妻寡居守節者封爵　顯宗五年十二月敎歷代功臣封贈官爵　德宗即位判中郎將准諸曹員外郎別將准七品父母封爵　肅宗即位詔散官四品職事常參以上爵其父母妻散官五品職事七品以上爵其父母　五年二月四品以上封父母爵　睿宗三年二月兩京文武兩班各以官品高低許加父母妻封爵　四月配享功臣各加追封　毅宗三年正月判三子赴戰有功者父母依三子登科例封贈賜米　高宗四十年六月詔代代功臣各加封爵文武職事常參散官四品以上父母妻封爵職事七品散官五品員父母封爵　忠宣王即位敎太祖代衛社功臣及却退丹兵人等加封爵號內外文武職事常參以上散官四品以上父母妻封爵三品以上員除父母之封以祖曾祖請封爵者亦許之　恭愍王十一年十月金續命上言今針線娘子內僚之女亦有封翁主宅主者僭擬踰分殊失尊卑之體除不得已宗室勳舊外勿許封爵已封者請奪之　十二年十一月敎擊走紅賊三等功臣並

父母妻超三等封爵　二十年三月戰亡將士悉加追贈辛禑五年正月門下郞舍言僧人封君及依例外翁主宅主封爵並皆除之　九年二月左司議權近言女封宅主僧封諸君及府外封君皆繫官爵輕賤並許禁斷　恭讓王元年十二月諫官請罷無功封君者　二年正月憲司請勿許封爵婦人僧徒從之　十二月趙浚上言非有功不侯我朝之法金富軾削除僭亂平定西都封樂浪侯金方慶伐叛耽羅問罪東倭封上洛公自今宰相非安社定遠功臣毋得封君

三年八月憲司上言聖人制禮嚴嫡庶之分嫡子然後得承襲父爵支子不與焉若宗子無子而亡則衆子之次者乃得襲爵本朝王子之後不論嫡庶不辨親疎一皆封爵實非古制且所謂承襲者父沒然後繼其位也今父在而其子不論多少皆得封君不惟嫡庶無等有乖於禮亦難以有限爵祿封無窮之子孫也請令有司考覈宗籍凡爲先王親子之後正派嫡長及殿下之伯叔親弟及親衆子乃許封君其封君之後許令長子襲爵其族屬疎遠而已封君者悉收告身其中擇有才幹者於文武隨才任用以遵先王之制以別宗族之親不報　都評議使司上言自古天子之配爲后諸侯之配爲妃天子之女謂之公主諸侯之女謂之翁主上下之禮不可紊亂所以定各分而別尊卑也我國家近代以來紀綱陵夷不循禮制后妃翁主宅主之稱或出時君之所欲或因權勢之私情皆失其義至於臣僚妻室之封祖宗之贈皆無定制願自今定以王之正配稱妃冊授金印世子正配稱嬪冊授銀印衆王子正配稱翁主王女稱宮主並下批銀印王之有服同姓姉妹姪女及同姓諸君正妻稱翁主文武一品正妻封小國夫人二品正妻封大郡夫人三品正妻封中郡夫人母並大夫人四品正妻封郡君母郡大君五六品正妻封縣君母縣大君三子登科之母無職人妻特封縣君歲賜如舊有職人妻加二等凡婦人須自室女爲人正妻者得封父無官嫡母無子而次妻之子有官者許封嫡母其次妻雖不得因夫受封所生之子有官者當從母以子貴之例受封縣君已上命婦夫亡改嫁者追奪封爵三十歲前守寡至六十歲不失節者勿論存沒旌門復戶士大夫追贈祖考二品以上贈三代父准子職祖曾祖遞降妣並同三品贈二代

四品至六品贈考妣並吏曹受判給牒從之
添設職恭愍王三年六月六部判書摠郎除政曹外皆倍數
添設各司三四品亦皆添設又於四十二都府每領添設中
郎將郎將各二人別將散員各三人以授之謂之賞軍政添
設之職始此　十二年閏三月除臺諫吏兵部外增置東班
三品以下六品以上西班五品以下職額　二十年十二月
命左承宣金興慶曰今兵革未偃錢財罄竭有軍功者無以
賞之添設文官三品武官五品以下官以賞軍功　辛禑二
年正月以添設職賞軍士自奉翊通憲至七八品無算時人
有車載斗量之譏　四年八月憲司上言添設官職只爲賞
軍功也無功閑居者亦或夤緣冒得使名器至賤自今除從
軍立功外勿授添職　五年正月諫官上言設官分職自有
定制今兩府之額多至六十密直以下封君及通憲以上添
設甚衆請皆罷之正順以下添設官勿許帶館職且本國出
謝格例滿百日則不出添設雖非實職年久者亦出實非古
制况因年久姓名相似者閒或用謀冒出請丁巳年以前添
設太小職毋得出謝　九年二月左司議權近言比來四方
兵興國用虛耗其有戰勝之功者錢財不足而難以盡賞官
職有限而難以盡授故先王權添設職而有定數以賞其功
非有軍功者不敢虛授今添設大繁至無其數功否混淆僥
倖日開至於工商賤隸皆得冒授官爵之賤至如泥沙我國
家所賴以賞有功縻人心者只有官爵而官爵不重人皆輕
之則後雖有功何以賞之且彼戰攻之士豈望添設輕賤之
職以赴難測危亡之地乎願自今賞功添設之職一遵先王
定數除赴戰有功外勿許除授　恭讓王元年十二月諫官
上疏請罷僞朝添設職汰恭愍王丙申癸卯二年添設之職
命汰丙申年添設　二年正月憲司請收僞朝添設職牒不
聽　是月王謂鄭道傳曰罷僞朝添設職其術何如對曰古
之用人之法有四曰文學曰武科曰吏科曰門蔭以此四科
擧之當則用之否則舍之其誰有怨又問秩高者處之何如
對曰昔趙宋時爲散官設大丹館福源宮或授提調或授提
擧今亦效此別置宮城宿衛府而位密直奉翊者爲提調宮
城宿衛事三四品提擧宮城宿衛事然則政得其宜體統嚴
矣又問居外者處之何如對曰居京城者處之如此則在外

者爭來赴衛王室矣然後以秩高下或爲提調或爲提舉從之

役官之制未知始於何代樞密院堂後官門下錄事權務八祿以上人費白銀六七十斤得拜參職謂之役官後因殺貴無一人請補勒令衣冠子弟爲之或辭職或逃避高宗四十三年乃以五軍三官七品爲首者受大倉粟供辦　忠宣王三年三月敎曰役官姑停點望令倉庫供其費　恭愍王元年正月典理司上役官之制王親選下判　恭讓王二年六月都堂啓門下錄事注書三司都事密直堂後內院令丞膳官令丞皆用私財以供官費名爲役官有違設官之意請自今其宣飯紙札皆令官給從之

鬻爵之制忠烈王元年以國用不足令人納銀拜官以所納多少爲差　三年二月令無功及不次而求官者科等納銀授職　忠穆王四年征東省都事岳友上書請行入粟補官之法自身入從九品者輸米五石每級遞加五石有前職者米十石陞一等　辛禑二年令西北鄙納粟補官以充軍需

成衆官選補之法曰內侍院曰茶房曰司楯曰司衣曰司彝其始置歲月不可考明宗十六年重房武臣請兼屬內侍茶房則其選猶爲榮矣恭讓王二年十月吏曹啓內侍茶房出入禁闥其任匪輕以無定額規避軍役者爭相充補纔及數月便歸鄕里不供衛役動至數百乞擇儀狀端正者百人充之分左右番番各五十人從之三年四月吏曹又啓曰內侍茶房司楯司衣司彝等成衆阿幕備宿衞近侍之任不可不擇其始設也必考其世籍才藝容貌乃許入屬近來謀避軍役爭相投屬容有世籍不現形狀不完才藝不通者亦或混雜及其仕滿不論賢否但以都目而授職故拜朝官者或不稱職除守令者亦或病民非細故也其入屬者不可不愼簡焉願自今本曹必考戶籍及初入仕朝謝觀其容貌仍試其藝其於書算射御中通一藝者許令入屬雖舊屬者亦皆考覈且內侍茶房其數已定司楯司衣司彝則尙無定額入屬之徒無有紀極請删定員數司楯四番各五十人司衣四番各四十人司彝四番各三十人從之

事審官太祖十八年新羅王金傅來降除新羅國爲慶州使傅爲本州事審知副戶長以下官職等事於是諸功臣亦効

之各爲其本州事審事審官始此　成宗十五年定凡事審官五百丁以上州四員三百丁以上州三員以下州二員顯宗初年判父及親兄弟爲戶長者勿差事審官　十年判凡差事審官從其人百姓擧望其擧望雖小如朝廷顯達累代門閥者並奏差曾坐謟曲奸邪之罪者勿差　文宗十一年判事審官歸鄉作弊者按廉使監倉使推送京師科罪仍令事審主掌使啓達遞差　仁宗二年判鄉吏子孫雖免鄉妻親黨猶爲鄉役者勿差事審官　十二年判宰樞內外鄉其鄉祖曾祖妻鄉等五鄉內三鄉兼差上將軍以下三品以上內外鄉祖曾祖妻鄉等四鄉內二鄉兼差四品以下參上以上內外鄉祖妻鄉等三鄉內一鄉差參外員內外鄉內一鄉差各以文武平均交差　忠烈王九年權罷諸州事審官

忠肅王五年四月罷州郡事審官民甚悅之然未幾權豪復自爲之害甚於前五月下敎曰事審官之設本爲宗主人民甄別流品均平賦役表正風俗今則不然廣占公田多匿民戶若小有差役例收祿轉則吏之上京者敢於私門决杖徵銅還取祿轉擅作威福有害於鄉無補於國已盡革罷其所匿田戶推刷復舊　恭愍王十八年辛旽欲自爲五道都事審官令三司上書請復事審官王曰我皇考値旱災焚香告天罷此官天乃雨寡人可忘先王之意乎焚其書

其人國初選鄉吏子弟爲質於京且備顧問其鄉之事謂之其人文宗三十一年判凡其人千丁以上州則足丁年四十以下三十以上者許選上以下州則半足丁勿論兵倉正以下副兵倉正以上富强正直者選上其足丁限十五年半丁限十年立役半丁至七年足丁至十年許同正職役滿加職

高宗四十年六月詔其人加村分職　忠肅王五年敎其人役使甚於奴隷不堪其苦逋亡相繼所隷之司計日徵直州郡不勝其弊多至流亡以事審官及除役所蔭戶代之至亡州郡其除之（除役所即宮司及所屬民戶不供賦役者）

鄉職　一品曰三重大匡重大匡二品曰大匡正匡三品曰大丞佐丞四品曰大相元甫五品曰正甫六品曰元尹佐尹七品曰正朝正位八品曰甫尹九品曰軍尹中尹　成宗二年改州府郡縣吏職以兵部爲司兵倉部爲司倉堂大等爲戶長大等爲副戶長郎中爲戶正員外郞爲副戶正執事爲史

兵部卿爲兵正筵上爲副兵正維乃爲兵史倉部卿爲倉正
穆宗元年三月判諸州縣戶長年滿七十屬安逸　顯宗
九年定凡州府郡縣千丁以上戶長八人副戶長四人兵正
副兵正各二人倉正副倉正各二人史二十人兵倉史各十
人公須食祿史各六人客舍藥店司獄史各四人五百丁以
上戶長七人副戶長二人兵正副兵正倉正副倉正各二人
史十四人兵倉史各八人公須食祿史各四人客倉藥店司
獄史各二人三百丁以上戶長五人副戶長兵倉正副兵倉
正各二人史十人兵倉史各六人公須食祿史各四人客舍
藥店司獄史各二人百丁以下戶長四人副戶長兵倉正副
兵倉正各一人史六人兵倉史各四人公須食祿史各三人
客舍藥店史各一人東西諸防禦使鎭將縣令官千丁以上
戶長六人副戶長兵倉正副兵倉正各二人史十人兵倉史
各六人公須史各四人客舍藥店司獄史各二人百丁以上
戶長四人副戶長以下並同千丁以上州縣百丁以下戶長
二人副戶長兵倉正副兵倉正各一人史六人兵倉史各四
人公須客舍藥店司獄史各二人　是年判諸道外官戶長

擧望時考其差年久近壇典行公年數具錄申省方許給貼
十三年四月崔士威奏鄕吏稱號混雜自今諸州府郡縣
吏仍稱戶長鄕部曲津驛吏只稱長從之　十六年二月判
諸州縣長吏病滿百日依京官例罷職收田　文宗五年十
月判諸州縣吏初職後壇史二轉兵倉史三轉州府郡縣史
四轉副兵倉正五轉副戶正六轉戶正七轉兵倉正八轉副
戶長轉九戶長其公須食祿正准戶正副正准副兵倉正客
舍藥店司獄正准副戶正副正准州府郡縣史以家風不及
戶正副兵倉正者差之若累世有家風子息初授兵倉史其
次初授後壇史　十六年三月判各州縣鄕吏爲僧者直子
禁副戶長戶長職孫以下許通　二十三年三月判別將則
副戶長以上校尉則兵倉正戶正食祿正隊正則副兵倉正
副戶正諸壇正並弓科試選兼差　忠宣王四年禁鄕吏之
子冒受伍尉　忠肅王十二年敎本國鄕吏非由科擧不得
免役從仕近者逋亡附勢濫受京職又令子弟不告所在官
司投勢免役內多濫職外損戶口今後外吏及其子弟毋得
擅離本役其受京職者限七品罷職從鄕　恭愍王十二年

五月教比年外吏規免本役多以雜科出身以致鄕邑彫殘
自今只許赴正科毋令與於諸業　辛禑九年二月左司議
權近等言國之安危係乎州郡盛衰比年以來外方州縣吏
輩規免本役稱爲明書業地理業醫律業皆無實才出身免
役故鄕吏日減難支公務至於守令無所役使諸業出身者
退坐其鄕恣行所欲守令莫之誰何是以州縣僅存之吏皆
生覬覦之心臣等切恐州縣因此益衰乞東堂雜業監試明
經一皆罷之禑令東堂雜業監試明經依舊施行鄕吏則三
丁一子許赴試　恭讓王元年十二月趙浚上言比年以來
紀綱陵夷爲鄕吏者或稱軍功冒受官職或憑雜科謀避本
役或托權勢濫升官秩者不可勝紀州縣一空八道凋弊願
自今雖三丁一子三四代免鄕而無的實文契者軍功免鄕
而無特立奇功受功牌者雜科非成均典校典法典醫出身
者自添設奉翊眞差三品以下勒令從本以實州郡今後鄕
吏不許明經雜科出身免役以爲恒式

志卷第二十九

志卷第三十　高麗史七十六

正憲大夫工曹判書集賢殿大提學知經筵春秋館事兼成均大司成臣鄭麟趾奉
教修

百官一

高麗太祖開國之初參用新羅泰封之制設官分職以諧庶
務然其官號或雜方言蓋草創未暇革也二年立三省六尙
書九寺六衛略倣唐制成宗大新制作定內外之官內有省
部臺院寺司館局外有牧府州縣官有常守位有定員於是
一代之制始大備文宗睿宗雖少加增損大抵皆襲成宗之
舊子孫有所遵守自忠烈改官制凡擬上國者悉改之忠宣
受禪父子互相紛更而官爵大紊及恭愍嗣位二十年之閒
改官制者四而或從舊制或用新制遂不勝其煩矣大抵高
麗之法因時沿革繁簡有異當其立法之始宰相統六部六
部統寺監倉庫簡以制繁卑以承尊省不過五樞不過七宰
相之職擧而庶司百寮各供其職及其弊也省宰增至七八

自事元以來事多倉卒僉議密直每於都評議司會議而商議之名又起與國政者至六七十人於是六部徒爲虛設百司渙散無統而政事不復修舉矣其設官之制終始得失蓋如此凡諸衙門所統所屬其詳未可攷今姑以大小品秩爲次錄之其隨立隨罷者亦并錄之以著一時之事若因事散見而無首尾可攷者略之且都監各色因事而置事已則罷或遂置而不罷其名號多出於武臣任意撰定率皆鄙俚然亦皆附錄作百官志

三師三公大師大傅大保爲三師大衛司徒司空爲三公無其人則闕其始置歲月不可考文宗定三師三公各一人皆正一品忠烈王罷恭愍王五年復置十一年又罷之

門下府掌百揆庶務其郞舍掌諫諍封駁國初稱內議省成宗元年改內史門下省文宗十五年改中書門下省忠烈王元年併尙書省爲僉議府五年元賜僉議府正四品印七年元陞秩爲從三品十九年元改爲都僉議使司又陞從二品恭愍王五年復稱中書門下省別立尙書省十一年復改都僉議府十八年改門下府

判門下國初稱內議令成宗改內史令文宗改中書令定一人秩從一品忠烈王元年廢不置二十一年置都僉議令以金方慶爲之尋以嫌於上國中書令改判都僉議使司事後改領都僉議恭愍王五年復改中書令十一年復改領都僉議十八年改領門下辛禑改判門下

侍中成宗置門下侍中文宗定一人秩從一品忠烈王元年改僉議中贊置左右各一人二十四年忠宣受禪改都僉議侍中尋復改中贊三十四年忠宣在元改政丞省一人忠肅十七年忠惠王復改中贊後復改右左政丞恭愍王三年復改侍中尋復改右左政丞五年改門下侍中守侍中十一年復改僉議右左政丞十二年改僉議左右侍中十八年改門下左右侍中辛昌復改侍中守侍中

贊成事成宗置內史侍郞平章事門下侍郞平章事文宗定門下侍郞平章事中書侍郞平章事各一人又於中書門下各置平章事並秩正二品忠烈王元年改爲僉議侍郞贊成事僉議贊成事二十四年忠宣以宰執員冗論議異同事多稽滯乃罷之尋又復之三十四年忠宣改中護定三人秩仍

正二品後復稱贊成事恭愍王五年復文宗舊制九年稱平章政事十一年復爲僉議贊成事十八年改門下贊成事

評理穆宗時有參知政事文宗定一人秩從二品忠烈王元年改僉議參理三十四年忠宣改評理增爲三人忠肅王十七年復改參理恭愍王五年復改參知政事十一年復改僉議評理十八年改參知門下府事二十一年改門下評理

政堂文學文宗定一人秩從二品忠烈王元年改參文學事十六年復改政堂文學忠宣王罷後復置之

知門下府事文宗定知門下省事一人秩從二品忠烈王元年改知僉議府事忠宣王罷恭愍王五年復改知門下省事十一年改知都僉議事十八年改知門下府事

常侍穆宗時有左右散騎常侍文宗定左右各一人秩正三品後改左右常侍忠烈王二十四年忠宣復改左右散騎常侍尋復改左右常侍恭愍王五年復改左右散騎常侍十一年復改右左常侍十八年復改左右散騎常侍二十一年復改左右常侍

直門下文宗定一人秩從三品睿宗十一年詔立本品行頭忠烈王二十四年忠宣罷恭愍王元年置直都僉議五年復改直門下十一年復改直都僉議後復改直門下

司議大夫穆宗時有左右諫議大夫文宗定左右各一人秩正四品睿宗十一年詔立本品行頭後改左右司議大夫忠烈王二十四年忠宣改左右諫議大夫降從四品後復改左右司議大夫恭愍王五年復改諫議大夫陞從三品班在直門下上十一年復改右左司議大夫十八年復改左右諫議大夫二十一年復改左右司議大夫

給事中文宗定一人秩從四品後改稱中事忠烈王二十四年忠宣復改給事中三十四年忠宣罷恭愍王元年復置中事尋罷之

舍人太祖十三年置內議舍人成宗改內史舍人文宗改中書舍人定一人秩從四品忠烈王二十四年忠宣改都僉議舍人陞正四品恭愍王五年復改中書舍人降從四品十一年改內書舍人十八年改門下舍人

起居注文宗定一人秩從五品睿宗十一年詔立本品行頭恭愍王五年陞正五品

起居郎文宗定一人秩從五品恭愍王五年陞正五品
起居舍人文宗定一人秩從五品恭愍王五年陞正五品
獻納穆宗時有左右補闕睿宗改左右司諫各一人秩正六品後改左右補諫忠烈王二十四年忠宣復改左右司諫三十四年忠宣改左右獻納陞正五品恭愍王五年復改左右司諫降從五品十一年復改右左獻納陞正五品十八年復改左右司諫二十一年復改左右獻納
正言穆宗時有左右拾遺睿宗十一年改左右正言各一人秩從六品忠烈王三十四年忠宣改思補陞正六品恭愍王五年復改左右正言
錄事穆宗時有門下錄事文宗定一人秩從七品忠烈王二十四年改都僉議錄事陞正七品恭愍王五年復改門下錄事十一年復改僉議錄事爲階梯正七品十八年復改門下錄事
注書穆宗時有內史主書文宗改中書注書定一人秩從七品忠烈王二十四年改都僉議注書陞正七品恭愍王五年復改門下注書十一年復改僉議注書十八年復改門下注書
典務令一人從七品丞二人從八品錄事二人正九品並忠烈王三十四年忠宣始置尋罷之
首領官經歷一人都事二人並忠宣始置尋罷之
掾屬文宗置主事六人令史六人書令史六人注覆三人待詔二人書藝二人試書藝二人記官二十人書手二十六人直省八人唐鄉各四人 電吏百八十人門僕十人忠宣王加置照磨一人令史二十人譯史二人通事二人知印二人奏差十人

尙書省太祖仍泰封之制置廣評省摠領百官有侍中侍郎郎中員外郎太祖時又有內奉省三國史云內奉省即今都省沿革與此不同 成宗元年改廣評省爲御事都省十四年改尙書都省文宗定尙書令一人秩從一品左右僕射各一人正二品知省事一人從二品左右丞各一人從三品左右司郎中各一人正五品左右司員外郎各一人正六品都事二人從七品掾屬主事四人令史六人書令史六人記官二十人算士一人直省二人忠烈王元年倂于中書門下爲僉議府并罷員吏二十四年忠宣設左右

僕射於僉議府又置左右司郎中員外郎都事各二人會都僉議府別廳治事尋並罷之恭愍王五年革三司復設尙書省並復文宗舊制唯不置知省事陞都事正七品十一年罷尙書省復置三司

三司掌摠中外錢穀出納會計之務太祖改泰封調位府爲三司顯宗五年因武臣之請罷三司置都正司十四年復置三司文宗定判事一人宰臣兼之使二人正三品知司事一人副使二人從四品判官四人睿宗十一年詔本司員立本品行頭忠烈王置左右使忠惠王元年置都事恭愍王五年罷爲尙書省十一年復置三司定判事一人從一品左右使各一人正二品左右尹各二人從三品副使四人正四品判官二人正五品都事階梯正七品十八年改副使爲少尹辛禑始置領三司事　吏屬文宗置主事六人令史十一人書令史二人記官二十五人重監二人計史二人算士四人吏屬文宗前後史闕未攷諸司倣此

密直司掌出納宿衞軍機之政成宗十年兵官侍郎韓彥恭使宋還奏宋樞密院卽我朝直宿員吏之職於是始置中樞院顯宗初卽位罷中樞院及銀臺南北院置中臺省以掌三官機務有使副使直中臺兼直中臺二年罷中臺復置中樞院十四年中樞院日直員爲左右承宣各有副仍以副樞以下兼之文宗定判院事一人院使二人知院事一人同知院事一人秩並從二品副使二人簽書院事一人直學士一人並正三品知奏事一人左右承宣各一人左右副承宣各一人亦正三品堂後官二人正七品獻宗元年改樞密院睿宗十一年詔承宣立本品行頭忠烈王初卽位置執奏自崔忠粹死執奏之職廢至是復之元年改密直司二年改承宣爲承旨二十四年忠宣改光政院删定員吏使從一品同知院事正二品副使從二品僉院事正三品同僉院事從三品都承旨從五品承旨副承旨並從六品計議官正七品計議參軍正八品尋復改密直司使一人知司事二人同知司事三人副使四人並從二品知申事一人左右承旨各一人左右副承旨各一人並正三品堂後官正七品三十四年忠宣罷及卽位復之加置判司事二年密直司陞秩與僉議府同稱兩府改承旨爲代言三年副使降正三品恭愍王三年判司

事知申事四代言皆爲祿官五年復改樞密院員秩並復文宗舊制十一年復改密直司判司事司使知司事簽書司事同知司事並從二品副使提學知申事右左代言右左副代言並正三品堂後官階梯正七品十八年降簽書正三品改提學爲學士代言爲承宣後復改學士爲提學承宣爲代言

吏屬文宗置別駕十人主事十人試別駕二人令史二人記官八人通引四人

資政院忠烈王二十四年忠宣新置之使秩從一品同知院事正二品僉院事從二品同僉院事正三品判官正五品計議官正七品計議參軍從八品尋罷之

吏曹掌文選勳封之政國初稱選官有御事侍郎郎中員外郎成宗十四年改爲尚書吏部文宗定判事一人宰臣兼之尚書一人秩正三品知部事一人他官兼之侍郎一人正四品郎中一人正五品員外郎一人正六品忠烈王元年倂吏禮部爲典理司改尚書爲判書侍郎爲摠郎郎中爲正郎員外郎爲佐郎二十四年忠宣改爲銓曹別立禮部復改判書爲尚書仍一人摠郎爲侍郎增三人其一以他官兼之正郎爲郎中佐郎爲員外郎並增三人其一皆以西班兼之仍罷六曹判事知事尋復之三十四年忠宣倂吏兵禮爲選部仍以選軍堂後衛尉倂焉改尚書爲典書增三人侍郎爲議郎郎中爲直郎員外郎爲散郎並仍三人加設注簿二人正七品以他官兼之後復稱典理司恭愍王五年復立六部吏部置尚書侍郎郎中員外郎品秩並復文宗舊制十一年復改典理司以尚書爲判書侍郎爲摠郎郎中爲正郎員外郎爲佐郎十八年復改選部稱尚書議郎直郎散郎二十一年復改典理司仍復判書摠郎正郎佐郎之號恭讓王元年改吏曹　吏屬文宗置主事二人令史二人書令史二人記官六人

考功司掌考覈官吏功過國初稱司績成宗十四年改尚書考功文宗定郎中二人秩正五品員外郎二人正六品忠烈王元年改郎中爲正郎員外郎爲佐郎二十四年忠宣倂於銓曹恭愍王五年復置考功司郎中員外郎十一年復稱正郎佐郎十八年改直郎散郎二十一年復稱正郎佐郎　吏屬文宗置主事二人令史四人書令史四人計史一人記官

二人算士一人

兵曹掌武選軍務儀衛郵驛之政太祖元年置兵部令卿郎中後稱兵官有御事侍郎郎中員外郎其屬有庫曹(太祖元年有徇軍部令郎中十六年有兵禁官郎中史光宗十一年改徇軍部爲軍部其職掌未詳疑皆是掌兵之官後並廢之)成宗十四年改兵官爲尙書兵部仍改庫曹爲尙書庫部顯宗二年罷庫部文宗定兵部判事一人宰臣兼之尙書一人秩正三品知部事一人他官兼之侍郎二人正四品郎中二人正五品員外郎二人正六品忠烈王元年改軍簿司仍改尙書爲判書侍郎爲摠郎郎中爲正郎員外郎爲佐郎二十四年忠宣改爲兵曹又改判書爲尙書增二人其一班主兼之摠郎爲侍郎增三人其一以他官兼之正郎爲郎中佐郎爲員外郎並增三人其一皆以西班兼之三十四年忠宣併于選部後改摠部又復稱軍簿司恭愍王五年復改兵部稱尙書侍郎郎中員外郎十一年復改軍簿司以尙書爲判書侍郎爲摠郎郎中爲正郎員外郎爲佐郎十八年復改摠部稱尙書議郎直郎散郎二十一年復改軍簿司仍復稱判書摠郎正郎佐郎恭讓王元年復改兵曹　吏屬文宗置主事二人令史二人書令史二人記官十二人

戶曹掌戶口貢賦錢粮之政國初稱民官有御事侍郎郎中員外郎其屬有司度金曹倉曹成宗十四年改爲尙書戶部仍改司度爲尙書度支金曹爲尙書金部倉曹爲尙書倉部後並罷屬官文宗定戶部判事一人宰臣兼之尙書一人秩正三品知部事一人他官兼之侍郎二人正四品郎中二人正五品員外郎二人正六品忠烈王元年改爲版圖司仍改尙書爲判書侍郎爲摠郎郎中爲正郎員外郎爲佐郎二十四年忠宣改爲民曹又改判書爲尙書仍一人摠郎爲侍郎增三人其一以他官兼之正郎爲郎中佐郎爲員外郎並增三人其一皆以西班兼之三十四年忠宣改爲民部仍以三司軍器都鹽院併焉改尙書爲典書增三人摠郎爲議郎正郎爲直郎佐郎爲散郎並仍三人後改版圖司恭愍王五年復改戶部稱尙書侍郎郎中員外郎十一年復改版圖司以尙書爲判書侍郎爲摠郎郎中爲正郎員外郎爲佐郎十八年復改民部稱尙書議郎直郎散郎二十一年復改版圖司仍復稱判書摠郎正郎佐郎恭讓王元年改戶曹　吏屬文

宗置主事六人令史六人書令史十人計史一人記官二十五人算士一人

刑曹掌法律詞訟詳讞之政太祖仍泰封之制置義刑臺後改刑官有御事侍郎郎中員外郎成宗十四年改尙書刑部文宗定判事一人宰臣兼之尙書一人秩正三品知部事一人他官兼之侍郎二人正四品郎中二人正五品員外郎二人正六品又別置律學博士一人從八品助敎二人從九品忠烈王元年改爲典法司仍改尙書爲判書侍郎爲摠郎郎中爲正郎員外郎爲佐郎二十四年忠宣改爲刑曹又改判書爲尙書仍一人摠郎爲侍郎增三人其一以他官兼之正郎爲郎中佐郎爲員外郎並增三人其一皆以西班兼之三十四年忠宣改爲讞部仍以監傳色都官典獄併焉改判書爲典書增二人侍郎爲議郎復減爲二人郎中爲直郎員外郎爲散郎並仍三人後復稱典法司恭愍王五年復改刑部稱尙書侍郎郎中員外郎十一年復改典法司仍復稱判書摠郎正郎佐郎十八年改爲理部稱尙書議郎直郎散郎二十一年復改典法司又復稱判書摠郎正郎佐郎恭讓王元年復改刑曹　吏屬文宗置主事二人令史六人書令史四人計史一人記官六人算士二人杖首二十六人

都官掌奴婢簿籍決訟文宗定尙書都官郎中二人正五品員外郎二人正六品忠烈王元年改郎中爲正郎員外郎爲佐郎二十四年忠宣復改郎中員外郎三十四年忠宣併於讞部忠宣王二年以訴良者多而讞部不能辨復設都官置正郎佐郎恭愍王五年改郎中員外郎九年加員外郎二人十一年加置摠郎正四品改郎中爲正郎員外郎爲佐郎十八年革摠郎改正郎爲直郎佐郎爲散郎二十一年復稱正郎佐郎　吏屬文宗置主事六人令史六人書令史六人計史一人記官五人算士一人

禮曹掌禮儀祭享朝會交聘學校科擧之政國初稱禮官有御事侍郎郎中員外郎其屬有祠曹成宗十四年改禮官爲尙書禮部仍改祠曹爲尙書祠部顯宗二年罷祠部文宗定禮部判事一人宰臣兼之尙書一人秩正三品知部事一人他官兼之侍郎一人正四品郎中二人正五品員外郎二人正六品忠烈王元年倂于典理司二十四年忠宣復置稱儀

曹尙書一人侍郞三人其一以他官兼之郞中員外郞並三人其一皆以西班兼之三十四年忠宣復併于選部恭愍王五年復立禮部置尙書侍郞郞中員外郞十一年改禮儀司仍改尙書爲判書侍郞爲摠郞郞中爲正郞員外郞爲佐郞十八年復稱禮部又改判書爲尙書摠郞爲議郞正郞爲直郞佐郞爲散郞二十一年復改禮儀司稱判書摠郞正郞佐郞恭讓王元年改禮曹　吏屬文宗置主事二人令史四人書令史二人記官六人篆書者二人

工曹掌山澤工匠營造之事國初稱工官有御事侍郞郞中員外郞其屬有虞曹水曹成宗十四年改工官爲尙書工部仍改虞曹爲尙書虞部水曹爲尙書水部後廢虞水部文宗定工部判事一人宰臣兼之尙書一人秩正三品知部事一人他官兼之侍郞一人正四品郞中二人正五品員外郞二人正六品忠烈王元年罷二十四年忠宣復置稱工曹尙書一人侍郞三人其一以他官兼之郞中員外郞並三人其一皆以西班兼之後復罷之恭愍王五年復立工部置尙書侍郞郞中員外郞十一年改典工司以尙書爲判書侍郞爲摠郞郞中爲正郞員外郞爲佐郞十八年復稱工部仍改判書爲典書摠郞爲議郞正郞爲直郞佐郞爲散郞二十一年復改典工司稱判書摠郞正郞佐郞恭讓王元年復改工曹　吏屬文宗置主事二人令史四人書令史四人計史一人記官八人

司憲府掌論執時政矯正風俗糾察彈劾之任國初稱司憲臺成宗十四年改御史臺有大夫中丞侍御史殿中侍御史監察御史顯宗五年武臣金訓等請罷御史臺置金吾臺使副使錄事並無常員六年罷金吾臺復以御史臺爲司憲臺置大夫中丞雜端侍御司憲殿中侍御司憲監察司憲十四年復改御史臺靖宗十一年陞權知監察御史班在閤門祗候上文宗定判事一人大夫一人秩正三品知事一人中丞一人從四品雜端一人侍御史二人並從五品殿中侍御史二人正六品監察御史十人從六品（文吏各五人）睿宗十一年詔知事雜端立本品行頭神宗五年御史二人陞爲參秩忠烈王元年改監察司仍改大夫爲提憲中丞爲侍丞侍御史爲侍史監察御史爲監察史二十四年忠宣改爲司憲府改提

憲復爲大夫陞從二品侍丞復爲中丞增二人陞從三品侍史改內侍史殿中侍御史改殿中內侍史監察史改監察內史省爲六人新置注簿一人正七品減知事雜端尋復改監察司以內侍史復爲侍御史殿中內侍史爲殿中侍御史監察內史爲監察御史三十四年忠宣復改司憲府改大夫爲大司憲陞正二品中丞爲執義陞正三品侍御史爲掌令陞從四品殿中侍御史爲持平陞正五品監察御史爲糾正增十四人其四兼官仍從六品忠宣王三年降大司憲正三品執義從三品後復改監察司以大司憲爲大夫恭愍王五年復改御史臺大夫如故改執義爲中丞省一人掌令爲侍御史持平爲殿中侍御史降從五品糾正爲監察御史十一年復改監察司仍復改中丞爲執義侍御史爲掌令殿中侍御史爲持平陞正五品監察御史爲糾正十八年復稱司憲府改大夫爲大司憲革執義置知事兼知事從三品掌令改侍史持平改雜端降從五品加置兼糾正二十一年革知事復置執義改侍史復爲掌令雜端爲持平　吏屬文宗置錄事三人令史四人書令史六人計史一人知班二人記官六人算士一人記事十人所由五十人

開城府成宗始置尹顯宗罷府置縣令文宗復稱開城府置知府事忠烈王三十四年忠宣併給田都監及五部於開城府掌都城內判府尹一人從二品尹二人一兼官正三品少尹三人一兼官正四品判官二人正五品記室參軍二人正七品並隨品帶繕工職事別置開城縣令掌都城外恭愍王五年改定尹從二品少尹正四品判官正五品參軍正七品縣令亦正七品縣丞正八品十一年加置判府事位在尹上亦從二品恭讓王元年令掌家舍財物追倍二年依中朝應天府直申中書省例令本府直報都評議司且擢用孝子順孫旌表義夫節婦黜考大小學校以養人才禁惡逆奸僞以正風俗又掌農桑戶婚田土逋欠宿債牧民之任

藝文館掌制撰詞命太祖仍泰封之制置元鳳省後改學士院有翰林學士顯宗改爲翰林院文宗定判院事宰臣兼之學士承旨一人正三品學士二人正四品侍讀學士一人侍講學士一人直院四人其二權務醫官二人睿宗十一年刪定員吏學士承旨學士並正三品侍讀學士侍講學士並正

四品諸兼本院官並令立本品行頭諸知制誥亦立本品行頭翰林院實又閣兼者謂之內知制誥他官兼者謂之外知制誥後改知製敎後陞直院爲八品高宗七年復以直院爲權務忠烈王元年改文翰署二十四年忠宣命直史館一人直文翰一人更日直文翰署又罷政房使本署主選法尋改爲詞林院委以出納之任學士承旨陞從二品學士二人正三品侍讀侍講學士各一人從三品新置待制一人正四品尋復改文翰署後改學士爲司學三十四年忠宣併文翰史官爲藝文春秋館仍以右文館進賢館書籍店併焉置大詞伯三人從二品詞伯二人正三品直詞伯二人正四品應敎二人正五品供奉二人正六品已上並兼官脩撰二人正七品注簿二人正八品檢閱二人正九品忠宣王三年改詞伯爲提學忠肅王十二年分藝文春秋爲二館藝文館置脩撰注簿各一人檢閱二人後改供奉正七品脩撰正八品檢閱正九品恭愍王五年復稱翰林院置學士承旨正三品待制正五品供奉一人正七品檢閱一人正八品直院二人正九品九年加置大學士二人十一年復稱藝文館改大學士爲大提學從二品置提學正三品直提學正四品應敎正五品供奉仍正七品脩撰正八品檢閱降正九品十八年提學例改學士二十一年復改提學恭讓王元年復併爲藝文春秋館　吏屬文宗置錄事二人承事郎二人待詔二人記官一人書手一人

春秋館掌記時政國初稱史館監修國史侍中兼之修國史同修國史二品以上兼之脩撰官翰林院三品以下兼之直史館四人其二權務後陞直館爲八品高宗復以直館爲權務官忠烈王三十四年忠宣併於文翰署爲藝文春秋館忠肅王十二年分藝文春秋爲二館春秋館置脩撰注簿各一人檢閱二人後改供奉正七品脩撰正八品檢閱正九品又有領館事監館事首相爲之知館事同知館事二品以上爲之克脩撰官克編修官兼編修官三品以下爲之恭愍王五年復稱史館置編修官一人正七品檢閱一人正八品直館二人正九品十一年復稱春秋館供奉正七品脩撰正八品檢閱正九品恭讓王元年史官崔蠲等上書曰史官之任君上之言行政事百官之是非得失皆得直書以示後世而垂勸戒故自古有國家者莫不以史職爲重本朝設藝文春秋

館選有文行者八人同任史翰之職又置兼官以領之所以重其任也近年以來史翰歧而爲二兼官亦不供職但以供奉以下四人當之不能備記非國家置史之本意也願自今以史翰八人同其職任各修史草二本秩滿當迁一納于館一藏于家以備後考兼官克脩撰官以下各據見聞錄爲史草悉送史館又本館直牒京外大小衙門凡所施爲之事一一報館以憑記錄永爲恒式從之　吏屬文宗置書藝四人記官一人

寶文閣睿宗十一年禁中作清燕閣選置學士直學士直閣各一人朝夕講論經書學士視從三品直學士視從四品直閣視從六品又置校勘四人其二以御書院校勘充之其二以職事兼之尋以清燕閣在禁內學士直宿出入爲難就其旁別置閣改官號曰寶文加置待制官班視給舍直賜金紫仍修紅樓下南廊爲學士會講之堂賜號曰精義就其左右爲休息之所充其選者皆一時豪傑又置提擧同提擧管勾同管勾皆以中樞內臣兼之後加置大學士一人毅宗五年始置文牒所於寶文閣以文士十四人及寶文閣校勘專掌其事命司空林光爲別監忠烈王元年改寶文署二十四年忠宣併於同文院（文宗以同文院爲丙科權務官使一人三品兼之副使一人五品兼之錄事四人二兼官）忠肅王元年瀋王釣旨復置寶文閣大提學從二品提學正三品直提學正四品恭愍王五年改大提學爲大學士減提學改直提學爲直學士置待制正五品十一年復改大學士爲大提學復置提學改直學士爲直提學減待制置直閣正四品十八年提學例改學士減直閣置應教正五品二十一年復用十一年官制（忠肅王後寶文閣徒有其名忠穆王初立大臣請置書筵官分四以番更日侍讀恭愍王元年開書筵亦分番入侍辛禑元年令五品以下四人爲侍學分兩番進講及選官階四品恭讓王二年改稱經筵置領經筵事知經筵事講讀官）

諸館殿學士廢置沿革未詳率皆選文臣之有才學者入銜兼帶以備侍從成宗十四年以崇文館爲弘文館置學士文宗定官制諸殿大學士秩從二品學士正四品睿宗十一年詔諸殿學士立本品行頭仁宗十四年改文德殿爲修文殿延英殿爲集賢殿文德延英古有大學士學士今隨殿改號神宗二年凡帶學士職者並許參侍臣之列舊制雖帶學士非臺諫知制誥則不得與侍從至是中書奏改之忠烈王二十四年忠宣置弘文館學士直學士又復置崇文館學士仍

改修文殿爲館尋復改爲殿二十九年改學士爲司學後並廢之置右文館進賢館三十四年倂右文進賢館於文翰署尋復置右文館大提學正二品提學正三品直提學正四品進賢館大提學從二品提學直提學同右文恭愍王五年廢兩館置修文殿集賢殿大學士直學士十一年復置右文館進賢館大提學提學直提學十八年復置修文殿集賢殿例改提學爲學士二十一年復置右文進賢館改學士爲提學

成均館掌儒學教誨之任成宗置國子監有國子司業博士助教大學博士助教四門博士助教文宗定提擧同提擧管勾各二人判事一人皆兼官祭酒一人秩從三品司業一人從四品丞從六品國子博士二人正七品大學博士二人從七品注簿從七品四門博士正八品學正二人學錄二人並正九品學諭四人直學二人書學博士二人算學博士二人並從九品睿宗十一年改判事爲大司成從三品祭酒降正四品忠烈王元年改國學仍改祭酒爲典酒司業爲司藝二十四年忠宣改成均監陞大司成正三品復改典酒爲祭酒司藝爲司業國子博士爲成均博士加置明經博士明經學諭三十四年忠宣改成均館刪定員吏置祭酒一人從三品樂正一人從四品丞一人從五品成均博士二人正七品諄諭博士二人從七品進德博士二人從八品學正二人學錄二人並正九品直學二人學諭四人並從九品後復置大司成正三品樂正改司藝丞改直講進德博士陞正八品恭愍王五年復稱國子監大司成正三品祭酒從三品司業從四品直講從五品國子博士正七品大學博士從七品四門博士明經博士並正八品律學博士從八品學正學錄正九品直學學諭書學博士明經學諭算學博士律學助教從九品十一年復稱成均館改司業爲司藝國子博士爲成均博士四門博士爲諄諭博士陞從七品十八年改祭酒爲司成

吏屬文宗置書史二人記官二人

典校寺掌經籍祝疏國初稱內書省成宗十四年改秘書省有監少監丞郞校書郞正字文宗定判事秩正三品（文宗五年內史門下省奏諸司判事本皆權帶近皆爲祿官有違古制請改之從之）監一人從三品少監一人從四品丞二人從五品郞一人從六品校書郞二人正九品正字二人從九品校勘二人忠烈王二十四年忠宣改秘書監減判事

降丞爲從六品郞從七品併留院官於校勘文宗定御書院知院事副知院事判院兼押院二人檢討官二人留院官二人知書二人書手二十五人三十四年忠宣降爲典校署爲藝文館所轄丞一人正五品郞一人正七品校勘一人正九品又置權知校勘十二人後陞爲典校寺置判事正三品令從三品副令從四品丞從五品郞正七品注簿正八品校勘正字並從九品恭愍王五年復稱秘書監改令爲監副令爲少監置著作郞二人正七品郞增二人降從七品復置秘書郞四人正八品校勘陞正九品判事丞正字如故十一年復稱典校寺改監爲令少監爲副令革著作郞陞郞爲正七品革校書郞置注簿正八品校勘復降從九品餘並仍十八年復用五年官制二十一年復用十一年官制吏屬文宗置主事一人令史一人書藝十人記官二人書手十五人

通禮門掌朝會儀禮穆宗朝有閤門使副使祗候文宗定判事秩正三品知事兼官使正五品引進使二人正五品引進副使從五品閤門副使正六品通事舍人四人祗候四人正七品權知祗候六人睿宗十一年詔知閤門事立本品行頭神宗五年祗候文吏各三人陞爲參秩忠烈王元年改通禮門二十四年忠宣復改爲閤門判事以下皆復舊制唯祗候增爲八人減權知祗候三十四年忠宣改爲中門改定員吏使二人正三品副使二人正四品判官二人正五品舍人二人正六品祗候十四人其四以郞將兼之從六品後復改通禮門以使爲判事恭愍王五年復改閤門判事如故知事從三品引進使正四品引進副使正五品通事舍人祗候並從六品十一年復改通禮門引進使改副使引進副使改判官通事舍人改舍人十八年復改閤門又改副使爲引進使判官爲引進副使舍人爲通事舍人二十一年復稱通禮門仍改稱副使判官舍人　吏屬文宗置承旨四人聽[illegible]二十人記官一人

典儀寺掌祭祀贈諡穆宗朝有大常卿少卿博士司儀齋郞文宗以大常府爲丙科權務官使一人三品兼之副使一人五品兼之錄事四人亦兼官忠烈王二十四年忠宣改大常府爲奉常寺置卿二人秩正三品少卿一人正四品丞一人正五品博士一人從七品大祝一人奉禮郞一人並正九品三十四年忠宣改爲典儀寺置領事二人皆兼官改卿爲令

省一人少卿爲副令增二人丞仍一人革博士大祝奉禮郎置注簿一人正六品直長二人正七品錄事二人正九品後置判事正三品降令從三品丞從五品恭愍王五年改大常寺改令爲卿副令爲少卿革注簿復置博士陞正六品判事丞直長錄事如故十一年復稱典儀寺又改卿爲令少卿爲副令降從四品革博士復置注簿餘並仍十八年復稱大常寺改令爲卿副令爲少卿陞正四品注簿爲博士二十一年復用十一年官制　吏屬文宗置記事書者

宗簿寺掌族屬譜牒穆宗朝有殿中省監少監丞內給事文宗定判事秩正三品監一人從三品少監一人從四品丞二人從五品內給事一人從六品後改殿中寺改監爲尹少監爲少尹忠烈王二十四年改宗正寺革判事改尹爲卿小尹爲少卿丞內給事仍舊新置注簿從七品後改殿中監復稱尹少尹忠宣王二年改爲宗簿寺置判事正三品令從三品副令從四品丞從五品注簿從七品恭愍王五年復稱宗正寺改令爲卿副令爲少卿十一年復稱宗簿寺又改卿爲令少卿爲副令十八年復稱宗正寺例改爲卿少卿二十一年復稱宗簿寺仍改爲令副令　吏屬文宗置主事四人令史四人書令史四人記官四人算士一人

衛尉寺掌儀物器械太祖元年置內軍卿光宗十一年改內軍爲掌衛部後稱司衛寺成宗十四年改衛尉寺文宗定判事秩正三品卿一人從三品少卿一人從四品丞二人從六品注簿二人從七品忠烈王二十四年忠宣革判事增卿爲二人減丞一人尋改卿爲尹少卿爲少尹三十四年忠宣併於吏部忠惠王元年復置判事正三品令從三品少尹從四品丞從六品注簿從七品恭愍王五年改令爲卿少尹爲少卿十一年復改卿爲尹少卿爲少尹十八年復改尹爲卿少尹爲少卿二十一年復改爲尹少尹恭讓王元年罷併於重房　吏屬文宗置書史六人記官

司僕寺掌輿馬廄牧文宗定大僕寺判事秩正三品卿一人從三品少卿一人從四品丞一人從六品注簿二人從七品忠烈王二十四年忠宣革判事增卿爲二人三十四年忠宣改司僕寺以尙乘典牧諸牧監併焉置領事一人從二品兼之正二人其一兼官正三品副正二人其一兼官正四品丞

二人正五品直長二人正七品後改定判事正三品副令從四品丞從六品直長從七品恭愍王五年復稱大僕寺革副令置卿從三品改直長爲注簿判事丞如故十一年復稱司僕寺改卿爲正加置副正從四品復改注簿爲直長十八年復稱大僕寺又改正爲卿副正爲少卿直長爲注簿二十一年復稱司僕寺又改爲正副正直長　吏屬文宗置書史四人記官一人

禮賓寺掌賓客燕享太祖四年置禮賓省成宗十四年改客省後復改禮賓省文宗定判事秩正三品卿一人從三品少卿一人從四品丞二人從六品注簿二人從七品忠烈王二十四年忠宣改典客寺革判事增卿爲二人減丞爲一人尋改禮賓寺改卿爲尹少卿爲少尹三十四年忠宣復改典客寺置館事二人兼官改卿爲令陞正三品少卿爲副令增二人陞正四品丞增二人陞正五品注簿陞正七品後改定判事正三品令從三品副令從四品丞從六品注簿從七品錄事從八品恭愍王五年復稱禮賓寺改令爲卿副令爲少卿十一年復稱典客寺改卿爲令少卿爲副令十八年復稱禮賓寺例改爲卿少卿二十一年復稱典客寺又改爲令副令恭讓王二年復改禮賓寺　吏屬文宗置書史八人令史八人記官四人算士一人承旨四人孔目十五人都衙十五人

典農寺掌供粢盛穆宗時有司農卿後廢之忠宣王置典農司其司員吏出使者皆稱務農鹽鐵使尋改爲儲積倉恭愍王五年復置司農寺判事秩正三品卿從三品少卿從四品丞從五品注簿從六品直長從七品十一年改典農寺改卿爲正少卿爲副正革直長十八年復稱司農寺又改正副正爲卿少卿復置直長十九年置籍田官令一人肄本寺二十一年復稱典農寺仍復爲正副正

內府寺掌財貨廪藏文宗定大府寺判事秩正三品卿一人從三品少卿二人從四品知事兼官丞二人從六品注簿四人從七品忠烈王二十四年忠宣改外府寺革判事增卿二人減少卿一人丞一人注簿二人後復稱大府寺改卿爲尹少卿爲少尹三十四年忠宣改內府司改卿爲令陞正三品少尹爲副令增二人陞正四品丞復增二人陞正五品注簿陞正七品後改內府寺置判事正三品令降從三品副令降

從四品丞降從五品注簿降從七品恭愍王五年改大府監改令爲卿副令爲少卿降丞從六品十一年復稱內府寺改卿少卿爲令副令十八年復稱大府寺仍復爲卿少卿二十一年復稱內府寺又改爲令副令　吏屬文宗置書史十二人計史一人記官六人算士一人

小府寺掌工技寶藏太祖仍泰封之制置物藏省有令卿光宗十一年改爲寶泉後改小府監有監少監丞注簿文宗定判事秩從三品監一人正四品少監一人從四品丞二人從六品注簿二人從七品忠烈王二十四年忠宣改內府監革判事陞監從三品三十四年忠宣併於繕工司忠惠王元年復置爲小府寺判事正三品尹從三品少尹從四品丞從六品注簿從七品恭愍王五年復稱小府監改尹爲監少尹爲少監十一年復稱小府寺改監少監爲尹少尹十八年復稱少府監又改爲監少監二十一年復稱小府寺仍復爲少尹尹恭讓王二年罷之委其任於內府寺　吏屬文宗置監史六人記官四人算士一人

軍資寺掌軍需儲積恭讓王二年革小府寺置軍資寺又革轉輸都監其錢穀文書悉委之判事正三品尹從三品少尹從四品丞從六品注簿從七品

繕工寺掌土木營繕穆宗朝有將作監監少監丞注簿文宗定判事秩從三品監一人正四品少監一人從四品丞二人從六品注簿二人從七品忠烈王二十四年忠宣改繕工監革判事陞監從三品三十四年忠宣改繕工司以小府宮闕都監倉庫都監燃燈都監國贐併焉置領事一人從二品改監爲令增三人陞正三品少監爲副令增三人陞正四品陞丞正五品注簿正七品自領事至注簿皆兼官後改繕工寺改定判事正三品令從三品副令從四品丞從六品注簿從七品恭愍王五年復稱將作監改令爲監副令爲少監十一年復稱繕工寺改監爲令少監爲副令十八年復稱將作監又改令副令爲監少監二十一年復稱繕工寺仍復爲令副令恭讓王元年趙浚建議繕工務劇員少以重房上大將軍郎別將兼判事以下官　吏屬文宗置監作六人記官三人算士一人

司宰寺掌魚梁川澤文宗定司宰寺判事秩正三品卿一人

從三品少卿一人從四品丞三人從六品注簿二人從七品忠烈王二十四年忠宣改司津監革判事改卿爲監少卿爲少監尋復稱司宰寺改監爲尹少監爲少尹三十四年忠宣改都津司刪定員吏令三人其一兼官正三品長三人其一兼官正四品丞二人正五品注簿二人正七品後復改司宰寺置判事正三品令降從三品革長置副令從四品降丞從六品注簿從七品恭愍王五年改令爲卿副令爲少卿十一年復改卿爲令少卿爲副令十八年改司宰監復改令副令爲監少監二十一年復稱司宰寺仍改爲令副令　吏屬文宗置書史六人記官二人算士二人

司水寺掌兵船軍忠宣王以都府署爲都津司所轄恭讓王二年罷都府署爲司水署尋改爲寺判事正三品令從三品副令從四品丞從六品注簿從七品三年都堂啓請於司水寺依漢都船令例置都船指諭依齊官船典軍例置官船典軍從之

軍器寺掌營造兵器穆宗朝有軍器監監少監丞注簿文宗定判事秩從三品監一人正四品少監一人從五品丞二人正七品注簿四人正八品忠烈王二十四年忠宣革判事省注簿二人三十四年忠宣併於民部恭愍王五年復置軍器監判事正三品監從三品小監從四品丞從五品注簿從六品直長從七品十一年加置錄事正八品後改軍器寺恭讓王元年趙浚建議軍器寺務劇員小以重房上大將軍郎別將兼判事以下官　吏屬文宗置監史八人記官四人算士二人

書雲觀掌天文曆數測候刻漏之事國初分爲太卜監太史局太卜監有監少監四官正丞卜博士卜正太史局有令丞靈臺郎保章正挈壺正司辰司曆監候顯宗十四年改太卜監爲司天臺文宗定司天臺判事秩正三品監一人從三品少監二人從四品春官正夏官正秋官正冬官正各一人從五品丞二人從六品注簿二人從七品卜正一人卜博士一人並從九品太史局判事一人知局事一人令一人從五品丞一人從七品靈臺郎二人正八品保章正一人挈壺正二人並從八品司辰二人正九品司曆二人監候二人並從九品睿宗十一年改司天臺爲監忠烈王元年改司天監爲觀

候署後復改司天監三十四年忠宣併太史局爲書雲觀刪定員吏置提點一人兼官正三品令一人正三品正一人從三品副正一人從四品丞一人從五品注簿二人從六品掌漏二人從七品視日三人正八品司曆三人從八品監候三人正九品司辰二人從九品後罷提點改令爲判事餘並仍舊恭愍王五年復改司天監判事以下並復文宗舊制但加置卜助敎從九品又別立太史局令以下品秩亦復文宗舊制十一年復併司天太史爲書雲觀改定員吏判事正三品正從三品副正從四品丞從五品注簿從六品掌漏從七品視日正八品司曆從八品監候正九品司辰從九品十八年復分爲司天監太史局員吏品秩用五年官制二十一年復併爲書雲觀用十一年官制

典醫寺掌醫藥療治之事穆宗朝有太醫監監少監丞博士醫正文宗定判事秩從三品監一人正四品少監二人從五品博士二人丞二人並從八品醫正二人助敎一人呪禁博士一人並從九品醫針史一人注藥二人藥童二人呪禁師二人呪禁工二人忠烈王三十四年忠宣改司醫署改定員吏置提點二人兼官正三品令一人正三品正一人從三品副正一人從四品丞一人從五品郞一人從六品直長一人從七品博士二人從八品檢藥二人正九品助敎二人從九品後改典醫寺罷提點改令爲判事郞爲注簿恭愍王五年復稱大醫監改正爲監副正爲少監革檢藥十一年復稱典醫寺改監爲正少監爲副正復置檢藥十八年復稱大醫監又改正副正爲監少監二十一年復稱典醫寺仍改爲正副正

通文館忠烈王二年始置之令禁內學官等參外年未四十者習漢語禁內學官秘書史館翰林寶文閣御書同文院也幷式目都兵馬迎送謂之禁內九官時舌人多起微賤傳語之閒多不以實懷奸濟私參文學事金坵建議置之後置司譯院以掌譯語

志卷第三十

志卷第三十一　高麗史七十七

正憲大夫工曹判書集賢殿大提學知經筵春秋館事兼成均大司成臣鄭麟趾奉教修

百官二

寢園署掌守衛宗廟文宗定大廟署令一人秩從五品丞二人正七品神宗五年陞令爲參秩忠烈王三十四年忠宣改爲寢園署屬典儀寺令降正七品丞省一人降正八品後又降令從七品丞從八品恭愍王五年復改大廟署復陞令正五品丞從七品加置注簿從八品十一年復改寢園署員吏如故十八年復改大廟署二十一年復改寢園署　吏屬文宗置史四人記官二人

諸陵署掌守護山陵穆宗朝有諸陵署令丞文宗定令一人秩從五品丞二人從七品神宗五年陞令爲參秩忠烈王三十四年忠宣爲典儀寺所轄恭愍王五年只置丞仍從七品十一年復置令從五品丞仍舊　吏屬文宗置史六人記官二人

司醞署掌供酒醴文宗定良醞署令二人秩正八品丞二人正九品後改爲掌醴署肅宗三年復爲良醞署忠烈王五年罷宣送酒色併於本署加置參上參外別監各一人三十四年忠宣改爲司醞署置提點三人兼官正五品令仍二人其一兼官陞正五品丞仍二人其一兼官陞正六品加置直長一人正七品副直長一人正八品後罷提點降令正六品丞正九品直長副直長如故恭愍王五年復改良醞署又陞令正五品丞正六品十一年復改司醞署員吏如故十八年復改良醞署二十一年復改司醞署　吏屬文宗置史六人記官二人

司膳署掌供膳羞穆宗朝有尙食局奉御直長食醫文宗定奉御一人秩正六品直長二人正七品食醫二人正九品忠烈王三十四年忠宣改司膳署以御廚別廚迎送併焉置提點一人兼官正五品令三人其一兼官正五品丞三人其一兼官正六品直長三人正七品副直長三人正八品後罷提點丞副直長降令爲正六品復置食醫正九品恭愍王五年

復改尙食局改令爲奉御直長食醫如故十一年復改司膳署改奉御爲令十八年復改尙食局復稱奉御二十一年復改司膳署又復稱令　吏屬文宗置書令史四人記官二人算士一人雜路八人

奉醫署掌和御藥穆宗朝有尙藥局奉御侍御醫直長醫佐文宗定奉御一人秩正六品侍醫二人從六品直長二人正七品醫佐二人正九品醫針史二人藥童二人忠宣王二年改掌醫署後改奉醫署置令正六品直長正七品醫佐正九品恭愍王五年改尙醫局改令爲奉御直長醫佐如故十一年復改奉醫署改奉御爲令十八年復改尙醫局又改稱奉御二十一年復改奉醫署仍改爲令恭讓王三年倂於典醫寺　吏屬文宗置書令史二人算士二人

掌服署掌供御衣穆宗朝有尙衣局奉御直長文宗定奉御一人秩正六品直長一人正七品忠宣王二年改掌服署改奉御爲令直長如故恭愍王五年復改尙衣局改令爲奉御十一年復改掌服署改稱令十八年復改尙衣局又稱奉御二十一年復改掌服署又稱令恭讓王三年倂於工曹　吏屬文宗置書令史四人記官二人注衣一人

司設署掌供鋪設穆宗朝有尙舍局奉御直長文宗定奉御一人秩正六品直長二人正七品忠烈王三十四年忠宣改司設署置提點一人兼官正五品令二人亦正五品丞二人正六品直長二人正七品副直長二人正八品後罷提點降令正六品丞正九品罷副直長恭愍王五年改尙舍署改令爲奉御直長丞如故十一年復改司設署又改奉御爲令罷丞十八年復改尙舍署又改令爲奉御復置丞二十一年復改司設署仍改爲令　吏屬文宗置書令史四人記官二人幕士四十人

奉車署掌內廐穆宗朝有尙乘局奉御直長文宗定奉御一人正六品直長二人正七品忠宣王二年改奉車署以奉御爲令恭愍王五年復改尙乘局以令爲奉御十一年復改奉車署又改奉御爲令十八年復改尙乘局又改稱奉御二十一年復改奉車署又改爲令恭讓王三年倂於重房　吏屬文宗置書令史四人承旨五十人

供造署掌御用器玩穆宗朝有中尙署令文宗定令一人秩

正六品丞二人正八品忠宣王二年改供造署恭愍王五年復改中尙署以令爲奉御十一年復改供造署以奉御爲令十八年復改中尙署令丞如故二十一年復改供造署　吏屬文宗置史六人記官二人算士一人

京市署掌勾檢市廛穆宗朝有京市署令文宗定令一人秩正七品丞二人正八品忠烈王二十四年忠宣陞令權參三十四年忠宣增丞爲三人恭愍王五年降丞從八品　吏屬文宗置史三人記官二人

膳官署掌祀宴饌膳穆宗朝有大官署令文宗定令二人秩從七品丞四人從八品忠烈王三十四年忠宣改爲膳官署屬司膳署員額品秩仍舊恭愍王五年復改大官署十一年復改膳官署十八年復改大官署二十二年復改膳官署　吏屬文宗置史六人記官二人算士一人

掌冶署掌鎔冶之事文宗定令二人秩從七品丞二人正八品忠烈王三十四年忠宣罷掌冶署置營造局使從五品副使從六品直長從七品忠宣王二年罷營造局復置掌冶署令從七品丞從八品恭讓王三年併於工曹　吏屬文宗置史四人記官二人算士一人

都校署掌工作之事文宗定令二人秩從八品丞四人正九品忠烈王三十四年忠宣罷都校署置雜作局使從五品副使從六品直長從七品忠宣王二年罷雜作局復置都校署令正八品丞正九品恭愍王五年降令從八品恭讓王三年併於繕工寺　吏屬文宗置監作四人書令史四人記官二人

典樂署掌敎閱聲律穆宗朝有大樂署令文宗定令一人秩從七品丞二人從八品忠烈王三十四年忠宣改爲典樂署屬紫雲坊改定員吏置令二人正七品長二人從七品丞二人史二人並從八品直長二人從九品（紫雲坊亦是年置有提點一人正五品使一人正五品副使二人正六品判官二人正七品尋罷之）後降令從七品罷長陞直長從七品加置副直長從九品恭愍王五年復改大樂署令仍從七品復置長亦從七品史丞仍從八品直長復降從九品罷副直長十一年復改典樂署員秩並仍十八年復改大樂署二十一年復改典樂署恭讓王三年別置雅樂署習宗廟樂歌　吏屬文宗置史六人記官二人

內園署掌諸園苑文宗置令二人秩從七品丞二人從八品忠烈王三十四年爲司膳署所轄增丞爲四人　吏屬文宗置史四人記官二人算士一人

供驛署掌諸道程驛文宗定令二人秩從七品丞二人從八品恭讓王二年司憲府啓供驛署主鋪馬起發而每於私所開印移文人輕職要請托易行驛馬日減驛卒日散願自今令常坐公廳必據都堂公牒印給　吏屬文宗置史四人記官二人幕士四十人

典廐署掌飼雜畜穆宗朝有典廐署令文宗定令一人秩從七品丞二人從八品忠烈王三十四年忠宣爲典儀寺所轄　吏屬文宗置史三人記官二人算士一人

掌牲署掌薦犧牲文宗置令一人秩從八品丞二人正九品沿革未攷　吏屬文宗置史三人記官二人

都染署掌色染文宗定令一人秩正八品丞二人正九品忠烈王三十四年忠宣併雜織署爲織染局屬繕工司置使二人其十兼官從五品副使一人從六品直長一人從七品後忠宣以織染等事關廢令內謁者監內侍伯內謁者長源亭直各二人任其事二年分爲都染署復置令正八品丞正九品　吏屬文宗置史四人記官二人

雜織署掌織紝文宗定令二人秩正八品丞二人正九品忠烈王三十四年忠宣併於都染署爲織染局後復置雜織署令丞如故　吏屬文宗置史四人記官二人

司儀署掌贊禮文宗定令一人秩正八品丞二人正九品忠烈王三十四年忠宣增令爲二人降從八品丞仍二人降從九品　吏屬文宗置史四人記官二人

守宮署掌供帳幕文宗置令二人秩正八品丞二人正九品沿革未攷　吏屬文宗置史六人記官三人幕士五十人

典獄署掌獄囚國初始置典獄署成宗十四年改爲大理寺有評事文宗復改爲典獄署置令一人秩正八品丞二人正九品忠宣王罷恭愍王十一年復置令從八品從九品　吏屬文宗置史二人記官三人

大倉署穆宗元年有大倉署令文宗定令二人秩從七品丞四人從八品沿革未攷　吏屬文宗置史五人記官四人算士二人

大盈署文宗定令一人秩從七品丞二人沿革未攷　吏屬文宗置史三人記官二人算士一人

豐儲倉掌供上米廩文宗時京城有左右倉以近侍爲別監忠烈王三十四年忠宣改右倉爲豐儲倉置使一人秩正五品副使一人正六品丞一人正七品恭愍王降使從五品副使從六品丞從七品增置注簿從八品

廣興倉掌百官祿俸忠烈王三十四年忠宣改左倉爲廣興倉置使一人秩正五品副使一人正六品丞一人正七品恭愍王降使從五品副使從六品丞從七品增置注簿從八品

料物庫掌御廩米穀忠宣王三年改備用司爲料物庫置使秩從五品副使從六品注簿從八品

義盈庫忠烈王三十四年忠宣置使一人秩從五品副使一人從六品直長一人從七品恭愍王增置注簿從八品

長興庫忠烈王三十四年忠宣以大府上庫爲長興庫置使一人秩從五品副使一人從六品直長一人從七品恭愍王降使從六品革副使直長置注簿從八品

常滿庫忠宣以大府下庫爲常滿庫置使一人秩從五品副使一人從六品直長一人從七品恭愍王降使從六品革副使直長置注簿從八品

內庫文宗置使一人秩從六品副使二人正八品忠烈王三十四年忠宣以使爲權參　吏屬文宗置史四人承旨二十人

內房庫忠宣王元年併雲臻倉於富興倉尋改爲義成倉置使秩從五品副使從六品丞從七品忠肅王十二年改爲內房庫罷員吏十七年復爲義成倉置員吏委料正監之恭愍王四年復稱內房庫罷祿官及料正置提擧別監

德泉庫忠宣王時有德泉倉使秩從五品副使從六品丞從七品忠肅王十二年改爲德泉庫罷員吏十七年復置員吏委料正監之恭愍王四年罷祿官及料正置提擧別監

義鹽倉恭愍王置丞秩從七品注簿從八品常積倉忠烈王三十四年忠宣始置之使一人正五品副使一人正六品丞一人正七品沿革未攷

寶興庫忠肅王後八年忠惠王私置之忠惠後四年罷有備倉併於本庫忠穆王罷之以其所聚土田奴婢還本處有備倉有

使從五品副使從六品丞從七品注簿從八品
典廨庫恭愍王五年置令秩從七品丞從八品十一年革令十八年復置令
架閣庫掌藏圖籍恭愍王五年置丞秩從七品注簿從八品
惠濟庫恭愍王十一年置令秩從七品丞從八品錄事從九品
義濟庫恭愍王十年置令秩從七品丞從八品錄事從九品恭讓王三年併於惠濟庫
資贍司忠烈王三十四年忠宣置濟用司知事二人秩正五品使四人其二兼官正五品副使二人其一兼官正六品丞二人正七品忠宣王二年改爲資贍司革知事陞使從四品副使正五品革丞置注簿正八品尋罷之恭讓王四年置資贍楮貨庫尋又罷之
寶源解典庫恭愍王十八年置使秩從五品副使從六品丞從七品注簿從八品錄事從九品恭讓王三年併供辦署濟用庫於本庫恭讓曾罷准備色留濟用庫
大淸觀忠宣王置判官秩從九品主藏纛凡出征必禡于本觀恭愍王將討紅賊制大纛設官爲纛赤辛禑三年以纛赤每政敍用其弊不細汰之
五部太祖二年立東南西北中五部文宗定五部使一人四品以上副使一人五品以上錄事各二人甲科權務後五部錄事陞八品高宗四年改置判官二人錄事二人搜檢亡卒七年以錄事復爲權務後復置副使忠烈王十三年改副使爲副令秩從六品三十四年忠宣併於開城府忠惠王元年復置五部令後改令爲副令恭愍王五年改定五部令從六品錄事權務十一年改令爲副令十八年復改爲令
延慶宮提擧司文宗定延慶宮使一人副使一人錄事二人丙科權務忠宣王五年始置提擧司提擧一人副提擧二人提控二人正七品司鑰八人正八品司涓八人正九品 吏屬文宗置記事二人記官二人史二十人
掖庭局國初稱掖庭院成宗十四年改掖庭局文宗定官制內謁者監一人正六品內侍伯一人正七品內謁者從八品監作一人書令史記官給使三人又南班之職本限七品職事員凡三十六人內殿崇班四人

四人從七品左右侍禁各四人正八品左右班殿直各四人從八品殿前承旨八人正九品又有殿前副承旨尙乘內承旨副內承旨爲南班初入仕路睿宗十一年改殿前承旨爲三班奉職副承旨爲三班借職尙乘內承旨爲三班差使副內承旨爲三班借差忠烈王四年金周鼎建議以內寮不可皆令啓事擇人爲申聞色(內寮傳命者稱辭掌門鑰者稱金直不知始於何代)三十四年忠宣改爲內謁司置伯二人正三品令二人從三品正二人正四品副正二人從四品僕二人正五品謁者二人從五品丞二人正六品直長二人從六品內殿崇班四人正七品東頭供奉官四人西頭供奉官四人並從七品右侍禁四人左侍禁四人並正八品右班殿直四人左班殿直四人並從八品內班從事四人從九品忠宣王元年罷內謁司復爲掖庭二年改爲巷庭後復改掖庭置內謁者監正六品內侍伯正七品內謁者從八品又置內殿崇班從七品東頭供奉西頭供奉從七品左侍禁右侍禁左班殿直右班殿直並從八品內班從事從九品

內侍府恭愍王五年改宦官職設內詹事內常侍內侍監內承直內給事宮闈丞奚官令後置內侍府秩比開城府判事一人正二品檢校三人同判事一人從二品檢校三十二人知事一人正三品檢校三十八人僉事一人從三品檢校二十八人同知事二人正四品同僉事二人從四品左承直二人正五品右承直二人從五品左副承直一人正六品右副承直一人從六品司謁一人正七品謁者一人從七品宮闈丞一人正八品奚官令一人從八品給事一人正九品通事一人從九品辛禑罷之恭讓王復之階三品

內職

內職國初未有定制后妃而下以某院某宮夫人爲號顯宗時有尙宮尙寢尙食尙針之職又有貴妃淑妃等號靖宗以後或稱院主院妃或稱宮主文宗定官制貴妃淑妃德妃賢妃並正一品(外命婦公主大長公主正一品國大夫人正三品郡大夫人郡君正四品縣君正六品)忠宣王改宮主爲翁主忠惠以後後宮女職尊卑無等私婢官妓亦封翁主宅主

宗室諸君(異姓諸君)

國初宗親稱院君大君顯宗以後封公侯下者爲元尹正尹

或有兼尙書中書令又或帶大尉司徒司空忠烈王二十四年忠宣改官制定大君院君正一品諸君從一品元尹正二品正尹從二品忠宣王二年敎曰元尹正尹古之高爵自今宗親除之者坐於政丞之上異姓坐於本品之列恭愍王五年復置公侯十一年復用忠宣之制恭讓王三年憲府上疏曰宗親不任以事古之制也近年多帶成衆愛馬倉庫宮司提調乞皆停罷以尊王親其元尹正尹年滿十五歲許除授其未滿者雖制下毋得受祿從之

異姓諸君初用公侯伯子男之號忠宣王改官制定諸君從一品元尹從二品正尹正三品恭愍王五年改諸君爲公侯伯十一年改府院君正一品諸君從一品

東宮官

顯宗十三年立太子置師保及官屬司議郎一人司直一人通事舍人二人丞注簿錄事各一人文宗八年命有司選三品官之孫五品以上官之子二十人爲東宮侍衛公子五品官之孫七品以上官之子十人爲侍衛給使永爲定制二十二年置大師大傅大保各一人從一品少師少傅少保各一人從二品賓客四人正三品左右庶子各一人正四品左右諭德各一人正四品侍講學士侍讀學士各一人從四品左右贊善大夫各一人中舍人一人中允一人並正五品洗馬一人典內一人並從五品文學一人司議郞一人並正六品侍讀事一人詹事府知府事一人詹事一人正三品少詹事一人從三品丞一人正六品司直一人正七品注簿一人從七品錄事一人正九品又置家令一人從四品僕一人從五品內直郞一人從六品宮門郞從六品率更寺事率更令從五品率更士二人藥藏郞一人正六品藥藏丞正八品左右司禦率府率副率左右監門率府率副率左右淸道率府率副率左右內率府率副率又有侍衛上大將軍肅宗三年立太子備宮僚依文宗之制睿宗十一年定太子官屬大少師傅保賓客庶子諭德侍講侍讀學士贊善中舍人中允詹事小詹事率更令品秩並依文宗之制餘並不置仁宗九年立詹事府左右詹事各一人司直一人注簿一人錄事一人春坊通事舍人二人神宗即位以文武官子弟三十餘人克春坊侍衛公子給使忠烈王二年置世子詹事府丞司直注簿

錄事各一人又置春坊通事舍人一人三年置世子師傅保貳師調護詹事府知事左右贊德左右庶尹其餘宮官皆置之三十四年忠宣置世子府諮議一人正三品兼官翊善一人正五品伴讀一人從五品直講一人正六品丞一人從六品司直一人從六品記室參軍二人正七品恭讓王二年置知書筵同知書筵及侍學尋改知書筵爲世子左右師同知書筵爲左右賓客侍學三品爲左右輔德四品爲左右弼善五品爲左右文學六品爲左右司經三年置澄源堂改世子左右司經爲澄源室左右司經又立春坊院專掌東宮事務置知院事一人正四品左右衛率各一人正五品以武官爲之諮議一人正六品洗馬一人正七品長史一人從七品

吏屬顯宗置書令史二人掌固二人文宗置令史二人書令史一人書藝二人計史一人記官二人書手二人書者四人

諸妃主府諸王子府

凡冊封妃主則必立殿置府備僚屬文宗定官制府置左右詹事少詹事注簿錄事各一人令史書令史書藝各一人記官二人殿置通事舍人二人給事二十人忠烈王加置府丞一人指諭行首各二人牽龍四人侍衛軍五十人守護員二人殿書題二人恭愍王改官制府置左右司尹正三品丞注簿舍人正七品錄事正九品又或置左右司禁小府不置司尹

諸王子必置府備僚文宗定官制諸王府典籤一人從八品錄事一人從九品書藝一人忠烈王三十四年忠宣改官制王子府置翊善一人正五品伴讀一人正六品直講一人從六品記室參軍一人正七品妃父及尚公主者亦立府置典籤錄事

諸司都監各色

都評議使司國初稱都兵馬使文宗定官制判事以侍中平章事參知政事政堂文學知門下省事爲之使以六樞密及職事三品以上爲之副使六人正四品以上卿監侍郞爲之判官六人少卿以下爲之錄事八人甲科權務吏屬有記事十二人記官八人書者四人算士一人忠烈王五年改都兵馬使爲都評議使司凡有大事使以上會議故有合坐之名事元以來事多倉卒僉議密直每爲合坐恭愍王元年令五軍錄事管勾都評議使司案牘辛昌時都評議司六色掌改爲吏禮戶刑兵工六房錄事又知印二十員分十人爲知印十人爲宣差宣差任使外又以開城厚德慈惠府判事及尹皆兼都評議司恭讓王二年加置經歷司以統六房經歷一人三四品都事一人五六品皆以文臣爲之又以各年貢舉雜業不仕者屬爲典吏階七八品以任書寫又以門下府三司密直司正員爲判司事同判司事兼司事其餘商議及開城府藝文館員不許兼之四年各司受稟公事皆令直報都堂勿隸六曹

式目都監文宗定使二人省宰副使四人正三品以上判官六人五品以上錄事八人甲科權務忠宣王二年敎曰式目掌邦國重事其以僉

議政丞判三司事密直使僉議贊成事三司左右使僉議評理爲判事以知密直以下爲使又置商議式目都監事三軍都摠制府
恭讓王三年省前軍後軍只置中軍左軍右軍爲三軍都摠制府統中外軍事以受田散官及居新舊京坼者四十二都府各成衆愛馬分屬焉都摠制使一
人侍中以上三軍摠制使各一人省宰以上副摠制使各一人通憲以上斷事
官二人正順以下五品以上經歷一人四五品都事一人五六品六房錄事各
一人軍錄事一人六房典吏各三人巡軍萬戶府有都萬戶上萬戶萬戶副萬戶鎭撫千戶提控恭愍王十八年改爲司平巡衞府置
提調一人判事三人參詳官四人巡衞官六人評事官五人辛禑復改爲巡軍萬戶府恭讓王元年使掌捕盜禁亂尙瑞司即政房或稱知印房
或稱劄子房辛昌改爲尙瑞司判事四人兩府兼之尹一人代言兼之少尹一人丞注簿直長錄事各二人亦皆以他官兼之印符郞掌王府印
信毅宗時有符寶郞忠烈王二十四年忠宣定印符郞二人秩從六品尋罷之承旨房掌出納之任忠烈王二十四年忠宣罷承旨房以其任委
詞林院尋復置承旨房三十四年忠宣改爲印信司置使二人秩從三品副使二人從四品判官二人從六品並皆兼官會議都監員額無定
以諳練事務者充之文宗所定迎送都監文宗定判事三人副使四人判官四人錄事四人乙科權務吏屬記事四人記官二人書者四人算
士一人忠宣併於尙食局後復置四面都監文宗定使各二人職事三品以上副使各四人判官各四人甲科權務恭讓王三年罷刪
定都監文宗定判官四人甲科權務吏屬記事六人記官一人算士一人恭讓王三年罷典牧司文宗定判事以省宰爲之使二
人樞密及六尙書爲之副使二人正四品以上判官一人參上錄事四人乙科權務吏屬記官記事書者並二人八關寶文宗定使一人四品
以上副使二人五品以上判官四人甲科權務吏屬記事二人記官一人算士一人勾覆院文宗定判官七人重監二人甲科權務吏屬記事六
人記官六人恭讓王三年罷內莊宅文宗定使一人三品以上副使五品以上判官二人甲科權務吏屬記事四人記官一人算士一人忠宣
王爲尙食局所轄都齋庫文宗定使一人四品以上副使三人六品以上判官二人乙科權務吏屬記事四人記官一人給使二人都祭
庫有副使判官甲科權務恭讓王三年罷奉先庫宣宗十年置于廣仁館齋穀米以備先王先后忌晨供辦使一人副使一人判官二人乙
科權務恭讓王三年罷內弓箭庫文宗定判官二人乙科權務吏屬記事二人記官二人倉庫都監文宗定使一人三品

兼之副使一人五品兼之判官二人乙科權務吏屬有記事記官恭讓王三年罷行廊都監文宗定使一人三品兼之副使一人五品兼之
判官二人乙科權務吏屬有記事記官熙四宗年以宰樞爲別監又置使副使錄事幞頭店文宗定錄事一人乙科權務吏屬記事一人記官一
人書者二人恭讓王三年罷聚仙店文宗定錄事二人乙科權務吏屬記事一人記官□人書者二人慶仙店文宗定錄事一
人乙科權務吏屬記事一人記官□人書者二人書籍店文宗定錄事二人丙科權務吏屬記事二人記官二人書者二人忠宣併於翰林院
後復置恭讓王三年罷四年置書籍院掌鑄字印書籍有令丞給田都監文宗定錄事二人丙科權務吏屬記事四人記官一人恭讓王四年
罷併於戶曹祭器都監文宗定使二人三品兼之副使五品兼之判官六人丙科權務吏屬記事二人記官一人書者二人鹵簿
都監文宗定使二人三品兼之副使九品兼之判官二人丙科權務吏屬記事一人記官一人書者一人恭讓王三年罷都鹽院文宗定錄
事二人丙科權務吏屬記事二人忠宣王併於民部東西大悲院文宗定使各一人副使各一人錄事各一人丙科權務吏屬記事二人以
醫吏差之書者二人忠肅王十二年敎日惠民局濟危寶東西大悲院本爲濟人今皆廢圮宜復修營醫治疾病濟危寶光宗十四年始置文
宗定副使一人七品以上錄事一人丙科權務恭讓王三年罷惠民局睿宗七年置判官四人以本業及散職互差乙科權務忠宣王爲司醫署
所轄恭讓王三年改惠民典藥局東西材場文宗定判官各二人丙科權務吏屬記事各一人恭讓王三年罷光軍司定宗
二年置之後改光軍都監顯宗二年復改光軍司征袍都監掌軍士衣服宣宗元年見養賢庫睿宗十四年置判官丙科權務
高宗三十年加設四員分二員遣庫屬田地所在使勸農輸稅令二員在庫監收歲終國子監考勤慢升黜宮闕都監光宗十二年置修營
宮闕都監文宗二十年罷宮闕都監辛禑六年又置管絃房文宗三十年置恭愍王十一年定判官雜權務恭讓王三年罷街衢所
文宗三十年置救濟都監睿宗四年置之忠穆王四年又置賑濟都監辛禑七年又置賑濟色禮儀詳定所睿宗八年
置額號都監仁宗八年置有使副使判官平斗量都監明宗三年李義方奏置斗升皆用槩犯者配島未逾年復
罷別例祈恩都監明宗八年術僧致純言國家自庚寅至癸卯然後患難稍弭宜令兩班祿俸二十石以上十石例出一斗用充

齋祭之費以事祈禳則災亂可弭宰相皆曰可遂設都監高宗四年丹兵來侵省樞兩府議立祈恩都監抽斂祿科米設齋醮以禳之 山川裨
補都監神宗元年宰樞及重房崔忠獻等集術士議國內山川裨補延基事遂置都監 輸養帳都監神宗二年置 五
家都監神宗二年置 戎器都監高宗十年置之忠烈王元年又置軍器造成都監 敎定都監崔忠獻擅權凡
所施爲必自都監出瑀亦因之 救急都監高宗四十五年置使副使判官各二人錄事五人 淨事色高宗時諸事未具久廢親
醮至四十五年取權臣家淨事色器械以充其用選差內侍參上參外勤恪者稱內侍淨事色每歲超資除授有勢者爭入資數漸多忠宣王改淨事色爲齋
醮都監恭讓王三年罷 行從都監元宗五年置有判事使副使判官錄事 田民辨正都監元宗十年置有使副
使忠烈王十四年又置二十七年又置恭愍王元年又置辛禑七年又置十四年又以考覈林堅味占奪田民置之 戰艦兵粮都監
元宗十三年置 鈿函造成都監元宗十三年置 房庫監傳別監元宗十四年置以內侍參上參外各二人
爲之掌出地公案別庫奴婢賤籍 濟州逃漏人物推刷色忠烈王元年置 鋪馬箚字色忠烈王二
年置 寡婦處女推考別監忠烈王二年改爲歸附軍行聘別監時國家多用武人爲宰相凡有建置首相獨與上色錄事撰定
其名故鄙拙可笑類此 農務都監忠烈王三年置 燃燈都監忠烈王五年罷庭殿山臺色併於燃燈都監 人物
推考都監忠烈王七年改人物推考都監爲會問司恭讓王三年置人物推辨都監四年罷之委主掌都官 諸領府完
護都監忠烈王二十一年置 經史敎授都監忠烈王二十二年置之令七品以下習業三十年揀名儒二人爲使忠穆
王四年置提調三人 選軍忠烈王三十四年忠宣罷選軍併於選部忠宣王三年復之 鷹坊忠烈王九年置鷹坊都監三十四年忠宣定鷹
坊使二人從三品副使二人從四品判官二人從五品錄事二人權務忠宣王元年罷之後復置忠穆王初即位罷之以土田奴婢還本處恭愍王二十年設
鷹坊其養飼者名曰時波赤定四品去官 內乘忠穆王罷之以土田奴婢還本處 拶理辨違都監忠肅王五年改除弊事目
所爲拶理辨違都監拶理二字王所親定於是大索豪勢所占田民還其本主中外大悅獨豪勢患之訴大尉王罷之又三百人訴駕前復之又尋罷之八年

復設拶理辨違都監尋又罷之 火者據執田民推考都監忠肅王七年置 盤纏都監忠肅王十五年
王將入朝置之忠定王元年又置盤纏色令百官出苧布有差辛禑八年又置盤纏色令大小文武官吏出爲疋及苧麻布有差以備朝廷歲貢九年又置進
獻盤纏色 吏學都監忠惠王元年置之忠穆王四年置判事七人副使二人判官三人錄事四人 整治都監忠穆王三年罷
判事四人判官以上爲之使九人副使七人判官十二人錄事六人分遣諸道量田忠定王元年罷 孩兒都監忠穆王三年置 永
福都監忠穆王初即位爲支應金剛山楡岾寺置之恭愍王定判官從五品錄事權務 弘福都監恭愍王定判官從五品錄事權
務恭讓王四年罷 典福都監典寶都監崇福都監並恭愍王定判官從五品錄事權務辛禑六年皆罷
之 禮儀推正都監恭愍王元年置十□年又置禮儀推正色 推刷色恭愍王元年置 刷卷都監恭愍
王二年貸官錢逋欠者多故置都監徵之延及族屬里閭倍收其本前判密直金逸逢上書陳其弊罷之 興王都監恭愍王十一年置判官甲
科權務 習射都監恭愍王十一年爲丙科權務 禁殺都監恭愍王十一年置之以紅賊陷京殺牛馬殆盡申嚴宰殺之禁
祿轉捧上色恭愍王十一年置之自播遷以來祿轉出納不任倉官別立一所謂之祿轉捧上色 刑人推正都監
恭愍王十四年以救旱置 坤學都監恭愍王二十一年置敎授官 供辦都監恭愍王二十二年正陵仁熙殿各置供辦都監
恭讓王三年罷 都摠都監恭愍王二十二年置點坊里軍 火㷁都監辛禑三年判事崔茂宣建議置之辛昌罷屬軍器寺
三蘇造成都監明宗四年制左蘇白岳山右蘇白馬山北蘇箕達山置延基宮闕造成官辛禑四年議欲遷都以國史有三蘇創建
宮闕之文置三蘇造成都監 折給都監辛禑八年置以宰樞七八人爲別監分給土地以均田里辛昌又置 推徵色辛禑十年
置之徵郡縣逋欠貢賦 武藝都監辛禑十年譯人中郞將郭海龍獻議置之 點牛色辛禑十□年爲進獻置 別酒
色別鞍色並辛禑十一年置 十學恭讓王元年置十學敎授官分隷禮學于成均館樂學于典儀寺兵學于軍候所律學于典法
字學于典校寺醫學于典醫寺風水陰陽等學于書雲觀吏學于司譯院 漢文都監恭讓王三年改漢語都監爲漢文置敎授官 世

子朝見色恭讓王三年置諸宮殿官權務文宗置使副使判官或置使副使錄事或只置直或只置錄事恭愍王罷使餘並仍之諸陵直雜權務諸眞殿直雜權務諸館直雜權務諸壇直雜權務諸神廟直雜權務諸牧監直丙科權務諸窰直丙科權務諸亭院直權務

西班

太祖初有馬軍將軍大將軍是武職也二年置六衛穆宗五年備置六衛職員後置鷹揚龍虎二軍在六衛之上後又設重房使二軍六衛上大將軍皆會焉毅明以降武臣用事重房之權益重忠宣罷而旋復終高麗之世不能廢焉至恭讓王時二軍六衛並稱八衛鷹揚軍一領軍置上將軍一人正三品大將軍一人從三品領置將軍一人正四品恭愍王改將軍爲護軍諸衛同中郎將二人正五品郎將二人正六品別將二人正七品散員三人正八品尉二十人正九品隊正四十人鷹揚龍虎二軍上大將軍稱近仗上大將軍將軍稱親從將軍中郎將以下亦稱近仗又鷹揚軍上將軍兼軍簿典書者稱班主

龍虎軍二領軍置上將軍一人正三品大將軍一人從三品每領置將軍各一人正四品中郎將各二人正五品郎將各五人正六品別將各五人正七品散員各五人正八品尉各二十人正九品隊正各四十人忠宣王改龍虎爲虎賁後改親禦軍後復改爲龍虎軍

左右衛保勝十領精勇三領衛置上將軍一人正三品大將軍一人從三品每領置將軍各一人正四品中郎將各二人正五品郎將各五人正六品別將各五人正七品散員各五人正八品尉各二十人正九品隊正各四十人中郎將以下皆有攝並各品之從諸衛同

神虎衛保勝五領精勇二領衛置上將軍一人正三品大將軍一人從三品每領置將軍各一人正四品中郎將各二人正五品郎將各五人正六品別將各五人正七品散員各五人正八品尉各二十人正九品隊正各四十人

興威衛保勝七領精勇五領衛置上將軍一人正三品大將軍一人從三品每領置將軍各一人正四品中郎將各二人正五品郎將各五人正六品別將各五人正七品散員各五人正八品尉各二十人正九品隊正各四十人

金吾衛精勇六領役領一領衛置上將軍一人正三品大將軍一人從三品每領置將軍各一人正四品中郎將各二人正五品郎將各五人正六品別將各五人正七品散員各五人正八品尉各二十人正九品隊正各四十人忠宣王改金吾爲備巡恭愍王

五年復稱金吾衛十一年復爲備巡衛十八年復稱金吾衛後復改備巡衛

千牛衛常領一領海領一領衛置上將軍一人正三品大將軍一人從三品每領置將軍各一人正四品中郎將各二人正五品郎將各五人正六品別將各五人正七品散員各五人正八品各二十人正九品隊正各四十人

監門衛一領衛置上將軍一人正三品大將軍一人從三品領置將軍一人正四品中郎將二人正五品郎將五人正六品別將五人正七品散員五人正八品尉二十人正九品隊正四十人

六衛長史各一人從六品恭愍以後罷之錄事各二人正八品掌衛中諸務吏屬有史三人記官二人

都府外中郎將一人郎將三人別將二人散員三人尉隊正數闕

儀仗府一領郎將一人別將一人散員二人尉五人隊正十人

堅銳府一領別將一人尉二人隊正四人

忠勇四衛恭愍王五年始置之每衛置將軍各一人中郎將各三人郎將各三人別將各五人散員各五人尉長各二十人隊長各四十人

外職

今有租藏並外邑使者之號國初有之成宗二年罷

兵馬使成宗八年置於東西北面兵馬使一人三品玉帶紫襟親授斧鉞赴鎭專制閫外知兵馬事一人亦三品兵馬副使二人四品兵馬判官三人五六品兵馬錄事四人又以門下侍中中書令尙書令爲判事留京城遙領之後以西北路邊圉事煩錄事增爲七人靖宗五年兵馬使奏北朝通好關塞無虞每春秋遞代亭驛勞弊請減錄事一員從之毅宗庚寅以後武臣用事西北界防戍將軍始兼兵馬判官神宗陞爲副使

行營兵馬使文宗元年七月制曰舊制邊陲有處置則命兩府宰臣往專軍事號大番兵馬名義未稱改爲行營兵馬使

轉運使國初有諸道轉運使顯宗二十年罷安撫使顯宗三年置七十五道安撫使九年罷睿宗二年分遣諸道安撫使問民疾苦察守令殿最忠烈王二年改安撫使爲巡撫使忠

肅王十七年忠惠以平壤道存撫使亦爲巡撫使

按廉使專制方面以行黜陟即國初節度使之任顯宗三年罷節度使後置按察使文宗十八年改爲都部署睿宗八年復改爲按察使忠烈王二年改按察使爲按廉使二十四年忠宣卽位以慶尙全羅忠淸三道地大事劇加置按廉副使交州西海兩道地小不置副使又罷東界安集使以交州按廉兼之辛昌八月以按廉秩卑改爲都觀察黜陟使以兩府大臣爲之賜敎書斧鉞以遣之恭讓王元年始革京官口傳別用除授以專其任二年置各道觀察使經歷司四年罷諸道觀察使復按廉使

監倉使東西北面置之

廉問使舊制畿縣皆直肄恭讓王三年都評議使司獻議以京畿根本之地困於差役日就彫廢置左右道廉問使兩府謂之都廉問使奉翊通憲謂之廉問使四品以上謂之廉問副使其刑名錢穀軍情事務以至官吏殿最民閒詞訟無不料理

勸農使五道兩界皆有之明宗三年七道按察使（慶尙州道晉陜州道全羅州道忠淸州道楊廣州道西海道春州道）五道監倉使（北界雲中道興化道東界溟州道朔方道沿海道）皆兼勸農使後別置勸農使忠烈王十三年以各道勸農使聚斂傷民罷之以按廉使兼其任

察訪使仁宗罷明宗復之

計點使忠烈王六年置諸道計點使判官錄事各二人

指揮使忠烈王六年罷各道指揮使判官錄事

節制使恭讓王元年改都巡問使爲都節制使元帥爲節制使或帶州府之任先是巡問元帥皆以京官口傳至是始用除授以專其任置經歷都事四年罷經歷都事復置掌務錄事

都統使恭愍王十八年置各道都捴都統使鎭撫二人一從二品一正三品經歷二人四品知事二人五六品

西京留守官太祖元年置平壤大都護府遣重臣二人守之置參佐四五人成宗十四年置知西京留守事一人三品以上副留守一人四品以上判官二人六品以上司錄參軍事二人掌書記一人並七品以上法曹一人八品以上睿宗十一年改判官爲少尹仁宗十四年平西京仍置留守使明宗

八年更定副留守一人正三品判官二人五六品司錄一人七品書記一人八品錄事四人二差上京人令史四人書令史八人記官十六人書手二人算士二人印直二人電吏二十五人高宗三十九年復置副留守一人判官一人司錄兼掌書記一人自畢賢甫之亂西京廢爲丘墟至是復置忠宣王以後改平壤府置尹從二品少尹正四品判官正五品參軍正七品忠肅王以安定道存撫使兼平壤府尹恭愍王五年復改西京留守仍從二品少尹判官參軍如故又留守始不帶京官諸留守同十一年復改平壤尹仍從二品餘並仍之其屬官沿革附見于後

太祖五年置廊官(廊者官號方言曹設)侍中一人侍郎二人郎中二人上舍一人史十人衙官(衙亦官名方言豪幕)具壇一人卿二人監一人粲一人理決一人評察一人史一人兵部令具壇一人卿一人大舍一人史二人納貨府卿一人大舍一人史二人珍閣省卿一人大舍二人史二人內泉府令具壇一人卿二人大舍二人史二人六年併內泉府于珍閣省九年增置國泉部令具壇一人卿二人大舍二人史四人十七年增置官宅司掌供賓客之事卿二人大舍二人史二人都航司卿一人大舍一人史一人大馭府卿一人大令一人史一人成宗九年置修書院令諸生抄書籍藏之其院官令御事選官奏差睿宗十一年改諸學士院爲分司國子監判事一人三品兼之祭酒一人少監以上兼之司業一人員外郎以上兼之博士一人八品助教一人九品刻漏院爲分司大史局知事不限員數常參兼之參外三人七八九品各一人醫學院爲分司大醫監判監知監不限員數以本職高下兼之參外二人八九品各一人禮儀司爲典禮司知司事二人常參兼之判官二人本司兼主祭享其閒閱樂不便別立閱樂院知院一人常參兼之判官二人權務其兩班政事與上京同仁宗十四年命兩府大臣議西京官班沿革監軍分司御史臺並仍舊其餘官並省之十六年設儀曹兵曹戶曹倉曹賓曹工曹各置令二人八品丞二人九品八關都監置副使一人判官一人東南面西北面都監諸學院各置判官一人聖容殿置直

員一人自平定西京後朝論不一或者以謂西京根本之地且太祖所設因舊制便或者以謂西京叛逆之地宜一切革故如東京之制以故久不處置至是始置此官明宗八年更定官制儀曹令丞各一人文武交差吏二人一差上京人記事一人記官三人筭士二人禮儀司正設院八關寶迎送并屬焉戶曹員吏與儀曹同戶部五部司宰寺貨泉務并屬焉兵曹員吏亦同上兵部軍器監內廐司左右營監軍四面并屬焉賓曹員吏亦同上大府小府陳設司綾羅店圖畫院并屬焉倉曹員吏亦同上大倉大官良醞鹽店迎仙店咸和店并屬焉工曹員吏亦同上雜材營作院都航司并屬焉法曹司法曹一人記事一人鍛匠二人諸學院文師一人記事二人筭士一人記官二人書者二人藥店醫師一人記事二人醫生五人恭讓王三年都堂啓曰平壤府土官之數本因公事緩急而定也自經紅亂古籍散失因此生謀衙門員吏數多添設窺免徭役廣占日耕軍粮國用由是乏絕其冗雜衙門及員吏二皆沙汰從之

東京留守官成宗以慶州爲東京置留守使一人三品以上副留守一人四品以上判官一人六品以上司錄參軍事一人掌書記一人並七品以上法曹一人八品以上醫師一人文師一人並九品睿宗十一年改判官爲少尹忠烈王三十四年改雞林府置尹判官司錄法曹

南京留守官文宗以楊州爲南京置留守一人三品以上副留守一人四品以上判官一人六品以上司錄參軍事掌書記各一人並七品以上法曹一人八品以上文師一人醫師一人並九品以上睿宗十一年改判官爲少尹忠烈王三十四年改漢陽府置尹判官司錄

團練使都團練使刺史觀察使成宗爲州府之職穆宗罷之

大都護府文宗定官制使一人三品以上副使一人四品以上判官一人六品以上司錄兼掌書記一人七品以上法曹一人八品以上醫師一人文師一人並九品睿宗十一年改大都護牧判官爲通判後只置使判官司錄恭愍王五年牧都護知官使副使並不帶京官舊制補外者並帶京官赴任者秩高者補外品秩不相當則以本職帶前字赴任辛禑元年牧都護知官皆帶兵馬之職

諸牧員吏品秩同大都護忠宣王二年或以宰相爲使

大都督府亦同上

中都護府文宗定使一人四品以上副使一人五品以上判官兼掌書記一人六品以上法曹一人八品以上後只置使司錄或置使法曹

防禦鎭文宗定使一人五品以上副使一人六品以上判官一人七品法曹一人八品以上或加置文學一人以任講學醫學一人以任療病

知州郡員吏品秩同防禦鎭後只置知事判官或只置知事

諸縣文宗定令一人七品以上尉一人八品睿宗三年諸小縣置監務高宗四十三年罷諸縣尉恭愍王三年縣令監務以京官七品以下充之後改諸道縣令監務爲安集別監以五六品爲之辛昌時復改爲縣令監務秩仍五六品

諸鎭文宗定將一人七品以上副將一人八品

館驛使國初稱諸道巡官顯宗十九年以巡字犯王嫌名改爲諸道館驛使恭讓王元年始置驛丞皆用參官爲之四年罷驛丞分定別監尋復置驛丞

勾當成宗十三年置鴨綠渡勾當使後諸津渡皆有勾當

儒學敎授官恭讓王三年置各道牧府儒學敎授官四年罷尋復之

勳

勳二階有上柱國柱國文宗定上柱國正二品柱國從二品忠烈王以後廢之

爵

爵五等有公侯伯子男文宗定公侯國公食邑三千戶正二品郡公食邑二千戶從二品縣侯食邑一千戶縣伯七百戶開國子五百戶並正五品縣男三百戶從五品忠烈王以後廢之恭愍王五年復用公侯伯子男並正一品十一年罷之十八年復之二十一年又罷之

文散階

國初官階不分文武曰大舒發韓曰舒發韓曰夷粲曰蘇判曰波珍粲曰韓粲曰閼粲曰一吉粲曰級粲新羅之制也曰大宰相曰重副曰台司訓曰輔佐相曰注書令曰光祿丞曰奉朝判曰奉進位曰佐眞使泰封之制也太祖以泰封主任

情改制民不習知悉從新羅唯名義易知者從泰封之制尋用大匡正匡大丞大相之號成宗十四年始分文武官階賜紫衫以上正階改文官大匡爲開府儀同三司正匡爲特進大丞爲興祿大夫大相爲金紫興祿大夫銀靑光祿大夫爲銀靑興祿大夫文宗改官制文散階凡二十九從一品曰開府儀同三司正二品曰特進從二品曰金紫光祿大夫正三品曰銀靑光祿大夫從三品曰光祿大夫正四品上曰正議大夫下曰通議大夫從四品上曰大中大夫下曰中大夫正五品上曰中散大夫下曰朝議大夫從五品上曰朝請大夫下曰朝散大夫正六品上曰朝議郎下曰承議郎從六品上曰奉議郎下曰通直郎正七品上曰朝請郎下曰宣德郎從七品上曰宣議郎下曰朝散郎正八品上曰給事郎下曰徵事郎從八品上曰承奉郎下曰承務郎正九品上曰儒林郎下曰登仕郎從九品上曰文林郎下曰將仕郎忠烈王元年改金紫光祿爲匡靖銀靑光祿爲中奉其餘擬上國者悉改之二十四年忠宣改從一品曰崇祿大夫正二品曰興祿大夫從二品曰正奉大夫正三品曰正議大夫從三品曰通議

大夫正四品曰大中大夫從四品曰中大夫正五品以下有上下並仍文宗舊制後有榮列正獻朝顯太夫之階三十四年忠宣又改官制一品始置正曰三重大匡從一品曰重大匡正二品曰匡靖大夫從二品曰通憲大夫正三品上曰正順大夫下曰奉順大夫從三品上曰中正大夫下曰中顯大夫正四品曰奉常大夫從四品曰奉善大夫五品始爲郎曰通直郎六品曰承奉郎七品曰從事郎八品曰徵事郎九品曰通仕郎尋於三重大匡重大匡之上加壁上三韓之號忠宣王二年去壁上三韓之號改正一品曰三重大匡從一品曰重大匡正二品上曰大匡下曰正匡從二品上曰匡靖大夫下曰奉翊大夫正三品上曰正順大夫下曰奉順大夫從三品上曰中正大夫下曰中顯大夫正四品曰奉常大夫從四品曰奉善大夫正五品曰通直郎從五品曰朝奉郎正六品曰承奉郎從六品曰宣德郎七品曰從事郎八品曰徵事郎九品曰通仕郎恭愍王五年改正一品上曰開府儀同三司下曰儀同三司從一品上曰金紫光祿大夫下曰金紫崇祿大夫正二品上曰銀靑光祿大夫下曰銀靑榮祿大夫從

二品上曰光祿大夫下曰榮祿大夫正三品上曰正議大夫下曰通議大夫從三品上曰大中大夫下曰中大夫正四品曰中散大夫從四品曰朝散大夫正五品曰朝議郎從五品曰朝奉郎正六品曰朝請郎從六品曰宣德郎七品曰修職郎八品曰承事郎九品曰登仕郎十一年改正一品上曰壁上三韓三重大匡下曰三重大匡從一品曰重大匡正二品曰匡靖大夫從二品曰奉翊大夫正三品上曰正順大夫下曰奉順大夫從三品上曰中正大夫下曰中顯大夫正四品曰奉常大夫從四品曰奉善大夫正五品曰通直郎從五品曰朝奉郎正六品曰承奉郎從六品曰宣德郎七品曰從事郎八品曰徵仕郎九品曰通仕郎十八年改正一品上曰特進輔國三重大匡下曰特進三重大匡從一品上曰三重大匡下曰重大匡正二品上曰光祿大夫下曰崇祿大夫從二品上曰榮祿大夫下曰資德大夫正三品上曰正議大夫下曰通議大夫從三品上曰大中大夫下曰中正大夫正四品上曰中散大夫下曰中議大夫從四品上曰朝散大夫下曰朝列大夫正五品以下同五年之制二十一年又改階號未考

武散階

國初武官亦以大匡正匡佐丞大相爲階成宗十四年定武散階凡二十有九從一品曰驃騎大將軍正二品曰輔國大將軍從二品曰鎭國大將軍正三品曰冠軍大將軍從三品曰雲麾大將軍正四品上曰中武將軍下曰將武將軍從四品上曰宣威將軍下曰明威將軍正五品上曰定遠將軍下曰寧遠將軍從五品上曰遊騎將軍下曰遊擊將軍正六品上曰耀武將軍下曰耀武副尉從六品上曰振威校尉下曰振武副尉正七品上曰致果校尉下曰致果副尉從七品上曰翊威校尉下曰翊麾副尉正八品上曰宣折校尉下曰宣折副尉從八品上曰禦侮校尉下曰禦侮副尉正九品上曰仁勇校尉下曰仁勇副尉從九品上曰陪戎校尉下曰陪戎副尉今以見於史册者考之則武官皆無散階其沿革廢置未可考

志卷第三十一

志卷第三十二　高麗史七十八

正憲大夫工曹判書集賢殿大提學知經筵春秋館事兼成均大司成臣鄭麟趾奉敎修

食貨一

三國末經界不正賦歛無藝高麗太祖卽位首正田制取民有度而惓惓於農桑可謂知所本矣光宗定州縣貢賦景宗立田柴科成顯繼世法制愈詳文宗躬勤節儉省冗官節費用大倉之粟紅腐相因家給人足富庶之治於斯爲盛毅明以降權姦檀國斲喪邦本用度濫溢倉廩殫竭及至事元誅求無厭朝覲饋遺國贐等事家抽戶歛徵科萬端由是戶口日耗國勢就弱高麗之業遂衰叔季失德版籍不明而良民盡入於巨室田柴之科廢而爲私田權有力者田連阡陌標以山川徵租一歲或至再三祖宗之法盡壞而國隨以亡當初食貨出入之制未爲不詳而屢經兵火不可備考今採見於史牒者條分類聚一曰田制二曰戶口三曰農桑四曰貨幣五曰鹽法六曰借貸七曰科歛八曰漕運九曰祿俸十曰常平義倉十一曰賑恤具著于篇作食貨志

田制

經理　田柴科　公蔭田柴　公廨田柴　祿科田　踏驗損實　租稅　貢賦

高麗田制大抵倣唐制括墾田數分膏塉自文武百官至府兵閑人莫不科授又隨科給樵採地謂之田柴科身沒並納之於公唯府兵年滿二十始受六十而還有子孫親戚則遞田丁無者籍監門衛七十後給口分田收餘田無後身死者及戰亡者妻亦皆給口分田又有功蔭田柴亦轉科以給傳子孫又有公廨田柴給莊宅宮院百司州縣館驛皆有差後又以官吏祿薄給畿縣祿科田其踏驗損實租稅貢賦之制幷附于後

經理顯宗十三年二月戶部奏泗州是豐沛之地前此抽減民田屬之宮莊民不堪征稅乞於州境內審量公田如數償之從之　靖宗七年正月戶部奏尙州管內中牟縣洪州管內橀城郡長湍縣管內臨津臨江等縣民田多寡膏塉不均請遣使量之均其食役從之　文宗八年三月判凡田品不易之地爲上一易之地爲中再易之地爲下其不易山田一

結准平田一結一易田二結准平田一結再易田三結准平田一結　十三年二月尙書戶部奏楊州界內見州置邑已百五年州民田畝累經水旱膏塉不同請遣使均定制可三月西北面兵馬使奏安北都護及龜泰靈渭等州通海縣民田量給已久肥塉不同請遣使均定從之　十八年十一月戶部奏廣州牧自春至秋久旱不雨重以雨雹闔境禾穀一無所收又鳳州曾於庚子年大水廬舍禾穀漂蕩幾盡民無定居請停兩官轄下發使量田從之　二十三年定量田步數田一結方三十三步（六寸爲一分十分爲一尺六尺爲一步）二結方四十七步三結方五十七步三分四結方六十六步五結方七十三步八分六結方八十步八分七結方八十七步四分八結方九十步七分九結方九十九步十結方一百四步三分　高宗四十一年二月分遣使于忠慶全三道及東州西海道巡審山城海島避難之處量給土田　四十三年十二月制曰今想諸道民不聊生彼此流移甚可悼也其避亂所與本邑相距程不過一日者許往還耕田其餘就島內量給土田不足則給沿海閑田及宮寺院田　四十六年九月以江華田二千結屬公廨三千結屬崔竩家又以河陰鎭江海寧之田分給諸王宰樞以下有差　元宗元年正月給田都監議請文武兩班前受之田肥墝不均隨職改給權勢之家皆占良田惡其不便於己沮其議　忠烈王十一年三月下旨諸王宰樞及扈從臣僚諸宮院寺社望占閑田國家亦以務農重穀之意賜牌然憑藉賜牌雖有主付籍之田並皆奪之其弊不貲擇人差遣窮推辨覈凡賜牌付田起陳勿論苟有本主皆令還給且本雖閑田百姓已曾開墾則並禁奪占　二十四年正月忠宣王卽位下敎一先王制定內外田丁各隨職役平均分給以資民生又支國用邇來豪猾之徒托稱遠陳標以山川冒受賜牌爲己之有不納公租田野雖闢國貢歲減又其甚者托以房庫宗室之田其於租稅一分納公二分歸己或有全不納者玆弊莫大宜令諸道按廉及守令窮詰還主如無主者其給內外軍閑人立戶充役一京畿八縣田元有其主國家近因多故以兩班祿俸之薄初給墾地其餘荒地頗多自利爲先者乘閒受賜不許其主不納官租專收其利甚者又并兩班折給之田使不得隨職遞受者多矣令有

司吏爲審驗和會折給江華田亦令均分　忠惠王後五年十二月京畿祿科田爲權貴所奪者悉還其主　恭愍王二年十一月分遣田民別監于楊廣全羅慶尙道義成德泉有備倉田及諸賜給田標內濫執公私田推刷悉還本主　十一年密直提學白文寶上箚子曰京師近地平廣膏腴可以耕稼者爲牧場而奪其利宜移牧於山谷島嶼以興地利且畿內八縣田上亦不須頒祿科均給大夫士祭田以濟居京者之所急　十二年五月敎曰田法弊久國匱民貧仰都評議使司當於農隙遴選官吏改行經理以便公私　辛禑八年十二月設折給都監以判開城朴形等爲別坐分給土田

十四年八月昌令六道觀察使各擧副使判官改量土田

田柴科太祖二十三年初定役分田統合時朝臣軍士勿論官階視人性行善惡功勞大小給之有差　景宗元年十一月始定職散官各品田柴科勿論官品高低但以人品定之紫衫以上作十八品一品田柴各一百一十結二品田柴各一百五結三品田柴各一百結四品田柴各九十五結五品田柴各九十結六品田柴各八十五結七品田柴各八十結八品田柴各七十五結九品田柴各七十結十品田柴各六十五結十一品田柴各六十結十二品田柴各五十五結十三品田柴各五十結十四品田柴各四十五結十五品田四十二結柴四十結十六品田三十九結柴三十五結十七品田三十六結柴三十結十八品田三十二結柴二十五結　文班丹衫以上作十品一品田六十五結柴五十五結二品田六十結柴五十結三品田五十五結柴四十五結四品田五十結柴四十二結五品田四十五結柴三十九結六品田四十二結柴三十結七品田三十九結柴二十七結八品田三十六結柴二十四結九品田三十三結柴二十一結十品田三十結柴十八結緋衫作八品一品田五十結柴四十結二品田四十五結柴三十五結三品田四十二結柴三十結四品田三十九結柴二十七結五品田三十六結柴二十結六品田三十三結柴十八結七品田三十結柴十五結八品田二十七結柴十四結綠衫以上作十品一品田四十五結柴三十五結二品田四十二結柴三十三結三品田三十九結柴三十一結四品田三十六結柴二十八結五品田三十二結柴二十五結六品田三十結柴二十二結七品田二十七結柴十九結八品田二十五結柴十六結九品田二十三結柴十三結十品田二十一結柴十結　殿中司天延壽尚膳院等雜業丹衫以上作十品一品田六十結柴九十五結二品鈇三品田五十五結柴四十五結四品田五十結柴四十二結五品田四十五結柴三十九結六品田四十二結柴三十結七品田三十九結柴二十七結八品田三十六結柴二十四結九品田三十三結柴二十一結十品田三十結柴十八結緋衫以上作八品一品鈇二品田四十五結柴三十五結三品田四十二結柴三十結四品田三十九結柴二十七結五品田三十六結柴二十結六品田三十三結柴十八結七品田三十結柴十五結八品田二十七結柴十四結綠衫以上作十品一品鈇二品田四十二結柴三十二結三品田三十九結柴三十一結四品田三十六結柴二十八結五品田三十三結柴二十五結六品田三十結柴二十二結七品田二十七結柴十九結八品田二十五結柴十六結九品田二十二結柴十三結十品田二十一結柴十結　武班丹衫以上作五品一品田六十五結柴五十五結二品田六十結柴五十結三品田五十五結柴四十五結四品田五十結柴四十二結五品田四十五結柴三十九結以下雜吏各以人品支給不同其未及此年科等者一切給田十五結　穆宗元年三月賜郡縣安逸戶長職田之半　十二月改定文武兩班及軍人田柴科第一科田

一百結柴七十結內史令侍中第二科田九十五結柴六十五結內史
門下侍郎平章事致仕侍中第三科田九十結柴六十結參知政事左右僕射檢校太師第四科
田八十五結柴五十五結六尚書御史大夫左右散騎常侍大常卿致仕左右僕射太子太保第五科
田八十結柴五十結秘書殿中少府將作監開城尹上將軍散左右僕射第六科田七十五
結柴四十五結左右丞諸侍郎諫議大夫大將軍散六尚書第七科田七十結柴四十
結軍器大常少卿給舍中丞太子賓客太子詹事散卿監侍郎第八科田六十五結柴三十五結
諸少卿少監國子司業諸衛將軍太卜監散軍器監上將軍太子庶子第九科田六十結柴三十三結
諸郎中軍器少監秘書殿中丞內常侍國子博士中郎將折衝都尉大醫監閣門使宣徽諸使判事散少卿少監第十科田五十
五結柴三十結諸員外郎侍御史起居郎舍諸局奉御內給事諸陵令郎將果毅太卜少監太史令閣門副使散郎中大將軍閣門
使大醫監太子諭德家令率更令僕第十一科田五十結柴二十五結殿中侍御史左右補闕寺監丞
秘書郎國子助教大學博士大醫少監尚藥奉御通事舍人宣徽諸使使太子中允中舍人散員外郎太卜少監太史令諸奉御閣門副使第十
二科田四十五結柴二十二結大常博士左右拾遺監察御史內謁者監六衛長史六局直長軍器丞太
子洗馬四官正散諸衛將軍寺監丞大醫少監尚藥奉御宣徽諸使使第十三科田四十結柴二十結
主書錄事都事內侍伯寺監注簿四門博士大學助教及中尚京市武庫大官大倉典廐供御典客大樂令諸陵丞別將太卜太史丞侍御醫尚藥直長內殿
崇班大理評事閣門祇候宣徽諸使副使散直長中郎將折衝都尉四官正藥藏郎典膳內直宮門郎典設郎第十四科田三十
五結柴十五結六衛錄事正八品丞令內謁者東西頭供奉官散員指揮使協律郎太子監丞散寺監注簿郎將果毅內殿崇班閣
門祇候太卜太史丞侍御醫尚藥直長宣徽諸使副使第十五科田三十結柴十結八品丞令秘書校書郎四
門助教諸尉校尉靈臺郎保章正挈壺正大醫丞博士律學博士左右侍禁左右班殿直散正八品及散別將指揮供奉官第十六科田
二十七結大祝司廩司庫九品丞主事錄事秘書正字製述明經登科將仕郎書算學博士司辰司曆卜博士卜正監候食醫醫正醫佐律學
助教篆書博士宣徽諸使判官諸尉隊正殿前承旨中樞宣徽銀臺別駕散校尉左右班殿直侍禁第十七科田二十三
結諸業將仕郎令史書史監事監作書令史楷書內承旨客省閣門承旨借殿前承旨見事內給事馬軍散殿前承旨隊正第十八科
田二十結散殿前副承旨大常司儀齋郎國子典學知班注藥藥童軍將官通引廳頭直省殿驅官堂引追仗監膳引謁等流外雜職諸步軍
不及此限者皆給田十七結以爲常式　顯宗五年十二月
文武兩班雜色員吏加給田柴　德宗三年四月改定兩班
及軍閑人田柴科　文宗三十年更定兩班田柴科第一科
田一百結柴五十結中書令尚書令門下侍中第二科田九十結柴四十五
結門下侍郎中書侍郎第三科田八十五結柴四十結參知政事左右僕射上將軍第四
科田八十結柴三十五結六尚書御史大夫左右常侍太子詹事太子賓客大將軍第五科田
七十五結柴三十結七寺卿秘書殿中監國子禁酒尚書左右丞司天監太子少詹事諸衛將軍右少詹事第六
科田七十結柴二十七結吏部諸曹侍郎將作少府軍器大醫監左右庶子左右諭德諸中郎將第七
科田六十五結柴二十四結七寺少卿秘書殿中將作少府司天少監給事中中書舍人御史中丞國子司業太
子僕太子率更令太子家令第八科田六十結柴二十一結諸郎中大醫軍器少監內常侍閣門引進
使太子左右贊善大夫太子中允太子中舍人閣門使國子博士諸郎將第九科田五十五結柴十八結
秘書殿中丞閣門副使第十科田五十結柴十五結諸員外郎起居郎起居舍人侍御史六局奉御殿中內給

亊太史令諸陵大廟令內謁者監大學博士中尙令四官正太子藥藏郞典膳郞太子洗馬　第十一科田四十五結
柴十二結通事舍人左右補闕殿中侍御史七寺三監丞司天丞秘書郞六衛長史國子助敎京市令內直典設郞宮門監侍御醫諸別將
第十二科田四十結柴十結監察御史左右拾遺閤門祗候門下錄事中書注書軍器丞六局直長四門博士詹
事府司直內侍伯內殿崇班諸散員大相左丞　第十三科田三十五結柴八結尙書都事七寺三監主簿
大學助敎太官大樂大盈典廐令內闈供驛掌治令太史丞諸陵大廟丞司天主簿東西頭供奉官諸校尉元甫正朝　第十四科田
三十結柴五結六衛錄事軍器主簿四門助敎京市中尙武庫大樂大盈大倉大官典廐丞內闈供驛掌治丞秘書校書郞良醞令司儀
守宮典獄都染雜織都校掌牲令大醫博士大醫丞挈壺保章正律學博士左右侍禁左右班殿直諸隊正元尹　第十五科田二
十五結都染雜織都校掌牲守宮司儀典獄良醞丞司廩司庫太史司辰司曆監候尙食食醫律學助敎書學算學司天博士大醫醫正司天卜正秘
書正字諸主事御史臺錄事中樞院別駕門下待詔文林郞將仕郞殿前承旨都知船頭典丘官司引馬軍　第十六科田二十
二結諸令史書史主事中書秘書史館太史書藝醫計師司天卜師卜助敎副殿前承旨禮賓閤門承旨獸醫博士當印堂直監膳典食典設役步軍
第十七科田二十結諸書令史諸史尙乘內承旨副內承旨太史典史注藥藥童通引直省知班呪禁師供膳酒食供設掌設
堂從追仗引謁討史試討史試書藝監門軍　第十八科田十七結閑人雜類　武散階田三十
五結柴八結冠軍大將軍雲麾將軍　田三十結掌武將軍宣威將軍明威將軍　田二十五結寧遠
將軍定遠將軍遊騎將軍遊擊將軍　田二十二結耀武校尉同副尉振威校尉同副尉致果校尉同副尉翊麾校尉同副尉　田二
十結宣折校尉同副尉禦侮校尉同副尉仁勇校尉同副尉陪戎校尉同副尉　田十七結大匠副匠雜匠人御前部樂件樂人地理業僧
人　別賜田四十結柴十結大德　田三十五結柴八結大通　田三
十結副通　田二十五結地理師　田二十結地理博士　田十七結地理生地理正　柴

地一日程開城貞州白州鹽州幸州江陰兎山臨江新恩麻
田積城坡平昌化見州沙川峯城臨津長湍交河童城高峯
松林通津德水二日程安州洞州鳳州樹州抱州楊州東州
遂安土山唐城仁州金浦梁骨洞陰荒坪僧旨黃先道尺阿
等坪安俠守安孔岩
顯宗十五年五月判凡無子身歿軍人妻給口分田　十九
年五月判鄕職大丞以上正職別將以上人身死後田丁遞
立鄕職左丞以下元尹以上正職散員以下年滿七十人令
其子孫遞立無後者身歿後遞立　靖宗七年正月門下省
奏舊法凡犯罪者不得受永業田上將軍李洪叔曾犯憲章
流配嶺表其妻子孫不當給田制曰洪叔昔在通州丹兵來
攻城垂陷固守不下成不朽之功可賞延于世以激將來宜
令給田　文宗元年二月判六品以下七品以上無連立子
孫者之妻給口分田八結八品以下戰亡軍人通給妻口分
田五結五品以上戶夫妻皆死無男而有未嫁女子者給口
分田八結女子嫁後還官　二十三年十月判軍人年老身
病者許令子孫親族代之無子孫親族者年滿七十閑屬監

門衛七十後只給口分田五結收餘田至於海軍亦依此例
三十四年三月判諸畏死降敵軍將田勿許親子連立擇
給親戚堪役者諸衛軍充補　閏九月選軍別監奏定凡臨
戰陷敵逃還人職田勿奪仍給　明宗十八年三月下制凡
州縣各有京外兩班軍人家田永業田乃有姦黠吏民欲托
權要妄稱閑地記付其家有權勢者又稱爲我家田要取公
牒即遣使喚通書屬托其州員僚不避干請差人徵取一田
之徵乃至二三民不堪苦赴訴無處冤怨衝天災沴閒作禍
源在此捕此使喚枷械申京記付吏民窮極推罪
功蔭田柴景宗二年三月賜開國功臣及向義歸順城主等
勳田自五十結至二十結有差　顯宗十二年十月判功蔭
田直子犯罪移給其孫　文宗三年五月定兩班功蔭田柴
法一品門下侍郎平章事以上田二十五結柴十五結二品
參政以上田二十二結柴十二結三品田二十結柴十結四
品田十七結柴八結五品田十五結柴五結傳之子孫散官
減五結樂工賤口放良員吏皆不得與受功蔭田者之子孫
謀危社稷謀叛大逆延坐及雜犯公私罪除名外雖其子有

罪其孫無罪則給功蔭田柴三分之一　二十七年正月判
無子人功蔭田傳給女壻親姪養子義子　忠烈王二十四
年正月忠宣王即位下敎曰功臣之田子孫微劣孫外人占
取者勿論年限依孫還給同宗中若一戶合執者辨其足丁
半丁均給　忠肅王五年五月下敎功臣賜田山川爲標所
受日廣而不納稅貢賦之田日益減縮其數外剩占者窮推
還本　十二年十月下敎權勢之家奪人土田田屬勢家稅
仍本主甚爲民害自今受賜田雖功臣毋得過百結式目都
監考覈賜牌削其贏數　辛禑六年六月諫官李崇仁等上
疏曰有功而賞人必相勸無功而賞人必相沮故傳曰賞一
人而千萬人勸然則賞典不可輕以與人也國家土田賜牌
本以待有功近來冒受賜牌占田太多者有之乞令有司根
究推刷功不在累次稱下南幸興王癸卯三等者收其田雖
在三等之例其所占過元數者收其贏數以充軍需仍乞功
臣之號除有功外宜重惜之
公廨田柴成宗二年六月定州府郡縣館驛田丁以上州
縣公須田三百結五百丁以上公須田一百五十結紙田十

五結長田五結二百丁以上缺一百丁以上公須田七十結紙田十結一百丁以下公須田六十結長田四結六十丁以上公須田四十結三十丁以上公須田二十結二十丁以下公須田十結紙田七結長田三結鄉部曲千丁以上公須田二十結一百丁以上公須田十五結五十丁以下公須田十結紙田三結長田二結大路驛公須田六十結紙田五結長田二結中路驛公須田四十結紙田長田各二結小路驛公須田二十結紙田二結大路館田五結中路四結小路三結　十二年八月判給諸州府郡縣驛路公須柴地千丁以上八十結五百丁以上六十結五百丁以下四十結一百丁以下二十結十二牧勿論丁多少一百結知州事雖百丁以下六十結東西道大路驛五十結中路驛三十結兩界大路驛四十結中路驛二十結東西南北小路驛十五結　顯宗十四年六月式目都監議定詹事府公廨田給十五結供紙一戶　明宗八年四月更定西京公廨田有差留守官公廨田五十結紙位田二百七十二結三十七負七束六曹公廨田二十結紙位田十五結法曹司公廨田十五結諸學院公廨田十五結書籍位田五十結文宣王油香田十五結先聖油香田五十結（先聖即箕子）藥店公廨田七結僧錄司公廨紙位田各十五結　忠惠王後四年七月令五敎兩宗亡寺土田及先代功臣田盡屬內庫　十月左右道收司判事崔孫雨等盡奪京畿諸賜給田屬有備倉

祿科田高宗四十四年六月宰樞會議分田代祿遂置給田都監　元宗十二年二月都兵馬使言近因兵興倉庫虛竭百官祿俸不給無以勸士請於京畿八縣隨品給祿科田時諸王及左右嬖寵廣占腴田多方沮毀王頗惑之右承宣許珙等屢言之王勉從之　十三年正月議以品祿減少分給文武官京畿田有差以近地給校尉隊正蓋爲苦役也　忠烈王四年十二月改折給祿科田　五年二月傳旨曰功臣受賜田在京畿八縣者勿充祿科田時畿縣之田權貴皆以賜牌各占故都兵馬使言勿論賜牌量給職田王許之又聽受賜者請有是命　忠惠王元年八月罷畿內賜給田以充祿科　忠穆王元年八月都評議使司言先王設官制祿一二品三百六十餘石隨品差等以至伍尉隊正莫不准科數

以給故衣食足給一切奉公其後再因兵亂田野荒廢貢賦欠乏倉庫虛竭宰相之祿不過三十石於是罷畿縣兩班祖業田外半丁置祿科田隨科折給近來諸功臣權勢之家冒受賜牌自稱本田山川爲標爭先據執有違古制乞依先王制定京畿八縣土田更行經理御分宮司田鄕吏津尺驛子雜口分位田考覈元籍量給兩班軍閑人口分田元宗十二年以上公文考覈折給其餘諸賜給田並皆收奪均給職田餘田公收租稅以充國用制可　恭讓王三年正月都評議使司請於平壤府減土官量墾田革曰耕頒地祿從之地祿五品十結六品八結七品六結八品四結九品三結餘田公收

辛禑十四年六月昌教曰近來豪强兼并田法大壞其救弊之法仰都評議使司司憲府版圖司擬議申聞其料物庫屬三百六十庄處之田先代施納寺院者悉還其庫東北面西北面本無私田如有稱爲私田濫執者仰都巡問使痛行禁理其所執文契沒官　七月大司憲趙浚等上書曰夫仁政必自經界始正田制而足國用厚民生此當今之急務也國祚之長短出於民生之苦樂而民生之苦樂在於田制之均否文武周公井田以養民故周有天下八百餘年漢薄田稅而有天下四百餘年唐均民田而有天下幾三百年秦毀井田得天下二世而亡新羅之末田不均而賦稅重盜賊群起太祖龍興即位三十有四日迎見群臣慨然嘆曰近世暴斂一頃之租收至六石民不聊生予甚憫之自今宜用什一以田一負出租三升遂放民閒三年租當是時三國鼎峙群雄角逐財用方急而我太祖後戰功先恤民即天地生物之心而堯舜文武之仁政也三韓旣一乃定田制分給臣民百官則視其品而給之身沒則收之府兵則二十而受六十而還凡士大夫受田者有罪則收之人人自重不敢犯法禮義興而風俗美府衛之兵州郡津驛之吏各食其田土着安業國以富强雖以遼金虎視天下而與我接壤不敢吞噬者由我太祖分三韓之地而與臣民共享其祿厚其生結其心爲國家千萬世之元氣故也自是以來闌入功蔭投化入鎭加給補給登科別賜之名代有增益掌田之官不堪煩瑣授田收田之法漸致隳弛奸猾乘閒欺蔽無窮已仕已嫁者尙食闕

人之田不踐行伍者冒受軍田父匿挾而私授其子子隱盜而不還於公旣食役分又食閑人又食軍田授受之官不問其已見任在官而當食役分者耶未仕未嫁當食閑人者耶其身果府兵歟其父果入戍於鎭邊歟其祖果自異國而來投王化歟祖宗授田收田之法旣壞而兼幷之門一開爲宰相而當受田三百結者曾無立錐之可資爲宰相而受祿三百六十石者尙不滿二十石兵者所以衛王室備邊虞者也國家割膏腴之地以祿四十二都府甲士十萬餘人其衣糧器械皆從田出故國無養兵之費祖宗之法卽三代藏兵於農之遺意也今也兵與田俱亡每至倉卒則驅農夫以補兵故兵弱而餌敵割農食以養兵故戶削而邑亡以祖宗至公分授之田爲一家父子之所私不一出門而仕朝行不一奉足而蹈軍門者錦衣玉食坐享其利蔑視公侯而雖以開國功臣之後夙夜侍衛之臣百戰勤勞之士反不得一畝之食立錐之耕以養其父母妻子其何以勸忠義而責事功礪戰攻而禦外侮哉內而版圖典法外而守令廉使廢其本職日聽田訟不避寒暑揮汗呵筆勾稽文券撿覆證左訊之佃戶訊之故老凡其辭連盈獄滿庭廢農待決數月之案積如岳山一畝之爭連數十年忘寢廢食剖決不給者以私田爲爭端而訟煩也子之於父母一畝之求或不如意則反生怨恨如視路人甚者纔釋衰絰鞭其侍病之奴婢求其某田之公文至親尙爾而況於兄弟乎是以私田而陷人倫於禽獸也朝廷士大夫貌相好而心相猜至於陰中傷之此以私田而爲檻穽也至於近年兼幷尤甚奸兇之黨跨州包郡山川爲標皆指爲祖業之田相攘相奪一畝之主過於五六一年之租收至八九上自御分至于宗室功臣侍朝文武之田以及外役津驛院館之田凡人累世所植之桑所築之室皆奪而有之哀我無辜流離四散塡于溝壑祖宗分田所以厚臣民者適足以害臣民也此以私田爲亂之首也兼幷之家收租之徒稱兵馬使副使判官或稱別坐從者數十人騎馬數十匹陵轢守令摧折廉使飮食若流破費廚傳自秋至夏成群橫行縱暴侵掠倍於盜賊外方由此凋弊及其入佃戶則人厭酒食馬厭穀粟新米先納縣麻脚錢榛栗棗脩至於抑賣之斂十倍其租租未納而產已空矣及其履畝之際則負結

高下隨其意出以一結之田爲三四結以大豆而收租一石之收以二石而克其數祖宗之取民止於什一而已今私家之取民至於十千其如祖宗在天之靈何其如國家仁政何田以養民反以害民豈不悲哉民之出私田之租也稱貸於人而不能克也其所貸者賣妻鬻子而不能償也父母飢寒而不能養也寃呼之聲上徹于天感傷和氣召致水旱戶口由是而一空倭奴以之而深入千里暴屍莫有禦者貪饕之聲聞于上國社稷宗廟危於累卵臣等願遵聖祖至公分授之法革後人私授兼幷之弊非士非軍非執國役者毋得授田令終其身不得私相授受嚴立禁限與民更始以足國用以厚民生以優朝臣以贍軍士則國富而兵强禮義興而廉恥行人倫明而詞訟息社稷之基安盤石而壯泰山國家之威震雷霆而熾炎火雖有外侮將自焦而自糜矣古人有言曰國無三年之蓄國非其國近者西北之行纔數月耳倘且公私不支上下俱困脫有二三年水旱之災其何以賑之千萬軍饋餉之費其何以應之況今中外倉廩一時俱匱軍國之需無從而出邊警之虞在所不測如有倉卒難以戶斂今當量田之時定數給田之前限三年權行公收可以充軍國之需可以給在官之俸其正田制之目條具于後一祿科田柴自侍中至庶人在官各隨其品計田折給屬之衙門當職食之一口分田在內諸君及自一品以至九品勿論時散隨品給之其受添設職者考其實職給之皆終其身其妻守節亦許終身現任外前銜與添設受田者皆屬五軍其在外者只給軍田充役凡受田者有罪則納之於公陞級以次加給一軍田試其才藝二十而受六十而還一投化田向國之人食之終身身歿則還公受官職有口分田者不許一外役田留守州府郡縣吏津鄕所部曲庄處吏院館直口分田前例折給皆終其身一位田城隍鄕校紙匠墨尺水汲刀尺等位田前例折給一白丁代田百姓付籍當差役者戶給田一結不許納租其在公私賤人當差役者亦許給之明白書籍一寺社田祖聖以來五大寺十大寺等國家裨補所其在京城者廩給其在外方者給柴地道詵密記外其新羅百濟高勾麗所創寺社及新造寺社不給一驛田其馬位口分田前例折給皆終其身一外祿田自留守牧都護至知官監務隨品

定從人口數計口給祿科田一公廨田視各司品秩高下吏員多少給之一凡作丁公私之田一切革去或以二十結或以十五結或以十結每邑丁號標以千字文不係人姓名以斷後來冒稱祖業之弊量田旣定然後分受之以法公私收租每一結米二十斗以厚民生一主掌官授田加給一結者加受一結者收田漏一結者還田匿一結者父子不告私相授受者父死其子不還父所食田者奪他人田一結以上匿公田一結者皆處死受代田白丁匿傍田一結者收租奴不受官牒不較官斗者杖一百收租奴增一斗以上者杖八十食田者知奴剩取田租不告者杖七十量田時匿田十卜以上者處死漏田者同收租奴二名馬一匹違者主奴杖七十凡犯田禁者經赦不宥籍名於版圖及憲府其子孫不許臺省政曹　諫官李行等又上疏曰豪强兼并國用乏竭租稅苛倍生民凋悴强弱相呑爭訟繁多骨肉相猜風俗壞敗此私田之弊也富强失利怨謗難弭士族失業生理難繼田地廣多審覆難悉簿書煩多考核難精奸吏隱匿覺察難及風雨盜鼠藏積難密道路遠近轉漕難均出入斂散耗損難理此革弊之難也雖然事出於公正合於人心悅之者衆怨謗可弭矣士之無職者授田使得農耕有職者給俸以代其耕生理可繼擇公廉有重望者爲按廉擇廉敏精幹者爲守令守令各考一邑以核其事實按廉統察一道以黜陟守令之殿最田地審覆可悉簿書核察可精奸吏隱匿可察矣置倉府固門垣藏積可密矣計輕重度遠近給脚力之價漕轉可均矣平量槩明契卷耗損可理矣其救之之術何難之有至於倉廩實而儲胥有餘祿俸厚而廉恥可興橫斂息而民生可紓爭訟絕而風俗可厚田野闢而賦斂薄戶口繁而徭役均其革之之利爲如何哉臣等謹按祖宗田制役口之分戶別之丁皆爲國田父不得與之子必告有司而與之如其無子且或有罪則必歸於公不敢私也自選軍之法廢而兼并遂起稱爲雜件以爲己有指山川以爲標連阡陌而爲界雖宗室之冑功臣之嗣與夫戎戰之卒侍衛之士至于小民曾無立錐之地父母妻子飢寒離散臣等甚痛之或曰今權豪之徒伏辜殆盡宜委辨正都監考察訟人高曾契券其有年代久遠派系明白者各還其主則冤枉銷而國家無事臣等

以爲不然惟我祖宗立法之意蓋欲諸君兩府以下至于軍士皆受國田仰事俯育無至失所今也法廢田無限制老婦幼子篤疾廢疾之徒不出其門持其祖父文劵坐食國田至百千結者有之雖使官司至公明決何有一毫之補於軍國哉嗚呼三韓尺寸之地皆我太祖櫛風沐雨險夷艱難之所啓也今海寇縱暴封疆日蹙國田之租半入於無用之人軍士飢色轉輸告匱雖伊周之相方召之將不革私田而歸之國將何以爲今日社稷中興之計乎臣等甚痛之傳曰更化則可善理又曰仁政必自經界始今殿下即位之初不革私田以追祖宗之美意則何以發政施仁以開萬世大平之基乎伏惟殿下擧而行之　版圖判書黃順常等上疏曰足食安民之道在正田制而已本朝田法自文武官僚以至於軍各給土田公私兩足明有定制近年以來豪强之徒恣意兼并良田沃壤悉爲己有高山大川以爲經界各家所遣奸猾之奴侵漁橫歛其害百端民不聊生邦本日危諸倉庫宮司御分之田並皆奪占私稅百倍於公賦倉廩空虛國用乏絕祿俸日減勸士無門各執高曾之劵互相爭奪于以詞訟日繁尊卑長幼視如仇讎兄弟親戚反爲途人風俗之敗實爲痛心因仍襲弊不革私田則奚啻民生凋瘵風俗不美而已倘有不虞之中興師動衆當時蓄積一月粮餉尙且不足況期年之師累歲之旅乎爲今之計一革私田正風俗厚民生廣蓄積以周國用幸甚　典法判書趙仁沃等亦上疏曰伏覩殿下深致意於田法之毁臣等亦以爲此正今日之急務社稷之安危生民之休戚係焉不可不重田法正則社稷安矣否則社稷安危未可知也竊惟祖宗分田之制躬耕籍田所以奉天地宗廟之祀也三百六十庄處之田所以奉供上也田柴口分之田所以優士大夫礪廉恥也州府郡縣鄕所部曲津驛之吏以至凡供國役者莫不受田所以厚民生而殖邦本也四十二都府四萬二千之兵皆授以田所以重武備也世守成憲社稷盤安垂五百年近來貪墨擅權莊處田柴外役軍田皆入其門粢盛供上或時而不繼士大夫之當職勞於王事者無以資其生養其廉州縣津驛供國役者喪其田宅困於一田之五六主一年之五六收父母凍餒而不能養妻子離散而不能保無告流亡戶口一空是以國用軍

須祿俸之出蕩然掃地國無旬月之儲軍無數月之食家宰之俸徒存舊額今所受者纔十數石耳况其下官乎府田亡而府兵亦亡無賴之徒安坐其家不知征役之苦以其先世私授之田謂之祖業食至千百結不以爲國家之田而以爲父母之德百無報國之心而從軍之士忘軀命冒矢石得生百戰之餘者反不得一畝之田軍士之赴敵者其父母妻子飢寒流移國無斗粟尺帛之賜而彼無賴坐食之徒馬厭粟而妾曳縠此非細故也奈何以太祖艱難所得之地不以養軍士反以資無賴之徒乎是故寇盜熾而莫之禦士馬困而無以養如有緩急將何以待之宗廟社稷危如累卵誠可痛惜又有甚於此者兄弟爭田而或至於相殘將相爭田而或至於相殺骨肉反爲路人同列變爲仇敵獄訟煩而風俗敗陷人道於禽獸醜聲上聞雖歲勤貢獻不獲於天子者皆由田弊之所致也不正田弊不復祖宗之制而欲社稷之安臣等所未敢知也傳曰國無三年之蓄國非其國方今之積猶可哀痛國非其國則雖欲安富尊榮其可得乎全羅慶尙楊廣三道國家之腹心倭奴深入虜掠我人民焚蕩我府庫千里蕭然而又西北之虞在於不測兵食匱竭人民困瘁此誠危急存亡之時也願殿下毋失事機自今年權收公私田租以備軍食然後復祖宗分田之法以待士民則軍國之務備而士民之望安矣八月敎私田之租一皆公收則朝臣必患艱食姑令半收其租以充國用　九月右常侍許應等上疏曰臣等近與司憲府版圖典法交章申聞請復先王均田之制而殿下依允四方聞者莫不欣悅惟巨家世族之兼幷者獨以爲不便嘵嘵多言變亂衆聽一時士大夫有田者同聲應之尋有不收宗廟社稷道殿神祠功臣登科田之議臣等以爲此必有唱之以起廢法之端者不日果有半收之命夫立法所以革弊也法立而弊未生遽自中止無乃不可乎近來以國用軍需俱不足故初有均田之議今若信浮言行之未竟則祿俸糧餉何以足之常程緩急何以當之上國立衛遼東窺覘我疆者有年又海寇深入作耗無所不至是誠畏首畏尾之時也捨此不慮乃以國家之公田以與無功坐食之人非計之得也伏惟殿下任衆口之煩囂復均田之舊制使軍國之須皆有贏餘士大夫無不受田則國家幸甚昌遂

寢私田半收之令　辛昌元年八月大司憲趙浚等上疏曰竊惟私田利於私門而無益於國公田利於公室而甚便於民利於私門則兼幷以之而作用度由是而不足利於公室則倉廩實而國用足爭訟息而民生安矣有國家者當以經界爲仁政之始豈可開兼幷之門使民陷於塗炭乎夫田本以養人而適足以害人私田之弊至此極矣幸賴天佑國家聖神誕作祛曠世之積弊其復革利害分明可見而世臣巨室猶踵弊風以爲本朝成法不可一朝遽革苟革之則士君子生理日蹙必趨工商相與胥動浮言以惑衆聽欲復私田以保富貴其爲一家之計則得矣其如社稷生民何如或復之是擧三韓百萬之衆而納之膏火之中也今欲圖治而反貽患於生靈無乃不可乎竊謂當以京畿之地爲士大夫衛王室者之田以資其生以厚其業餘皆革去以充供上祭祀之用以足祿俸軍需之費杜兼幷之門絕爭訟之路以定無疆之令典　十二月恭讓王即位大司憲趙浚等又上疏論田制曰上天悔禍群凶已滅辛氏已除當一革私田以開斯民富壽之域此其機也而世臣巨室不念社稷之大計猶踵弊風相與流言煽動人心欲復私田而殿下中興即位旬日軫念生民之塗炭深懲積世之巨害遠述成周圭田菜地之法近遵文廟開廣京畿之制京畿則給居京侍衛者之田以優士族即文王仕者世祿之美意也諸道則止給軍田以恤軍士即祖宗選軍給田之良法也乃使中外之經界截然不得相亂杜兼幷之門塞爭訟之路誠聖制也然受田於京畿而數未滿者欲於外方給之是殿下復開兼幷之門置三韓億兆之民於湯火之中也臣等甚爲殿下中興之盛惜之也不先正田制而欲致中興之理非臣等所敢知也今六道觀察使所報墾田之數不滿五十萬結矣而供上不可不豐也故以十萬而屬右倉以三萬而屬四庫祿俸不可不厚也故以十萬而屬左倉朝士不可不優也故以畿田十萬而折給之其餘止十七萬而已凡六道之軍士津院驛寺之田鄉吏使客廩給衙祿之用尙且不足而軍須之出則無地矣而今又欲給私田於外方未審供上祿俸之費津院驛寺諸位之田何從而出乎方鎭之兵海道之軍何以供給乎萬一有三四年水旱之災何以賑之千萬軍饋餉之費何以供之殿下

上繼太祖之洪業下啓中興無疆之基不於此時儲國用以足祭祀賓客之用豐祿俸以厚百官足兵食以養三軍而乃反嫌巨室之流言不念生民之大害復私田於外方以開奸猾兼幷之門飢三軍而長六道之邊寇薄俸祿而隳百官之廉恥缺國用而乏祭祀賓客之供豈經國濟民之政乎願殿下凡居京者只給畿內田不許外方給之定爲成憲與民更始以足國用以厚民生以優朝士以贍軍食　恭讓王二年九月焚公私田籍于市街火數日不滅王嘆息流涕曰祖宗私田之法至于寡人之身而遽革惜哉　三年五月都評議使司上書請定給科田法從之依文宗所定京畿州郡置左右道自一品至九品散職分爲十八科其京畿六道之田一皆踏驗打量得京畿實田十三萬一千七百五十五結荒遠田八千三百八十七結六道實田四十九萬一千三百四十二結荒遠田十六萬六千六百四十三結計數作丁丁各有字號載之于籍拘收公私往年田籍盡行檢覈甄其眞僞因舊損益以定陵寢倉庫宮司軍資寺及寺院外官職田廩給田鄕津驛吏軍匠雜色之田京畿四方之本宜置科田以優士大夫凡居京城衛王室者不論時散各以科受第一科自在內大君至門下侍中一百五十結第二科自在內府院君至檢校侍中一百三十結第三科贊成事一百二十五結第四科自在內諸君至知門下一百十五結第五科自判密直至同知密直一百五結第六科自密直副使至提學九十七結第七科自在內元尹至左右常侍八十九結第八科自判通禮門至諸寺判事八十一結第九科自左右司議至典醫正七十三結第十科自六曹摠郎至諸府小尹六十五結第十一科自門下舍人至諸寺副正五十七結第十二科自六曹正郎至和寧判官五十結第十三科自典醫寺丞至中郎將四十三結第十四科自六曹佐郎至郎將三十五結第十五科東西七品二十五結第十六科東西八品二十結第十七科東西九品十五結第十八科權務散職十結外方王室之藩宜置軍田以養軍士東西兩界依舊充軍需六道閑良官吏不論資品高下隨其本田多少各給軍田十結或五結今辛未年受田科不足者辛未年以後新來從仕未受田者不論祖父文契有無將其或犯罪或無後或科外餘田隨科

遞受無所任閑良官不在此限京畿荒遠之田開墾之田有職事從仕者告官作丁科受凡受田者身死後其妻有子息守信者全科傳受無子息受信者減半傳受本非守信者不在此限父母俱亡子孫幼弱者理合恤養其父田全科傳受待年二十歲各以科受女子則夫定科受其餘田許人遞受受軍田者赴京從仕則許以科受京畿之田軍鄉吏及諸有役人如有老病死亡無後者逃避本役者赴京從仕者則代其役者遞受其田庚午年受賜功臣之田許於科外子孫相傳凡加科受田新作公文者繳連原卷合爲一通毋得另作文卷分父母田者原卷納官朱筆標注其上曰某丁某子某孫所受仍勾銷之原卷還長子雖田小子多不許破丁減自己田與子孫及他人者父沒其子科外餘田夫沒無子減半田於原卷標注勾銷如上原卷還其主盡以其田與他人者告官遞給原卷還官凡足科受田者父母沒後願以其田易父母田者聽犯罪及無後者之公文其家人隱匿不納官者痛行理罪凡人毋得施田於寺院神祠違者理罪已將庚午年已前公私田籍盡行燒毀敢有私藏者以毀國法論籍沒

財產今後凡稱私田其主雖有罪犯不許沒爲公田犯應受者各以科遞受其犯杖以上罪謝貼收取者犯嫁期功以上親者閑良官除父母喪葬疾病外無故不赴三軍摠制府宿衛百日已滿者判禁已後同姓爲婚者受守信田再嫁者有田地不作公文者身死無妻子者其田并許人陳告科受公私賤口工商賣卜盲人巫覡倡妓僧尼等人身及子孫不許受田凡公私田租每水田一結糙米三十斗旱田一結雜穀三十斗此外有橫斂者以贓論除陵寢倉庫宮司公廨功臣田外凡有田者皆納稅水田一結白米二斗旱田一結黃豆二斗舊京畿納料物庫新京畿及外方分納豐儲廣興倉京畿公私田四標內有荒閑地聽民樵牧漁獵禁者理罪田主奪佃客所耕田一負至五負笞二十每五負加一等罪至杖八十職牒不收一結以上其丁許人遞受佃客毋得將所耕田擅賣擅與別戶之人如有死亡移徙戶絕者多占餘田故令荒蕪者其田聽從田主任意區處己巳年不及打量海濱海島田打量時脫漏田打量不如法餘剩田新開墾田各道都觀察使每年隨即差官踏驗作丁續書于籍申報主掌官

以充軍需不許諸人擅占違者理罪辛未年受田後科外冒受及侵奪公私田者依律決罪所受科田許人遞受如有妄告他人無證奸盜等事又以雷電猛獸水火盜賊所害指爲罪名規奪人田者痛行禁理如有調發大軍糧餉不足不問公私田隨費多少臨時定數公收支用無事則止

踏驗損實成宗七年二月判禾穀不實州縣近道限八月中道限九月十日遠道限九月十五日申報戶部以爲恒式

文宗四年十一月判田一結率十分爲定損至四分除租六分除租布七分租布役俱免　是月判凡州縣水旱虫霜禾穀不實田疇村典告守令守令親驗申戶部戶部送三司三司移牒撿覈虛實後又令其界按察使差別員審檢果災傷租稅蠲減　高宗十六年十二月崔瑀奏今年大旱禾穀不實請遣使五道審檢損實從之　恭讓王三年五月都評議使司請定損實十分爲率損一分減一分租損二分減二分租以次准減損至八分全除其租踏驗則其官守令審檢辨報監司監司差委官吏審監司首領官又審之如有踏驗不實者罪之各品科田損實則令其田主自審收租

租稅太祖元年七月謂有司曰泰封主以民從欲惟事聚斂不遵舊制一頃之田租稅六碩管驛之戶賦絲三束遂使百姓輟耕廢織流亡相繼自今租稅征賦宜用舊法　光宗二十四年十二月判陳田墾耕人私田則初年所收全給二年始與田主分半公田限三年全給四年始依法收租　成宗十一年判公田租四分取一水田上等一結租二石十一斗二升五合五勺中等一結租二石十一斗二升五合下等一結租一石十一斗二升五合旱田上等一結租一石十二斗一升二合五勺中等一結租一石十斗六升二合五勺下等一結缺又水田上等一結租四石七斗五升中等一結三石七斗五升下等一結二石七斗五升旱田上等一結租二石二斗七升五合中等一結一石十一斗二升五合下等一結一石三斗七升五合　顯宗四年十一月判文武兩班諸宮院田受三十結以上一結例收稅五升　靖宗七年正月三司奏諸道外官員僚所管州府稅貢一歲米三百碩租四百斛黃金一十兩白銀二斤布五十四白赤銅五十斤鐵二百斤鹽三百碩絲緜四十斤油蜜一碩未納者請罷見任從之　四月門下省奏北路寧州等三十三州東路高和等州隣於狄境防禦事般未嘗徵稅己卯年閒有司奏定稅額前項兩路州

鎭一年貢布五萬二百九匹折納餱糧一萬四千四十九斛由此邊民不樂請除放稅籍從之　九年七月判州縣稅糧納官時令輸人自量　文宗二年十二月判諸道館驛公須田租大路一百石中路五十石小路三十石儲峙以支廩給餘租各輸州倉　七年六月三司奏舊制稅米一碩收耗米一升今十二倉米輸納京倉累經水陸欠耗實多輸者苦被徵償請一斛增收耗米七升制可　二十三年定田稅以十負出米七合五勺積至一結米七升五合二十結米一碩睿宗三年二月制諸州縣公私田川河漂損樹木叢生不得耕種如有官吏當其佃戶及諸族類隣保人徵斂稅粮侵害作弊者內外所司察訪禁除　六年八月判三年以上陳田墾耕所收兩年全給佃戶第三年則與田主分半二年陳田四分爲率一分田主三分佃戶一年陳田三分爲率一分田主二分佃戶　仁宗五年三月詔曰取民有制常租調外毋得橫斂　明宗六年七月初左右倉斗槩不法納米一石贏至二斗外吏因緣重斂久爲民弊近欲釐正下制一石并耗米不過十七斗群小洶洶至是下制仍舊　忠宣王二年十一月宰樞議遣採訪使于諸道更定稅法或曰今郡縣田野盡闢宜量曰增賦以贍國用宰樞恐其所占田園入官事遂寢　後元年三月傳旨曰典農司所收諸寺社及有勞功臣田租皆還給其餘田租移入龍門倉以米三百石分賜大藏都監禪源社　忠肅王五年五月下敎一大尉王軫念州縣稅額日減民生日殘遣使巡訪均定貢賦今於荒田徵銀及布以充貢額不惟貢賦無實士民怨咨自今勿收荒田租一巡訪使所定田稅每歲州郡據額收租權勢之家拒而不納鄕吏百姓稱貸充數無有紀極失業流亡其不納稅者勿避權貴糾察以聞　恭愍王五年六月下旨一西北面土田未嘗收租委之防戍其來尙矣近來權勢多所兼并自今可官爲檢括每一結賦一石以支軍須一古者租稅之納許民自量自槩今之官吏大斗剩量民甚苦之其令州郡官躬親監視中外公私同某斗斛　十一年密直提學白文寶上箚子國田之制取法於漢之限田十分稅一耳慶尙之田則稅與他道雖一而漕輓之費亦倍其稅故田夫之所食十八其一元定足丁則七結半丁則三結加給以充稅價　十二年五

月下敎一祿轉自量之令已嘗頒示州縣之吏視爲文具弊復如前宜令本管官司務要親臨毋得縱吏爲奸京倉交納亦許外吏自量一諸官司倉庫之奴收租之弊主典者屢以爲言今後各道存撫按廉照依各項田土元籍及時收納州縣之吏如有容私作弊隨數倍償痛行理罪　辛禑元年二月宥旨甲寅年量田以後三稅之田屢因誅流員將沒入倉庫不入三稅拘該官司一據元案徵納州郡病之仰都評議使司移牒各道按廉使其有稅之田先許納稅方收其餘以革前弊　二年九月憲司以兵革旱荒連歲相仍軍食罄竭請於功臣田租三分取一寺社田收其半兩殿所屬官司田科斂外羡餘並充軍需從之　九年二月左司議權近等上書曰傳曰民者邦之本也財者民之心也故失其心則民散失其本則邦危比年以來征戰不息水旱相仍民有饑色野有餓殍加之一田三兩其主各徵其租以割民心所在官司按廉察訪不能呵禁哀此煢獨誰因誰極邦本之危莫此爲甚臣等每念至此深爲痛心願自今一依本國田法京中版圖司外方按廉使斷決所爭勝者收租一田一主使民蘇息如有違者痛行禁理　八月我

太祖獻安邊之策曰東北一道州郡介於山海地狹且瘠今其收稅不問耕田多寡唯視戶之大小和寧於道內地廣以饒皆爲吏民地祿而其地稅官不得收取民不均餉軍不定今後道內諸州及和寧一以耕田多寡科稅以便公私

貢賦

定宗四年光宗即位命元甫式會元尹信康等定州縣歲貢之額　文宗二十年六月判諸州縣每年常貢牛皮筋角以平布折價代納　睿宗三年二月判京畿州縣常貢外徭役煩重百姓苦之日漸逃流主管所司下問界首官其貢役多少酌定施行銅鐵瓷器紙墨雜所別貢物色徵求過極匠人艱苦而逃避仰所司以其各所別常貢物多少酌定奏裁　九年十月判貢中布一匹折貢平布一匹十五尺貢紵布一匹折貢平布二匹貢緜紬一匹折貢平布二匹　明宗十八年三月下制諸州府郡縣百姓各有貢役邇來守土員僚斜屬使令徵取役價其貢賦經年除免掾吏之徒並邀此式役之不均貢戶之民因此逃流各道使者巡行按問如此官以罪奏聞其餘掾吏依刑黜職令均貢役　忠烈王四年

二月下旨以安東京山府管內郡縣貢賦除大府迎送少府等庫所納外皆輸元成殿　五年三月傳旨都評議使司曰可遣使諸道檢察往年三歲納否戶口增耗自今年更定歲額并點鹽戶以徵其稅宰樞以謂三歲納否各有司存察戶口增耗非農時所行遂停之　十四年九月遣使于忠淸全羅慶尙西海道酌定貢賦　二十二年六月中贊洪子藩上書一曰今諸道收斂細紵布民實不堪宜令官婢免役者紡績以紓民力二曰貢賦已有定額又於諸道家抽細麻布實係橫斂宜禁絕之三曰田無役主亡丁多矣民無恒心逃戶衆矣凡有貢賦仍令遺民當之此所以日益彫弊也宜令賜給田隨其多少納其貢賦四曰諸道貢賦已有定數今又以虎豹熊皮爲貢不唯科斂煩重恐致猛獸害人誠宜禁之

忠肅王元年正月忠宣王諭田民計定使曰先王置州縣定貢賦斂民以時以充國用兵興以來戶寡田荒貢賦之入不古若自己巳量宜定額之後提察守令固執其額徵斂不止病民實多宜以見在田口更定貢賦民流野荒者限年蠲免其餘雜貢亦宜詳定有減無加凡諸民弊隨宜革正　二月以知密直事蔡洪哲爲五道巡訪計定使內府令韓仲熙爲副使民部議郎崔得枰爲判官量田制賦凡便民事宜將式目都監所啓條畫酌定損益其諸道提察使及守令有罪者無論輕重直行科斷　閏三月忠宣王傳旨曰巡訪計定使蔡洪哲等所定貢賦視州郡殘盛均定其額以贍國用要令百姓安業　後八年五月監察司榜示禁令兩倉禄轉各司貢物近因輸納失期用度不足致使貨殖之徒乘時射利先納其本即往其鄉倍收利息民何以堪其各道存撫按廉守令等官輸納後期者嚴加糾劾　忠惠王後四年七月追徵各道往年貢賦餘美縣吏不堪其苦遂自刎　恭愍王元年二月下宥旨諸官司外郡貢賦未輸者先徵郡人住京者住京者稱貸而倍收於民又先二三年或四五年徵其貢賦弊莫甚焉今後凡貢賦守令按廉及期送納監察嚴加體察以除民害　辛禑十四年三月九妃三翁主諸殿上供之物浩繁倉庫匱竭預徵三年貢物猶不足又加橫斂民甚苦之

宣宗五年七月定雜稅栗栢大木三升中木二升小木一升漆木一升麻田一結生麻十一兩八刀白麻五兩二目四刀

忠惠王後四年十一月江陵道獻山稅松子三千石　恭愍王五年六月下旨賊臣之黨擅占山澤重收其稅國用日乏民生益凋自今山林屬繕工澤梁屬司宰弛禁輕稅

志卷第三十二

志卷第三十三　高麗史七十九

正憲大夫工曹判書集賢殿大提學知　經筵春秋館事兼成均大司成臣鄭麟趾奉
教修

食貨二

戶口

國制民年十六爲丁始服國役六十爲老而免役州郡每歲計口籍民貢于戶部凡徵兵調役以戶籍抄定　仁宗十三年二月判居京大小人員子弟謀避徭役各於本貫親戚戶籍類付以致名實混淆自今京人付外籍者痛禁　忠烈王五年九月分遣計點使於諸道初都評議使司言大祖奠五道州郡經野賦民皆有恒制近來兵饉相仍倉儲懸罄橫斂重於常貢逋戶累其遺黎是宜計戶口更賦稅以革姑息之弊由是累發計點使而未見成効及東征之役發民爲兵故復有是命　十八年十月敎曰諸道之民自兵興以來流亡失業在元王己巳年計點民戶更定貢賦厥後賦斂不均民

受其病可更遣使量戶口之贏縮土田之墾荒計定民賦以遂民生　忠肅王十二年十月下敎一開城府五部及外方州縣以百姓爲兩班以賤人爲良人僞造戶口者據法斷罪一權勢之家廣置田莊招誘人民不供賦役者所在官司推刷其民以充貢戶　恭愍王二十年十二月下敎一本國戶口之法近因播遷皆失其舊自壬子年爲始幷依舊制良賤生口分揀成籍隨其式年解納民部以備參考一單丁從役自丙申年已在禁限官吏不體予意役使如初尤可憐憫須給助役毋令失業年滿六十免役一東西兩界新附人戶理宜安集其令都巡問使給糧與田無令失業　辛禑四年十二月遣柳曼殊于東北面吳季南于全羅道安翊于楊廣道南佐時于江陵道王安德于西海道慶補于交州道計點戶口　十四年八月大司憲趙浚上疏曰近來戶籍法壞守令不知其州之戶口按廉不知一道之戶口當徵發之際鄉吏欺蔽招納賄賂富壯免而貧弱行貧弱之戶不堪其苦而逃則富壯之戶代受其苦亦貧弱而逃矣其任徵發者憤鄉吏之欺蔽痛加酷刑割耳劓鼻無所不至鄉吏亦不堪其苦而逃矣鄉吏百姓流亡四散州郡空虛者戶口不籍之流禍也願令當量田審其耕作之田以所耕多寡定其戶上中下三等良賤生口分揀成籍守令貢于按廉按廉貢于版圖朝廷凡徵兵調役有所憑依及時發遣而守令按廉如有違法者輒繩以理　恭讓王二年七月都堂啓舊制兩班戶口必於三年一成籍一件納於官一件藏於家各於戶籍內戶主世系及同居子息兄弟姪壻之族派至於奴婢所傳宗派所生名歲奴妻婢夫之良賤一皆備錄易以考閱近年以來戶籍法廢不唯兩班世系之難尋或壓良爲賤或以賤從良遂致訟獄盈庭案牘紛紜願自今倣舊制施行其無戶籍者不許出告身立朝且戶籍不付奴婢一皆屬公王納之然竟未能行

農桑

農桑衣食之本王政所先太祖即位之初首詔境內放三年田租勸課農桑與民休息　成宗五年五月敎曰國以民爲本民以食爲天若欲懷萬姓之心惟不奪三農之務咨爾十二牧諸州鎭使自今至秋並宜停罷雜務專事勸農予將遣

使檢驗以田野之荒闢牧守之勤怠爲之褒貶焉　六年六月收州郡兵鑄農器　顯宗三年二月敎曰西北州鎭自經兵亂民乏資粮今當農作之時無以墾植其令本道官吏給糧與種毋使失業　三月敎曰洪範八政以食爲先此誠富國强兵之道也比者人習浮靡棄本逐末不知稼穡其諸道錦綺雜織甲坊匠手並令抽減以就農業　七年正月敎曰江南郡縣以去歲不登民多饑饉所在官給糧種以勸農耕

九年二月都兵馬使奏興化鎭自經寇亂民戶並無牛畜乞借官牛以助農耕從之　十一月以于山國被東北女眞所寇廢農業遣李元龜賜農器　十年四月以洞州管內遂安谷州管內象山峽溪岑州管內新恩等諸縣民困於丹兵官給糧種　十六年三月判外人來京訴訟者自三月初一日並令歸農　十九年正月判令諸道州縣每年桑苗丁戶二十根白丁十五根田頭種植以供蠶事　德宗三年三月敎曰農桑衣食之本諸道州縣官勉遵朝旨無奪三時以寧百姓　靖宗二年正月御史臺言諸道外官使民不時有妨農事請遣使審察黜陟從之　三年正月判立春後諸道外官並停獄訟專務農事勿擾百姓如有違者按察使糾理　七年二月門下省論奏郡縣比年不登民常艱食實由方岳官吏政不合民心刑不順天意致傷和氣以至於此請下令恤刑勸農以救民瘼制可　文宗元年二月西北路兵馬使楊帶春奏轄下連州防禦長吏軍民等八百餘人告云防禦副使蘇顯自下車以來勸課農桑存恤民庶政績茂著理合升聞制令吏部准制量用　三年三月東北路監倉使奏交州防禦判官李惟伯所部連城長楊吏民等言惟伯上任已來勸農恤民雖秩滿當代願得見借十二月東北路兵馬使奏永興鎭軍成厚等三百二十餘人狀告鎭將尙舍直長丁作鹽勸農桑均賦役修城郭備戰具又於沙石不耕之地勸種雜穀歲收二百餘斛功課爲最雖已考滿願借留任王嘉歎並許之　二十年四月制曰書曰食哉惟時十夫不耕必有受其飢者郡牧之職農桑爲急諸道外官之長皆令帶勸農使　肅宗四年四月許令州府郡縣各耕屯田五結　睿宗三年二月制近來州縣官祇以宮院朝家田令人耕種其軍人田雖膏腴之壤不用心勸稼亦不令養戶輸粮因此軍

人飢寒逃散自今先以軍人田各定佃戶勸稼輸粮之事所司委曲奏裁　仁宗五年三月詔勸農力田以給民食　六年三月詔曰勸農桑足衣食聖王之所急務也今守令多以聚斂爲利鮮有勤儉撫民倉庾空虛黎庶窮匱加之以力役民無所措手足起而相聚爲盜賊甚非富國安民之意其令州郡停無用之事罷不急之務躋民安富副朕憂勤　二十三年五月輸養都監奏令諸道州縣地品不成田畝桑栗漆楮隨地之性勸課栽植從之　明宗三年閏正月以七道按察使五道監倉使皆兼勸農使　十八年三月下制以時勸農務修堤堰貯水流潤無令荒耗以給民食亦以桑苗隨節栽植至於漆楮栗栢梨棗菓木各當其時栽以興利　高宗十二年四月禁內外興作勿奪農時　三十年二月遣諸道巡問使閔曦于慶尙州道孫襲卿于全羅州道宋國瞻于忠淸州道又遣各道山城兼勸農別監凡三十七人名爲勸農實乃備禦也巡問使請以煩冗請罷勸農別監從之　四十二年五月分遣諸道勸農使　四十三年二月制諸道被兵凋殘租賦耗少其令州縣其人耕閑地收租補經費又令文武三品以下權務以上出丁夫有差防築梯浦瓦浦爲左屯田狸浦草浦爲右屯田　四十六年二月發新興倉白銀十斤易穀種給貧民　三月令州縣守令率避亂民出陸耕種　元宗十二年四月分遣諸道農務別監催納農牛農器于黃鳳州以備元屯田之需　十五年五月元遣使詔勸課農桑儲峙軍粮仍命洪茶丘提點農事　忠烈王三年二月置農務都監　十八年正月敎曰忠淸西海二道民失農業不止於飢至於穀種不曾收蓄難以播種其以監察史金祥郎將金良粹爲二道勸農使貿易穀種均給　二十四年忠宣王即位下敎足食之道惟在務農所在官司勤加勸課當耕種時不急之役與收斂一切禁斷又禁縱放牛馬踐損禾稼違者斷罪倍償　三十四年八月忠宣復位十一月下敎農桑衣食之本宜有司勸課不至曠損無賴之徒不得縱牛馬食踐禾稼其遭水旱去處各道提察檢閱可蠲免一年租賦　忠肅王十二年十月下敎農桑王政所先其罷不急之役以時勸課毋致失業　恭愍王五年六月敎曰無衣無褐何以卒歲宜令中外人家種桑藝麻各以口數爲率　十一年

密直提學白文寶上箚子江淮之民爲農而不憂水旱者水車之力也吾東方人治水田者必引溝澮不解水車之易注故田下有渠曾不足尋丈之深下瞰而不敢激是以汚萊之田什常八九宜命界首官造水車使效工取樣可傳於民閒此備旱墾荒第一策也又民得兼務於下種挿秧則亦可以備旱不失穀種　二十年十二月敎曰農桑衣食之本諸道巡問按廉考其守令種桑墾田多少具名申聞以憑黜陟

貨幣 市估

貨幣之制爲國所先盖以贍國用而裕民力也　成宗十五年四月始用鐵錢　穆宗五年七月敎曰自古有國家者率先養民之政務崇富庶之方或開三市以利民或用二銖而濟世遂使生靈滋潤風俗淳厖惟我先朝式遵前典爰頒丹詔俾鑄靑蚨數年貫索盈倉方圓適用仍命重臣而開宴旣諏吉日以使錢自此以來行之不絕寡人叨承丕緖祇奉貽謀特興貨買之資嚴立遵行之制近覽侍中韓彥恭上䟽言欲安人而利物須仍舊以有恒今繼先朝而使錢禁用麤布以駭俗未遂邦家之利益徒興民庶之怨嗟朕方知啓沃之精詞詎可弃遺而不納便存務本之心用斷使錢之路其茶酒食味等諸店交易依前使錢外百姓等私相交易任用土宜　肅宗二年十二月敎曰自昔我邦風俗朴略迄于文宗文物禮樂於斯爲盛朕承先王之業將欲興民間大利其立鑄錢官使百姓通用　六年四月鑄錢都監奏國人始知用錢之利以爲便乞告于宗廟　是年亦用銀瓶爲貨其制以銀一斤爲之像本國地形俗名闊口六月詔曰金銀天地之精國家之寶也近來奸民和銅盜鑄自今用銀瓶皆標印以爲永式違者重論　七年十二月制富民利國莫重錢貨西北兩朝行之已久吾東方獨未之行今始制鼓鑄之法其以所鑄錢一萬五千貫分賜宰樞文武兩班軍人以爲權輿錢文曰海東通寶且以始用錢告于太廟仍置京城左右酒務又於街衢兩傍勿論尊卑各置店鋪以興使錢之利　九年七月命州縣出米穀開酒食店許民貿易使知錢利時泉貨之行已三歲矣民貧不能興用故有是命　睿宗元年中外臣僚多言先朝用錢不便七年詔曰錢法古昔帝王所以富國便民非我先考殖貨而爲之也況聞大遼近年亦始用錢

平凡立一法衆謗從起故曰民不可慮始不意群臣託太祖遺訓禁用唐丹狄風之說以排使錢然其所禁盖謂風俗華靡耳若文物法度則捨中國何以哉　忠烈王十三年四月禁市中合鑄銀銅時用碎銀爲貨以銀銅合鑄故禁之　是月元遣使詔頒至元寶鈔與中統寶鈔通行以至元鈔一貫當中統鈔五貫使爲子母用　二十二年五月中贊洪子藩上書國用金銀爲重而無出處宜令東西各房行役各官新除行役所斂物件內三分取二以補國用　忠惠王元年四月始用新小銀瓶一當五綜布十五匹禁用舊瓶　恭愍王五年九月都堂令百司議幣諫官獻議曰本國近古以碎銀權銀瓶之重爲幣而以五升布翼以行之及其久也不能無弊銀瓶日變而至于銅麻縷日麤而不成布議者欲復用銀瓶愚等以爲一銀瓶其重一斤其直布百餘匹今民家蓄一匹布者尚寡若用銀瓶則民何以貿易哉或議曰宜用銅錢然國俗久不用錢一朝遽令用之民必興謗或曰宜用碎銀然散出民閒而無標誌則貨幣之權不在於上亦爲未便今銀一兩其直八匹宜令官鑄銀錢錢有標誌隨其兩數輕重以准帛穀多寡比之銀瓶鑄造易而用力少比之銅錢轉輸輕而取利多官民軍旅庶幾有便凡產銀之所復其居民令採納官其國人所蓄銀器悉令納官鑄錢以與之幷用五升布則公私便矣且其布子自丁酉爲始納官標印然後方許買賣其掌印之官內則京市署主之御史臺考之外則知官以上主之存撫按廉以時糾察如有用無印布及掌印看循任縱者並理以法則數年之閒將見詐僞絕而物價平矣

恭讓王二年六月以　大明錢貫與本國布匹難以准計令後每一貫准布五匹　三年三月中郎將房士良上書曰天下之閒雖方殊而俗異其士農工商各以其業資其生以有易無彼此通用者錢也自禹鑄塗山用設九府以來至于今通行者無他其質堅貞其用輕便火不燒水不濕貿迁而益光致遠而無咎鼠不能耗刃不能傷一鑄之成萬世可傳故天下寶之本朝麤布之法出於東京等處若干州郡且此布之幣用無十年之久乍遭烟濕便爲灰朽縱盈公廩未免鼠漏之傷願立官鑄錢兼做楮幣爲貨一禁麤布之行王納之

四月命三司會計中外錢穀出納　七月都評議使司奏

罷弘福都監爲資贍楮貨庫請造楮幣曰竊聞禹九年水湯七年旱以歷山莊山之金並鑄幣以救民困至周太公又立九府圜法此錢貨之始也自漢至今代各有錢若宋之會子元之寶鈔則雖變錢法實祖其遺意蓋亦莫非備災患而便民用也吾東方之錢如三韓重寶東國通寶東國重寶海東重寶東海通寶載之於中國傳籍蓋可考也近古又造銀瓶爲貨皆與布匹子母相權後因法弊銅錢銀瓶俱廢不行遂專用五綜布爲貨近年以來布縷麁疎漸至於二三升女功雖勞而民用不便輸之則牛汗積之則鼠耗商賈不行米穀踊貴蓋由於此今殿下勵精圖治政化更新唯此一事尙循舊弊如有一二年水旱之災數十萬軍旅之費則將何以處之爲今之計銀銅旣非本國所產錢瓶之貨卒難復行宜令有司參酌古今依倣會子寶鈔之法置高麗通行楮貨印造流布與五綜布相兼行使聽民閒買賣諸物及赴京外倉庫場所折納諸色米貢物貨其踈縷之布一切禁之庶爲便益

四年四月侍中沈德符等上言一曰革資贍楮貨庫其已印楮貨還合作紙其印板則令燒毀之二曰國家錢財出納都評議使司於該司直行文牒而該司以其原額及糜費之數每當月晦輒報三司

市估顯宗五年六月三司奏物價騰踊麤布一匹直米八斗雖因歲稔乃穀賤何請量其輕重增損其價從之　肅宗七年九月制曰四民各專其業實爲邦本今聞西京習俗不事商業民失其利留守官其奏差貨泉別監二員日監市肆使商賈咸得懋遷之利　忠烈王三年二月出牓令諸王百官以至庶民出米豆有差以充茶丘軍馬粮料時銀幣一斤直米五十餘石及張牓三日直米四十餘石聞茶丘還收其牓市價復高　八年六月都評議使司榜曰民生之本在於米穀白金雖貴不救飢寒自今銀瓶一事折米京城率十五六石外方率十八九石京市署視歲豐歉以定其價　九年七月監察司出牓舊例銀瓶直米二十石今改定十石九月以市人不行貿易乃許復舊　忠肅王十五年十二月資贍司狀申銀瓶之價日賤自今上品瓶折實布十四貼瓶折布八九匹違者有職徵銅白身及賤人科罪判可時鑄銀瓶雜以銅銀少銅多故官雖定價人皆不從　忠惠王後四年七月

令各寺院買古銅瓶隨等差以進少不下三十口瓶價吏高　恭愍王十一年十一月米四斗直布一匹金銀價賤或有金一錠米當五六石中外皆然　辛禑七年八月京城物價踊貴商賈爭利錐刀崔瑩疾之凡市物令京市署評定物價識以稅印始許買賣無印識者將鉤脊筋殺之於是懸大鉤於署以示之市人震慄事竟不行　恭讓王三年三月中郞將房士良上書曰司馬遷曰用貧求富農不如工工不如商刺繡文不如倚市門臣亦以謂四民之中農最苦工次之商則遊手成群不蠶而衣帛至賤而玉食富傾公室僭擬王侯誠理世之罪人也竊觀本朝農則履畝而稅工則勞於公室商則既無力役又無稅錢願自今其紗羅綾段綃子緜布等皆用官印隨其輕重長短逐一收稅潛行買賣者並坐違制

鹽法

國家所資鹽利最大國初之制史無可攷　忠烈王十四年三月始遣使諸道榷鹽　十八年七月分遣鹽稅別監于慶尙全羅忠淸三道　二十一年七月又遣鹽稅別監於慶尙全羅道　二十二年六月中贊洪子藩上書曰鹽之有稅已有定額今於州縣强行科斂誠宜禁之　二十四年正月忠宣王即位敎曰鹽稅自古天下公用今諸宮院寺社與勢要之家皆爭據執不納其稅國用不足有司窮推除罷　忠宣王元年二月傳旨曰古者榷鹽之法所以備國用也本國諸宮院寺社及權勢之家私置鹽盆以專其利國用何由可贍今將內庫常積倉都鹽院安國社及諸宮院內外寺社所有鹽盆盡行入官估價銀一斤六十四石銀一兩四石布一匹二石以此爲例令用鹽者皆赴義鹽倉和買郡縣人皆從本管官司納布受鹽若有私置鹽盆及私相貿易者嚴行治罪於是始令郡縣發民爲鹽戶又令營置鹽倉民甚苦之楊廣道鹽盆一百二十六鹽戶二百三十一慶尙道鹽盆一百七十四鹽戶一百九十五全羅道鹽盆一百二十六鹽戶二百二十平壤道鹽盆九十八鹽戶一百二十二江陵道鹽盆四十三鹽戶七十五西海道鹽盆鹽戶并四十九諸道鹽價布歲入四萬匹　忠肅王五年五月下敎大尉王深慮朝聘之需不給以諸道鹽盆悉屬民部平價給鹽以利公私今鹽場官先徵價布鹽不及民者十常八九其考未受鹽者悉給之

八年三月民部以京中四鹽鋪所賣鹽皆歸權勢親故不及踈賤榜曰非受本部牒者不得賣　十二年十月下敎各處鹽戶人有定數貢有定額近年以來鹽戶日損貢數仍存內外管鹽官不行察体以逋戶貢鹽加徵貢戶以充本數民甚苦之如有逋逃者所在官司推還本役其有未得根尋與夫故沒無後者並除貢數諸倉貢民亦依此例　後八年監察司牓示禁令鹽鋪之設本爲和賣惠及貧民近者各鋪之吏不畏公法惟務徇私至使鰥寡孤獨不得貿易深爲未便今後和賣者体察究理　忠惠王元年七月置五道鹽場別監尋罷之　恭愍王六年九月分遣諸道鹽鐵別監右諫議李穡起居舍人田祿生右司諫李寶林左司諫鄭樞等上書論鹽鐵別監之弊曰今特遣別監以鹽鐵爲名民聽必駭下一新令吏緣爲奸弊生百端別監必欲多得稅布因而要寵民不受鹽無異平日納布之苦今益甚矣若令存撫按廉行之民以爲常不至驚駭持以歲月課其功緒民不敢違必有成効況永陵之時凡所聚斂無所不爲獨於鹽鐵別監一試之而不復議況今一遵祖宗之法以淸明爲治而議及於此恐爲盛代之累王召宰相臺省問鹽鐵利害穡寶林稱疾祿生樞固執前議左諫議南競與同列素不相能獨曰遣之便左侍中廉悌臣亦言鹽鐵使業已定矣不可改也王從之
九年四月除各道鹽稅　十一年十月自諸君宰樞至成衆愛馬令納布一匹給鹽　是年密直提學白文寶上箚子忠宣王時所定鹽戶因散亡元額日減朔鹽不足然民間朔布則一依前例收納故鹽沒布在吏緣爲奸民雖納布而未受一升之稅今後以鹽多寡准布之數均給以此爲式　十二年五月敎曰鹽法之設本以裕國便民法久弊生反爲民患宜令各道存撫按廉使取勘鹽戶見數給鹽方許納布　十九年十二月門下府啓曰榷鹽之法尙矣是以先王置鹽倉於濱海之州乃令深陸之民納稅和賣以通上下之利近者法久弊生納稅而未受者或至十年民無所賴私販遂興非先王之本意也請自今令鹽戶安其所業又使守令償民所納仍禁私販王從之　恭讓王二年八月都堂啓東西兩界境連上國且因水旱民生艱難請減鹽稅從之　三年七月都堂啓鹽鐵國課之大者本朝鐵人皆私之而官未立法宜

置冶官鐵戶一如鹽法以資國用上從之然事竟不行

科斂

凡國有大事用度不敷則臨時科斂以支其費焉　毅宗十年十月以太府寺油蜜告匱徵斂諸寺院以充齋醮之費

高宗十三年三月令諸王及大小臣民出豆有差以助元軍屯田牛料　十八年十二月令百官出衣有差以助國贐諸王宰樞以上卷錦二色綾衣三四品二色綾衣五品權參以上紬衣各一領　四十年十二月以進奉及饋遺蒙古諸官人永寧公妃主妃母洪福源等金銀布帛不可勝計府庫皆竭令文武四品以上出白金一斤五品紵布四匹權參以上三匹八品以上一匹以充其費　四十六年四月遣太子倎奉表如蒙古文武四品以上各出白金一斤五品以下出布有差以充其費　元宗元年十月中書門下奏收外官銀器於新興倉以支國用　二年四月遣太子諶如蒙古賀平阿里孛哥時宰樞至四品人出銀一斤五品人出白紵布二匹六品一匹七八九品二人并一匹以助行李之費　五年七月命外方各道科斂白銀以備親朝盤纏　七年七月權臣金俊令四品以上出銀有差充國贐　十一年十一月命宗室百官出紬絹有差以供軍衣　十二年二月命有司斂銀物布貨宰樞各出白銀一斤三品紵布四匹四品三匹五六品二匹七八品一匹以充親朝之費　十一月以蒙古軍馬久留府庫匱竭供給不支斂馬料于京中戶二石民多逃散乃減一石　十三年十二月又斂馬料于各品三品六石四品五石以至微官收斂有差　是月世子諶如元出大府黃金三斤七兩長興庫白金四百三十斤七兩興王寺一百五十斤安和寺一百斤普濟寺七十斤又令宰樞承宣以上各出一斤以充行纏　十四年二月令六品以上出酒有差以餉軍士六品以下輸馬料于開城又令諸王宰樞四品以上各出馬一匹五六品二并出一匹或奪民馬以換軍士瘦馬　五月令百官出銀有差以充世子嘉禮之費　忠烈王元年三月以帑藏匱竭斂白金諸王宰樞承宣班主八兩宰樞致仕及三品六兩三品致仕及四品四兩五品三兩六品二兩以充使客之求　十二月置盤纏色斂銀諸王宰樞承宣班主一斤宰樞致仕者正三品十三兩從三品十一兩

以至權務尉正各出有差坊里二戶并一兩又斂銀及紵布于各道　四年正月令諸王宰樞至權務出草料有差以餉忻都茶丘軍馬二月又令諸王至權務出荍豆以給忻都茶丘軍馬　十二月宰樞請親朝許之令自諸王至五六品出細紵布有差以充國贐　五年十月斂諸王百僚銀紵有差以充盤纏　十四年十月兩府宰樞議先王設倉廩儲蓄積以充國用而備凶荒比來郡縣罹患賦稅多欠百官月俸且未准給國家如有不虞之需將何以支宜立直倉員吏據兩班祿科田數當秋科斂以贍其用從之於是張榜約日斂米隨品有差至於工商賤隷科等收納　十五年二月遼東饑元遣張守智等令本國措辦軍粮十萬石轉于遼東王命群臣出米有差諸王承旨以上七石致仕宰樞三品以上五石散官宰樞三石散官三品二石致仕三品顯任四品四石散官四品一石五品三石散官五品八斗侍衛將軍六品二石七八品參上副使僧錄職事一石九品參外副使八斗權務隊正別賜散職七斗軍官百姓公私奴婢以五斗三斗爲差富商大戶三石中戶二石小戶一石各道輸米有差唯除東界平壤二道　三月又令群臣加出米有差諸王宰樞承旨班主十三石致仕宰樞顯官三品十石散官宰樞四石致仕三品東西四品七石散官三品三石東西五品六石散官四品二石東西六品侍衛將軍五石散官五六品一石東西七八品參上副使及僧錄職事二石東西九品參外副使一石權務隊正八斗有官守散職五斗近侍左右番二十石茶房左右番二十石三都監五軍二十石阿闍赤三十石禁內學館十五石鷹坊四番一百石大殿忽赤三番一百石巡馬左右番一百石漢語都監宮闕都監各二百石國贐色元成殿僚屬世子府僚屬各十石世子府忽赤三番二十石商賈人五石僉議府密直重房將軍房三十石典理監察軍簿版圖典法六衛五部觀候司天詹事府十石通禮門十五石雜類五斗諸寺社二百石四大業一百石時王別置御庫名曰內房庫使黃門一人掌之分遣朝臣于各道稱爲勸農使擇公私良田聚民耕種除其貢賦又牒郡縣戶斂銀紵皮弊油蜜至於竹木花果悉皆徵納輸之內庫勸農使纔得六品而往者不數年閒超拜大官或登樞府由是爲勸農使者爭以掊

克聚斂爲事郡縣日益凋弊內庫之物上即分賜諸黄門及左右嬖幸亦無所儲　十五年八月元以海都兵犯邊遣使徵兵令諸王時散百官出緜布有差以給北征軍　十八年八月令百官出銀紵布有差以充入朝盤纏之費　二十一年四月遣大將軍劉福和祗候金之兼等送錢幣于世子時世子請婚其費不貲內則七品以上科斂白金外則減慶尙道甲午年租稅分給郡縣每白金一斤折米三十石徵求急於星火民甚苦之又遣中郎將宋瑛等航海往益都府以麻布一萬四千匹市楮幣王欲親往爲世子行聘禮乃於全羅忠淸兩道家抽麻布以軍粮抑買怨讟益興　二十二年六月中贊洪子藩上書國用漸乏除積勞者有功者從王入朝者外新除官者隨品納稅以資國用　二十八年六月令城中人家出細紵布有差以資國贐　忠肅王三年四月令宰樞至九品皆出紵布有差以支國用　十五年十二月王將入朝置盤纏都監令各品及五部坊里出白紵布有差又於京畿八縣民戶斂布有差於是奸吏因緣橫斂中外騷擾內臣又因內出瓶子市米誅求無已兩府患之欲遣察訪于五道以救民瘼內人從中止之　十七年四月兩府以行邸用度不足科斂文武官布貨抽索富人財　忠惠王四年三月政丞蔡河中等請蠲職稅先是嬖人胥夫金承命往江陵道索人參時參貴不多得懼王罪已擅徵職稅還說王曰臣於江陵道見有職者退居鄉里病民頗衆故臣爲殿下徵其職稅藏諸州郡以待上命有職居外者非獨江陵五道皆然若從臣計有利於國王納之代言閔渙勸之於是分遣嬖人諸道徵職稅六品以上布百五十匹七品以下百匹散職十五匹人聞令下或挈家登山或乘舟而遁焚山澤而索之禍及於族民甚怨之故河中等請除其弊王欲從之渙又勸之徵稅益急慶尙道有一散員同正者貧甚賣盡家產不充其額其女痛父被辱斷髮貿布以納父及女皆縊死又徵船稅雖無舟者亦被其害其船稅財帛巨萬送道轉輸牛馬踣斃沿海州郡之民逃匿山島至有漕運不通王雖淫縱無道至於商財計利分析絲毫常事經營奪人田民盡屬寶興庫群小托付爭相進計以售其奸由是擧國騷擾　八月復徵職稅　十月令諸君宰樞下至權務出材木有差以創新樓　忠

定王元年七月命置路次盤纏色令百官出紵布有差　恭愍王十一年九月以調度不給增斂於民大戶米豆各一石中戶米豆各十斗小戶米豆各五斗名之曰無端米民甚苦之(無端方言無妨)　辛禑二年九月以軍餉不足收品米有差三四品三石五六品二石其餘從品秩而降時官爵猥濫工商賤隸皆冒受故品米之出多額焉　五年三月置盤纏色令諸君兩府至九品時散勿論各出五升布隨品有差　十年八月令兩府至六品出金銀有差又括斂諸道以充歲貢是月都堂取魯國大長公主眞殿金銀器以充其不給　十一年十一月令國人隨官品出馬以充歲貢　十三年二月令兩府下至巫覡術士出馬有差以充進獻一品出大馬二匹六月李仁任以進獻不敷元數三百餘匹令省宰各出馬八匹樞密六匹　恭讓王四年二月令百官出馬有差以充進獻

借貸

凡公私借貸以米十五斗取息五斗布十五匹取息五尺以爲恒式　成宗元年十月制令民間貸債出息者子母相侔更勿取息　顯宗二十二年五月令公私貸民穀米者只取其本蠲其息　靖宗九年十二月判諸公私米布貸者身歿後勿許追徵　文宗元年立子母停息之法貸一石者秋納一石五斗二年一石十斗三年二石四年停息五年三石六年後停息　肅宗六年五月詔曰朕以長生庫積粟既多出糶取息今聞歲久粟腐民或病之其令管勾員貿銀布以除其弊　仁宗五年三月詔曰無以官庫陳穀抑配貧民强取其息又無以陳朽之穀强民舂米　明宗十八年三月下制各處富强兩班以貧弱百姓賒貸未還劫奪古來丁田因此失業益貧勿使富戶兼幷侵割其丁田各還本主　忠烈王三十四年十一月忠宣王下敎一市肆商賈貿遷有無資生在前迎送國贐宴禮諸色官虛給文契取用百物不還其直甚者公然攬奪怨讟不少宜令各司檢考文契如數歸還今後盡行雇買不得騷擾一外方民吏無因科斂煩重至有轉賣男女貸物納官積年未還實可哀矜宜速公還其直付其父母　忠肅王五年五月下敎償債之法止子母停息而貪利之人增息無限貧者賣妻鬻子亦不能償其本息相當而猶責償者收取文契以給貸者　十二年十月下教公私諸

債年月雖多止還一本一利如有倒換文契恣行不法者官治其罪貧民未償宿債賣其子女者所在官司贖還父母役使歲月旣准其價官收文契各令放還　恭愍王元年二月宥旨公私息錢雖積年月止還一本一利其寺院常住息錢取利不等或過二分有司量宜定法毋使任意取息貧民鬻子女如過三年不放者監察司按廉使痛加理罪　五年六月敎曰富戶稱貸取息利中生利貧民朝不謀夕典賣子女甚可哀也仰監察典法司按廉使臨民官盡心体察凡利中息利者悉皆禁斷　十一年密直提學白文寶上箚子貧民歲耕數畝租稅居半故不能卒歲而乏食至明年東作之時稱貸富戶之粟以備種食今官吏不恤民患以禁富民縱貸倍息自後勸勉富民優其假貸依例子母停息貸者延引歲月而妄訴債主者當科其罪　十二年五月敎曰債負無文契元借錢人已物故者斷自辛丑十一月以前並不許追徵其質當子女者計傭令歸父母　二十年十二月敎曰債負止於一本一利貪利之徒不畏公法取息無已重困吾民仰中外官司取勘元契果有違犯者將本錢沒官利錢還付貸者貧民或有賣子女者計傭償直令還父母　辛禑元年二月宥旨一外吏上京因各司催納貢物及徵拖欠稱貸私錢倍償其直害及於民仰都評議司酌當平濟用庫止取其本以便借用其外方州府亦令置之除任領內倍償之弊各官司除都評議司行移外毋得擅行徵納一公私營息錢糧止取一本一利貸者不在毋令徵及族人有取利中之利徵還貸者洪武八年二月十三日以前典當子女無論久近並許放還　四年十二月憲司上疏論時弊諸道公廨所儲米豆貧民多糴利其無滋息累歲不納按廉守令互相遞代不能料察因此國用日就虛竭乞依元糴之額督徵輸倉自今於一石取息三斗以救其弊　恭讓王元年十二月大司憲趙浚等上疏凡公私滋息一本一利耳比來貨殖之徒惟利是視一本之利或至于十倍假貸之徒鬻妻賣子終不能償故國家已有禁令今供辦都監寶米滋息無窮至使貸者喪家失業非國家恤民之意也願自今一本一利毋得剩取

漕運

國初南道水郡置十二倉忠州曰德興原州曰興元牙州曰

河陽富城曰永豐保安曰安興臨陂曰鎭城羅州曰海陵靈光曰芙蓉靈岩曰長興昇州曰海龍泗州曰通陽合浦曰石頭又於西海道長淵縣置安瀾倉倉置判官州郡租稅各以附近輸諸倉翌年二月漕運近地限四月遠地限五月畢輸京倉限內發舡因風失利梢工三人以上水手雜人五人以上并米穀漂沒者勿徵限外發舡梢工水手三分之一敗沒者其官色典梢工水手等平均徵納　成宗十一年定漕船輸京價運五石價一石通潮浦(前號末潮浦泗州通陽倉在焉)螺浦(前號骨浦合浦縣石頭倉在焉)運六石價一石波平浦(前號夫沙浦樂安郡)潮陽浦(前號沙飛浦昇平郡海龍倉在焉)風調浦(前號馬西良浦)海安浦(前號麻老浦光陽郡)安波浦(前號冬烏浦兆陽縣)利京浦(前號召丁浦麗水縣)麗水浦(前號金迁浦大原郡)銀蟾浦(前號蟾口浦平原郡)運八石價一石潮東浦(前號薪浦靈岩郡長興倉在焉)南海浦(前號木浦通義郡)通津浦(前號置乙浦羅州海陵倉在焉)德浦(前號德津浦務安郡)崑崗浦(前號白岩浦陰竹縣)黃麗浦(前號黃利內地)海葦浦(前號葦浦長淵縣)運九石價一石利通浦(前號屈乃浦合豐郡)勵涉浦(前號主乙在希安郡)芙蓉浦(前號阿無浦靈光郡芙蓉倉在焉)速通浦(前號所津浦承化郡)朝宗浦(前號鎭浦臨陂郡鎭城倉在焉)濟安浦(前號無浦保安郡安興倉在焉)古塚浦(前號大蒃浦安山郡)西河郡浦(前號豐州)運十三石價一石利涉浦(前號葛城浦豐山縣)風海浦(前號松串浦海豐郡)懷海浦(前號居伊彌浦新平郡)便涉浦(前號打伊浦牙州河陽倉在焉)運十五石價一石

媚風浦(前號夫支浦漢南郡)息浪浦(前號加西浦)白川浦(前號金多川浦大川郡)運二十一石價一石潮海浦(前號省草浦)淸水浦(前號加乙斤實浦)廣通浦(前號津浦孔岩縣)楊柳浦(前號楊等浦舍浦縣)德陽浦(前號所支浦德陽郡)靈石浦(前號召斤浦)居安浦(前號居乙浦金浦縣)慈石浦(前號甘岩浦同縣)運十石價一石澄波浦(前號登承浦)安石浦(前號犯貴伊浦)柳條浦(前號柳項浦)梨花浦(前號梨浦)漾花浦(前號花因守寺浦)丈嵩浦(前號仰嵩浦並川寧郡)陽原浦(前號荒津浦)花梯浦(前號花連梯浦)恩波浦(前號仇知津)廣山浦(前號山尺浦)神魚浦(前號小神寺浦並楊根郡)運十八石價一石尙原浦(前號上津村浦淮安郡)和平浦(前號無限浦)鹵水浦(前號未音浦廣陵郡)從山浦(前號居知山浦同郡)運二十石價一石德原浦(前號置音淵浦廣陵郡)深原浦(前號果州浦)同德浦(前號同志浦淮安郡)深逐浦(前號下置音淵浦始興郡)丹川浦(前號亦於浦同郡)　靖宗朝定十二倉漕船之數石頭通陽河陽永豐鎭城芙蓉長興海龍海陵安興各船六艘並哨馬船一船載一千石德興二十艘興元二十一艘並平底船一船載二百石　文宗三十三年正月判公私漕運穀米梢工水手等托爲敗船溺水私自分用者並令徵之

志卷第三十三

志卷第三十四　高麗史八十

正憲大夫工曹判書集賢殿大提學知經筵春秋館事兼成均大司成臣鄭麟趾奉教修

食貨三

祿俸（妃主宗室文武班權務官東宮官致仕官西京官外官州鎭將相將校雜別賜諸衙門工匠別賜）

高麗祿俸之制至文宗大備以左倉歲入米粟麥摠十三萬九千七百三十六石十三斗隨科准給內而妃主宗室百官外而三京州府郡縣莫不有祿以養廉恥而以至雜職胥史工匠凡有職役者亦皆有常俸以代其耕謂之別賜西京官祿以西京大倉歲輸西海道稅粮一萬七千七百二十二石十三斗給之外官祿半給於左倉半給於外邑高元以後國家多故倉廩虛竭祿秩不如元科宰相之俸數斛而已今取其制之可攷者具列于後

妃主祿文宗三十年定二百三十三石五斗（諸院主）二百石（貴淑妃諸公主宮主）

仁宗朝更定三百石（王妃）二百石（貴淑妃諸公主宮主）

宗室祿文宗三十年定四百六十石十斗（公）四百石（侯）三百五十石（尚書令）三百石（守大尉侯）二百四十石（守司徒司空伯）二百二十石（司空）

仁宗朝更定六百石（國公）三百五十石（諸公尚書令）三百石（諸侯）二百四十石（諸伯）二百二十石（諸守司空）

文武班祿文宗三十年定四百石（中書尚書令門下侍中）三百六十六石十斗（中書門下侍郎）三百五十三石五斗（諸殿大學士參知政事中樞院使同知院事）三百三十三石五斗（左右僕射）三百石（六部尚書左右常侍御史大夫中樞院副使簽書院事翰林學士承旨三司使中樞院直學士判閤門事上將軍）二百八十石（試六尚書左右常侍）二百四十六石十斗（判禮賓衛尉大府司宰大僕事）二百三十三石五斗（六卿秘書殿中監尚書左右丞國子祭酒判將作少府事大將軍）二百十三石五斗（試六卿秘書殿中監尚書左右丞國子祭酒）二百石（直門下判司天大醫事吏部諸曹侍郎給事中中書舍人御史中丞將軍）一百八十石（試諸侍郎給事中中書舍人御史中丞）一百七十三石五斗（司天監左右諫議將作少府軍器監）一百六十石（引進使試諫議將作少府軍器監）一百五十三石五斗（大醫監六少卿國子司業秘書殿中將作少府少監內常侍閤門使試引進使）一百四十石（試大醫監六少卿國子司業秘書殿中將作少府少監）一百二十石（司天軍器少監左右司吏部諸曹郎中御史雜端秘書殿中丞起居郎起居舍人閤門副使中郎將）一百石（起居注試司天軍器少監左右司吏部諸曹郎中御史雜端秘書殿中丞）九十三石五斗（侍御史）八十六石十斗（左右司吏部諸曹員外郎左右補闕殿中侍御史六局奉御郎將）八十六石四斗（大醫少監）八十三石五斗（試起居郎起居舍人）八十石（引進副使太史令）七十三石五斗（試大醫少監左右司吏部諸曹員外郎六局奉

御六十六石十斗司天四官正殿中內給事左右拾遺六衛長史七寺丞侍御醫試引進副使太史令大初春德門重光殿侍衛
六十三石五斗閤門祗候六十石諸陵大廟令試四官正五十三石五斗秘書郞國子大
府將作丞內庫使試諸陵大廟令四十六石十斗門下錄事中書注書六局直長軍器丞別將試秘書郞國子大府將作丞內庫
使四十六石內殿崇班四十石五斗司天丞四十石尙書都事七寺主簿少府將作國子主簿試軍
器丞門下錄事中書注書三十六石十斗試尙書都事七寺主簿少府將作國子主簿三十三石五斗
掖庭內侍伯散員三十三石試司天丞三十石國子博士東西頭供奉官二十七石大學博士試國子博士
二十六石十斗太師太傅太保大尉司空司徒中尙大倉大官大盈大樂掌冶供驛內園典廐令大史丞司天主簿左右侍禁二
十五石試大學博士二十三石十斗試掖庭內侍伯二十三石五斗左右班殿直校尉試
中尙大倉大官大盈大樂掌冶供驛內園典廐令二十二石五斗諸陵大廟丞二十石四門博士武學博士六衛
錄事中尙京市丞軍器主簿都染雜織瓦甖司儀典獄守宮令內庫副使靈臺郞保章正秘書校書郞殿前承旨試諸陵大廟丞十八石正陽
殿侍衛十六石十斗諸殿學士大倉大官大盈大樂掌冶供驛內園典廐丞都校掌牲令諸王府典籤內謁者翰林醫官大醫博士丞律
學博士太史挈壺正隊正四十石內謁者監十三石五斗三司副使十石國學學正學錄都染雜織瓦甖司儀典使
守宮都校掌牲丞太史司辰司曆監候尙藥醫佐尙食食醫尙乘司庫司廩秘書正字律學助敎司天卜正博士書算博士呪噤博士諸王府錄事大醫助敎
醫正

仁宗朝更定四百石門下侍中中書令三百六十六石十斗門下平章中書
平章三百三十三石五斗參知政事左右僕射三百石六部尙書左右常侍御史大夫判閤門事上將軍
二百五十石判國子監事守大尉二百四十六石十斗判五寺三監事國子大司成二百
三十三石五斗國子祭酒秘書殿中監大府大僕禮賓衛尉司宰卿尙書左右丞判少府將作事大將軍試六尙書左右常侍御史
大夫攝上將軍二百十三石五斗試國子大司成二百石判大醫司天事諸侍郞給事中中書舍人御史中丞諸
將軍試祭酒五寺卿左右丞秘書殿中監攝大將軍一百七十三石五斗少府將作軍器司天監判大廟事一百
六十石閤門引進使一百五十三石五斗大醫監國子司業閤門使五寺少卿秘書殿中少府將作少監試諸
曹侍郞給舍中丞少府將作軍器司天監一百二十石司天軍器少監閤門副使諸曹郞中起居舍人起居郞秘書殿中丞諸中郞將試大
醫監司業少卿將作少府秘書殿中少監閤門引進使閤門使攝將軍九十三石五斗侍御史八十石閤門引進
副使太史令七十六石十斗殿中侍御史左右司諫大醫少監六局奉御閤門通事舍人諸曹員外郞試秘書殿中丞諸曹郞中
引進副使起居郞起居舍人司天軍器少監近仗諸衛郞將攝中郞將六十六石十斗左右正言監察御史殿中內給事四官正
諸陵大廟令試諸曹員外郞奉御閤門通事舍人大醫少監五十三石五斗閤門祗候內庫使七寺丞六衛長史秘書郞尙藥侍
御醫試太史令殿中內給事司天四官正四十六石十斗軍器丞六局直長門下錄事中書注書試諸陵大廟令近仗諸衛別將攝
郞將四十石司天丞掖庭內謁者監七寺主簿尙書都事試閤門祗候六衛長史秘書郞侍御醫七寺丞三十三石五
斗掖庭內侍伯試門下錄事中書注書軍器丞六局直長近仗諸衛散員攝別將三十石十斗太史丞司天主簿大倉大官大盈大
樂掌冶京市中尙內園供驛典廐令左右侍禁試七寺主簿都事司天丞三十石國子博士東西頭供奉官二十七石大學博士
二十三石五斗諸陵大廟丞左右班殿直攝散員校尉二十石軍器主簿內庫副使六衛錄事四門博士秘書校書
郞明經博士翰林醫官都染雜織司儀守宮瓦甖典獄令京市中尙丞太史靈臺郞保章正試國子博士掖庭內侍伯大學博士司天主簿太史丞諸署七品
令十六石十斗大醫丞律學博士太史挈壺正掖庭內謁者大倉大官大樂掌冶典廐內園供驛丞都校掌牲令諸王府典籤試諸陵大
廟丞諸衛隊正十石秘書正字明經學諭國子學諭學正書算學博士大醫醫正太史司曆監候司辰司天卜正呪噤博士諸王府錄事尙食食醫尙藥
醫佐律學大醫助敎司儀典獄都校掌牲都染守宮瓦甖雜織丞

權務官祿文宗三十年定六十石五部八關寶內莊宅使四十石都齋奉先庫景靈舍
慶殿使玄德延慶明福宮使五部八關寶內莊宅副使二十六石十斗延德興慶等諸宮東西大悲院使玄德延慶明福宮副使
十六石十斗都齋奉先庫景靈舍慶殿延德興慶等諸宮東西大悲院濟危寶副使十三石五斗五部都兵馬錄
事八關寶內莊宅刪定四面都監勾覆院判官十石十斗翰林院直院寶文閣直閣校勘直史館御書院留院官國子兼直學式目迎送都監
典牧司錄事都齋奉先庫景靈舍慶殿倉庫行廊都監內弓箭庫別官玄德延慶明福宮幞頭聚仙慶仙店錄事八石十斗延德興慶等諸
宮東西大悲院濟危寶大常府同文院書籍店部鹽院給田都監錄事祭器鹵簿都監東西材場判官諸神廟直神堂栗浦直諸窰直九曜堂直諸收監直延
祐安昌宅福昌景昌院典諸殿守護員八石諸殿直宮直殿直陵直長源亭直順天館直三司重監七石諸眞殿直六石勾覆
院監
仁宗朝吏定六十石五部興王都監八關寶內莊宅使四十石五部興王都監八關寶內莊宅
副使都祭都齋奉先庫舍陵殿玄德延慶明福宮使二十六石十斗都祭都齋奉先庫舍慶殿玄德明福延慶興盛宮副使東西大
悲院濟危寶興德昌樂等諸宮使十六石十斗興德昌樂等諸宮副使二十石直翰林直史館殿前承旨十三
石五斗式目都監都兵馬五部錄事刪定四面興王都監判官內莊宅八關寶寶文閣校勘等中科判官錄事御書留院官勾覆院判官十
石十斗部齋都祭奉先弓箭庫惠民局景靈殿倉庫行廊都監判官迎送都監典牧幞頭慶仙店舍慶殿玄德延慶明福宮錄事十石國學
直學八石十斗祕書校勘大常府同文院書籍店祭器鹵簿給田都監東西大悲院濟危寶錄事昌樂承慶等諸宮錄事東西材場判官六窰
直諸牧監直都鹽院延祐宅衙典安昌宅景昌福昌院萬齡殿典諸陵直
東宮官祿文宗三十年定三百石賓客詹事二百石少詹事四十六石
十斗詹事府丞四十石詹事府司直春坊通事舍人三十六石十斗詹事府主簿三十三
石五斗試詹事府司直春坊通事舍人二十三石十斗太師太傅太保少師少傅少保二十三石試詹

事府主簿十六石十斗左右庶子左右諭德十三石五斗侍讀學士家令中允中舍人率更令僕十
石左右贊善大夫洗馬典內詹事府錄事六石十斗司儀郎文學四石藥藏郎藥藏丞仁宗朝更定
四十六石十斗詹事府丞四十石春坊通事舍人詹事府司直三十三石五斗試詹事府
丞三十石十斗詹事府主簿試春坊通事舍人詹事府司直二十六石十斗太師太傅太保少師少傅少保
二十石賓客詹事少詹事知府事充東宮侍衛左右僕射上將軍十六石左右庶子左右諭德攝詹事充東宮侍衛六尙書上將軍
十三石五斗侍講學士中舍人中允家令僕率更令充東宮侍衛大將軍左右司禦率府率左右淸道率府率左右監門率府率左右衛率
府率十石左右贊善大夫東宮侍讀事典內洗馬左右率府率文學司儀郎宮門郎詹事府錄事五石司經率更事率丞旅賁中郞將
四石藥藏郎藥藏丞
致仕官祿仁宗朝定三百石門下侍中中書令一百八十石五斗門下平章
中書平章事一百六十六石十斗參知政事左右僕射一百五十石尙書上將軍一百
二十三石五斗判禮賓衛尉大府大僕司宰寺祕書殿中省事大司成一百十六石十斗試尙書判
少府將作事左右常侍御史大夫尙書左右丞攝上將軍大將軍五寺三監等官卿監
西京官祿文宗三十年定二百四十六石十斗兵戶部尙書二百
二十六石十斗攝尙書二百石大府司宰卿少府監一百八十六石十斗攝卿監
一百七十五石五斗兵戶部侍郎一百四十六石十斗攝侍郎軍器監一百
三十三石五斗大府司宰少卿少府少監一百十三石五斗攝少卿少監九十三石
五斗兵戶部郎中軍器少監八十石試郎中軍器少監六十六石十斗兵戶部員外郎五十三

石五斗試員外郎四十石大府少府司宰丞左右營長史三十三石五斗軍器丞試大府少府司宰丞左
右營長史二十六石十斗大府少府司宰主簿試軍器丞二十石大倉大官令試主簿十六石十斗
軍器主簿瓦醞雜材令試大倉大官令十石大倉大官丞八石瓦醞雜材丞權務官四十石五部禮儀營作
勾覆院〻面都監使二十六石十斗五部禮儀營作勾覆院四面都監副使十六石十斗正設陳設院刪定都
監藥店雍和迎仙綾羅店副使十三石五斗大悲院諸學院八關寶貨泉務副使十石十斗五部禮儀營作勾覆院四
面都監判官錄事八石十斗正設陳設刪定都監藥店雍和迎仙綾羅店大悲院諸學院八關寶貨泉務判官醫學院博士明
宗八年四月更定食祿米一年納一萬三千一百三十六石
并移納上京倉轉米稅租并一萬三千一百三十六石十三
斗三升除六曹令丞及別將校尉隊正歲給祿六百二十石
燃燈八關齋祭客使等年內用度都計四千三百二十一石
二斗及年內別齋祭等不虞之備一千五百石外并移納上
京倉留守員及法曹一員歲給西京倉祿都計三百二十石
九升并以龍岡咸從成州祿位餘田歲入三百五十五石三
斗一升支給
外官祿德宗元年七月定東京官祿二百五十石留守一百三
十石判官七十石司錄六十石掌書記三十石法曹文宗朝定二百七
十石知西京留守事二百二十三石東京留守使二百石西京副留守南京留守八牧使安西大都護使
一百二十石南京副留守八牧副使安西大都護副使一百石蔚禮金梁豐等州防禦使八十六石十
斗開城府使東西南京判官八牧判官安西大都護判官仁水原公洪俠春東交平谷等州使天安南原長興京山安東等府使古阜靈光靈岩寶城昇平
等郡使六十六石十斗東京副留守四十六石十斗東西南京司錄參軍事禮金豐等州防禦副使
四十石開城府副使東西南京掌書記八牧安西大都護司錄仁水原公洪俠春東交平谷等州副使天安南原京山安東長興等府副使古阜
靈光靈岩寶城昇平等郡副使蔚梁州防禦副使白嶺鎭將三十三石五斗禮金州防禦判官三十石五斗
蔚梁州防禦判官三十石開城府判官二十六石十斗仁水原公洪俠春東交平谷州判官天安南原京山安東
古阜靈光靈岩寶城昇平判官江東江西中和順和江華固城南海巨濟一善管城大丘義城順安基陽遂安甕津臨陂進禮金堤富城嘉林陵城耽津海陽
金溝等縣令白嶺鎭副將二十石東西京八牧安西大都護法曹江華一善管城大丘義城順安臨陂進禮金堤富城嘉林陵城耽津甕津海陽
等縣尉十六石十斗固城縣尉十三石五斗開城法曹肅宗六年二月判
外官吏邑祿給公須租仁宗朝定二百石西京留守一百六十
六石十斗東南京留守一百二十石安西安北大都護副使安邊安南小都護使八牧副使八十六
石十斗東西南京判官安邊安南都護副使安北安西都護判官八牧判官諸知州府郡事六十石雲龍延昌靜朔麟孟定長義等
州寧德定戎平虜威遠寧朔清塞寧仁宣德元興耀德寧遠等鎭副使四十六石十斗西京錄事宣鐵和金梁蔚禮溟豐等州副
使四十石東西南京掌書記安邊安南都護判官安北安西都護八牧司錄兼掌書記諸知州府副使雲龍麟延孟昌義靜朔長定等州判官
定戎清塞平虜威遠寧仁寧朔宣德寧德元興寧遠等鎭判官靜邊永興鎭溟龍津長平朝陽白嶺等鎭將撫渭博嘉肅慈郭殷成順德高文豫龜泰宜交等
州副使安義鎭副使三十三石五斗宣鐵和金梁禮溟豐蔚等州判官龍岡咸從通海永清金壤甕津翼嶺高城杆城三陟蔚珍固
城巨濟等縣令二十六石十斗成順德撫郭嘉龜泰渭肅慈殷高文豫宜谷平春東交水仁原洪公俠昇等州判官昇天天安長興

安東京山開城等府判南原古阜靈岩靈光寶城密城判官安義陽岩雲林監守等鎮將靜邊龍津長平朝陽白嶺等 鎮副將鎮溟縣尉西京六縣令江華耽羅長湍海陽遂安嘉林富城金口 臨陂進禮金堤南海珍島綾城管城大丘一善義城基陽順安延日 東萊萬頃牛峯盈德金浦等縣令二十三石五斗龍岡成從通海 永淸高城杆城 金壤翼嶺三陟蔚珍登[illegible] 固城等縣尉安 戎鎮將二十石東西南京安北安西都護黃廣淸忠全羅晉尙龍等州法曹永豐樹德等鎮將十三倉判官西京六縣尉嘉林富城臨陂進禮金堤海陽綾城耽羅管城大丘一善江華義城順安東萊遂安等縣尉諸監務十六石十斗安南都護法曹溟州豐州法曹十五石十斗安邊都護法曹十三石五斗開城昇平安東京山等府春公洪等州法曹

州鎮將相將校祿睿宗十六年十一月定四十石中郎將三十三石郎將攝中郎將二十石攝郎將或十八石十八石別將十四石校尉九石隊正

雜別賜文宗三十年定過年別賜米五十石國大夫人十石左右番中禁都知行首八石御殿侍女左右番件班中禁七石左右件都知六石十斗三司計史四石五斗試三司計史別駕四石御殿侍婢老奴二石造房燈燭小奴小親侍稻十三石大府計史十石同一科計史仕

三百日以上別賜米十二石內侍散職員茶房散職員內侍散職人吏省待十石中書門下省待詔翰林待詔御引駕八石閣茶房南班員同飯色員衣房員七石中書門下直省中樞院直省禮成江船頭行首校尉六石十斗尙食局指諭南班員客省承旨孔目都衙女直丹渤海通事六石御廚人吏御醫庫南班員茶房人吏宮闕都監枝色員及作上員五石五斗蠶一科知班閣門承旨五石中書門下省中樞院試直省四石十三斗三升內庫南班員四石蠶二科知班蠶試知班閣門試承旨閣門一科聽頭中書門下省中樞院借直省二石十斗蠶二科試知班二科聽頭仕

一百八十日以上別賜米一科十石二科八石御茶房員 吏內供膳殿前 承旨一科六石二科四石內承旨及供膳

諸衙門工匠別賜並以役三百日以上者給之文宗三十年定 軍器監米十石皮甲匠指諭一傘匠指諭一和匠指諭一七石皮甲匠行首指諭副承旨一傘匠行首宣節校尉一和匠行首校尉一白甲匠行首副尉一長刀匠行首陪戎副尉一角弓匠陪戎校尉二六石漆匠左右行首校尉二鍊匠左右行首二稻十五石白甲行首大匠一長刀行首副匠一弩筒副匠一旗纛業行首校尉一十二石箭匠左右行首校尉二箭頭匠行首副尉一十石皮匠指諭校尉行首大匠各一 中尙署米十五石纛業指諭一十石小木匠指諭承旨行首校尉各一八石韋匠指諭承旨一紅鞓匠行首校尉一朱紅匠指諭副尉一七石雕刻匠指諭殿前一行首校尉一螺鈿匠一六石漆匠左右行首校尉二稻十二石花匠校尉一紙匠行首副尉一十石珠纓匠行首一竹篠匠行首校尉一御蓋匠校尉一黃丹匠校尉一梳匠行首校尉一磨匠行首校尉一 掌冶署米十石銀匠指諭殿前一和匠指諭內殿前一七石銀匠行首校尉二和匠行首校尉二六石白銅匠行首副尉一赤銅匠副尉一鏡匠行首校尉一皮帶匠行首校尉二稻十二石金箔匠行首校尉一行首大匠一生鐵匠左右行首大匠各一 都校署米二十石木業指諭一石業指諭一十石木業行首校尉一稻十五石雕刻匠指諭殿前一十石石匠行首一粧覆匠行首校尉一泥匠行首一 尙衣局米十石繡匠指諭一幞頭匠殿直同正□八石幞頭匠指諭承旨一六石靴匠行首校尉一帶匠指諭承旨行首校尉各一稻十二石幞頭匠行首校尉行首副尉各一花匠校尉一十石鞁鞋匠校尉一七石笏袋大匠一 雜織署米七石闕匠指諭承旨同正一行首校尉二六石繡匠行首校尉一 掖庭局米七石錦匠指諭承旨一六石羅匠行首校尉一稻十五石錦匠行首大匠一十石綾匠行首副正一 尙乘局稻十石大鞴匠行首校尉一鞍轡匠指諭副尉一鞍褥匠行首校尉一鞍韉匠行首副尉一馬匠行首校尉一持馬匠校尉副尉各一 大僕

寺稻十石大鞘匠行首校尉一鞍褥匠行首校尉一七石皮匠行首一　內弓箭庫米七石角弓匠行首校尉一稻十二石箭匠行首校尉一箭頭匠行首副尉一弓袋匠行首校尉一　大樂管絃房米一科十石唐舞業兼唱詞業一笙業師一唐舞師校尉一八石御前兩部都廳七石琵琶業師校尉閣門使同正二科八石杖鼓業師二唐笛業師二鄉唐琵琶業師各一方響業師校尉一觱篥業師一歌舞拍業師□中笒業師一

宣宗五年閏十二月判文武百官三月前差六月前出官人全祿六月後出官半祿三月後六月前差十月前出官半祿十月後出官除祿　睿宗十年三司改定祿折計法大絹一匹折米一石七斗絲緜小絹各一匹折七斗小平布一匹折一斗二升五合大綾一匹折四石中絹一匹折一石緜紬一匹折六斗常平紋羅一匹折一石七斗五升大紋羅一匹折二石五斗　明宗十年七月左倉別監奏隨祿科多少以田米四石當粳米三石賜給從之　十四年正月減文官試職之祿　十六年九月左倉竭無以頒祿借典牧司所蓄白金六百二十四斤布六千匹將作監布三萬匹以補之　高宗四十六年正月大倉御史奏倉廩已匱無以頒祿乃以崔竩別庫米一萬五千石補四品以下祿俸　十一月大倉頒五品祿倉匱只給數十人　忠烈王六年十月以修戰艦營宮室右倉罄竭不支令左倉量減雜權務封倉祿俸以補右倉之費後有右倉所入抵數輸還然左倉亦竭宰樞封倉減半前科雜權務唯粳麥各一石耳　九年正月賜武士屬散者六十餘人今年俸政房欲釋怨止謗故有是命　十四年五月命追給內僚丙戌丁亥兩年祿殿中侍史田儒左倉別監張巡等以謂倉儲殫竭當年祿俸猶未贍宜俟羨餘乃給內僚訴於王下儒等于獄　忠宣王二年八月檢校宰臣請俸者衆李公世朴仝之金瑫李溫申汝桂趙延壽白頤正閔頔外餘皆停祿溫宦者也宦者檢校受祿自溫始　忠肅王七年八月下旨異姓諸君亦除顯官宰樞前者倉官奏降一科給祿未合於理自今與顯官宰樞同科給祿　十一年三月敎曰食君之祿而二其心非人臣也其上書京師請立瀋王者三品致仕以上皆停祿俸　十六年十月廣興倉頒祿時國無紀綱人無廉恥諸衞散員別將等親到倉門或冒受或劫奪糾正不能糾治手執鞭杖終不能禁　恭愍王元年正月監察司啓諸君閑居食祿請停俸從之　二月下旨重祿勸士國初盖有成法中世以降井地不均公府漸耗官吏不

足以養廉欲望其礪節難矣有司祛不急之官禁兼并之家以實倉廩以增俸祿　五年六月敎曰忠信重祿所以勸士宜令有司量宜加給且雞林福州京山府所貢綾羅紬布毋得納德泉庫輸之廣興倉以補百官之俸　六年九月頒祿時因倭寇漕運不通九品祿科不給　七年五月都評議使司啓近因倭寇漕運不通百官祿俸不給請諸封伯已行侍中者從宰樞科其餘伯依異姓諸君科從之　十一年二月減定成衆各司給料　六月監察司上言大軍之後公私俱匱甚可慮也況慶尙道國之根柢宜廣儲蓄以備不虞今隨駕員吏仰資廩給者月費三千餘石朝官衛士不可減省宦官之輩未有定額耗廩太多除供職外餘悉汰去又今軍餉不給而各道賜米頗多自今不得已有內賜則下旨都堂施行　是年密直提學白文寶上箚子曰三代之制大國方百里其次方七十里大國之卿祿可食二百八十八人大夫可食七十人士可食三十六人下士與庶人可食九人今吾東方千里者二山林雖居其半十倍於百里之國而卿大夫之祿不足以食九人況其餘乎重祿之術宜令所司五品以上更議申聞　辛禑元年二月令德泉庫輸納元係廣興倉紬布一依丙申年宣旨還屬廣興倉以贍百官之俸　四年五月以漕船不通始頒初番祿權勢家奴操挺叫號爭先奪攘蹂躙死者二三人　十二月憲司上疏略曰古者非有功不侯今封君甚衆近因倭寇漕運不通倉廩虛竭除省宰封君外其餘封君請勿頒祿　六年五月憲司上疏曰古者各領員將專爲宿衛防禦而設近來不考勤慢皆給其祿故員將安坐食祿以致宿衛單寡請自今考其勤王事者給祿禑納之　七年八月頒祿舊制頒祿必以七月七日今因倭寇貢賦不至至是始頒然宰相之俸不過數斛七品以下只給布子　十三年正月以廣興倉告匱減百官俸　恭讓王二年七月都堂啓曰非有功不封古之制也近不論功德之有無官資之崇卑封君者太多乞自今非立大功封君及贊成事以上封君者不許給祿從之　三年正月三司左使成石璘請宦官祿每品減一等王只罷月俸　十月頒封倉祿一品至三品各賜一石其餘各品不及

常平義倉

常平義倉昉於漢唐饑不損民豐不傷農誠救荒之良法也國初祖其意而創置黑倉至成宗五年七月敎曰予聞德惟善政政在養民國以人爲本人以食爲天肆我太祖爰置黑倉賑貸窮民著爲常式今生齒漸繁而所儲未廣其益以米一萬碩仍改名義倉又欲於諸州府各置義倉攸司檢點州府人戶多少倉穀數目以聞　十二年二月置常平倉于兩京十二牧敎曰漢食貨志千乘之國必有千金之價以年豐歉行糶糴民有餘則斂之以輕民不足則散之以重今依此法行之以千金准時價金一兩直布四十四則千金爲布六十四萬匹折米十二萬八千石半之爲米六萬四千石以五千石委上京京市署糶糴令大府寺司憲臺其管出納餘五萬九千石分西京及州郡倉一十五所西京委分司司憲臺州郡倉委其界官員管之以濟貧弱　顯宗十四年閏九月判凡諸州縣義倉之法用都田丁數收斂一科公田一結租三斗二科及宮寺院兩班田租二斗三科及軍其人戶丁租一斗已有成規脫遇歲歉百姓阻飢以此救急至秋還納毋得濫費　仁宗五年三月詔務儲官穀以待救民　明宗十八年三月下制倉穀本爲百姓種子日料春頒秋斂貴得成實年來不實因此失農非先王爲民制法之意也若有糟糠相半監收不實則以其罪罪之　忠烈王二十二年六月中贊洪子藩上書國以民爲本民以食爲天國家素無儲蓄倘有凶荒難以救活宜於中外創置義倉戶斂米穀以時收積以備緩急　恭愍王二十年十二月敎曰救荒賑飢王政所急忠宣王嘗置有備倉又設烟戶米法其慮甚遠比來名存實亡殊失賑濟之意其復忠宣王常平義倉之制　辛禑四年八月憲司上言諸道連年旱荒軍食不給民轉溝壑誠可痛心宜令守令審今歲豐凶之狀量戶大小出穀有差藏之州廩以救來歲之荒且備不虞之用　辛昌元年八月楊廣道都觀察使成石璘啓道內之民因水旱不得耕耨種食俱乏今後請於州郡置義倉從之　恭讓王元年十二月大司憲趙浚等上疏曰常平義倉之法救荒之長策耿壽昌義倉之奏長孫平社倉之議其法盖出於周官委人之職有國家者所當先務也去歲盛夏興師加以倭寇耕種愆期收穫失候今年又被水災東南州郡蕭然赤立救荒之策不可不慮

也國家既革私田所至皆之蓄積願自今郡縣皆置常平倉其豐凶斂散之法一依近日都評議司所奏竊聞楊廣道已置常平倉宜令各道依此施行守令有不如法者罰之　三年四月置五部義倉

賑恤恩免之制　災免之制　鰥寡孤獨賑貸之制　水旱疫厲賑貸之制　納粟補官之制

恩免之制太祖元年八月詔曰朕聞昔漢高祖收項氏之亂後令民保山澤者各歸田里減征賦之數審戶口之虛耗又周武王黜殷紂之虐乃發鉅橋之粟散鹿臺之財以給貧民者蓋爲亂政日久人不樂其生故也朕深慚寡德獲統丕基雖資天助之威亦賴民推之力冀使黎元按堵比屋可封然承前主之圮運苟不蠲租稅勸農桑何以臻家給人足乎其免民三年租役流離四方者令歸田里仍大赦與之休息

光宗二十六年景宗即位蠲欠債減租調　景宗六年成宗即位放三年役減租稅之半　成宗七年十月宋遣禮部侍郎呂端來冊王王宣赦蠲欠負恤賑窮乏　十三年四月有事大廟大赦恤孤獨賞耆舊蠲欠負放逋懸　十六年八月幸東京減所過州縣今年田租之半　十二月穆宗即位放三年役除一年租恤耆舊蠲欠負放逋懸　穆宗二年十月幸鎬京齋祭除鎬京一年租所歷州縣半之　四年十一月幸中原府巡省風俗所歷州縣減田租一年其就行程祗奉州縣半之　七年十一月幸鎬京齋祭蠲鎬京田租一年北邊沿路州縣半之　十年十月幸鎬京齋祭蠲田租一年沿路州縣半之　顯宗五年十二月減今年租稅之半蠲壬子年以前逋欠　七年正月蠲抱州等十九縣今年租調　九年十二月蠲州郡二年以前逋欠租　十年五月蠲道州管內獐山永州管內解顏等縣今年租稅　十二年二月復安州民戶二年蠲庚戌年以來逋租之半　二十年九月幸海州蠲海鹽州今年租稅之半　二十一年六月築羅城營重光寺赴役者減今年調布諸州郡縣逋欠限戊辰年蠲免

靖宗五年十一月制曰八關會雖是前規既行盛禮宜播德音其犯公徒私杖以下及諸徵贖皆免之　文宗四年九月制曰朕以涼德托于臣民之上擬憑佛教以致理平開大法筵今當能會欲霈洪恩其今日以前贖罪徵收之類可悉除免　十年十一月侍中李子淵上言近因創造興王寺移德

水縣於楊川由是百姓營葺廬舍未遑寧處男負女提道路相繼貧者有擠壑之憂富者無按堵之所當今視民如子覆民如天請蠲德水縣一歲賦役制特蠲兩年　十一年四月詔曰兩行封冊使副同時偕至其所過州縣減今年租稅之半　三十六年九月王南巡至溫泉十月還京緣路州縣程驛放今年租稅之半　獻宗元年冬肅宗即位詔免州縣今年租稅其徭貢未納者限癸酉年蠲免　肅宗三年十月祫享于大廟諸州府郡縣部曲減今年租稅之半　五年二月免州府郡縣部曲雜所今年稅布半　七年十一月王自西京還次臨津驛宣赦沿途州縣減今年田租　睿宗元年三月西海按察使奏谷州峽溪縣民多流亡頗闕貢賦請蠲三年租稅制可　三年二月以封王太后諸州郡縣進奉長吏從卒等各田丁稅布全放內莊宅及宮院諸寶(寶者方言以錢穀施納存本取息利於久遠故謂之寶)穀米請貸未還者限乙未年東西州鎮及諸州縣鄉部曲等雜所長吏漏失雜物色徵還及徭貢未收者限乙酉年銀金限癸卯年並皆放除　仁宗七年三月王至自西京蠲放西京及所過州縣今年租稅　八年十自王至自西京詔緣路州縣復今年租稅　十四年五月詔諸州縣兵築城者水軍轉輸軍餉者賜今年田租之半　毅宗十六年四月蠲諸道郡縣逋租　二十一年九月王自南京還蠲南京廣州今年稅租輸役其餘州縣半之　二十三年四月還自西京下詔曰所歷州府郡縣貢稅輸役許令全放公私息利亦皆減除　明宗二十七年十一月神宗即位詔曰貢賦徵輸公私息利不便於民者並放　高宗二十二年五月詔廣州於辛卯壬辰年狄兵圍攻能固守不下其免常徭雜役　四十年六月宣旨轉米以下雜貢稅及諸宮院所同公廨田科式未收限庚戌年全放諸宮院內外兩班大小寺社不實穀食據給年遠一切放下諸州府郡縣百姓受公私穀食物故者雖入秋成依前判死及流配勿徵之意並蠲除殘亡尤甚州縣輸養帳限庚戌年以上全放兩界州鎮將相將校祿及例食停給者還給將作監柴炭未收限庚戌年以上全放　四十四年閏四月蠲丙辰年以上逋租　元宗元年六月下制蠲丁巳年以上公私逋租　十年十二月以西海道諸郡有迎駕供億之艱蠲今年租賦　忠烈王四年四月敎曰

歷觀西海郡縣凋弊已甚自丁丑至今年租稅徭貢皆免之
　八年二月蠲征東戰亡者欠負官錢　五月敎曰開城聖
祖之鄕常稅外他徭役皆蠲之　九年五月蠲免公私逋欠
錢　二十二年正月下旨蠲外貢三年貧民因租稅而鬻子
者官贖還之　二十四年正月忠宣王即位下敎一哈丹入
境州郡望風迎降唯原州以孤城摧挫賊鋒其邑常徭雜貢
宜復三年一開城是祖鄕三大貢外除常徭雜貢一諸州府
郡縣稅及常徭雜貢往年未收者并今年徭貢亦令全除一
各道柴炭貢諸院寺官司所屬公廨田諸寶米等往年未收
限丁酉年以上除之一八朝過行西海道三稅大貢外常徭
雜貢及各驛柴炭貢限今年全除　三十四年八月忠宣王
復位十一月下敎諸州府郡縣轉稅及常徭雜貢諸寶米各
驛柴炭貢如有欠少宜限一年勿徵　忠肅王十二年十月
下敎一西海平壤兩道近因行李往來供億煩劇平壤道官
給粮以賑之西海道復今年租稅之半一漢陽富原今値南
巡蒧多供億其復今年租稅一官吏貢賦欠納者蠲自甲子
年以前一切蠲免　恭愍王元年二月下旨諸官司貢賦自
庚寅年以前一切蠲免　十二年五月下敎一庚子年以前
諸道州縣三稅雜貢未到官者並免追徵一辛丑年以後所
沒諸家之田悉充軍需其所奪田土人民悉還舊主一畿甸
之民因乱流離田野多荒若非寬恤何以招來其京畿公私
田租限三年三分減一一自龍駒以北諸驛三道之衝供費
尤多其柴炭貢與免三年　二十年十二月敎曰民惟邦本
近來軍國事繁差發尤重其免洪武三年以前各道逋欠賦
稅　辛禑元年二月宥旨近年以來軍須田戶困於重斂遠
輸多致荒畬凡係軍須田入量減三分之一　十四年六月
辛昌即位敎曰貢賦之設自有定制近因多故徵斂無藝民
受其害各道州府郡縣往年逋負未納貢物一皆蠲免今戊
辰年貢物亦以被罪人等家財克用其有先納私錢下鄕倍
徵者止償其本自己巳年始納貢如舊其已發到官者不在
此限　恭讓王二年九月都堂啓義州泥城江界爲國藩屏
宜加撫卹請蠲徭役從之
災免之制成宗七年十二月判水旱虫霜爲災田損四分以
上免租六分免租布七分租布役俱免　十年十月幸西都

民戶有以疾疫失農業者免其租賦　穆宗九年二月謂有司曰比年秋穀不登百姓艱食自統和二十一年以來貢賦未納者並除之其有絕食無穀種者開倉賑給　六月戊戌震天成殿肆赦仍減今年稅布之半并蠲甲辰年前逋欠租稅　顯宗二十年七月以朔方道登溟州管內三陟霜陰鶴浦派川歙谷金壤碧山臨道雲岩豢猳高城安昌列山杆城翼嶺洞山連谷羽溪等十九縣並被蕃賊侵擾特蠲租賦　靖宗二年六月三司言去年密城管內牢山部曲等三所大水漂損田禾請放一年租稅從之　十二月有司奏金州管內州縣水潦暴至隄防潰溢壞廬舍損田苗今年租稅合在蠲免請遣使宣慰從之　文宗四年二月西北面興化道監倉使奏去戊子年道內昌州有蝗災其年已納租稅者請依令文以損分多少折放從之　五年十一月雲中道監倉使奏肅州通海永淸縣安戎鎭春夏旱乾早秋霜雹禾穀不登請免今年租稅從之　六年四月有司奏雙阜萬頃沃溝利城等四縣往年久旱禾穀不登百姓飢饉請蠲租賦從之　八年十一月東北路兵馬使奏文湧二州連年大水損傷禾穀乞省減賦役從之　十五年正月浿西道撫問使尙書考功員外郞韓丁翊奏管內龍泉驛曩被水災公館民居並皆漂沒今方遷徙創造館宇民力勞匱請減今明兩年租稅從之　二月有司奏密城管內昌寧等九郡去年暴水損稼請減今年夏稅從之　三十年四月有司奏黃州牧管內鳳州比因水災遷徙新創公廨民廬民業未復請蠲今年租稅徭役從之　宣宗七年六月制曰今年以來災變屢作時雨愆期朕甚懼焉其內外公徒私杖以下輕罪悉令放除吏民於丁卯年借貸新興倉穀米未還者咸使蠲免　肅宗六年六月以長湍縣頻年水旱免賦役三年　十一月都兵馬使奏東京管內郡縣旱氣太甚民被其災乞放公私長生庫及諸倉逋欠米穀俟豐年收納制可　七年三月三司奏東京管內州郡鄉部曲十九所因去年久旱民多飢困乞依令文損四分以上免租六分以上免租調七分以上課役俱免已輸者聽折減來年租稅制可　明宗二十五年九月詔曰刑政不中謫見于天比來吏政多苛逋租宿貸督斂無已嗷嗷者衆致有變異嗚呼痛哉其爾郡縣吏敬聽朕言其逋租限五

年寬假公私宿債亦所不問　高宗二十二年九月制國家移都民方瘡痍又經狄兵甚可憐恤其蠲癸巳年以來諸道貢賦之逋欠者　三十三年五月制以西海道州郡被兵蠲徭貢七年又減谷州樹德兩所銀貢五年　四十二年三月以諸道郡縣經亂凋弊蠲三稅外雜稅　四十五年二月免海島移入州縣一年租　忠烈王三年十一月以慶尙道禾穀不稔減租稅　七年五月京城饑民菜食無鹽限九月蠲鹽稅　十七年七月以旱乾禾穀不實分遣安集別監于諸道檢踏田畝量減租稅　九月命被兵州郡蠲免租稅又以忠淸交州西海三道因軍旅失業減柴炭貢　十八年三月下敎曰比經寇賊百姓困弊雖已蠲免租稅諸司不体至意一切徵納自今悉令禁約毋致失業　四月下旨慶尙道管城安邑利山等縣頃因避賊于淸州山城民失農業宜與中道並蠲貢賦　七月以全羅忠淸道民飢除朝覲盤纏　十九年六月以黃驪郡經賊蠲賦稅　恭愍王元年二月宥旨西海平壤道近年風水爲孽凡被災州縣量其輕重免其租稅　五年六月敎曰鹽戶因倭寇莫輸其貢官未給鹽民徒納布爲害尤甚自今年七月至明年七月其鹽稅布三分減一　九年四月敎曰今玆百姓勞於兵革困於飢饉其除各道鹽稅　辛禑元年二月宥旨各道州郡屢因倭寇加以水旱民生凋瘵仰都評議司自癸丑年以前祿轉雜貢未收者一皆蠲免其沿海州郡被害尤甚去處甲寅年雜貢亦行蠲免已納到官者准作下年之數延祐甲寅以後加定貢物量宜蠲除　閏九月都評議司奏各道州縣屢經倭亂殘亡太甚其沿海各官常徭雜貢及鹽稅等全羅道限五年楊廣慶尙道限三年蠲免從之　七年三月全羅道按廉報民多餓死諸戍卒及人民逃散過半崔瑩議請蠲濱海州郡三年租稅從之　恭讓王二年正月以年凶減田租六分之一　三年六月敎諸道有水旱霜雹蝗災州郡驗覆免租

鰥寡孤獨賑貸之制成宗十年七月判無父母族親孩童有病者官給租救恤　十月幸西都篤疾癈疾者給藥且謂有司曰此行雖因齋祭亦爲省方所歷州郡男女年八十以上者特加賑卹　十三年三月命有司曰少孤無養育者限十歲官給粮過限者許從所願居住　顯宗二年十二月敎曰古

先哲王視民如子朕居司牧敢不盡心方當歉歲又屬祈寒惟恐鰥寡孤獨未免飢凍其令所在賑給衣糧勿使失所　忠烈王三十四年十一月下敎一七十以上無守護者其子孫犯罪流配宜以罪之輕重移免孝養一八十以上篤疾癈疾不能自存者隨其所望勿論親踈許一名免役護養若無親踈護養宜令東西大悲院聚會安集公給口粮差官提調　忠宣王五年八月鈞旨曰孤惸民食不足置倉中外以廣積儲近因水旱民不聊生已發民部庫賑窮調乏尙慮惸獨未盡蒙惠爾有司加發有備倉以賑之　忠肅王十二年十月下敎年九十以上官給資糧七十以上給侍丁一人復其身鰥寡孤獨疲癃殘疾者所在官司優加賑恤　恭愍王元年二月宥旨鰥寡孤獨篤疾癈疾官爲賑恤毋令失所　五年六月敎曰賊臣之家所有米穀減價糶賣以救鰥寡孤獨不能自存者　十二年五月下敎鰥寡孤獨癈疾之人在所當恤諸人窮乏不能自存者亦宜矜愍所在官司務加賑濟　二十年十二月下敎鰥寡孤獨仁政所先宜加矜䘏

水旱疫癘賑貸之制顯宗三年五月敎曰去年西京水旱爲災穀價騰踊民用困乏朕夙興夜寐念之惻然其令所司發倉賑之　七年九月三司奏江南饑饉請轉關內倉穀賑之從之　八年七月賑京城貧民　九年正月以興化鎭比因兵荒民多寒餓給緜布鹽醬　靖宗二年十一月修東大悲院以處飢寒疾病之無所歸者給衣食　五年三月制東南海諸道州縣去歲禾穀不稔民多饑饉其令有司發義倉賑之　四月制東北路諸州去年大水漂沒禾稼百姓貧乏其令本路勸農使發倉米鹽賑之　六年二月靈光郡及臨陂縣饑發義倉賑之　七月詔曰去歲以來水旱作沴生民被災苗稼空於農疇貲財盡於私室此寡人不德之所致深有痛焉其發倉廩以賑之　文宗元年五月制去年久旱邊民饑餓其發義倉賑之　三年四月制曰去歲霖雨損禾民食不周遣使賑恤務要全活　六月命有司集疾病飢餓者於東西大悲院救恤　四年四月中書省奏曰關內西道州縣前歲不登民有飢色請發司倉公廨粟以助耕耘其貧不能自存者發義倉以賑從之　五年二月制去歲不稔黎民阻飢以御史雜端金化崇爲西京關內西道宣撫使兵馬判官

金繼參爲北界宣撫使發倉賑之　六年二月以關西安北兩道饑遣御史中丞金化崇發倉賑之　三月制曰東北路諸州鎭戍邊之卒連年旱暵饑饉相仍可令兵馬監倉使及首領官分道賑恤仍賜衣服又以京城饑命有司集飢民三萬餘人賜米粟鹽豉以賑之　四月移龍門倉粟八千石于驪白二州以給農民　八年四月制文湧登三州鎭溟縣長平鎭往年被水災其發義倉賑之又移春交東等州倉粟給種食　五月制諸道州郡民多飢歉流移失業令諸州通判以上官吏巡行存問發義倉賑之　十五年二月西海按察使奏黃鳳二州去年大水漂沒田疇居民飢乏請發義倉賑之從之　九月有司奏去年大水損禾都人阻飢請發倉賑之從之　十八年三月制曰去歲水潦暴溢損害秋稼言念黎元宜急救恤其令太僕卿閔昌素自今月至五月於開國寺南設食以施窮民　四月又制自五月十五日至七月十五日於臨津普通院設粥水蔬菜以施行旅　二十一年四月制關內浿西道往歲禾稼不登人民飢乏發安瀾倉賑之　二十二年三月制去歲京北郡縣秋稼不登民多飢乏遣國子司業李成美發倉賑之　二十五年十二月發玄德宮米五百石設食於西普通院施窮民　宣宗三年十二月以淸全二州水潦損穀遣禮部員外郞庾哲發倉賑之　十年四月制東路州鎭去年禾稼不登民多阻飢言念黎元豈忘救恤宜遣刑部員外郞井潤民發義倉米鹽賑之　十一年二月以東路高和文湧定長登交等八州宣德元興寧仁長平永興龍津等六鎭因往年水旱民多飢餓遣東路監倉使員外郞金義璿朔方道監倉使閤門祗候蘇忠監察御史林衍等宣撫賑濟　肅宗六年四月詔民貧不能自存者令濟危寶限麥熟賑恤又於臨津縣普通院施食行旅三月　七年命有司設食賜飢民限自四月至立秋　睿宗元年三月命東西濟危都監賑貧病　四年正月以西京驛路百姓饑饉發倉賑之　五月制曰京內人民罹于疫疾宜置救濟都監療之且收瘞屍骨勿令暴露分遣近臣賑東北西南二道飢民　十二月分遣近臣賑興化雲中西海南京廣州忠淸州等諸道飢民　仁宗五年三月詔濟危鋪大悲院厚蓄積以救疾病　六年詔以定州饑發倉賑之　七年三月以西

京民勞於創闕發倉賑之　九年三月制葺東西大悲院濟危鋪以救民疾　六月以鹽州旱暵移龍門倉粟賑之　七月發大倉粟賑貧民　毅宗三年二月以尙州慶州饑遣使賑之　十六年四月發倉廩賑貧窮失所者　明宗十八年八月制曰近聞東北面兵馬使所奏關東諸城多遭水灾禾穀損傷人民漂溺僅存遺氓並被饑饉朕甚憫焉宜遵京內東西大悲院例設食接濟活人多少以爲褒貶又令移粟於朔方諸城仍遣使發倉賑民　二十三年三月分遣使于慶尙全羅揚廣道發倉賑飢　九月發倉賑京城飢民　高宗十二年三月制曰去年東方大水損傷禾稼民多失業流亡相繼其令東北面兵馬使諸道按察使開倉賑貸　十三年三月制曰全羅道飢甚有蓄儲州郡宜發倉賑給其無蓄儲州郡各於私處取其贏餘賑給待豐年償之自甲申年後三稅常徭雜貢並皆停減以待豐年收納　十七年閏二月崔瑀以年饑請發大倉賑之　四十二年三月簽書樞密院事崔坪奏今春大饑民多死亡請發倉賑恤從之　七月發新興倉賜甲寅歲守京城坊里百姓　四十三年六月發新興倉賑守城軍卒及合入州縣吏民　四十五年四月救急都監以年饑發崔竩倉穀賜太子府二千斛諸王宰樞各六十斛宰樞致仕及顯官三品以上各三十斛三品致仕及文武四品各二十斛五六品各十斛九品以上七斛又賜兩班寡婦及城中居民軍士僧徒諸役人有差　四十六年正月城中飢人相食移昇天府給粮與田又發倉賑宰樞寡婦前銜六品以下官及諸衛軍坊里人　三月金剛城防護別監王仲宣率合入州縣民五百餘口到昇天城出米三十斛賑之

忠烈王六年四月發兵粮二萬石賑全羅道飢民又遣將軍金允富如元告糴中書省借兵粮二萬石賑慶尙全羅道至秋償之　十三年二月賑東界飢民　三月全羅道饑發倉賑之　十七年六月元遣海道萬戶黃興張侑千戶殷實唐世雄以船四十七艘載江南米十萬石來賑飢世子嘗奏比年國人征戍轉餉失其農業以致饑饉故有是賜於是頒米于七品以下七品七石八品六石九品五石權務隊正四石坊里大戶三石中戶二石小戶一石帝意本在貧乏今不先貧民富者所得居多　十八年三月下教以忠淸道因賊

失農賜去年祿轉徭貢全羅道亦除祿轉一千石以賑之閏六月元詔江南漕運萬戶徐興祥等二人運米十萬石來賑飢民遭風漂失唯來輸四千二百石王頒米于諸領府及五部戶各一石　二十一年四月元遼陽省奉帝旨以江南運米三千石賑雙城　忠宣王三年三月傳旨東西大悲院本爲醫理疾病而設令開城府同本院錄事受有備倉米以養疾病　忠肅王五年五月下敎諸道窮民如訴無食按察鹽塲官發倉賑給令待秋償本　十二年十月下敎惠民局濟危寶東西大悲院本爲濟人今皆廢圮宜復修營醫治疾病　忠穆王四年二月遣使賑西海楊廣二道飢置賑濟都監王減膳以充其費發有備倉米五百石令賑濟都監施粥餓人又發全羅道倉米萬二千石以賑飢　三月宰樞議請太史府庫米三十石黃豆五十石義成德泉倉米一百石內府常滿庫布一百四給賑濟色　四月京城大饑疫道殣相望漕運全羅道米一千四百石以六百石分賑忠淸西海二道以八百石減價換布五部貧民　恭愍王三年六月以年饑發有備倉粟減價以市民置賑濟色于演福寺發有備倉米五百石糜粥以濟飢民　七年四月賑東北面　五月又賑交州江陵道　九年六月京城饑大布一匹纔直米五升王發廩二千石令民納大布一匹受米一斗　十年二月設賑濟塲于普濟寺　三月龍州饑人相食發倉賑之　十一年四月發龍門倉穀一萬石賑貸京畿飢民　二十年十二月下敎一東西大悲院先王本爲惠民而設近年以來主者不爲用心致使貧病流離之人無所仰給予甚憫焉仰都評議使司憲府常加體察取勘元屬田民以贍醫藥粥飯之資一醫藥活人仁政所先國初郡縣皆置醫師民無夭扎自今守令其訪醫人修合藥物以濟民命一近因倭寇漕運不通遠近輸轉皆由陸路其令州郡修葺院館儲峙薪蒭以便行旅　二十二年四月全羅慶尙道饑遣使賑之　辛禑二年四月以李淑林爲西北面完護使往歲征北軍馬久留騷擾民多饑乏故遣淑林齎布千五百四以賑之　四年二月以租三百石賑江華府饑　七年二月遣使賑慶尙全羅道饑　八年二月賑慶尙全羅江陵道饑

納粟補官之制忠烈王元年十二月都兵馬使以國用不足

令人納銀拜官白身望初仕者白銀三斤未經初仕望權務者五斤經初仕者二斤權務九品望八品者三斤八品望七品者二斤七品望參職者六斤軍人望隊正隊正望校尉者三斤校尉望散員者四斤散員望別將者二斤別將望郎將者四斤　三年二月都兵馬使言古之鬻爵非令典也然國庫殫竭無以生財請如乙亥年判令無功及不次而求官者科等納銀國贐都監而後授職從之　忠穆王四年二月征東省都事缶友章從事前員外郎石抹完澤奉議等上書于王曰竊念民飢餓荐盖因歲否年凶今高麗西海楊廣在城等三處自去年旱澇霜灾百物枯槁人民死者甚衆誠可哀憫本國已有選法將比合元朝入粟補官之例賑恤飢民似爲不負聖朝恤民之意其補官輸米者白身人從九品者米五石正九品十石從八品十五石正八品二十石從七品二十五石正七品三十石而止或有前職輸米一十石者陞一等四品至三品以上不拘此例　辛禑二年十二月令西北鄙納粟補官以充軍食自白身補伍尉者出米十石豆五石自檢校補八品者出米十石豆十五石自八品補七品者米豆各十五石自七品補六品者米豆各二十石

志卷第三十四

志卷第三十五　高麗史八十一

正憲大夫工曹判書集賢殿大提學知經筵春秋館事兼成均大司成臣鄭麟趾奉
教修

兵一

兵者所以禦暴誅亂有天下國家者固不可廢而兵制之得失國家之安危係焉高麗太祖統一三韓始置六衛衛有三十八領領各千人上下相維體統相屬庶幾乎唐府衛之制矣逮至肅宗東女眞構釁於是銳意捍禦日事鍊兵遂置別武班自散官吏胥以至商賈賤隷緇流莫不隷焉是雖不合古制然亦用之一時而收效有足稱者毅明以後權臣執命兵柄下移悍將勁卒皆屬私家國有方張之寇而公無一旅之師卒至倉皇不振然後始多方調發或括京都無問貴賤或閱文武散職白丁雜色或僉四品以上家僮或以屋閒多少爲差國勢至此雖欲不危得乎國之大事在戎其制固宜詳備惜前史之不悉也今特紀其可考者曰兵制曰宿衛曰鎭戍曰看守軍曰圍宿軍曰檢點軍曰州縣軍曰船軍曰工役軍其他站驛馬政屯田城堡亦兵之類也故并附焉作兵志

兵制

二軍

鷹揚軍一領
龍虎軍二領

六衛

左右衛保勝十領　精勇三領
神虎衛保勝五領　精勇二領
興威衛保勝七領　精勇五領
金吾衛精勇六領　役領一領
千牛衛常領一領　海領一領
監門衛一領

諸府

都府外
儀仗府

堅銳府

弩府

別號諸班

神騎 神步 梗弓 精弩 石投 大角 鐵水 剛弩

跳盪 射弓 發火

五軍

中軍置兵陣都指諭及都將校五兵都指諭及將校都業師神騎都領及指諭左右梗弓都領及指諭左右精弩都領及指諭神步石投大角鐵水發火跳盪剛弩亦各置都領及指諭前後左右軍亦各置兵陣都指諭神騎神步精弩都領及指諭

太祖二年正月置六衞　十六年置兵禁官郎中史各一人以掌戎事　定宗二年以契丹將侵選軍三十萬號光軍置光軍司　成宗九年十月置左右軍營　穆宗五年五月作六衞軍營備置職員將帥令其軍士蠲除雜役　顯宗五年六月敎曰軍人在防戍若在途死者官給斂具函其骨驛送于家　八年九月御宣政殿閱兵　九年二月御宣化門閱射　賜海弩二軍校尉船頭以丁茶布有差　八月敎自乙卯年以來北鄙戰亡將卒父母妻子賜茶薑布物有差　九月御宣化門集三衞鷹揚軍功臣子孫及文班六品以下有武藝者試定科等　十年七月都兵馬使奏今與契丹戰陣有功者九千四百七十二人乞各增階職從之　九月御咸和門閱六衞將校射御　十一年三月蔡忠順請軍士有父母年八十以上者免軍就養從之　五月乙卯有司奏前制凡人年八十以上及篤疾者給侍丁一名九十以上二名百歲者五名唯征防人不與焉謹按丁酉年閒清州人成允罪當移鄕以其父年滿七十除流侍養況父子俱無罪責而父母年七八十者豈謂禮文所無而不許侍丁古今孝心無貴賤一也請依舊制征防人亦免役養親　九月御咸和門閱諸將射御　二十年閏二月始令文官四品以上年未六十者每暇日習射于東西郊　禁中外軍士請托規免征役　二十二年二月文班有武藝者改授將校　德宗元年三月尙舍奉御朴元綽請令有司作革車繡質弩雷騰石砲又請以八牛弩二十四般兵器置邊城從之　十一月遣使九道

選軍士　靖宗二年七月制諸衛軍人家貧而名田不足者頗衆今邊境征戍未息不可不恤其令戶部分公田加給　五年六月制曰自前朝偃武修文蓋有年矣雖四方無事不可忘戰周禮以軍禁糾邦國以蒐狩習戎旅傳曰以不敎人戰是謂弃之宜遣使兩京兩路諸州簡取驍勇敎習弓馬　六年二月賜兩京軍士有邊功者衣著有差　八月西北路兵馬使奏金海兵書武略之要訣也請沿邊州鎭各賜一本從之　十月西面兵馬都監使朴元綽造繡質九弓弩以獻極爲神巧王命造置於東西邊鎭　八年判國子監諸業學生年壯不成才者者充光軍　十一年五月揭榜云國家之制近仗及諸衛每領設護軍一中郎將二郎將五別將五散員五伍尉二十隊正四十正軍訪丁人一千望軍丁人六百凡扈駕內外力役無不爲之比經禍亂丁人多闕丁人所爲賤役使祿官六十代之因此領役艱苦爭相求避伍尉隊正等未能當之若有國家力役乃以秋役軍品從五部坊里各戶刷出以致騷擾今國家大平人物如古宜令一領各補一二百名京中五部坊里除各司從公令史主事記官有蔭品官子有役賤口外其餘兩班及內外白丁人子十五歲以上五十歲以下選出充補令選軍別監依前田丁連立其領內十將六十有闕除他人並以領內丁人遷轉錄用中禁都知白甲別差亦以丁人當差丁人戶各給津貼務要完恤復立都監擇公廉官吏掌之勿令容私如有飾詐求免者着枷立市決杖七十七下配島指揮人並令徵銅其閒諸宮院及兩班等以丘史賤口枸交造飾求請者宮院則所掌員兩班則勿論職之有無依例科罪諸衙門詐稱通粮丘史追錄名籍知情規避者亦皆科罪　文宗即位侍中崔齊顔等奏曰兵書云萬人之軍取三千爲奇千人之軍取三百爲奇請以六衛軍每一將軍領下選二百人爲先鋒軍從之　判凡軍人有七十以上父母而無兄弟者京軍則屬監門外軍則屬村留二三品軍親沒後還屬本役　元年二月衛尉寺奏請依定制送弩手箭六萬隻車弩箭三萬隻于西北路兵馬所從之　七月制西京監軍與分司御史選猛海軍共一十領依上京例每千人選先鋒三百以郞將一人領之仍屬左府　四年十月都兵馬使王寵之奏傳曰安不忘危又曰無恃敵

之不來恃吾有備故國家每當仲秋召會東南班員吏於郊外敎習射御而況諸衛軍士國之爪牙宜於農隙敎金鼓旌旗坐作之節又馬軍皆不練習請先選先鋒馬兵每一隊給馬甲十副俾習馳逐仍令御史臺兵部六衛掌其敎閱從之

判近仗將校以諸領府將校中御選有身彩多功勞者充差　五年判有蔭奇光軍以文武七品以上之子五品之孫京職大常以上之子爲之　六年三月制曰東北路諸州鎭戍邊之卒連年旱暵飢饉相仍可令兵馬監倉使及首領官分道賑恤仍賜衣服　九年九月都兵馬使准舊制請以九月遣使訓鍊中外軍士從之　十一年五月參知政事金元鼎奏曰今尙書兵部請遣軍卒以備東西兩界近來軍民困於封冊使迎送又赴興王寺之役不得休息廩料亦乏乞依封冊軍例賜物以遣制可　十二年判四面奇光軍以年十五以上六十以下無疾病者爲之　十三年三月命有司訓鍊禁衛軍士　九月賜東北邊戍卒冬衣　十月訓鍊近仗諸軍於東郊　十五年判東西界防戍軍徵發時一領內百人以上一隊三人以上有闕者將軍領隊正罷職一校尉領七人一別將指諭領十五人一郎將領三十人所領內有闕罷領軍職參以上申奏參外直罷　十七年二月諸州鎭兵已點戰馬二科以上神騎及曾經戰事步班並蠲苦役只許情願役事將戰馬隨例調習者亦免苦役　十八年閏五月兵部奏軍班氏族成籍旣久蠹損朽爛由此軍額不明請依舊式改成帳籍從之　八月以緜袍緜袴毛冠各一千賜西北面戍邊軍士貧乏者　十二月命出征袍庫緜衣袴毛冠及靴賜兵卒貧乏者　二十三年三月判諸州一品別將則以副戶長以上校尉則以兵倉正戶正食祿正公須正隊正則以副兵倉正副戶正諸壇正試選弓科而差充　十月以繡質九弓弩習射于北郊　判軍人年老身病者許令子孫親族代之無子孫親族者年滿七十閑屬監門衛至於海軍亦依此例　二十五年六月制曰近聞諸衛軍人亡命者甚多是由執事不公富强者托勢以免貧窮者獨受其勞衣食乏絕而略無休息雖每降恩詔減省而有司營作不已近年以來軍民頗興怨咨以爲朕不之恤也宜令宜除不急之役其各處監巡點檢之卒減前數之半所隸官司及其軍將勿

得擅自驅使違者罪之宜令兵部選軍別監准制行之 二十七年三月命州鎭入居軍人例給本貫養戶二人 二十九年判征防軍人有疾病必使醫藥療治身死者給棺槨令隊典護屍遞傳幷其資財付諸妻子官給葬時所需 三十年正月命有司量給袍袴于赴防軍士貧乏者 九月有司請依前例習射繡質九弓弩於南郊從之 二十五年十月判凡內外軍丁親年七十以上無他兄弟者並令侍養親沒許令充軍 判發鎭將相將校鞋脚米將軍以下郎將以上十五石攝郎將以下散員以上十石校尉隊正八石借隊正更米三石二斗四升四合造米三石七斗五升六合 宣宗元年十一月風雪寒甚王念戍邊士卒衝冒苦寒以乾明庫平布一千餘匹命征袍都監製衣袴分賜 三年九月召兩京武官閱射于東亭數月而罷十二月召兩京文官亦如之

八年正月西北面兵馬使柳洪請造兵車藏之龜州以備不虞制可 八月都兵馬使奏安不忘危有國之急務請於戶部南廊閑地置射場一所諸領軍卒及凡學射者皆令肄習若有中鵠者賞以銀椀楪一事制可 十年六月都兵馬使奏少監朴元綽所造千鈞弩實爲有利故每令於郊原習射廢久乞自今年更依舊法行之制可 八月都兵馬使奏兵書云急行軍者着縳絡今縫衣是也乞以大盈庫紵布付征袍都監製三四千領分送東北兩界藏於營庫有急許着之制可 肅宗元年八月御龜齡閣親閱武班將軍以下隊正以上射御四月而罷 御東池射亭召左僕射黃仲寶等及近仗六衞上大將軍侍臣中禁都知賜弓矢令射侯御史中丞金景庸先中鵠心賜銀楪一事廐馬一匹其餘中者皆有賜 六年十月御東池龜齡閣閱近仗六衞諸將士射御 七年六月御東池龜齡閣召宰樞閱騎兵賞賜 十月御會福樓命選東班臣僚射 幸長慶寺閱兩京及靜州將士馬隊命宰樞及扈駕臣僚射侯中者賜廐馬綾絹有差 九年十二月尹瓘奏始置別武班自文武散官吏胥至于商賈僕隸及州府郡縣凡有馬者爲神騎無馬者爲神步跳盪梗弓精弩發火等軍年二十以上者非擧子皆屬神步兩班與諸鎭府軍人四時訓鍊又選僧徒爲降魔軍國初內外寺院皆有隨院僧徒常執勞役如郡縣之居民有恒產者多至千百

每國家興師亦發內外諸寺隨院僧徒分屬諸軍　集保勝軍閱兵陣　睿宗元年正月東界兵馬使吳延寵奏今所徵發內外神騎軍有父母年七十以上獨子者聽免一戶內三四人從軍者減一人宰臣樞密之子非自募從軍者亦免從之　親閱神騎軍　八月遣使諸道教習兵陣　分遣九道點軍使以選壯士　四年判神步班屬諸白丁願受內外族親田地者田雖在他邑名隷本邑者許令充補樂工及犯奸盜者良賤未辨者勿許　五年九月御南明門閱神騎神步精弩跳盪班軍將等仍令神騎打毬賜物有差　仁宗五年下旨撫恤軍士以時閱武外無令服勞　六年判諸領府軍人遭父母喪者給暇百日　十年三月閱騎步軍於丹鳳門外　二十二年判西京東西州鎭入居軍人𨭆本貫雜役若有侵擾者罪其色典記官　二十三年判兵馬員吏衛身從卒以閑人白丁公私奴子率行仍給公料元帥副元帥各十人都知兵馬六人各軍使十五人各軍知兵馬使十二人各軍副使十人各軍判官八人各軍軍候使用藥員五人各軍諸色員各四人各軍兵馬人吏諸色人吏各二人　毅宗三年八月中軍兵馬使奏古制天子六軍大國三軍次國二軍小國一軍請改五軍爲三軍制可　西北面兵馬使曹晉若奏定烽燧式平時夜火晝烟各一二急二三急三四急四每所防丁二白丁二十人各例給平田一結　明宗五年南賊執捉兵馬使奏與賊戰不利士卒多亡請募僧以濟師　十八年三月制曰撫恤戰軍不奪其時公私營造一切禁止無令服勞　十月大閱于東郊凡十日自庚寅以來國家多故且懼有變久廢不行至是而復　高宗三年十月以鄭叔瞻爲行營元帥率五領軍馬以禦丹賊又括京都　不論職之有無凡可從軍者皆屬部伍又抄僧爲軍共數百　十一月宰樞重房奏勿論太祖苗裔及文科出身悉令充軍從之　四年五月以大將軍任輔爲東南道加發兵馬使選城中公私隷充部伍以遣之　五年七月宰樞議生從未登仕版者試以詩選取八十人其不中者皆令從軍　八月賜戰沒孤兒爵　三十九年八月設充實都監點閱閑人白丁充補各領軍隊　四十年八月習水戰于甲串江　元宗十一年五月罷三別抄初崔瑀憂國中多盜聚勇士每夜巡行禁暴因

名夜別抄及盜起諸道分遣別抄以捕之其軍甚衆遂分爲左右又以國人自蒙古逃還者爲一部號神義是爲三別抄權臣執柄以爲爪牙厚其俸祿或施私惠又籍罪人之財而給之故權臣頤指氣使爭先効力金浚之誅崔竩林衍之誅金浚松禮之誅惟茂皆藉其力及王復都舊京三別抄反懷疑二故罷之　十二年四月司空田份左僕射尹君正等閱府衛兵不滿其額乃并閱文武散職白丁雜色及僧徒以充之　五月遣將軍邊亮李守深等領舟師三百討珍島賊令四品以上出家奴一口充水手　十三年二月置戰艦兵粮都監　十五年五月僉東征軍各領府爭捕東班散職人及白丁以告或誤捕私奴者　忠烈王元年七月遣使于慶尙全羅忠淸東界諸道點閱軍器　三年二月分遣各道軍器別監先是令各道造箭既畢故閱之藏于京山府碩州　六年十月以將征日本命密直副使朴球等閱京兵遣使于慶尙全羅忠淸東界交州道點兵　始閱東西班時散官能赴征者　十一月閱三官五軍　七年四月大閱于合浦　致士卒雖遭父母喪過五十日即從軍　八年二月錮征東戰亡者欠負官錢　九年三月重房調散職學生白丁充東征軍往往有徹屋而逃重房請奪田丁以與從軍者四隣不告徵白金一斤舍匿者二斤　尹秀揚言諸生應舉不中者皆補東征軍諸生畏懼不出都評議司榜曰敢捕諸生補軍伍者其領府都將尉必重罰之　遣使于諸道備兵粮造器械修戰艦　四月命判密直金周鼎閱軍於燃燈都監　五月命上將軍羅裕揀忽只三番各十人補東征軍　十一年五月王聞乃顏大王叛請擧兵助討遂閱兵羅裕孔愉等調留京侍衛軍至發禁學兩館儒生及第趙宣烈崔伯倫皆以狀元及第屬巡馬　十四年五月閱兵相府議并調文官及第進士生徒命止之　十六年正月聞東賊來諸君宰樞會議忽只鷹坊巡馬皆合爲一　五月點兵自五品以下文官及內侍茶房三官五軍禁學兩館皆令從軍　六月僉議贊成事宋玢等點留京軍卒於崇文館　忠宣王三年四月復置選軍　忠肅王三年八月置巡鋪三十三所　忠惠王後五年五月能內乘鷹坊會入仕者七品以下九品以上分屬忽只四番隊正散職分屬詔羅赤八加赤巡軍四番　忠定王三

年八月置松嶽山烽燧所　恭愍王元年閏三月令宰樞以下至各司令史人備弓一矢五十弋一劍一點閱之　五年六月下教曰一推刷行省三所諸軍萬戶府隷屬丁口用備戎兵一征戍之卒雙丁僉一丁亦非得已單丁可愍勿使從軍一方今軍興僧之犯律者勒令還俗以充行伍一國家以田十七結爲一足丁給軍一丁古者田賦之遺法也凡軍戶素所連立爲人所奪者許陳告還給又奸詐之徒雖無兒息妄稱閑人連立土田無有限極仰選軍別監根究推刷以募戍卒其逆賊之田計結爲丁亦給募卒一各處逆賊之奴自稱達魯花赤奪人土田役使良民蓄積財産其令所在官籍沒以募戍卒　九月宰樞會崇文館閱西北面防禦兵仗放銃筒于南岡箭及順天寺南墜地沒羽　十一月西北面都元帥廉悌臣上箋戍邊之法以時而代今軍士盛夏北來淹至冬月無衣無褐何以禦寒設使驅而納諸矢石之閒豈竭其力乎請以半年爲一期更代又軍中雖値親喪不免行伍其在人子之情何可忍也自今凡遭喪者許以人代之如有代者計日給暇　置忠勇四衛衛各置將軍一人中郞將郞將各二人別將散員各五人尉長二十人隊長四十人　七年五月倭焚喬桐京城戒嚴發忽只四番各十五人忠勇衛左右前三番各十人赴喬桐又發忠勇衛三番各三十人阿加赤三番各十人波吾赤三番各十人忠勇衛三番各十五人譯語各五人赴阻江赤口朽石等處發五部坊里成衆愛馬鰥寡外正軍五百人赴西江赤江等處又以城門修理五都監判官等爲倭賊防禦兵馬判官各率坊里兵五百人赴之　七月都評議使奏前銜三品以下各以坊里點數有變則四面都監官員先以一里一人率領赴防從之　九年五月倭寇龍城等十餘縣以柳濯爲京畿都統使括坊里人爲軍大戶二人小戶一人屯東西江又令百官助征唯各司行首有司及御史臺城門都監等不與焉　十年十月募兵凡應募者除私賤外士人鄕吏官之宮司奴隷良之或賞錢帛聽其自願　十一年六月監察司上言國家寇盜連年兵不團結每至危急徵兵於農非惟擾民亦無救於倉卒自今選揀丁壯以備緩急初置忠勇衛祿其將士同於八衛者蓋欲効民於倉卒也南幸之際未有一人扈駕者誠爲虛設徒費

廩祿請罷之分屬諸衛收其俸祿以補國用　八月遣使諸道調兵慶尙道一萬一千楊廣全羅道各一萬江陵朔方交州道共一萬西海道盡僉丁壯　十二年五月下敎陣亡軍戶錮雜役優加存恤州縣之吏發兵防戍免富差貧以逞其欲所在官司痛行禁理七十以上與免戍役庚寅以來防戍有功者存撫按廉體察申聞錄用　十六年二月以諸道閑散官隸五軍尋罷之　十八年十一月令西京萬戶府左翼右翼前軍後軍精銳精毅忠毅忠誠新僉新成十軍安州萬戶府左勇右勇左猛右猛前勇後勇前猛後猛八軍義州萬戶府左精右精忠信義勇四軍泥城萬戶府鎭平鎭江鎭靜鎭遠四軍江界萬戶府鎭邊鎭成鎭安鎭寧四軍皆置上副萬戶　十二月各司各愛馬五部閑良品官皆分屬五軍旗幟衣服隨方色有別　二十年七月羅州牧使李進修上疏曰盜賊四起國家軍務一無統紀倉卒臨時何時而可宜四怯薛外別置軍帥府仍令左右前後軍各有將帥僚佐以管時散文武品官受約束於都統使都統使受約束於怯薛官怯薛官事無鉅細聞奏施行雖在外方亦各以其方東面屬左軍南面屬前軍西海屬右軍北界屬後軍然則內外上下脉絡相通綱擧目張矣　十二月敎曰選軍給田已有成法近年田制紊亂府兵不得受田殊失募軍之意其復舊制兵興以來戰亡將士悉加褒贈官其子孫卒伍則存恤其家　二十一年十月倭船二十七艘入陽川浦諸將出戰而敗命成衆愛馬及五部坊里人分隸五軍　諫官禹玄寶等上疏曰不敎民戰是謂弃之況戰者危事一勝一負存亡關焉不可不愼國家素無預備民不知戰一旦有變搶攘顚倒方始驅聚以充卒伍兵刃未交望風披靡以此而戰烏乎有成雖孫吳爲將亦無能爲矣宜預選將帥蒐卒鍊兵敎而習之使人人耳熟金鼓目慣旌旗皆以戰爭不爲驚駭可爲之事則雖遇勍敵皆能敢鬪豈有狼狽失次者乎用兵之道專在於將良將之才自古爲難宜擇子弟有器識者並令學兵法習武藝常加敎閱訓養精銳待其成才而用之良將何難得而用兵其有失律之患哉古有兵書取人之科即此意也食者民天不可不重孔子言兵先言足食食如不足兵雖衆將焉用哉國家用兵已多年矣未有蓄積以備不虞況今雨澤愆

期豐歉難知宜廣儲偫以贍軍食　二十二年八月募人設義勇左右軍置判事知事以領之

辛禑元年正月五部都捴都監坐興國寺點各領及坊里軍器　二月下旨選軍募軍給田賞功仰都評議使詳酌立法以廣軍額防禦都監月課支用量宜加給以行勸督　八月改定都城五部戶數凡屋閒架二十以上爲一戶出軍一丁閒架小則或併五家或併三四家爲一戶　二年五月體覆使郭璇還自全羅道奏曰元帥於原定別抄外又抄煙戶軍又抄別軍民將失農乃罷煙戶軍與別軍歸農　七月都評議使奏今倭賊興行但以防禦都監軍器難於周用宜令各司用司中錢物刻日造兵器以備緩急禑從之　禑曰四方盜賊未息軍政當時所急今後每當興師之際令各道都巡問使兼元帥軍目道官員兼兵馬使知兵馬使與各道元帥各軍目道兵馬使知兵馬同帥各道會屬品官軍人上京大小品官并及子弟閑散兩班百姓諸宮司倉庫私奴漢才人禾尺僧人鄉吏中擇便弓馬者各備兵器及冬衣戎衣二朔料麨末乾飯以待如有緩急元帥各軍目道兵馬使及期來會　八月遣使諸道點兵楊廣道騎兵五千步卒二萬慶尙道騎兵三千步卒二萬二千全羅道騎兵二千步卒八千交州道騎兵四百步卒四千六百江陵道騎兵二百步卒四千七百朔方道騎兵三千步卒七千平壤道騎兵六百步卒九千西海道騎兵五百步卒四千五百　三年正月新置安州二翼軍號新勇新猛安州本有八翼今更爲二翼總十翼與西京軍同　二月召募良家子弟善射御者及郡縣吏有膂力者防倭覈諸司員吏告歸田里久不還者削職取其田給有戰功者　三月徵造戰船僧徒於京山及各道楊廣道一千人交州西海平壤道各五百人京山三百人令曰僧徒如有苟避者輒以軍法論移牒諸道其船匠一百人餼廩及其妻孥　都城諸門皆置元帥分領五部坊里軍以備之　判三司事崔瑩至行省調諸元帥從事各十人及各愛馬宮司倉庫人爲江華防戍之軍怒其部伍不一使請於禑曰臣願斬部伍之長禑曰都統使毋乃已殺乎請輕之重者杖之輕者原之　四月點五部街里戶數以屋三十閒出丁三人二十閒出丁二人十三閒出丁一人九閒以下令出從軍者軍

具　五月都評議使懼倭賊犯京令街里烟戶軍約束部伍晝地以守之失晝地者斬乃以崔瑩曹敏修治兵甲楊廣全羅慶尙三道倭賊方熾京城益戒嚴乃出良家子弟諸元帥從事各司謁告歸鄕者徵至京城不應者籍沒其家　五月烽火自江華晝擧不絕京城戒嚴遣諸元帥分戍東西江召募勇士官給布人五十匹　六月都評議使閱各道所調閑散軍先是各道抄軍使等抄閑散子弟慶尙道六百全羅道一千三百四十楊廣道七百無馬者畏刑至有鬻子易馬盡賣家產又賣已耘之田以求馬匹雖名閑散其實農民及戍邊鎭者居半至是皆令放歸　七月開城府狀曰其一倭賊向京城對戰事則曰我國家夜別抄三番皆步卒有勇力者也近年以來倭賊深入陸地弱馬窮民强稱馬兵不論射御能否皆以凋弓殘箭以具軍額如遇長槍利劒摧鋒挫銳之寇無所措手多致喪亡誠可痛也願自今射御驍勇者爲馬兵其民軍則爲步卒皆賫槍劒白棒隨其所用以禦賊鋒可也其二各道各官依東西北面例各翼設立事則曰輕變先王之制似乎不可然無知之民不慮社稷安危規免出征彼此流移軍額日縮職此之由宜分揀强弱以成軍籍其三五部元帥定體事則曰城內鰥寡孤獨稍多其無男丁各戶外烟戶男丁調發出軍其四定遷軍馬對敵事則曰嚴器械謹烽燧馬兵步卒各持所能軍器養兵靜守如有彼敵兩班百姓公私賤隷僧俗勿論悉皆調發力戰勢如難濟各入山城堅壁固守乘閒伺隙四出攻之　十月始置火桶都監　徵諸道兵以備倭慶尙道騎兵六百江陵平壤道各三百朔方西海道各二百交州道騎步并五百　四年四月定火桶放射軍於京外各寺大寺三名中寺二小寺一　十二月都堂議置軍翼遣各道計點元帥下旨限倭寇寢息依西北面例各道皆置軍翼擇淸白能射御者自奉翊至四品爲千戶五六品爲百戶參外爲統主千戶統千名百戶百名統主十名錄軍籍其餘三品至六品分屬各翼備軍器衣甲以兩班百姓才人禾尺爲軍人人吏驛子官寺倉庫宮司奴私奴爲烟戶軍定頭目聽自願備弓箭槍劒中一物五人爐臼一斧三鎌二各其官押領習戰令元帥府及軍目長官點檢無事歸農有變押領赴征違者以軍法論流移魁首及引誘許接人

並皆軍法斷罪　五年正月諫官上言易曰長子帥師弟子輿尸凶今元帥甚衆令出多門故體統紊亂紀綱不立請依舊制置一元帥餘則罷之加以他號並聽元帥節制又倭賊日熾侵掠諸道而國家待其告急然後遣將出師道里悠遠將帥垂至而賊已浮海不及與戰假令與戰倂日倍馳軍馬疲困屢至敗績請於諸道預遣將帥寇至則擊之　閏五月憲司上疏論五道新置翼軍之弊曰古語曰天下雖安忘戰必危又云足食足兵雖已安之國忘戰則危況未安之國有事之時乎古人論兵必先足食者兵雖衆食不足則是無用之兵也故用兵之道足食爲先足食之道勸農爲本今者各道分遣元帥計口徵發以成軍籍依西北面例翼置頭目而守令不顧大體家至戶到殘忍刻剝至於單丁寡婦令出子孫俠居剝膚槌髓無所不至以至斬屍梟首人皆恟懼不惟見存子孫至於身死已久者及從官遠適者亦悉付籍及其點考督使充額方値農時獄囚數萬誰得治農於是盡賣家財以贖其罪遂失產業轉于溝壑且各翼頭目必差有職者故不論所居程途遠近如得有職人則定爲頭目或三四日或五六日賫粮往還其弊不可勝言又爲頭目者雖當無事不放軍歸農常率田獵而奴使之如或闕進日徵布三四匹無布則家產衣服器皿並徵不還故民不忍苦稍稍逃散可謂於邑若西北面則全委軍務貢賦一皆蠲免特置各翼收其田租悉充軍餉以故軍政無缺他道則不然大小貢賦差役皆由而出加以翼軍農民失業田野蕭然以致兵食不足國勢日窘願罷各翼籍見存丁壯爲軍無事則歸農有變則徵發以爲常式禑下其書都堂擬議罷之　六年六月諫官上疏曰興師動衆不能無弊故遣將帥宜有節制國家已於各道置三元帥一道之任宜專委三元帥近來一有小寇三元帥外別遣諸元帥諸兵馬使非惟委任不專卒無成功往返之閒民受其苦乞自今令本道之任專委三元帥隨其成敗以明賞罰仍乞各道元帥依六道都巡察使軍目統率本道軍官毋得奪占以致紛擾　七年七月都堂閱火桶都監火藥與防禦都監軍器　以倭寇方熾在外前銜奉翊通憲皆令赴征　九年七月發防里人守四門時才人禾尺等成群摽掠故有此令　八月我

太祖獻安邊之策曰一禦寇之方在於鍊兵齊擧今也以不敎之兵散處遠地及寇之至倉皇招集比其至也寇已擄掠而退雖及與戰其如不熟旗鼓不習擊刺何願自今鍊兵訓卒嚴立約束申明號令待變而作無失事機一軍民非有統屬緩急難以相保是以先王丙申之敎以三家爲一戶以百戶統主隷於帥營無事則三家番上有事則俱出事急則悉發家丁誠爲良法近來法廢無所維繫每至徵發散居之民逃竄山谷難以招集今又旱饑民心益離彼用錢穀餌以招納潛師以來虜掠而歸一界窮民既無恒心又皆雜類彼此觀望惟利之從實爲難保乞依丙申之敎更定軍戶使有統屬固結其心　十年八月鷹揚軍上護軍李茂上言府兵虛弱請選諸道閑良子弟號補充軍以實府兵從之　十一年正月講武藝於馬巖分作兩陣各以諸色匠人被甲持盾者爲一隊執搶旗者爲一隊繼以弓手軍鼓噪相格傷者頗多　十三年十一月以西北有變加定各道元帥分遣抄軍每烟戶出軍一名令時散品秩各出軍粮且減中外兩班田地以補軍須　十四年二月籍諸道兩班百姓鄉驛吏爲兵令無事力農有事徵發　八月憲司上疏曰西北一面國之藩屛頃者奸兇擅國廣置私人元帥萬戶加於舊額州郡供億不貲民不堪命相與流亡願自今擇文武兼備威望宿著者一道元帥一人上副萬戶各一人餘皆罷之商賈貧徒競托權門以干千戶之任侵漁掊克靡所不至願自今令其道元帥擇威惠爲民素所服信者除授毋數易置　恭讓王元年二月諫官上疏論府兵曰我太祖設府兵令軍簿司典馬攝之政身彩武藝備完者得與其選是以將得其人卒伍精强近年以來入仕多門兵政一壞或拘於郡目或出於請謁不問老幼才否而授之於是襁褓幼子工商奴隷無尺寸之功坐耗天祿一有緩急將何以用之甚非先王設兵之意也願令精選勇略兼備者以代尸祿之蠹常習武藝考覈其能否而黜陟之大護軍上護軍王之爪牙兵之師表毋令老髦與童稚爲之諸色工匠其有勞者賞以錢穀不許職事除先王所設官額外增置員數一皆削之　十二月憲司上疏一府兵領於八衛八衛統於軍簿四十二都府之兵十有二萬而隊有正伍有尉以至上將以相統屬所以嚴禁衛禦外侮也

自事元以來昇平日久文恬武嬉禁衛無人乃於近侍忠勇皆設護軍以下等官以代禁衛之任而祿之於是祖宗八衛之制皆爲虛設徒費天祿而其迓達赤速古赤別保等各愛馬寒暑夙夜勤勞甚矣而不得食斗升之祿而食四十二都府五員十將尉正之祿者非幼弱子弟即工商賤隸或食其祿而曠其職或勤於王事而不得食豈祖宗忠信重祿之意哉伏願併近侍於左右衛司門於監門衛司楯於備巡衛忠勇於神虎衛其餘各愛馬以類併於諸衛使之番日入直考其勤怠各以其尉內護軍以下至於尉正之職隨品錄用使食其祿而勤其職則人樂仕而國祿省禁衛嚴而武備張矣一近年以來將兵之任不問其才但位宰相則率命遣之節制失宜賊勢益張以致侵掠郡縣蕭然古人謂君不擇將以其國與敵將不知兵以其主與敵擇將制倭誠今日之急務也願令都評議使臺諫各舉威德夙著者命爲將帥以申軍政且軍政多門則號令不肅今之一道三節制非古制也願自今東西北面外每一道只遣一節制餘皆罷去一兵者民之司命國之大政所以衛王室而消禍亂也本朝五軍四十二都府盖漢之南北軍唐之府衛兵也遼金氏接壤兩界立晉帝而子之虎視天下求好於我而我太祖絕之虜遼宋三帝威振四海而莫敢旁窺式至于今者以祖宗之軍政得其律令也近世兵制大毁用兵三十餘年軍政無統以無術之將戰不教之民望風奔潰千里暴骨蔑爾倭奴爲國之病可不爲痛心哉願自今前銜四品以上屬之三軍軍置將佐五品以下屬之府衛而統于軍簿使上下相維體統相聯軍政出于一衆心統于一然後申明軍令訓諫士卒百萬之衆如身之使臂臂之使指何守不固何攻不取哉近世姧臣亂政材非將帥者布列重房百戰勤勞者方除添設賞罰無章軍士解體所至無功願自今其有推堅陷敵之功斬將搴旗之勇百戰勤勞之効者大則上大護軍次則護軍中郞將以至別將散員皆受眞差以獎破賊之功則人皆親其上而死其長矣近日舉義抜亂之時從事于軍者亦加官賞以勸後人一軍士與倭奴戰而所得馬疋器仗與凡民殺賊所得之物所在軍民官傳牒境內鞫如盜賊悉輸之京師以希重賞罔上毒民莫甚於此故軍士離心賊勢益張甚非計也願自今

諸道將帥破賊者獻馘而已軍民所得倭物勿使推鞫著爲令典則人樂其利而勇於戰矣其犯令者內而憲司外而觀察使以不廉論　二年十二月憲司上狀我國百姓有事則爲軍無事則爲農故軍民一致近年以來各道節制使爭先下牒使道內郡縣及京畿農民雖無事時累朔居京人馬疲困民怨爲甚非唯貢賦百姓至於鄉社里長亦皆隷屬不利於國不便於民今後擇才智兼全者爲節制使定其額數使統中外軍士其餘節制使一皆革罷外方又京畿郡縣軍民亦皆放還勸農安業以固邦本從之　三年正月三軍都摠制府閱兵　以受田品官幷屬三軍　三日中郞將房士良上疏曰民惟邦本本固邦寧古今之至論也今西北一路乃國家之要害强兵之所在也頃者奸雄用事萬戶千戶之屬不是婣婭附己則必出於賄賂苞苴之中乃以頑暴貪利者擧而加諸衆人之首彼焉有爲王敵愾之忠效死勿去之義乎願自今西北面管軍千戶之屬許用兩府以下臺省六曹之薦　七月都堂啓請籍水陸軍丁仍帶號牌　兵曹上書定忠勇近侍別保三衛額數汰去老幼及無才者

志卷第三十五

志卷第三十六　高麗史八十二

正憲大夫工曹判書集賢殿大提學知經筵春秋館事兼成均大司成臣鄭麟趾奉教修

兵二

宿衞

成宗元年六月正匡崔承老上書曰我朝侍衞軍卒在太祖時但充侍衞宮城其數不多及光宗信讒誅責將相自生疑惑簡選州郡有風彩者入侍時議以爲繁而無益至景宗朝雖稍減削洎于今時其數尙多伏望遵太祖之法但留驍勇者餘悉罷遣則人無嗟怨國有儲積　顯宗十年二月禮司奏請禁衞士春月擐鐵甲從之　文宗十八年六月宮城使奏宮闕守衞軍士當衣紫帶劒今有衣皂不持兵仗者請罷職從之　毅宗二十一年正月屯府兵于闕庭以備不測自是選取驍勇者號內巡檢分爲兩番常著紫衣持弓劒分立仗外不避雨雪夜則巡警達曙　明宗五年十一月時因西征衞卒乏少加發四百人號衞國抄猛班皆持劒戟環衞毬庭　十一年七月夜自壽昌宮北垣投石抵御寢北牖者三四宿衞皆驚巡索禁垣竟不得重房奏請每夜一將軍領手下軍校伏兵宮門外及諸要害處以備警急從之　元宗十年二月時誅金俊以勢家子弟持弓矢入衞殿內稱後壁將軍金保宜林惟茂趙允蕃崔宗紹等以後壁賜紅改銜　十五年八月忠烈王卽位以衣冠子弟嘗從爲禿魯花者分番宿衞號曰忽赤　元年正月以忽赤四番爲三番　八年五月以達達人分屬忽赤三番依中朝體例令各番三宿而代牽龍等諸宿衛亦然　九年七月選衣冠子弟充世子府宿衞　十三年閏二月令忽赤鷹坊三品以下佩弓箭輪次入直　忠宣王元年六月復分忽赤爲四番　忠肅王七年十月無賴之徒往往成群殺人故別定巡行以至燈燭輩皆爲之　十二年五月命巡軍忽赤等別行巡綽禁街衢閑雜人　恭愍王元年五月宰樞以倭賊近境慮草賊請令各司官吏一人令史一人備弓矢宿衞從之　三年七月柳濯廉悌臣等大臣老將四十餘人率精銳二千赴征宿衞空虛王疑

懼慕弓手于西海道以備不虞　十三年七月選諸道良家子弟補充八衛輪番宿衛楊廣道八千五百人全羅道五千五百人慶尙道九千人交州道三千人江陵道一千人分屬五軍屯于京城各門江陵道子弟屯于本道以備東北　十六年八月令諸道散官赴京宿衛　二十年七月羅州牧使李進修上䟽曰侍衛之於宮闕猶四支之於身体仁義識理者爲最勇敢者次之宜置四怯薛官各那演若干人不拘文武耆德其有八上將軍十六大將軍四十二都府忽赤忠勇各四番均分屬之訓鍊士卒嚴明器械更日侍衛稟行軍令又兼管中外帥府則其於軍國重事若身之使臂臂之使指身安而事擧矣　辛禑元年十一月令宰臣樞密皆持兵宿衛先是宰臣樞密各一人輪次入直至是勿論番次皆令宿衛　三年十二月命成衆愛馬勿論番次皆入直又以所乘馬置紫門以備不虞　命翼衛軍宿衛於闕外四隅宰樞各以伴倘宿于私第　四年十月改忽赤四番爲近侍左右前後衛置四品以下祿官　恭讓王二年二月三軍摠制府閱所統兵分番宿衛　都堂啓入直大小員吏及愛馬別差者無考課之法禁衛虛踈自今宜令密直重房入直者點檢從之

鎭戍

各州鎭於農隙每月六衙日習弓弩令界官行首員與色員親監弓四十步弩五十步置的十射五中者及連中者兩京職事員將則進祿年加轉散職東南班則內外職敍用人吏則從自願任其職事散職將相將校則進其年限加轉無職員則隨宜用之

太祖三年三月以北界鶻巖城數爲北狄所侵命庾黔弼率開定軍三千至鶻巖於東山築一大城以居由是北方晏然　十年八月修拜山城命正朝悌宣領兵二隊戍之　十一年二月遣大相廉卿能康等城安北府以元尹朴權爲鎭頭領開定軍七百人戍之　四月城運州玉山置戍軍是歲王巡北界移築鎭國城改名通德鎭以元尹忠仁爲鎭頭　十二年三月遣大相廉相城安定鎭以元尹彥守考鎭之　九月遣大相式廉城安水鎭以元尹昕平爲鎭頭又城興德鎭以元尹阿次城爲鎭頭　十三年二月城昵於鎭改名神光鎭徙民實之　八月遣大相廉相城馬山以正朝昕幸爲鎭

頭　十四年以元尹平奐爲剛德鎭鎭頭　十七年遣大相廉相城通海鎭以元甫才萱爲鎭頭　成宗元年六月正匡崔承老上書曰我國家統三以來士卒未得安枕糧餉未免糜費者以西北隣於戎狄而防戍之所多也以馬歇灘爲界太祖之志也鴨江邊石城爲界大朝之所定也乞擇要害以定疆域選土人能射御者充其防戍又選偏將以統領之則京軍免更戍之勞芻粟省飛輓之費　顯宗即位造戈船七十五艘泊鎭溟口以禦東北海賊　文宗元年正月制霜陰鶴浦兩縣沿海處設置軍戍以扼蕃賊之衝　高宗四年正月遣大將軍吳壽祺以步卒數千防守東界兼領其界諸軍　元宗十一年十一月萬戶高乙麻領兵二百戍南方以備三別抄　忠烈王元年三月以耽羅戍卒缺少募人授職以遣　七月遣府兵四領戍濟州　八年三月遣上將軍印侯戍合浦　十年正月以宰樞可兼萬戶者令鎭東邊　十三年七月遣朴之亮以兵一千戍東界備女眞　十五年十二月遣知密直司事金忻同知密直司事羅裕調東界防戍軍　十六年二月遣中軍萬戶鄭守琪屯禁忌山洞左軍萬戶朴之亮屯伊川縣界韓希愈屯雙城右軍萬戶金忻屯豢猳縣界羅裕屯通川界以備丹賊　忠肅王五年四月判鎭邊別抄本以前銜散職及在京兩班輪番赴防近年以來主掌官吏看循面情以人吏百姓代之因此貢賦日減且無識之人相繼逃散當所居州縣徵闕多重民弊不少自今復以前銜散職在京兩班窮推輪番赴防　十二年十月下旨合浦等處鎭戍軍人大小郡縣數目不均今後巡撫鎭邊使斟酌殘盛改定數目凡侵擾營鎭以濟私欲者嚴加禁恤　恭愍王五年六月敎各處加定別抄不論老弱單丁勒令遠戍往來疲頓轉相避逃其令沿海軍民悉充防戍仍蠲徭役遠地之民代供其役勿令赴防兩得其便且人之懷土習俗固然宜令東界交州之軍以戍雙城北界西海以戍鴨江楊廣全羅慶尙委以禦倭其材勇者選用無方　九月遣使諸道刷濟州人及禾尺才人補西北面戍卒　六年正月都評議使請令東西北面戍卒二月遞代軍官則八月遞代軍官與卒一時更代防戍空虛宜以二月三月八月九月爲先後番以次更戍其三月遞代須及上旬勿令妨農　二十二年五月以

倭寇近島閱城中諸戶以十戶爲一統出一人赴防五日一代　七月以倭寇西江括城中烟戶並令赴防　閏十一月立都捴都監括城中諸戶大中戶并五爲一小戶并十爲一各僉一人中東部赴東江南西北部赴西江防倭　辛禑元年九月初慶尙楊廣全羅各道募軍號翊衛軍屯東西江至是西北面赴征刷五部坊里各戶人及城外諸陵屬雜人兩江赴防　二年七月都評議使出榜使守城元帥領坊里軍守四門又令百官率下屬鎭沿海不與防禦者唯門下省司憲府內侍茶房知製敎藝文春秋兩館及各司城上而已訛言倭將寇都城夜半發坊里軍守城又聞賊將先登松岳山發僧爲軍分守要害　三年三月崔瑩令諸元帥各出從事十人又發各愛馬宮司倉庫人爲兵遣戍江華　恭讓王三年正月置安州鴨綠龍泉大同諸要害處杷截官及站夫

站驛

狻猊道掌十　狻猊(開城)　金谷(白州)　深洞(塩州)　淸端　嘉栗　望汀

金剛　楊溪(安西)　維安(靑松)　佐丘(永康)

金郊道掌十六　金郊(江陰)　興義(牛峯)　玉池(江陰)　安信　白原(牛峯)　金岩　寶山　安城(平州)　龍泉(洞州)　班石　麒麟　溫泉(平州)　管山(俠溪)　今勿(谷州)　栍谷(俠溪)　泉頭(谷州)

岊嶺道掌十一　岊嶺(鳳州)　洞仙　丹林(黃州)　陶工(鳳州)　金洞(安州)　射岳　廻郊(遂安)　生陽　高原　神地　雲峯(西京)

興郊道掌十二　興郊(博州)　興材　雲岳(寧州)　通德(嘉州)　迎德　深原　安定(永淸)　林原　玄岳(西京)　迎和(咸從)　連城(龍岡)　安壽(安戎)

興化道掌二十九　長寧(黃州)　安信(嘉州)　新安　雲興(郭州)　林畔　通陽(宣州)　豐陽(鐵州)　光池(寧州)　昌泰(寧德)　鴨綠(靜州)　會元(義州)　名駒(龍州)　靈騏(麟州)　從化　長興(威遠)(泰州)　城陽　三妓　通義　大平(龜州)　寶峯　懷仁(安義)　花田　臨川(定戎)　銀岳　榛田(寧朔)　岳舍(龜州)　芳田　昌平(朔州)　安富　新驛(安戎)

雲中道掌四十三　長壽(西京)　通德　善田　金川(慈州)　長梨　長歎　豐歲(連州)　蘇民　新定　通路(鐵州)　圓林(延州)　永安(靑塞)　石城　櫻谷　平寧(平盧)　寬洞(成州)　密田　咸德(順州)　安德　安洞　德林(博州)　牽牛　淄潭　寬川(寧遠)　臨洞(樹德)　淸潤(陽嵓)　新豐(撫州)　雲谷　東山　泰來(孟州)　寬化　石牛(渭州)　葦溪　安泰(泰州)　問平　沙川　豐川(延州)　玉兒　雲畔(雲州)　玉關　梓田(昌州)　長林(成州)　興德(殷州)

桃源道掌二十一　桃源(松林)　白嶺(湍州)　玉溪(章州)　龍潭　楓川(東州)　臨

湍漣平 松閒 丹林嵐谷 銀溪交州 臨江驛 田原東州 桃昌 南驛
丹岳金化 洞陰驛 朔寧驛 烽谷僧嶺 通堰交州 梨嶺 直木金城 熊
壤岐城
朔方道掌四十二 孤山衞山 嵐山文州 賓龍瑞谷 朔安登州 原深派川 瑤
池鶴浦 追風霜陰 鐵關 通達高州 知遠和州 德嶺文州 長春 通岐長州 長
昌定州 茂林長州 歸厚耀德 安身靑邊 靜山寧仁 懷寧 宣德 巨川元興 朝
東鎭溟 平元永興 通化長平 長豐金壤 同德歙谷 藤路臨道 超塵雲嵒 高岑高城 養麟
豢猳 泰康安昌 竹苞 清澗杆城 灌木 雲根列山 長富龍津 碧木 林雲
巨坊 溢守 長岐 富寧雲嵒
靑郊道掌十五 靑郊開城 通波臨津 馬山峯城 碧池高峯 迎曙南京 平理
德水 橡林 丹棗積城 清波南京 蘆原南京 幸州驛 從繩守安 金輪樹州 重
林仁州 綠楊見州
春州道掌二十四 保安 員壤 富昌 仁嵐春州 甘井嘉平
川原 芳春 山梁 原貞狼川 遂仁楊口 連同朝宗 甘泉 連峯横川
横川驛 瑪瑙麟蹄 嵐橋瑞禾 桑樹豐壤 雙谷 安遂抱州 南京驛 仇
谷南京 臨川沙川 蒼峯 含春横川
平丘道掌三十 平丘南京 奉安廣州 娛賓楊根 田谷 伯冬砥平 幽原

原州 楊化川寧 嘉興忠州 連原忠州 黃剛 壽山 安陰淸風 丹丘 安壤
神林原州 泉南提州 延平 溫山 正陽寧越 靈泉 長林丹山 義豐
永春 樂壽平昌 新興 新津黃利 昌樂興州 平恩 昌保剛州 幽洞甘泉 道深
奉化
溟州道掌二十八 大昌 横溪 珍富 大化 芳林
雲橋溟州 安昌 烏原横川 木界 安仁 丘山 高坦溟州 樂豐羽溪
同德連谷 餘粮旌善 平陵 史直 橋柯 龍化 沃原三陟 壽山
德新 興府 祖召蔚珍 祥雲 翼令 降仙襄州 驎駒洞山
慶州道掌十五 德豐 慶安 長嘉 安業 南山廣州 良
梓果州 金領龍駒 佐贊 分行竹州 五行 安利利川 無極陰竹 遙安陰城 丹
月 安富槐州
忠清州道掌三十四 同和 長足 菁好水州 嘉川陽城 栗峯
雙樹 猪山 長池淸州 長楊 堆粮鎭州 燕山驛 金沙燕岐 蒲
谷全義 成歡稷山 新恩天安 金蹄豐歲 長世牙州 昌德新昌 理興溫水 日興禮山 廣庭
日新公州 坦平公州 銀山扶餘 維鳩新豐 楡楊定山 汲泉伊山 洪州驛 光
世大興 金井靑陽 得熊余美 夢熊貞海 靈楡嘉林 非熊鴻山
全公州道掌二十一 參禮全州 良材礪陽 鶯谷伊城 玉庖雲梯 材谷咸悅

彩平金馬榛林　內材金堤武原古阜新保　居山泰山川原井邑蘇安臨坡
進賢進禮珍化珍同濟元進禮敬天公州平川連山得延　利道公州貞民懷德
昇羅州道掌三十　青巖羅州仙巖　敬陽光州德奇潭陽慶新　清
淵　龍溪務安廣里南平仁物綾城永新珍原烏林鐵冶嘉林和順綠沙靈光丹巖
長成青松茂松街豐咸豐德樹牟平永保靈嵒通谷道康深山海南碧山遂寧別珍竹山
南里黃原軍知福成嘉新寶城波清兆陽樂新樂安益新　蟾居光陽栗陽昇州
山南道掌二十八　磐石全州築山高山丹嶺鎭安平居　正樹
竈村　小男晋州灌栗泗州新安江城栗原　橫浦河東平沙岳陽常寧鎭海
浣沙昆明富多班城知男宜寧速陽　勸賓陜州星奇居昌茂村居昌有隣嘉樹
沙斤利安春原　排頓　望隣固城德新南海烏壤巨濟獺溪清巨
南原道掌十二　銀嶺　昌活　通道南原烏原任實鑽燧求禮獒
樹居寧印月雲峯葛覃九皐大富玉果知新谷城高陽　樂水富有
慶州道掌二十三　活里　牟良　阿弗　知里　奴谷
仍巴　仇於且慶州長守新寧清通　新驛　加火永州凡於壽城押梁
章山六叱神光安康驛　松蘿清河仁比杞溪柄谷　赤兀禮州阿叱達平海
酒垷　南驛盈德琴田英陽
金州道掌三十一　德山　省仍　赤頂　金谷　大驛金州

靈浦　昌仁七元自如義安繁谷咸安近珠合浦無乙伊　永安　用家
密城內也昌寧省乙峴　楡川　西之買田清道竝山玄風一門桂城溫井
靈山梁州驛　黃山　源浦　渭川梁州蘇山東萊阿等良　機長
驛　屈火　肝谷蔚州德川彥陽
尙州道掌二十五　幽谷虎溪洛原　洛東尙州青路　鐵波義城
智保龍宮通明甫州德通咸昌甕泉　安基安東安郊豐山聊城聞慶守山多仁
雙溪比屋安溪安定琴曹　通山　松蹄臨河連鄕　仇於善州牛谷義興
上林海平曹溪孝令文居　和目安德
京山府道掌二十五　安堰　踏溪京山安林高令水鄕　綠情
八莒舌火花園茂淇加利金泉金山屬溪黃澗長谷知禮順陽山陽土峴利山利仁安邑
增若管城作乃知禮洛陽　洛山尙州會同永同猿岩　舍林報令秋風御侮
常平中牟安谷善州長寧化令扶桑開令
分各驛丁戶爲六科以金郊臨波金嵓寶山安城龍泉嵒嶺
洞仙高原生陽懷蛟林原爲一科以安定迎德通壽雲嵒興
林興郊長若安信新安雲興林畔通陽豐陽興化鎭驛爲二
科以白嶺玉雞龍潭嵐泉林湍松閒丹林銀漢孤山藍山寶
龍鐵關德嶺通達和遠城陽康樂大平長興玉兒葦溪朔安

爲三科以通德善田金川長利長歡風湍通堰熊壤通蕃長壽爲四科以金谷深洞淸湍望丁金剛丹林沙溝石牛興泉密田桃摘田原臨江縣驛利嶺直木保安安撫甘泉山梁高岑竹苞灌木射岩淸淵安奇桑樹雙谷大昌橫深珍富大和芳林雲橋安仁壽山新池雲峯騏驎班石陶工金洞管山深源德新洞陰縣驛爲五科以楊溪嘉原靑淵長材雲半金化縣驛僧嶺縣驛朔寧縣驛元貞芳春遂人富昌甘泉連峯仁嵐蒼峯嵐嶠圓壤瑪瑙希嶠縣驛臨川同德驎駒樂豊平陵喬柯史直龍化沃源興富召召木界烏原慈山降仙玉地白原兎山縣驛溫泉往谷泉頭今勿雲岩長林爲六科一科丁七十五二科丁六十三科丁四十五四科丁三十五科丁十二六科丁七狻猊雖在兩京閒比他驛役事不緊故仍定五十丁林原雖非兩京閒役事最緊故在一科朔安雖爲三科非沿路故定爲二十五丁桃源雖爲三科在東西要衝故定爲五十丁若有田而丁口不足以本驛白丁子枝自願者充立　縣鈴傳送(縣鈴謂皮帶盛文貼傳送)三急三縣鈴二急二縣鈴一急一縣鈴隨事緩急行之　津驛皮角傳送自二月至七月三急六驛二急五驛一急四驛八月至正月三急五驛二急四驛一急三驛　成宗二年判諸驛長大路四十丁以上長三中路十丁以上長二小路亦依中路例差定　顯宗二十三年判京所司於外方州府公貼行移時須報尙書省商確可否而後付靑郊驛館使轉送若諸所司及宮衛典有不遵行者館驛使將文貼及事由申省隨即科罪　肅宗八年判諸驛吏立馬不實者降爲常戶　高宗十三年有旨兩江內靑郊通波馬山碧池迎曙淸波蘆原綠楊丹棗等驛困於迎送凋弊莫甚其令臨津課橋別監巡視撫恤　元宗十三年正月分遣程驛蘇復別監于各道　十五年判各道出使大小員鋪馬宰樞十匹三品員及按廉使七匹參上別監五匹參外別監及外官參以上三匹參外二匹參上都領指諭等差使員三匹將校一匹　忠烈王二年三月令諸道按察使禁忽赤擅乘驛馬　五年六月都評議使言今年正月帝令於朝聘路次置伊里干以供役使尋遣塔伯海等就瀋州遼陽之閒撥與土田標定四至其鴨綠江內令本國自置兩所今請於所賜之地名營城伊里干者刷各道富民二百戶徙居之

擇副戶長別將等爲頭目各管五十人五年而遞所徙民父
母兄弟之留鄕者復之頭目之有功者賞之其所徙二百戶
戶給銀一斤七綜布五十匹爲屋舍之費白苧布三匹七綜
布十五匹爲農器之直白苧布二匹七綜布十五匹爲口粮
又給紬四匹緜四斤六七綜布十五匹毛衣冠皮鞋各二爐
臼一食器二農牛二頭牸牛三頭馱駝鞍一油單草席各五
又給兩界亡丁投化丁田各四結令吏者遞受擇能蒙漢語
者各二人押去管領其管領人人賜銀一斤白苧布一匹廣
苧廣布各十五匹紬五匹緜三斤米十五石馬三匹歲賚其
家紬苧布各三匹米十石鴨綠江內伊里干二所各一百戶
戶給苧二匹六七綜布五匹爲農器苧二匹六七綜布七匹
爲口粮又給紬二匹緜二斤六七綜布五匹毛衣冠皮鞋各
二爐臼一馬一匹牛三頭馱駝鞍一油單草席各三押領官
二人人賜苧布五匹紬三匹緜二斤廣苧廣布各五匹米七
石傔者各一人人苧一匹米二石從之　六年八月王如元
自金郊至生陽站驛馬羸疲每站各置內廐馬二匹以備入
朝之行　三十四年八月忠宣王卽位十一月下敎曰西海

道岊嶺至七站及會源耽羅指沿路站戶頃在東征時以各
道人戶幷流移人物限年入居至今因循未遞或有物故令
本邑充其數馬匹亦如之怨咨尤甚令有司擇選當差者以
充站役其各邑人戶並許還本　忠宣王三年三月傳旨近
來館舍不修使者無所寓可於閑曠處營建十館　忠肅王
十二年十月敎驛路凋弊盖因內外官司濫騎驛馬或持私
馬須索供給所在官司不能禁止以致驛戶逃移今後影占
驛戶者推還本驛嚴行徵罰　後五年五月敎曰西海平壤
安定各站以三運盤纏民部盤纏令打軍每名下官馬外私
馬亦皆喂養侵擾各站今後禁之　六年十二月忠淸道馬
山碧池靑坡等驛吏逃匿北界靜州等處令其道存問使李
玳推刷還本　忠穆王元年整理都監狀行省巡軍忽赤等
以不緊公事乘馹橫行者收鋪馬文字職名傳報品官及僧
俗雜類等多騎私馬以私事受公劵村驛橫行者參上四從
人參外四當身收所持私馬各驛定屬　恭愍王五年六月
下旨置郵傳命軍興所急其令刷賊臣及行省所占人物從
來不明者悉充驛戶不急鋪車鋪馬一皆禁止　十二年五

月下敎各道館驛比因多故日益凋殘其元屬土田爲人所奪者官爲究治以安生業龍駒以北諸驛三道之衝供費尤多其柴炭貢與免三年　十三年九月令各司出馬官買之補給西北面各站　二十年十二月敎曰置郵本爲傳命近年諸司凡有轉輸皆委驛戶致令人馬困斃自今都評議使司諸道按廉嚴加禁治　辛禑十四年六月敎曰館驛之設所以傳命近因豪强兼幷失其土田廚傳如舊以致凋弊誠可憫焉仰都巡問按廉使復其土田禁理枉道濫騎及過行隣驛者務加存恤毋致失所　七月大司憲趙浚等上書曰使命之任先王於巡問按廉之外不許發遣其愼重之意可見兵興以來使命煩多冠蓋相望乘驛者一匹之命矯至八九四一使之供多至數十人察訪多而豺狼之迹未屛宣慰繁而破賊之書蔑聞加之以巡問按廉之差使諸元帥之發遣亦皆乘驛橫行州郡馳騖館驛此門一開成衆愛馬之往來京外閑散之私行紛如麻粟更出迭入公然受廩恬不知愧殘鄕破驛之吏垂頭拱手無所控訴以有限之供償應無窮之使客州郡凋弊驛路流亡願自今州郡庶務一委巡問按廉以責其成雜冗使命不許發遣朝廷文字皆以懸鈴行移非軍情緊急重事不給驛馬非乘驛馬者不得入諸郡各驛以受廩給違者主客皆罷職不敍使各道巡問按廉一法朝廷比制不敢違越違者痛理之　八月趙浚等又上疏曰有旨館驛受害特加存恤臣等以爲雖有仁心仁聞不行先王之政則民不被其澤矣供驛署全掌八道之驛上國之賓朝聘之使巡問按廉諸奉使者以至出將入相之鋪馬起發以他官兼其使不坐公廳開印私家行移文牒人輕職要凡權勢豪强之托親戚朋友之請推審田民還徵稱貸看病問安之往來大而正馬細而知路交錯於前絡繹於後驛馬僵仆而日減驛卒困苦而日散館驛凋殘職此之由願自今以供驛署屬之軍簿司指路知路亦據都堂公緘常坐本司開印發遣　恭讓王元年十二月趙浚等又上疏曰近來驛戶凋弊凡鋪馬傳遞知路指路之役州郡代受其苦以至流亡欲使州郡復業當先恤驛戶國家雖置程驛別監安集諸驛而一人不能獨理每驛置私屬以爲耳目然非都堂差遣人人得以侵侮不能安集願自今每驛置五六品丞一人其保

擧如守令例給半印而遣之其有能致驛戶富盛鋪馬充立者覲察使報都堂以補守令之闕且授京官以示褒賞邊遠驛丞令觀察使擧補

馬政

諸牧場龍驤(黃州)隴西(洞州)銀川(白州)羊欄(開城)左牧(貞州)懷仁(淸州)常慈院(見州)葉戶峴(廣州)江陰　東州　顯宗十六年判牧監養馬青草節大馬四匹養奴一名黃草節一日一匹法末三升實豆三升青草節豆末三升(青草節五六七八九月黃草節正二三四十十一十二月)　文宗二十五年判島陸馬畜不能監養致死者勾當島吏科罪又州鎭官馬齒老及亡失者以公須屯田所收買立　仁宗二十三年判西北面諸城州鎭官馬齒老及物故者以官馬實及他諸實公須屯田科空亡雜位所收買賣充立勿使徵斂貧乏百姓

毅宗十三年典牧司奏定諸牧監場畜馬料式　戰馬一匹黃草節一日稗一斗豆二升末豆四升青草節稗一斗末豆三升　雜馬一匹黃草節一日稗四升豆二升末豆三升青草節稗三升末豆二升　駱駝一首黃草節一日稗五斗豆二斗鹽五合青草節稗二斗豆九升鹽三合　驢騾各一匹黃草節一日稗六升豆二升末豆三升青草節稗六升末豆三升　役牛一頭黃草節一日稗六升豆二升青草節稗四升末豆二升　犢牛一頭黃草節一日稗四升豆二升青草節稗三升末豆二升

尙乘局御馬一匹黃草節田米實豆及末豆各五升青草節只除實豆　件馬一匹黃草節田米實豆末豆各三升青草節亦除實豆　役騾一匹稗一斗實豆二升末豆三升青草節亦除豆　牝馬一匹稗一斗豆二升末豆三升青草節稗一斗末豆三升　二歲駒稗四升豆二升青草節稗三升豆二升　把父馬一匹一日加稗三升豆二升　典廐役騾一匹一日稗一斗五升實豆末豆各三升青草節除實豆　大牛一頭一日稗八升實豆三升黃草七束　大僕寺別立馬稗一斗三升實豆三升末豆四升青草節除實豆　常立馬稗一斗實豆三升末豆四升青草節除實豆　役騾稗一斗實豆二升末豆三升青草節除實豆　元宗十四年二月令諸王宰樞四品以上各出馬一匹五六品二員幷出一匹或奪民馬以換軍士瘦馬　忠烈王元年七月遣使慶尙全羅

道點閱諸島牛馬　十三年五月令百官出戰馬及器皿宰樞狄鄉馬各一匹致仕宰樞顯官判事三品狄馬一匹致仕三品顯官四品鄉馬一匹五六品二員并鄉馬一匹七八品二員并鍮鐵器一事權務九品三員并一事　十四年二月置馬畜滋長別監先是放馬於諸島使之蕃息簡出壯者以充尙乘其餘班賜諸王宰輔文武臣僚而耽羅之出居多自逆賊之亂元令島民陸居而耽羅別屬於元馬畜不繁歲貢甚少國有親朝助征之事令外官獻馬又品斂百官而至奪外郡良馬內外苦之朝議以謂若置官選牝馬牸牛使之蕃息則可備將來於是有是命　恭愍王三年六月令百官出馬官以鈔買之給征高郵軍士三品以上諸君宰樞以下出馬三匹六品以上四品以下出馬一匹僧徒亦隨所住寺高下出馬　八年十二月令承宣以上出馬一匹又括禪敎各寺僧徒馬以充軍用　十年十月令各道括僧寺出戰馬有差　十一月令公侯以下出戰馬有差　十一年十月令文臣出戰馬　辛禑元年九月徵諸寺住持僧戰馬各一匹

城堡

太祖二年城龍岡縣一千八百七閒門六水口一城平壤三年城咸從縣二百三十六閒門四水口三城頭四遮城二四年城雲南縣　五年始築西京在城(在者方言畎也)凡六年而畢　八年城成州六百九十一閒門七水口五城頭七遮城一堞垣八十七閒　城運州玉山　命庾黔弼城湯井郡王巡北界移築鎭國城　十二年城安定鎭又城永淸安水興德等鎭　十三年城安北府九百一十閒門十二城頭二十水口七遮城五　城朝陽鎭八百二十一閒門四水口一城頭遮城各二　城馬山號安水鎭　築靑州羅城連州城十七年城通海縣五百十三閒門五水口一城頭四　十八年城伊勿及肅州　二十年城順州六百十閒門五水口九城頭十五遮城六　二十一年城永淸縣　城陽嵒鎭二百五十二閒門三水口城頭遮城各二　築西京羅城　城龍岡平原　二十二年城肅州一千二百二十五閒門十水口一城頭七十　城大安州　二十三年築殷州城七百三十九閒門八水口四城頭二遮城四　定宗二年城德昌鎭又築西京王城及鐵甕三陟通德等城　城德成鎭　城博

州一千一閒水口一門九城頭十六遮城九　光宗元年城長靑鎭威化鎭　二年城撫州六百三閒門五水口二城頭八遮城三　三年城安朔鎭　十一年城濕忽及松城　十八年城樂陵郡　十九年城威化鎭　二十年城長平鎭五百三十五閒門四　城寧朔鎭　城泰州八百八十五閒門六水口一城頭三十七遮城四　二十一年城安朔鎭　二十三年城雲州　二十四年城和州一千十四閒門六水口三重城一百八十閒　城高州一千十六閒門六　城長平博平二鎭及高州又修信都　城嘉州一千五百十九閒城安戎鎭　景宗四年城淸塞鎭　成宗二年城樹德鎭二百三十五閒門四水口一城頭遮城各九　三年城文州五百七十八閒門六　十三年命平章事徐熙率兵攻逐女眞城長興歸化二鎭及郭龜二州　十四年命徐熙帥兵深入女眞城安義興化二鎭　城靈州六百九十九閒門七水口二城頭十二遮城二　城猛州六百五十五閒門五水口四城頭十九遮城二　十五年城宣州一千一百五十八閒門六城頭三十六水口一遮城三　穆宗三年城德州七百八十四閒門五水口九城頭二十四遮城三　四年城永豐平虜二鎭　六年修德州嘉州威化光化四城　八年城鎭溟縣五百一十閒門五　城金壤縣七百六十八閒門六　城郭州七百八十七閒門八水口一城頭五遮城二　九年城龍津鎭五百一閒門六　城龜州一千五百七閒門九水口一城頭四十一遮城五重城一百六十八閒　十年城興化鎭蔚珍又城翼嶺縣三百四十八閒門四　十一年城通州城登州六百二閒門十四水口二　顯宗元年城德州二年增修松岳城築西京皇城　城淸河興海迎日蔚州長鬐　三年城慶州長州金壤又城弓兀山　五年城龍州一千五百七十三閒門十水口一城頭十二遮城四　六年城雲林鎭　七年城宜州六百五十二閒門五鐵州城七百八十九閒門七水口一城頭十八遮城四　八年城安義鎭八百三十四閒門五水口一城頭二遮城三　十年城永平鎭十二年修東萊郡城　十四年城耀德鎭六百三十四閒門六　十六年城霜陰縣　十七年城順德　十八年城東北界顯德鎭　城淸塞鎭八百二十一閒門七水口四城頭

十五遮城四　十九年修龍津鎭城　城鳳化山南以徙高州　二十年遣平章事柳韶等修古石城置威遠鎭築城八百二十五閒門七水口一城頭十二遮城十二城定戎鎭八百三十五閒門七水口三城頭十二遮城五　二十一年城麟州一千三百四十九閒門九水口二城頭二十三遮城六重城五十五閒城寧德八百五十二閒門七水口一城頭十四遮城七　德宗元年城朔州八百六十五閒門八水口二城頭十七遮城五　二年命平章事柳韶創置北境關防起自西海濱古國內城界鴨綠江入海處東跨威遠興化靜州寧海寧德寧朔雲州安水淸塞平虜寧遠定戎孟州朔州等十三城抵耀德靜邊和州等三城東傅于海延袤千餘里以石爲城高厚各二十五尺　城安戎鎭杆城縣又城靜州鎭一千五百五十三閒門十水口一城頭四十五遮城九重城二百六十閒　三年修溟州城　靖宗元年築長城於西北路松嶺迤東以扼邊寇之衝又城梓田徙民實之　五年都兵馬副使朴成傑奏東路靜邊鎭蕃賊窺覦之地請城之從之　城肅州　六年城金海府　七年崔冲城寧遠平虜二鎭寧遠城七百五十九閒堡子八區內金剛戍四十二閒宣威戍六十一閒宣德戍五十閒長平戍五十三閒鼎岑戍三十八閒鎭河戍四十二閒鐵墉戍六十一閒定安戍三十二閒關城一萬一千七百閒平虜城五百八十二閒堡子六區內壽戎戍三十六閒鎭兇戍三十閒直岑戍四十一閒降魔戍五十閒折衝戍三十閒靜戎戍三十閒關城一萬四千四百九十五閒　城東路豢猳縣一百六十八閒　九年城寧朔樹德二鎭　十年命金令器王寵之城長州定州及元興鎭長州城五百七十五閒戍六所曰靜北高嶺掃兇掃蕃厭川定遠定州城八百九閒戍五所曰防戍押胡弘化大化安陸元興鎭城六百八十三閒戍四所曰來降壓虜海門道安　城宣德鎭　十二年城永興鎭四百二十四閒門四　文宗即位遣兵部郎中金瓊自東海至南海築沿邊城堡農場以扼海賊之衝　四年修渭州城六百七十五閒　城安義鎭榛子農場爲寧朔鎭以扼蕃賊要衝六百六十八閒門六水口三城頭十三遮城五　二十一年城德州六百四十二閒門四　二十八年修元興鎭龍州渭州城共一千九百三

十餘間　宣宗八年兵馬使奏安邊都護府境內霜陰縣最爲邊地要害乞築城壘以防外寇制可　睿宗二年尹瓘於蒙羅骨嶺下築城廊九百五十間號英州火串山下築九百九十二間號雄州吳林金村築七百七十四間號福州弓漢伊村築六百七十間號吉州　三年城咸州及公險鎭　尹瓘等令諸軍撤內城材瓦以築九城徙南界民實之號咸州曰鎭東軍置戶一萬三千號英州曰安嶺軍雄州曰寧海軍各置戶一萬福吉宜三州各置戶七千公險通泰平戎三鎭各置戶五千　四年撤東界崇寧通泰二鎭城　撤英福咸雄四州及眞陽宜化二鎭城　十年復城永淸縣六百七十一間門四水口一城頭四遮城二　城東界預州　十二年城義州八百六十五間門五城頭十七遮城七　十四年增築長城三尺金邊吏發兵止之不從且報曰修補舊城　仁宗十五年復城安戎鎭三百四十九間門四水口一城頭遮城各一　毅宗三年復城嘉州門五水口一城頭二十六　四年城延州門十水口五城頭十九遮城八　高宗九年城宜州和州鐵關凡四旬而畢　二十年築江華外城　三十七年始築江都中城周回二千九百六十餘間大小門凡十七　三十八年城金州以備倭寇　三十九年始營昇天府城廊　恭愍王十八年城嘉州　辛禑三年開城府狀曰其一外城修葺事則曰定國立都者必先高城深池此古今之通制也我國家太祖創業宏遠而城郭不修至於顯廟始築外城置城上羅閣以固守世遠城頹且古基周回廣遠一二年間雖竭民力似未能重修也宜鍊兵息民以待其變其二內城新築事則曰惟事事乃必有備有備則無患矣今也倭寇橫行肆毒京內之民如有急難無所依據誠可畏也願令堅築內城其三外方山城修補事則曰唐鑑以高麗因山爲城爲上策也山城相近之地隨宜修葺使之烽燧相望攻戰相救可也其四牧府郡縣築城事則曰休兵息民有國之先務也比來倭患相仍民不聊生且曾築四方周回長城與癸丑年所築東西江等城徒勞民費財而已其外方平地築城宜令停罷　四年十二月甲子憲司上疏曰諸道州郡山城國家往往遣使修築多發軍丁不日畢功旋致崩毀其弊甚巨請自今勿復遣使令守令徵發傍郡軍丁農隙修葺若未畢則停待明年以爲年例

恭讓王三年三月城機張郡及海州甕津

屯田兵糧付

顯宗十五年正月都兵馬使奏發西京畿內河陰部曲民百餘戶徙嘉州南屯田　靖宗十年二月以禮成江兵船一百八十艘漕轉軍資以實西北界州鎭倉廩　文宗十八年二月命有司以禮成江船一百七艘一年六次漕轉龍門倉米于麟龍鐵宣郭等州及威遠鎭以充軍粮　二十一年六月制漕運安瀾倉米二萬七千六百九十石于朔北以充軍資　二十七年四月西北路兵馬使奏長城外墾田一萬一千四百九十四頃請待秋收穫以資軍儲制可　肅宗八年判州鎭屯田軍一隊給田一結田一結收一石九斗五升水田一結三石十結出二十石以上色員褒賞徵斂軍卒百姓以充數者科罪　元宗十一年閏十一月令百官出米有差以助軍餉　十三年五月世子諶遣使諸道各三人巡視兵粮所出田疇　忠烈王三年二月令諸王百官以至庶民出米有差以充洪茶丘軍粮　四年正月以西海道丁丑年轉米給元帥茶丘軍　五年四月遣使諸道審檢兵粮　七年三月分給官絹二萬匹于兩班及京外民戶糴兵粮　十月發龍門倉兵粮給領府　八年四月東征所支兵粮十二萬三千五百六十餘石　九年二月命各道祿轉未輸京者悉充軍糧　三月令諸王百官及工商奴隸僧徒出軍糧有差諸王宰樞僕射承旨米二十石致仕宰樞顯官三品十五石致仕三品顯官文武四五品十石文武六品侍衛護軍八石文武七八品參上解官六石東班九品參外副使校尉南班九品四石正雜權務隊正三石東西散職業中僧一石白丁抄奴所由丁吏諸司下典獨女官寺奴婢十斗賈人大戶七石中戶五石小戶三石唯年七十以上男女勿斂　十五年三月發御庫米四千石以補兵糧　十六年二月哈丹犯邊令諸王宰樞承旨班主各出米七石坊里庶人出米有差以充東界防戍軍糧　九月傳旨東界州郡轉米一千石及雙城近處盈德興海德原淸河等沿海各州今年轉米並輸于雙城以充軍糧　雙城鎭守別抄馬二百五十匹料自今年十月至明年二月計凡一千二百五十石以雙城旁近盈德長鬐德原興海淸河延日安康杞溪神光等州今年雜貢皮穀計折輸送　恭愍王元年二月下旨前者以軍糧不足權借

米朽以百石准四十石其數過重今改定十石准三石百石准三十石今月二十二日鑰匙下送其不從國令人員仰軍粮色處分開閉以時在數並沒入　五年六月敎曰一全羅道臨坡屯田近來權勢之家稱爲賜給奪占殆盡仰都評議使別遣屯田官諸家占奪一皆復舊沿海之地築堤捍水可作良田者往往而有宜令有司相地用防倭之卒爲之農夫諸家賜給田平衍膏腴可屯田者以賊家及行省所占人物分隊給地以責其事各道凡古屯田處皆用臨坡屯田之例一外方州縣所有亡寺院官吏收其田租爲公用所在皆是今當軍興時其亡寺院田租皆給防護軍糧　十一月廉悌臣上疏曰食爲民天兵藏於農宜令軍士有事操兵無事屯田則轉餉省而軍食足矣軍師之盛在於儲峙今師興有日而輓輸之路阻脩如選其精强分屯要害移其餘卒就食安州等處覩變而動則輓粟之勞減而養兵之勢强矣　二十年十二月敎曰屯田之法有益軍需仰都評議使行移各道防禦大小員官相其地利役以軍人耕種以省漕輓之費

辛禑元年二月下旨屯田之法役以戍兵閑民擇其曠地量宜屯種以省漕輓之費令戶給種子不論豐歉收入無法民甚苦之仰都評議使行移各道家戶屯田一皆禁止其餘屯田亦從優典量力屯種以補糧餉　九月取諸寺田租以充軍費　十月備比元諸軍久屯北界北界舊無私田官收租以充軍粮後勢家爭占爲私田以故轉餉不繼取粮於民民甚苦之安州以北尤受其害　二年九月都評議使以各道軍資無數日之費令各道在外品官又烟戶各里差等抽斂以補軍須　宰樞議曰近因軍征軍糧乏少宜令京外品官大小各戶出軍糧有差兩府以下通憲以上造米四石三四品三石五六品二石七八品一石權務十斗散職鄕吏十斗百姓公私奴則量其戶之大小徵之　閏九月憲府以兵革旱荒連歲相仍軍食罄竭請於功臣田租三分取一寺社田收其半兩殿所屬官司田科斂外羨餘並充軍需從之　三年三月崔瑩言於禑曰喬桐江華乃倭賊防戍之地也兩處土田之出皆入衆弁之門私費何益唯摩尼山塹城祭田及府官祿俸外餘田皆以軍籌收之且置窖兩處以備糧餉禑從之　五年正月門下府郎舍上疏論時弊其詞曰國無三

年之儲國非其國我國一年之畜尙且不足一有緩急事勢可畏屯田之法當今急務各道各州屯田法制不行分種各戶秋收以爲賓客之供願自今痛行禁理隨州郡殘盛定屯田之數每年按廉別定守令秋收入庫報數都堂用是以爲守令殿最東西兩界用兵最急宜於閑曠之地設屯田遣公廉者備官牛農器勸督耕耘以備軍須甲寅年後公私加耕之田兵息爲限並屬軍須倉庫宮司所屬田土令各道按廉別定守令踏檢收納如有不得已國用都堂量給其費其餘並屬軍須京畿各道功臣田上丙申年以來被罪人土田一依憲司所奏並屬軍須　九年五月全羅道按廉使呂稱啓倉廩虛竭無以供軍乃令道內居人隨職品高下出米以助之奉翊通憲三十斗正順奉順中正中顯二十斗奉常奉善十五斗五六品十斗七八品七斗　十月宰輔曹敏修等與耆老宰輔共議諸賜給田口分田各寺社田並皆屬公盡收其租以備軍國之需　十三年十一月命收私田半租以備軍餉　十四年八月憲司上䟽曰諸島漁鹽之利畜牧之蕃海產之饒國家之不可無者也我神聖之未定新羅百濟也先理水軍親御樓船下錦城而有之諸島之利皆屬國家資其財力遂一三韓自鴨綠以南大抵皆山肥膏不易之田在於濱海沃野數千里之稻田陷于倭奴蒹葭際天倭奴之來前無橫草出入山郡如蹈無人之地國家既失諸島漁鹽畜牧之利又失沃野出穀之府願用漢氏募民實塞下防匈奴故事許於亡邑荒地開墾者限二十年不稅其田不使國役專仰水軍萬戶府修立城堡屯其老弱遠斥候謹烽燧居無事時耕耘漁鹽鑄冶而食以時造船寇至則淸野入保水軍出船擊之自合浦以至義州皆如此則不出數年流亡盡還其鄕邑而邊境州郡旣實則諸道漸次而充戰艦多而水軍習海寇遁而邊郡寧漕轉易而京師富水軍萬戶各道元帥能立屯田能修戰艦能結人心能施號令能滅賊能安邊者賜之島田世食其入傳之子孫其失一城堡一州郡者軍法從事毋得輕宥以示勸懲

志卷第三十六

志卷第三十七　高麗史八十三

正憲大夫工曹判書集賢殿大提學知經筵春秋館事兼成均大司成臣鄭麟趾奉教修

兵三

看守軍

典廐庫將校二雜職將校二軍人五　鹵簿都監將校二散職將相二軍人四　征袍庫將校二軍人五　仁恩館將校二　龍門倉將校二散職將相二軍人十五　雲興倉將校二軍人五　內莊宅將校二軍人八　良醞署雜職將校四　將作布庫將校九軍人三　長興庫將相三將校二軍人五　掌冶署將校二　廣化門布庫軍人六　順天館將校六散職將相四散職將校四　大明宮將校四軍人六　諸殿器用造成色將校二　中軍旗造色將校軍人各二　新興館將校二軍人五　奉先庫將校雜職將校各二軍人六　松岳烽燧將校二　部烽燧將校二軍人三十三　泰定門庫將校二　麗景門庫將校二　大盈署將校二　宣教門庫將相一　大府寺將相一將校三　金銀新庫將校一　玄武廊上庫將校一　外右金剛庫將校一　長平西廊兵仗庫將校一　油蜜庫將校一　迎送庫將校一　宣教樓上庫將校一　新定西化布庫將校三　大盈庫將校八　鋪陳都監將校二雜職將校二　開明宅大府將校二　左牧監將校二　羊欄牧監將校二軍人十七　江陰牧監將校二　國子監雜職將校二散職將相六　都祭庫雜職將校二散職將相二　大廟署散職將相二十四雜職將校二　吏部雜職將校四散職將相四　軍器監雜職將校二　監門衛軍四　三司雜職將相四　尙食庫散職將相二　都省庫散職將相二　養賢庫散職將相二　小府監雜職將校二　都兵馬雜職將校二　內都校雜職將校二　外都校雜職將校二　館都校雜職將校二　梨房庫散職將相二　福源天皇堂散職將相二　司宰寺雜職將校二　內園署雜職將校二　太僕寺雜職將校二　社稷壇散職將相二　兵書藏散職將相二　仁恩館散職將相二　延

恩館散職將相二　中尙署雜職將校二　長興庫雜職將
校二　刑部雜職將校二　將作監雜職將校二　尙舍局
雜職將校二　尙乘局雜職將校二　內都鹽院散職將相
二　司儀署散職將相二　征袍庫散職將相二　常平倉
散職將相二雜職將校二　左右倉散職將相各二　東西
大悲院散職將相各二　圜丘散職將相二　籍田散職將
相二　守宮署雜職將校二　大醫監雜職將校二　大官署
雜職將校二　惠民局雜職將校二　長源亭散職將相四
習射都監雜職將校二　史館雜職將校二西京修理色
散職將相四　供驛署雜職將校二　大常府雜職將校二
式目都監雜職將校二　橋路都監雜職將校二　九曜
堂散職將相二監門衛軍二　弓箭庫雜職將校二　典廐
署雜職將校二　會同館雜職將校二　諸陵署雜職將校
二　禮服造成都監雜職將校二　幞頭店雜職將校二
西郊亭雜職將校二　朝宗館雜職將校二　新鹽店雜職
將校二　馬政色雜職將校二　祭器都監雜職將校二

圍宿軍

廣化門職事將校一散職將相六監門衛軍五同門事知將
校一監門衛軍二同門水口將校一　通陽門散職將相二
監門衛軍二　朱雀門散職將相二監門衛軍二　安祥門
散職將相二監門衛軍二　延秋門散職將相二監門衛軍
二　通德門散職將相二監門衛軍二　玄武門散職將相
二監門衛軍二　金曜門散職將相二監門衛軍二　太和
門散職將相二監門衛軍二　上東門散職將相二監門衛
軍二　朝宗門散職將相二監門衛軍二　靑陽門散職將
相二監門衛軍二　宣仁殿東紫門大將軍一將軍一同殿
侍衛中郎將二南紫門中郎將一加差將相一同門末門將
相一　康安殿南門將相一同殿東末門將相一　千齡門
將相一同門西廊後壁將相一　儲祥門將相一　靜德宮
東門將相一　景靈殿將校一同殿屛障將相一　集賢殿
東門將相一　穆淸殿東門將相一　奉元門將相一宣慶
殿北門將校一　宴親殿將校一　永壽殿將相一　雲興
門將相一　儀鳳門將相一　棣通門前將軍一將相一加
差散職將相五　泰定門前將軍一將相一加差將相八同

門水中將校一　麗景門將相將校各一加差散職將相五
安興門將相將校各一加差將相五　向成門將相將校
各一加差將相五　宣敎門將相將校各一加差散職將相
五　掖庭局將校二雜職將校四　望雲樓將校一　歸仁
門將校一散職將校二監門衛軍二　長平門職事將校一
散職將相二監門衛軍二　宣仁門職事將校一散職將相
二監門衛軍二同門水口監門衛軍二　福源宮雜職將校
二散職將相二　承德宮散職將相二　延德宮散職將相
二　興慶宮散職將相二　永昌宮散職將相二　玄德宮
散職將相二　福寧宮散職將相二　明福宮散職將相二
安和寺眞殿弘圓寺眞殿興王寺眞殿天壽寺眞殿大雲
寺眞殿重光寺眞殿弘護寺眞殿玄化寺眞殿國淸寺眞殿
崇敎寺眞殿乾元寺眞殿散職將相各二　奉恩寺眞殿散
職將相四　深陵良陵壽陵宣陵濟陵懷陵明陵隱陵德陵
貞陵齊陵質陵宜陵永陵定陵豊陵成陵慈陵穆陵戴陵昌
陵寧陵恭陵端陵莊陵玄陵夷陵幽陵元陵仁陵翼陵惠陵
堅陵平陵乾陵崇陵靈陵容陵和陵節陵悼陵信陵靜陵匡
陵簡陵肅陵周陵散職將相各二　憲陵順陵義陵景陵顯
陵英陵康陵安陵榮陵泰陵散職將相各四裕陵綏陵散職
將相各六　延陽門散職將相二監門衛軍二　紫安門散
職將相二監門衛軍二　安和門散職將相二監門衛軍二
德山門散職將相二監門衛軍三　鶯溪門散職將相二
監門衛軍二　安定門散職將相二監門衛軍二　弘仁門
散職將相二監門衛軍二　成道門散職將相二監門衛軍
二　崇仁門將校一軍人二散職將相二監門衛軍二同門
水口散職將相二　靈昌門將校一軍人二散職將相二監
門衛軍一　宣旗門將校一軍人二散職將相二監門衛軍
二同門水口散職將相二　長覇門將校一軍人二散職將
相二監門衛軍三同門水口散職將相二　會賓門將校一
軍人二散職將相二監門衛軍一　泰安門將校一軍人二
散職將相二監門衛軍一　永同門將校一軍人二散職將
相二監門衛軍一　豐德門將校一軍人二散職將相二監
門衛軍一　仙溪門將校一軍人二散職將相二監門衛軍
二　宣義門將校一軍人二散職將相二監門衛軍一　乾

陽門將校一軍人二散職將相二監門衛軍一　保泰門將校一軍人二散職將相二監門衛軍一　永平門將校一軍人二散職將相二監門衛軍二　狻猊門將校一軍人二散職將相二監門衛軍一　仙巖門將校一軍人二散職將相二監門衛軍一　光德門將校一軍人二散職將相二監門衛軍一　昌信門將校一軍人二散職將相二監門衛軍一

撿點軍

市裏撿點將相一將校二軍人十一　街衢監行將校二螺匠十一都典十一軍人四十　左右京裏撿點將相各二將校各二軍人各八　五部撿點將相各二將校各二軍人各八　四郊細作立將相各二將校各一軍人各七　安和生木立將相一將校一軍人六　宮北撿點將相一將校一軍人六　選軍撿點將校二軍人三十二　獄直撿點將校四軍人四十五　地倉撿點將校二軍人二　左倉撿點將校二軍人十五　右倉撿點將校五軍人二十五　金吾衛撿點將校二軍人四　五正撿點將校一軍人三　松岳左右樵人撿點將校各一散職將相各二軍人各二　東郊炭峴禿山狄逾峴小梓尾等生木立將校各一散職將相各一軍人各六　西郊藥師院丐知岩熊川大峴西普通亭之谷馬川高寺等生木立將校各一敢職將相各二軍人各六　爐谷生木立將相一將校一散職將相二軍人六　惡岾生木立散職將相二　大廟撿點將校二軍人十

州縣軍

高麗兵制大抵皆倣唐之府衛則兵之散在州縣者意亦皆屬乎六衛非六衛外別有州縣軍也然無可考姑以此目之

北界

西京精勇一領內都領別將一人左右府別將各二人校尉十人隊正二十人旗頭行軍并九百七十人保昌雜軍十九隊內行首行軍并九百三十一人海軍一隊內行首一人行軍四十九人元定兩班軍閑人雜類都計九千五百七十二丁

安北府都領中郎將一中郎將二郎將七別將十四校尉二十八隊正五十八行軍一千五百十五人抄軍十六隊內馬四隊右軍四隊內馬一隊左軍二十六隊內馬弩各二保昌

七隊白丁二十七隊

龜州都領中郎將一中郎將二郎將七別將十五校尉三十隊正六十行軍一千六百四十二抄軍二十四隊內馬四隊左軍二十隊內馬四弩二保昌八隊

宣州都領中郎將一中郎將二郎將六別將十二校尉二十五隊正五十行軍一千三百三十七人抄軍二十六隊內馬四隊左軍二十隊內馬弩各二右軍四隊內馬一隊保昌六隊白丁七十六

龍州都領中郎將一中郎將二郎將八別將十九校尉二十三隊正六十行軍一千七百七十八人抄軍三十二隊左軍三十二隊內馬四弩二右軍四隊保昌六隊白丁七十四沙比江別將一校尉二隊正四行軍九十九人

靜州都領中郎將一中郎將二郎將九別將十九校尉三十九隊正七十九行軍二千七十五人抄軍三十六隊內馬六隊左軍三十隊內馬弩各四右軍四隊保昌六隊白丁二十八隊神騎一百八人

麟州中郎將二郎將九別將十八校尉三十六隊正七十二行軍一千八百九十三人抄精勇三十六隊內馬六隊左軍三十四隊內馬弩各四右軍四隊保昌四隊白丁三十六隊

義州中郎將三郎將六別將十二校尉二十四隊正四十八行軍一千二百四十九人

朔州中郎將一郎將五別將十校尉二十二隊正四十五行軍一千二百九人精勇十八隊內馬六隊左軍十八隊內馬二隊弩一隊右軍四隊內馬一隊保昌五隊神騎四十五人白丁四十八隊步班十二隊

昌州中郎將一郎將四別將九校尉十八隊正三十六行軍九百七十一人精勇十六隊內馬二隊左軍十隊內馬弩各二隊右軍三隊內馬一隊保昌四隊神騎二十二人步班二十一隊白丁二十二隊

雲州中郎將一郎將三別將八校尉十六隊正三十一行軍九百二十六人精勇十二隊內馬弩各二左軍十二隊內馬二弩一右軍四隊內馬一保昌四隊神騎三十三人白丁四十九隊

延州中郎將一郎將四別將九校尉十八隊正四十一行軍

一千五十二人精勇十二隊內馬二隊左軍十隊內馬弩各二右軍三隊保昌四隊白丁五十隊神騎二十六人

博州中郎將一郎將五別將九校尉十九隊正三十九行軍一千三百八十七人精勇十四隊內馬二左軍十四隊內馬弩各五右軍四隊內馬一隊保昌五隊白丁一百二十隊步班二十五人神騎四十九人

嘉州中郎將一郎將五別將十校尉二十一隊正四十三行軍一千一百十九人精勇十五隊左軍十三隊內弩一隊右軍二隊內馬一隊保昌四隊白丁百十三隊步班四十人神騎五十人

郭州中郎將一郎將四別將九校尉十八隊正三十六行軍九百六十六人精勇十三隊內馬三隊左軍十四隊內馬三弩一右軍二隊保昌四隊神騎五十三人步班四十二人白丁一百四十二隊

鐵州中郎將一郎將四別將八校尉十六隊正三十二行軍八百七十人精勇十二隊內馬二隊左軍十二隊內馬弩各二右軍二隊保昌四隊神騎三十二人步班二十九人白丁六十二隊

靈州郎將四別將七校尉十四隊正二十八行軍七百二十九人精勇十隊內馬一隊左軍十隊內馬二弩一右軍二隊保昌四隊神騎十五人步班十七人白丁二十五隊

猛州郎將三別將五校尉十隊正二十行軍六百三十人精勇十隊內馬二隊左軍八隊內弩一隊右軍二隊內馬一隊保昌四隊神騎二十八人步班二十五人白丁九十六隊

德州郎將四別將七校尉十四隊正二十八行軍七百七十八人精勇十隊內馬二隊左軍十隊右軍二隊保昌四隊神騎二十六人步班二十三人白丁五十五隊

撫州郎將四別將七校尉十四隊正二十九行軍八百一人精勇十隊內馬弩各一隊右軍三隊保昌三隊神騎三十五人白丁七十八隊

順州中郎將一郎將二別將七校尉十三隊正二十七行軍七百五十五人精勇十隊內馬二隊左軍十隊內馬弩各一隊右軍二隊保昌三隊神騎四十人步班二十人白丁一百五十四隊

渭州郎將五別將八校尉十六隊正二十行軍九百十八人精勇十二隊內馬二隊左軍十二隊內馬弩各一隊右軍三隊保昌五隊神騎步班各三十二人白丁八十三隊

泰州郎將四別將七校尉十四隊正二十八行軍八百九十五人精勇十三隊內馬三隊左軍十隊內馬一隊保昌三隊神騎二十二人步班三十九人白丁五十七隊

成州中郎將一郎將三別將七校尉十二隊正二十七行軍七百四十四人精勇十隊內馬弩各一隊左軍九隊內馬弩各一隊右軍三隊保昌五隊神騎十七人步班三十三人白丁二百一隊

殷州郎將五別將八校尉十八隊正三十三行軍九百十七人精勇二十二隊內馬弩各一隊左軍十二隊右軍三隊保昌四隊神騎三十四人步班五十九人白丁八十五隊

肅州都領郎將一郎將四別將八校尉十五隊正三十二行軍九十五人精勇十二隊內馬二隊左軍十二隊內馬弩各二隊右軍三隊保昌四隊神騎三十九人步班五十人白丁三十七隊

寧德城中郎將一郎將四別將八校尉十六隊正三十二行軍八百三十二人精勇十五隊內馬三隊左軍十隊內馬弩各二隊右軍二隊保昌三隊神騎四十九人白丁五十一隊

威遠鎭郎將四別將六校尉十二隊正二十五行軍六百八十九人精勇十二隊左軍七隊內馬弩各二隊右軍二隊保昌四隊神騎二十七人步班二十四人白丁五十二隊

定戎鎭中郎將一郎將三別將七校尉十四隊正二十八行軍七百十三人精勇十隊內馬四隊左軍八隊內馬弩各一隊右軍四隊內馬一隊保昌五隊神騎三十三人步班十人白丁五十六隊

寧朔鎭郎將五別將八校尉十隊正三十二行軍八百五十一人精勇十三隊內馬四隊左軍十三隊內馬二隊弩一隊保昌四隊神騎二十九人步班二十三人白丁十五隊

安義鎭郎將四別將七校尉十四隊正二十八行軍七百十一人精勇九隊內馬二隊左軍六隊保昌七隊神騎三十人步班十七人白丁五十四隊

清塞鎭中郎將一郎將三別將七校尉十五隊正三十一行

軍八百三十人精勇十二隊內馬二隊左軍十隊內弩一隊右軍三隊保昌五隊神騎五十人步班三十六人白丁六十二隊

平虜鎭中郎將一郎將三別將七校尉十五隊正二十一行軍八百四十七人精勇十三隊內馬三隊左軍十隊內馬二隊右軍三隊保昌四隊神騎二十八人步班四十二人白丁四十二隊

寧遠鎭郎將四別將七校尉十三隊正二十八行軍七百八十三人精勇十隊左軍十隊內馬弩各一隊右軍一隊保昌五隊神騎二十三人步班五十一人白丁三十隊

朝陽鎭將一副將一中郎將一郎將五別將八校尉二十隊正四十一行軍一千一百四十三人精勇十五隊內馬二隊左軍十五隊內馬弩各二右軍三隊保昌五隊神騎四十二人步班四十四人白丁六十七隊

陽嵒鎭將一中郎將一郎將三校尉七隊正十四行軍四百二十二人精勇五隊內馬一隊左軍五隊內馬弩各一隊右軍一隊保昌三隊神騎十一人步班十二人白丁三十隊

樹德鎭將一別將一校尉二隊正五行軍一百五十三人精勇二隊內馬一隊左軍二隊保昌一隊神騎十人白丁二十二隊

安戎鎭將一郎將一別將二校尉四隊正八行軍二百六人精勇二隊左軍三隊保昌一隊神騎十一人步班二十七人白丁三十三隊

通海縣郎將一別將二校尉五隊正十行軍二百七十四人精勇四隊左軍三隊右軍一隊保昌一隊神騎五人步班十四人通海江校尉一隊正二行軍四十三人

永淸縣郎將三別將四校尉八隊正十六行軍四百三十二人精勇六隊左軍五隊右軍保昌各二隊神騎二十八人步班九人白丁一百隊

咸從縣郎將一假郎將三別將六校尉十三隊正二十六行軍七百二十九人精勇八隊左軍十隊右軍二隊保昌四隊神騎二十人步班三十一人白丁四十九隊

龍岡縣郎將三別將六校尉十二隊正二十四行軍六百五十六人精勇八隊左軍八隊右軍二隊保昌四隊神騎三十

五人步班四十八人白丁五十九隊

三和縣別將一校尉二隊正五行軍一百三十五人

三登縣假別將一校尉二隊正五行軍一百二十一人

東界

安邊府都領一郞將二別將四校尉十二隊正二十七抄軍左右軍各八隊寧塞軍三隊五人計百五十工匠一梗計三十三人

瑞谷縣別將一校尉二隊正三左軍一隊右軍二隊寧塞二隊三十一人工匠一梗

汶山縣右軍一隊工匠一梗

衞山縣校尉一左軍二隊右軍一隊寧塞一隊工匠一梗

翼谷縣校尉一左軍一隊寧塞一隊　鐵垣戍右軍寧塞各一隊　凝川貢所左軍寧塞各一隊行軍四十六

孤山縣別將一校尉三隊正七抄軍左右軍各二隊寧塞一隊

鶴浦縣別將一校尉二隊正四抄軍二隊左右軍各一隊寧塞一隊壓戎戍校尉一隊正二左右軍各一隊寧塞七人

霜陰縣校尉一隊正二左右軍各一隊寧塞一隊禾登戍左右軍各一隊寧塞五人　福寧鄉校尉一隊正二左右軍寧塞各一隊

和州都領一郞將三別將七校尉十三隊正三十二抄軍左軍各十隊右軍八隊寧塞四隊工匠一梗

高州都領一郞將三別將七校尉十五隊正三十二抄軍左軍各一隊右軍八隊寧塞二隊投化田匠各一梗

宜州都領一別將三校尉七隊正十六抄軍左軍各五隊右軍四隊寧塞二隊工匠一梗

文州都領一郞將二別將四校尉九隊正二十二抄軍六隊左軍八隊右軍五隊寧塞一隊工匠一梗

長州都領一郞將二別將四校尉九隊正三十三抄軍六隊左軍八隊右軍六隊寧塞三隊鉎川軍四隊

定州都領一郞將四別將八校尉十六隊正三十七抄軍十四隊左軍十三隊右軍六隊寧塞四隊

德州都領一郞將二別將四校尉八隊正二十抄軍左軍各九隊右軍四隊寧塞六十六人

元興鎭都領一郞將二別將五校尉十三隊正二十九抄軍

左軍各九隊右軍四隊寧塞四隊沙工四隊

寧仁鎮都領郎將各一別將三校尉七隊正十六抄軍四隊左軍六隊右軍四隊寧塞二隊

耀德鎮都領郎將各一別將八校尉九隊正二十抄軍八隊左軍四隊右軍六隊寧塞二隊工匠一梗

鎮溟縣都領一別將二校尉六隊正十一抄軍五隊右軍二隊寧塞一隊田匠一梗

長平鎮都領一別將二校尉六隊正十三抄軍左軍各五隊右軍二隊寧塞一隊

龍津鎮都領一別將二校尉四隊正十抄軍右軍各二隊左軍四隊寧塞二隊工匠一梗

永興鎮都領一別將二校尉五隊正十一抄軍左軍各四隊右軍三隊寧塞二隊

靜邊鎮都領一校尉五隊正十一抄軍四隊左軍三隊右軍四隊寧塞四十人

雲林鎮校尉一隊正三左軍二隊右軍一隊寧塞一隊

永豐鎮別將一校尉二隊正五左右軍各二隊寧塞一隊

臨守鎮別將一校尉二隊正六左軍三隊右軍二隊寧塞一隊工匠一梗

金壤縣別將二校尉四隊正十抄軍四隊左右軍各三隊寧塞一隊

高城縣別將一校尉四隊正九抄軍一隊左軍一隊右軍三隊寧塞二隊

杆城縣別將一校尉五隊正十抄軍左軍各四隊右軍二隊寧塞一隊

翼谷縣別將三校尉三隊正九抄軍右軍各四隊左軍二隊寧塞一隊

溟州別將五校尉十隊正二十三抄軍左右軍各八隊寧塞四隊工匠一梗

三陟縣別將一校尉八隊正十六抄軍左軍各四隊右軍九隊寧塞一隊工匠一梗

蔚珍縣別將一校尉三隊正八抄軍左軍各二隊右軍三隊寧塞一隊

交州道

春州道內合保勝一百三十三人精勇七百七十六人一品五百七十二人
東州道內合精勇九百七十一人一品六百五十人
交州道內精勇四百七十七人一品三百五人

楊廣道

廣州道內保勝二百五十八人精勇五百四十六人一品五百三十六人
南京道內保勝一百三十三人精勇八百六十四人一品五百二十九人
安南道內保勝一百五十九人精勇二百九十二人一品二百八十二人
仁州道內保勝一百九十四人精勇一百八十七人一品二百二十七人
水州道內保勝一百七十五人精勇二百九十一人一品三百七十二人
忠州牧道內保勝二百四十一人精勇三百五十七人一品五百二十人
原州道內保勝一百二十二人精勇二百三人一品二百四十八人
淸州牧道內保勝五百三十八人精勇七百八人一品八百五十人
公州道內保勝三百二十六人精勇五百五十三人一品五百二十七人
洪州道內保勝三百三十八人精勇四百九十七人一品七百十三人
嘉林道內保勝九十八人精勇二百五十一人一品二百一人

慶尙道

蔚州道內保勝一百三十四人精勇一百四十五人一品一百八十一人
梁州道內保勝五十七人精勇一百四十七人一品一百七十三人
金州道內保勝一百八十八人精勇二百七十八人一品四百三十一人

密城道內保勝二百四十五人精勇四百二十七人一品五百三十二人

尙州牧道內保勝六百六十五人精勇一千三百七人一品一千二百四十一人

安東大都護道內保勝五百九十一人精勇九百五十三人一品一千十八人

京山府道內保勝五十四人精勇八百一人一品六百四十七人

晉州牧道內保勝二百七十七人精勇四百四人一品七百三十人

陜州道內保勝三百七十三人精勇二百二十九人一品四百四十八人

巨濟道內精勇五十人一品一百二十八人

固城道內保勝二十六人精勇五十三人一品一百九人

南海道內保勝行首幷十七人精勇十七人一品六十四人

仐羅道

仐州牧道內保勝一百五十八人精勇一千二百十四人一品八百六十七人

南原道內保勝二百五人精勇八百人一品六百三十六人

古阜道內保勝五十四人精勇六百十人一品五百四十五人

臨陂道內精勇三百四十一人一品二百人

進禮道內精勇二百十一人一品一百五十二人

羅州牧道內保勝四百五十四人精勇八百四十八人一品九百二十二人

靈光道內精勇四百一人一品三百六十八人

寶城道內保勝三百二十二人精勇四百十二人一品五百十三人

昇平道內保勝二百四十人精勇一百八十四人一品四百十五人

西海道

黃州道內保勝二百十四人精勇三百二十人一品二百七十七人

谷州道內保勝二百九十五人精勇二百九十三人一品二

百九十一人
安西大都護道內保勝四百五十人精勇八百七十四人一品八百三十八人
豐州道內保勝三百三十三人精勇四百五十五人一品二百三十五人
瓮津道內精勇二百十人保勝一百七人一品六百十二人
京畿
開城府道內保勝五十二人精勇二百四十人一品一百九十人
承天府道內保勝五十人精勇一百六十人一品一百十三人
江華道內保勝一百九十九人精勇五十四人一品一百七十一人
長湍道內保勝一百三十四人精勇三百四十三人一品三百三人
船軍
忠烈王三十四年忠宣王即位下敎曰船軍既屬本司如有冒受鈞旨以圖免役者即便斷罪配島　恭愍王二十二年五月諫官禹玄寶等上䟽曰議者以爲賊善舟楫不可以水戰若造戰艦是重困吾民是不然水賊不可以陸攻其勢明甚且攘賊禁暴本欲爲民其可念小弊於民而貽大患於國乎今東西江並置防守賊泛海揚揚而來我軍臨岸拱手而已雖精百萬其如水何哉宜作舟艦嚴備品仗順流長驅塞其要衝賊雖善水安能飛渡儻得勢便擒捷掃蕩亦可必也　二十三年正月檢校中郎將李禧上書曰今倭寇方熾乃驅烟戶之民不習舟楫者使之水戰每至敗績臣生長海邊曾習水戰願率海島出居民及自募人慣於操舟者與之擊賊期以五年永淸海道中郎將鄭准提亦上書獻策王大悅以禧爲楊廣道安撫使准提爲全羅道安撫使兼倭人追捕萬戶以禧伴倘六十七人准提伴倘八十五人皆授添設職又令密直司畫給空名千戶牒二千百戶牒二百初六道都巡察使崔瑩造船二千欲以六道軍騎船捕倭百姓畏懼破家逃役者十常五六及准提等建議事遂寢　辛禑三年十月出市廛商賈以充海道之軍　四年二月僉五部坊里軍令

乘船捕倭　十三年四月僉京圻左右道軍人爲騎船軍以防東西江倭寇　恭讓王元年十月以朴麟祐爲楊廣左右道水軍都萬戶下旨曰領道內兵船察其萬戶千戶領船頭目人等能否有不能者擇有才幹威望者代之令預備器械追捕倭賊若各船萬戶等擅自放軍以營己私隱泊深浦不及應變者各船大小軍官及都萬戶依軍法斷罪　三年都堂啓曰召募海邊人民三丁爲一戶定爲水軍諸道濱海之田不收租稅以養水軍妻子從之

工役軍

明宗二十一年八月分外方役軍爲三番舊制諸州一品軍分爲二番當秋而遞使之循環比緣營造合而役之至是分焉　忠宣王元年三月重新康安延慶二宮令郡縣送民爲夫其數不可紀宰臣議發兩宮營造夫見任宰相及諸君日出三名致仕宰相及見任三品日出二名四品以下出有差是謂品從又以其人爲夫其人者主宮室修營官府使令之役郡縣吏之子必經是役然後得補吏職　忠惠王後四年五月新宮別造成都監令出諸君宰樞品從五名三品四名四品三名五六品二名七八品一名九品權務并一名各限五日輸材木違者重罰又令各司納鍮銅諸君役夫日役三十人大君四十人其下有差若闕一日即徵布如其人例

志卷第三十七

志卷第三十八　高麗史八十四

正憲大夫工曹判書集賢殿大提學知經筵春秋館事兼成均大司成臣鄭麟趾奉
教修

刑法一

刑以懲其已然法以防其未然懲其已然而使人知畏不若防其未然而使人知避也然非刑則法無以行此先王所以並用而不能偏廢者也高麗一代之制大抵皆倣乎唐至於刑法亦採唐律參酌時宜而用之曰獄官令二條名例十二條衛禁四條職制十四條戶婚四條廐庫三條擅興三條盜賊六條鬪訟七條詐僞二條雜律二條捕亡八條斷獄四條摠七十一條删煩取簡行之一時亦不可謂無據然其弊也禁網不張緩刑數赦姦兇之徒脫漏自恣莫之禁制及其季世其弊極矣於是有建議雜用元朝議刑易覽大明律以行者又有兼採至正條格言行事宜成書以進者此雖切於救時之弊其如大綱之已隳國勢之已傾何今以見於史者記其梗槩使考得失作刑法志

名例

笞刑五

一十折杖七贖銅一斤
二十折杖七贖銅二斤
三十折杖八贖銅三斤
四十折杖九贖銅四斤
五十折杖十贖銅五斤

杖刑五

六十折杖十三贖銅六斤
七十折杖十五贖銅七斤
八十折杖十七贖銅八斤
九十折杖十八贖銅九斤
一百折杖二十贖銅十斤

徒刑五

一年折杖十三贖銅二十斤
一年半折杖十五贖銅三十斤

二年折十七贖銅四十斤
二年半折杖十八贖銅五十斤
三年折杖二十贖銅六十斤

流刑三

二千里折杖十七配役一年贖銅八十斤
二千五百里折杖十八配役一年贖銅九十斤
三千里折杖二十配役一年贖銅一百斤

死刑二

絞贖銅一百二十斤
斬贖銅上同

刑杖式尺用金尺

脊杖長五尺大頭圍九分小頭圍七分
臀杖長五尺大頭圍七分小頭圍五分
笞杖長五尺大頭圍五分小頭圍三分

辜限

手足毆傷人者限十日
以他物毆傷人者限二十日
以刃及湯火毆傷人者限四十日
折趺支體及碎骨限五十日被傷日晚則當至限日之晚便

禁刑

國忌

十直初一日初八日十四日十五日十八日二十三日二十四日二十八日二十九日三十日
俗節元正上元寒食上巳端午重九冬至八關秋夕
愼日歲首子午日二月初一日

公式

相避

本族

父子孫　同生兄弟　堂兄弟　同生姉妹之夫堂姉妹之
夫臺省政曹外許同官伯父叔父　伯母叔母之夫　姪女之夫臺省政曹外許同官
女壻　孫女壻

外族

母之父母　母之同生兄弟　母之同生姉妹之夫　母之
同生兄弟姉妹之子

妻族

妻之祖父 妻之同生兄弟(臺省政曹外許同官) 妻之同生姉妹之夫(上同) 妻之伯父叔父(上同) 妻之伯母叔母之夫(上同) 妻之兄弟姉妹之子(上同) 姪女之夫(上同)

官吏給暇

每月初一日初八日十五日二十三日 每月入節日(一日) 元正(前後幷七日) 立春(一日) 鴛暇(正月內子午日) 人日(正月七日) 上元(正月十五日前後幷三日) 燃燈(二月十五日) 春社(一日) 春分(一日) 諸王社會(三月三日) 寒食(三日) 立夏(三日) 七夕(一日) 立秋(一日) 中元(七月十五日前後幷三日) 秋夕(一日) 三伏(三日) 秋社(社稷祭日) 秋分(一日) 授衣(九月初一日) 重陽(九月九日) 冬至(一日) 下元(十月十五日) 八關(十一月十五日前後幷三日) 臘享(前後幷七日) 日月食(各一日) 端午(一日) 夏至(前後幷三日)

成宗元年判兩親忌給暇一日兩宵祖父母遠忌無親子者亦依此例 四年新定五服給暇式斬衰齊衰三年給百日齊衰服年給三十日大功九月給二十日小功五月給十五日緦麻三月給七日 十五年判凡官吏父母喪三年每月朔望祭暇一日第十三月初忌日小祥齋暇三日其月晦小祥祭暇三日第二十五月第二忌大祥齋暇三日其月晦大祥祭暇七日至二十七月晦禫祭暇五日 顯宗十一年判外官父母病者除往返程給暇二十日 諸文武員僚父母年七十以上無他兄弟者不許補外其父母有疾給告二百日護視 二十一年十二月判父母居外方或外任有病其子從仕於京者給由往返給馬父母在京而子外任者給馬又公券出使者遭父母病往返並給馬職事常參以上散官五品以上並給從人 靖宗三年正月判兩親及祖父母歸葬者除往返程給暇二十一日 十一年二月制文武官父母在三百里外者三年一定省給暇三十日無父母者五年一掃墳給暇十五日並不計程途五品以上奏聞六品以下有司給暇登第者定省掃墳日限亦依此例 文宗二年判大小官吏四仲時祭給暇二日 三年九月制外方官吏遭兄弟姉妹喪者若在遠州除申請京官直於外官請暇妻父母服不計妻之先後並許給暇 二十三年判外官之妻在京身病者給暇三十日又外官身病者限百日給暇父母病三子俱爲外任者從父母願一子給暇二百日其餘子各給暇五十日其限滿者並解官 三十五年三月詔定父母年七十以上八十以下侍丁一人九十二人百歲五人 宣宗

三年二月判新除外官身病請暇者常參以上令大醫監胗視給暇久未瘥愈啓達遞差妄告病者科罪　五年判病親浴溫井者計程途遠近給暇　睿宗四年判參上員告病者旬旬給暇參外員據里典狀報大醫監看候給暇並限百日父母病者限二百日　仁宗十八年判無親子祖父母忌依宋制給暇一日兩宵　判入流品以上者妻父母服給暇三十日其忌日依外祖父母例給暇一日兩宵　忠穆王判參外員身病告暇者令部審其虛實給暇外官身病者亦令界首官審之方許上京調理　判年六十以上父母有病長子給暇侍藥　判外任父母欲見其子除程途二十日給暇

避馬式

顯宗即位禮儀司奏定文武官路上相見禮一品官正三品以上馬上祗揖從三品以下下馬廻避三品官五品以上馬上祗揖六品以下下馬廻避四品官六品以上馬上祗揖七品以下下馬廻避五品官七品以上馬土祗揖八品以下下馬廻避六品官八品以上馬上祗揖九品以下下馬廻避七品官九品以上馬上祗揖流外雜吏下馬廻避　德宗二年十二月判政要日三品以上六尙書九卿遇親王不合下馬親王班皆次三公下諸王立一品文班從三品以上與武班上將軍以上馬上祗揖文班四品以下武班大將軍以下下馬廻避於宰臣參知政事政堂文學左右僕射文班四品以上及給舍中丞武班大將軍南班宣徽使馬上祗揖文班五品以下及武班諸衛將軍南班引進使文班四品慢路少卿少監國子司業下馬廻避三品以上文班少卿少監司業等五品武班諸衛將軍南班引進使馬上祗揖五品慢路六局奉御諸陵令太史令及文班六品武班中郎將閤門副使下馬文班四品以上文班常參六品及武班中郎將南班閤門通事舍人文班緊路補闕殿中馬上祗揖文班參外六品及七品以下武班郎將閤門祗候以下下馬廻避五品隔文班七品以上武班郎將閤門祗候文班緊路拾遺監察馬上祗揖參外八品以下及武班別將崇班以下下馬迴避六品文班參外八品以上及武班別將崇班供奉官馬上祗揖文班九品以下及武班散員南班侍禁以下下馬迴避七品文班九品以上武班散員南班左右侍禁左右班殿直馬上祗揖

以下下馬迴避以爲恒式　宣宗十年六月判文武官職事四品以下散官三品以下於中丞職事五品以下散官四品以下於雜端侍御職事六品以下常參以上散官五品以下於殿中侍御監察御史皆避馬若吏部侍郎尙書左右丞給舍旣准諸曹三品且以侍臣在公侯之上與中丞馬上相揖知製誥亦非常例一從官品馬上相揖郞舍補遺勿論官品與雜端以上並馬上相揖若大夫則除宰臣樞密左右僕射近臣外並皆避馬

公牒相通式

京官

內史門下尙書都省於六官諸曹七寺三監出納門下侍郞以上不姓草押拾遺以上着姓草押錄事注書都事內位着姓名六官諸曹七寺三監於三省侍郞少卿以下具位姓名御史卿以上着姓草押六官諸曹於七寺三監員外郞以上着姓草押七寺三監於六官諸曹少卿以下具銜姓名七寺三監於諸署局丞注簿着姓草押諸署局於七寺三監直長以上着姓名諸下局署於三省諸曹式目七寺三監直長以下具位姓名吏部臺省於六官諸曹七寺三監門下侍郞平章以下拾遺以上着姓草押錄事具銜姓名於諸署局錄事注書着草押諸署局於三省直長以上具銜姓名

外官

別命使臣於牧都護當云某使貼某牧都護奉使事重備記事下典七品以上使着姓草押八品使着姓名署雖六七品使奉使事輕無人吏下典者具銜着姓名署牧都護於七八品使副使以上着姓草押以下着姓名於奉使事重使及常參以上獨使着姓草押副使以下着姓名別命使臣於中都護知州防禦縣令鎭將官雖無記事下典六七品使則着姓草押八品使則着姓名署於鎭將縣令着姓草押中都護知州防禦縣令鎭將官於七八品使着姓草押副使　下着姓名署於奉使事重使及常參使則皆着姓名三軍兵馬使於西京留守官判官以上着姓草押以下員着姓名署東西巡檢使於留守官副使以上着姓草押留守官於中軍兵馬使留守着草押副留守着姓名於左右東西都巡檢使副留守以上着草押判官以下着姓名西京監軍使於中軍兵馬使

着姓於東西巡檢使着草押西京留守三軍兵馬使於監軍判官以上着姓草押東西都巡檢使於監軍副使以上着姓草押西京留守三軍兵馬使東西都巡檢使都部署於八牧二大都護府諸道府官並皆着姓草押八牧二大都護於三軍兵馬使及西京留守官監軍使東西都巡檢使東西海巡察使著姓名於諸都部署使着姓草押副使以下着姓名中都護知州以下諸道外官於兵馬使西京留守官東西都巡檢使東西海巡察使都部署着姓名中軍兵馬使於左右軍東界都巡檢使判官以上着姓草押以下着姓名左右軍東界都巡檢使於中軍兵馬使使着姓草押副使以下着姓名慶尙道巡檢使西海巡察使猛州都知兵馬使於西京留守及監軍使副使以上着姓草押以下着姓名諸都部署於西京留守官監軍使參以上員爲都部署副使則副使以上着姓草押參外員爲副使則着姓草押副使以下着姓名留守官監軍使於諸都部署判官以上着姓草押以下着姓名三道巡察使兵馬使於中軍兵馬使着姓名唯三品以上巡察兵馬使着姓草押三軍兵馬使諸都部署於慶尙道西海巡察使猛州都知兵馬使着姓草押諸都部署於三軍兵馬使着姓名於左右軍兵馬使則三品以上使以大將軍兼文班卿監者着姓草押以下着姓名西京留守於申省狀着姓草押副留守以下監軍使東西都巡檢使等別命使臣及諸道外官雖三品以上着姓名鎭將縣令監倉驛巡官於防禦鎭使以上官具銜着姓名　睿宗九年六月禮儀詳定所奏曰近來朝廷之間所行表狀書簡稱號不正非所以正名之義臣等欲望凡上表者稱聖上陛下上箋稱太子殿下諸王曰令公中書令尙書令曰太師令公兩府執政官曰太尉平章司空參政樞密僕射各隨時職稱之三品以下員寮並不得稱相公宜直呼官名　忠烈王五年五月元中書省牒云據來文行移體例照得品同往復用平牒正從同三品於四品並今故牒六品以下皆指揮四品於五品用平牒於六品七品今故牒八品以下皆指揮如回報四品於三品牒呈上六品以下並申六品於四品牒呈上七品以下並申凡干公事除相統屬並須指揮外若非統屬照依前項體式行移　二十四年五月忠宣王即位敎曰於朝廷閒有僭越尊稱者實

非禮也宜於諸王則書籤直稱某公侯寒暄稱令侯令旨宰
執諸二品官書籤除令公寒暄稱鈞旨鈞侯諸三品隨職稱
之寒暄稱台旨台侯率以爲常違者治之以法　三十三年
六月忠宣王在元遣使來傳旨僉議密直相呼爲令公至於
書狀例稱令侯令旨不亦冒禮之甚乎自今易以台侯台旨
違者處以重法

職制

官吏臨監自盜及臨監內受財枉法者徒杖勿論收職田歸
鄉僧人盜寺院米穀歸鄉充編戶貿易官物者除歸鄉依律
科罪　監臨贓一尺笞四十一匹五十二匹杖六十三匹七
十四匹八十五匹九十六匹一百八匹徒一年十六匹一年
半二十四匹二年三十二匹二年半四十匹三年五十匹流
一千里與者減五等罪止杖一百如監臨官於部內乞取者
加一等若以威力强乞取者准枉法贓論　枉法贓一尺杖
一百一匹徒一年二匹一年半三匹二年四匹二年半五匹
三年六匹流二千里七匹二千五百里八匹三千里十五匹
絞有官品人犯者官當收贖一匹以上除名無祿減一等二
十四絞　不枉法贓一尺杖九十二匹一百四匹徒一年六
匹一年半八匹二年十匹二年半十二匹三年十四匹流二
千里三十匹加役流有官品人犯者令官當收贖四匹以上
免官無祿者減一等四十匹加役流　坐贓一尺笞二十一
匹三十二匹四十三匹五十四匹杖六十五匹七十六匹八
十七匹九十八匹一百十匹徒一年二十匹一年半三十匹
二年四十匹二年半五十匹三年與者減五等　在官侵奪
私田一畝杖六十三畝七十七畝八十十畝九十十五畝一
百二十畝徒一年二十五畝一年半三十畝二年三十五畝
二年半園圃加一等　因官挾勢乞百姓財物一匹笞二十
二匹三十三匹四十四匹五十五匹杖六十六匹七十七匹
八十八匹九十十匹一百二十匹徒一年三十匹一年半四
十匹二年五十匹二年半與人物者減一等若親故與者勿
論貿易官物除歸鄉依律科罪　判夜毋得刑人　判死不
再生人命至重今外方重刑界員例不親問使外吏於多事
中雜治之甚爲不可自今牧都護所推獄使以下員齊坐知
州縣令所推獄界首一員親進覆驗無有差謬然後連銜署

名臨問員每七月初一日內親覆上來　犯殺人罪初段堅
問九端隔三七日二段堅問十二端隔四七日三段堅問十
五端　判外獄囚西京則分臺東西州鎭則各界兵馬使關
內西道則按察使東南海則都部署其餘各界首官判官以
上無時監行推檢輕罪量決重囚則所囚年月具錄申奏如
有滯獄官吏科罪論奏　諸察獄之官先備五聽又驗諸證
事狀疑似不首實然後栲掠每訊相去二十日若訊未畢更
移他司仍須鞫者連寫本案移送即通前訊以充三度若無
疑似不須滿三度若因訊致死者皆具狀申牒當處長官與
糾彈官對驗　諸妖誕雜占一禁犯者當該官并科罪　犯
斬罪免死者脊杖五十絞罪脊杖四十刑決付處　判鎭人
犯歸鄕罪者仍留配本處若受田丁者收其田與他犯流罪
者東界鎭人則移配北界北界則移東界勿令配南界　三
年一度考閱僧籍　成宗五年八月始令十二牧挈妻子赴
任　七年判諸道轉運使及外官凡百姓告訴不肯聽理皆
令就決於京官自今越告人及州縣長吏不處決者科罪
顯宗七年五月刑部奏官吏監臨自盜者勿計贓物多少並

除名流本貫從之　靖宗十二年判每年春秋平校公私秤
斛斗升平木長木外官則令東西京四都護八牧掌之　文
宗七年判內外官斛長廣高方酌定米斛則長廣高各一尺
二寸稗租斛長廣高各一尺四寸五分末醬斛長廣高各一
尺三寸九分太小豆斛長廣高各一尺九分　十一年下旨
內外街路曝露骸骨京內東西大悲院外方各領界官考察
收拾埋瘞又新羅高麗百濟先王塚廟及古賢聖廟近處禁
耕稼侵毀　十六年制曰刑政民命攸繫古先哲王惟刑是
恤朕遹追古訓愼選刑官猶懼不得其人以致冤枉自今必
備三員以上然後訊鞫囚徒以爲定制　宣宗十年判請暇
滿百日者解官　肅宗元年敎曰舊制凡官吏決訟小事五
日中事十日大事二十日徒罪以上獄按三十日已有定限
其令內外所司申明擧行　二年判被差充丁夫雜匠稽留
不赴一日笞四十四日五十七日杖六十十日八十十三日
九十十九日一百二十三日徒一年將領主司各加一等
十年十月睿宗即位禁士與內官交通干謁　十三年判五
家以上火燒點檢將校科罪　十六年制曰官吏因緣公法

苛刻作弊或以腐朽之穀强給取息或徵荒田之租或興不急之役者令中外攸司一切禁治　高宗十四年十二月御史臺禁閭里養鵓鴿鷹鷂以有職者廢公務無職者起爭訟也　元宗元年八月中書省議奏今參外參上官道遇三品以上官趨拜馬前拜揖朝行謟諛成風禮失過恭請皆禁之　二年正月御史臺請權勢之家奪人田者痛繩以法制可　忠烈王四年九月命各司員吏從他務者必赴本司議事然後別坐　十二年三月下旨外方奴婢相訟者例當就守令及按廉使處決事曲者依付權勢請移京官使對訟者贏粮還來今後悉令其處守令及按廉使聽理所任外別衙處決一禁　十四年三月下旨文武官非乘傳不得出郊外　二十二年五月中贊洪子藩條上便民事一近有鍮銅匠多居外方凡州縣官吏及使命人員爭斂鍮銅以爲器皿故民戶之器日以耗損宜令工匠立限還京一諸州縣官出使員吏皆於出身衙門及第進士送納貨物稱爲封送一縷一粒民膏民脂誠宜禁之一諸州縣及鄉所部曲人吏無一戶者多矣外吏依勢避役者悉令歸鄉丁吏亦令減數歸還一豪勢之家遣人州縣以銀瓶等物强市民間細布綾羅葦席等物實爲民弊誠宜禁之一近來外方多故納貢失時諸司官吏及謀利之人先納己物受其文憑下鄉剩取其直民實不堪誠宜禁之一大府迎送國贐等庫凡有所須之物即於京市求之雖云和買實爲强奪誠宜禁之一諸州之吏留京聽候謂之其人近以其人爲之役夫外方多故其人或闕計其年月以徵其傭所以州縣日漸殘弊雖則量減尙有不均令宜於十室之邑減一名五室全免一牛以耕田馬以乘載民生之所急也近有商賈之人多將牛馬出疆及令州縣出馬以資國贐不可不禁一各官守令新舊迎送之費實爲民害今後只令公衙屬人迎送一出使人員將丁吏上守所至州縣皆有贈遺謂之例物亦令禁止王嘉納　二十四年敎曰臺之設專爲彈糾百官近來風俗大毁隱匿不論今後彈糾百執肅清朝廷　是年正月忠宣王即位下敎曰一太祖創立禪敎寺社皆以地鈐相應置之今兩班私立願堂虧損地德又共議寺社住持率以貨賂濫得並令禁斷一凡州府郡縣先王因丁田多少以等差之近來兩班內外鄉貫無時加

號甚乖古制有司論罷一州府郡縣鄉吏百姓依投權勢多授軍不領散員或入仕上典侵漁百姓陵冒官員宜令按廉使及所在官收職牒充本役又領府隊尉隊正無功超授軍不領散員謀避本領職役付托勢家橫行外方濫乘驛馬侵擾貧民亦令有司收職牒充本役一古制遣使唯按廉祭告馬場耳近因多故每事皆遣別監及將校下典州郡困於支待驛馬罷弊又按廉及諸別銜饋遺勢家多以銀布米耗甚者以人物充其農莊又守令貪暴按廉不之察自今每番褒貶以聞一民無恒心因無恒產憚於賦役彼此流移凡有勢力招集以爲農場按廉使與所在官推刷還本具錄以聞一聽訟官或挾私淹延告者積怨今後不即決者罪其主司一凡論功如崔凝徐熙楊規姜邯贊崔思全趙冲金方慶等然後方可謂之功臣而錄用其子孫也今者親朝行李年年有之自求扈從便謂之功超等受賞錄其子孫加號本貫至有痕咎之人許通甚爲未便今後勿令許通違者所司固執論罷一各道按廉與別銜侵漁百姓以爲私膳傳驛輸送其弊甚大今後雖絲毫之物皆禁一守令以自己便否不待三年互換移任迎送之弊莫甚一切禁止一凡侍朝兩班不得受人賄賂至於茶藥紙墨亦不可受違者罪之一王京一國之本要令人物安堵不可搔擾自今以後各司凡所須不得於市廛侵奪如不得已而徵求當與其直一忽只鷹坊尙乘巡馬宮闕都監阿車赤等當新員赴任之時遽徵封送因而取斂於民一切禁斷乃至按廉及諸別銜抄與丁吏亦不得贈與一寺院及齋醮諸處所據執兩班田地冒受賜牌以爲農場今後有司窮治各還其主　忠烈王三十四年忠宣王復位下敎曰一提察之任在於察吏問民往往守令貪汚不法至於民吏所犯可決杖者反徵銀物以充其欲各道提察不加糾劾其令各道考其徵物各還其人續議守令賢否以聞一權勢之家奸猾之類造作文契奪人奴婢田丁其主告官官司畏勢因循不決使告者積怨宜令官司速決無滯詐僞者罪之　三年三月傳旨一每遣別監探取鷂子民受其害今後仰提察司差人探取一宰相出爲州牧者每因祈恩馳驛往復其弊爲甚自今提察司嚴行禁止　六月傳旨宰樞以下因祈恩出江外打圍放鷹者並行禁止違者罷職　七

月傳旨濟州之民理宜優恤其牧官軍官恣行侵奪民不堪苦宜遣式目錄事禁之　忠肅王五年五月下敎一事審官之設本爲宗主人民甄別流品均平賦役表正風俗今則不然廣占公田多匿民戶小有差役例收祿轉則吏之上京者敢於私門決杖徵銅還取祿轉擅作威福有害於鄕無益於國已盡革罷其所匿田戶推刷復舊一各道諸島放養牛馬幾失使附近各村充立民弊不小今後一禁一其人役使甚於奴隷不堪其苦逋亡相繼所隷之司計日徵直州郡不勝其弊可以事審官及除役所蔭戶代之(除役所者宮司及所屬民戶不供賦役者)一全亡州郡其除之一諸道使臣守令多率衛從乘驛病民者罪之一事大以來國用煩劇遣使諸道徵收貢物任其職者憑公營私人甚苦之自今貢物程驛等任皆委提察一諸道忽赤司僕巡軍及權門所遣人等影占人民據執土田者械繫以徇流于遠島一諸道存撫提察鹽場等使以賣內出銀幣爲名私賣權貴所屬銀幣高價抑賣以濟其私究治以聞一帝所別進海產若蝦蛤等物都津丞申烜於年例外擅加其數並其舊額載之貢案大爲民害已將申烜下吏治罪其削烜所增額　十二年十月敎曰守令分憂宣化當小心供職務安百姓近賞罰不明無有勸懲率皆貪汚廢職各道存撫提察考其殿最以聞風憲之司糾察百官非違凡官政廢擧民生休戚所係其司憲部讞部各思所職彈糾不諱以振紀綱如有挾私遠害者亦加理罪　後八年五月監察司榜云諸倉庫寺署官吏每外方納貢不即收納故延日月勒要苞苴今後一禁　忠穆王元年整理都監狀外方官吏貪婪不公擾害百姓者令存撫按察使糾理體察不能者科罪行省行移外方公事報都評議使使移文存撫按廉使施行例也近年以來行省令宣使螺匠等授牌字發送搔擾民間今後稱宣使螺匠作弊者械送于京　恭愍王元年二月敎曰內外官吏未取諸囚招辭面縛亂打傷肌膚害性命予甚憫焉今後毋得法外亂刑違者罪之其軍人逃役者隨所犯杖之吏民有罪者亦加笞杖並勿罰布貪汚犯贓者不在此限　三年八月諸道按廉陛辭仍敎毋用贖罰　九月令僉議監察各一員共會慮囚輕罪免放　四年正月敎曰凡爾百僚日仕本官各勤乃職聽訟官審理冤抑違者憲司劾之　八年

七月宰樞所以爲常時合坐着靴坐高床六色掌持事啓課
不宜俯仰接對作高床各置座前以紫帛作巾覆之謂紫羅
酒案又於文字不宜操筆各署刻木作署凡於文字以刻署
着之効元朝法也　十一年六月監察司上言舊制外官例
進朔膳外無供別膳者今大小官名爲別膳歛民土宜及酒
肉等物饋遺權貴其弊莫甚自今請罷別膳　十二年五月
敎曰比來各處防禦軍官率兵田獵不以其時敗傷胎卵有
乖仁政仰諸道存撫按廉使痛行禁理　十四年七月敎曰
差使別監行李次庶子以下下馬祗送已有成規諸衙門官
與差使別監違禮頡頏者有矣自今以違命論又各衙門常
坐負上下爭禮以至公事遲緩者有之自今禁之又參上員
朝路步行並論罪　二十年七月羅州牧使李進修上疏曰
官爵人君任賢授能之器也安有人臣盜主之恩掠美於僚
友妄自尊大者乎慶弔外諸司官員投謁權門又稱伴倘騎
從者及常選外諸都監雜路薦狀一皆命法司痛理斷之既
有各掌百官何必別立都監既有電吏丘史何必品官騎從
乎品官非宰相之臣僕諸司公事啓課者進達於合坐所其

一至權門者削其職再至者加之以罪三至者終身不敍其
餘至百田民屬公王嘉之　十二月敎曰一百僚庶務斷自
都堂近年諸司凡有公事擅移諸道存撫按廉遣人徵督甚
者直牒州縣病民實多自今並令稟都評議司區處一諸人
未受度牒不許出家已嘗著令主掌官司奉行未至致使丁
口規避身役不修戒行至敗敎門今後情願爲僧者先赴所
在官司納訖丁錢五十匹布方許祝髮違者罪師長父母自
鄕吏及津驛公私有役人等並行禁約一民之流離蓋爲官
吏無良苟當差役寧有彼此今後各處流移人口除鄕吏官
寺津驛人外餘並仍舊當差　辛禑元年二月敎曰諸倉庫
官司及波吾赤等房依憑內用徵歛州縣又有忽只忠勇各
愛馬多般求請作弊爲甚仰都評議司一行禁斷違者所在
官司呈報憲司科罪一京畿王化所先今內乘及造成都監
小吏等因公爲奸橫行侵擾深爲未便仰都評議司定著約
束以革前弊　三年二月令中外決獄一遵至正條格　四
年八月憲司上言近來州郡屢經倭寇凋弊已甚而守令每
爲賓客多張宴樂耗費錢穀侵漁細民爲按廉者若莫聞知

其弊日甚自今請令按廉條啓民瘼及守令得失以憑黜陟　十二月憲司上疏曰奉翊通憲官例未得出外今憑內香多率伴人乘馹横行其弊不小願自今科罪禁止且各鎭軍官因軍人小錯贖罰太重以致失業流移今後軍人隨所犯輕重依例斷罪毋得贖罰　六年六月憲府上疏曰凡大辟必三覆奏君臣同議斷決者乃先王之成憲而今中外官吏斷大辟皆不奏聞擅决遂致無辜殞命請自今中外大辟所在官吏具報都堂擬議以聞施行從之　十四年六月敎曰近年各道元帥都巡問按廉使州府大小軍民官營進私膳皆令禁斷違者罪之使命繁多害及於民今後都評議使軍事下都巡問使民事下按廉使雜泛使命不許差遣其公行廩給外私幹往來者勿論尊卑悉停供給違者主客皆論其罪　七月司憲府上書曰爲守令者察民休戚斷獄訟均賦役父母斯民其職也巡問按廉如調兵州郡也責辦其宰則戶口之多寡丁夫之壯弱其所知也兵必得其精今也巡問按廉每所徵發慮守令私其邑也調南郡之兵則必命北郡之宰北郡之宰至於南郡也以未經之耳目恐其欺妄先施鞭撻俄而調兵比郡之牒至南郡南郡之宰投袂而起直趨北郡未下車而先刑人繫累其父母鞭撻其妻子非止調兵而然也凡戶口之點檢軍須之轉輸徵督百端無有紀極於是兩郡相怨遂成仇讎互相報復莫有仁愛民不堪苦戶口蕭然其承流宣化之意安在州縣皆是生民奚賴今也雖使臺省六曹各擧所知不革此弊則雖使龔黃之輩盡爲州郡之守令未嘗一坐其邑而視事何益於民生哉今願守令不許出境專理其邑有不勝其任者按廉即罷其職而黜之申報朝廷以承其闕　八月憲司上疏竊見近年奸凶相次執政士風一變賢奸佞而鄙廉恥朝夕奔走於權門盜竊天祿虛曠天工方今更化之初餘風未殄各司怠職願令攸司各以斷獄決訟之事當兩衙日上之各司日坐本司視事其有奔走權門不坐攸司者憲司停職徵祿一典校一官皆文學之臣無他所掌願委刪定刑書以惠萬世凡朝廷儀禮中外官司相接之節文書相通之格亦使删定頒行如有稽緩令憲司糾之一聽訟決事及出納錢穀之司交通私書顚倒是非耗竊官物其弊彌甚一切禁止如有違者請者聽者以不

廉論一司僕掌乘輿之馬政周之伯冏之任也既近左右其
選最重近代別立內乘內竪之徒專擅其職日者縱暴尤甚
其收蒭藁也刼奪萬端轉輸入城也農牛瘠仆殘破幾縣流
毒諸郡一州之納穀草之價布幾至九百匹州郡皆是而又
驅其貢戶名爲驅從至千百人不付公籍私置農庄而役使
之若奴隷然害民病國甚可哀痛願自今以尙乘屬之司僕
寺不許內竪除授謹擇廉幹者任之吏日入直凡其蒭豆身
親量給畿內蒭藁計馬定數分月而供且使糾正監檢每一
番置獸醫五人驅從三十人餘皆罷之屬之府兵一公私奴
隷鄕吏驛子工商雜類冒受官職請令本府不論官品直收
爵牒　九月典法司上疏曰政以立法刑以補理法如不行
不可無刑以齊之然書曰敬哉敬哉惟刑之恤哉又曰明德
愼罰則刑者所不能無者而亦不可不恤者也自古理天下
國家者必先修其典輕重有差而臨刑者不迷受罪者無嫌
矣前元有天下制以條格通制布律中外尙懼其煩而未究
復以中國俚語爲律而名之曰議刑易覽欲令天下之爲吏
者皆得而易曉也然本朝俚語與中國不通則尤難曉之又
無講習者故凡施刑者皆出妄意而或受賄賂或諂權勢或
諱親故而罪雖可殺尙不受一笞一杖而無辜或陷於極刑
至於愚婦赤子咸被殺戮恨成怨積而乾文失道地怪屢警
歲不登而民不聊生兵不暫停而國以日縮三韓之業幾復
墜矣今殿下年方幼冲人心所歸遹卽父位鑑何遠取伏惟
殿下遠小人親君子雞鳴而興暮夜而休不廢學業崇信德
敎平其政刑以事大國今　大明律考之議刑易覽斟酌古
今尤頗詳盡況時王之制尤當倣行然與本朝律不合者有
之伏惟殿下命通中國與本朝文俚者斟酌更定訓導京外
官吏一笞一杖依律而施行之若不按律而妄意經重者以
其罪罪之司掌刑之官而一國刑戮摠不得知固非立官之
意也今後京外官司若有刑戮者須令通報於司按律行移
然後施行之毋得擅行但外官守令則罪之合於笞者依律
直行杖者報觀察使受命而施行大辟則除將軍臨戰外具
罪狀報都觀察使使轉告于司按律可殺而後報都評議
使使具聞于上上察而命司依律行移而後施行之則人無
枉死者矣向者罪及妻孥而家財田民亦皆沒官古無其法

須當停息近年官司賤口冒受官職者難以數計今後雖參以上如有現告除守直受判直取謝貼親問論罪諸色匠人受官職者如有問罪事亦如之去洪武三年十二月日判付內田民推決至於仍執等田民事付版圖都官司則專掌刑決禁亂近年不依判旨因循前習田民推徵等事日繁月積而所掌刑決禁亂尙爲餘事寃獄久滯囚繫致死者多今後田民事一依前判各還都官版圖至於推徵雜務亦付主掌開城府司則專修所職判付都評議使擬議施行　十月憲司又上書曰古之爲國者必先立紀綱國之有紀綱猶身之有血脉也身無血脉氣有所不通國無紀綱令有所不行法令不行國非其國矣殿下卽位大開言路相臣憲臣各陳時務然舊弊甫革新法不行怨讟方興紀綱紊亂病自血脉達于膏肓雖有扁鵲卒難治也願自今判付法制刊板施行堅如金石信如四時敢有犯法觸禁者一委憲司治之士大夫之仕宦于朝者旣已委質從仕克勤乃職固其分也今則不然顯官任職者託以覲親省墓冒干口傳便歸鄕曲淹延歲月曠官廢職非事君致身之義也願自今父母奔喪外不許

出關外其事有不獲已者必辭職然後乃行違者痛理其人分隷各處役之如奴隷至有逋亡者主司督京主人日徵闕布人十四主人不能償之直趨州縣倍數督徵州郡凋弊願自今一切罷去使還鄕里其各殿之役以近日革罷倉庫奴婢代之各司之役使者亦以辨正都監屬公奴婢充之司設幕士注選之屬亦皆革去以安民生　辛昌元年四月都評議使司啓自立春至立秋停死刑在京五覆啓在外三覆啓方許斷罪事干軍機及叛逆不在此限　恭讓王元年十二月憲司上疏曰庶獄庶愼文王罔敢知于玆此成周之致理陳平不知錢穀之數君子謂知宰相體以其不侵官也本朝之制都堂惣百揆頒號令憲司察百官糾風俗典法都官辨曲直決獄訟其職也近者僥倖貪利之徒欺罔大內冒弄都堂訟牒雲委行移之閒因循苟且不勝其煩非設官分職之本意也願自今訟者各詣攸司其直達大內都堂者一切禁之以尊大內以嚴都堂三司及六部官以時親到所屬各司將其所報拘校文書會計點考毋致陵夷如有不奉法者使憲司糾理大罪降等別敍除名不敍隨罪論之小罪下牒巡

軍笞杖還職凡京外大小官吏除目旣下累日不卽上官赴任以致公事稽遲其文書錢穀皆爲奸吏所容匿此則弊之大者而又非臣子誠心事君之道也願自今除臺省政曹外其京官大小員吏自下批之後京官限三日外官限十日進闕謝恩卽行上官赴任稱權知行事新舊相對將文書錢穀明立契券手相交付以憑考課謝後卽眞有不如法者京中憲司外方觀察使痛繩以法　三年四月都堂請考臺省勤慢一不仕者抵罪三不仕者削職　六月都堂啓請停服制後行之命

奸非

監臨主守於監守內犯奸和徒二年有夫二年半强三年和奸婦女減一等　部曲人及奴奸主及主之周親尊長和絞强斬和者婦女減一等奸主緦麻以上親減一等　奸父祖妾伯叔母姑姉妹子孫之婦兄弟女和絞奸父祖幸婢減二等　凡人奸尼女冠和徒一年半强徒二年尼女冠與和徒二年半强不坐　肅宗元年六月禁功親婚嫁　仁宗五年判凡諸寺院僧奸女色有無職勿論依律處決充常戶　毅宗卽位始禁堂姑從姉妹堂姪女兄孫女相婚　忠烈王三十四年閏十一月憲司請禁外家四寸通婚　恭愍王十六年五月監察司請禁人妻死繼娶妻之姉妹及娶異姓再從姉妹

戶婚

編戶以人丁多寡分爲九等定其賦役　家長漏口及增減年狀免課役者一口徒一年二口一年半五口二年七口二年半九口三年若增減非免課役四口爲一口罪止徒一年半　里正不覺漏脫增減出入課役一口笞四十四口五十七口杖六十十口七十十三口八十十六口九十二十口一百三十口徒一年四十口一年半五十口二年六十口二年半若知情同家長法科之　被差充丁夫雜匠稽留不赴一日笞四十二日五十七日杖六十十日七十十三日八十十六日九十十九日一百二十三日徒一年將領主司各加一等　隣里被强盜聞而不救杖八十告而不救九十官司不救一百竊盜減二等　同五保內徒罪不糺杖六十流罪不糺一百死罪不糺徒一年徒以下罪不糺不坐　養異姓男

與者笞五十養徒一年無子而捨去者二年養女不坐其遺弃小兒三歲以下異姓聽養　祖父母父母在子孫別籍異財供養有闕徒二年服內別籍徒一年　和賣子孫爲奴婢徒一年略賣一年半和而故賣者加一等　和賣親弟姪外孫爲奴婢徒二年半略賣徒三年未售減一等和而故賣者減一等　和賣堂弟堂兄弟之子孫爲奴婢流二千里略賣流三千里不售減一等知而故賣者亦減一等餘親同凡人　官私奴婢招誘良人子賣買者女人則初犯依律斷之再犯歸鄉男人則初犯歸鄉再犯充常戶　妻擅去徒二年改嫁流二千里妾擅去徒一年半改嫁二年半娶者同罪不知有夫不坐　郡縣人與津驛部曲人交嫁所生皆屬津驛部曲津驛部曲與雜尺人交嫁所產中分之剩數從母　靖宗十二年判諸田丁連立無嫡子則嫡孫無嫡孫則同母弟無同母弟則庶孫無男孫則女孫　文宗二十二年制凡人無後者無兄弟之子則收他人三歲前弃兒養以爲子即從其姓繼後付籍已有成法其有子孫及兄弟之子而收養異姓者一禁　制禁以伯叔及孫子行者爲養子　睿宗三年判有夫女淫錄恣女案針工定屬　元宗十三年正月御史臺奏庚午之變朝官以其家屬陷賊率多改娶今賊平其舊室雖有還者或疑有所汚或悅新昏遂弃而不顧以敗人倫以致多怨請禁之從之　無父母和論無故弃妻者停職付處　忠肅王十二年十月敎曰官私奴子妄稱南班引誘良家婦女婚嫁據法禁理　恭愍王二十年十二月敎曰單丁從役自丙申年已在禁限官吏役使如初尤可憐憫須給助役毋令失業年滿六十免役　辛禑元年二月敎曰使民之道務從優典今後外方各處民戶一依京中見行之法分揀大中小三等其中戶以二爲一小戶以三爲一凡所差發同力相助毋致失所　十四年八月憲司上䟽曰禾尺才人不事耕種相聚山谷詐稱倭賊不可不早圖願自今所在州郡課其生口成籍不得流移擇曠地勸令耕種與平民同違者所在官司繩之以法　恭讓王元年九月都堂啓散騎以上妻爲命婦者毋使再嫁判事以下至六品妻夫亡三年不許再嫁違者坐以失節散騎以上妾及六品以上妻妾自願守節者旌表門閭仍加賞賜

大惡

謀殺周親尊長外祖父母夫婦之父母雖未傷斬道士女冠僧尼謀殺師主同叔伯父母　謀殺周親卑幼徒二年半已傷三年已殺流三千里有所規求謀殺加一等　謀殺大功尊長流二千里已傷絞已殺斬謀殺小功緦麻尊長者亦同　謀殺大功以下緦麻以上卑幼徒三年已傷流三千里已殺絞有所規求加一等　毆祖父母父母斬告詈絞誤傷過失詈徒三年過失毆流三千里　詈伯叔父母外祖父母徒一年毆三年傷流二千里折傷絞至死斬過失傷各減本傷罪二等　詈親兄姊者杖一百毆徒二年半傷三年折傷流二千里折支絞至死斬過失傷各減本傷罪二等　毆堂兄姊者徒一年半折齒以上徒三年折筋以上流二千里二事以上絞誤傷者減本傷罪二等　毆緦麻兄姊杖一百折一齒以上徒一年半二齒以上二年折筋以上二年半折支以上流二千里二事以上流三千里至死絞尊屬又加一等至死斬　毆小功兄姊徒一年折齒以上徒二年折二齒以上二年半折筋以上三年二事以上流三千里至死斬尊屬又加一等　毆兄之妻及夫之弟妹手足杖七十拔髮以上九十他物傷徒一年折一齒以上一年半二齒以上二年損筋以上二年半折支以上流二千里二事以上流三千里至死絞不傷笞五十妾犯者加一等　妻妾詈夫之祖父母父母徒二年毆絞傷斬過失傷徒二年半過失殺三年　毆殺弟妹及兄弟之子孫與外孫徒三年故殺流二千里誤殺過失殺勿論　夫毆傷妻他物傷杖八十折一齒以上九十二齒以上一百折筋以上徒一年折支以上二年二事以上三年至死絞故殺斬拔髮以上杖六十過失殺勿論以妻毆妾同　毆殺堂弟妹堂姪孫流二千里故殺絞毆妻父母准十惡不睦論　告周親尊長外祖父母夫婦之祖父母雖得實徒二年流罪徒三年死罪流三千里誣告加所誣罪二等告周親卑幼罪杖六十　告大功尊長罪雖得實徒一年半流罪二年半死罪三年誣告加所誣罪二等　告小功緦麻尊長雖得實徒一年流罪二年死罪二年半　文宗元年七月長淵縣民文漢假言托神顚狂殺其父母及親妹小兒等四人弁市尙書刑部奏縣令崔德元尉崔德望等不能善政化民

致有不祥之變且申報稽遲宜罷其職從之　肅宗六年正月注簿李景澤妻金氏欲殺夫之繼母陰使婢置毒於食以進母知之以告御史臺金不服御史臺請更鞫問王曰犯狀已白宜即論决以金先朝外戚減死流安山縣景澤死獄中

殺傷

靖宗四年五月東界兵馬使報威雞州住女眞仇屯高刀化二人與其都領將軍開老爭財爭開老醉毆殺之侍中徐訥等議曰女眞雖是異類然旣歸化名載版籍與編氓同固當遵率邦憲今因爭財毆殺其長罪不可原請論如法內史侍郎黃周亮等議曰此輩雖歸化爲我藩籬然人面獸心不識事理不慣風敎不可加刑且律文云諸化外人同類自相犯者各依本俗法況其鄰里老長已依本俗法出犯人二家財物輸開老家以贖其罪何更論斷王從周亮等議　文宗十二年開城拔監直員李啓私遣人捕府軍金祚祚乃投河而死刑部奏當脊杖配島制除名收田　仁宗十二年判毆人折齒者徵銅與被傷人　毅宗十六年五月官婢善花與一孕婦爭豆粟殺之配紫燕島　明宗十五年八月有南原郡人與郡吏有隙至其家縛吏于柱遂火其家而燒殺之群臣議以鬪殺論制云原其罪狀宜鈒面充常戶又有陵城人以鞭擊負兒女女驚怖投水死群臣亦以鬪殺論制曰使母子一時俱死其以劫殺論　恭讓王三年有爲父殺人者刑曹擬罪杖八十都堂以爲雖爲親殺人厥罪匪輕王曰爲親殺人其罪可赦竟原之

志卷第三十八

志卷第三十九　高麗史八十五

正憲大夫工曹判書集賢殿大提學知　經筵春秋館事兼成均大司成臣鄭麟趾奉
教修

刑法二

禁令

聞父母喪若夫喪忘哀作樂雜戲徒一年釋服從吉徒三年匿不擧哀流二千里詐稱祖父母父母死以求暇及有所避徒三年　祖父母父母被囚而嫁娶者徒罪杖一百死罪徒一年祖父母父母命者勿論妄減三等　凡決後誣以爲誤決淹延其事者參以下直囚四品以下申聞科罪以投匿名書論　私作枰斗在市執用有增減者一尺杖六十一匹七十二匹八十三匹九十四匹一百五匹徒一年十匹一年半十五匹二年二十匹二年半二十五匹三年三十匹流二千里三十五匹二千五百里四十匹三千里　用枰斗尺度出入官物不平入已者一尺杖六十一匹七十二匹八十三匹九十四匹一百五匹徒一年十匹一年半十五匹二年二十匹二年半二十五匹三年三十匹流二千里三十五匹加役流有增減者坐贓論　妄認公私田幷盜貿賣者一畝笞五十五畝杖六十十畝七十十五畝八十二十畝九十二十五畝一百三十畝徒一年三十五畝一年半四十畝二年五十畝二年半妄認未得准妄認財物未得論　盜耕公私田一畝笞三十五畝四十十畝五十十五畝杖六十二十畝七十二十五畝八十三十畝九十三十五畝一百四十畝徒一年五十畝一年半荒田減一等强加一等　盜葬他人田笞五十墓田杖六十告里正移埋不告而移笞三十　盜耕人墓田杖一百傷墳者徒一年　侵巷街阡陌杖七十種植笞五十穿垣杖六十雖種植無防廢不坐主司不禁同罪　恐嚇取人財物者一尺杖七十一匹八十二匹九十三匹一百四匹徒一年五匹一年半十匹二年十五匹二年半二十匹三年二十五匹流二千里三十匹二千五百里三十五匹三千里滿二十匹首處死　斫伐他人墓塋內樹木者一尺杖六十一匹七十二匹九十四匹一百五匹徒一年十匹一年半十五

匹二年二十匹二年半二十五匹三年三十匹流二千里三十五匹二千五百里四十匹三千里伐親屬墓內樹者亦同於他人田園輒將瓜菓而去者一尺杖六十一匹七十二匹八十三匹九十四匹一百五匹徒一年十匹一年半十五匹二年二十匹二年半二十五匹三年三十匹流二千里三十五匹二千五百里四十匹三千里强將去者以盜論輒食者坐贓論　知盜詐之贓而故買者一匹笞二十二匹三十四匹五十五匹杖六十六匹徒一年三十匹一年半四十匹二年五十匹二年半知而爲藏者減一等　知人詐欺得物而從乞取者一尺笞二十一匹三十二匹四十三匹五十四匹杖六十五匹七十六匹八十七匹九十八匹一百十匹徒一年二十匹一年半三十匹二年四十匹二年半五十匹三年知而買者減爲藏者二等　應分財物不平者一匹笞二十三匹三十四匹四十五匹五十六匹杖六十七匹七十八匹八十十匹九十二十匹一百三十匹徒一年四十匹一年半五十匹二年　違方詐療病因取財物者一尺杖六十一匹七十二匹八十三匹九十四匹一百五匹徒一年七匹一年半十五匹二年二十匹二年半二十五匹三年三十匹二千里三十五匹加役流不在收贖之例　枉徵租稅入已一尺杖一百一匹徒一年二匹一年半三匹二年四匹二年半五匹三年六匹流二千里七匹二千五百里八匹三千里有祿者三十匹加役流無祿者二十五匹加役流　負債不告官司强牽財物過本者一尺笞二十一匹三十二匹四十三匹五十四匹杖六十五匹七十六匹八十七匹九十八匹一百十匹徒一年二十匹一年半三十匹二年四十匹二年半五十匹三年仍勒依元契還主　故放畜產損食人田苗者一尺笞二十一匹三十二匹四十三匹五十四匹杖六十五匹七十六匹八十七匹九十八匹一百十匹徒一年二十匹一年半三十匹二年四十匹二年半五十匹三年若因走失者減二等並勒償所損　弃毁制書及官文書者一尺杖六十一匹七十二匹八十三匹九十四匹一百五匹徒一年十匹一年半十五匹二年二十匹二年半二十五匹三年三十匹流二千里三十五匹二千五百里四十匹三千里詐僞官文書有增減者同亡失及誤毁者減二等　諸失火者二月一

日已後十月三日已前燒野田者笞五十池燒人宅舍財物杖八十贓重者坐贓論減三等故燒官府廟社及私家舍宅財物無問屋舍大小財物多寡徒三年贓滿五匹流二千里十匹絞殺傷人者以故殺傷論　故燒人屋舍蠶箔五穀積聚者首處死從者脊杖二十　以博戲賭錢物者各杖一百其停止主人及出凡和合令戲者亦杖一百賭飲食弓射習武藝者雖賭錢物無罪　禁鄕部曲津驛兩界州鎭編戶人爲僧　禁京外豪富劫占負債貧人仍爲奴婢使喚者　禁僧人寓宿閭閻　宰牛人良賤勿論鈒面刑決遠陸州縣充入　越縣城杖九十州鎭徒一年未越者減一等從溝瀆出入與越同　景宗元年二月定文武兩班墓地一品方九十步二品八十步墳高並一丈六尺三品七十步高一丈四品六十步五品五十步六品以下並三十步高不過八尺　成宗元年四月令男子十歲以上着帽　六月正匡崔承老上書曰新羅之時公卿百僚庶人衣服鞋襪各有品色公卿百僚朝會則着公襴具穿執退朝則逐便服之庶人百姓不得服文彩所謂別貴賤辨尊卑也由是公襴雖非土產百姓自足用之我朝自太祖以來勿論貴賤任意服着官雖高而家貧則不能備公襴雖無職而家富則用綾羅錦繡我國土宜好物少而麤物多文彩之物皆非土產而人人得服則恐於他國使臣迎接之時百官禮服不得如法以取恥焉乞令百僚朝會一依中國及新羅之制其公襴穿執奏事之時着襪靴絲鞋革履庶人不得着文彩紗縠但用紬絹僧人往來郡縣止宿館驛鞭撻吏民責其迎候供億之緩吏民疑其銜命畏不敢言弊莫大焉自今禁僧徒止宿館驛以除其弊世俗以種善爲名各隨所願營造佛宇其數甚多又有中外僧徒競行營造普勸州郡長吏徵民役使急於公役民甚苦之願嚴加禁斷令遠而安南安東近而御事都省檢劾罪其長吏以除百姓勞役禮云天子堂九尺諸侯堂七尺自有定制近來人無尊卑苟有財力則皆以營室爲先由是諸州郡縣及亭驛津渡豪右競構大屋踰越制度非但盡一家之力實勞百姓其弊甚多伏望命禮官酌定尊卑家舍制度令中外遵守其已營造踰制者亦令毀撤以戒後來新羅之季經像皆用金銀奢侈過度終底滅亡使商賈竊毀佛像轉相賣買以

營生產近代餘風未殄願嚴加禁斷以革其弊　三年始定軍人服色　六年正月敎自二月至十月萬物生成之時禁放火山野違者罪之著爲常式　顯宗元年禁僧人奴婢相爭又禁僧尼釀酒　三年禁市賣綾絹扇　敎曰比見沙門衣服漸盛奢僭與俗無異令有司定其服式　四年三月敎曰禮云伐一樹不以時非孝也史云松栢百木長也近聞百姓斫伐松栢多不以時自今除公家所用外違時伐松者一切禁斷　五年禁民佩匕首　八年正月令中外官吏捕故燒人家竊取財物者復禁人捨家爲寺婦女爲尼　十二年六月司憲臺奏禁諸寺僧飮酒作樂　七年復禁寺院釀酒　九月禁黃州世長池及龍林麓漁樵　十四年五月司憲臺奏百官於朝會跪膝私語或單拜起居搪揬班行殊失朝儀請加嚴禁從之　十六年四月禮部奏准御史臺格兩班員吏於朝門街衢公處以私禮拜伏者隨即糾罪謹按禮記君子行禮不求變俗又云修其敎不易其俗齊其政不易其宜況非禮無以辨上下長幼之序如御史臺新格卑幼之於尊長何以致敬何以辨位請於朝廟禮會班行切禁私禮拜伏外任便爲宜從之　九月御史臺請禁中外民庶衣服器物龍鳳紋樣從之　十八年八月禁僧服白衫鞹頭袴綾羅勒帛旋襴衫皮鞋彩冒笠子冠纓　十九年二月敎曰僧尼誑誘愚民鳩聚財物輸以驛馬害莫大焉令官司嚴加禁斷

二十二年判立春後禁伐木　靖宗九年四月禁中外男女錦繡銷金龍鳳紋綾羅衣服　十一年復禁人佩匕首

文宗八年以將作監商人故燒官炭庫判決脊杖二十鈒面配島　三十一年判三伏內禁工作　三十二年十月中書門下省請依宋制禁臣民着梔黃淡黃色衣從之　肅宗六年六月詔曰金銀天地之精國家之寶也奸民和銅盜鑄自今用銀瓶皆標印違者重論　禁男女僧尼群聚萬佛會及舍家爲寺　十年十一月睿宗即位詔曰朕聞民閒買賣所用米穀及銀品甚惡故前代以來以嚴法禁之而至今未見其懲戒者蓋姦猾之類不畏法禁惟利是求乃以沙土和米銅鐵交銀以眩惑愚民甚非天地神明之意民之貧困實由於此可懲之以法然堯舜畫衣冠民不犯法刑措不用比屋可封朕甚慕焉庶幾內外軍民工商雜類改心革慮遷善遠

罪則自然刑罰淸而德敎洽矣富壽之業大平之風豈難致哉如有不識此意故有違犯者必罰無赦　仁宗九年五月停內外錦繡工作限十年禁庶人羅衣絹袴騎馬都中及奴隷革帶　六月陰陽會議所奏近來僧俗雜類聚集成群號萬佛香徒或念佛讀經作爲詭誕或內外寺社僧徒賣酒賣葱或持兵作惡踴躍遊戲亂常敗俗請令御史臺金吾衛巡檢禁止詔可　毅宗元年御史臺奏當兩界軍資輸運時諸宮院權勢賫品惡匹段布貨及絲銀就兩界依付當道別常高價納之收價於西南西南兩界之民俱受其弊今後兩界兵馬使及臺監按察使推考執送別常不能禁者及指揮者並科罪　二十二年三月敎曰昔周王卑服卽康功漢帝器不雕鏤朕切慕焉近見內外公私奢侈成風衣服必用錦繡器皿必用金玉甚乖寡人節儉之意自今內外所司痛行禁斷　明宗三年四月執奏李義方置平斗量都監斗升皆用槩犯者黥配于島未踰年復如初　十一年七月宰樞重房臺諫會奉恩寺定市價平斗斛犯者配海島　十八年三月制曰京人於鄕邑盛排農塲作弊者破取農塲以法還京道門僧人諸處農舍冒認貢戶良人以使之又以麤惡紙布強與貧民以取其利悉皆禁止凡供御物膳各因土宜隨卽進獻其餘玩好熊虎豹皮無以勞民徵取密進又無以驛路贈送私門　二十二年五月制曰古先哲王之化天下崇節儉斥奢靡所以厚風俗也今俗尙浮華凡公私設宴競尙誇勝用穀粟如泥沙視油蜜如潢潦徒爲觀美糜費不貲自今禁用油蜜果代以木實小不過三器中不過五器大不過九器饌亦不過三品若不得已而加之則脯醢交進以爲定式有不如令有司劾罪　二十三年三月御史臺禁用和租雜米　二十四年四月御史臺奏近來主試者例請兩府及賓僚宴于其家競事奢侈糜費甚廣請禁之從之　神宗二年二月禁工匠着幞頭　高宗十九年五月禁衣食器皿華侈　三十三年五月禁端午鞦韆鼓吹之戲　十一月始禁棺槨飾金箔　元宗元年二月御史臺榜曰參上員衣冠不稱者僧人笠子不中者及賤隷騎馬朝路者一依前判禁之不從令者收付所司　二年五月京市署奏今市肆物價踴貴不可不禁今宜折定物價違者按律科罪從之　忠烈王元年

六月大司局言東方木位色當尙靑而白者金之色也國人自着戎服多裼以白紵衣木制於金之象也請禁白色服從之　非父母忌齋禁往寺社　四年二月令境內皆服上國衣冠三月都兵馬使據判出牒云大朝令諸路斷酒國家亦宜行之聖節日上朝使臣迎接內宴燃燈八關不可無酒令良醞署供進國行祭享醴酒良醞署亦別建造釀都祭庫燒錢色傳請供設此外公私一皆禁斷如有違者有職者罷黜無職者論罪閭里有私釀飮之屬部官比長等知而不告者論罪已釀之酒限今月二十一日盡用已造之麴限今月皆納右倉倉給其直外方亦令按廉安集使限日禁斷麴亦納官官給其直輸于右倉　十一月王下旨紅大燭闕內所用凡婚姻喪制一皆禁斷　八年九月王畋于忠淸道行從都監禁油蜜果及遠道守令來謁　九年正月監察司張榜曰兩班諂媚權貴非族長而皆拜于下自後拜與受者皆罪之又禁扈從群臣相顧笑語及以朝服徒行庶人乘馬見大官不下者取其馬送典牧司　五月禁州郡吏民徵銅監察司禁鞦韆戱　十一年三月下旨外方人吏等以所耕田賂諸權勢于請別常謀避其役者有之今後窮推還定又公私處久遠接居人內人吏之避役者勿論久近皆還本役　十二年三月下旨令諸院寺社忽只鷹坊巡馬及兩班等以有職人員殿前上守分遣田莊招集齊民引誘猾吏抗拒守令以至毆攝差人作惡萬端下界別銜不能懲禁且東西兩班及有官守散官等依附別常外方下去侵害殘民今後窮推執送于京推徵宿債與者貸者俱存方許聽理農時則一禁與者貸者俱沒執傳傳文契徵督族類者官收文契勿令徵給　十三年四月禁市中合鑄銀銅　十四年四月監察司榜曰國家連因旱乾禾穀不登無識之徒因祭松岳群飮山谷因緣失行者有之故法司已曾論請受判然禁防稍弛今復盛行且露衣簷笠兩班妻郊外之服今商夫奴隸之妻亦皆着之尊卑無別自今一皆禁斷違者犯物沒官重論其罪僧徒及奴僕雜類騎馬公行朝路無所畏忌或走馬踏殺行人自今攸司捕捉監禁犯人論罪送馬于典牧若本主不能敎令奴隸犯禁者並與其主論罪又榜差遣外官稽留不發迎來騶從到京久留其弊不貲不即發行者論罪申聞　十月

禁六品以上徒行品官拜階下者　二十一年十二月禁閭巷儺　二十二年正月監察司言無賴之徒擅殺牛馬非時放火山野燒殺物命有違好生之德詔禁之從之　二十五年九月復禁白衣笠　三十三年禁僧同雪笠大禪師大德已上着八面八頂笠圓頂笠違者罪之　忠宣王二年傳旨迎駕山臺已有禁令毋復爲之公私宴油蜜果絲花並皆禁之違者痛治　三年四月禁祭紺岳山時尙鬼公卿士庶皆親祭紺岳或有過長湍溺死者憲司上疏禁之　四年六月禁人不用子母法追徵私債　九月置僧人推考都監禁諸寺勸化僧來集京師聚錢財肆爲穢行者　忠肅王元年五月禁鑿毬鞦韆　三年三月禁有職人及僧人商販　十二年二月敎曰近者紀綱不振惡小成群奪人財物淫人婦女攘宰牛馬人甚怨憝仰司憲巡軍體察究理山林川澤與民共利近來權勢之家自占爲私擅禁樵牧以爲民害仰憲司禁約違者治罪不畜雞豚宰殺牛馬甚爲不仁自今畜養雞豚鵝鴨以備賓祭之用宰殺牛馬者科罪州縣吏有三子者毋得剃度爲僧雖多子須告官得度牒許剃一子違者子及父母俱治其罪　後八年五月監察司牓示禁令一今國有大喪理宜禁酒若有群飮歌舞者有職徵布七十四白身決杖七十七四隣知而不告徵布五十四一各司新舊之禮侈靡日增以至司外供設招引雜客歌舞喧譁今後一禁凡所用金銀酒器屛簇褥席等物亦令禁之犯者痛治一巫覡之輩妖言惑衆士大夫家歌舞祀神汙染莫甚舊制巫覡不得居城內仰各部盡行推刷黜諸城外一各戶奴婢役之甚苦在所矜恤或有病不肯醫治弃諸道路死又不埋轉相曳弃肉餧群狗誠爲可憐今後以重法論一近年禪敎寺院住持利其土生專事爭奪以致隳壞寺宇甚者犯奸作穢曾莫之恥今後禁理一城中婦女無尊卑老少結爲香徒設齋點燈群往山寺私於僧人者閒或有之其齊民罪坐其子兩班之家罪坐其夫一公私賤口並不許城中乘馬一僧人不許雜居閭里及賫願文亂行勸化一古者葬先遠日所以禮葬今士大夫例用三日葬殊非禮典又有不躬廬墓以奴代之焉得爲孝並宜禁之犯者科罪　忠穆王元年五月禁端午擲石戲　整理都監狀官官族屬及權勢之家於田地沃饒處

爭設農莊奸吏因緣用事奪占人田劫取牛馬今後推考痛懲又招引流移人吏及官寺奴婢驛子群聚作黨長利稱名借貸平民倒換文契利中生利今後將所納物色還其本主收文契依例決罪又憑依宿債怯良人爲奴婢使喚者依前判賤口役價一年五升布三十二匹半例計徵還價悉皆免役行省三所忽只巡軍波吾赤投屬成黨橫行者推考收取差帖還本定役各衙門公廨田收取人等非處橫行作弊者收馬匹各驛定屬國制內乘鷹坊投屬人並皆革罷令各縣別抄及貢戶定役令忽只等冒受賜牌遣無賴人將在逃人陳荒田計年徵之其弊莫甚今後禁之田地收租人等每年一田四五度徵斂使百姓失業流移者頗多今後窮推械送于京　恭愍王五年六月下教鄉驛吏及公私奴隸規逃賦役擅自爲僧戶口日蹙自今非受度牒者毋得私剃　十二月禁中外漁獵　七年四月都評議使上言比來按廉守令紀綱不立諸道鄉吏縱逞其欲點兵則不及富戶收租則私作大斗階京丁爲其田聚良人爲其隸誅求於民靡有紀極宜令御史臺及諸道按廉使究其元惡者車裂輕者杖流從之　八年四月重房言自古緇流不得入闕門今崇信佛法出入無防請禁之從之　十二月禁人擅爲僧尼　十年御史臺禁僧入市街　二十年十二月敎曰無故宰殺明有禁令市井無賴之徒州郡公須使會之家必用屠宰有乖禮典所在官司比附前例痛行禁斷　二十一年十一月禁圜丘及諸祭壇山陵鎭山禪補田獵又禁養鷹　二十三年五月禁效胡剃額　辛禑元年二月敎曰人不知儉侈用傷財今後如燒酒錦繡段匹金玉器皿等物一皆禁斷雖婚姻之家止用紬紵務從儉約以成風俗閑散之人托名各愛馬稱爲通粮規避徭役致使齊民勞逸不均今後司憲府巡問按廉所在官司盡行推刷以當差役　三年二月立防於各道要衝以遏流移戶口　五年正月門下府郎舍上䟽曰東西北面境連異土尤宜袪弊存恤近者守令受京都相識所屬布帛分諸民戶徵收米穀或換軍須傳次輸運民不忍苦流徙異土願自今一皆禁斷違者送布人及守令憲司申聞科罪米布屬軍須且元帥所統軍官常騎馬陪行馬不休息因而困斃願自今城內毋率騎從又禁兩府門外迎餞　十二年

八月禁僧乘馬王國師乃許乘驢　十四年三月司憲府禁
編髮胡笠　六月敎曰近來權奸用事招納賄賂奔競成風
女謁盛行廉恥道喪仰司憲府痛行禁斷　八月憲司上疏
一各司各成衆愛馬求請及外官員饋謝一皆禁止如有違
者與者受者以不廉論一權勢之家反同稱名競爲互市凡
珍異之物無不徵斂民甚苦之自今一切禁止違者痛繩以
法　恭讓王元年憲司上疏曰葬者藏也所以藏其骸骨不
暴露也近世浮屠氏茶毘之法盛行人死則擧而葬之烈焰
之中焦毛髮爛肌膚只存其骸骨甚者焚骨揚灰以施魚鳥
乃謂必如是然後可得生天可得至西方也此論一起士大
夫高明者亦皆惑之死而不葬於地者多矣嗚呼不仁甚矣
人之精神流行和通生死人鬼本同一氣祖父母安於地下
則子孫亦安不爾則反是且人之生世猶木之托根於地焚
其根株則枝葉凋悴燒其枝葉則根株亦病矣安有發榮滋
長之理乎此愚婦之所能知也聖人制以四寸之棺三寸之
槨猶恐其速朽斂衣數十襲猶恐其或薄也置穀棺中猶恐
其螻蟻之或侵也送終之禮如是而反用裔戎無父之敎可
謂仁乎願自今一切痛禁違者論罪　司憲府出榜禁胡跪
行揖禮　二年四月籍京市工商其寓居隱漏不付籍者主
客論罪　三年三月中郎將房士良上疏一書云不貴異物
賤用物民乃足我朝只用土宜細紵麻布而能多歷年所上
下饒足今也無貴無賤爭貿異上之物路多帝服之奴巷遍
后飾之婢願自今士庶工商賤隷一禁紗羅綾段之服金銀
珠玉之飾以弛奢風以嚴貴賤一人家子孫或家貧無錢以
錦褥綾衾之未辦皮幣衣服之未備淹延歲月婚姻失時甚
至父母亡而或托族屬或依奴婢因此失禮幾敗人倫者往
往有之願自今婚姻之家專用緜布一禁異土之物如有仍
行舊弊者以違制論一鍮銅本土不産之物也願自今禁銅
鐵器專用瓷木以革習俗一書云令出惟行若令出而不行
則國非其國矣今也令非不嚴也征商之徒什伍成群牽牛
帶馬懷金挾銀日趨異域驢騾駑鈍之物遍於國中願自今
潛行越江賣牛馬者及將官印之馬賣彼不還者以違制加
刑一西伯爲池堀得死人之骨西伯曰葬之吏曰此無主之
骨何必葬爲西伯曰有天下者天下之主有一國者一國之

主寡人固其主矣更以衣槨葬之天下聞之曰西伯澤及枯骨况於人乎是知八百年帝周之籙實原於文王一念之仁豈不美哉今都城四門之外一國大小臣民先人之塚存焉芻者暴之獵者火之或逼爲菜圃或耕爲粟田嗚呼凡厥孝子仁人得不覩此而泚其顙乎願自今凡墳塚所存差定山直使之蕃茂王納之　五月禁商賈私持金銀牛馬賣買上國　七月都評議使司上書曰凡國家利害軍機重務及告發奸狀者須要明注日月指陳實事其暗投匿名書及造言興謗攪亂國政者令憲府法司嚴加體察敗露被劾者無問宗親貴戚不待啓聞直收職牒鞫問論罪王許之　都堂啓請禁巨家世族用金銀寫經　命使臣宴享外油蜜果一皆禁止　復禁婦女往來佛宇　四年二月人物推辨都監上書一凡告官訟奴婢者並於都監聽候陳訴不得於私門爭訟違者論罪一凡訟奴婢者其事不直除兩府以上申聞科罪外奉翊以下就便鞫問如有沮毁公事者依律論罪　三月憲司上疏言時事一擅入宮殿門旣有其律見今宮門不嚴大小員將引伴倘奴隸無時出入甚至雜亂或有司門者阻當反致陵辱無有懲禁至如御殿宴享賓客臨朝聽政之際僕從雜類闌入混雜朝儀不肅若不嚴切禁理誠爲未便願自今除特奉宣喚及應直宿衛人員啓稟公事官吏外其餘閑人毋得擅入其應入者二品以上將引根隨人二名四品以上一名其餘毋得將引輒入違者治罪車沙兀及各門把直人員不能禁禦者並罪之一都城之虛實係乎人家之多少自辛丑年後人家半爲空基强者多兼幷反爲穀田弱者無容膝之地雖欲造家焉能得乎是故民居日減誠不可不慮也乞令開城府踏驗空基俾其主定基造家若於期限內不肯營造將兼幷之基以給自望造家者則戶口日增矣其受田而不造家者空家而不接者壞家而爲田者痛繩以法一醫官之設本爲民生近來醫業之人居官食祿不顧其任妄自尊大出入自尊人有告疾雖呼而救之非豪富之家自不往救甚非先王分職之意也自今一切患病之人奔告請救醫官似前自尊不即奔救者許諸人陳告痛行以法

盜賊　捕盜附

應犯竊盜滿五貫處死不滿五貫脊杖二十配三年不滿三

貫脊杖二十配二年不滿二貫脊杖十八配一年一貫以下量罪科決女免配竊盜一匹杖六十二匹八十三匹九十四匹一百五匹徒一年十匹一年半十五匹二年二十匹二年半二十五匹三年三十匹流二千里三十五匹二千五百里四十匹三千里同居卑幼將人盜己家財以私輒用財物論加二等凡人減常盜一等盜緦麻小功親減一等大功親減二等周親減三等　犯盜配所逃亡者刑決鈒面配遠陸州縣　諸投化人犯盜配南界水路不通州縣　顯宗七年十月敎南界强盜頗多令諸州縣嚴加追捕　肅宗七年判捕盜贓物現告者以贓物分半給之　內外强竊盜知認捕捉者有職次第職無職許初職不應受職人賜物償人則寺職賤人放良不監檢者內則五部員吏別監里正外則色員長吏將校衙前決罪許接人囚禁罪之　睿宗七年判大府寺賊捕捉者爲先錄用以勵後人　仁宗二年判羅城內外群聚强盜捕捉者許加職　忠宣王二年傳旨曰巡軍府本爲捕盜而設民閒鬪毆宰殺牛馬等事皆可理之其餘土田奴婢事並勿理以巡綽爲事

軍律

睿宗元年正月都兵馬使奏曰頃者東蕃之役軍令不嚴故將帥無敢力戰卒伍亦皆奔潰屢致敗績書云左不攻于左右不攻于右汝不恭命用命賞于祖不用命戮于社予則孥戮汝昔孫武殺寵姬二人西破强楚北威齊晉莊賈失期穰苴斬之燕晉之師聞之而退李靖兵法曰善爲將者必能十卒而殺其三次者十殺其一故須百殺十人千殺百人以嚴其令然後衆心一矣伏見辛亥戊午年閒顯廟行師之令曰初當訓勵時不至者勿論官職高下杖脊十五二次不至者及進退失伍者或持卜筮訛言以惑衆者誤墜失兵仗者隊正以下聞令不傳及傳之而不行者爲卒雖救其上不能使免者或私洩謀於敵或敵入軍中知而不告者皆杖脊二十發兵而不及期者有亡走心或臨敵不戰或當戰妄動者士卒不從其將節制者兵仗器械拋弃敵中者爲卒不救其上以致敗沒者見戰者危急以非己部伍不救者奪人弓劒爭人首級者將軍將校臨陣不戰或亡入軍中或言降於敵者或陣而不能拒俾敵衝突者皆斬其投降於敵者籍其家孥

其妻子敵自降不告而妄殺者斬願遵此令以勵軍士但敵自降不告而妄殺者不宜斬請杖二十從之時國家有東征之議故申明軍法

恤刑

諸流移人未達前所而祖父母父母在鄉喪者給暇七日發哀周喪承重亦同　諸婦人在禁臨產月者責保聽出死罪產後滿二十日流罪以下滿三十日　諸犯死罪在禁非惡逆以上遭父母喪夫喪祖父母喪承重者給暇七日發哀流徒罪三十日責保乃出　諸流移囚在途有婦人產者並家口給暇二十日家女及婢給暇七日若身及家口遇患或逢賊津濟水漲不得行者隨近官每日驗行堪進即遣若祖父母父母喪者給暇十五日家口有死者七日　年七十以上父母無守護其子犯罪應配島者存留孝養　顯宗九年閏四月門下侍中劉瑨等奏民庶疫厲陰陽愆伏皆刑政不時所致也謹按月令三月節省囹圄去桎梏無肆掠止獄訟四月中氣挺重囚出輕繫七月中氣繕囹圄具桎梏斷薄刑決小罪又按獄官令從立春至秋分不得奏決死刑若犯惡逆不拘此令然恐法吏未盡審詳伏請今後內外所司皆依月令施行從之　德宗三年七月敎曰省刑部奏讞斬絞之文法在必誅然罪疑惟輕惟刑之恤前王之令典其毆家主及謀殺人强盜者杖流無人島縱犯强盜傷人持杖以下罪竄有人島於是京城減死六十九人　文宗元年八月尙書刑部覆奏死刑王曰人命至重死者不可再生寡人每聽死囚必待三覆尙慮失其情實倘有寃枉欲訴無路飮恨呑聲可不痛哉其審愼之　二年正月制犯罪配鄕人若有老親權留侍養親沒還配　十六年二月制曰刑政者民命攸繫古先哲王惟刑是恤朕遹追古訓愼選刑官猶懼不得其人以致寃枉自今必備三員以上然後訊鞫囚徒以爲定制　二十年七月制諸官人歸鄕者充常戶諸因畏懼致死者以絞論有乖於義皆除之　三十三年江陰縣有一盲謀奸人妻因殺人當死依律文八十以上十歲以下及篤疾例論減死配島　肅宗十年判進士雖無蔭凡輕罪贖銅唯犯偸盜謟曲强奸鬪傷人依律斷罪　睿宗元年七月詔曰乙亥年犯惡逆流配者宜各量移敍用緣坐沒爲奴隷者免之其不屬

賤者並加撫恤其僧徒犯奸永充鄉戶經赦不原幾乎苛法宜令有司檢察並充軍役其中外法司問罪雖有明證必三栲問以爲常所犯非深重者因而致死其於與其殺不辜寧失不輕之意何自今法司體朕欽恤之意其已伏罪者無論輕重不必栲問　六年判依月令孟夏之月出輕繫仲夏之月挺重囚之說四月保放輕囚五月重囚緩枷鏁以爲永式　仁宗元年淸州有人因救父殺人判云事理可恕除入島只移鄉　二年判推問罪人不審罪之輕重使無識杖首慘酷結縛官吏習以爲常亦不禁之使無辜殞命今後臺省內侍員當四季監獄時按問隨即科罪其杖首亦令囚禁決罪移充苦役　九年判栲訊罪人多般亂杖衝刺使不忍其苦誣服致死今後凡諸囚訊問不敢移時其犯輕罪者勿用非法栲訊　十四年五月詔曰今法官論殺牛者准殺人之罪黥面配島此非律文本意自今以本罪罪之　判無養獄囚徒官給贓贖錢以饌之　十六年判八十以上及篤疾人雖犯殺人除杖刑配島　明宗十八年三月制曰盜賊殺人外其餘囚徒平決免放勿令滯獄　二十三年四月詔曰比來掌刑之官不能率職使無辜之民久在囹圄寃抑未伸以致乾文失次時令不調未知異日將爲何變其令憲臺審治寃獄皆原之　恭愍王六年十二月王曰人命至重絕不復續聞決事官多枉刑致死自今有枉刑者都評議使御史臺科罪申聞刑部重刑依古制申聞　十二年五月敎曰刑罰失中民怨所萃今後中外之囚毋得寃滯刻日疏理期致平允　密直提學白文寶上箚子曰春爲喜神秋爲怒神若喜神一忤歲功不成方春夏時輕刑固宜放免重刑亦宜減等量決速出至三四月五六月停務大辟則待冬節謀危社稷不在此限　二十年十二月敎曰罰懲非死民極于病比來中外官曾不恤刑旣杖且贖民何以堪自今毋得並行杖贖如有違者許諸人赴官陳訴倍數徵還刑罰明有條例不宜輕重出入自逆臣擅柄凡用笞杖必中虛怯旣貶之後陰囑管押之人中路殺之深爲慘毒今後中外執法官吏敢有如此者都評議使申聞斷罪　辛禑元年二月敎曰刑法聖人所恤三代以上罪不相及刑簡而民不犯秦用峻法反不勝理仰都評議使申勑司憲府典法司都巡問按廉使詳究情法毋

用律外之刑徒役有年限其已滿者放免禁錮作賤亦宜根究以聞　二年七月禑曰諸州流配之人與妻子南北異居豈無思怨酌其輕重可赦者釋之不赦者從便宜量移遣妻子同居　九月以金義殺使奔元下其妻于巡軍將殺之憲司上言義雖叛逆婦女何知請勿殺乃沒爲尙州官婢　六年五月憲府上䟽曰凡大辟必三復奏君臣同議斷決者乃先王之成憲而今中外官吏斷大辟皆不奏聞擅決遂致無辜殞命感傷和氣請自今中外大辟所在官吏具報都堂擬議以聞施行禑納之　十四年六月敎曰刑罰輕重當有定法近來中外官司出入由已致令平民寃抑無告召傷和氣實爲憐憫今後中外官司務加矜恤毋致寃枉其杖與贖毋得並行其徒役沒官爲奴婢年限已滿者放遣　恭讓王元年十二月都評議使司啓自立春至立秋停死刑在京五覆啓在外三覆啓方許斷罪事干軍機及叛逆不在此限　憲司上䟽曰書曰罰不及嗣傳曰罪人不孥故舜殛鯀而相禹武王誅紂而封武庚即天地生物之心也至於近世殺人如飲食滅人之族猶恐其有後不仁甚矣願自今凡有罪者法三代盛王之制妻子無隨坐以示盛朝不忍之政　四年三月憲司上䟽曰典獄罪人所聚厲氣蒸染疾病易生死非其罪甚可恤也乞醫官一員六朔相遞仝仕典獄每日察病囚證候劑藥救療以備橫禍又令刑曹正佐郎一員於月令內并下提牢官考察獄官醫員勤慢

訴訟

睿宗十七年判凡父祖田無文契者適長爲先决給　恭讓王三年十月郞舍上䟽曰殿下即位首革私田之弊明立差科肅清訟源誠三韓風俗之萬幸也但有民口者本無限際又謂之私財爭訟萬端有甚於爭田之獘也歲在丁未元朝遣闊里吉思平章本朝儀制一皆革正并擧一國之爭田民者推覈明正而尙有更改之煩故丙申年宣旨一欵內忠烈王丁未年以前事雖祖業田土人口毋得爭訟又以五决從三三决從二每降宣旨以遏爭訟之風頑貪未革爭訟蠭起而聽之者亦媚於權勢牽於朋比不論前判所禁又不覈事之是非互相更改而簿書山積爭訟無窮至於骨肉反爲仇讎多興謗毀之俗而無敦篤之風和氣不達妖孽屢警此殿

下之深慮也今縱令都官每衙朝獻課訟者雲屯頗有積年未決者豈可以都官遽絕其寃訟乎伏惟殿下命立別司擇其才幹明正授以其任并及主掌官仍令臺省各一員爲之考察自今限三年除丁未年前事五決之三三決之二及戊辰年以後辨正都監決外皆令限日納狀推明以解寃濫以正風俗但令遠方人等取正於京師則往還之勞留京之苦必有含寃未告者矣命考察臺省中一員并主掌官分遣各道立司中央大官令觀察使擇其守令之可任決訟者并差參決凡京外訴訟者如有僥倖妄告卽令考察官照以竊盜計民多少輕重論罪聽訟或徇於人情顚倒是非者亦從重論其在京外不告限內者及限內已決正者皆不許更考違者俱以判旨不從論罪從之　四年二月人物推辨都監定決訟法一近年以來戶口法弊有戶口者失於兵亂權奸之輩揣知其然拘占良民妄稱父祖奴婢被拘之人訴良無據官司亦不能辨淹延歲月寃抑滋甚以傷和氣自今訴良者雖無良籍其賤籍不明者良之本主雖無賤籍累代驅使明白者決給在前載未辨帳者亦當良之一凡公私奴婢決斷文案分作二本一給其主一置於官以憑考驗永爲恒式一丙申年前無爭訟明文丁未年前事及戊辰年以後辨正都監及都官已決者不許陳告五決從三度三決從二度一依判旨不動其決數雖多不覈兩邊文證假決者不在此限妄告者反坐一凡告官訟奴婢者並於都監聽候陳訴不得於私門似前爭訟違者論罪　都官上書曰國家創制立法設官分職各有攸司凡事之難者當理處決歷年旣久隨事弊生弊之巨者無若爭訟以今日納司文契觀之皆援引數百年閒亙遠事迹則知訴訟所由古矣返來人不習法先王法制懵然莫知訟者由是而背理聽者以之而致疑若不更新條令習人耳目則爭訟之弊未易遽革今遵先王判旨內事意附以一二淺見條列于後一爭訟者或相爭或訴良多者十餘年小者不過五六年官司雖得正決强者仍執而不許弱者寃抑而更訴以致爭訟日繁姦僞日滋願自今決後仍執者免賤不放者令刑曹接狀推考痛行禁理一凡相爭及訴良者契卷豈皆均敵必有一正一邪之辨閒有奸貪之輩冒謂誤決還受原卷不一二年飾辭更呈以致爭訟曲直循

環無窮願自今決絕後其不正文契令憲司推考以防紛爭一近年以來貪風未戢爭奪愈起援引久遠爲謀百端爭訟盈庭聽者不能兼聽簿書連屋觀者不能遍觀以致辨析訛誤訴訟未弭願自今擇告狀年月久遠者一房各十件合議出榜以簡辭訟其出榜已決者屬議充數一辛丑冬賊犯京城公私文卷亡失殆盡奸凶貪緣擬生爭端或無契籍者冒受許文或實有原卷者反爲無文以致眞僞難覈決絕未當願自今無辛丑年爭訟明文者不許陳告一僞朝十六年閒大小人員希望恩德權奸所贈奴婢其一族還受爲要妄稱合執亂雜呈省今後告者無傳繼明文一皆禁斷一奴婢爭訟所起多原於合執願自今財主未分奴婢合執者或分執而不均者許人陳告一父祖奴婢爲人所有其子孫能爭訟得決者理合全執願自今其他使孫不與同訟者一禁爭望一無子息者因一時喜怒將自己奴婢互相贈與後日爭端由玆以興願自今無子息人員已許他人奴婢更與他人者具錄辭緣告官然後方許成文一凡奴婢被奪陳告爭訟其執持者利於役使多方規避願自今不會對辨者京中限三朔外方限五朔給暇原告以沮奸黠一凡告官爭訟兩邊文契披閱問備言辭窮盡得失明白然後出等掛榜其中奸惡者將欲延援面對官員誣毀百端願自今如此等人令憲司將兩邊文契辨明是非如其正決痛懲誣毀者若有違誤責及官吏從之

奴婢

昔箕子封朝鮮設禁八條相盜者沒入爲其家奴婢東國奴婢蓋始於此士族之家世傳而使者曰私奴婢官衙州郡所使者曰公奴婢年代愈遠漸至蕃盛於是慮其爭奪之相尙兼倂之日滋設官以理之其禁防甚嚴夫東國之有奴婢大有補於風敎所以嚴內外等貴賤禮義之行靡不由此焉高麗奴婢聽理之法可採者多矣故於刑法志幷附焉　奴娶良女主知情杖一百女家徒一年奴自娶一年半詐稱良人二年　公賤年滿六十放役　凡公私奴婢引誘逃亡放賣他人者一度歸鄉再度充常戶　成宗元年六月正匡崔承老上書曰本朝良賤之法其來尙矣我聖祖創業之初其群臣除本有奴婢者外其他本無者或從軍得俘或貨買奴之

聖祖甞欲放俘爲良而慮動功臣之意許從便宜至于六十餘年無有控訴者逮至光宗始令按驗奴婢辨其是非於是功臣等莫不嗟怨而無諫者大穆王后切諫不聽賤隷得志陵轢尊貴競搆虛僞謀陷本主者不可勝紀光宗自作禍胎不克遏絕至於末年枉殺甚多失德大矣昔侯景圍梁臺城近臣朱异家奴踰城投景景授儀同其奴乘馬披錦袍臨城呼曰朱异仕宦五十年方得中領軍我始仕侯王已爲儀同於是城中僮奴競出投景臺城遂陷願聖上深鑑前事勿使以賤陵貴於奴主之分執中處之大抵官高者識理鮮有非法官卑者苟非智足以飾非安能以良作賤乎惟宮院及公卿雖或有以威勢作非者而今政鏡無私安能肆乎幽厲失道不掩宣平之德呂后不德不累文景之賢唯當今判決務要詳明俾無後悔前代所決不須追究以啓紛紜　五年七月敎凡隱占人逃奴婢者依律文一日絹三尺例日徵布三十尺給本主日數雖多毋過元直奴年十五以上六十以下直布百四十五以下六十以上五十四婢年十五以上五十以下百二十四十五以下五十以上六十四　六年七月敎放良奴婢年代漸遠則必輕侮本主今或代本主水路赴戰或廬墓三年者其主告于攸司考閱其功年過四十者方許免賤若有罵本主又與本主親族相抗者還賤役使　顯宗四年判還賤奴婢更訴良者杖之鈒面還主　靖宗五年立賤者隨母之法　文宗三年判公私奴婢三度逃亡者鈒面還主　仁宗十年判無後人奴婢屬官　十三年禁奴婢代身僧　十四年判私奴婢背主因而有恨自縊者勿罪其主

忠烈王四年禁公私奴婢放良　五年七月下旨今後奴婢相訟駕前申呈及紫門敎授判付一皆除之　十一月收還諸臣受賜官奴婢屬都官　九年九月令賤者隨母無論判前後　二十四年正月敎曰一近來壓良爲賤者甚多其令有司劾其無文契及詐僞者罪之一不念公理的望外官奴婢冒受賜牌者一切禁斷一兩班奴婢以其主役各別自古未有公役雜歛令良民盡入勢家不供官役反以兩班奴婢代爲良民之役今後一禁乃至奴妻婢夫任許其主　二十六年十月闊里吉思欲革本國奴婢之法王上表略曰昔我始祖垂誡于後嗣子孫云凡此賤類其種有別愼勿使斯

類從良若許從良後必通仕漸求要職謀亂國家若違此誡社稷危矣由是小邦之法於其八世戶籍不干賤類然後乃得筮仕凡爲賤類若父若母一賤則賤縱其本主放許爲良於其所生子孫却還爲賤又其本主絕其繼嗣亦屬同宗所以然者不欲使終良也恐或有逃脫而爲良雖切防微而杜漸亦多乘隙而發奸或有因勢托功擅作威福謀亂國家而就滅者益知祖訓之難違猶恐奸情之莫禦　三十四年忠宣王復位敎曰一外方奴婢各有本役權勢之家冒受賜牌宜一切禁斷一四件奴婢（四件奴婢曰寄上曰投屬曰先王所嘗賜與及人相貿易者）若有藏閃不出者徵銀二斤以其奴婢准數充役一申棒奴婢盡數根捉四件奴婢一體使用　恭愍王元年判決後奴婢仍執不許者四品以上申聞科罪五品以下決杖流配　辛禑元年二月敎曰抑良爲賤感傷和氣自王旨後限一月悉皆放免違者痛理　十四年六月辛昌立八月憲司上疏一都官所屬奴婢宮司倉庫奴婢及近日誅流員將祖業奴婢新得奴婢令辨正都監亦計口成籍毋使遺漏每有土木營繕之役賓客佛神之供皆以役之其於坊里雜役一皆除去以安其生以衛王室　恭讓王三年郎舍上疏曰比年以來奔競成風皆欲冒寵於權門雖有子孫者祖業人口盡與他人故其子孫益以窮迷猶怨祖父之無德則安有孝順之可稱者乎奴婢雖賤亦天民也例論財物恬然買賣或以牛馬易之一匹之馬給二三口猶未足償則以牛馬爲重於人命也昔廐焚孔子曰傷人乎不問馬則聖人之貴人賤畜如此安有以人易馬之理乎世俗昏迷自作殃咎納民於寺以圖求福若以佛爲正則安有納賂免禍之理乎然則非惟未蒙其福徒自勞苦貽患子孫耳伏惟殿下幷察焉祖業人口不許孫外相傳雖無後者養其夫婦中同宗者相傳其買賣之人納寺之弊幷行禁治則豈無補於聖理之萬一乎從之　四年人物推辨都監定奴婢決訟法一良賤相婚自今依律禁斷如有洪武二十五年正月以後違律相婚者主奴論罪所出之子亦許爲良其主不知者不坐一將自己奴婢投贈權勢施納佛宇神祠者痛行禁理一同宗之子及三歲前遺弃小兒戶口付籍爲收養者即同己子傳給外自今窺得奴婢冒稱收養者一切禁之無子孫無收養者使孫告官平分其成文

契錄恩功與他人者雖親戚毋得爭訟一奴婢役價依成王五年判年月雖多不過其直其容隱役使他人奴婢者依律論罪一今後奴婢買者無孫許親戚無親戚者役官賣者毋得還執一奴婢放賣痛行禁理其爲飢寒所迫及因公私宿債勢不得已者具狀告官方許買賣如以酒色博弈狗馬財貨之故放賣者奴婢沒官一財主未分奴婢合執者微劣人奴婢奪占者派別奴婢濫執者他人奴婢容隱者文契僞造使用者壓良爲賤者典當奴婢永執者中國人拘占役使者宮司決後仍執者京中以當年二月爲限外方以三月爲限一皆放還自首者免罪其出限外者以不從判旨論其內雖有合使奴婢亦令沒官　都官上書一無子孫身死者其夫得全妻之奴婢其妻守信則亦得全夫之奴婢止許終身沒後各歸本孫其別有文契者不在此限一奴婢放役者不慮後弊有放至子孫者其子孫閑役因有非分之心冒名受職結婚良族以致名器混淆或謀害本主不畏官法敢於訴訟願自今論情愛功勞而放役奴婢但止其身勿及子孫

志卷第三十九

表卷第一　高麗史八十六

正憲大夫工曹判書集賢殿大提學知 經筵春秋館事兼成均大司成臣鄭麟趾奉 教修

年表一

高麗太祖降羅滅濟盡有三韓之地子孫傳守世通上國傳世凡三十二王歷年并僞辛共四百七十五歲其始終有可考焉作年表

	上國	高麗
戊寅	後梁末帝貞明四年 契丹太祖神冊三年	太祖 天授元年
己卯	後梁貞明五年 契丹神冊四年	天授二年
庚辰	後梁貞明六年 契丹神冊五年	天授三年
辛巳	後梁龍德元年 契丹神冊六年	天授四年
壬午	後梁龍德二年 契丹天贊元年	天授五年
癸未	後梁龍德三年 後唐莊宗同光元年 契丹天贊二年	天授六年
甲申	後唐同光二年 契丹天贊三年	天授七年
乙酉	後唐同光三年 契丹天贊四年	天授八年 契丹滅渤海國世子大光顯來附
丙戌	後唐同光四年 明宗天成元年 契丹太宗天顯元年	天授九年
丁亥	後唐天成二年 契丹天顯二年	天授十年
戊子	後唐天成三年 契丹天顯三年	天授十一年
己丑	後唐天成四年 契丹天顯四年	天授十二年
庚寅	後唐長興元年 契丹天顯五年	天授十三年
辛卯	後唐長興二年 契丹天顯六年	天授十四年

壬辰	後唐長興三年 契丹天顯七年	天授十五年
癸巳	後唐長興四年 契丹天顯八年	天授十六年 三月後唐遣使來冊王自是行後唐年號
甲午	後唐閔帝應順元年 潞王淸泰元年 契丹天顯九年	十七年
乙未	後唐淸泰二年 契丹天顯十年	十八年 六月後百濟甄萱來投 十月新羅王金傅來降納土
丙申	後唐淸泰三年 後晉高祖天福元年 契丹天顯十一年	十九年 九月王親討甄萱逆子神劒後百濟亡
丁酉	後晉天福二年 契丹天顯十二年	二十年
戊戌	後晉天福三年 契丹會同元年	二十一年 七月始行後晉年號
己亥	後晉天福四年 契丹會同二年	二十二年
庚子	後晉天福五年 契丹會同三年	二十三年
辛丑	後晉天福六年 契丹會同四年	二十四年
壬寅	後晉天福七年 契丹會同五年	二十五年
癸卯	後晉出帝仍稱天福八年 契丹會同六年	二十六年 五月太祖薨 太子武即位
甲辰	後晉開運元年 契丹會同七年	惠宗元年
乙巳	後晉開運二年 契丹會同八年	二年 九月惠宗薨弟堯即位
丙午	後晉開運三年 契丹會同九年改國號遼	定宗元年
丁未	後晉開運四年 後漢高祖天福十二年 遼太宗大同元年 世宗天祿元年	二年
戊申	後漢隱帝乾祐元年 遼天祿二年	三年 九月始行後漢年號
己酉	後漢乾祐二年 遼天祿三年	四年 三月定宗疾篤召弟昭禪位尋薨
庚戌	後漢乾祐三年 遼天祿四年	光宗光德元年

辛亥	後漢乾祐四年 後周太祖廣順元年 遼穆宗應曆元年	二年 十二月始行後周年號
壬子	後周廣順二年 遼應曆二年	三年
癸丑	後周廣順三年 遼應曆三年	四年
甲寅	後周廣順四年 世宗顯德元年 遼應曆四年	五年
乙卯	後周顯德二年 遼應曆五年	六年
丙辰	後周顯德三年 遼應曆六年	七年
丁巳	後周顯德四年 遼應曆七年	八年
戊午	後周顯德五年 遼應曆八年	九年
己未	後周顯德六年 遼應曆九年	十年
庚申	後周宗訓元年 宋太祖建隆元年 遼應曆十年	十一年
辛酉	宋建隆二年 遼應曆十一年	十二年
壬戌	宋建隆三年 遼應曆十二年	十三年
癸亥	宋乾德元年 遼應曆十三年	十四年 十二月始行宋年號
甲子	宋乾德二年 遼應曆十四年	十五年
乙丑	宋乾德三年 遼應曆十五年	十六年
丙寅	宋乾德四年 遼應曆十六年	十七年
丁卯	宋乾德五年 遼應曆十七年	十八年
戊辰	宋開寶元年 遼應曆十八年	十九年
己巳	宋開寶二年 遼景宗保寧元年	二十年
庚午	宋開寶三年 遼保寧二年	二十一年

辛未	宋開寶四年 遼保寧三年	二十二年
壬申	宋開寶五年 遼保寧四年	二十三年
癸酉	宋開寶六年 遼保寧五年	二十四年
甲戌	宋開寶七年 遼保寧六年	二十五年
乙亥	宋開寶八年 遼保寧七年	二十六年 五月光宗薨 太子伷即位
丙子	宋開寶九年 太宗大平興國元年 遼保寧八年	景宗 元年
丁丑	宋大平興國二年 遼保寧九年	二年
戊寅	宋大平興國三年 遼保寧十年	三年
己卯	宋大平興國四年 遼乾亨元年	四年
庚辰	宋大平興國五年 遼乾亨二年	五年
辛巳	宋大平興國六年 遼乾亨三年	六年 七月景宗疾篤召堂弟開寧君治禪位尋薨
壬午	宋大平興國七年 遼乾亨四年	成宗 元年
癸未	宋大平興國八年 遼聖宗統和元年 復國號契丹	二年
甲申	宋雍熙元年 契丹統和二年	三年
乙酉	宋雍熙二年 契丹統和三年	四年
丙戌	宋雍熙三年 契丹統和四年	五年
丁亥	宋雍熙四年 契丹統和五年	六年
戊子	宋端拱元年 契丹統和六年	七年
己丑	宋端拱二年 契丹統和七年	八年
庚寅	宋淳化元年 契丹統和八年	九年

辛卯	宋淳化二年 契丹統和九年	十年
壬辰	宋淳化三年 契丹統和十年	十一年
癸巳	宋淳化四年 契丹統和十一年	十二年 十月契丹來侵遣使請和
甲午	宋淳化五年 契丹統和十二年	十三年 二月始行契丹年號
乙未	宋至道元年 契丹統和十三年	十四年
丙申	宋至道二年 契丹統和十四年	十五年 三月契丹遣使來冊王
丁酉	宋至道三年 契丹統和十五年	十六年 十月成宗疾篤召開寧若誦傳位尋薨
戊戌	宋眞宗咸平元年 契丹統和十六年	穆宗元年
己亥	宋咸平二年 契丹統和十七年	二年
庚子	宋咸平三年 契丹統和十八年	三年
辛丑	宋咸平四年 契丹統和十九年	四年
壬寅	宋咸平五年 契丹統和二十年	五年
癸卯	宋咸平六年 契丹統和二十一年	六年
甲辰	宋景德元年 契丹統和二十二年	七年
乙巳	宋景德二年 契丹統和二十三年	八年
丙午	宋景德三年 契丹統和二十四年	九年
丁未	宋景德四年 契丹統和二十五年	十年
戊申	宋大中祥符元年 契丹統和二十六年	十一年
己酉	宋大中祥符二年 契丹統和二十七年	十二年 二月大良君詢即位康兆廢穆宗尋弒之
庚戌	宋大中祥符三年 契丹統和二十八年	顯宗元年 十一月契丹帝來侵王幸羅州

辛亥	宋大中祥符四年 契丹統和二十九年	二年	二月王還京
壬子	宋大中祥符五年 契丹開泰元年	三年	
癸丑	宋大中祥符六年 契丹開泰二年	四年	
甲寅	宋大中祥符七年 契丹開泰三年	五年	
乙卯	宋大中祥符八年 契丹開泰四年	六年	十一月遣使如宋貢方物告契丹連歲來侵
丙辰	宋大中祥符九年 契丹開泰五年	七年	行宋年號
丁巳	宋天禧元年 契丹開泰六年	八年	
戊午	宋天禧二年 契丹開泰七年	九年	
己未	宋天禧三年 契丹開泰八年	十年	
庚申	宋天禧四年 契丹開泰九年	十一年	二月遣使如契丹請稱藩納貢
辛酉	宋天禧五年 契丹太平元年	十二年	
壬戌	宋乾興元年 契丹太平二年	十三年	四月契丹遣使來冊王自是復行契丹年號
癸亥	宋仁宗天聖元年 契丹太平三年	十四年	
甲子	宋天聖二年 契丹太平四年	十五年	
乙丑	宋天聖三年 契丹太平五年	十六年	
丙寅	宋天聖四年 契丹太平六年	十七年	
丁卯	宋天聖五年 契丹太平七年	十八年	
戊辰	宋天聖六年 契丹太平八年	十九年	
己巳	宋天聖七年 契丹太平九年	二十年	
庚午	宋天聖八年 契丹太平十年	二十一年	

辛未	宋天聖九年 契丹興宗景福元年	二十二年 五月顯宗薨太子欽即位 十月遣使如契丹請壞鴨綠城橋不聽停賀正使仍用大平年號
壬申	宋明道元年 契丹重熙元年	德宗元年 正月契丹使至不納
癸酉	宋明道二年 契丹重熙二年	二年
甲戌	宋景祐元年 契丹重熙三年	三年 九月德宗薨弟平壤君亨即位
乙亥	宋景祐二年 契丹重熙四年	靖宗元年 五月契丹移牒責我絕通好
丙子	宋景祐三年 契丹重熙五年	二年
丁丑	宋景祐四年 契丹重熙六年	三年 十二月遣使如契丹請復通好
戊寅	宋寶元元年 契丹重熙七年	四年 八月始行重熙年號
己卯	宋寶元二年 契丹重熙八年	五年 四月契丹遣使來冊王
庚辰	宋康定元年 契丹重熙九年	六年
辛巳	宋慶曆元年 契丹重熙十年	七年
壬午	宋慶曆二年 契丹重熙十一年	八年
癸未	宋慶曆三年 契丹重熙十二年	九年 十一月契丹遣使來冊王
甲申	宋慶曆四年 契丹重熙十三年	十年
乙酉	宋慶曆五年 契丹重熙十四年	十一年
丙戌	宋慶曆六年 契丹重熙十五年	十二年 五月靖宗薨弟樂浪君徽即位
丁亥	宋慶曆七年 契丹重熙十六年	文宗元年 九月契丹遣使來冊王
戊子	宋慶曆八年 契丹重熙十七年	二年
己丑	宋皇祐元年 契丹重熙十八年	三年 正月契丹遣使來冊王

庚寅	宋皇祐二年 契丹重熙十九年	四年
辛卯	宋皇祐三年 契丹重熙二十年	五年
壬辰	宋皇祐四年 契丹重熙二十一年	六年
癸巳	宋皇祐五年 契丹重熙二十二年	七年
甲午	宋至和元年 契丹重熙二十三年	八年
乙未	宋至和二年 契丹度宗清寧元年	九年 五月契丹遣使來冊王
丙申	宋嘉祐元年 契丹清寧二年	十年
丁酉	宋嘉祐二年 契丹清寧三年	十一年 三月契丹遣使來冊王
戊戌	宋嘉祐三年 契丹清寧四年	十二年
己亥	宋嘉祐四年 契丹清寧五年	十三年
庚子	宋嘉祐五年 契丹清寧六年	十四年
辛丑	宋嘉祐六年 契丹清寧七年	十五年
壬寅	宋嘉祐七年 契丹清寧八年	十六年
癸卯	宋嘉祐八年 契丹清寧九年	十七年
甲辰	宋英宗治平元年 契丹清寧十年	十八年
乙巳	宋治平二年 契丹咸雍元年	十九年 四月契丹遣使來冊王
丙午	宋治平三年 契丹咸雍二年 復國號遼	二十年
丁未	宋治平四年 遼咸雍三年	二十一年
戊申	宋神宗熙寧元年 遼咸雍四年	二十二年
己酉	宋熙寧二年 遼咸雍五年	二十三年

庚戌	宋熙寧三年 遼咸雍六年	二十四年
辛亥	宋熙寧四年 遼咸雍七年	二十五年
壬子	宋熙寧五年 遼咸雍八年	二十六年
癸丑	宋熙寧六年 遼咸雍九年	二十七年
甲寅	宋熙寧七年 遼咸雍十年	二十八年
乙卯	宋熙寧八年 遼大康元年	二十九年
丙辰	宋熙寧九年 遼大康二年	三十年
丁巳	宋熙寧十年 遼大康三年	三十一年
戊午	宋元豐元年 遼大康四年	三十二年 五月宋遣使賜國信物時與宋絕久宋使至擧國欣慶
己未	宋元豐二年 遼大康五年	三十三年
庚申	宋元豐三年 遼大康六年	三十四年
辛酉	宋元豐四年 遼大康七年	三十五年
壬戌	宋元豐五年 遼大康八年	三十六年
癸亥	宋元豐六年 遼大康九年	三十七年 七月文宗薨太子勳即位是爲順宗 八月順宗薨弟國原公運即位
甲子	宋元豐七年 遼大康十年	宣宗元年
乙丑	宋元豐八年 遼大安元年	二年 十一月遼遣使來冊王
丙寅	宋哲宗元祐元年 遼大安二年	三年
丁卯	宋元祐二年 遼大安三年	四年
戊辰	宋元祐三年 遼大安四年	五年
己巳	宋元祐四年 遼大安五年	六年

干支	宋 遼	高麗
庚午	宋元祐五年 遼大安六年	七年
辛未	宋元祐六年 遼大安七年	八年
壬申	宋元祐七年 遼大安八年	九年
癸酉	宋元祐八年 遼大安九年	十年
甲戌	宋紹聖元年 遼大安十年	十一年 閏四月宣宗薨 元子昱即位
乙亥	宗紹聖二年 遼壽隆元年	獻宗 元年 十月大叔雞林君顒受禪即位
丙子	宋紹聖三年 遼壽隆二年	肅宗 元年
丁丑	宋紹聖四年 遼壽隆三年	二年 閏二月獻宗薨 十二月遼遣使來冊王
戊寅	宋元符元年 遼壽隆四年	三年
己卯	宋元符二年 遼壽隆五年	四年
庚辰	宋元符三年 遼壽隆六年	五年
辛巳	宋徽宗建中靖國元年 遼天祚帝乾統元年	六年
壬午	宋崇寧元年 遼乾統二年	七年
癸未	宋崇寧二年 遼乾統三年	八年
甲申	宋崇寧三年 遼乾統四年	九年 四月遼遣使來冊王
乙酉	宋崇寧四年 遼乾統五年	十年 十月肅宗薨太子俁即位
丙戌	宋崇寧五年 遼乾統六年	睿宗 元年
丁亥	宋大觀元年 遼乾統七年	二年
戊子	宋大觀二年 遼乾統八年	三年 尹瓘逐女眞立碑公險鎭以爲界
己丑	宋大觀三年 遼乾統九年	四年

庚寅	宋大觀四年 遼乾統十年	五年
辛卯	宋政和元年 遼天慶元年	六年
壬辰	宋政和二年 遼天慶二年	七年
癸巳	宋政和三年 遼天慶三年	八年
甲午	宋政和四年 遼天慶四年	九年
乙未	宋政和五年 遼天慶五年 金太祖收國元年	十年
丙申	宋政和六年 遼天慶六年 金收國二年	十一年 四月以遼爲金所侵正朔不可行凡文牒除去天慶年號但用甲子 六月宋賜大晟樂器
丁酉	宋政和七年 遼天慶七年 金天輔元年	十二年 三月金遣使寄書請和親
戊戌	宋重和元年 遼天慶八年 金天輔二年	十三年
己亥	宋宣和元年 遼天慶九年 金天輔三年	十四年
庚子	宋宣和二年 遼天慶十年 金天輔四年	十五年
辛丑	宋宣和三年 遼保大元年 金天輔五年	十六年
壬寅	宋宣和四年 遼保大二年 金天輔六年	十七年 四月睿宗薨太子楷即位
癸卯	宋宣和五年 遼保大三年 金天輔七年 太宗天會元年	仁宗元年
甲辰	宋宣和六年 遼保大四年 金天會二年	二年
乙巳	宋宣和七年 遼保大五年 金天會三年	三年
丙午	宋欽宗靖康元年 金天會四年	四年 二月李資謙叛流之 四月遣使如金上表稱臣
丁未	宋靖康二年 高宗建炎元年 金天會五年	五年 九月金遣使來諭虜宋二帝

戊申	宋建炎二年 金天會六年	六年 六月宋遣使請假途往問二帝行在王上表陳畏金未得承稟之意
己酉	宋建炎三年 金天會七年	七年
庚戌	宋建炎四年 遼天會八年	八年
辛亥	宋紹興元年 金天會九年	九年
壬子	宋紹興二年 金天會十年	十年
癸丑	宋紹興三年 金天會十一年	十一年
甲寅	宋紹興四年 金天會十二年	十二年
乙卯	宋紹興五年 金熙宗仍天會十三年	十三年 正月僧妙淸等據西京叛
丙辰	宋紹興六年 金天會十四年	十四年 二月金富軾平西京
丁巳	宋紹興七年 金天會十五年	十五年
戊午	宋紹興八年 金天眷元年	十六年
己未	宋紹興九年 金天眷二年	十七年
庚申	宋紹興十年 金天眷三年	十八年
辛酉	宋紹興十一年 金皇統元年	十九年
壬戌	宋紹興十二年 金皇統二年	二十年 五月金遣使來冊王
癸亥	宋紹興十三年 金皇統三年	二十一年
甲子	宋紹興十四年 金皇統四年	二十二年
乙丑	宋紹興十五年 金皇統五年	二十三年
丙寅	宋紹興十六年 金皇統六年	二十四年 六月仁宗疾篤傳位于太子晛尋薨
丁卯	宋紹興十七年 金皇統七年	毅宗元年

戊辰	宋紹興十八年 金皇統八年	二年
己巳	宋紹興十九年 金皇統九年 海陵王天德元年	三年
庚午	宋紹興二十年 金天德二年	四年
辛未	宋紹興二十一年 金天德三年	五年
壬申	宋紹興二十二年 金天德四年	六年
癸酉	宋紹興二十三年 金貞元元年	七年
甲戌	宋紹興二十四年 金貞元二年	八年
乙亥	宋紹興二十五年 金貞元三年	九年
丙子	宋紹興二十六年 金正隆元年	十年 正隆之隆避世祖諱以豐字代之
丁丑	宋紹興二十七年 金正隆二年	十一年
戊寅	宋紹興二十八年 金正隆三年	十二年
己卯	宋紹興二十九年 金正隆四年	十三年
庚辰	宋紹興三十年 金正隆五年	十四年
辛巳	宋紹興三十一年 金世宗大定元年	十五年
壬午	宋紹興三十二年 金大定二年	十六年
癸未	宋孝宗隆興元年 金大定三年	十七年
甲申	宋隆興二年 金大定四年	十八年
乙酉	宋乾道元年 金大定五年	十九年
丙戌	宋乾道二年 金大定六年	二十年
丁亥	宋乾道三年 金大定七年	二十一年

戊子	宋乾道四年 金大定八年	二十二年
己丑	宋乾道五年 金大定九年	二十三年
庚寅	宋乾道六年 金大定十年	二十四年 八月毅宗幸普賢院鄭仲夫等殺扈從文臣入城殺文臣五十餘人 九月放毅宗于巨濟殺太子立王弟翼陽公晧

表卷第一

高麗史八十七

表卷第二

正憲大夫工曹判書集賢殿大提學知經筵春秋館事兼成均大司成臣鄭麟趾奉教修

年表二

	上國	高麗
辛卯	宋孝宗乾道七年 金世宗大定十一年	明宗元年
壬辰	宋乾道八年 金大定十二年	二年 五月金遣使來冊王
癸巳	宋乾道九年 金大定十三年	三年 六月金甫當等圖反正至巨濟奉毅宗出居雞林府 九月鄭仲夫等殺文臣殆盡 十月李義旼弑毅宗
甲午	宋淳熙元年 金大定十四年	四年 九月西京留守趙位寵起兵
乙未	宋淳熙二年 金大定十五年	五年

丙申	宋淳熙三年 金大定十六年	六年	
丁酉	宋淳熙四年 金大定十七年	七年	
戊戌	宋淳熙五年 金大定十八年	八年	
己亥	宋淳熙六年 金大定十九年	九年	九月慶大升誅鄭仲夫
庚子	宋淳熙七年 金大定二十年	十年	
辛丑	宋淳熙八年 金大定二十一年	十一年	
壬寅	宋淳熙九年 金大定二十二年	十二年	
癸卯	宋淳熙十年 金大定二十三年	十三年	
甲辰	宋淳熙十一年 金大定二十四年	十四年	
乙巳	宋淳熙十二年 金大定二十五年	十五年	
丙午	宋淳熙十三年 金大定二十六年	十六年	
丁未	宋淳熙十四年 金大定二十七年	十七年	
戊申	宋淳熙十五年 金大定二十八年	十八年	
己酉	宋淳熙十六年 金大定二十九年	十九年	
庚戌	宋光宗紹熙元年 金章宗明昌元年	二十年	
辛亥	宋紹熙二年 金明昌二年	二十一年	
壬子	宋紹熙三年 金明昌三年	二十二年	
癸丑	宋紹熙四年 金明昌四年	二十三年	
甲寅	宋紹熙五年 金明昌五年	二十四年	
乙卯	宋寧宗慶元元年 金明昌六年	二十五年	

丙辰	宋慶元二年 金承安元年	二十六年 四月崔忠獻殺李義旼
丁巳	宋慶元三年 金承安二年	二十七年 九月崔忠獻廢明宗放太子立王弟平涼公旼
戊午	宋慶元四年 金承安三年	神宗元年
己未	宋慶元五年 金承安四年	二年
庚申	宋慶元六年 金承安五年	三年
辛酉	宋嘉泰元年 金泰和元年	四年
壬戌	宋嘉泰二年 金泰和二年	五年 十一月明宗薨 十二月東京叛遣將討之
癸亥	宋嘉泰三年 金泰和三年	六年
甲子	宋嘉泰四年 金泰和四年	七年 正月神宗疾篤傳位于太子韺尋薨
乙丑	宋開禧元年 金泰和五年	熙宗元年

丙寅	宋開禧二年 金泰和六年 蒙古太祖元年	二年
丁卯	宋開禧三年 金泰和七年 蒙古太祖二年	三年
戊辰	宋嘉定元年 金泰和八年 蒙古太祖三年	四年
己巳	宋嘉定二年 金東海侯大安元年 蒙古太祖四年	五年
庚午	宋嘉定三年 金大安二年 蒙古太祖五年	六年
辛未	宋嘉定四年 金大安三年 蒙古太祖六年	七年 十二月崔忠獻放熙宗及太子立漢南公貞
壬申	宋嘉定五年 金崇慶元年 蒙古太祖七年	康宗元年
癸酉	宋嘉定六年 金至寧元年 宣宗貞祐元年 蒙古太祖八年	二年 八月康宗薨太子瞋即位
甲戌	宋嘉定七年 金貞祐二年 蒙古太祖九年	高宗元年

乙亥	宋嘉定八年 金貞祐三年 蒙古太祖十年	二年
丙子	宋嘉定九年 金貞祐四年 蒙古太祖十一年	三年　八月契丹遺種金山金始二王子來侵
丁丑	宋嘉定十年 金興定元年 蒙古太祖二十年	四年　三月丹兵犯京城
戊寅	宋嘉定十一年 金興定二年 蒙古太祖十三年	五年
己卯	宋嘉定十二年 金興定三年 蒙古太祖十四年	六年　三月趙冲金就礪殲丹兵于江東城
庚辰	宋嘉定十三年 金興定四年 蒙古太祖十五年	七年
辛巳	宋嘉定十四年 金興定五年 蒙古太祖十六年	八年　八月蒙古始遣使來索獺皮紬苧等物
壬午	宋嘉定十五年 金元光元年 蒙古太祖十七年	九年
癸未	宋嘉定十六年 金元光二年 蒙古太祖十八年	十年
甲申	宋嘉定十七年 金哀宗正大元年 蒙古太祖十九年	十一年　以金國衰微不用年號
乙酉	宋理宗寶慶元年 金正大二年 蒙古太祖二十年	十二年　正月蒙使還中途爲盜所殺蒙古反疑我遂與之絕
丙戌	宋寶慶二年 金正大三年 蒙古太祖二十一年	十三年
丁亥	宋寶慶三年 金正大四年 蒙古太祖二十二年	十四年
戊子	宋紹定元年 金正大五年 蒙古太祖二十三年	十五年
己丑	宋紹定二年 金正大六年 蒙古太宗元年	十六年
庚寅	宋紹定三年 金正大七年 蒙古太宗二年	十七年
辛卯	宋紹定四年 金正大八年 蒙古太宗三年	十八年　十二月蒙古兵圍京城
壬辰	宋紹定五年 金改開興又改天興元年 蒙古太宗四年	十九年　七月崔瑀脅王遷都江華
癸巳	宋紹定六年 金天興二年 蒙古太宗五年	二十年　五月西京人畢賢甫叛擒斬之

甲午	宋端平元年 金天興三年 蒙古太宗六年	二十一年
乙未	宋端平二年 蒙古太宗七年	二十二年
丙申	宋端平三年 蒙古太宗八年	二十三年 八月蒙古兵散入南京
丁酉	宋嘉熙元年 蒙古太宗九年	二十四年 八月熙宗薨
戊戌	宋嘉熙二年 蒙古太宗十年	二十五年
己亥	宋嘉熙三年 蒙古太宗十一年	二十六年
庚子	宋嘉熙四年 蒙古太宗十二年	二十七年
辛丑	宋淳祐元年 蒙古太宗十三年 太宗崩皇后臨朝五年	二十八年 四月永寧公綧入蒙古爲禿魯花
壬寅	宋淳祐二年	二十九年
癸卯	宋淳祐三年	三十年
甲辰	宋淳祐四年	三十一年
乙巳	宋淳祐五年	三十二年
丙午	宋淳祐六年 蒙古定宗元年	三十三年
丁未	宋淳祐七年 蒙古定宗二年	三十四年
戊申	宋淳祐八年 蒙古定宗三年 定宗崩皇后臨朝	三十五年
己酉	宋淳祐九年	三十六年
庚戌	宋淳祐十年	三十七年
辛亥	宋淳祐十一年 蒙古憲宗元年	三十八年
壬子	宋淳祐十二年 蒙古憲宗二年	三十九年 七月蒙古遣人來督復都舊京
癸丑	宋寶祐元年 蒙古憲宗三年	四十年 九月蒙使來王出迎于昇天府 十二月遣安慶公淐如蒙古乞還師

甲寅	乙卯	丙辰	丁巳	戊午	己未	庚申	辛酉
宋寶祐二年 蒙古憲宗四年	宋寶祐三年 蒙古憲宗五年	宋寶祐四年 蒙古憲宗六年	宋寶祐五年 蒙古憲宗七年	宋寶祐六年 蒙古憲宗八年	宋開慶元年 蒙古憲宗九年	宋景定元年 蒙古世祖中統元年	宋景定二年 蒙古中統二年
四十一年	四十二年 九月蒙古車羅大兵闌入南界	四十三年	四十四年 五月車羅大復來曰王親來又令王子朝京可無患王遣永安公請還師	四十五年 三月柳璥金俊等誅崔竩 九月蒙古兵犯松京 十二月定州人卓青等叛附蒙古	四十六年 四月遣太子倎如蒙古請降 六月高宗薨太孫諶權監國事	元宗元年 四月元宗還自蒙古即位 八月始行中統年號	二年 四月太子諶如蒙古九月還

壬戌	癸亥	甲子	乙丑	丙寅	丁卯	戊辰	己巳
宋景定三年 蒙古中統三年	宋景定四年 蒙古中統四年	宋景定五年 蒙古至元元年	宋度宗咸淳元年 蒙古至元二年	宋咸淳二年 蒙古至元三年	宋咸淳三年 蒙古至元四年	宋咸淳四年 蒙古至元五年	宋咸淳五年 蒙古至元六年
三年	四年	五年 八月王如蒙古十二月還	六年	七年	八年	九年 十二月林衍誅金俊代執國政	十年 四月世子如蒙古 六月林衍廢王立安慶公淐 八月帝遣使詔責高麗臣僚 十二月王復位如蒙古 是歲崔坦殺西京留守叛附蒙古

庚午	辛未	壬申	癸酉	甲戌
宋咸淳六年 蒙古至元七年	宋咸淳七年 元至元八年 蒙古建國號曰元	宋咸淳八年 元至元九年	宋咸淳九年 元至元十年	宋咸淳十年 元至元十一年
十一年 三月林衍憂懣死洪文系宋松禮等誅衍子惟茂復正王室 五月王與世子自蒙古還舊京 六月三別抄叛立承化侯溫據珍島 是歲蒙古置達魯花赤于我國	十二年 五月金方慶與蒙古元帥忻篤洪茶丘攻破珍島殺爲王餘黨散入耽羅 六月世子入質于蒙古	十三年 二月世子從元俗辮髮胡服而還國人駭之 十二月世子如元	十四年 四月金方慶與忻篤等討三別抄餘黨于耽羅平之	十五年 五月世子尙元帝女安平公主 六月元宗薨 八月世子還國即位 十月金方慶與元元帥忽敦洪茶丘等征日本至一岐戰敗軍不還者萬三千五百餘人

乙亥	丙子	丁丑	戊寅	己卯	庚辰	辛巳	壬午	癸未	甲申
宋孝恭帝德祐元年 元至元十二年	宋德祐二年 端宗景炎元年 元至元十三年	宋景炎二年 元至元十四年	宋帝昺祥興元年 元至元十五年	宋祥興二年 元至元十六年	元至元十七年	元至元十八年	元至元十九年	元至元二十年	元至元二十一年
忠烈王 元年	二年	三年	四年 四月王及公主世子源如元 九月還	五年	六年 八月王如元稟征日本事 九月還 十二月元冊王	七年 五月金方慶與忻篤茶丘征日本至覇家臺戰敗軍不還者十萬有奇	八年	九年 六月元冊王	十年 四月王及公主世子如元 九月還

乙酉	元至元二十二年	十一年
丙戌	元至元二十三年	十二年
丁亥	元至元二十四年	十三年
戊子	元至元二十五年	十四年
己丑	元至元二十六年	十五年 十一月王及公主世子如元
庚寅	元至元二十七年	十六年 三月王及公主世子還 五月哈丹來侵 十一月世子如元 十二月以哈丹之侵遷都江華
辛卯	元至元二十八年	十七年 正月世子見帝請討哈丹帝遣平章事薛闍干率師來救 五月殲哈丹于燕岐縣
壬辰	元至元二十九年	十八年 正月復都開京
癸巳	元至元三十年	十九年 十二月王及公主如元
甲午	元至元三十一年	二十年 八月王及公主還
乙未	元成宗元貞元年	二十一年 八月世子還自元
丙申	元元貞二年	二十二年 九月王及公主世子如元
丁酉	元大德元年	二十三年 五月王及公主還 公主薨 六月世子自元來奔喪 十月世子如元遣使請傳位世子元許之
戊戌	元大德二年	二十四年 正月世子與妃寶塔實憐公主來王傳位于世子是爲忠宣王 元封王爲逸壽王 八月元遣使趣忠宣及公主入朝取國王印授逸壽王自是忠宣入朝宿衛者凡十年
己亥	元大德三年	二十五年
庚子	元大德四年	二十六年 四月王如元 八月還
辛丑	元大德五年	二十七年

壬寅	元大德六年	二十八年
癸卯	元大德七年	二十九年
甲辰	元大德八年	三十年
乙巳	元大德九年	三十一年 十一月王如元
丙午	元大德十年	三十二年
丁未	元大德十一年	三十三年 忠宣迎立武宗功第一封瀋陽王 五月王還自元 八月元加冊王
戊申	元武宗至大元年	三十四年 七月忠烈王薨忠宣還國復即位 十月元遣使來冊王依前瀋陽王 十一月王如元
己酉	元至大二年	忠宣王 元年
庚戌	元至大三年	二年
辛亥	元至大四年	三年
壬子	元仁宗皇慶元年	四年
癸丑	元皇慶二年	五年 二月王欲留元不欲東還以世子燾見于帝請傳位帝命冊封是爲忠肅王忠宣又以異母兄江陽公滋之子暠爲瀋陽王世子四月忠宣不得已與公主及新王還自元以暠留元爲禿魯花六月新王即位
甲寅	元延祐元年	忠肅王 元年 正月忠宣如元
乙卯	元延祐二年	二年
丙辰	元延祐三年	三年 二月忠宣請婚于帝帝許之王遂如元三月忠宣奏于帝傳瀋王位于世子暠自稱大尉王 七月王娶營王之女亦憐眞八剌公主 十月王與公主還自元

丁巳	元延祐四年	四年
戊午	元延祐五年	五年
己未	元延祐六年	六年
庚申	元延祐七年	七年 五月帝命大尉王降香于江南十月自江南還京宦者伯顏豆古思譖于帝十二月流吐蕃
辛酉	元英宗至治元年	八年 四月王如元十二月自元元恒朴孝修等上書于元乞還大尉王
壬戌	元至治二年	九年 三月帝因譖責王收國王印時瀋王方幸於帝曹頔蔡河中等謀立瀋王譖王萬端八月權漢功蔡洪哲等上書于元請立瀋王百官不署名九月又集百官署名呈于元不受
癸亥	元至治三年	十年 元召大尉王還燕京
甲子	元泰定元年	十一年 正月勑王還國復賜國王印
乙丑	元泰定二年	十二年 五月大尉王薨于燕邸王及公主至自元
丙寅	元泰定三年	十三年
丁卯	元泰定四年	十四年
戊辰	元泰定五年 二月改致和文宗天曆元年	十五年 二月遣世子禎如元宿衛
己巳	元天曆二年	十六年 十月遣使請傳位世子禎
庚午	元至順元年	十七年 二月元冊世子爲國王五月命王還國閏七月忠肅如元
辛未	元至順二年	忠惠王元年
壬申	元至順三年 八月靈宗即位十二月崩	二年 正月元命忠肅復位二月遣使來取國王印徵忠惠入朝 忠肅王後元年
癸酉	元順帝元統元年	二年 四月王還自元

甲戌	元元統二年	三年
乙亥	元至元元年	四年
丙子	元至元二年	五年 三月王如元 十二月忠惠還自元
丁丑	元至元三年	六年 十二月王還自元
戊寅	元至元四年	七年
己卯	元至元五年	八年 三月忠肅王薨 九月征東省請忠惠襲位 十一月元遣使傳國印于忠惠遂執以歸
庚辰	元至元六年	忠惠王後元年 正月元囚忠惠于刑部 三月釋之復王位 四月東還
辛巳	元至正元年	二年
壬午	元至正二年	三年
癸未	元至正三年	四年 十一月元遣使執王以歸 十二月流于揭陽
甲申	元至正四年	五年 正月行至岳陽縣薨 二月元子昕在元 帝命襲王位 四月東還 五月元遣使來冊王
乙酉	元至正五年	忠穆王元年
丙戌	元至正六年	二年
丁亥	元至正七年	三年
戊子	元至正八年	四年 十二月忠穆王薨
己丑	元至正九年	忠定王元年 一月元命忠惠王庶子胝入朝 五月命胝嗣位 七月王還自元即位
庚寅	元至正十年	二年
辛卯	元至正十一年	三年 十月元以忠惠王母弟江寧大君祺爲國王遣使收國璽以歸忠定王遜于江華 十二月江寧大君與公主還自元即位

壬辰	元至正十二年	恭愍王 元年 三月忠定王遇鴆薨
癸巳	元至正十三年	二年
甲午	元至正十四年	三年
乙未	元至正十五年	四年
丙申	元至正十六年	五年 五月奇轍等謀逆誅之
丁酉	元至正十七年	六年
戊戌	元至正十八年	七年
己亥	元至正十九年	八年
庚子	元至正二十年	九年
辛丑	元至正二十一年	十年 十月紅賊十餘萬來侵十一月王及公主幸福州賊陷京城
壬寅	元至正二十二年	十一年 正月安祐李方實金得培等大敗紅賊收復京城
癸卯	元至正二十三年	十二年 二月王還都次興王寺 閏三月夜盜入行宮徑至寢殿王匿免後得罪人金鏞誅之 五月元以忠宣王孼子德興君爲高麗國王崔濡自爲政丞以來王遣慶千興等禦之
甲辰	元至正二十四年	十三年 正月崔濡以德興君渡鴨綠江圍義州濡軍見我軍盛自潰而北 十月元遣使詔王復位檻送崔濡
乙巳	元至正二十五年	十四年
丙午	元至正二十六年	十五年
丁未	元至正二十七年	十六年
戊申	元至正二十八年 大明 太祖高皇帝洪武元年	十七年

己酉	大明洪武二年	十八年　四月大明遣使賜璽書及紗羅四段　五月停至正年號遣使奉表如金陵賀登極仍謝恩
庚戌	大明洪武三年	十九年　正月我太祖平東寧府　五月帝遣使賚印來封王　七月始行洪武年號　八月易服色
辛亥	大明洪武四年	二十年　六月辛旽謀逆誅之
壬子	大明洪武五年	二十一年　五月大明安置漢主陳友諒子理夏主明貞子昇于我
癸丑	大明洪武六年	二十二年　七月封辛禑爲江寧大君
甲寅	大明洪武七年	二十三年　九月洪倫崔萬生弑王李仁任立辛禑　十一月密直金義伴大明使林密蔡斌中路殺斌奔北元
乙卯	大明洪武八年	辛禑元年
丙辰	大明洪武九年	二年
丁巳	大明洪武十年	三年　二月北元遣使來行宣光年號
戊午	大明洪武十一年	四年　九月復行洪武年號
己未	大明洪武十二年	五年　九月倭賊焚雲峰縣屯引月驛我太祖率諸將大敗之
庚申	大明洪武十三年	六年
辛酉	大明洪武十四年	七年
壬戌	大明洪武十五年	八年
癸亥	大明洪武十六年	九年
甲子	大明洪武十七年	十年
乙丑	大明洪武十八年	十一年
丙寅	大明洪武十九年	十二年

丁卯	大明洪武二十年	十三年
戊辰	大明洪武二十一年	十四年　三月大明立鐵嶺衛　四月禑以曹敏修爲左軍都統我太祖爲右軍都統往攻遼東停洪武年號　五月師次威化島太祖舉義回軍　六月廢禑放于江華子昌立　復行洪武年號
己巳	大明洪武二十二年	辛昌元年　十一月我太祖與沈德符等定策立定昌府院君瑤放昌于江華　恭讓王元年　十二月誅禑昌
庚午	大明洪武二十三年	二年
辛未	大明洪武二十四年	三年
壬申	大明洪武二十五年	四年　七月廢王放于原州

表卷第二